Inhalt

Wer hat im Weltkrieg dem deutschen Heere den Dolchstoß versetzt? Wer ist schuld daran, daß unser Volk und Vaterland so tief ins Unglück sinken mußte? Der Parteisekretär der Sozialdemokraten Vater sagt es nach der Revolution 1918 in Magdeburg:
„Wir haben unsere Leute, die an die Front gingen, zur Fahnenflucht veranlaßt. Die Fahnenflüchtigen haben wir organisiert, mit falschen Papieren ausgestattet, mit Geld und unterschriftslosen Flugblättern versehen. Wir haben diese Leute nach allen Himmelsrichtungen, hauptsächlich wieder an die Front geschickt, damit sie die Frontsoldaten bearbeiten und die Front zermürben sollten. Diese haben die Soldaten bestimmt, überzulaufen, und so hat sich der Verfall allmählich, aber sicher vollzogen."
Wer hat die Sozialdemokratie hierbei unterstützt? Die Demokraten und die Leute um Erzberger.
Jetzt, am 7. Dezember, soll das Deutsche Volk den
zweiten Dolchstoß
erhalten. Sozialdemokraten in Gemeinschaft mit den Demokraten wollen uns
zu Sklaven der Entente machen,
wollen uns für immer zugrunde richten.
Wollt ihr das nicht,
dann
Wählt deutschnational!

1. Die Weimarer Republik

Das Plakat der Deutschnationalen Volkspartei (DNVP) stammt aus dem Jahr 1924. Es illustriert auf sinnfällige Weise eine Vorstellung, die aus dem ideologischen Arsenal rechtskonservativer, antidemokratischer Kreise stammte und als Dolchstoßlegende in die Geschichte eingegangen ist. Sie besagt, dass die Niederlage im Weltkrieg auf das Wirken der demokratischen Politiker zurückzuführen sei, die dem kämpfenden und unbesiegten Feldheer in den Rücken gefallen seien. Im Kern war die Dolchstoßlegende gegen die Existenz der Weimarer Republik gerichtet. Sie diente dazu, die Republik ideologisch auszuhebeln und sie ihrer Legitimität zu berauben.

Nicht genug damit, dass in den Augen vieler Zeitgenossen die Weimarer Republik mit dem Makel der Niederlage behaftet war, nun wurde durch die propagandistische Verbreitung solcher Plakate der Eindruck erweckt, als hätte die Niederlage Ende 1918 vermieden werden können, wenn nicht Verrat im Spiele gewesen wäre. Und anknüpfend an diese emotionale Einstimmung suggeriert das Plakat von 1924 nun noch einen zweiten Dolchstoß durch diejenigen, die bereit waren, mit den Siegermächten zu kooperieren. Für sie wurde der diffamierende Ausdruck „Erfüllungspolitiker“ in Umlauf gebracht.

Den Humus, auf dem die Dolchstoßlegende gedeihen konnte, bildete eine desorientierte Bevölkerung, die von der Plötzlichkeit des Zusammenbruchs im Herbst 1918 zutiefst überrascht wurde. Deutsche Soldaten standen zu diesem Zeitpunkt im Osten und im Westen außerhalb der deutschen Grenzen. Manipuliert durch eine zensierte Presse, war die Öffentlichkeit auf eine Niederlage mental nicht vorbereitet. Nur so konnte der Verdacht auf Verrat und Verschwörung aufkeimen.

Die historischen Ursprünge der Dolchstoßlegende liegen bei Ludendorff und Hindenburg. Zusammen bildeten sie seit 1916 die Oberste Heeresleitung (OHL) und somit das eigentliche Machtzentrum des Deutschen Reiches im Krieg. Ludendorff gelang es – taktisch geschickt – angesichts des drohenden Endes die Vertreter eines Verständigungsfriedens in die Regierung berufen zu lassen. Damit entzog sich die OHL ihrer eigenen Verantwortung.

Faktisch war bereits Mitte 1918 der Krieg verloren. Die strategische Situation des Deutschen Reiches verschlechterte sich fortlaufend aufgrund des massiven Auftretens der USA auf dem Kriegsschauplatz in Frankreich. Die USA veränderten mithilfe frischer Truppen (1,2 Millionen Soldaten) das relative Gleichgewicht an der Westfront, sodass es nur eine Frage der Zeit war, bis den Westalliierten ein Durchbruch im großen Stil gelingen würde. Rohstoff- und Versorgungsmängel, Demoralisierung und Kriegsmüdigkeit taten ein Übriges dafür, die Kampfbereitschaft der deutschen Soldaten zu mindern. Der Krieg war faktisch verloren.

Die Dolchstoßlegende trug mit dazu bei, dass die Weimarer Republik letzten Endes nicht die Zustimmung ihrer Bürger erhielt – eine „belagerte Republik“ wurde.

1.1 Die Novemberrevolution

Politische, soziale und militärische Voraussetzungen

Der Beginn des Ersten Weltkrieges im August 1914 war von weiten Teilen der deutschen Bevölkerung begeistert begrüßt worden, da allgemein die Vorstellung eines kurzen Waffenganges verbreitet gewesen war. Als diese Hoffnung sich nicht erfüllte und der deutsche Vorstoß nach Westen zu einem Stellungskrieg erstarrte, veränderten sich unter dem Einfluss des Krieges die deutsche Gesellschaft und die politischen Verhältnisse. Mit der Fortdauer des Krieges sowie der Unterordnung der gesamten Gesellschaft unter militärische Erfordernisse verlagerte sich die politische Macht zusehends an die militärische Spitze der Obersten Heeresleitung (OHL). Diese lag ab 1916 in den Händen von Hindenburg und Ludendorff, die in die Rolle von heimlichen Militärdiktatoren hineinwuchsen.

M 1 **„November 1918"**
Titelblatt des Simplicissimus vom 3. Dezember 1918

1914 waren die wesentlichen politischen Kräfte bereit gewesen, ihre Interessen zurückzustellen, um so die innenpolitischen Voraussetzungen für einen deutschen Sieg zu schaffen. Diese Politik des Burgfriedens zerbrach, und der politische Konsens wich einer zunehmenden Polarisierung. Auf der einen Seite standen die Mehrheitsparteien im Reichstag (SPD, Fortschrittspartei, Zentrum). Sie drängten auf einen Kompromissfrieden ohne Annexionen, Abschaffung des preußischen Dreiklassenwahlrechts sowie Demokratisierung der autoritär-obrigkeitsstaatlichen Gesellschaft. Ihnen gegenüber standen die konservativen Anhänger eines Siegfriedens, die ab 1917 in der Vaterlandspartei organisiert waren.

Als im Herbst des Jahres 1918 die militärische Niederlage zur Gewissheit wurde, drängte die OHL auf eine Parlamentarisierung. Diese wurde vollzogen und brachte unter anderem die parlamentarische Verantwortlichkeit des Reichskanzlers sowie eine allgemeine politische Aufwertung des Reichstags. Durch diese Reform – bisweilen auch als „Revolution von oben“ bezeichnet – war fast unter Ausschluss der Öffentlichkeit aus dem monarchistischen Obrigkeitsstaat eine parlamentarisch-demokratische Monarchie geworden.

Das deutsche Volk hatte unter dem Krieg außerordentlich zu leiden. Hunger und Entbehrungen waren ab 1917 weit verbreitet. Die Blockade der Alliierten verschlechterte die Versorgung mit lebensnotwendigen Gütern. Kriegsmüdigkeit und Friedenssehnsucht wuchsen ständig, als der wiederholt angekündigte Sieg ausblieb. Die ungleiche Verteilung der Kriegslasten („Kriegsgewinnler“) stärkte die Protestbereitschaft.

Das Eingeständnis der militärischen Niederlage musste wie ein Schock wirken, da eine systematische Zensur den Einblick der Öffentlichkeit in die tatsächliche Lage bis dahin verhindert hatte. Überspannte Hoffnungen auf den großen Sieg brachen unversehens zusammen.

Meuterei der Matrosen

In dieser Situation beschloss die deutsche Seekriegsleitung die Ausfahrt der Hochseeflotte in Richtung England. Diese Flotte, die bei Kriegsbeginn 1914 eine wesentliche Ursache für die deutsch-britische Feindschaft gewesen war, hatte aufgrund der britischen Überlegenheit die vergangenen Kriegsjahre fast ausschließlich in den schützenden Heimathäfen verbringen müssen.

Inhalt

Inhalt

Die große Mehrheit der Matrosen teilte nicht die bei hohen Marineoffizieren verbreitete Idee eines ruhmvollen Untergangs. Im Gegenteil: Die Matrosen empfanden dieses Vorhaben als einen sinnlosen Opfergang. Ihre Weigerung mündete in einer spontanen und unorganisierten Bewegung, die kaum auf Widerstand stieß. Die Stützen der alten Ordnung schienen erstarrt zu sein. In dieses Machtvakuum hinein bildeten sich erst Soldatenräte, dann Arbeiter- und Soldatenräte, und übernahmen – vorwiegend in den Städten – die Macht.

Die Bildung der Provisorischen Regierung

Friedrich Ebert (1871–1925)
Parteivorsitzender der SPD, erster Präsident der Weimarer Republik von 1919 bis 1925, war kein Revolutionär. Er strebte eine Demokratie nach westlichem Vorbild an. Am Ende seiner Amtszeit wurde er das Opfer einer maßlosen politischen Hetze der politischen Rechten.

Im Unterschied zur Oktoberrevolution 1917 in Russland war die Novemberrevolution in Deutschland nicht das Ergebnis des ziel- und machtbewussten Vorgehens einer revolutionären Partei wie die der Bolschewiki in Russland. Der mit ihnen sympathisierende Spartakusbund spielte zu diesem Zeitpunkt noch eine politisch untergeordnete Rolle. Der Umsturz im November 1918 geschah spontan in der Atmosphäre eines politischen Machtvakuums. Angesichts der militärischen Niederlage blieben die „kaiserlichen Gewalten" wie gelähmt und wichen handlungsunfähig zurück. Die eigentliche Politisierung beziehungsweise Radikalisierung der linken und rechten Strömungen vollzog sich erst zu einem späteren Zeitpunkt: während des Bürgerkrieges 1919.

„Wir können nicht sagen, wir haben die Revolution ‚gemacht', aber wir sind nicht ihre Gegner gewesen." Dieser Ausspruch des SPD-Politikers Wels zeigt das zwiespältige Verhältnis der SPD zu der neuen politischen Massenbewegung. Die SPD machte sich viele Forderungen erst nachträglich zu eigen, nicht zuletzt um die spontane Bewegung unter Kontrolle zu bringen. Das galt auch in Bezug auf die Kaiserfrage. Ihre Forderung nach Absetzung des Monarchen und Umwandlung Deutschlands in eine Republik spiegelte die allgemeine Radikalisierung wider.

Als der amtierende Reichskanzler Max von Baden erkannte, dass der Kaiser aus außenpolitischen (Druck von Seiten der USA) und innenpolitischen Gründen nicht zu halten war, veröffentliche er ein nicht-autorisiertes Abdankungstelegramm Wilhelms II. Daraufhin übergab er eigenmächtig die Regierungsgeschäfte dem SPD-Vorsitzenden Friedrich Ebert (9. November 1918).

Am gleichen Tag noch rief der SPD-Politiker Philipp Scheidemann vom Balkon des Reichstages die demokratische Republik aus, während (sein Gegenspieler) Karl Liebknecht vom Spartakusbund fast zeit-

M 2

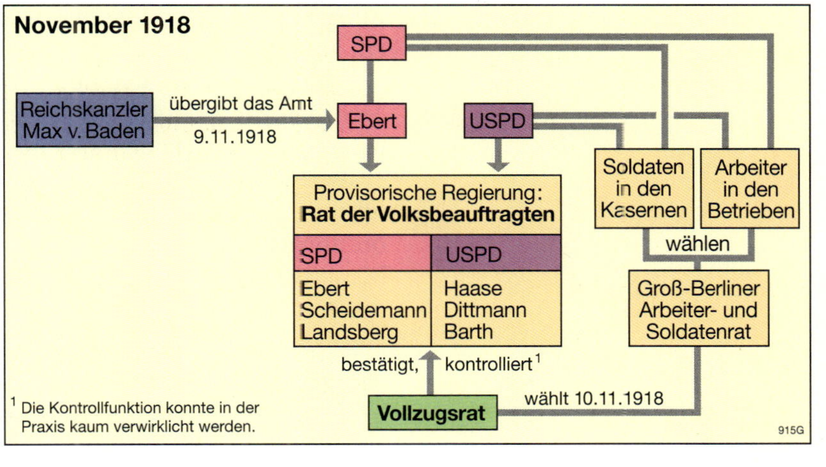

gleich die sozialistische Republik proklamierte. Die SPD sowie die linkssozialistische Unabhängige Sozialdemokratische Partei (USPD) einigten sich auf eine neue provisorische Regierung und bildeten den „Rat der Volksbeauftragten". Ebert versicherte sich der militärischen Unterstützung. Er und General Groener von der OHL vereinbarten eine künftige Zusammenarbeit.

Durch die halblegale Machtübertragung aus den Händen seines Vorgängers verkörperte Ebert als Reichskanzler die Kontinuität des Amtes. Gleichzeitig besaß er als Vorsitzender im Rat der Volksbeauftragten eine revolutionäre Legitimität.

Rätesystem oder parlamentarische Demokratie?

Parallel zum Rat der Volksbeauftragten bildete sich in Berlin der Groß-Berliner Arbeiter- und Soldatenrat, der sich als revolutionäres Organ verstand und daher Kontrollbefugnisse über die provisorische Regierung beanspruchte. Es entstand ein Konkurrenzverhältnis zwischen der Regierung und den Räten. In diesem Konflikt konnte sich die Regierung sowohl auf das Militär als auch auf die traditionelle Verwaltung stützen.

Die Räte verstanden sich als Organe, deren Aufgabe es war, die Revolution gegen die „alten Mächte" – Militär, Industrie, Bürokratie – zu sichern. Spartakisten und Teile der USPD befürworteten eine radikale Form der Revolution. Auf der Basis einer sozialisierten Industrie strebten sie die politische Ordnung eines Rätesystems an und orientierten sich dabei weitgehend am Vorbild des bolschewistischen Russland.

Die Hauptströmung der gesellschaftlichen Erneuerung Ende 1918 repräsentierte die Mehrheitssozialdemokratie im Bündnis mit den Liberalen und der katholischen Zentrumspartei. Sie strebte eine parlamentarische Demokratie nach westeuropäischem Muster an. Dazu gehörte die Abschaffung des preußischen Dreiklassenwahlrechts, die Einführung des allgemeinen Wahlrechts auch für Frauen und die Einrichtung einer parlamentarisch-verantwortlichen Regierung, das bedeutete in diesem Zusammenhang die Abhängigkeit der Regierungsausübung von einer Mehrheit im Reichstag.

Die Wahlen zum Reichsrätekongress offenbarten das Kräfteverhältnis innerhalb der Arbeiterbewegung. Die Räte waren in ihrer erdrückenden Mehrheit keineswegs kommunistisch oder bolschewistisch orientiert. Von den etwa 500 Delegierten vertraten etwa 300 die SPD und knapp 100 die USPD; nur 10 Delegierte gehörten dem Spartakusbund an. Der Rest war parteilos oder bürgerlich-demokratisch eingestellt. Einer der Konflikte, die den Kongress im Dezember 1918 spalteten, entzündete sich an der Frage, ob Wahlen zu einer Nationalversammlung abgehalten werden sollten. Der Rätekongress beschloss mit großer Mehrheit diese Wahlen und stellte damit die Weichen für die Einführung eines parlamentarischen Systems.

Der Reichsrätekongress zeigte, dass die Voraussetzungen für die Einführung eines revolutionären Rätesystems fehlten. Eine solche Neuordnung wurde selbstverständlich nicht nur von den (abwartenden) bürgerlich-konservativen Kräften abgelehnt, sondern selbst innerhalb der Arbeiterbewegung war dieser Weg nicht mehrheitsfähig. Die tonangebende sozialdemokratische Führung unter Ebert und Scheidemann war antirevolutionär eingestellt und sah in der Räteherrschaft eine Form der Diktatur, die es auch mit Blick auf das bolschewistische Russland zu verhindern galt.

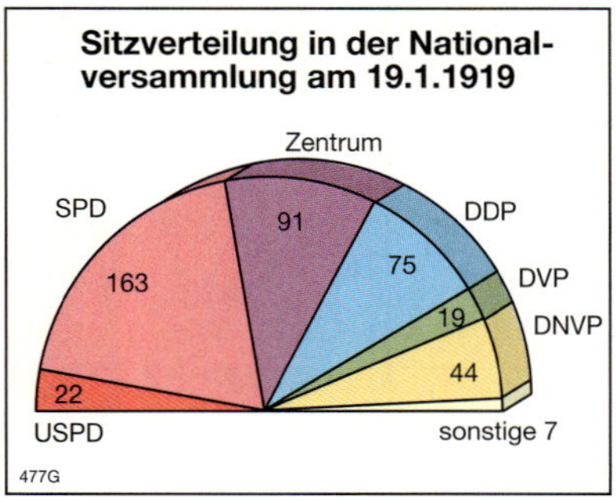

Die Wahl zur Nationalversammlung am 19. Januar 1919 fand nach einem neuen Verfahren statt, das durch die Begriffe Verhältniswahl, Frauenwahlrecht und Senkung des Wahlalters auf 20 Jahre gekennzeichnet war. Ihr Ergebnis verhieß eine solide Basis für die neue republikanische Ordnung. Zwar erfüllten sich nicht die Erwartungen der SPD auf eine absolute Mehrheit, aber die „Weimarer Koalition“, bestehend aus SPD, Zentrum und DDP (Deutsche Demokratische Partei), errang einen überwältigenden Wahlsieg.

Diese parlamentarische Mehrheit bildete das Fundament für die Verabschiedung der Weimarer Reichsverfassung, die im Wesentlichen vom liberalen Staatsrechtler Hugo Preuß entworfen wurde. Sie trat am 11. August 1919 in Kraft.

Die Novemberrevolution 1918/19 – Versuch einer Einordnung

Die Novemberrevolution hat bis heute in der historischen Forschung keine einhellige Beurteilung gefunden.

Einigkeit herrscht unter den Historikern in Bezug darauf, dass die Novemberrevolution das Produkt der militärischen Niederlage Deutschlands im Ersten Weltkrieg gewesen sei. Aber bereits bei der Frage, wie groß die Handlungsspielräume der damaligen Politiker für einen radikalen Neubeginn gewesen seien, scheiden sich die Geister.

Politisch war eine einschneidende Änderung durch die Parlamentarisierung vom 28. Oktober 1918 bereits erreicht worden. Die Parlamentarisierung hatte dem Kaiser die Macht entzogen und die politische Rechte des Reichstages gestärkt. Die Reichsregierung bedurfte nunmehr des Vertrauens der Volksvertretung. Dieser Verfassungsänderung, die formal eine parlamentarische Monarchie begründete, folgte wenig später der Sturz der Monarchen und Fürsten in Deutschland. Diese politische Revolution, aus der die Republik hervorging, wurde aber nicht von wirtschaftlichen und personellen Umschichtungen flankiert. Die Umwälzung von 1918 bedeute keine soziale Revolution. Wichtige politische Kräfte in Verwaltung, Armee, Justiz und Wirtschaft vermochten ihre Machtpositionen vom Kaiserreich in die Republik hinüberzuretten.

Chronologie

29. Sept. 1918	Die OHL fordert die Reichsregierung auf, ein Waffenstillstandsangebot an die Westmächte herauszugeben sowie die Regierung umzubilden.
4. Okt. 1918	Waffenstillstandsersuchen an den amerikanischen Präsidenten Wilson
24. Okt. 1918	Abschaffung des preußischen Dreiklassenwahlrechts
28. Okt. 1918	Beginn der Meuterei von Teilen der Hochseeflotte
28. Okt. 1918	Änderung der Verfassung (Parlamentarisierung)
4. Nov. 1918	Bildung des Kieler Arbeiter- und Soldatenrats
8. Nov. 1918	Kurt Eisner (USPD) ruft die bayerische Räterepublik aus, die sich unabhängig von der Kieler Matrosenbewegung gebildet hat.
9. Nov. 1918	Ausrufung der Republik: Philipp Scheidemann (SPD) und Karl Liebknecht (Spartakus)
10. Nov. 1918	Bildung des Rats der Volksbeauftragten
11. Nov. 1918	Unterzeichnung des Waffenstillstands
16. Dez. 1918	Beginn des Reichskongresses der Arbeiter- und Soldatenräte in Berlin
19. Jan. 1919	Wahlen zur Nationalversammlung

M 3 Deutsches Reich: Kriegsrationen und Friedensverbrauch

Während des Krieges waren die Lebensmittel rationiert. Die folgende Statistik spiegelt die relative Lebensmittelversorgung wider:

(Friedensverbrauch = 100)	Juli 1916 bis Juni 1917	Juli 1917 bis Juni 1918	Juli 1918 bis Dez. 1918
Fleisch	31	20	12
Fisch	51	–	5
Eier	18	13	13
Schmalz	14	11	7
Butter	22	21	28
Käse	3	4	15
Reis	4	–	–
Hülsenfrüchte	14	1	7
Zucker	49	56–67	80
Pflanzliche Fette	39	41	17
Kartoffeln	71	94	94
Mehl	53	47	48

Zit. nach: G. Hardach, Der Erste Weltkrieg, München 1973, S. 130.

M 4 Anzahl der Streiks (1914–1918)

	Jan.–Aug. 1914	Aug. 1914	Sept. bis Dez 1914	1915	1916	1917	1918
Streiks	1199	0	24	141	240	562	773
Streikende	94014	0	1126	12866	124188	651461	1304248

Zit. nach: J. Berlin (Hg.), Die deutsche Revolution 1918/19, Quellen und Dokumente, Köln 1979, S. 39.

M 5 Eingeständnis der militärischen Niederlage

General Ludendorff (1865–1937) hatte zusammen mit Hindenburg die militärische Gesamtleitung im Krieg inne. Ende September 1918 sagte er vor Vertrauten:

Er [Ludendorff] sagte ungefähr Folgendes: Er sei verpflichtet, uns zu sagen, dass unsere militärische Lage furchtbar ernst sei. Täglich könne unsere Westfront durchbrochen werden. Er habe darüber in den letzten Tagen Sr. M. [Seiner Majestät] zu berichten gehabt. Zum 1. Mal sei der O.H.L. von Sr. M. bzw. vom Reichskanzler die Frage vorgelegt worden, was sie und das Heer noch zu leisten imstande seien. Er habe im Einvernehmen mit dem Generalfeldmarschall geantwortet: „Die O.H.L. und das deutsche Heer seien am Ende; der Krieg sei nicht nur nicht mehr zu gewinnen, vielmehr stehe die endgültige Niederlage wohl unvermeidlich bevor. Bulgarien sei abgefallen. Österreich und die Türkei am Ende ihrer Kräfte würden wohl bald folgen. Unsere eigene Armee sei leider schon schwer verseucht durch das Gift spartakistisch-sozialistischer Ideen. Auf die Truppen sei kein Verlass mehr. Seit dem 8.8. sei es rapide abwärts gegangen. Fortgesetzt erwiesen Truppenteile sich so unzuverlässig, dass sie beschleunigt aus der Front gezogen werden müssten. Würden sie von noch kampfwilligen Truppen abgelöst, so würden diese mit dem Rufe „Streikbrecher" empfangen und aufgefordert, nicht mehr zu kämpfen. Er könne nicht mit Divisionen operieren, auf die kein Verlass mehr sei. So sei vorauszusehen, dass dem Feinde schon in nächster Zeit mithilfe der kampffreudigen Amerikaner ein großer Sieg, ein Durchbruch in ganz großem Stile gelingen werde, dann werde dieses Westheer den letzten Halt verlieren und in voller Auflösung zurückfluten über den Rhein und werde die Revolution nach Deutschland tragen.
Diese Katastrophe müsse unbedingt vermieden werden. Aus den angeführten Gründen dürfe man sich nun nicht mehr schlagen lassen. Deshalb habe die O.H.L. von Sr. M. und dem Kanzler gefordert, dass ohne jeden Verzug der Antrag auf Herbeiführung eines Waffenstillstandes gestellt würde bei dem Präsidenten Wilson von Amerika zwecks Herbeiführung eines Friedens auf der Grundlage seiner 14 Punkte.

Aus den Tagebuchblättern des Obersten von Thaer vom 1. Oktober 1918, zit. nach: G. A. Ritter, S. Miller, Die deutsche Revolution 1918–1919, Frankfurt 1968, S. 23.

M 6 Forderungen der Kieler Matrosen

Nach dem erfolgreichen Matrosenaufstand formulierte der Soldatenrat die folgenden Forderungen (4. November 1918):

1. Freilassung sämtlicher Inhaftierten und politischen Gefangenen.
2. Vollständige Rede- und Pressefreiheit.
3. Aufhebung der Briefzensur.
4. Sachgemäße Behandlung der Mannschaften durch Vorgesetzte.
5. Straffreie Rückkehr sämtlicher Kameraden an Bord und in die Kasernen.
6. Die Ausfahrt der Flotte hat unter allen Umständen zu unterbleiben.
7. Jegliche Schutzmaßnahmen mit Blutvergießen haben zu unterbleiben.
8. Zurückziehung sämtlicher nicht zur Garnison gehöriger Truppen.
9. Alle Maßnahmen zum Schutze des Privateigentums werden sofort vom Soldatenrat festgesetzt.
10. Es gibt außer Dienst keine Vorgesetzte mehr.
11. Unbeschränkte persönliche Freiheit jedes Mannes von Beendigung des Dienstes bis zum Beginn des nächsten Dienstes.
12. Offiziere, die sich mit den Maßnahmen des jetzt bestehenden Soldatenrates einverstanden erklären, begrüßen wir in unserer Mitte. Alles Übrige hat ohne Anspruch auf Versorgung den Dienst zu quittieren.
13. Jeder Angehörige des Soldatenrates ist von jeglichem Dienste zu befreien.
14. Sämtliche in Zukunft zu treffenden Maßnahmen sind nur mit Zustimmung des Soldatenrates zu treffen.

Diese Forderungen sind für jede Militärperson Befehle des Soldatenrates.

Der Soldatenrat.

Zit. nach: G. A. Ritter, S. Miller, a. a. O., S. 44.

M 8

M 7 „Matrosen, Soldaten und Arbeiter verbrüdern sich"

Zeitungsbericht vom 7.11.1918 über die revolutionären Ereignisse am 6. November 1918 in Hamburg:

Das gellende Signal von Kiel hat auch die Hamburger Arbeiter und die Matrosen und Soldaten aufgerufen. Am Mittwoch morgen wurde auf den Werften und sehr vielen anderen Betrieben die Arbeit niedergelegt. Auf den im Hafen liegenden Kriegsfahrzeugen wurde die rote Flagge gehisst als Zeichen, dass auch hier die Matrosen dem Beispiel ihrer Kieler Kameraden gefolgt sind.

Die Straßen zeigen ein verändertes Bild. Überall sah man bewaffnete Gruppen mit roten Schleifen geschmückter Matrosen und Soldaten. Jeder Offizier wurde verhaftet und nach Abnahme seiner Waffen einige Stunden im Gewerkschaftshaus festgehalten.

Gegen 12 Uhr hatten sich in langen Zügen die Proletarier Hamburgs, durchsetzt mit großen Massen bewaffneter Matrosen und Soldaten, auf dem Heiliggeistfeld eingefunden – insgesamt zirka 40 000 Mann. [...] Das Generalkommando hatte uns zum Heiligengeistfelde einen Hauptmann gesandt, der uns mitteilte, dass [General] v. Falk bereit sei, eine Abordnung zu empfangen.

[...] Genosse Wolffheim bedeutete dem Offizier, dass wir jetzt Wichtigeres zu tun hätten, als mit von Falk zu verhandeln, dass er es aber schon bemerken würde, wenn die Demonstranten dort wären. Inzwischen war uns gemeldet, dass das Generalkommando sehr stark mit Maschinengewehren und Truppen besetzt sei. Um unnötiges Blutvergießen zu vermeiden, begaben sich die Genossen Düwell und Wolffheim 20 Minuten vor dem Eintreffen des Zuges in das Gebäude, um den General zu fragen, wie er sich gegenüber den Demonstranten zu verhalten gedenke. Zu unserer maßlosen

M 9 **Übergabe der Garde-Ulanen-Kaserne in Berlin** an die Mitglieder des Arbeiter- und Soldatenrates, November 1918

Überraschung war der Falke ausgeflogen und niemand wusste, wohin er seinen – gar nicht stolzen – Flug genommen hatte! Nur ein Registrator befand sich noch im Gebäude, die Maschinengewehre und Truppen waren entfernt worden. Von Falk [...] hatte sich feige zurückgezogen. [...]

Dies war uns der Beweis, dass wir die Stadt in den Händen hatten. Was jetzt noch zu geschehen hatte, vollzog sich mit relativer Leichtigkeit. Die Bahnhöfe wurden besetzt, die Kasernen übernommen. Die Bezirkskommandos aufgehoben. Der gesamte Verkehr ging in die Hände des Soldatenrates über, der im Gewerkschaftshause seine Bureaus etabliert hatte und mit bewunderungswürdiger Zielsicherheit und Entschlossenheit seine Weisungen erteilte, die von den freien Proletariern im Waffenrock mit peinlichster Sorgfalt durchgeführt wurden. [...]

Eine Vertretung des Arbeiter- und Soldatenrats begab sich am Mittwoch, abends 6 1/2 Uhr, ins Rathaus, um mit dem Senat über die folgenden Forderungen zu verhandeln:

Abberufung des Generals Falk.

Anerkennung des Soldatenrats durch das Generalkommando.

Festsetzung der Zeit einer Verhandlung zwischen Generalkommando und Soldatenrat.

Übergabe des öffentlichen Verkehrs an den Soldatenrat.

Unterstellung der Lebensmittelversorgung unter die Kontrolle des Arbeiterrats.

Sicherung der Papierversorgung für die Zwecke der Bekanntmachungen des Arbeiter- und Soldatenrats. [...]

Der Soldatenrat übernahm die Verpflichtung, für Aufrechterhalt der öffentlichen Ruhe und Sicherheit zu sorgen.

Die Arbeiter und Soldaten haben die politische Macht in die Hand genommen, sie werden zeigen, dass sie reif sind, von dieser Macht den richtigen Gebrauch zu machen. Gegen den Mob und sonstige unlautere Elemente wird rücksichtslos eingeschritten werden.

Zit. nach: G. A. Ritter, S. Miller, a. a. O., S. 52 ff.

M 10 Der Rat der Volksbeauftragten: Aufruf vom 12. November 1918

Die neue Regierung, die sich „Rat der Volksbeauftragten" nannte, betonte ihren revolutionären Ursprung. Sie verkündete:

An das deutsche Volk!

Die aus der Revolution hervorgegangene Regierung, deren politische Leitung rein sozialistisch ist, setzt sich die Aufgabe, das sozialistische Programm zu verwirklichen. Sie verkündet schon jetzt mit Gesetzeskraft Folgendes:

1. Der Belagerungszustand wird aufgehoben.
2. Das Vereins- und Versammlungsrecht unterliegt keiner Beschränkung, auch nicht für Beamte und Staatsarbeiter.
3. Eine Zensur findet nicht statt.
4. Meinungsäußerung in Wort und Schrift ist frei.
5. Die Freiheit der Religionsausübung wird gewährleistet. Niemand darf zu einer religiösen Handlung gezwungen werden.
6. Für alle politischen Straftaten wird Amnestie gewährt. Die wegen solcher Straftaten anhängigen Verfahren werden niedergeschlagen.
7. Das Gesetz über den vaterländischen Hilfsdienst wird aufgehoben, mit Ausnahme der sich auf die Schlichtung von Streitigkeiten beziehenden Bestimmungen.
8. Die Gesindeordnungen werden außer Kraft gesetzt; ebenso die Ausnahmegesetze gegen die Landarbeiter.
9. Die bei Beginn des Krieges aufgehobenen Arbeiterschutzbestimmungen werden hiermit wieder in Kraft gesetzt.

Weitere sozialpolitische Verordnungen werden binnen kurzem veröffentlicht werden, spätestens am 1. Januar 1919 wird der achtstündige Maximalarbeitstag in Kraft treten. [...] Die Regierung wird die geordnete Produktion aufrecht erhalten, das

Eigentum gegen Eingriffe Privater sowie die Freiheit und Sicherheit der Person schützen.

Alle Wahlen zu öffentlichen Körperschaften sind fortan nach dem gleichen, geheimen, direkten, allgemeinen Wahlrecht auf Grund des proporzionellen Wahlsystems für alle mindestens 20 Jahre alten männlichen und weiblichen Personen zu vollziehen. Auch für die konstituierende Versammlung, über die nähere Bestimmung noch erfolgen wird, gilt dieses Wahlrecht.

Berlin, den 12. November 1918.

Ebert, Haase, Scheidemann, Landsberg, Dittmann, Barth

Zit. nach: E. Forsthoff, Deutsche Geschichte seit 1918 in Dokumenten, Stuttgart 1938, S. 10.

M 11 Rätekongress in Berlin (16.–20. Dezember 1918)

a) Rede des Vollzugsratsmitglieds Max Cohen-Reuss (SPD) am 19.12.1918:

Wie man auch über die Arbeiter- und Soldatenräte denken mag – ich denke ziemlich günstig über sie und werde darauf noch zurückkommen –, in jedem Falle drücken die Arbeiter- und Soldatenräte nur einen Teilwillen, niemals aber den Willen des ganzen deutschen Volkes aus. Diesen festzustellen, darauf kommt es an.

[…] Um nun auf das zu kommen, was mich und meine Freunde von den Genossen der U.S.P. und wahrscheinlich auch von dem Koreferenten, dem Genossen Däumig, trennt, möchte ich Folgendes hervorheben. Die Genossen sagen: Wenn eine baldige Nationalversammlung zusammentritt, bekommen wir keine sozialistische Mehrheit, wir müssen deshalb die Sozialisierung vorher so schnell wie möglich beschließen. Parteigenossen, ich bin direkt der gegenteiligen Auffassung. (Sehr richtig!) Wenn wir eine sozialistische Mehrheit bekommen wollen, müssen wir die Nationalversammlung so schnell wie möglich einberufen. […] Wenn die Genossen der U.S.P., die an eine solche Mehrheit nicht glauben, sich mit der alten Partei [der SPD] für die Wahlen zusammentun, was mein sehnlichster Wunsch wäre, dann wird hier eine feste Reihe entstehen, die alle bürgerlichen Parteien schlagen wird und schlagen muss. (Beifall bei der Mehrheit.)

[…] Wenn es aber innerhalb der Arbeiterschaft eine Gruppe geben sollte – und leider ist das die Spartakusgruppe, die dieses gemeinsame Vorgehen nicht will, dann mag sie sich zur Wahl stellen, dann wollen wir sehen, wer hinter ihr steht. Parteigenossen! Lassen Sie mich bei dieser Gelegenheit noch eines sagen! Es ist selbstverständlich, dass wir alle so viel Sozialismus wollen, wie durchführbar ist. Aber persönlich habe ich die Überzeugung, es wird nicht mehr Sozialismus durchführbar sein, als die Mehrheit des Volkes will. Denn ein Sozialismus, der vorher durchgeführt wäre, hätte sehr geringen Bestand, wenn die Mehrheit des Volkes anderer Meinung wäre.

[…] Parteigenossen, schätzen Sie wirklich bei ganz ruhiger, nüchterner Überlegung den Widerstand der bürgerlichen Kreise und der Intelligenz so gering ein, das wir, wenn wir sie politisch entrechten, gegen ihren Willen die Wirtschaft führen können? […]

Nun noch ein paar Worte über die Arbeiter- und Soldatenräte […]. Man wird zu der Erkenntnis kommen, dass ohne die Arbeiter- und Soldatenräte in den ersten Tagen wahrscheinlich schon die Katastrophe hereingebrochen wäre. (Sehr richtig!) Nur die Arbeiter- und Soldatenräte sind es gewesen, die die Ordnung aufrecht erhalten konnten und die soviel Autorität besaßen, dass nicht alles drunter und drüber ging; und ebenso, wie man zugeben muss, dass sie manche Geldmittel verschwendet haben – aber wie wäre das in so ungeordneten Zuständen auch anders möglich! –, so haben die Arbeiter- und Soldatenräte auch Milliarden von deutschem Volksvermögen gerettet. (Sehr richtig!) Ich meine also, die Arbeiter- und Soldatenräte hatten ihre Berechtigung und werden ihre Berechti-

M 12 Demonstration für das Rätesystem in Berlin im Dezember 1918

gung auch weiter haben. Nur, glaube ich, müssen sie an der Zentralstelle, die die Verfassung des Deutschen Reiches schaffen wird, der Nationalversammlung Platz machen.

Zit. nach: G. A. Ritter, S. Miller, a. a. O., S. 300 ff.

b) Rede des Vollzugsratmitglieds Ernst Däumig (USPD) am 19.12.1918:

Wenn die Geschichte dieser Revolutionswochen in Deutschland geschrieben wird, dann wird man sich lächelnd fragen: Waren denn die Leute so blind, dass sie nicht sahen, dass sie sich selbst den Strick um den Hals legten? Denn das muss doch jedem klar Denkenden einleuchten, dass die jubelnde Zustimmung zur Nationalversammlung gleichbedeutend ist mit einem Todesurteil für das System, dem Sie jetzt angehören, für das Rätesystem. (Sehr richtig – Unruhe.) Und wenn Sie die Leidenschaft haben, einen politischen Selbstmörderklub darzustellen, ich lasse ihnen das Vergnügen, ich für meinen Teil danke dafür. (Lebhafter Beifall, Zurufe!) [...]
Was soll denn dieses Rätesystem neben einem sich so breitspurig einnistenden parlamentarisch-demokratisch-bürgerlichen System, wie es die Nationalversammlung einmal im Gefolge hat! Eine leere Staffage, eine Marionette! Im Wirtschaftsleben werden mithilfe der Nationalversammlung und des Bürgertums die Gewerkschaften alten Stils natürlich die Arbeiterräte aus den Betrieben ganz schnell herausgedrängt haben. (Zuruf.) – Das machen sie heute schon und haben es schon gemacht.
[...] Lassen Sie sich nicht durch die Missgriffe und Fehler der ersten Wochen irremachen. Überall sind die Arbeiterräte impulsiv auf einmal aus der Erde geschossen ohne gegenseitige Verständigung, so dass manche Reibungen und Missverständnisse und auch manche Missgriffe haben vorkommen müssen. Aber das sind Kinderkrankheiten, die überwunden werden können und müssen. Das ist aber nur möglich, wenn wir dieses System anerkennen. Dann werden viele Klagen, die im Laufe der ersten Zeit laut geworden sind, verstummen. Denn was jetzt ist, ist doch nur ein Kompromiss zwischen Revolution und altem System, (Sehr wahr!) aus dem natürlich nichts Gutes herauskommen konnte. Die alte Staatsmaschine mit all den Leuten, die bisher an ihren verschiedenen Stellen gearbeitet haben, ist ja noch beibehalten, und der Vollzugsrat, der hier in Berlin gewirkt hat, hatte ebenso wie die Arbeiter- und Soldatenräte in der Provinz nur ein Kontrollrecht.

Zit. nach: G. A. Ritter, S. Miller, a. a. O., S. 306 ff.

M 13 Kennzeichnung von Räten

Räte (russisch Sowjets) bildeten sich zum ersten Mal in der Russischen Revolution von 1905. Der Politikwissenschaftler Peter von Oertzen erläutert den Rätebegriff:

Alle „Räte" richten sich gegen etwas, gegen eine bestimmte politische oder wirtschaftliche Ordnung, gegen eine bestimmte gesellschaftliche Ordnung, gegen eine bestimmte gesellschaftliche Machtverteilung. Der Grundzug der Räte kommt zum Ausdruck: 1. in den sozialen Schichten, die sie – in der Regel – vertreten, 2. in der Form ihres Wirkens, 3. in der Art ihrer Entstehung.
Zu 1: Gemeine Soldaten, Bauern und Kleinbürger, Arbeiter, Angestellte oder unterdrückte Volksmassen schlechthin waren in verschiedenen geschichtlichen Situationen und mit verschiedenem Gewicht die Träger von Rätebewegungen. Allen diesen Klassen bzw. Schichten ist gemeinsam, dass sie – sozial, wirtschaftlich, politisch – unterdrückt oder entrechtet oder zumindest abhängig sind, d. h., sich gegenüber bestimmten herrschenden Schichten in einer gesellschaftlich unterprivilegierten Position befinden. Sie sind – sei es durch die politische Verfassung (z. B. durch Wahlrechtsbeschränkung), sei es durch die Eigentumsordnung (z. B. als Lohnarbeiter) – von den entscheidenden gesellschaftlichen Machtstellungen: Offizierkorps, hohe Bürokratie, Parlament, Wirtschaftsleitung, weitgehend ausgeschlossen und haben auf deren Ausnutzung nur einen geringen oder gar keinen Einfluss.
Zu 2: Gegen die politischen, sozialen und rechtlichen Organisationsformen oder Institutionen, in deren Rahmen und mit deren Hilfe die herrschenden Schichten ihre Macht ausüben, richtet sich die politische Form der Rätebewegung: eine radikale direkte Demokratie. Durch sie wollen die bislang unterprivilegierten Schichten unmittelbar einen maßgebenden, wenn nicht überwiegenden Einfluss auf die Besetzung und Tätigkeit der leitenden Positionen in der Gesellschaft ausüben. [...]
Zu 3: Entsprechend der gegen die jeweils bestehende gesellschaftliche Ordnung gerichteten, der „revolutionären" Tendenz der Räte entstehen sie in der Regel aus revolutionären Situationen, und das spontane Handeln von Massen prägt ihre Entwicklung. Infolgedessen haftet den Räten weitgehend, wenn auch nicht durchweg, der Charakter von Revolutionsorganen an.

P. v. Oertzen, Betriebsräte in der Novemberrevolution, Berlin, Bonn-Bad Godesberg 1976, S. 9 f.

M 14 **Vergleich von Grundprinzipien der parlamentarischen Demokratie mit dem Rätemodell**

Merkmale	Parlamentarische Demokratie	Rätemodell
Wählerschaft und Willensbildung	Gesellschaftsmitglieder in der Rolle des *einzelnen „Staatsbürgers"*; individuelle Meinungsbildung; oft durch Parteien unterstützt; Wahl der „freien" Repräsentanten	Basiseinheiten (Arbeiter eines Betriebes, Wohneinheiten; aber auch „Senioren") in allen gesellschaftlichen Bereichen. Permanente öffentliche Diskussion (herrschaftsfreier Dialog); dabei einheitliche Willensbildung des *Kollektivs*
Repräsentation	*Abgeordnete* auf mehreren Ebenen von Parteien nominiert, unter Einfluss von (organisierten) Interessen; von Wahlberechtigten für bestimmte Perioden gewählt	*Räte* als System von Delegationskörperschaften („Pyramide") gewählt von den jeweils nachgeordneten Ebenen; keine Parteien, keine Verbände; alle öffentlichen Ämter durch Wahl besetzt
Mandat	*freies Mandat* (nur Gewissen unterworfen), mit faktischen Einengungen (Fraktions- und Parteidisziplin)	*imperatives Mandat;* jeder kann jederzeit abberufen werden (recall); Beschlüsse der entsendenden Einheiten sind zu vertreten (Rückkoppelung); Ämterrotation
Gewaltenteilung	*zentrales Prinzip,* insbesondere Regierung/Opposition (mit Minderheitenschutz); unabhängige Gerichte	*unnötig* (nach Aufhebung der Klassenherrschaft); Räte übernehmen exekutive, legislative und judikative Funktionen gleichzeitig.
Menschenbild	Mensch mit begrenzten Fähigkeiten und Möglichkeiten: jeder kann nicht alles machen. Persönliches Machtstreben begrenzen. Geringes Maß an sozialer Gleichartigkeit; Vielfalt der Interessen und Ideen	„Neuer Mensch" mit umfassenden analytischen, theoretischen und praktischen Fähigkeiten; kann verschiedenste Funktionen wahrnehmen; kein persönliches Machtstreben; hohes Maß an sozialer Gleichartigkeit

C. Böhret u. a., Innenpolitik und politische Theorie, Opladen 1979, S. 431.

M 15 **Die Novemberrevolution im Urteil der Historiker**

a) Zusammenbruch oder Revolution? Der Historiker Golo Mann bezeichnet die Novemberrevolution als „unecht":

Echte Revolutionen, sagten wir, sind nichts Gutes. [...] Macht man dagegen eine unechte Revolution, das ist eine solche, welche nur die politische Struktur umwirft, die gesellschaftliche aber unangetastet lässt, so wird das neue Gebäude auf unsicherem Boden stehen; es wäre dann besser gewesen, das alte bestehen zu lassen und nur, vorsichtig, ein wenig anders einzurichten, so wie Max von Baden es im Oktober 1918 versucht hatte. Mit den Sozialdemokraten versucht hatte. Das war es ja eben, die Ereignisse des Novembers waren nicht gemacht worden, am wenigsten von jenen, die sich dann wohl oder übel an die Spitze stellten und sie übernahmen. Sie waren ein Zusammenbruch, unvorhergesehen und unerwünscht, keine gemachte, schöpferisch geleitete Revolution. Folglich blieb der ganze Herrschafts- und Geistesapparat des Kaiserreichs erhalten: Verwaltung, Justiz, Universität, Kirchen, Wirtschaft, Generalität. Folglich war die politische Macht schwach; sie arbeitete mit Bürokraten, Richtern, Lehrern, die wohl oder übel ihren Beruf weiter ausübten, ohne an die Republik zu glauben.

G. Mann, Deutsche Geschichte des 19. und 20. Jahrhunderts, Frankfurt 1958, S. 689 f.

b) Warum scheitert die proletarische Revolution? Der Historiker Imanuel Geiss betont die Unterschiede zwischen Deutschland und Russland:

Im Gegensatz zu Russland war Deutschland bereits ein hochindustrielles Land. [...]

1. Nur ein Teil der Arbeiterschaft identifizierte sich mit der proletarischen Revolution, weil der übrige Teil, vermutlich die Mehrheit, sich bereits so weit in die Gesellschaft integriert fühlte, dass er – politisch bei den Konservativen, dem Zentrum, der MSPD (MSPD = Mehrheitssozialdemokratische Partei Deutschlands = SPD) gebunden – eine proletarische Revolution ablehnte.

2. Das Bürgertum war quantitativ sehr viel stärker als in Russland und verfügte, wie schon erwähnt, bereits über so viele Machtpositionen, dass es sich 1918/19 nicht einfach beiseite schieben ließ. Teile des Bürgertums, vor allem des Kleinbürgertums und der Angestellten, lieferten daher auch eine städtische Massenbasis für konservative, ja reaktionäre Politik.

3. Die Bauern waren, nachdem 1848 die letzten feudalen Lasten im Wesentlichen gefallen waren, 1918 insgesamt überwiegend konservativ eingestellt, auf keinen Fall revolutionär, und gaben im Allgemeinen die ländliche Massenbasis für konservative bis reaktionäre Politik ab.

4. Ein proletarisch revolutioniertes Deutschland wäre dem militärischen Eingriff der bürgerlichen, gerade eben siegreichen Großmächte des Westens so gut wie schutzlos ausgeliefert gewesen. Aus geografischen wie strukturellen Gründen hätte sich eine proletarische Revolution in Deutschland 1918/19 gegenüber einer militärischen Intervention, wie sie im weiter abgelegenen Russland ja auch versucht wurde, kaum halten können. Schon die stärkere Verletzbarkeit der höher entwickelten, damit aber auch anfälligeren Wirtschaftsstrukturen mit einer einen höheren Lebensstandard gewöhnten Bevölkerung durch einen Bürgerkriegs-Kommunismus hätte eine siegreiche proletarische Revolution in Deutschland nicht verkraften können. Hinzu kam die Abhängigkeit von außen für Lebensmittel und Rohstoffe, dramatisch unterstrichen und verstärkt durch die alliierte Seeblockade.

I. Geiss, Bürgerliche und proletarische Revolution, in: Aus Politik und Zeitgeschichte, Nr. 42/1975, S. 40 f.

Aufgaben

1. Die Dolchstoßlegende war das Instrument der politischen Rechten und hatte die Funktion einer Schuldzuweisung. Konfrontieren Sie die Legende mit den historischen Fakten.
   → Text, M5
2. Erläutern Sie die Auswirkungen des Krieges auf die sozialen Verhältnisse in Deutschland.
   → Text, M3, M4
3. Erklären Sie, aus welchem Kalkül heraus die OHL (Ludendorff) auf ein Waffenstillstandsgesuch drängte.
   → Text, M5
4. Überprüfen Sie, ob den 14 Punkten der Kieler Matrosen ein politisches Programm für die Neuordnung Deutschlands zugrunde lag.
   → M6
5. Wie erfolgte die Machtübernahme durch die Arbeiter- und Soldatenräte? Warum konnte sich die Matrosenbewegung so schnell ausbreiten?
   → Text, M7–M9
6. Stellen Sie die Argumente der beiden Redner für beziehungsweise gegen eine Nationalversammlung gegenüber.
   → Text, M11
7. Erläutern Sie, wie die politische Ordnung nach dem Sturz des Kaisers aussehen sollte.
   → Text, M10
8. Rekapitulieren Sie die Merkmale der Räteherrschaft und erörtern Sie, ob ein solches politisches System auch realisierbar ist.
   → M11, M13, M14
9. In welchen Situationen entstehen Räte und welche Aufgaben nehmen sie wahr?
   → Text, M13
10. Diskutieren Sie, ob Räte eine Alternative zum Parlamentarismus darstellen können.
    → M14
11. Inwiefern haftete der Revolution von 1918/19 eine Kompromissstruktur an?
    → Text, M15
12. Vergleichen Sie die revolutionären Ausgangsbedingungen in Russland (1917) und Deutschland (1918).
    → Text, M15

1.2 Politische Parteien und die Weimarer Verfassung

Die Wahlen zur Nationalversammlung am 19. Januar 1919 erbrachten eine überwältigende Mehrheit für die staatstragenden demokratischen Parteien. Die Aufgabe der Nationalversammlung bestand in erster Linie darin, eine neue Verfassung auszuarbeiten. Zu diesem Zweck trat sie in Weimar zusammen, weil Anfang 1919 in Berlin heftige Kämpfe tobten, die als „Spartakusaufstand“ in die Geschichte eingegangen sind. Das mit der deutschen Klassik unauflösbar verbundene Weimar gab der neuen Republik ihren Namen. Die Konstituante verabschiedete eine Verfassung, die – beruhend auf Entwürfen des liberalen Staatsrechtlers Hugo Preuß – geprägt wurde durch die Furcht vor einer zu großen Parlamentsmacht. Vor diesem Hintergrund ist die verfassungsmäßig starke Position des Reichspräsidenten zu sehen, den man als eine Art „Ersatzkaiser“ ansehen konnte. Er war Oberbefehlshaber der Streitkräfte; er ernannte und entließ die Regierung; er konnte das Parlament auflösen (Art. 25 WRV); und mit dem Artikel 48 stand ihm das Recht zu, Notverordnungen zu erlassen.

Die Weimarer Reichsverfassung integrierte mehrere Strukturmerkmale der europäischen Verfassungstradition:

- das Präsidialprinzip in der Institution des Reichspräsidenten,
- das Prinzip der repräsentativen Demokratie in der Institution des Reichstags,
- das Prinzip der plebiszitären Demokratie in der Einrichtung des Volksentscheids.

Die Weimarer Verfassung war auf dreifache Weise an den Grundsatz der Volkssouveränität gebunden:

- durch die Direktwahl des Reichspräsidenten,
- durch die Reichstagswahlen und
- durch unmittelbare Volksabstimmungen.

M 1

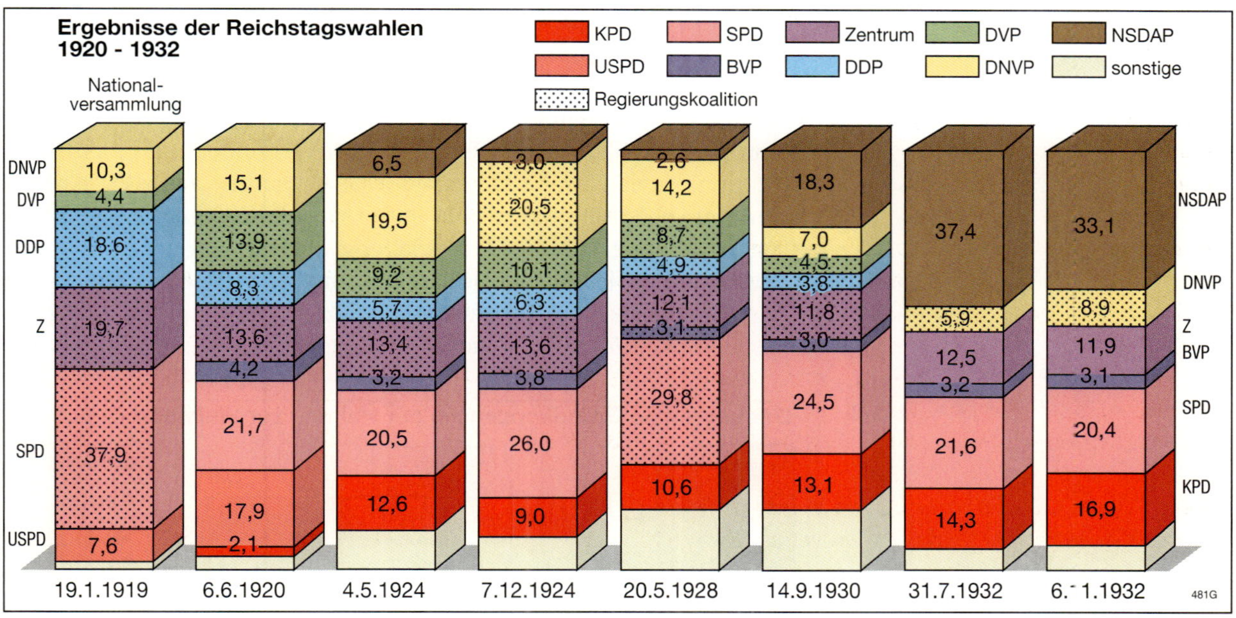

Im Unterschied zur Reichsverfassung von 1871 enthielt die Weimarer Verfassung einen Grundrechtskatalog, in dem die herkömmlichen Freiheits- und Gleichheitsrechte fixiert wurden: zum Beispiel Meinungs- und Versammlungsfreiheit, Vereinsfreiheit, Freiheit der Person, Unverletzlichkeit der Wohnung, Postgeheimnis, Recht auf Eigentum.

Wahlberechtigt waren Männer und Frauen ab 20 Jahren. Die Weimarer Verfassung schrieb zudem das reine Verhältniswahlrecht fest und kannte mithin keine 5-Prozent-Klausel wie das Wahlgesetz der Bundesrepublik. Dies hatte eine gewisse Zersplitterung der politisch-parlamentarischen Kräfte zur Folge.

Charakterisierung der wichtigsten Parteien der Weimarer Republik

- Kommunistische Partei Deutschlands (KPD): Revolutionäre Arbeiterpartei, die aus dem Spartakusbund hervorgegangen war; bekämpfte die Weimarer Republik und geriet im Laufe der zwanziger Jahre immer stärker in die Abhängigkeit von der Sowjetunion.
- Unabhängige Sozialdemokratische Partei Deutschlands (USPD): Abspaltung des linken beziehungsweise pazifistischen Flügels der SPD; konnte sich nicht auf Dauer etablieren und existierte als bedeutsame politische Kraft nur von 1917 bis 1922; ein Großteil ihrer Mitglieder ging zur KPD.
- Sozialdemokratische Partei Deutschlands (SPD): Gemäßigt-sozialistische (Arbeiter-)partei; trotz mancher revolutionärer Rhetorik in der Praxis für Reformen; strebte eine Zusammenarbeit mit den bürgerlichen Parteien an.
- Zentrum (Z): Bürgerlich-katholische Volkspartei; eine Stütze der Weimarer Republik; war bis 1932 an allen Regierungen beteiligt.
- Bayerische Volkspartei (BVP): Konservative Schwesterpartei des Zentrums.
- Deutsche Demokratische Partei (DDP): Linksliberale Partei insbesondere des städtischen Bürgertums; forderte eine Privatwirtschaft mit sozialer Bindung; bildete zusammen mit der SPD und dem Zentrum die Weimarer Koalition; ab 1930 Deutsche Staatspartei.
- Deutsche Volkspartei (DVP): Rechtsliberale bürgerliche Partei; vertrat die Interessen der Wirtschaft, vor allem der Großindustrie; hatte zur Weimarer Republik ein zwiespältiges Verhältnis.
- Deutschnationale Volkspartei (DNVP): Konservativ-monarchistische Partei, die ihre Anhänger in der alten Elite des Kaiserreichs besaß; vertrat auch die Interessen der Großagrarier; wurde in der Endphase der Weimarer Republik zum Verbündeten Hitlers.
- Nationalsozialistische Deutsche Arbeiterpartei (NSDAP): Antidemokratische, nationalistische Partei, aufgebaut nach dem Führerprinzip; zielte auf die Zerschlagung der Weimarer Republik im Sinne einer Revolution von rechts; bis 1923 nur als bayerische Regionalpartei von Bedeutung; erwirkte ihren landesweiten politischen Durchbruch erst nach dem Beginn der Weltwirtschaftskrise.

M 2

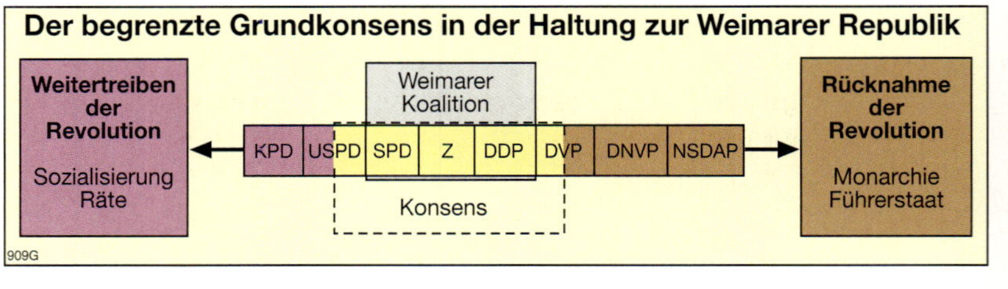

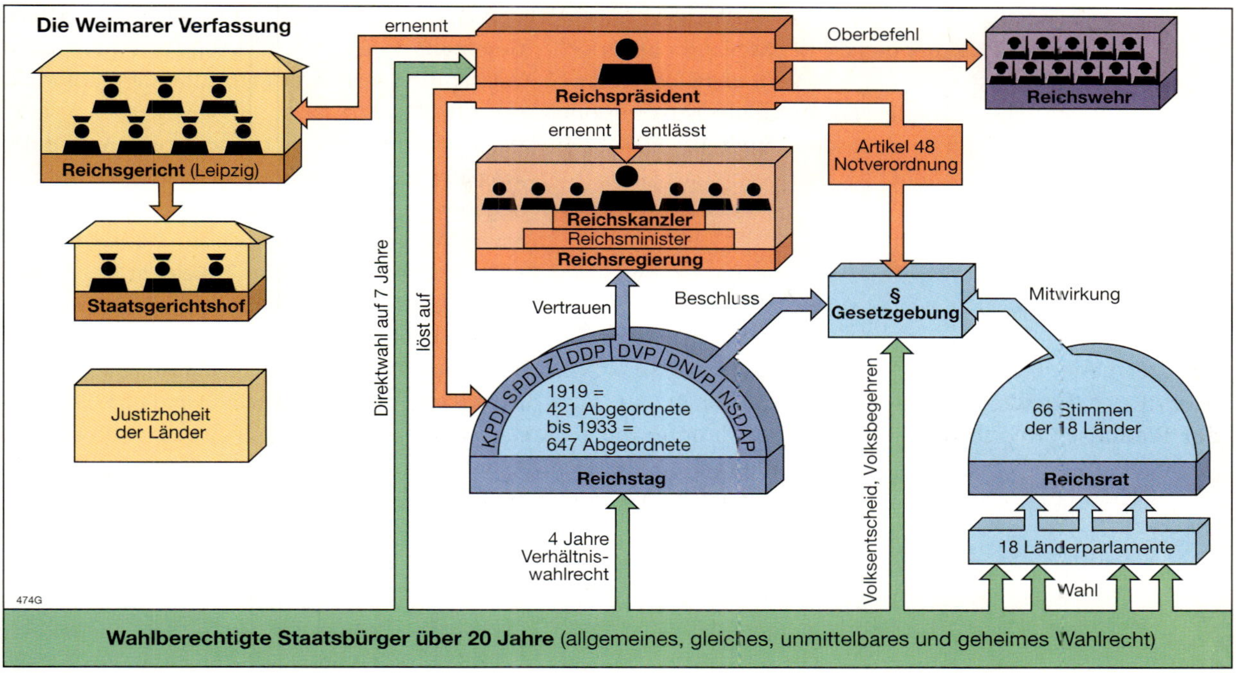

M 3

M 4 **Auszug aus der Weimarer Verfassung**

Artikel 25.

(1) Der Reichspräsident kann den Reichstag auflösen, jedoch nur einmal aus dem gleichen Anlass.

(2) Die Neuwahl findet spätestens am sechzigsten Tage nach der Auflösung statt.

Artikel 43.

(1) Das Amt des Reichspräsidenten dauert sieben Jahre. Wiederwahl ist zulässig.

Artikel 44.

Der Reichspräsident kann nicht zugleich Mitglied des Reichstags sein.

Artikel 45.

(1) Der Reichspräsident vertritt das Reich völkerrechtlich. Er schließt im Namen des Reichs Bündnisse und andere Verträge mit auswärtigen Mächten. Er beglaubigt und empfängt die Gesandten.

(2) Kriegserklärung und Friedensschluss erfolgen durch Reichsgesetz.

(3) Bündnisse und Verträge mit fremden Staaten, die sich auf Gegenstände der Reichsgesetzgebung beziehen, bedürfen der Zustimmung des Reichstags.

Artikel 46.

Der Reichspräsident ernennt und entlässt die Reichsbeamten und die Offiziere, soweit nicht durch Gesetz etwas anderes bestimmt ist. Er kann das Ernennungs- und Entlassungsrecht durch andere Behörden ausüben lassen.

Artikel 47.

Der Reichspräsident hat den Oberbefehl über die gesamte Wehrmacht des Reichs.

Artikel 48.

(1) Wenn ein Land die ihm nach der Reichsverfassung oder den Reichsgesetzen obliegenden Pflichten nicht erfüllt, kann der Reichspräsident es dazu mithilfe der bewaffneten Macht anhalten.

(2) Der Reichspräsident kann, wenn im Deutschen Reiche die öffentliche Sicherheit und Ordnung erheblich gestört oder gefährdet wird, die zur Wiederherstellung der öffentlichen Sicherheit und Ordnung nötigen Maßnahmen treffen, erforderlichenfalls mithilfe der bewaffneten Macht einschreiten. Zu diesem Zwecke darf er vorübergehend die in den Artikeln 114, 115, 117, 118, 123, 124 und 153 festgesetzten Grundrechte ganz oder zum Teil außer Kraft setzen.[1]

(3) Von allen gemäß Abs. 1 oder Abs. 2 dieses Artikels getroffenen Maßnahmen hat der Reichspräsident unverzüglich dem Reichstag Kenntnis zu geben. Die Maßnahmen sind auf Verlangen des Reichstags außer Kraft zu setzen.

Artikel 50.

Alle Anordnungen und Verfügungen des Reichspräsidenten, auch solche auf dem Gebiete der Wehrmacht, bedürfen zu ihrer Gültigkeit der Gegenzeichnung durch den Reichskanzler oder den zuständigen Reichsminister. Durch die Gegenzeichnung wird die Verantwortung übernommen.

Artikel 53.

Der Reichskanzler und auf seinen Vorschlag die Reichsminister werden vom Reichspräsidenten ernannt und entlassen.

Artikel 54.
Der Reichskanzler und die Reichsminister bedürfen zu ihrer Amtsführung des Vertrauens des Reichstags. Jeder von ihnen muss zurücktreten, wenn ihm der Reichstag durch ausdrücklichen Beschluss sein Vertrauen entzieht.

1 Diese Artikel beziehen sich auf die klassischen Grundrechte: Freiheit der Person, Unverletzlichkeit der Wohnung; Postgeheimnis, Meinungsfreiheit, Versammlungsfreiheit, Vereinigungsfreiheit und Eigentumsfreiheit.

Zit. nach: H.-J. Winkler, Die Weimarer Demokratie, Berlin 1963, S. 67, 70 f.

M 5 Regierung, Volk und Präsident

Im folgenden Text wird eine verfassungsrechtliche Analyse der wichtigen Artikel 48, 53 und 54 vorgenommen:

Die Reichsregierung war wie eine „Brücke" auf die beiden unmittelbar gewählten Organe aufgelagert. Die Stützpfeiler bildeten auf der einen Seite der Art. 53 „Der Reichskanzler und auf seinen Vorschlag die Reichsminister werden vom Reichspräsidenten ernannt und entlassen." und auf der anderen Seite der Art. 54 „Der Reichskanzler und die Reichsminister bedürfen zu ihrer Amtsführung des Vertrauens des Reichstages. Jeder von ihnen muss zurücktreten, wenn ihm der Reichstag durch ausdrücklichen Beschluss sein Vertrauen entzieht."
Aber diese Konstruktion war insofern asymmetrisch, als der Pfeiler Reichstag sich der Last der Stützung entledigen konnte, ohne dass die Brücke sofort zusammenbrach. Der Reichstag war nicht gezwungen, von sich aus zu regierungsfähigen Mehrheiten zu kommen. Er konnte sich dieser Verantwortung entziehen. Bei der Gesetzgebung traten als Konkurrenten (neben der Rolle, die der Reichsrat spielte) gleich zwei außerordentliche Gesetzgeber auf: Die Wählerschaft durch den Volksentscheid und der Reichspräsident aufgrund von Art. 48.
Dem Volksentscheid, zu dem die Initiative aus der Wählerschaft kam, musste ein Volksbegehren vorangehen. [...] Nur zweimal ist es also wirklich zu einem Volksentscheid gekommen. Der jeweils vorgelegte Gesetzentwurf ist in keinem der beiden Fälle angenommen worden. Es war vor allem die Agitation der Rechtsparteien und der wirtschaftlichen und militärischen Verbände im Verein mit der NSDAP vor dem Volksentscheid im Jahre 1929, die das Referendum bei vielen in Verruf gebracht hat.
In der politischen Praxis wurde der Art. 48 das bei weitem wichtigere Instrument der beiden Möglichkeiten. In den dreizehn Jahren der Weimarer Republik ist insgesamt 250 Mal von ihm Gebrauch gemacht worden. Sein entscheidender Absatz in diesem Zusammenhang lautet: „Der Reichspräsident kann, wenn im Deutschen Reich die öffentliche Sicherheit und Ordnung erheblich gestört oder gefährdet wird, die zur Wiederherstellung der öffentlichen Sicherung und Ordnung nötigen Maßnahmen treffen, erforderlichenfalls mithilfe der bewaffneten Macht einschreiten. Zu diesem Zweck darf er vorübergehend [...] Grundrechte ganz oder zum Teil außer Kraft setzen."
Der Reichspräsident musste dem Reichstag von allen Maßnahmen unverzüglich Kenntnis geben und sie auf dessen Verlangen außer Kraft setzen.
Der Artikel 48 gewann aber seine volle Bedeutung für die Überlegenheit des Reichspräsidenten erst zusammen mit seinen Befugnissen, die Reichsregierung zu ernennen und den Reichstag aufzulösen.

Aus: Informationen zur politischen Bildung, Nr. 133, S. 14 f.

Aufgaben

1. Inwiefern war die Macht des Parlaments in der Weimarer Republik verfassungsmäßig durchbrochen?
   → Text, M3–M5
2. Welche Unterschiede zwischen dem Grundgesetz der Bundesrepublik Deutschland und der Weimarer Verfassung fallen Ihnen auf?
   → Text, M3–M5
3. Linke Kritiker der Verfassung befürchteten eine monarchische Restauration bzw. eine präsidiale Diktatur. Worauf stützte sich diese Ansicht?
   → Text, M3–M5
4. Rekapitulieren Sie das Parteienspektrum der Weimarer Republik. Welche grundlegende Problematik in Bezug auf die politische Orientierung können Sie erkennen?
   → Text, M2
5. Inwiefern hat sich das Kräfteverhältnis der Parteien zwischen 1919 und 1933 geändert?
   → M1
6. Vergleichen Sie das Parteienspektrum der Bundesrepublik Deutschland mit der Parteienentwicklung vor 1933.
   → Text

1.3 Zwischen Konsolidierung und Gefährdung (1919–1923)

Bürgerkrieg 1919

M 1 **Plakat der Antibolschewistischen Liga**
In Bremen war am 9. Januar 1919 eine Räterepublik ausgerufen worden, Bremen 1918/19.

Während der Herbst 1918 mehr durch einen Zusammenbruch der kaiserstaatlichen Autoritäten geprägt war, radikalisierte sich die Arbeiterbewegung unter der politischen Führung der KPD und des linken Flügels der USPD. Sie rief offen zum Sturz der Regierung auf und forderte die Machtübernahme durch die Arbeiter- und Soldatenräte. Mit Blick auf die Oktoberrevolution in Russland 1917 verlangten die Revolutionäre die Bewaffnung der Arbeiterschaft, die Diktatur des Proletariats, die Sozialisierung der Industrie und die Enteignung größerer landwirtschaftlicher Betriebe. Wie die Wahlen zur Nationalversammlung zeigten, besaß diese politische Strömung allerdings keine Mehrheit in der Gesamtbevölkerung.

Im Januar 1919 mündeten Massendemonstrationen gegen die Entlassung des Berliner Polizeipräsidenten Eichhorn (USPD) in einem gewaltsamen Umsturzversuch durch den Spartakusbund. Der SPD-Volksbeauftragte Noske ließ diesen Aufstand mithilfe von Freikorpstruppen unter der Führung von General v. Lüttwitz niederschlagen. Dabei handelte es sich um militärische Verbände, die noch nicht demobilisiert waren und in denen eine nationalistische, antidemokratische Einstellung vorherrschte. Die Spartakus-Führer Rosa Luxemburg und Karl Liebknecht wurden von den Regierungstruppen ermordet (15. Januar 1919). Die Brutalität, mit der die Truppen vorgingen, bewirkte eine Verbitterung bei der politischen Linken, die die Arbeiterbewegung gänzlich entzweite.

In den Wochen nach dem Januar-Aufstand wurden die Räterepubliken in Bayern, Bremen und Braunschweig militärisch besetzt, ebenso wie das Ruhrgebiet und das sächsische Industriegebiet. Arbeiterräte wurden von den Freikorpstruppen aufgelöst oder entmachtet.

Versailler Vertrag

Die Weimarer Republik und die sie tragenden politischen Parteien mussten nach der Niederlage 1918 ungewollt die Rolle eines Konkursverwalters des alten Regimes übernehmen. Der Krieg hinterließ eine enorme Reichsschuld, die zum Ausgangspunkt einer Inflation wurde. Hinzu kamen die Versailler Friedensbedingungen, die von allen Deutschen als außerordentlich hart empfunden wurden. Ihre Annahme, die durch ein Ultimatum der Sieger erwirkt wurde, spaltete die deutschen Parteien. Obgleich von der Opposition (DDP, DVP, DNVP) die „vaterländische Gesinnung" der Mehrheit in der Nationalversammlung ausdrücklich bestätigt wurde, begann kurz nach der Unterzeichnung am 28. Juni 1919 eine Hetze von rechts gegen so genannte Erfüllungspolitiker. Die Republik erschien mit dem Makel der Niederlage behaftet. Im Zuge der sich steigernden Radikalisierung fand der politische Mord seine Fortsetzung.

Eine weitere Belastung ergab sich aus den Friedensbedingungen des Versailler Vertrages. Der Artikel 231 sprach dem Deutschen Reich die Alleinschuld am Ersten Weltkrieg zu, was eine juristische Voraussetzung für die umfangreichen Reparationsbestimmungen war. Der Versailler Vertrag wurde von den meisten Deutschen als Diktat angesehen. Tatsächlich hat es praktisch keine Verhandlungen gegeben. Und eine

M 2 **„Rachsucht des Weibes!"** Am 10. Januar 1920 war der Versailler Vertrag in Kraft getreten, Karikatur aus dem Berliner Wochenblatt „Kladderadatsch" vom 22. Februar 1920 zum deutsch-französischen Verhältnis.

Verweigerung der Unterzeichnung scheiterte am Fehlen einer politischen Alternative. Eine Wiederaufnahme des Krieges war aussichtslos.

Die wichtigsten Bestimmungen des Versailler Vertrages waren:

- Weitgehende militärische Entwaffnung: Begrenzung des Heeres auf 100 000 Mann und der Marine auf 15 000,
- Verbot schwerer Waffen (Panzer, Kampfflugzeuge, U-Boote, Großkampfschiffe),
- Besetzung des linken Rheinufers durch Truppen der Entente,
- Entmilitarisierte Zone 50 km rechts des Rheins,
- Gebietsabtretungen (unter anderem Elsass-Lothringen, Westpreußen, Posen, Teile Oberschlesiens, Nordschleswig),
- das Saarland wurde für 15 Jahre – mit französischer Verwaltung – dem Völkerbund unterstellt. Anschließend sollte eine Volksabstimmung über die weitere Zugehörigkeit des Landes entscheiden,
- Verlust aller Kolonien,
- Vereinigungsverbot des Deutschen Reiches mit Deutsch-Österreich,
- Reparationsleistungen in noch unbestimmter Höhe (Enteignung des deutschen Auslandsbesitzes, Abgabe von Schiffen, Eisenbahnmaterial, Lieferung von Kohle, Barzahlungen).

Der Versailler Vertrag einte und spaltete die deutsche Gesellschaft zugleich. Einig war man sich über alle Parteigrenzen hinweg in den Gefühlen der Demütigung und Empörung. Die innenpolitische Explosivkraft entzündete sich an der Frage, wie die deutsche Politik zu reagieren habe: Fortsetzung des Krieges, Verweigerung oder Kooperation mit dem Ziel einer Lastenminderung?

Kapp-Lüttwitz-Putsch

Die Schwächung der Republik durch Streiks, Aufruhr, politische Attentate und wirtschaftliche Not ließ bei der politischen Rechten den Ruf nach einer Diktatur immer lauter werden. Wie zerbrechlich die neue demokratische Ordnung war, zeigte sich bereits 1920 im Zuge des Kapp-Lüttwitz-Putsches.

Am 13. März 1920 rückte die Freikorpsbrigade Ehrhardt ins Berliner Regierungsviertel ein, um die Regierung zu stürzen. Nachdem die sozialdemokratisch geführte Regierung sich vergeblich um den Schutz durch die Reichswehr bemüht hatte, floh sie nach Stuttgart, nicht ohne vorher zum Generalstreik aufgerufen zu haben. Sowohl der einhellig befolgte Generalstreik als auch die Widerstände in Teilen der Ministerialbürokratie ließen den Putsch nach vier Tagen zusammenbrechen. In der Nachfolge des Generalstreiks gewannen linke revolutionäre Bestrebungen einen erneuten Aufschwung. Im Ruhrgebiet formierte sich eine Arbeiterarmee, die in den folgenden Wochen zum Teil von den gleichen Truppen besiegt wurde, die am Kapp-Lüttwitz-Putsch beteiligt gewesen waren. Der Putschgeneral v. Lüttwitz wurde mit Pensionsberechtigung aus der Armee verabschiedet.

Der Kapp-Lüttwitz-Putsch machte auf eindringliche Weise deutlich, dass die Weimarer Republik in ihrer Existenz gefährdet war. Die Putschisten repräsentierten jene Teile der Gesellschaft, die nicht bereit waren, sich mit der demokratischen Republik anzufreunden. Die Demokratie war für die gesamte politische Rechte mit dem Makel der Niederlage von 1918 und dem außenpolitischen Machtverlust verbunden. Jetzt rächte es sich, dass die demokratischen Parteien – allen voran die Sozialdemokraten – es versäumt hatten, die Reichswehr auf die Ideale der Demokratie zu verpflichten.

Stattdessen hatte man das in der Kaiserzeit geprägte Offizierskorps übernommen. Dies war eine Voraussetzung dafür, dass die zwar kleine, aber innenpolitisch entscheidende Reichswehr die unglückselige Rolle eines „Staates im Staate“ spielen konnte.

Ähnliche Vorbehalte wie die Offiziere hatten auch die Richter gegen die Weimarer Republik. Geprägt durch den kaiserlichen Obrigkeitsstaat vor 1919, standen sie in ihrer Mehrheit rechts. Viele von ihnen sympathisierten mit den Putschisten, was sich auch in der politischen Rechtsprechung ausdrückte.

Die Tendenz zur politischen Polarisierung spiegelte sich auch in den Reichstagswahlen von 1920 wider: Wahlsieger waren die USPD und die DNVP. Damit zeichnete sich bereits die Auszehrung der politischen Mitte ab.

Insgesamt 300 politische Morde wurden in der Anfangsphase der Weimarer Republik registriert. Die prominentesten Opfer waren der USPD-Führer und bayerische Ministerpräsident Kurt Eisner (21. Feb. 1919), der USPD-Vorsitzende Hugo Haase (7. Nov. 1919), der Zentrum-Politiker, Reichsfinanzminister und Mitunterzeichner des Waffenstillstands Matthias Erzberger (26. Aug. 1921) und der DDP-Politiker und Reichsaußenminister Walther Rathenau (24. Juni 1922).

M 3

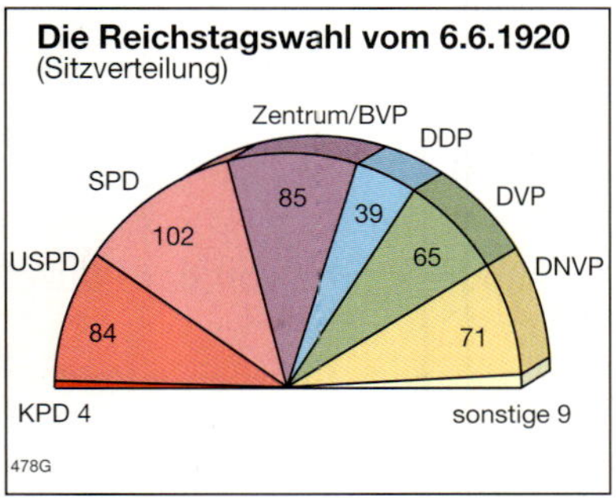

Inflation

Die destabilisierenden Ereignisse fanden ihren vorläufigen Höhepunkt im Krisenjahr 1923. In diesem Jahr war die Existenz der Weimarer Republik aufs Äußerste bedroht.

Der Weimarer Staat war hoch verschuldet. Die Kriegskosten – Kredite, mit denen der Krieg überwiegend finanziert worden war – belasteten die Staatsfinanzen. Weitere Kriegsfolgelasten ergaben sich aus den Reparationsleistungen, der Kriegsopferversorgung und der Integration von Flüchtlingen. Der Währungsverfall spitzte sich 1923 zu, als französische und belgische Truppen das Ruhrgebiet besetzten, um die pünktliche Ablieferung von Reparationen (Kohle) zu erzwingen. Die Finanzierung des Widerstands verschlang zusätzliche Finanzmittel, über die das Reich nicht verfügte. Die Notenpresse wurde in Bewegung gesetzt. Ab Mitte 1923 verwandelte sich die galoppierende Inflation in einen Geldwertverfall astronomischen Ausmaßes. Die psychologischen und materiellen Auswirkungen dieser Inflation sind nicht zu überschätzen. Sie beraubte den deutschen Mittelstand seiner Erspar-

M 4 **„Notgeld“**
Da die staatlichen Druckereien dem Bedarf an Bargeld nicht mehr nachkommen konnten, gaben Gemeinden, die Deutsche Reichsbahn und selbst Betriebe „Notgeld“ aus.

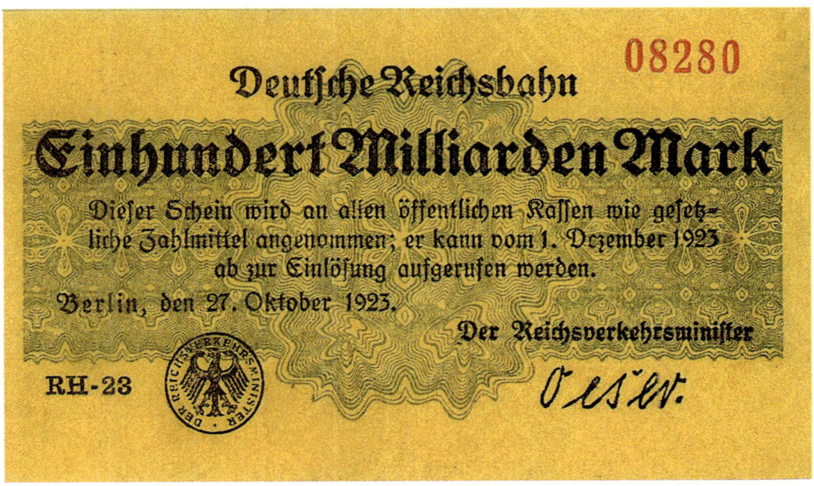

nisse und hat wesentlich dazu beigetragen, dass diese Schichten der Republik entfremdet wurden. Die Inflation konnte erst im November 1923 durch die Ausgabe der so genannten Rentenmark (eine Rentenmark entsprach einer Billion Papiermark) unter Kontrolle gebracht werden.

Das Krisenjahr 1923

1923 häuften sich die Krisenerscheinungen in der noch jungen Weimarer Republik. Die Bedrohung des Staates äußerte sich durch folgende politische Vorkommnisse:

- Ein kommunistischer Aufstand in Hamburg wurde von der Polizei niedergeschlagen.
- Auf Druck der Reichswehr ließ Reichspräsident Ebert eine Reichsexekution gegen die von linken Sozialdemokraten und Kommunisten regierten Länder Sachsen und Thüringen durchführen und die Regierungen absetzen.
- In Bayern planten völkisch-nationalistische Kreise offen die Errichtung einer Diktatur. Analog zum faschistischen Vorbild in Italien (Mussolinis Marsch auf Rom 1922) sollte ein Marsch auf Berlin die demokratisch gewählte Regierung beseitigen.
- Die bayerische Reichswehrführung (General v. Lossow) verweigerte der Heeresleitung in Berlin den Gehorsam und unterstellte sich der bayerischen Regierung. Dieser Akt der Meuterei und des Hochverrats blieb ungeahndet. Der Chef der Heeresleitung (v. Seeckt) spielte selbst mehrfach mit dem Gedanken an eine Diktatur.
- Ein Putschversuch Hitlers in München scheiterte, obgleich sich Hitler zunächst im Einklang mit den bayerischen Rechtskreisen befand (9. Nov. 1923).

Das Jahr 1923 setzte den Schlusspunkt unter jene erste Phase der Weimarer Republik. Die Jahre zwischen 1919 und 1923 waren durch zwei Tendenzen geprägt gewesen: zum einen durch den Versuch, die Republik in die Richtung einer sozialistischen Entwicklung weiterzutreiben; zum anderen durch die Bestrebungen, die demokratisch-republikanischen Grundlagen zugunsten einer nationalen Diktatur zu verlassen. Beide politischen Bewegungen scheiterten vorerst.

Ab 1924 trat die Weimarer Republik in ihre zweite Phase ein. Dieser Abschnitt, der bis zum Einbruch der Weltwirtschaftskrise (1929) andauerte, war durch eine relative Stabilität der Republik charakterisiert. Man sprach schon bald von den „Goldenen Zwanziger Jahren“.

Chronologie

29. Dez. 1918	Austritt der USPD-Mitglieder aus dem Rat der Volksbeauftragten u. a. wegen der Zusammenarbeit der SPD mit der militärischen Führung
31. Dez. 1918	Gründung der Kommunistischen Partei Deutschlands (KPD), aus dem Spartakusbund hervorgehend
5. Jan. 1919	Beginn des Spartakusaufstandes
15.Jan. 1919	Ermordung von Rosa Luxemburg und Karl Liebknecht in Berlin
31. April 1919	Beseitigung der bayerischen Räterepublik
13. März 1920	Kapp-Lüttwitz-Putsch
9. Nov. 1923	Putsch Hitlers und Ludendorffs in München
Ende Nov. 1923	Höhepunkt der Inflation

M 5 Strategie der Obersten Heeresleitung

General Groener über sein Bündnis mit Ebert vom 10. November 1918:

Das Offizierskorps konnte aber nur mit einer Regierung zusammengehen, die den Kampf gegen den Radikalismus und Bolschewismus aufnahm. Dazu war Ebert bereit, aber er hielt sich nur mühsam am Steuer und war nahe daran, von den Unabhängigen und der Liebknechtgruppe über den Haufen gerannt zu werden. Was war demnach näher liegend, als Ebert, den ich als anständigen, zuverlässigen Charakter und unter der Schar seiner Parteigenossen als den staatspolitisch weitsichtigsten Kopf kennen gelernt hatte, die Unterstützung des Heeres und des Offizierskorps anzubieten?
[...] Am Abend [des 10. November] rief ich die Reichskanzlei an und teilte Ebert mit, dass das Heer sich seiner Regierung zur Verfügung stelle, dass dafür der Feldmarschall und das Offizierskorps von der Regierung Unterstützung erwarteten bei der Aufrechterhaltung der Ordnung und Disziplin im Heer. Das Offizierkorps verlange von der Regierung die Bekämpfung des Bolschewismus und sei dafür zum Einsatz bereit. Ebert ging auf meinen Bündnisvorschlag ein. Von da ab besprachen wir uns täglich abends auf einer geheimen Leitung zwischen der Reichskanzlei und der Heeresleitung über die notwendigen Maßnahmen. Das Bündnis hat sich bewährt. [...] Wir [die Offiziere der OHL] hofften, durch unsere Tätigkeit einen Teil der Macht im neuen Staat an Heer und Offizierskorps zu bringen, gelang das, so war der Revolution zum Trotz das beste und stärkste Element des alten Preußentums in das neue Deutschland hinübergerettet.
Zunächst galt es freilich Zugeständnisse zu machen, denn die Entwicklung im Heer und in der Heimat war solche Wege gegangen, dass es sich vorerst nicht um rücksichtsloses Befehlen von Seiten der OHL handeln konnte, sondern um Auffangen und Unschädlichmachen der revolutionären Strömungen.

Zit. nach: G. A. Ritter, S. Miller, a. a. O., S. 91 f.

M 6 Spartakus-Aufstand

Der marxistische Historiker Arthur Rosenberg (1889–1943) hat die Januar-Ereignisse von 1919 kritisch untersucht:

Die Besetzung der Zeitungen am 5. Januar war ein durchaus sinnloses Unternehmen. Entweder die Revolutionäre hatten die Macht in Berlin, oder sie hatten sie nicht. Wenn man die Macht hatte, dann musste man vor allem die Regierungsgebäude in der Wilhelmstraße besetzen, und dann konnte man die unbequemen Zeitungen mit einer einzigen Verordnung unterdrücken. Beherrschte man aber Berlin nicht, dann nützte auch die Besetzung des Vorwärtshauses [„Vorwärts": Parteizeitung der SPD] nichts. Aber, wie schon oben betont wurde, das Vorwärtsgebäude hatte für die utopisch-radikalen Arbeiter den Wert eines politischen Symbols. [...] So führte der utopische Fanatismus der Spartakusbesatzungen dazu, dass der Kampf bis aufs Äußerste weiter ging.
Die Regierung der Volksbeauftragten, die am 5. Januar in Berlin so gut wie wehrlos gewesen war, entschloss sich jetzt, eine schlagkräftige Truppe in aller Eile zu bilden. Der Volksbeauftragte Noske erhielt den Oberbefehl über die neu zu bildenden Regierungstruppen, die den Berliner Aufstand niederwerfen sollten. Als Noske den Auftrag erhielt, sagte er, einer müsse der Bluthund sein, und er wolle die Verantwortung übernehmen. Man konnte von der Regierung nicht verlangen, dass sie, ausgestattet mit dem Vertrauen der großen Volksmehrheit, vor ein paar tausend Bewaffneten kapitulierte. [...] Das Verhängnis für die deutsche Republik kam nicht dadurch, dass Noske Gewalt anwandte, sondern mit welchen Truppen er Gewalt anwandte. Aber Noske legte das Hauptgewicht [...] auf [...] Truppenteile, die in der Nähe von Berlin von Offizieren der alten Armee gebildet wurden. Die Oberste Heeresleitung und die Generäle hatten von Anfang an die Situation herbeigesehnt, in der sie im Auftrage von Ebert die radikale Arbeiterschaft niederschlagen konnten. [...] Ausgestattet mit den Mitteln und der Autorität der republikanischen Regierung, begann eine Reihe von Offizieren der alten Armee mit der Werbung von Freiwilligen. Sie stellten Freikorps auf, die ihren Führern unbedingt gehorchen sollten und deren Geist die Offiziere bestimmten. Die Freiwilligen setzten sich aus Arbeitslosen zusammen oder überhaupt aus kampf- und abenteuerlustigen jungen Leuten. Sie fühlten sich als die Erben der alten, vorrevolutionären Armee und entwickelten bald einen starken Korpsgeist. Die Offiziere der Freikorps waren von einem leidenschaftlichen Hass gegen die Revolution erfüllt, die das alte Heer und das alte Kaiserreich zerschlagen hatte. Wenn sie vorläufig noch den Mehrheitssozialisten dienen mussten, so rechneten sie um so lieber mit dem Spartakismus ab. Darunter verstand man die Summe aller radikalen und aufrührerischen Erscheinungen.

A. Rosenberg, Geschichte der Weimarer Republik, Frankfurt 1961, S. 58 ff.

M 7 Plakat der Bayerischen Volkspartei zur Landtagswahl am 12.1.1919

Der Bolschewik richtet – von Berlin aus – seine Brandfackel auf München. In Wirklichkeit war die Räterepublik vom April 1919 eine bayerische Sonderentwicklung.

M 8 Kriegsfolgen und Versailler Vertrag

Der Wirtschaftshistoriker Gerd Hardach bilanziert die wirtschaftlichen und finanziellen Belastungen der Weimarer Republik:

Trotz der fieberhaften Aktivität in einigen rüstungswirtschaftlichen Bereichen betrug die Industrieproduktion insgesamt 1918 nur noch etwa 57 Prozent des Niveaus von 1913. Die Landwirtschaft konnte sich trotz der Verluste an Arbeitskräften und des Rückgangs der Futtermittel- und Düngereinfuhr anscheinend etwas besser halten, man schätzt, dass bis 1918 die Produktion an Getreide und Hackfrüchten um 30 Prozent und die Viehproduktion um 25 Prozent zurückging. Die Millionen von Kriegstoten und Kriegsverletzten bedeuteten nicht nur menschliches Leid, sondern auch eine Einschränkung des wirtschaftlichen Entwicklungspotenzials. Die Konzentration der industriellen Kapazität auf die Rüstungsindustrie bedeutete, dass die normale Akkumulation von industriellem und landwirtschaftlichem Produktionskapital für einige Jahre ausgesetzt war. Der drastische Rückgang des Lebensstandards und die Zerrüttung der Staatsfinanzen als Folge der [...] Kriegsfinanzpolitik waren weithin sichtbare Zeichen des wirtschaftlichen Niedergangs.

Der Friedensvertrag brachte zusätzliche Belastungen. Die Gebietsabtretungen einschließlich des Saargebietes reduzierten vor allem die Produktionskapazität der Landwirtschaft, des Steinkohle-, Eisenerz- und Kalibergbaus, der Eisen- und Stahlindustrie und der Textilindustrie. Das Reich verlor alle Kolonien, das im Ausland investierte Kapital, den größten Teil der Handelsflotte und wurde auf Jahre hinaus mit beträchtlichen Reparationen belastet. [...] In den abgetretenen Gebieten waren nach dem Vorkriegsstand 10 Prozent der Reichsbevölkerung, 15 Prozent der landwirtschaftlichen Nutzfläche, und, um nur einige wichtige Rohstoffe zu nennen, 80 Prozent der Eisenerzförderung, 60 Prozent der Zinkerzförderung, 26 Prozent der Steinkohleförderung. Man kann also sagen, dass die eigene Lebensmittel- und Rohstoffbasis der deutschen Bevölkerung und Industrie durch die Gebietsveränderungen relativ kleiner wurde. Man kann aber nicht sagen, dass die Leistungsfähigkeit der Wirtschaft darunter litt. [...]

Im Versailler Vertrag wurde die deutsche Kriegsschuld festgehalten und daraus eine Entschädigungspflicht in zunächst unbestimmter Höhe abgeleitet. Nach langen Beratungen setzten die Alliierten die Reparationsschuld auf 132 Mrd. Goldmark fest und zwangen die deutsche Regierung mit dem Londoner Ultimatum vom Mai 1921, diese Schuldsumme anzuerkennen. 1924 wurde im Dawes-Plan ein Zahlungsplan festgelegt, der bis auf Weiteres eine Höchstbelastung von 2,5 Mrd. Goldmark [pro Jahr] vorsah. Der Dawes-Plan sagte nichts über die Gesamtverpflichtung und die Zahlungsdauer; formal blieben die 132 Mrd. Goldmark von 1921 bestehen, faktisch waren die Reparationen erheblich reduziert. [...]

Der Young-Plan von 1929 sah 59 Jahreszahlungen mit einer durchschnittlichen Höhe von 2 Mrd. RM vor, die einen Barwert von 37 Mrd. RM repräsentierten (eine Reichsmark entsprach der früheren Verrechnungseinheit Goldmark). Mit dem Hoover-Moratorium von 1931 wurden die Reparationen, zunächst für ein Jahr, ausgesetzt. Auf der Konferenz von Lausanne von 1932 wurden die Reparationen [...] gegen eine einmalige Abfindung von 3 Mrd. RM eingestellt; diese Abfindung wurde nicht mehr bezahlt.

G. Hardach, Zur politischen Ökonomie der Weimarer Republik, in: R. Kühnl (Hg.), Die Zerstörung der Weimarer Republik, Köln 1977, S. 15 ff.

M 9

M 10 Marsch auf Berlin (1920)

Über die Hintergründe des Kapp-Lüttwitz-Putsches berichtet der Historiker Walter Tormin:

Die Spannungen innerhalb der Reichswehr […] wurden dadurch verschärft, dass die Alliierten auf eine Verminderung des Heeresstärke gemäß den Versailler Bestimmungen [auf 100 000 Mann] drängten. Mehrere hunderttausend Soldaten, über 20 000 aktive Offiziere mussten entlassen werden. Dabei waren soziale Härten unvermeidlich. Aus wirtschaftlichen, aber auch aus politischen Gründen wehrten sich die Freikorps gegen ihre Auflösung. Dabei fanden sie Unterstützung durch Politiker, besonders der Deutschnationalen Partei. […] Schließlich bildete sich eine Verschwörung unter der politischen Leitung des Generallandschaftsdirektors (höherer Beamter in der Provinzialverwaltung von Ostpreußen) Kapp und der militärischen des Generals von Lüttwitz. Am 10. März erschien Lüttwitz beim Reichspräsidenten [Friedrich Ebert] – auch Noske [sozialdemokratischer Reichswehrminister] war anwesend – und forderte: Auflösung der Nationalversammlung und Neuwahl des Reichstages, Wahl des Reichspräsidenten durch das Volk, Ablösung der Politiker in der Regierung durch Fachminister, Ablösung des Generals Reinhardt [republiktreuer Chef der Heeresleitung, 1920 zurückgetreten], keine weitere Truppenverminderung, insbesondere keine Auflösung der Marinebrigade Ehrhardt, deren Mitglieder zum größten Teil im Baltikum gekämpft hatten und die jetzt in Döberitz bei Berlin lag. Ebert antwortete, dass die politischen Forderungen bereits von den Deutschnationalen in der Nationalversammlung gestellt und von dieser abgelehnt seien. Noske wies den General scharf zurecht: Er habe überhaupt keine Forderungen zu stellen, sondern Befehle zu befolgen. Am nächsten Tag verfügte Noske die Entlassung des Generals von Lüttwitz und ersuchte die Polizei um Verhaftung der übrigen Verschwörer. Die Polizei versagte. Die Verschwörer waren gewarnt und entschlossen sich, zuzuschlagen.
In der Nacht vom 12. zum 13. März erhielt Noske die Meldung, dass die Marinebrigade auf Berlin marschiere.

G. Prüfer, W. Tormin, Die Entstehung und Entwicklung der Weimarer Republik bis zu Eberts Tod, in: W. Tormin (Hg.), Die Weimarer Republik, Hannover 1962, S. 105.

M 11 Politische Vorstellungen der Putschisten

General von Lüttwitz schrieb am 1. September 1919 an den Reichswehrminister:

Zwei Dinge tun uns not: Arbeit und Ordnung! Beide können wir haben, aber nicht mit Worten. Die Versuche, das Volk mit Milde und Zureden zur Annahme von Arbeit zu bewegen, sind vergeblich gewesen. Nur Zwang wird das Volk zur Arbeit bringen. Daraus ergeben sich folgende Notwendigkeiten:

1. Vernünftiger Abbau der Arbeitslosenunterstützung [...].
2. Unbedingtes Verbot aller politischen und wirtschaftlichen Streiks.

Hand in Hand mit vorstehenden Maßnahmen muss die Frage der Arbeitsbeschaffung großzügig in die Hand genommen werden.

Wie aber wird die Regierung mit solchen im wahrsten Sinne des Wortes sozialen Maßnahmen durchdringen, wenn ihr Elemente ungestraft entgegentreten dürfen, deren einziges Streben darauf gerichtet ist, auf den Trümmern unserer staatlichen und wirtschaftlichen Ordnung ihre nur aus Ehrgeiz und Egoismus, im besten Falle aus utopischen Ideen erstrebte Herrschaft zu errichten? Diese Schädlinge müssen rücksichtslos vernichtet werden. Kampf bis aufs Messer gilt es diesen staatsfeindlichen Elementen gegenüber. Rigorose Unterdrückung ihrer Presse und ihrer führenden Persönlichkeiten ist das einzig wirksame Mittel.

Auch heute ist die Armee Fundament der Staatsgewalt.

Zit. nach: G. Prüfer, W. Tormin, in. W. Tormin (Hg.), a. a. O., S. 103 f.

M 12 Haltung der Reichswehr: „Truppe schießt nicht auf Truppe ..."

Der Chef der Obersten Heeresleitung General von Seeckt in der Lagebesprechung beim Reichswehrminister in der Nacht vom 12. zum 13. März 1920:

„Es kann doch keine Rede davon sein, dass man Reichswehr gegen Reichswehr kämpfen lässt, Truppe schießt nicht auf Truppe. Haben Sie, Herr Minister, etwa die Absicht, eine Schlacht vor dem Brandenburger Tor zu dulden zwischen Truppen, die vor 1 1/2 Jahren Schulter an Schulter gegen den Feind gefochten haben?"

Noske warf erregt ein, Seeckt wolle also die Aufrührer schützen, worauf dieser antwortete: „Keineswegs, aber ich weiß die tragischen Folgen – und vielleicht weiß ich es allein –, die der Kampf mit der Waffe haben würde. Wenn Reichswehr Reichswehr niederschlägt, dann ist alle Kameradschaft im Offizierskorps hin. Wenn das aber einträte, dann wäre die wahre Katastrophe, die mit so unendlicher Mühe am 9. November 1918 vermieden worden ist, erst richtig da [...]."

Zit. nach: R. Wohlfeil, H. Dollinger, Die deutsche Reichswehr, Wiesbaden 1977, S. 193.

M 13

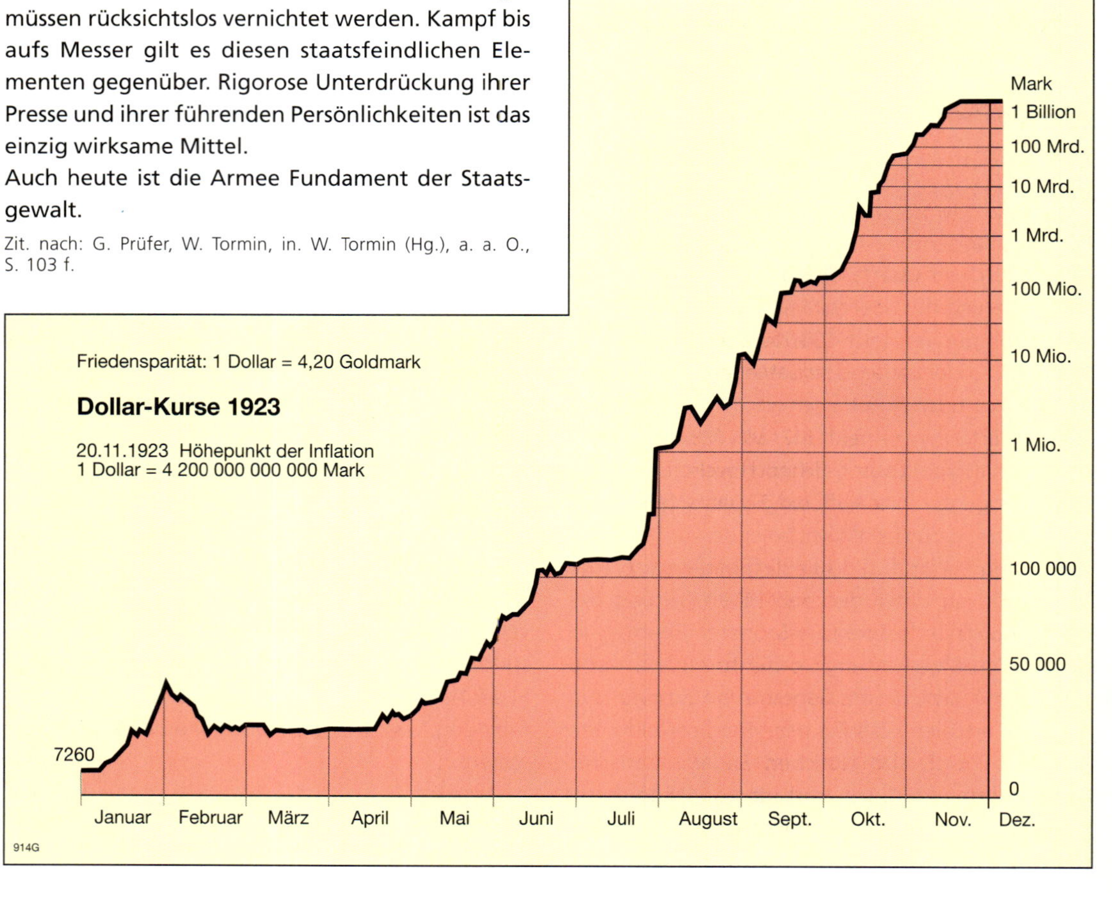

M 14 **Politische Justiz der Republik (1918–1922)**

Emil Julius Gumbel (1891–1966), Pazifist jüdischer Abstammung, 1933 von den Nationalsozialisten ausgebürgert, analysierte die Haltung der Justiz zu politischen Morden:

	Politische Morde begangen		
	von Linksstehenden	von Rechtsstehenden	Gesamtzahl
Gesamtzahl der Morde	22	354	376
davon ungesühnt	4	326	330
teilweise gesühnt	1	27	28
gesühnt	17	1	18
Zahl der Verurteilungen	38	24	
Geständige Täter freigesprochen	–	23	
Geständige Täter befördert	–	3	
Dauer der Einsperrung je Mord	15 Jahre	4 Monate	
Zahl der Hinrichtungen	10	–	
Geldstrafe je Mord	–	2 Papiermark	

Zusammenstellung von J. Gumbel, zit. nach: H. Pross, Die Zerstörung der deutschen Politik, Frankfurt/M. 1959, S. 139.

M 15 **„Deutschland, Deutschland über alles!"**

Karl Arnold (1883–1953), einer der prägenden Köpfe der satirischen Zeitschrift „Simplicissimus", karikierte den Zustand der Weimarer Republik.

1914:
„Meine Herren, das ganze Volk steht hinter uns! Wir haben die Macht! Wir sind das Vaterland! Darum: Se. Majestät, hurra, hurra, hurra!"

1920:
„Die anderen haben die Macht, was geht uns das Vaterland der anderen an? Sollen sie den Karren nur selber aus dem Dreck ziehen. Pröstchen!"

Aufgaben

1. Halten Sie die Bestimmungen des Versailler Vertrages fest. Wie reagierte die deutsche Öffentlichkeit?
   → Text, M2, M8, M9
2. Aus welchen Überlegungen heraus stellte sich die OHL der Regierung Ebert zur Verfügung?
   → M5
3. Stellen Sie die politischen Ergebnisse dar, die der Bürgerkrieg 1919 brachte.
   → Text, M6
4. Fassen Sie die Kritik an der Militärpolitik der Sozialdemokratie zusammen.
   → M6
5. Untersuchen Sie die wirtschaftlichen, politischen und ideologischen Hypotheken, die die Weimarer Republik belasteten.
   → Text, M1–M4, M8, M9, M13
6. In Militärkreisen überwog gegenüber den Putschisten die Haltung einer wohlwollenden Neutralität. Zeigen Sie die darin enthaltene Problematik für den Bestand der Weimarer Demokratie auf.
   → Text, M10–M12
7. Messen Sie die politischen Vorstellungen der Putschisten, die der DNVP nahestanden, an den Maßstäben demokratischer Gesinnung.
   → M11
8. Analysieren Sie die Urteilsfindungen der Weimarer Justiz. Welche Rückschlüsse lassen sie zu?
   → M14
9. „Die deutsche Republik, insofern sie eine sozialdemokratische sein sollte, war schon 1920 am Ende (Golo Mann)." Interpretieren Sie die Karikatur.
   → M3, M15

1.4 Die Außenpolitik

Die Außenpolitik der Weimarer Republik, so wie sie von allen Regierungen betrieben wurde, war von dem Bestreben geprägt, den Versailler Vertrag zu revidieren. Dieser Vertrag wurde von allen politischen Kräften der Republik als unerträglich empfunden. Die Revisionspolitik hatte das Ziel, die Vormundschaft der Siegermächte abzustreifen, die internationale Isolierung zu durchbrechen und wieder in eine europäische Großmachtposition aufzusteigen. Allerdings gab es innerhalb des politischen Spektrums der Weimarer Republik keinen Konsens darüber, mit welchen Methoden diese Ziele zu erreichen seien.

Zunächst dominierte die Ostorientierung, die im Vertrag von Rapallo mit der Sowjetunion ihren Ausdruck fand (1922). Der Vertrag führte jene zwei Staaten zusammen, die aus unterschiedlichen Gründen im Nachkriegseuropa politisch isoliert waren. Für die Weimarer Republik bedeutete die Ostorientierung eine Erweiterung ihres diplomatischen Spielraumes. Der Vertrag beinhaltete die Aufnahme von diplomatischen Beziehungen sowie den Verzicht auf Ersatz von Kriegskosten. Neben wirtschaftlichen Vorteilen (Rohstoffversorgung) eröffnete der Vertrag eine heimliche militärische Kooperation. Das betraf unter anderem den Aufbau einer Luftwaffe, die dem Versailler Vertrag zufolge dem Deutschen Reich verboten war.

Die Ostpolitik wurde fortgesetzt im Berliner Vertrag von 1926 zwischen dem Deutschen Reich und der Sowjetunion, der die gegenseitige Neutralität im Falle eines Krieges zusicherte.

Reparationen

In Bezug auf den Westen stand zunächst die Minderung der Reparationslasten im Vordergrund. Erschwert wurde die Aufbringung der Reparationsmilliarden dadurch, dass aufgrund der Importsperren der Ententemächte keine nennenswerten Ausfuhrüberschüsse (Devisen)

M 1

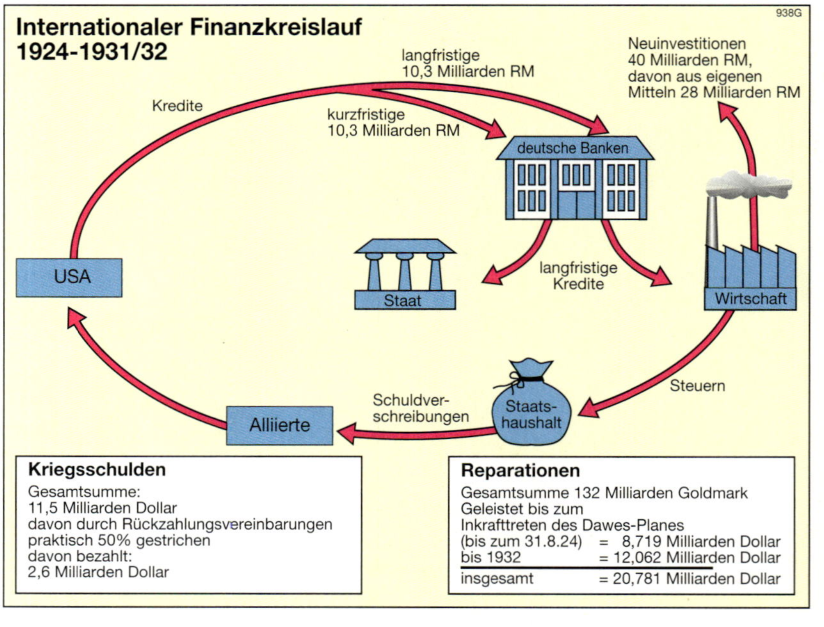

erwirtschaftet werden konnten. Die Reparationszahlungen mussten daher durch Anleihen (Kredite) gewährleistet werden, was eine Abhängigkeit von den (amerikanischen) Gläubigern mit sich brachte. Dieses System funktionierte bis zum Beginn der Weltwirtschaftskrise, als amerikanische Banken ihre Gelder aus Deutschland abzogen.

Für die Weimarer Republik waren die Jahre 1924 bis 1928 mit einer Konsolidierung verbunden, in der die pünktliche Zahlung der Reparationen mit außenpolitischen Erfolgen einhergingen. Der Dawesplan (1924) und der Youngplan (1929) – so benannt nach ihren amerikanischen Vorsitzenden – orientierten sich bei der Festschreibung der Reparationen an der Leistungsfähigkeit Deutschlands. Sie bedeuteten jeweils eine finanzielle Entlastung im Vergleich zu den vorherigen Forderungen. Der ökonomische Zusammenbruch hat dann 1931 zur Zahlungseinstellung geführt.

Locarnopakt

Die deutsche Außenpolitik der zwanziger Jahre ist unauflöslich mit dem Namen Gustav Stresemann (Außenminister von 1923 bis 1929) verknüpft. Stresemann – Vernunftrepublikaner und Realist – sah, dass eine gewaltsame Revision nicht möglich war. Sein Konzept, Deutschland wieder in den Kreis der europäischen Großmächte zu integrieren, lautete: Vertrauen schaffen, um das französische Sicherheitsbedürfnis zu befriedigen. Stresemanns Westpolitik mündete im Locarnopakt (1925), der ein europäisches Sicherheitssystem schuf und die Unverletzlichkeit der Westgrenzen festschrieb. Das hieß unter anderem, Elsass-Lothringen blieb französisch und Eupen-Malmedy belgisch. Damit war Deutschland zum ersten Mal nach dem Ersten Weltkrieg wieder Partner im europäischen Mächtekonzert. Es folgte die Aufnahme in den Völkerbund (1926). Der Völkerbund war 1919 auf Anregung des US-Präsidenten Woodrow Wilson gegründet worden. Zweck dieser Organisation mit Sitz in Genf war es, das friedliche Zusammenleben der Völker zu sichern.

Bei seiner Aussöhnungspolitik mit Frankreich fand Stresemann einen Partner in seinem französischen Amtskollegen Aristide Briand (Außenminister von 1925 bis 1932). Gemeinsam erhielten sie 1926 den Friedensnobelpreis. Ihre Politik mussten sie gegen den erbitterten Widerstand nationalistischer Kreise in beiden Ländern durchsetzen.

Die Bemühungen um den Abbau von Spannungen fanden ihre Fortsetzung im Kellogg-Pakt, der den Verzicht auf Krieg als Mittel der Politik beinhaltete (1928).

Dem Tod Stresemanns am 3. Oktober 1929 kommt im Rückblick eine geradezu symbolische Bedeutung zu. Mit Stresemann verlor die Republik eine ihrer stärksten Stützen. Fast zeitgleich mit dem Einsetzen der Weltwirtschaftskrise ging damit die stabile Phase der Weimarer Republik zu Ende.

M 2 **Die Außenminister (v. l.) Aristide Briand (Frankreich) und Gustav Stresemann (Deutschland)** nach Unterzeichnung der Verträge von Locarno 1925

Chronologie

16. April 1922	Vertrag von Rapallo
16. Aug. 1924	Dawes-Plan
16. Okt. 1925	Locarno-Pakt
10. Sept. 1926	Aufnahme Deutschlands in den Völkerbund
7. Juni 1929	Young-Plan

M 3 Außenpolitische Konzeption der Reichswehr

Der Chef der Heeresleitung, General von Seeckt, äußerte sich 1922:

Mit Polen kommen wir nun zum Kern des Ostproblems. Polens Existenz ist unerträglich, unvereinbar mit den Lebensbedingungen Deutschlands. Es muss verschwinden und wird verschwinden durch eigene, innere Schwäche und durch Russland – mit unserer Hilfe. Polen ist für Russland noch unerträglicher als für uns; kein Russland findet sich mit Polen ab. Mit Polen fällt eine der stärksten Säulen des Versailler Friedens, die Vormachtstellung des Versailler Friedens, die Vormachtstellung Frankreichs. Dieses Ziel zu erreichen, muss einer der festesten Richtungspunkte der deutschen Politik sein, weil er ein erreichbarer ist. Erreichbar nur durch Russland oder mit seiner Hilfe.
Polen kann niemals Deutschland irgendwelchen Vorteil bieten, nicht wirtschaftlich, denn es ist entwicklungsunfähig, nicht politisch, denn es ist Vasall Frankreichs. Die Wiederherstellung der Grenze zwischen Russland und Deutschland ist die Voraussetzung beiderseitiger Erstarkung. Russland und Deutschland in den Grenzen von 1914 sollte die Grundlage einer Verständigung zwischen beiden sein. [...]
Wir wollen zweierlei: erstens eine Stärkung Russlands auf wirtschaftlichem und auf politischem, also militärischem Gebiet und damit indirekt die eigene Stärkung, indem wir einen zukünftigen möglichen Bundesgenossen stärken; wir wollen ferner, zunächst vorsichtig und versuchend, die unmittelbar eigene Stärkung, indem wir eine uns im Bedarfsfall dienstbare Rüstungsindustrie in Russland heranbilden helfen. [...]
Das deutsche Volk soll in seiner sozialistischen Mehrheit einer aktiven Politik, die mit Kriegsmöglichkeiten rechnen muss, abgeneigt sein. Es ist zuzugeben, dass der Geist, der über der Versailler Friedensdelegation schwebte, noch nicht verschwunden ist und dass der törichte Ruf: „Nie wieder Krieg!" verbreiteten Nachhall findet. Er findet ihn auch in manchen pazifistisch-bürgerlichen Kreisen, aber es gibt auch unter den Arbeiterkreisen, auch in der offiziellen Sozialdemokratischen Partei viele, die nicht gewillt sind, dem Franzosen und Polen aus der Hand zu fressen. Gewiss besteht im deutschen Volk weitgehendes und erklärliches Friedensbedüfnis. Am klarsten wird das Für und Wider des Krieges in militärischen Köpfen abgewogen werden, aber Politik treiben, heißt führen. Dem Führer wird trotz allem das deutsche Volk in dem Kampf um seine Existenz folgen. Diesen Kampf vorzubereiten, ist die Aufgabe; denn erspart wird er uns nicht.

Zit. nach: W. Michalka und G. Niedhart (Hg.), Die ungeliebte Republik, München 1980, S. 144 f.

M 4 Ziele deutscher Außenpolitik

In einem Brief an Kronprinz Wilhelm schrieb Außenminister Stresemann (7.9.1925):

[...] In der Frage des Eintritts in den Völkerbund möchte ich Folgendes bemerken:
Die deutsche Außenpolitik hat nach meiner Auffassung für die nächste absehbare Zeit drei große Aufgaben: Einmal die Lösung der Reparationsfrage in einem für Deutschland erträglichen Sinne und die Sicherung des Friedens, die die Voraussetzung für eine Wiedererstarkung Deutschlands ist.
Zweitens rechne ich dazu den Schutz der Auslandsdeutschen, jener 10–12 Millionen Stammesgenossen, die jetzt unter fremdem Joch in fremden Ländern leben.
Die dritte große Aufgabe ist die Korrektur der Ostgrenzen: die Wiedergewinnung von Danzig, vom polnischen Korridor und eine Korrektur der Grenze in Oberschlesien. [...]
Die Frage des Optierens [Wählens] zwischen Osten und Westen erfolgt durch unseren Eintritt in den Völkerbund nicht. Optieren kann man ja übrigens nur, wenn man eine militärische Macht hinter sich hat. Das fehlt uns leider. Wir können weder zum Kontinentaldegen für England werden, wie einige glauben, noch können wir uns auf ein deutsch-russisches Bündnis einlassen. Ich warne vor einer Utopie, mit dem Bolschewismus zu kokettieren. Wenn die Russen in Berlin sind, weht zunächst die rote Fahne vom Schloss, und man wird in Russland, wo man die Weltrevolution wünscht, sehr zufrieden sein, Europa bis zur Elbe bolschewisiert zu haben, und wird das übrige Deutschland den Franzosen zum Fraß geben.

Zit. nach: W. Michalka und G. Niedhart (Hg.), a. a. O., S. 162 ff.

M 5 Die Bedeutung des Locarno-Vertrages

Außenminister Stresemann in einer Rede am 14. Dezember 1925:

Wenn ein Außenminister seine Aufgabe nicht dahin auffasst, die täglichen Eingänge zu erledigen, sondern sich fragt, ob es Ausblicke für eine andere Stellung seines Landes in der Welt gibt, dann muss er sich zunächst die Frage vorlegen, welche Mittel ihm zur Verfügung stehen, um seinem

Lande wieder Geltung zu verschaffen. Das Hauptmittel ist die materielle Macht, Armee und Flotte. Dass wir sie nicht besitzen, ist Ihnen bekannt. […] Eine dritte Frage für die deutsche Außenpolitik ist die, ob Deutschland noch irgendwo eine Großmacht wäre und als Großmacht sich wieder in das Konzert der Mächte einschalten könnte, und diese einzige große Waffe unserer Außenpolitik sehe ich in unserer wirtschaftlichen Stellung, und zwar in unserer wirtschaftlichen Stellung als Konsumentenland, in unserer Stellung als großes Schuldnerland gegenüber anderen Nationen. […] Ich glaube, man wird am weitesten kommen, wenn man irgendein Verhältnis zu anderen Nationen auf gleich laufenden Interessen aufbaut. An unserer Produktion haben die andern kein Interesse; aber sie haben ein Interesse daran, dass die aus den Fugen geratene Weltwirtschaft, die sich in einer Zerstörung der Währungen mit Ausnahme von zwei großen Ländern ausgesprochen hat, wieder in Ordnung kommt; und sie glauben nicht daran, dass sie wieder in Ordnung kommt, wenn Deutschland in den Abgrund hineingezogen wird. […]

Nun lassen Sie mich von den drei Fragenkomplexen sprechen, die Locarno im Speziellen betreffen. Der erste ist die Frage: Elsass-Lothringen und Eupen-Malmedy. In dem Artikel 1 und dem Artikel 2 des Vertrages ist gesagt worden, worauf die Mächte verzichten. Sie verzichten auf Krieg, Gewalt oder Einbruch […]. [Daraus ergibt sich], dass es sich um einen moralischen Verzicht nie handeln konnte, sondern um das, was mir jeder Verständige zugeben wird, dass es Wahnwitz wäre, heute mit der Idee eines Krieges gegen Frankreich zu spielen […].

Der andere Komplex der Fragen war der der Ostgrenzen. […] [Die Regierungen Polens und der Tschechoslowakei wollten] einen Pakt, bei dem wir uns verpflichten, von jedem Angriff abzusehen. Diese Verpflichtung sind wir im Westen eingegangen, wir haben sie für den Osten abgelehnt. Auch der Eintritt in den Völkerbund schließt den Krieg nicht aus. […]

Zit. nach: W. Michalka und G. Niedhart (Hg.), a. a. O., S. 173 ff.

M 6 Plakat der DNVP zu den Reichstagswahlen am 20. Mai 1928

Innenpolitisch blieb Locarno umstritten. Nach deutschnationaler Auffassung bedeutete der endgültige Verzicht auf Elsass-Lothringen die dauernde Überlegenheit Frankreichs am Rhein. Stresemanns Außenpolitik stützte sich daher innenpolitisch auf die sozialdemokratische Opposition.

Aufgaben

1. In welcher Weise versuchte die deutsche Politik mit der Reparationsfrage umzugehen?
   → Text, M1
2. Aus welchen Überlegungen heraus vertritt v. Seeckt die Politik einer Annährung an die Sowjetunion? Erläutern Sie die innenpolitischen Aspekte, die sich dabei abzeichneten.
   → Text, M3
3. Vergleichen Sie die außenpolitische Position von Stresemann mit der von v. Seeckt im Hinblick auf Unterschiede und Gemeinsamkeiten.
   → M3–M5
4. Analysieren Sie die politische Konzeption, die sich mit der Westorientierung und dem Locarnopakt verbindet.
   → Text, M2, M4–M6

Die deutsch-französische Erbfeindschaft: Wirklichkeit oder Legende?

Die älteren Wurzeln im deutsch-französischen Spannungsverhältnis liegen vermutlich im 17. Jahrhundert, als die ausgreifende Politik Ludwigs XIV. mit der Annexion des Elsass und der Zerstörung der Pfalz (1689/92) anti-französische Gefühle keimen ließ. Aber es gab noch keinen deutschen Staat und kein deutsches Nationalbewusstsein. Das Leben spielte sich noch im Rahmen von Dynastien, Ständen, Religionen und Regionen ab.

Die anti-napoleonischen Befreiungskämpfe (1813) trugen zwar bereits einen deutlichen antifranzösischen Akzent, aber doch nur bei einer relativ kleinen Schicht von Intellektuellen und Militärs.

Wenn es überhaupt so etwas gibt wie eine Geburtsstunde der „deutsch-französischen Erbfeindschaft", dann 1866, als Preußen in der Schlacht von Königgrätz Österreich besiegte und zur (nord-)deutschen Hegemonialmacht aufstieg. Das Frankreich Napoleons III. war zutiefst erschüttert und fürchtete, die politische Führung in Europa einzubüßen. Die sich abzeichnende Überwindung der deutschen Zersplitterung unter preußischem Vorzeichen bedeutete eine Herausforderung der politischen Vormachtstellung Frankreichs. Erst im 19. Jahrhundert – im Zeichen einer „Nationalisierung der Massen" – wurde die Identitätsbildung unter nationalen Vorzeichen zu einem offensichtlich weit verbreiteten Bedürfnis. Die Abgrenzung vom Nachbarn erleichterte die politische Selbstfindung. Erst jetzt konnte die Polarisierung zwischen „germanisch" und „welsch", zwischen „deutscher Kultur" und „französischer Zivilisation", zwischen den „Ideen der Französischen Revolution" und den „Ideen von 1914" von den Massen Besitz ergreifen.

Ein knappes Jahrhundert später, in der zweiten Hälfte des 20. Jahrhunderts, hat sich aufgrund schmerzhafter Erfahrungen für beide Völker die Erkenntnis durchgesetzt, dass der Frieden auf dem Kontinent vom deutsch-französischen Verhältnis abhängt. Konrad Adenauer, der erste deutsche Bundeskanzler, suchte bewusst den Ausgleich mit dem westlichen Nachbarn und fand im französischen Präsidenten Charles de Gaulle einen geistesverwandten Partner.

Freundschaftliche persönliche Beziehungen zwischen den Staatsmännern eröffneten den Weg für eine deutsch-französische Aussöhnung (in Klammern die Daten der gemeinsamen politischen Verantwortung):

Gustav Stresemann – Aristide Briand (1925–1929)
Konrad Adenauer – Charles de Gaulle (1958–1963)
Helmut Schmidt – Valery Giscard d'Estaing (1974–1981)
Helmut Kohl – François Mitterrand (1982–1995)

M 1 **Frankreich denkt an Revanche** aus der Sicht der französischen Zeitschrift „Charivari" (31.3.1871). Im Vordergrund der französische Kaiser Napoleon III. Untertitel:
– „Adieu!"
– „Nein, auf Wiedersehen. Besuche pflegt man zu erwidern."

Aufgaben

1. Diskutieren Sie, welche Lehren für die Gestaltung der europäischen Zukunft aus den deutsch-französischen Beziehungen zu ziehen sind.

Deutsch-französischer Krieg 1870/71

Reichsgründung durch Ausrufung des preußischem Königs Wilhelm I. zum Deutschen Kaiser im Spiegelsaal des Schlosses von Versailles (18. Januar 1871)

Annexion Elsass-Lothringens

1. Weltkrieg 1914-1918

Waffenstillstand unterzeichnet in einem Eisenbahnwagen im Wald von Compiègne (11. November 1918)

Unterzeichnung des Friedensvertrags im Spiegelsaal von Versailles (28. Juni 1919)

2. Weltkrieg 1939-1945

Unterzeichnung des Waffenstillstands im historischen Eisenbahnwagen im Wald von Compiègne (21. Juni 1940)

Hitler und seine Generäle vor dem historischen Eisenbahnwagen von Compiègne.

Unterzeichnung der Kapitulation in Reims (7. Mai 1945)

Französische Besatzung (1945 - 1949)

Unterzeichnung des Vertrages über die deutsch-französische Zusammenarbeit in Paris am 22. Januar 1963.
Von links: Bundeskanzler Konrad Adenauer, Staatspräsident Charles de Gaulle und Premierminister Georges Pompidou.

Elysée-Vertrag (22. Januar 1963)

Vertrag zwischen der Bundesrepublik und der Französischen Republik über die deutsch-französische Zusammenarbeit

1.5 Die Auflösung der Republik

Weltwirtschaftskrise und der Übergang zu den Präsidialkabinetten

M 1 Plakat der NSDAP zu den Reichstagswahlen am 25. Mai 1928

Am 25. Oktober 1929 stürzten die Aktienkurse an der New Yorker Börse. Dieser Tag, der als „Schwarzer Freitag" in die Geschichte eingegangen ist, markierte den Beginn einer weltweiten Wirtschaftkrise, die insbesondere in den USA und in Deutschland verheerende Ausmaße annahm. Die deutsche Wirtschaft, die aufgrund der Reparationslasten in beträchtlichem Umfang mit amerikanischem Kapital arbeitete, wurde durch den plötzlichen Abzug von Kapital schwer getroffen. Der Zusammenbruch von Banken, Produktionsrückgang und Arbeitslosigkeit stellten die unmittelbaren und mittelbaren Folgen dieses Ereignisses da. Die Arbeitslosigkeit stieg bis 1932 auf über sechs Millionen offiziell registrierte Menschen an. Von ihr waren die Industriearbeiter am schwersten betroffen. 1933 waren 40 Prozent aller männlichen Industriearbeiter arbeitslos, aber beispielsweise nur 13 Prozent der Angestellten.

Mit der Weltwirtschaftskrise begann auch der endgültige politische Niedergang der Weimarer Republik. Die von Hermann Müller (SPD) geführte Große Koalition (SPD, Zentrum, BVP, DDP, DVP) zerbrach im Frühjahr 1930, weil es zwischen der industrienahen DVP und der SPD zu keiner Einigung über die Beitragshöhe der Arbeitslosenversicherung kam. Angesichts der Arbeitslosigkeit stemmte sich die SPD gegen den Abbau der Sozialleistungen, der vom Reichsverband der deutschen Industrie wiederholt gefordert worden war.

Die Auflösung der Großen Koalition hatte eine parlamentarische Situation zur Folge, die eine mehrheitsgestützte Regierung nicht mehr zuließ. Denn der wirtschaftliche Verfall ging einher mit einer politischen Radikalisierung, die in letzter Konsequenz politisch handlungsfähige Mehrheiten im Reichstag unmöglich machte. Dieses Machtvakuum war die Ausgangslage für die Umformung der parlamentarischen Demokratie in ein Präsidialsystem auf der Grundlage des Notverordnungsrechts. Da die Parteien des Reichstages von sich aus nicht mehr in der Lage waren, regierungsfähige Koalitionen zu bilden, hatten sie indirekt die Macht dem Reichspräsidenten und dessen Vertrauensleuten überlassen.

Dieser „selbstmörderische Entschluss der demokratischen Parteien" (Bracher) leitete eine Entmachtung des Reichstages zugunsten des Reichspräsidenten und seiner Berater ein. Verordnungen nach Art. 48 WRV traten an die Stelle von im Reichstag verabschiedeten Gesetzen.

Die Konzeption der präsidialen Kabinette, die unabhängig von der parlamentarischen Mehrheit regierten, war gezielt von Teilen der Großindustrie und national-konservativen Großagrariern sowie von der Reichswehr angestrebt worden.

Mit der Berufung des Zentrumpolitikers Heinrich Brüning zum Reichskanzler durch Hindenburg, der seit 1925 das Amt des Reichspräsidenten innehatte, begann die stufenweise Durchbrechung des Weimarer Verfassungssystems.

Opposition gegen die Republik

Der Volksentscheid über den Young-Plan (1929) wurde zum Kristallisationskern eines Bündnisses konservativ-nationalistischer Kräfte. Zwar scheiterte der Volksentscheid, aber die im Kampf gegen die Republik zusammengehaltene „Nationale Opposition“ formierte sich im Oktober 1931 zur „Harzburger Front“. Sie umfasste alle Gegner der Weimarer Republik mit Ausnahme der Kommunisten. Ihr Programm lautete auf eine Formel gebracht: „Ordnung und Diktatur statt Novemberverbrecher!“ Man forderte den Rücktritt der Regierung Brüning sowie der Regierung Braun (SPD) in Preußen. Neben der NSDAP nahm die von Hugenberg geführte DNVP an dem Treffen in Harzburg teil. Hugenberg, der gleichzeitig Beherrscher eines großes Pressekonzerns war, benutzte diesen zur gezielten Verbreitung antidemokratischer Ideologien. In der Nachfolge des Treffens nahm die finanzielle Unterstützung der NSDAP durch Kreise der Wirtschaft beträchtlich zu.

Zu den beiden Parteien stieß der „Stahlhelm“, der Bund der Frontsoldaten. Er hatte eine offen republikfeindliche Haltung, die durch einen militanten Nationalismus geprägt wurde.

Neben die außenparlamentarische Opposition des „Stahlhelm“ trat die SA (Sturmabteilung) der NSDAP, die offen die Gewalt als ein Mittel zur Durchsetzung politischer Ziele propagierte und anwendete.

Die Ablehnung der Republik durch die politische Rechte wurde ergänzt durch die Ablehnung von Seiten der KPD. Aber obwohl den Kommunisten in der durch Radikalisierung geprägten Weimarer Endphase Stimmengewinne zuwuchsen, waren sie im Unterschied zu den Rechtsparteien politisch isoliert und ohne Einfluss auf die Machtsäulen des Staates: Regierung, Bürokratie, Polizei und Reichswehr.

Die Endphase der Weimarer Republik (1932/33)

Reichspräsidentenwahl

Hindenburg war ein monarchisch gesinnter Generalfeldmarschall und im Ersten Weltkrieg „Sieger von Tannenberg“ in Ostpreußen, wo 1914 mit unterlegenen Kräften der Vormarsch der russischen Armeen abgewehrt worden war. Er wurde 1932 erneut zum Reichspräsidenten gewählt. Um eine Präsidentschaft Hitlers zu verhindern, hatten ihn diesmal die demokratischen Parteien unterstützt.

Altersschwach wie er war (86 Jahre alt), geriet er nunmehr noch stärker als zuvor unter den Einfluss seiner engsten Umgebung. Sein Sohn Oskar, von dem es hieß, er sei in der Verfassung nicht vorgesehen, Hindenburgs Staatssekretär Meißner und von Schleicher (General und Chef des Ministeramts im Reichswehrministerium) wurden seine entscheidenden Ratgeber und Drahtzieher. Die Politik hatte sich aus der Öffentlichkeit des Parlaments hinter die Kulissen des Reichspräsidentenpalais verlagert. Da jede Regierung abhängig war vom Vertrauen, das Hindenburg ihr schenkte, wurde er zur Anlaufstelle der Intriganten.

Die Endphase der Weimarer Republik begann im Mai 1932 mit der Ablösung Brünings als Reichskanzler. Ein Bündnis aus Nationalsozialisten, Deutschnationalen und Generälen brachte ihn zu Fall. Hindenburg entzog ihm sein Vertrauen, wobei die Arbeitslosigkeit und das Verbot der SA eine Rolle gespielt hatten. An die Stelle Brünings trat der konservative, aus dem Zentrum ausgeschlossene Politiker Franz von Papen.

M 2 Reichspräsidentenwahlen

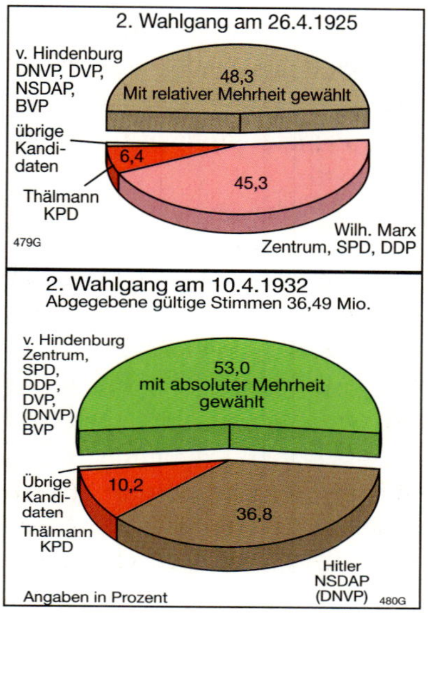

M 3 **Plakat der NSDAP zu den Reichstagswahlen 1932**

Der Weimarer Staat wurde in immer größerer Intensität durch die Existenz von „Privatarmeen" herausgefordert. Die Sturmabteilung (SA) als Parteimiliz der NSDAP, der Stahlhelm (DNVP-nahestehend), der Rotfrontkämpferbund (RFB) als militärischer Arm der KPD und das Reichsbanner Schwarz-Rot-Gold (Kampfverband von Sozialdemokraten und Gewerkschaftern) lieferten sich blutige Straßenschlachten. Der Staat vermochte sein Gewaltmonopol nicht erfolgreich zu verteidigen. Der Verfall der Autorität war offenkundig.

Das neue Kabinett des betont antiparlamentarischen von Papen („Kabinett der Barone") hob das SA-Verbot auf, was eine gewaltige Zunahme des politischen Terrors zur Folge hatte. Innerhalb von nur zwei Monaten forderten die Straßenkämpfe zwischen den rivalisierenden Privatarmeen 300 Tote und 1200 Verletzte. Durch einen Staatsstreich gegen Preußen am 20. Juli 1932 („Preußenschlag") wurde die Sozialdemokratie in ihrer letzten Bastion in Deutschland entmachtet. Renten, Arbeitslosen- und Wohlfahrtsunterstützungen wurden gekürzt. Die Regierung Papen blieb politisch isoliert. Im Dezember 1932 wurde von Schleicher, Hindenburgs Ratgeber, selbst neuer Reichskanzler. Der „soziale General" bemühte sich um eine neue Basis aus Gewerkschaften und dem linken Flügel der NSDAP, verlor aber dabei sehr schnell das Vertrauen Hindenburgs. Unter dem Einfluss von Papens und seines Sohnes Oskar gab Hindenburg seine Widerstände gegen Hitler auf, den er nicht zuletzt wegen seines niedrigen Dienstgrades (Gefreiter) abgelehnt hatte.

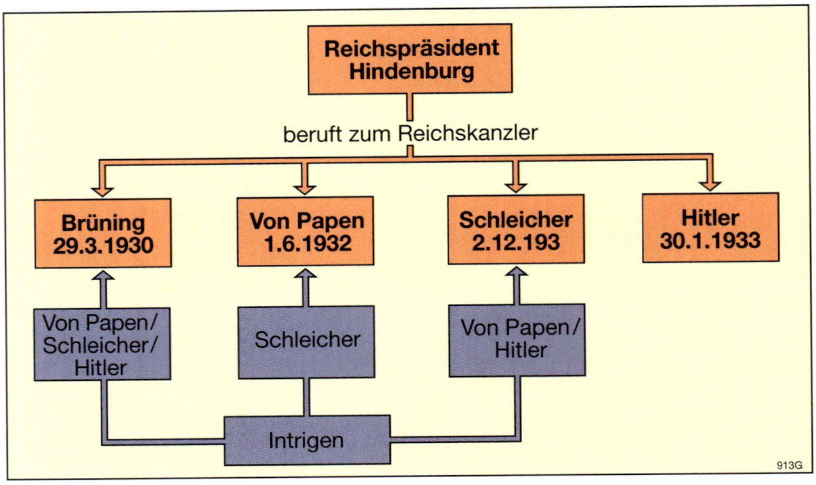

M 4

Am 30. Januar 1933 wurde Hitler zum Reichskanzler eines Kabinetts ernannt, das aus drei Nationalsozialisten und acht Konservativen bestand. Hitlers Ernennung zum Reichskanzler, die aufgrund der Beeinflussung Hindenburgs zustande kam, wäre nicht möglich gewesen ohne den Rückhalt durch eine politische Massenbewegung.

Begünstigt wurde die Machtergreifung Hitlers durch die Spaltung der Arbeiterschaft in Kommunisten und Sozialdemokraten. Die KPD diffamierte – entsprechend den Beschlüssen der Kommunistischen Internationale (Komintern) – die SPD als „sozialfaschistisch" und als Hauptstütze des Klassenfeindes. Die SPD ihrerseits hatte als demokratische Partei keinerlei Sympathien für das bolschewistische Herrschaftssystem der Sowjetunion.

M 5 **Plakat der SPD zu den Reichstagswahlen 1930**

Den Nationalsozialisten gelang es, soziale und nationale Regungen gleichermaßen zu mobilisieren. Die Gefühle des existenziellen Bedrohtseins richteten sich auf Hitler als „Retter in der Not“. Die historische Wahlforschung hat gezeigt, dass der Aufstieg der NSDAP auf zwei Faktoren zurückgeführt werden kann:

- die Radikalisierung von Mittelschichtwählern, insbesondere beim „alten“ Mittelstand (Geschäftsleute, Handwerker, Bauern),
- die Mobilisierung von Erst(Jung-)wählern und Nichtwählern.

Im protestantischen Milieu war die Partei erfolgreicher als im katholischen. Auch wenn Arbeiter sich als nicht so anfällig für die NS-Ideologie erwiesen, so kann man doch die NSDAP als „Volkspartei des Protestes“ (J. W. Falter) bezeichnen.

M 6

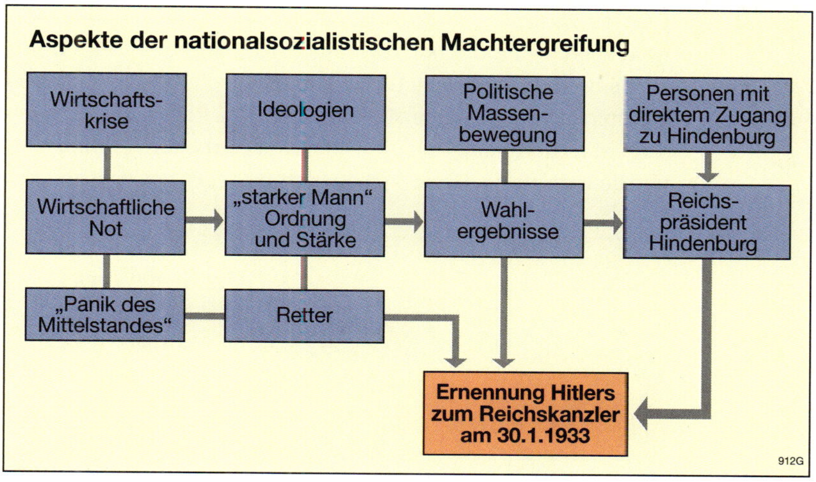

Chronologie

25. Okt. 1929	Börsenkrach in New York
22. Dez. 1929	Volksentscheid gegen den Young-Plan scheitert.
27. März 1930	Rücktritt der Regierung Müller (SPD) und damit Ende der Großen Koalition
29. März 1930	Ernennung Heinrich Brünings zum Reichskanzler
14. Sept. 1930	Wahlen zum Reichstag bringen hohe Gewinne für die NSDAP.
11. Okt. 1931	Formierung der „Harzburger Front“
10. April 1932	Wiederwahl Hindenburgs zum Reichspräsidenten
13. April 1932	SA-Verbot
30. Mai 1932	Entlassung Brünings durch Hindenburg
1. Juni 1932	Franz von Papen wird neuer Reichskanzler.
14. Juni 1932	Aufhebung des SA-Verbots
20. Juli 1932	Staatsstreich gegen die sozialdemokratisch geführte Regierung in Preußen
31. Juli 1932	Aus den Reichstagswahlen geht die NSDAP als stärkste Partei hervor.
6. Nov. 1932	Die Reichstagswahl bringt der NSDAP Stimmenverluste.
2. Dez. 1932	Nach dem Rücktritt der Regierung Papen wird General von Schleicher zum neuen Reichskanzler ernannt.
28. Jan. 1933	Rücktritt Schleichers
30. Jan. 1933	Hindenburg beruft Hitler zum Reichskanzler.

M 7 **Aktionsprogramm der KPD**

Der Zentralausschuss der KPD beschloss ein Aktionsprogramm, das eine Diktatur nach sowjetischem Muster vorsah (11. Januar 1925):

Eine solche Regierung kann sich [...] nicht auf das bürgerliche Parlament, nicht auf den korrupten, reaktionären Verwaltungsapparat stützen, sondern sie muss sich stützen auf proletarische Massenorgane, die den bürgerlichen Staatsapparat zerschlagen, die illegale und die legale Reichswehr entwaffnen und das Proletariat so organisieren, dass es die Regierungsbeschlüsse selbst durchführen oder ihre Durchführung kontrollieren kann. Nur eine solche Regierung kann die Produktion den Händen der Bourgeoisie entreißen und sie der Leitung und Kontrolle der arbeitenden Massen unterstellen. Eine solche Regierung ist nichts anderes als die Diktatur der Arbeiter- und Bauernräte. [...] Die Bolschewisierung der Partei ist die notwendige Voraussetzung für die Durchführung aller dieser Aufgaben. Nur bei der größten Klarheit und Festigkeit in den Reihen der Partei, bei der schärfsten politischen Abgrenzung gegen alle Schattierungen des Menschewismus [russische Sozialdemokratie] kann die Partei auch in den schwierigsten Situationen die enge Verbindung mit den Massen behalten, ohne sich den reformistischen Illusionen anzupassen und dadurch zum Anhängsel der Bourgeoisie zu werden. Engste Verbindung mit den Massen in den Betrieben und in den Gewerkschaften, aber nicht als Anhängsel dieser Massen, ihren wechselnden Stimmungen nachgebend, sondern als die klare, feste, unerschütterliche Führerin der ganzen Masse der Ausgebeuteten und Unterdrückten – das ist der Sinn der Bolschewisierung der Partei.

Zit. nach: J. Flemming u. a. (Hg.). Die Republik von Weimar, Bd. 1, Königstein/Ts. 1979, S. 146 f.

M 8
Wahlplakat der KPD zu den Reichstagswahlen 1924

M 9 **Zielprojektionen aus dem rechten Flügel der DNVP**

Hans Schlange-Schöningen, Rittergutsbesitzer und Mitglied des Reichstages schrieb 1924:

Eines Tages wird diese Macht in Deutschland imstande sein, alles durchzusetzen, querweg über das Geschrei aller Parlamente. Die Diktatur, von der man möglichst nur wenig sprechen soll, die man aber wollen muss, kann und muss nach Lage der Dinge in Deutschland nur kommen vom Preußischen Ministerium des Inneren in Verbindung mit der Reichswehr. Die Reichswehr wird nach allen Erfahrungen nie von sich allein aus wollen, sondern erst dann, wenn der rücksichtslose Wille dazu in der anderen Machtstelle in Deutschland besteht, nämlich im Preußischen Ministerium des Inneren: Diese Machtstellung mit einem Mann unserer Richtung zu besetzen, muss daher meiner Meinung nach das Ziel unserer politischen Richtung sein, zu erstreben mit allen uns zur Verfügung stehenden Mitteln!
Und dann? Wenn die Diktatur da ist? Ich halte nicht viel von langfristigen Programmen, da die Bilder in unserer schnelllebigen Zeit zu oft wechseln. Aber

M 10
Plakat der DNVP 1932

ein Leitsatz lässt sich wohl aufstellen: Schaffung einer außenpolitischen Ruhezeit, um den inneren Aufbau der Staatsmacht und der Wehrhaftigkeit zu ermöglichen. Ich sehe die Möglichkeit der äußeren Ruhe nur darin, dass wir kaltherzig den Franzosen Rhein und Ruhr zeitweise opfern, um Deutschland aufzubauen und die verlorenen Gebiete eines Tages wieder zu erobern.

Zit. nach: J. Flemming u. a. (Hg.), Die Republik von Weimar, Bd. 1. Königstein/Ts. 1979, S. 135 f.

M 11 Aus einem Aufruf des „Stahlhelm"

Der Stahlhelm, Bund der Frontsoldaten, neigte den Rechtsparteien zu. Aus einem Aufruf des Landesverbandes Brandenburg (1928):

Wir hassen mit ganzer Seele den augenblicklichen Staatsaufbau, seine Form und seinen Inhalt, sein Werden und sein Wesen [...], weil er uns die Aussicht versperrt, unser geknechtetes Vaterland zu befreien und das deutsche Volk von der verlogenen Kriegsschuld zu reinigen, den notwendigen Lebensraum im Osten zu gewinnen, das deutsche Volk wieder wehrhaft zu machen.

Zit. nach: W. Michalka, G. Niedhart (Hg.), a. a. O., S. 251 f.

M 12 Arbeitslosigkeit

Der Historiker Heinrich Potthoff beschreibt die sozialen Verhältnisse in der Wirtschaftskrise:

Nach stundenlangem Schlangestehen erhielten die unverschuldet in Not geratenen Menschen schließlich gegen einen Stempel auf dem Arbeitslosenausweis ihre Unterstützung ausgezahlt. Bis Juni 1932 war sie noch so bemessen, dass sie halbwegs für das Existenzminimum ausreichte. Dann aber kürzte das Kabinett des Barons von Papen [...] die Summe auf einen Satz, der zum Leben nicht mehr ausreichte. So erhielt beispielsweise eine Familie mit zwei Erwachsenen und einem Kind monatlich 51 RM Unterstützung, von denen allein 32,50 RM für Miete, Heizung und Beleuchtung ausgegeben werden mussten. Für Nahrungsmittel blieben ganze 18,50 RM. Das heißt bei den damaligen Preisen eine Ration pro Kopf der Familie von einem halben Brot, einem Pfund Kartoffeln, 100 g Kohl und 50 g Margarine. Dreimal im Monat konnte man sich noch einen billigen Hering kaufen und für das Kind sogar einen Extra-Hering sowie täglich einen halben Liter Milch.
Vergleichsweise ging es dieser Familie noch besser als vielen anderen; denn die Arbeitslosenunterstützung [...] wurde längstens bis zu einem Jahr gewährt. Im Februar 1932 erhielten 12,6 Prozent der Erwerbslosen überhaupt keine Unterstützung. 29,9 Prozent = 1,833 Millionen, denen kein Arbeitslosengeld mehr gezahlt oder die wie viele Arme und Alte, Jugendliche und ehemalige Freiberufliche nie Mitglied der Sozialversicherung geworden waren, blieben auf die örtliche Wohlfahrtsunterstützung angewiesen. Sie reichte an vielen Orten nicht einmal dazu aus, um sich etwas zum Essen zu kaufen, geschweige denn eine Wohnung zu bezahlen. Im Freien, in Wartesälen und Obdachlosenasylen vegetierten die Menschen dahin [...].

H. Potthoff, Die Sozialdemokratie von den Anfängen bis 1945, Bonn 1974, S. 111

M 13

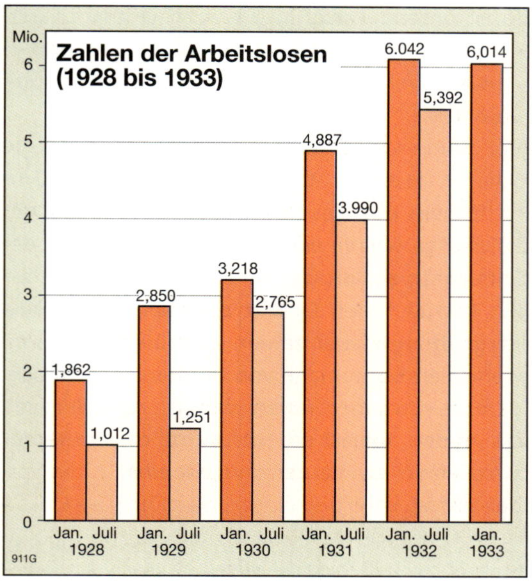

M 14

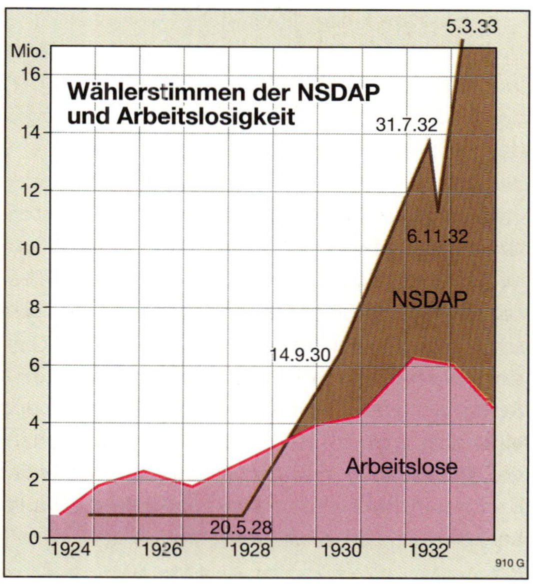

M 15

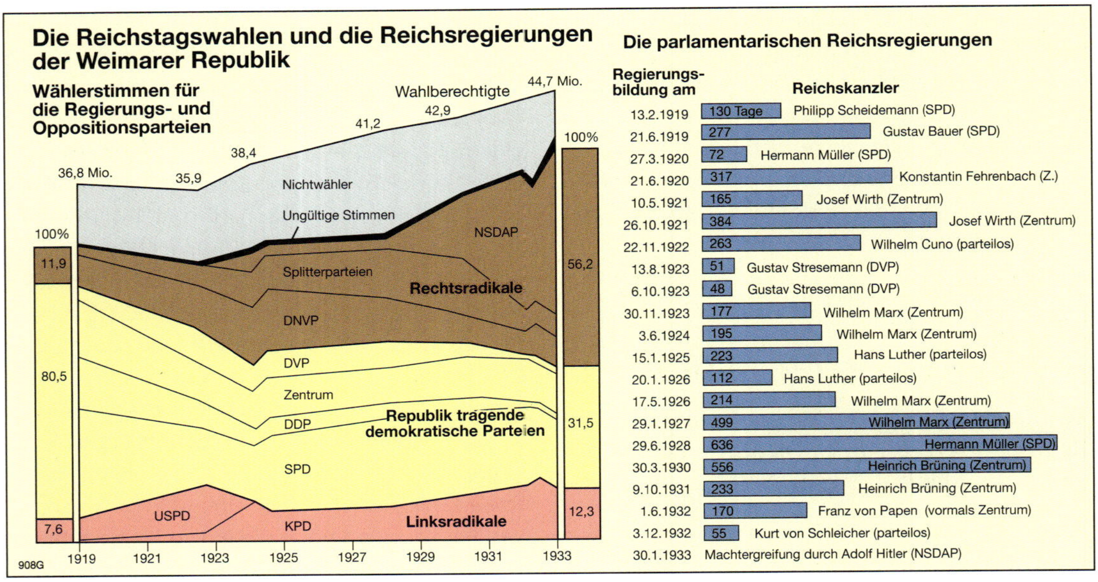

M 16 Präsidialkabinette

Der Politikwissenschaftler Hans-Joachim Winkler analysiert die Schwäche des Parlaments und zeigt auf, wie das parlamentarische Regierungssystem immer mehr unter den Einfluss des Reichspräsidenten geriet:

[...] Mit zunehmender Schwäche und Zersplitterung des Parlaments durch den Radikalismus wuchs die Macht des Präsidenten, bis schließlich am 30. März 1930 mit der Ernennung Brünings ohne Bindung an eine Reichstagskoalition die Ära der Präsidialkabinette ohne Rückhalt bei der Reichstagsmehrheit begann, die mit Hitler endete. Die Reichstagsmehrheit musste die vom Präsidenten vorgeschlagenen Kandidaten tolerieren, weil sie sich selbst auf keinen Kandidaten einigen konnte. Die Waffe des Reichstages, das Misstrauensvotum, war stumpf, weil der Reichspräsident nach Art. 25 den Reichstag daraufhin auflösen konnte, ein Risiko, das kein Parlament freiwillig einzugehen liebt. Zweimal hat die Reichstagsmehrheit ihr Misstrauen wegen unsozialer Notverordnungen ausgesprochen. Beide Male wurde der Reichstag sofort aufgelöst, am 16. Juli 1930 von Brüning, am 12. September 1932 von Papen. Nachdem die Regierungen schon vorher in einer Zwangslage standen zwischen dem Reichspräsidenten, der sie berief, und dem Reichstag, der sie stürzen konnte, waren sie nun eigentlich nur noch vom Reichspräsidenten abhängig. Die Führung lag also beim Reichspräsidenten bzw. den unkontrollierten, unkontrollierbaren Rechtskreisen, die hinter ihm standen.

H.-J. Winkler, Die Weimarer Demokratie, Berlin 1963, S. 47.

M 17 Goebbels' Vorstellung von „Legalität"

Die Ausnutzung der Demokratie schildert der NS-Gauleiter von Berlin und spätere Propagandaminister Joseph Goebbels 1928:

Wir gehen in den Reichstag hinein, um uns im Waffenarsenal der Demokratie mit deren eigenen Waffen zu versorgen. Wir werden Reichstagsabgeordnete, um die Weimarer Gesinnung mit ihrer eigenen Unterstützung lahm zu legen. Wenn die Demokratie so dumm ist, uns für diesen Bärendienst Freifahrkarten und Diäten zu geben, so ist das ihre eigene Sache. [...]
Uns ist jedes gesetzliche Mittel recht, den Zustand von heute zu revolutionieren. Wenn es uns gelingt, bei diesen Wahlen [1928] sechzig bis siebzig Agitatoren unserer Partei in die verschiedenen Parlamente hineinzustecken, so wird der Staat selbst in Zukunft unseren Kampfapparat ausstatten und besolden. [...]
Wir kommen als Feinde! Wie der Wolf in die Schafherde einbricht, so kommen wir. Jetzt seid ihr nicht mehr unter euch! Ich bin kein Mitglied des Reichstags. Ich bin ein IdI. Ein IdF. Ein Inhaber der Immunität, ein Inhaber der Freifahrkarte. [...]
Ein IdI hat freien Eintritt zum Reichstag, ohne Vergnügungssteuer zahlen zu müssen. Er kann, wenn Herr Stresemann von Genf erzählt, unsachgemäße Zwischenfragen stellen, zum Beispiel, ob es den Tatsachen entspricht, dass besagter Stresemann Freimaurer und mit einer Jüdin verheiratet ist.

Aus: „Der Angriff" (30.4.1928), zit. nach: W. Michalka, G. Niedhardt (Hg.), a.a.O., München 1980, S. 251.

M 18

„Notverordnung" aus der Sicht des Karikaturisten Erich Schilling (1931).
Der Untertitel lautet: „Nach den Erfahrungen der letzten Wochen ist verfügt worden, dass jeder Demonstrationszug seinen eigenen Leichenwagen mitzuführen hat."

M 19 **Sozialstruktur der NSDAP (1930)**

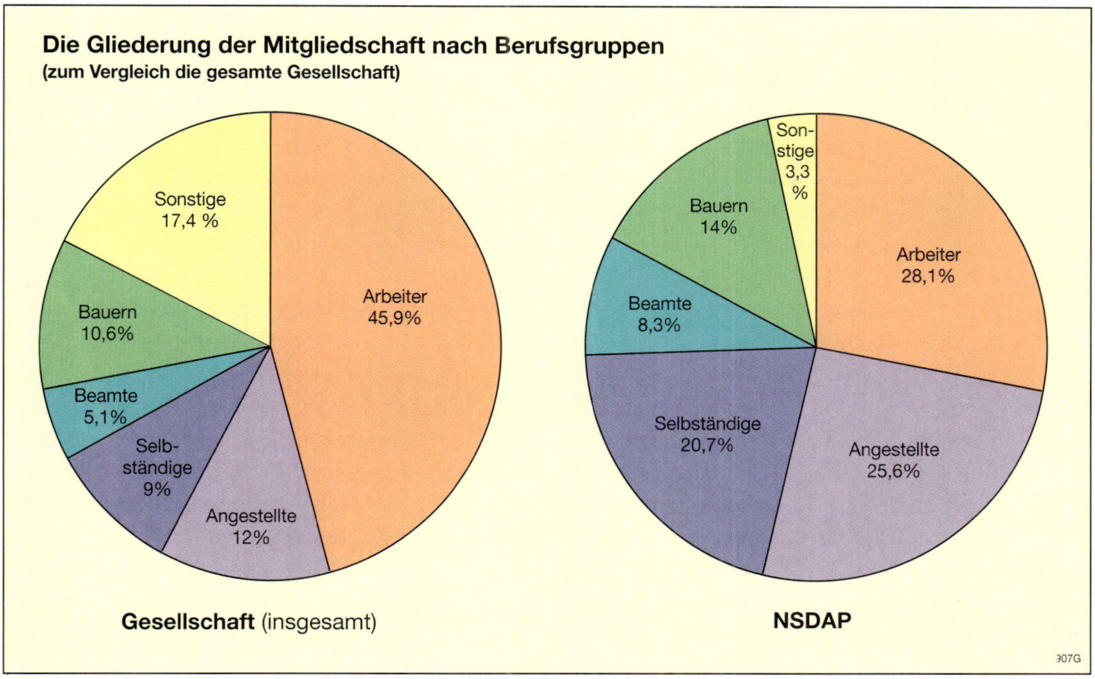

M 20 Der Sturz der Regierung Brüning

Die Tagebücher von Joseph Goebbels (NSDAP) geben Aufschluss darüber, wie hinter den Kulissen intrigiert und die politische Krise verschärft wurde:

14.4.1932: [...] Nachmittags um 5 Uhr kommt das SA-Verbot. Es wird für das ganze Reich erlassen. Das ist Groeners Geschoss. Vielleicht aber wird er darüber zu Fall gebracht. Uns wird mitgeteilt, dass Schleicher seinen Kurs nicht billigt.[...]
16.4.1932: [...] Der Reichspräsident schreibt einen Brief an Groener [Reichswehrminister, gewährleistet das SA-Verbot], in dem er sich über Material gegen das Reichsbanner [politischer Kampfverband, der die Weimarer Republik verteidigte] beschwert und fordert, dass dem hoch- und landesverräterischen Treiben dieser Organisation ein wachsames Augenmerk seitens der Regierung zuteil werde. Das ist eine schwere moralische Niederlage für die Regierung. [...]
26.4.1932: [...] Graf Helldorf [SA-Führer in Berlin-Brandenburg] war bei Schleicher. Der will eine Kursänderung vollziehen. [...]
28.4.1932: [...] Der Führer ist bei Schleicher gewesen. Das Gespräch verlief gut.
3.5.1932: [...] Unterwegs kaufen wir Zeitungen. Die Berliner Juden schimpfen über die Intrigen der „Offizierskamarilla" [einflussreiche Günstlinge] gegen Brüning und Groener. Es fängt also schon an. Man hat so seine richtige Freude daran. Nun muss in der Partei eisern geschwiegen werden. Wir müssen die Desinteressierten spielen. [...]
4.5.1932: [...] Von Berlin kommt die Meldung, dass Hitlers Minen zu springen beginnen. [...] Als erster muss Groener und nach ihm Brüning fallen. [...]
6.5.1932: [...] Die Bombe ist geplatzt. Der Reichswirtschaftsminister [Warmbold] hat seinen Rücktritt erbeten. Groener und Brüning wackeln. [...]
8.5.1932: [...] Der Führer hat eine entscheidende Unterredung mit General Schleicher; einige Herren aus der nächsten Umgebung des Reichspräsidenten sind dabei. Alles geht gut. Der Führer hat überzeugend zu ihnen geredet. Brüning soll in den nächsten Tagen schon fallen. Der Reichspräsident wird ihm sein Vertrauen entziehen. Der Plan geht dahin, ein Präsidialkabinett zu installieren; der Reichstag wird aufgelöst, alle Zwangsgesetze sollen fallen, wir bekommen Agitationsfreiheit und liefern dann ein Meisterstück an Propaganda. [...] Beglückend das Gefühl, dass noch kein Mensch etwas ahnt, am wenigsten Brüning selbst. [...]
11.5.1932: Der Reichstag plätschert weiter. Groeners Stellung ist erschüttert, die Armee will ihn nicht mehr. Selbst seine eigene Umgebung drängt auf seinen Sturz. So muss es anfangen; wenn einer erst fällt, dann kommt das ganze Kabinett und mit ihm das System ins Purzeln. Brüning sucht zu retten, was zu retten ist. Er redet im Reichstag und zieht sich klugerweise auf die Außenpolitik zurück. Dort wird er sehr aggressiv. Er wähnt sich 100 Meter vor dem Ziel. Von Groener sagt er kein Wort. Er gibt ihn also auf. [...]
12.5.1932: [...] Abends kommt die längst erwartete Meldung: Groener ist als Wehrminister zurückgetreten. [...]
13.5.1932: Wir bekommen Nachricht von General Schleicher: Die Krise geht programmgemäß weiter. [...]
18.5.1932: [...] Brüning wird von unserer Presse und Propaganda auf das Schärfste attackiert. Er muss fallen, koste es, was es wolle.
Die geheime Aktion gegen ihn geht unentwegt weiter. Er ist bereits vollkommen isoliert. [...]
24.5.1932: [...] Am Sonnabend schon soll Brüning auffliegen. Staatssekretär Meißner reist nach Neudeck [wo sich Hindenburg aufhielt]. Nun wollen wir den Daumen halten. Die Ministerliste steht im Großen und Ganzen fest: v. Papen, Reichskanzler, v. Neurath, Außenminister, dazu noch eine Reihe von unbekannten Namen. Für uns ist die Hauptsache, dass der Reichstag aufgelöst wird. Das Weitere wird sich dann finden. [...]
30.5.1932: Die Bombe ist geplatzt. Brüning hat um 12 Uhr dem Reichspräsidenten die Gesamtdemission [Rücktritt] des Kabinetts überreicht. Das System befindet sich im Fall. [...]

Zit. nach: W. Michalka und G. Niedhart (Hg.), a. a. O., S. 326.

M 21 „Zum 30. August 1932"
Fotomontage des Antifaschisten und KPD-Mitglieds John Heartfield (1891–1968), erschienen in: „Arbeiter-Illustrierte-Zeitung" Nr. 36, 1932

M 22 **Hitler wird Reichskanzler (30. Januar 1933)**

Der Historiker Andreas Hillgruber beschreibt, wie konservative Kräfte versuchten, Hitler „einzurahmen":

Das Kabinett der „Einrahmung", das noch am 29. Januar abends zusammengestellt wurde, sah oberflächlich nach einem Duumvirat [Herrschaft von zwei Männern] Hitler–Papen aus. Letzterer war nicht nur als Vizekanzler mit dem Recht, bei jedem Vortrag Hitlers beim Reichspräsidenten anwesend zu sein, sondern auch als Reichskommissar für Preußen vorgesehen. Überhaupt standen den drei Nationalsozialisten im Kabinett, Hitler als Reichskanzler, Frick als Reichsinnenminister und Göring als Reichsminister ohne Geschäftsbereich, acht konservative Minister gegenüber, von denen der DNVP-Vorsitzende Hugenberg als „Wirtschaftsdiktator" eine Schlüsselposition einzunehmen schien. Demgegenüber verfügte nun allerdings Göring, weniger als Minister ohne Geschäftsbereich, aber als stellvertretender Reichskommissar für Preußen und preußischer Innenminister, ebenso wie Frick als Reichsinnenminister, über ein Machtzentrum, das für eine volle „Machtübernahme" im nationalsozialistischen Sinne die geeignete Ausgangsstellung bot. Allen kritischen Warnern gegenüber behauptete hingegen Papen: Sie irren, wir haben ihn [Hitler] uns engagiert. [...] Was wollen Sie denn. Ich habe das Vertrauen Hindenburgs. In zwei Monaten haben wir Hitler in die Ecke gedrückt, dass er quietscht.

A. Hillgruber, in: W. Tormin (Hg.), a. a. O., S. 247.

M 23 **„Das Verhängnis"**
Zeichnung von A. Paul Weber, 1932

Aufgaben

1. Analysieren Sie, mit welchen Zielvorstellungen KPD, DNVP und der Stahlhelm ihre Opposition gegen die Republik betrieben.
   → M7–M9, M11
2. Welche Rolle spielte der Reichspräsident bei der Auflösung der Weimarer Republik?
   → Text, M4, M10, M16, M20
3. In den Wahlergebnissen dokumentieren sich die Verschiebungen der politischen Gewichte. Bestimmen und erläutern Sie anhand dieser Wahlergebnisse die Phasen der Weimarer Republik. Berücksichtigen Sie auch die Reichspräsidentenwahlen von 1925 und 1932.
   → Text, M2, M15
4. Inwiefern leitete die Wahl von 1930 eine gewaltige Veränderung der parlamentarischen Machtverhältnisse ein?
   → M2, M15
5. Erläutern Sie die Funktionsweise der präsidialen Kabinette unter Berücksichtigung der Art. 48, 25 und 53 der Weimarer Verfassung.
   → Text, M16, M20, M21
6. Im Ulmer Reichswehrprozess (1930) erklärte Hitler, auf legalem Wege an die Macht gelangen zu wollen. Stellen Sie eine Beziehung zur Aussage von Goebbels her.
   → M17
7. Vergleichen Sie die Konzeption der „Einrahmung Hitlers" mit dem tatsächlichen Verlauf der Geschichte.
   → Text, M22
8. Welche sozialen Schichten waren in der NSDAP überrepräsentiert?
   → M19
9. Fassen Sie zusammen: Welche Faktoren spielten bei der Machtergreifung Hitlers eine Rolle?
   → Text, M1, M3, M6, M12–M15, M20, M22

2. Der Nationalsozialismus

Ein bekannter Historiker hat sein Werk über das Dritte Reich mit dem Untertitel „Verführung und Gewalt" versehen. In der Tat führten die nationalsozialistischen Machthaber auf meisterhafte Weise Regie, wenn es um Selbstdarstellung und Propaganda ging.

Das Bild von der Totenehrung auf dem Nürnberger Reichsparteitag (1934) vermittelt einen anschaulichen Eindruck von der Inszenierung der Macht: Menschenmassen, zu monolithischen Blöcken gegossen, geometrisch angeordnet, bilden ein Spalier für den Führer. Das Volk erscheint als – im doppelten Wortsinn – uniformiert. Im Abschreiten der überdimensionierten Fronten fand der Führerstaat seinen sinnfälligen Ausdruck: Hitler vorneweg, in gebührendem Abstand hinter ihm Himmler (Reichsführer SS) und Lutze (Stabschef der SA). Die pseudoreligiöse Prozession endete vor einer Art Altar mit stillem Gedenken. Kultische Handlungen stellten ein wesentliches Element in der Selbstdarstellung des Dritten Reiches dar. So gehörten Totenfeiern, wie zum Beispiel das Gedenken an die „Gefallenen der Bewegung" (9. November) und die „Fahnenweihe", zu den jährlich wiederholten Ritualen. Dabei wurden neue Parteifahnen von Hitler selbst mit der so genannten Blutfahne (vom missglückten Putsch am 9. November 1923) in Berührung gebracht.

„Hitler – ein deutsches Verhängnis"
Ernst Niekisch (1889–1967), Vertreter einer national-bolschewistischen Tendenz, 1939 wegen „literarischen Hochverrats" verurteilt, nach dem Krieg Mitglied der KPD und SED, verließ die DDR nach dem 17. Juni 1953.

Die Demonstrationen von Macht und Geschlossenheit, die das NS-Regime inszenierte, stachen augenfällig ab von der Un-Ordnung des Jahres 1932, als Deutschland im Bürgerkrieg zu versinken drohte. Die Zeitgenossen hatten noch das Chaos aus den letzten Monaten der Weimarer Republik im Kopf. Auch darum blieben sehr viele Menschen nicht unbeeindruckt vom Bild dieser kraftvollen, aber gebändigten Menschenmassen. Und viele wurden verführt mitzumachen.

Hinter der Bühne, auf der sich das Regime darstellte, setzte unmittelbar nach der Machtergreifung eine ungehemmte Gewalttätigkeit ein. Diese begann mit der von staatlicher Seite weitgehend unkontrollierten Jagd der SA auf den politischen Gegner und setzte sich fort in der planmäßigen Errichtung von Konzentrationslagern.

2.1 Begriff und Bewegung

M 1 Faschistische Embleme
Obere Reihe: Joch und Pfeile der spanischen Falange; Donnerkeil der British Union of Fascists; Liktorenbündel der italienischen Faschisten. Unten: Keltenkreuz der „Jeune Nation" in Frankreich; Pfeilkreuz der ungarischen Faschisten. In der Mitte das Hakenkreuz der Nationalsozialisten.

M 2 Der italienische Faschismus
Benito Mussolini mit den alten römischen Staatssymbolen

Der Begriff „Faschismus" leitet sich von lateinisch „fasces" ab. Dabei handelt es sich um ein Rutenbündel mit Beil, in der römischen Antike als Liktorenbündel bekannt, einem Symbol der politischen Exekutivgewalt. Sprachlich verwandt ist damit die Bezeichnung „fascio di combattimento" – im Sinne von Kampfbund.

Die faschistische Bewegung ging aus einem Bündnis von ehemaligen Kriegsteilnehmern hervor und wurde 1919 von Benito Mussolini gegründet. Nach nur drei Jahren des rücksichtslosen Terrors gegen die politische und gewerkschaftliche Linke gelang es ihm, an die Regierungsmacht zu kommen. Vorausgegangen war jener legendäre Marsch auf Rom (1922), ein Putschversuch, der letztlich nur wegen der Schwäche des italienischen Staats erfolgreich endete. Mussolini erhielt den Regierungsauftrag aus der Hand von König Vittorio Emanuele III.

Für Hitler war Mussolinis Wirken in Italien so vorbildhaft, dass er nur ein Jahr später (am 9. November 1923) gleichfalls versuchte, mit einem Putsch in München und einem anschließend geplanten Marsch auf Berlin an die Macht zu gelangen.

Historiker und Politikwissenschaftler sind sich bei der Anwendung des Faschismusbegriffs und bei dessen Abgrenzung vom Nationalsozialismus nicht durchweg einig. Einerseits kann der Faschismus allgemein als Oberbegriff für einen bestimmten Herrschaftstypus gelten. Demzufolge wird der Nationalsozialismus als die deutsche Variante des Faschismus verstanden. Denn beide Bewegungen – der italienische Faschismus sowie der deutsche Nationalsozialismus – entstanden als Folge einer tief greifenden gesellschaftlichen Krise, die beide Länder nach dem Ersten Weltkrieg erfasst hatte. Als Zielsetzung faschistischer Bewegungen, die es auch in anderen europäischen Ländern gab, galt die Beseitigung der parlamentarischen Demokratie. In Italien und Deutschland strebte man zudem danach, die gesamte europäische Friedensordnung, so wie sie 1919 in Versailles festgeschrieben worden war, zu Fall zu bringen. Dieser Ansatz unterstreicht die strukturelle Ähnlichkeit, die sich zum Beispiel in Nationalismus und Imperialismus, in Kriegsverherrlichung und Führerkult zeigt. Wenn hingegen die zweifellos vorhandenen Unterschiede betont werden sollen, dann wird man Faschismus und Nationalsozialismus stärker voneinander abgrenzen. So kannte der italienische Faschismus weder Rassismus noch eine originäre Judenfeindschaft. Insgesamt war seine Verfolgungs- und Vernichtungstendenz wesentlich geringer ausgeprägt als diejenige des Dritten Reiches. Die Zwischenkriegszeit hatte eine Vielzahl von faschistischen Bewegungen in Europa hervorgebracht, zum Beispiel die Ustascha-Bewegung (Kroatien), die Pfeilkreuzler (Ungarn), die Heimwehren (Österreich), die Action Française (Frankreich).

In Polen, Litauen, Jugoslawien und Griechenland etablierten sich Diktaturen. Auch Spanien (unter General Franco) und Portugal (unter Salazar) wurden mit autoritär–faschistischen Methoden regiert. Trotz ideologischer, historischer und auch regionaler Unterschiede berühren sich alle faschistischen Bewegungen in der unversöhnlichen Feindschaft gegenüber der parlamentarischen Demokratie.

M 3

Europa zwischen Demokratie und Diktatur (1918-1938)

- Faschistische Diktatur
- Autoritäres Regime, Militärdiktatur
- Kommunistische Diktatur
- Demokratie
- 1936 Jahr der Errichtung einer Diktatur oder eines autoritären Regimes

M 4 Wurzeln des Faschismus

Ein Politikwissenschaftler schrieb zum Verhältnis von Faschismus und Nationalsozialismus:

Auch beim Aufstieg des Nationalsozialismus in Deutschland sind die Elemente die gleichen wie in Italien: eine durch Kriegsverlust und Revolution desorientierte Gesellschaft; deklassierte Oberschichten, die der vergangenen Größe des Kaiserreiches nachträumen; eine nationalistischen Parolen aufgeschlossene breite Arbeiter- und Kleinbürgerschicht; endlich der „Führer", der, aus der anonymen Masse aufgestiegen, dem Hass, der Verzweiflung, den Zukunftserwartungen dieser Gesellschaft zu Sprache und politischem Ausdruck verhilft. Mussolinis Kunstgriff, die Verbindung der sozialistischen und der nationalen Traditionen, kommt bei der nationalsozialistischen Bewegung schon im Namen zum Ausdruck, obwohl das Wort bereits im neunzehnten Jahrhundert auftaucht; und die Funktion der gesellschaftlichen Desperados [Verzweifelten] in der Entfaltung der Bewegung ist, genau wie in Italien, mit Händen zu greifen, ob es sich nun um abgesunkene Intellektuelle wie Dietrich Eckart[1], Rosenberg[2], Goebbels[3] handelt, um „Lumpenproletarier" wie Streicher[4] oder um soldatische Landsknechtsnaturen wie Göring[5] und Röhm[6], die nach den Aufschwüngen und Verzauberungen des Krieges nicht ins bürgerliche Dasein zurückgefunden hatten. Aber ebenso deutlich sind auch die Unterschiede zum Faschismus. Charakteristisch ist, dass Hitlers Putschversuch in München, ein Jahr nach Mussolinis Marsch auf Rom, an der Gegenwehr des noch intakten Staates scheitert: erst als scheinlegaler Führer einer parlamentarischen Partei gewinnt Hitler, zehn Jahre später, die Macht. Wenn der italienische Faschismus auf einer Woge von Brutalität und Terror zur Herrschaft kommt, dann aber die Konsequenzen totaler Macht nur zögernd und stückhaft zieht, so ist es bei seinem deutschen Gegenstück gerade umgekehrt: Der Nationalsozialismus gibt sich in den Jahren 1929–1933 zusehends den Anschein einer konservativen, staatsbewahrenden Bewegung – daher das viele verführende Bündnis mit konservativen Parteien –, errichtet aber nach der Machtergreifung ein System totaler Herrschaft, das an Gewaltsamkeit und brutalem Vernichtungswillen alles übertrifft, was faschistische Bewegungen vorher realisiert hatten. Die nationalsozialistischen Führer haben nie einen Hehl daraus gemacht, dass sie den italienischen Faschismus eher für einen unvollkommenen Nationalsozialismus hielten als für den Prototyp ihrer eigenen Bewegung. So hat Goebbels wiederholt betont, dass der Faschismus an der Oberfläche hängen bleibe und dass Mussolini kein Revolutionär wie Hitler oder Stalin sei; und bei Hitler finden sich viele Zeugnisse der Bewunderung für Stalin und den Bolschewismus neben kritischen und verächtlichen Äußerungen über den Faschismus, die nur die Persönlichkeit Mussolinis ausnehmen.

1 D. Eckart (1868–1923), früher Förderer Hitlers

2 A. Rosenberg (1893–1946), u. a. zuständig für die weltanschauliche Schulung der NSDAP; Autor von „Der Mythus des 20. Jahrhunderts"; 1946 in Nürnberg hingerichtet

3 J. Goebbels (1897–1945), Gauleiter von Berlin, Reichsminister für Volksaufklärung und Propaganda; Selbstmord

4 J. Streicher (1885–1946), Herausgeber des antisemitischen Hetzblattes „Der Stürmer"; 1946 in Nürnberg hingerichtet

5 H. Göring (1893–1946), u. a. Feldmarschall und designierter Nachfolger Hitlers, Selbstmord in Nürnberg

6 E. Röhm (1887–1934), Stabschef der SA; Ermordung im Zusammenhang mit dem so genannten Röhmputsch 1934

H. Maier, Faschismus, in: H. J. Schultz (Hg.), Politik für Nichtpolitiker, Bd. 1, München 1972, S. 164 f.

M 5 Grundgedanken des Faschismus

Aus einer Schrift Mussolinis[1]:

Der Liberalismus negiert den Staat im Interesse des einzelnen Individuums; der Faschismus bejaht den Staat als die einzig wahre Realität des Individuums; und wenn Freiheit ein Recht des realen Menschen sein soll und nicht jenes abstrakten Gebildes, an das der individualistische Liberalismus dachte, so ist der Faschismus für die Freiheit. Er ist für die einzige Freiheit, die ernst genommen werden kann, nämlich für die Freiheit des Staates und des Individuums im Staate. Denn es liegt für den Faschismus alles im Staate beschlossen. Nichts Menschliches oder Geistiges besteht an sich, noch weniger besitzt dieses irgendeinen Wert außerhalb des Staates. In diesem Sinne ist der Faschismus totalitär, und der faschistische Staat als Zusammenfassung und Vereinheitlichung aller Werte gibt dem Leben des ganzen Volkes seine Deutung, bringt es zur Entfaltung und kräftigt es. [...] Außerhalb des Staates darf es keine Individuen, noch Gruppen (Parteien, Vereine und Klassen) geben. Die Individuen werden gemäß der Art ihrer Sonderinteressen eingegliedert. [...] Dieser [Staat] ist keine bloße Zahl, als Summe der Einzelwesen, welche die Mehrheit des Volkes ausmachen. Der Faschismus wendet sich daher gegen die Demokratie, die das Volk mit Mehrheit gleichsetzt, und es auf den Stand der Masse herabdrückt. [...] Das Volk ist [...] eine Vielheit, die geeint wird durch eine Idee [...].

Vor allem betrachtet der Faschismus die Zukunft und die Entwicklung der Menschheit im Allgemeinen nur vom Standpunkt der politischen Realität aus und glaubt weder an die Möglichkeit noch an die Nützlichkeit des ewigen Friedens. Er lehnt daher den Pazifismus ab, der einen Verzicht auf den Kampf und eine Feigheit gegenüber dem Opfer in sich birgt. Der Krieg allein bringt alle menschlichen Energien zur höchsten Anspannung und verleiht den Völkern die Würde des Adels, die den Mut und die virtù [Tugend] haben, dem Kampfe die Stirn zu bieten. Alle anderen Erprobungen sind Ersatz, weil sie den auf sich selbst gestellten Mann nicht vor die Alternative von Leben oder Tod stellen. [...]

Der Faschismus [...] behauptet die unabänderliche, fruchtbare und heilsame Ungleichheit der Menschen, die nicht auf dem mechanischen und äußerlichen Wege wie bei dem allgemeinen Stimmrecht auf das gleiche Niveau gebracht werden können. [...]

Der faschistische Staat ist Wille zur Macht und Herrschaft. Die römische Überlieferung ist ihm eine Idee des Antriebes.

1 Benito Mussolini (1883–1945), Führer und Machthaber in Italien zwischen 1922 und 1943; 1945 von Partisanen erschossen

Zit. nach: W. Lautemann, M. Schlenke, Geschichte in Quellen, Bd. V, München 1961, S. 151 f.

Aufgaben

1. Definieren Sie den Begriff „Faschismus". In welchem Verhältnis steht er zum Nationalsozialismus?
   → Text, M4, M5
2. Erläutern Sie die Bedingungen, die den Aufstieg des Faschismus beziehungsweise des Nationalsozialismus begünstigten.
   → Text, M4
3. Charakterisieren Sie die Form, in der sich der Faschismus inszenierte.
   → Text, M1, M2

2.2 Der Prozess der Machtergreifung

Nach seiner Ernennung zum Reichskanzler stand Hitler einem so genannten Kabinett der nationalen Erhebung vor, in dem zunächst nur drei Nationalsozialisten gegen neun andere (konservative) Minister standen. Der Nationalsozialist Frick hatte das Innenministerium inne, und Göring war Minister ohne Geschäftsbereich, hielt aber gleichzeitig als kommissarischer preußischer Innenminister die Verfügungsgewalt über die wichtigste innenpolitische Macht – die preußische Polizei – in seinen Händen.

Aus dieser Position heraus begann die im Laufe von nur wenigen Monaten herbeigeführte Umwandlung der Weimarer Republik zum Einparteien- und Führerstaat.

Der Reichstagsbrand (27. Februar 1933) wurde von der neuen Regierung zum Anlass genommen, mithilfe einer Verordnung des Reichspräsidenten Hindenburg die Grundrechte außer Kraft zu setzen. Mit der Ausrufung eines angeblichen Staatsnotstandes begann die Verfolgung politischer Gegner, insbesondere von Kommunisten. Die SA wurde dabei als Hilfspolizei eingesetzt.

Das verfassungsändernde Ermächtigungsgesetz (23. März 1933) fand nur bei Kommunisten und Sozialdemokraten entschiedenen Widerstand. Die anderen im Reichstag vertretenen Parteien stimmten ihm teils freiwillig, teils unter Druck zu. Die erforderliche Zweidrittel-Mehrheit kam so zustande. Die kommunistischen Reichstagsabgeordneten befanden sich zum Zeitpunkt der Reichstagssitzung entweder auf der Flucht oder bereits im Konzentrationslager (KZ). In der Folgezeit wurde die Politik der Gleichschaltung systematisch weitergetrieben. Parteien und Verbände lösten sich selbst auf, oder sie wurden gewaltsam zerschlagen. Die Menschen organisierte man in teils neuen, teils bereits vorhandenen NS-Organisationen.

Die Auflösung der Länder zentralisierte die Macht in Berlin. Damit war jede Form der Gewaltenteilung aufgehoben.

M 1 Postkarte aus dem Jahr 1933

M 2 **Häftlinge beim Zählappell im Konzentrationslager Sachsenhausen**

Die Zahl der politischen Gefangenen war nach der Machtergreifung Hitlers im Januar 1933 weit höher, als der arrangierte Jubel auf den Straßen und Plätzen erkennen ließ. Man weiß von 26 000 „Polizeigefangenen" bis Mitte Oktober. Weitaus mehr Fälle aber gab es, wo die Inhaftierten ohne Verfahren in eines der rasch entstehenden, metastasenhaft sich über das ganze Land ausbreitenden Konzentrationslager eingeliefert wurden. Ein regelrechtes Verfahren bekamen, wie die Statistik besagt, in den ersten sechs Jahren der nationalsozialistischen Herrschaft 225 000 Personen.

Text aus: J. Fest, Staatsstreich, Der lange Weg zum 20. Juli, Berlin 1994, S. 27.

Die neuen Machthaber „säuberten" den Staatsapparat von – im Sinne der Nationalsozialisten – politisch unzuverlässigen sowie jüdischen Mitarbeitern.

Das Ende der freien Gewerkschaften

Nicht untypisch für die Gleichschaltungspolitik der Nationalsozialisten war die Vorgehensweise bei der Zerschlagung der Gewerkschaften. Nachdem Hitler den 1. Mai 1933 zum „Tag der nationalen Arbeit" erklärt und damit einer alten Forderung der Arbeiterbewegung entsprochen hatte, schöpften viele Gewerkschaftsfunktionäre Hoffnung und glaubten, sich vielleicht doch mit den neuen Machthabern arrangieren zu können. Der Irrtum wurde schon am nächsten Tag offenkundig, als im ganzen Reich die Gewerkschaftsbüros von SA- und SS-Leuten besetzt wurden. Viele Gewerkschaftsfunktionäre wurden misshandelt, verhaftet und in Lager verschleppt. Der widerstandslosen Auflösung der als so mächtig angesehenen Gewerkschaften folgte die Überführung der Arbeitnehmer in die nationalsozialistische Deutsche Arbeitsfront (DAF).

Der Vorgang der gewaltsamen Gleichschaltung darf aber nicht darüber hinwegtäuschen, dass teilweise ein bruchloser Übergang von der Weimarer Republik zum Dritten Reich stattfand. So wurde beispielsweise der gesamte Polizei- und Justizapparat übernommen, in dem bereits eine konservative und zum Teil republikfeindliche Gesinnung vorherrschend gewesen war. Von den 122 Reichsrichtern wurde nur einer – ein Sozialdemokrat – entlassen!

Oberbefehl über die Reichswehr

Im Rückblick muss es nachgerade verwundern, mit welcher Geschwindigkeit die Gleichschaltung von Staat und Gesellschaft vollzogen wurde. Die Rechnung konservativer Politiker, Hitler als „Trommler" zu instrumentalisieren, war nicht aufgegangen.

Schon wenige Wochen nach dem unheilvollen 30. Januar 1933 schien Hitlers Machtposition ungefährdet. Nur noch zwei Institutionen standen seinem absoluten Herrschaftswillen im Weg, der Reichspräsident und die Reichswehr. Hindenburg – der einst so mächtige Reichspräsident der Weimarer Republik – zog sich schon bald aufs Altenteil zurück und spielte keine politische Rolle mehr. Er verstarb am 2. August 1934. Hitler nutzte die Gunst des Augenblicks, um sich die Funktion des Reichspräsidenten anzueignen und damit den Oberbefehl über die Reichswehr. Kurz darauf ließ Hitler die Reichswehr nicht auf eine Verfassung, sondern auf sich persönlich vereidigen.

Der so genannte Röhmputsch (30. Juni 1934)

Nach der Ausschaltung der innenpolitischen Gegner des Nationalsozialismus zeichneten sich im Laufe des Jahres 1934 drei Konflikte ab: Erstens konkurrierten Hitler und der SA-Führer Ernst Röhm um die Führung der bewaffneten SA; zweitens ging es um die Frage, ob die Reichswehr der „alleinige Waffenträger der Nation" sein sollte; und drittens versuchte die Schutzstaffel (SS) sich von der SA zu lösen und eine unabhängige Organisation zu werden.

In dieser Situation sicherte Hitler die Herrschaft auf seine Weise. Er ließ mithilfe der SS und mit Duldung der Reichswehr die SA-Führung ermorden. In dieser „Nacht der langen Messer" rechnete die SS auch gleichzeitig mit anderen Gegnern ab. Man schätzt die Zahl der Toten auf 150 bis 200. Der Staatsrechtler Carl Schmitt rechtfertigte dieses Vorgehen mit dem Satz: „Der Führer schützt das Recht".

Der so genannte Röhmputsch bildete zusammen mit der nach Hindenburgs Tod erfolgten Vereidigung der Reichswehr auf Hitler den Abschluss der Gleichschaltung. Mitte 1934 war Hitlers Macht unzweifelhaft gefestigt. Es gab nun keinen innenpolitischen Gegner mehr, der ihm hätte gefährlich werden können. Die vom linken Flügel der NSDAP und der SA geforderte Fortsetzung der „nationalen Revolution" in eine sozialistische Richtung war endgültig unterbunden.

Der Begriff „Röhmputsch" als solcher ist irreführend und spiegelt die Sprache des politischen Siegers wider. Der Begriff suggeriert, dass Hitler in Staatsnotwehr gehandelt habe. Mit dieser Formulierung sollten die Morde gerechtfertigt werden. Nach der Erlangung des Oberbefehls über die Reichswehr und nach der Liquidierung der innerparteilichen Widersacher hielt der Diktator ab Mitte 1934 die uneingeschränkte Macht in seinen Händen. In nur 18 Monaten war es Hitler gelungen, die Institutionen der Weimarer Republik gänzlich aufzulösen. An die Stelle der pluralistischen Demokratie war der gleichgeschaltete Führerstaat getreten.

Chronologie

30. Januar 1933	Hindenburg beruft Hitler zum Reichskanzler eines konservativen Kabinetts, in dem die Nationalsozialisten noch in der Minderheit sind.
28. Februar 1933	Verordnung zum Schutz von Volk und Staat
5. März 1933	Letzte, nur noch bedingt freie Reichstagswahl; Stimmenanteil der NSDAP: 44 %
23. März 1933	Ermächtigungsgesetz
2. Mai 1933	Zerschlagung der Freien Gewerkschaften
22. Juni 1933	Verbot der SPD
30. Juni 1934	Hitler lässt die SA-Führung ermorden (so genannter Röhmputsch).
2. August 1934	Nach Hindenburgs Tod lässt Hitler die Reichswehr auf sich persönlich vereidigen.

M 3 Verfolgung und KZ im Spiegel der gleichgeschalteten Presse

Die Bildfolge stammt aus dem satirischen Blatt „Kladderadatsch“ und wurde unter der Überschrift „Der Edelkommunist im Konzentrationslager“ 1933 publiziert.

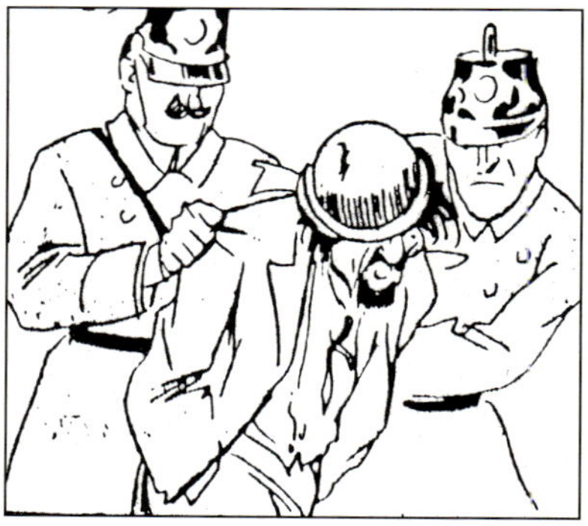

Verhaftung

Reinigung

Beschneidung (Haare und Bart)

Auslüftung

Als nach 6 Wochen seine Fotografie im Café Größenwahn[1] eintrifft: „Entsetzlich! Was muss der Ärmste durchgemacht haben!“

Fotografie

Romanisches Café[1]

1 bekannter Treffpunkt von Schriftstellern und Intellektuellen in Berlin

M 4 Verordnung des Reichspräsidenten zum Schutz von Volk und Staat vom 28. Februar 1933

Aufgrund des Artikels 48 Absatz 2 der Reichsverfassung wird zur Abwehr kommunistischer staatsgefährdender Gewaltakte folgendes verordnet:

§ 1 Die Artikel 114, 115, 117, 118, 123, 124 und 153 der Verfassung des Deutschen Reiches werden bis auf Weiteres außer Kraft gesetzt. Es sind daher Beschränkungen der persönlichen Freiheit, des Rechtes der freien Meinungsäußerung, einschließlich der Pressefreiheit, des Vereins- und Versammlungsrechts, Eingriffe in das Brief-, Post-, Telegrafen- und Fernsprechgeheimnis, Anordnungen von Haussuchungen und von Beschlagnahme sowie Beschränkungen des Eigentums auch außerhalb der sonst hierfür bestimmten Grenzen zulässig.

Zit. nach: W. Conze, Der Nationalsozialismus, Teil I, Stuttgart 1972, S. 62 f.

M 5 Gesetz zur Behebung der Not von Volk und Reich (Ermächtigungsgesetz) vom 23. März 1933

[…] Artikel 1. Reichsgesetze können außer in dem in der Reichsverfassung vorgesehenen Verfahren auch durch die Reichsregierung beschlossen werden. […]

Artikel 2. Die von der Reichsregierung beschlossenen Reichsgesetze können von der Reichsverfassung abweichen, soweit sie nicht die Einrichtung des Reichstags und des Reichsrats als solche zum Gegenstand haben. Die Rechte des Reichspräsidenten bleiben unberührt.

Zit. nach: W. Conze, a.a.O., S. 65 f.

M 6 Verabschiedung des Ermächtigungsgesetzes

Der SPD-Abgeordnete Wilhelm Hoegner[1] erinnert sich an die Umstände der Reichtstagssitzung vom 23. März 1933:

Als wir uns daraufhin in kleinen Gruppen zur Krolloper[2] begaben, fanden wir den weiten Platz davor, die Moltkestraße und Zeltenallee mit schwarzen Menschenhaufen bedeckt. Wilde Sprechchöre empfingen und begleiteten uns: „Wir wollen das Ermächtigungsgesetz, sonst gibt es Feuer!"
Junge Burschen, Hakenkreuzabzeichen an der Brust, musterten uns frech, versperrten uns schier den Weg und riefen uns Schimpfworte wie „Zentrumsschwein!"oder „Marxistensau!" zu. Es war ein richtiges Spießrutenlaufen. [...]
In der Krolloper wimmelte es von SA und SS. Wir erfuhren in der Garderobe, dass Severing[3] beim Eintritt in das Gebäude verhaftet worden war. Im Laufe der Sitzung wurde er dann allerdings wieder freigelassen. Der Sitzungssaal war mit riesigen Hakenkreuzfahnen und ähnlichem Zierat ausgeschmückt. Diplomatenlogen und Zuhörerränge waren überfüllt. Unsere Plätze befanden sich, da kommunistische Abgeordnete nicht anwesend waren, auf der äußersten Linken. Als wir sie eingenommen hatten, stellten sich SA- und SS-Leute an den Eingängen und Wänden hinter uns im Halbkreis auf. Ihre Mienen ließen nichts Gutes erwarten.

1 1887–1980; Reichstagsabgeordneter der SPD von 1930 bis 1933; nach dem Krieg Ministerpräsident in Bayern

2 Tagungsort des Reichstags nach dem Reichstagsbrand

3 1875–1952; Reichstagsabgeordneter der SPD; Innenminister in Preußen von 1920–1932 (mit Unterbrechungen)

W. Hoegner, Flucht vor Hitler, Frankfurt 1979, S. 98.

M 7 Aus der Anordnung von Innenminister Frick über das Verbot der SPD vom 22. Juni 1933

Die Sozialdemokratische Partei Deutschlands ist namentlich nach ihrer Betätigung in den letzten Tagen und Wochen als staats- und volksfeindliche Organisation anzusehen. Ich ordne daher Folgendes an:
Sämtliche Mitglieder der Sozialdemokratischen Partei Deutschlands, die heute noch den Volksvertretungen und Gemeindevertretungen angehören, sind sofort von der weiteren Ausübung ihrer Mandate auszuschließen, weil ihre Weiterbetätigung eine Gefährdung der öffentlichen Sicherheit darstellt.

Zit. nach: H. Brüdigam. Das Jahr 1933, Der Terrorismus an der Macht, Frankfurt 1978 S. 104.

M 8 Gesetz gegen die Neubildung von Parteien vom 14. Juli 1933

Die Reichsregierung hat das folgende Gesetz beschlossen, das hiermit verkündet wird:
§ 1 In Deutschland besteht als einzige Partei die Nationalsozialistische Deutsche Arbeiterpartei.
§ 2 Wer es unternimmt, den organisatorischen Zusammenhalt einer anderen politischen Partei aufrechtzuerhalten oder eine neue politische Partei zu bilden, wird, sofern nicht die Tat nach anderen Vorschriften mit einer höheren Strafe bedroht ist, mit Zuchthaus bis zu drei Jahren oder mit Gefängnis von sechs Monaten bis zu drei Jahren bestraft.
Berlin, den 14. Juli 1933
Der Reichskanzler: Adolf Hitler
Der Reichsminister des Innern: Frick
Der Reichsminister der Justiz: Dr. Gürtner

Zit. nach: W. Hofer, Der Nationalsozialismus, Dokumente 1933–1945, Frankfurt/M. 1957, S. 61.

M 9 Zerschlagung der Gewerkschaften

Die sorgfältige Planung des Unternehmens geht aus einer Tagebuchnotiz von J. Goebbels[1] vom 17. April 1933 hervor:

Hier oben habe ich mit dem Führer die schwebenden Fragen eingehend durchgesprochen. Den 1. Mai werden wir zu einer grandiosen Demonstration deutschen Volkswillens gestalten. Am 2. Mai werden dann die Gewerkschaftshäuser besetzt. Gleichschaltung auch auf diesem Gebiet. Es wird vielleicht ein paar Tage Krach geben, aber dann gehören sie uns. Man darf hier keine Rücksicht mehr kennen. Wir tun dem Arbeiter nur einen Dienst, wenn wir ihn von der parasitären Führung befreien, die ihm bisher nur das Leben sauer gemacht hat.
Sind die Gewerkschaften in unserer Hand, dann werden sich auch die anderen Parteien und Organisationen nicht mehr lange halten können. Jedenfalls ist der Entschluss gestern auf dem Obersalzberg [Hitlers Wohnsitz] gefasst worden. Ein Zurück gibt es nicht mehr. Man muss den Dingen nur ihren Lauf lassen. In einem Jahr wird ganz Deutschland in unserer Hand sein.

1 Reichsminister für Volksaufklärung und Propaganda

Zit. nach: W. Conze, a.a.O., S. 67.

M 10 **„Gesetz zur Wiederherstellung des Berufsbeamtentums" (7. April 1933)**

§ 2 (1) Beamte, die seit dem 9. November 1918 in das Beamtenverhältnis eingetreten sind, ohne die für ihre Laufbahn vorgeschriebene oder übliche Vorbildung oder sonstige Eignung zu besitzen, sind aus dem Dienste zu entlassen. [...]

§ 3 (1) Beamte, die nicht-arischer Abstammung sind, sind in den Ruhestand zu versetzen. Soweit es sich um Ehrenbeamte handelt, sind sie aus dem Amtsverhältnis zu entlassen. [...]

§ 4 Beamte, die nach ihrer bisherigen politischen Betätigung nicht die Gewähr dafür bieten, dass sie jederzeit rückhaltlos für den nationalen Staat eintreten, können aus dem Dienst entlassen werden. [...]

Zit. nach: W. Lautemann, M. Schlenke (Hg.), Geschichte in Quellen, Bd. 5, München 1961, S. 299.

M 11 **Bücherverbrennung in Berlin am 10. Mai 1933**
Heinrich Heine: „Wo man Bücher verbrennt, dort verbrennt man am Ende auch Menschen".

M 12 **Scheiterhaufen**[1]

Anlässlich der Bücherverbrennung am 10. Mai 1933 auf dem Opernplatz in Berlin riefen Studenten in braunen Uniformen:

1. Rufer: „Gegen Klassenkampf und Materialismus, für Volksgemeinschaft und idealistische Lebenshaltung! Ich übergebe dem Feuer die Schriften von Marx und Kautsky."

2. Rufer: „Gegen Dekadenz und moralischen Verfall! Für Zucht und Sitte in Familie und Staat! Ich übergebe dem Feuer die Schriften von Heinrich Mann, Ernst Glaeser und Erich Kästner."

3. Rufer: „Gegen Gesinnungslumperei und politischen Verrat, für Hingabe an Volk und Staat! Ich übergebe dem Feuer die Schriften von Friedrich Wilhelm Foerster."

4. Rufer: „Gegen seelenzerfasernde Überschätzung des Trieblebens, für den Adel der menschlichen Seele! Ich übergebe dem Feuer die Schriften des Sigmund Freud."

5. Rufer: „Gegen Verfälschung unserer Geschichte und Herabwürdigung ihrer großen Gestalten, für Ehrfurcht vor unserer Vergangenheit! Ich übergebe dem Feuer die Schriften von Emil Ludwig und Werner Hegemann."

6. Rufer: „Gegen volksfremden Journalismus demokratisch-jüdischer Prägung, für verantwortungsvolle Mitarbeit am Werk des nationalen Aufbaus! Ich übergebe dem Feuer die Schriften von Theodor Wolff und Georg Bernhard."

7. Rufer: „Gegen literarischen Verrat am Soldaten des Weltkrieges, für Erziehung des Volkes im Geist der Wehrhaftigkeit! Ich übergebe dem Feuer die Schriften von Erich Maria Remarque."

8. Rufer: „Gegen dünkelhafte Verhunzung der deutschen Sprache, für Pflege des kostbarsten Gutes unseres Volkes! Ich übergebe dem Feuer die Schriften von Alfred Kerr."

9. Rufer: „Gegen Frechheit und Anmaßung, für Achtung und Ehrfurcht vor dem unsterblichen

deutschen Volksgeist! Verschlinge, Flamme, auch die Schriften der Tucholsky und Ossietzky!"

1 Die Bücherverbrennungen waren Teil einer Kampagne „wider den undeutschen Geist", die von der Nationalsozialistischen Deutschen Studentenschaft mit Unterstützung durch Goebbels organisiert wurde. Bücherverbrennungen fanden in ca. 30 Universitätsstädten statt.

Zit. nach: Chr. Graf von Krockow, Scheiterhaufen, Größe und Elend des deutschen Geistes, Berlin 1983, S. 11 f.

M 13 Machtkämpfe

Der Zeithistoriker Klaus Hildebrand beleuchtet die Hintergründe des so genannten Röhmputsches:

Nachdem Hitler und Frick[1] bei verschiedenen Gelegenheiten vom Juli 1933 an die Revolution für beendet erklärt hatten, musste der „Führer" endlich noch mit einem ihn herausfordernden Machtfaktor im Lager seiner eigenen „Bewegung" fertig werden. Es stellte sich nämlich immer drängender die Frage, was mit jener „Sturmabteilung" (SA) werden sollte, die als eine ihrem „Führer" ergebene Bürgerkriegstruppe erheblich dabei mitgeholfen hatte, die Weimarer Republik zu zerstören, politische Gegner auf den Straßen zu bekämpfen und die „Machtergreifung" zu ermöglichen. Jetzt verlangte sie ihren Tribut, und dumpf drang aus den Reihen der SA-Männer der Ruf nach einer zweiten, einer sozialen Revolution, der, so unartikuliert er sich auch ausnahm, insgesamt doch an die Tradition jener 1930 aus der NSDAP ausgetretenen bzw. aus ihr entfernten „linken" Nationalsozialisten erinnerte. Die Führer der SA, vor allem ihr Stabschef Ernst Röhm, forderten den Oberbefehl über eine aus revolutionärer SA und konservativem Heer zu bildenden Volksmiliz. Dabei sollte der „graue Fels" der Reichswehr in der „braunen Flut" der Parteitruppe untergehen. Diesem Verlangen stand das Offizierskorps unter von Blomberg selbstverständlich misstrauisch und ablehnend gegenüber. Im Hinblick auf die angestrebte möglichst frühzeitige Kriegsbereitschaft des Deutschen Reiches entschied sich Hitler für die Zusammenarbeit mit den konservativen Offizieren und gegen die sozialromantischen Ideen der SA. Angebliche Putschpläne Röhms wurden zum Vorwand genommen, um die Führung der SA unter Mithilfe und Begünstigung durch die Reichswehr zu beseitigen, Hitlers Macht zu festigen, der konservativen Forderung vom Ende der Revolution nachzukommen, dem Militär die Sorge vor einem lästigen Konkurrenten zu nehmen und den Aufstieg der „Schutzstaffel" (SS) einzuleiten. Sie wurde nicht nur Hitlers Prätorianergarde[2], sondern mehr und mehr auch ideologische Vorhut und weltanschaulicher Orden für die nationalsozialistische Rassenpolitik.

1 W. Frick (1877–1946), Nationalsozialist, u. a. Reichsinnenminister von 1933–1943, 1946 in Nürnberg zum Tod verurteilt und hingerichtet.

2 Leibgarde

K. Hildebrand, Das Dritte Reich, München, Wien 1979, S. 14.

Aufgaben

1. Analysieren Sie den Zweck, den die neuen Machthaber mit der Postkarte 1933 verfolgten.
   → M1
2. Formell wurde die Weimarer Verfassung nie außer Kraft gesetzt. Die Nationalsozialisten legalisierten ihre politischen Maßnahmen unter Bezug auf die Verordnung vom 28. Februar 1933 beziehungsweise auf das Ermächtigungsgesetz. Inwiefern wurde damit die Grundlage für die Diktatur geschaffen?
   → Text, M4, M5
3. Erläutern Sie, was Gleichschaltung in der politischen Praxis bedeutete. Welche Methoden wurden im Einzelnen angewandt, um die Gleichschaltung durchzusetzen?
   → Text, M3–M13
4. Erklären Sie, warum die NS-Diktatur keine freien Gewerkschaften dulden konnte.
   → Text, M9
5. Welche Absichten wurden mit einer Darstellung wie derjenigen im „Kladderadatsch" verfolgt?
   → M3
6. Analysieren Sie die Sprache im Zusammenhang mit der kulturellen Gleichschaltung. Wer waren die „verbrannten" Schriftsteller?
   → M12
7. Untersuchen Sie die Gründe für die Entmachtung der SA durch Hitler.
   → Text, M13
8. Fassen Sie das politische Ergebnis des so genannten Röhmputsches zusammen.
   → Text, M13

2.3 Nationalsozialistische Ideologie

Ideologie ist ein mehrdeutiger Begriff. Er bezeichnet unter anderem Ideen und Wertvorstellungen, die als Richtschnur für das Handeln politischer Gruppen dienen (können) beziehungsweise einen Herrschaftsanspruch rechtfertigen. In einer Ideologie können Interessen zum Ausdruck gebracht oder auch verschleiert werden. Oftmals erhält sie einen wissenschaftlichen Anstrich, der sie unangreifbar machen soll.

Ideen werden zur politischen Macht, wenn sie sich in den Köpfen der Menschen festsetzen und damit zur „materiellen Gewalt“ werden. Auch wenn es dem Nationalsozialismus in freien Wahlen nicht gelungen war, eine Mehrheit der Wähler für sich zu gewinnen, so ist doch unstrittig, dass er am Ende der Weimarer Republik die stärkste politische Kraft darstellte. Dieser relative Erfolg ist darauf zurückzuführen, dass die „Hitler-Bewegung“ offenkundig verschiedene Sehnsüchte der Bevölkerung zu befriedigen vermochte. In pseudoreligiöser Weise wurde einem Volk, das durch Kriegsniederlage, Inflation und Wirtschaftszusammenbruch in eine schwere Orientierungskrise geraten war, Mut und Zuversicht vermittelt. Dies unterschied sich in elementarer Weise vom sachlich-kühlen Politikstil der Weimarer Republik.

Mit der geschickten Propagierung eines dritten Weges zwischen Kapitalismus und Kommunismus verknüpfte man das Leitbild von der Volksgemeinschaft, die dem kommunistischen Ideal der klassenlosen Gesellschaft entgegengesetzt wurde. Die nationalsozialistische Propaganda antwortete auf die Niedergeschlagenheit breiter Bevölkerungskreise mit dem unbedingten Willen zum nationalen Wiederaufstieg. „Befreiung von den Fesseln von Versailles“ – so lautete eine der Parolen, was für manchen gedemütigten Deutschen eine Stärkung seines Selbstwertgefühls bedeuten mochte.

Führerkult

Ein weiteres zentrales Element der NS-Ideologie war der Führerkult. Führer sind ein durchaus gängiges Erscheinungsbild der politischen Geschichte. Ihre Macht beruht darauf, dass sie bestimmten weit verbreiteten Idealen entsprechen und ein Identifikationsangebot für die Massen darstellen. Hitler repräsentierte im Zusammenhang der NS-Ideologie den Erlöser, der von der „Vorsehung“ berufen sei, die zu Unrecht mit dem Makel der Kriegsniederlage belastete Nation zu befreien. Versehen mit einer quasi religiösen Ausstrahlung versprach er, Nation und Rasse zu vereinigen, was auf die demoralisierten Massen als ein Angebot zur Überwindung der Krise wirkte. Führer legitimieren sich in

M 1

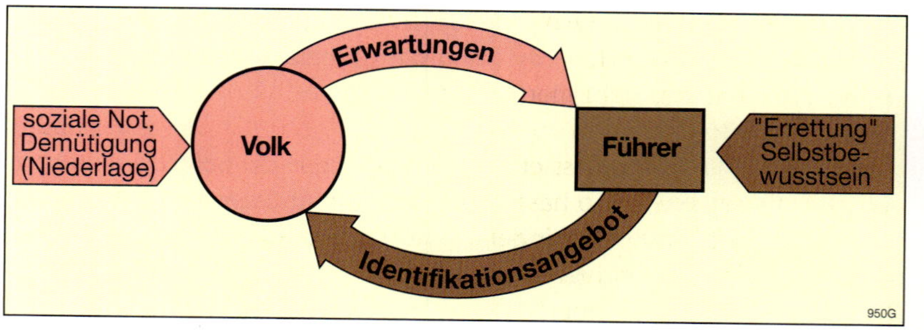

der Regel nicht durch freie und demokratische Wahlen, sondern durch ihr Charisma, das heißt ihre Ausstrahlung. Sie berufen sich auf eine höhere Instanz („Vorsehung") beziehungsweise ihre eigene Auserwähltheit. Mit dem modernen Führerkult des 20. Jahrhunderts verbindet sich zumeist auch eine hierarchisierte und militarisierte Gesellschaft.

Sozialdarwinismus

Die NS-Ideologie wurde am populärsten von Hitler in „Mein Kampf" (1925) formuliert. Er machte sich eine Denkrichtung zu eigen, die sich auf den englischen Naturforscher Charles Darwin (1809–1882) bezieht. Darwin hatte eine Theorie zur Ausbildung der Lebewesen formuliert, derzufolge Entwicklung als „natürliche Auslese" verstanden wird. Dasjenige Lebewesen, das der Umwelt besser angepasst beziehungsweise lebenstüchtiger ist, setze sich durch. Die Sozialdarwinisten übertrugen diese Theorie auf den Menschen und verstanden die Gesellschaft als biologischen Organismus. Ergänzt wurde diese kriegerische Weltsicht durch einen Dualismus, der die Menschheit in Gut und Böse aufspaltete. Aus rassischer Perspektive richtete sich die Hasspropaganda gegen die Juden als der Verkörperung des Bösen – schuld am Unglück der Deutschen („jüdisch-bolschewistische Weltverschwörung"). Auf politischer Ebene wurde die Negativrolle in erster Linie dem internationalen Kommunismus zugewiesen.

Antisemitismus

Nach der Volkszählung von 1933 gab es im Deutschen Reich nur 499 000 Juden, das waren 0,8 Prozent der Gesamtbevölkerung. Dennoch hatte die nationalsozialistische Propagandamaschinerie erfolgreich versucht, die Weimarer Republik als „Judenrepublik" zu verleumden. Obgleich diese Einschätzung einer sachlichen Prüfung nicht standhält (so waren zum Beispiel von 250 Ministern der Weimarer Republik nur sechs Juden gewesen), wurde sie doch in breiten Bevölkerungskreisen für bare Münze genommen. Dies kann man durch die Existenz von antisemitischen Vorurteilen erklären, die – nicht nur in Deutschland – eine lange Tradition haben. Der Antisemitismus lässt sich bis ins Mittelalter zurückverfolgen, wobei es zurzeit des ersten Kreuzzuges (um 1100), aber auch im Zusammenhang mit dem Auftreten der Pest (um 1350) zu blutigen Pogromen (Verfolgungen) gekommen war. Die Juden wurden damals als „Christus-Mörder" und „Brunnenvergifter" gebrandmarkt. Als wehrlose Minderheit mussten sie immer wieder die Rolle von gesellschaftlichen Sündenböcken spielen. Ihre wirtschaftliche Bedeutung als Händler und Bankiers begünstigte zusätzlich das Entstehen von Gefühlen der Abneigung.

Das 19. Jahrhundert markiert dann das Entstehen eines Antisemitismus auf rassischer Grundlage. Wegbereiter dieser Entwicklung waren unter anderen Joseph Arthur Graf von Gobineau (1816–1882) und Houston Stewart Chamberlain (1855–1927). Der Antisemitismus war also keineswegs eine Erfindung Hitlers, vielmehr konnte dieser an eine lange – zeitweilig schlummernde, zeitweilig offene – Tradition anknüpfen. Antisemitismus ist kein speziell deutsches Phänomen. Pogrome (Ausschreitungen) gegen Juden haben insbesondere in Osteuropa eine lange Vorgeschichte. Die Besonderheit des nationalsozialistischen Antisemitismus liegt in seiner biologistischen Ausprägung. Juden wurden von den NS-Rassefanatikern mit Krankheitskeimen gleichgesetzt („Rassentuberkulose"), wodurch die Vernichtungskonsequenz auch sprachlich zum Ausdruck kam.

M 2 Aus einem Kinderbuch
Die Bildüberschrift lautet: „Dies ist der Jud, das sieht man gleich, der gößte Schuft im ganzen Reich! Er meint, dass er der schönste sei, und ist so hässlich doch dabei!" Aus dem Kinderbuch „Der Giftpilz", erschienen 1938 im Verlag „Der Stürmer".

M 3 Sozialdarwinismus und Krieg

Hitler sprach vor Offizieren der Wehrmacht (22. Juni 1944):

Die Natur lehrt uns bei jedem Blick in ihr Walten, dass [...] das Prinzip der Auslese sie beherrscht, dass der Stärkere Sieger bleibt und der Schwächere unterliegt. Sie lehrt uns, dass das, was dem Menschen dabei oft als Grausamkeit erscheint, weil er selbst betroffen ist oder weil er durch seine Erziehung sich von den Gesetzen der Natur abgewandt hat, im Grunde doch notwendig ist, um eine Höherentwicklung der Lebewesen herbeizuführen. [...] [Die Natur] kennt vor allem nicht den Begriff der Humanität, der besagt, dass der Schwächere unter allen Umständen zu fördern und zu erhalten sei, selbst auf Kosten der Existenz des Stärkeren. [...] Die Natur kennt in der Schwäche keinen Milderungsgrund, [...] im Gegenteil, die Schwäche ist der Grund zur Verurteilung. [...]
Der Krieg ist also das unabänderliche Gesetz des ganzen Lebens, die Voraussetzung für die natürliche Auslese des Stärkeren und zugleich der Vorgang der Beseitigung des Schwächeren. Das, was dem Menschen dabei als grausam erscheint, ist vom Standpunkt der Natur aus selbstverständlich weise. Ein Volk, das sich nicht zu behaupten vermag, muss gehen und ein anderes an seine Stelle treten. Ein Wesen auf dieser Erde wie der Mensch kann sich nicht dem Gesetz entziehen, das für alle anderen Wesen auch gültig ist. [...] Seit es Wesen auf dieser Erde gibt, ist der Kampf das Unvermeidliche.

Zit. nach: H. Krausnick, Judenverfolgung, in: Broszat u. a., Anatomie des SS-Staates Bd. 2, München 1967, S. 246.

M 4 Außenpolitische Zielsetzung

Hitler schrieb in „Mein Kampf":

Demgegenüber müssen wir Nationalsozialisten unverrückbar an unserem außenpolitischen Ziele festhalten, nämlich dem deutschen Volk den ihm gebührenden Grund und Boden auf dieser Erde zu sichern. [...] Der Grund und Boden, auf dem dereinst deutsche Bauerngeschlechter kraftvolle Söhne zeugen können, wird die Billigung des Einsatzes der Söhne von heute zulassen, die verantwortlichen Staatsmänner aber, wenn auch von der Gegenwart verfolgt, dereinst freisprechen von Blutschuld und Volksopferung. [...]
Staatsgrenzen werden durch Menschen geschaffen und durch Menschen geändert. [...]
Deutschland wird entweder Weltmacht oder überhaupt nicht sein. [...]

A. Hitler, Mein Kampf, München 1942, S. 739 ff.

M 5 Wiederaufstieg

Hitler schrieb 1927 in einer geheimen Broschüre für Industrielle:

Die neue Bewegung lehnt kategorisch jede Standes- und Klassenteilung ab und proklamiert an deren Stelle eine zusammenfassende deutsche Einstellung. [...]
Die nationalsozialistische Bewegung erkennt weiter als wesentlichste Voraussetzung zur Lösung dieser Aufgabe und für die Bildung eines einheitlichen Nationalkörpers die restlose Eingliederung des so genannten vierten Standes in die Volksgemeinschaft. Sie sieht darin nicht ein theoretisches Problem, sondern die Lebensvoraussetzung für unser Volk. Sie wünscht, dass diese Millionenmasse unseres Volksgutes aus den Händen ihrer derzeitigen internationalen, meist undeutschen Verführer und Leiter genommen wird und ihre volle Eingliederung in den Rahmen der Nation und des Staates findet.

Zit. nach: R. Kühnl, Der deutsche Faschismus in Quellen und Dokumenten, Köln 1975, S. 118 f.

M 6 Der Aufbau der NS-Organisation

Hitler beschrieb in seinem Buch „Mein Kampf" den Aufbau seiner Bewegung:

Die Bewegung vertritt im Kleinsten wie im Größten den Grundsatz der unbedingten Führerautorität, gepaart mit höchster Verantwortung.
Die praktischen Folgen dieses Grundsatzes in der Bewegung sind nachstehende: Der erste Vorsitzende einer Ortsgruppe wird durch den nächsthöheren Führer eingesetzt. [...] Sämtliche Ausschüsse unterstehen ihm und nicht er umgekehrt einem Ausschuss. [...] Der gleiche Grundsatz gilt für die nächsthöhere Organisation, den Bezirk, den Kreis oder den Gau. Immer wird der Führer von oben eingesetzt und gleichzeitig mit unbeschränkter Vollmacht und Autorität bekleidet. [...]
Der Fortschritt und die Kultur der Menschheit sind nicht ein Produkt der Majorität, sondern beruhen ausschließlich auf der Genialität und der Tatkraft der Persönlichkeit. [...]
Damit ist die Bewegung aber antiparlamentarisch, und selbst ihre Beteiligung an einer parlamentarischen Institution kann nur den Sinn einer Tätigkeit zu deren Zertrümmerung besitzen, zur Beseitigung einer Einrichtung, in der wir eine der schwersten Verfallserscheinungen der Menschheit zu erblicken haben.

A. Hitler, Mein Kampf, a. a. O., S. 378 f.

M 7 Erziehung des Volkes

Hitler sprach am 15. März 1933 vor dem Generalrat der Wirtschaft:

Man muss ein Volk dazu erziehen, dass es durch dick und dünn mit seiner Regierung marschiert und dass es sich mit seiner Regierung absolut verbunden fühlt, ein Volk, in das man die ganzen Momente psychologischer Art sofort hineingeben kann, das man aufputschen kann, das man begeistern kann und das man mitreißen kann. Wenn das nicht möglich ist, sind alle Maßnahmen vergeblich, muss man kapitulieren.

Zit. nach: T. W. Mason, Sozialpolitik im Dritten Reich, Opladen 1977, S. 208.

M 8 Hitler als Vaterfigur

Aus einem Malbuch für Kinder

M 9 Glaube und Politik

Aus einem „Schulungsbrief" der NSDAP, IV. Jahrgang, 4. Folge 1937:

Adolf Hitler!
Dir sind wir allein verbunden! Wir wollen in dieser Stunde das Gelöbnis erneuern:
Wir glauben auf dieser Erde allein an Adolf Hitler.
Wir glauben, dass der Nationalsozialismus der allein seligmachende Glaube für unser Volk ist.
Wir glauben, dass es einen Herrgott im Himmel gibt, der uns geschaffen hat, der uns führt, der uns lenkt und der uns sichtbarlich segnet.
Und wir glauben, dass dieser Herrgott uns Adolf Hitler gesandt hat, damit Deutschland für alle Ewigkeit ein Fundament werde.
Reichsleiter Dr. Robert Ley am 10. Februar 1937[1]

1 R. Ley (1890–1945), u. a. Leiter der Deutschen Arbeitsfront (DAF); Selbstmord in Nürnberg

Zit. nach: Neue Gesellschaft für Bildende Kunst und Kunstamt Kreuzberg (Hg.), Faschismus, Berlin 1976, S. 85.

M 10 Antisemitische Propaganda

Schreiben der Firma W.G. in Kehl an die Stadtverwaltung Kornwestheim vom 30. Oktober 1936:

Im Kampf gegen das Judentum, die treibende Kraft des Weltfeindes, den Bolschewismus, habe ich mit Genehmigung des Zentralverlages der NSDAP, Franz Eher Nachfolger GmbH München, für das Deutsche Reichsgebiet den Alleinvertrieb antisemitischer Spruchtafeln, Zitate aus Adolf Hitlers „Mein Kampf", übernommen. Es handelt sich hier um eine antisemitische Propaganda, die sehr wohl geeignet erscheint, zur weltanschaulichen Schulung unseres Volkes wesentlich beizutragen. Ferner stellen diese Spruchtafeln noch eine vorbildliche und würdige Ausschmückung von Dienst- und Verkehrsräumen von Partei und Staat dar. Namentlich empfiehlt sich der Aushang dieser Spruchtafeln in Räumen, wo ein reger Publikumsverkehr herrscht [...].
Die Spruchtafeln [...] werden zu einem Preise von RM 2,60 pro Stück an Behörden und Verwaltungsdienststellen abgegeben. [...]
Heil Hitler! W. G.
Der Jude ist und bleibt der typische Parasit, ein Schmarotzer, der wie ein schädlicher Bazillus sich immer mehr ausbreitet, sowie nur ein günstiger Nährboden dazu einlädt.
Hitler „Mein Kampf", Seite 334
Nr. 51 – Adolf Hitler
Der Jude, nur scheinbar darauf ausgehend, die Lage des Arbeiters zu verbessern, in Wahrheit aber die Versklavung und damit die Vernichtung aller nichtjüdischer Völker beabsichtigend.
Hitler „Mein Kampf", Seite 351
Nr. 52 – Adolf Hitler
Der Jude lauert stundenlang, satanische Freude in seinem Gesicht, auf das ahnungslose Mädchen, das er mit seinem Blute schändet und damit seinem, des Mädchens, Volke raubt.
Hitler „Mein Kampf", Seite 357
Nr. 59 – Adolf Hitler

Zit. nach: Dokumente über die Verfolgung der jüdischen Bürger in Baden-Württemberg durch das Nationalsozialistische Regime 1933–1945, Bd. 1, hrsg. von der Archivdirektion Stuttgart, bearbeitet von P. Sauer, Stuttgart 1966, S. 86 f.

Der Vampyr

Vom Teufel in die Welt gesetzt er stets die Völker quält und hetzt

Schlangenbrut

Der Jud führt nicht umsonst den Wurm als Zeichen
Was er erreichen will, das sucht er zu erschleichen

M 11 Antisemitische Propaganda

Die Abbildungen stammen aus dem antisemitischen Wochenblatt „Der Stürmer" (1934)

M 12 NS-Rassenprogramm

Der Zeithistoriker Wolfgang Scheffler fasst das NS-Rassenprogramm zusammen:

Unter Missachtung und Missdeutung aller wissenschaftlichen Ergebnisse wurden aus verschiedenen Bereichen der Wissenschaft jene Bausteine zusammengetragen, die zusammengesetzt das Wunschbild einer angeblich reinen Rasse ergeben sollten. Dieser reinen Rasse schrieb man dank der „Tatsache", dass sich bei ihr nur die guten Eigenschaften vererbten, alle Kulturschöpfungen der Geschichte zu. Alle anderen, angeblich mehr oder minder untereinander vermischten Rassen wurden als minderwertig betrachtet. Die „Artreinheit" ist eine der Grundlagen für den Anspruch des Nationalsozialismus auf die Gewinnung von „Lebensraum" im Osten, mit dessen Hilfe die „arische Herrenrasse" Europa beherrschen sollte. Der Gegenpol des Herrenmenschen ist nach der nationalsozialistischen Ideologie der Jude, der den Herrschaftsanspruch des „arischen" Menschen bedroht und den es zu bekämpfen gilt. Die angeblich minderwertigen Mischrassen, wie z. B. die slawischen Völker, die als willige Hilfsorgane der „jüdischen Weltmacht" angesehen wurden, sollten als zukünftige Sklaven im Großgermanischen Reich Verwendung finden, und ihrer biologischen Fortpflanzung wollte man Beschränkung auferlegen.

W. Scheffler, Judenverfolgung im Dritten Reich, Berlin 1964, S. 13.

M 13 Rasse und Gesäß

Abbildung aus einem „Ostara"-Heft – eine Schriftenreihe, die auch von Hitler gelesen wurde.

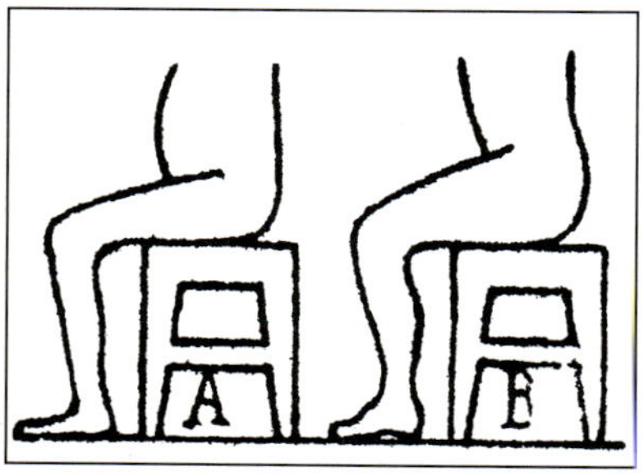

Gesäßformen: **A** der niederen, **B** der höheren Rasse

M 14 Judenfeindschaft

Der Psychoanalytiker Rudolph M. Loewenstein untersucht, wie Feindbild und Aggressionslenkung zusammenhängen:

Die wahnähnlichen Überzeugungen der Antisemiten reflektierten die Furcht und die deutlichen Hassregungen gegenüber den Juden. „Der Jude" gilt im Mittelalter als Hexer, Zauberer, Mörder, Kannibale und Feind der Menschheit. Er wird schließlich nicht mehr als menschliches Wesen angesehen. [...] Jetzt klagt man sie an, sie nähmen den armen „Ariern" die Substanz, zerre sie in Kriege hinein, die vorher von Juden vom Zaun gebrochen worden seien, und sie seien die Anstifter teuflischer Verschwörungen zur Zerstörung und Versklavung der „arischen" Welt. [...]
Aggressionskräfte einer Gruppe wachsen bekanntlich in Zeiten von Not, Unheil, von Zwietracht und Gefahr. Die Juden sind aus vielen Anlässen oft Zielscheiben und Opfer dieser Aggressionen geworden, die sich dann in einem systematischen und allgemeinen Antisemitismus organisiert haben. [...]

Der Antisemitismus verdankt seine besondere Stoßkraft der Verschiebung der Aggressionskräfte, die bei den Massen durch reale soziale Probleme freigesetzt werden. [...]
Nun boten sich die Juden, eine schwache Minderheit, der man eine „finstere und furchtbare Macht" zuschrieb, den Naziführern als der gesuchte Prügelknabe an. Auf sie lenkten sie nun die im Herzen der Nation freigesetzten Aggressionskräfte und besänftigten dadurch die gewaltigen Konflikte, die das deutsche Volk zerspalteten. Das Manöver war simpel und hatte doppelten Effekt: Die Juden wurden für die Niederlage verantwortlich. Die Naziführer schrieben ihnen die Nöte der Nachkriegszeit zu und übertrugen auf sie die den Deutschen eigenen Schwächen. Der Deutsche war niemals im Unrecht, dem jüdischen Einfluss war alles zu verdanken. Hervor trat das deutsche Volk, der Schande, der Verantwortungen und der Gewissensbisse ledig.

R. M. Loewenstein, Psychoanalyse des Antisemitismus, Frankfurt/M. 1967, S. 39, 45 f., 50 f.

M 15 Vertreibung der Juden
Aus dem Kinderbuch von E. Bauer, „Trau Keinem Fuchs auf grüner Heid und Keinem Jud bei seinem Eid" von 1936. Die Bildinschrift lautet: Einbahnstraße; tempo, tempo; Die Juden sind unser Unglück!

Aufgaben

1. Fassen Sie zusammen, wie Hitler seine Sichtweise der Gesellschaft begründete.
   → Text, M3
2. Analysieren Sie die außenpolitischen Konsequenzen dieser Ideologie.
   → M3, M4
3. Kann man im Hinblick auf Hitlers Programm von einer „natürlichen Auslese" (Darwin) sprechen?
   → Text, M3, M4
4. Inwiefern stellen Sozialdarwinismus und Volksgemeinschaftsideologie – trotz scheinbarer Gegensätzlichkeit – zwei Seiten der gleichen Medaille dar?
   → M5
5. Geben Sie die Begründung Hitlers für das Führerprinzip wieder. Wie sah er das Volk?
   → Text, M6
6. Beschreiben und erläutern Sie die Formen der Unterwerfung, wie sie in M8 und M9 zum Ausdruck kommen.
   → Text, M8, M9
7. Welche Verführung ging für viele Menschen der Weimarer Republik von einem Führer aus bzw. welchen Bedürfnissen entsprach er?
   → Text, M1, M7–M9
8. Untersuchen Sie die Rolle, die die Juden im nationalsozialistischen Weltbild einnahmen.
   → Text, M2, M10–M13, M15
9. Inwiefern kann der Antisemitismus als eine Herrschaftstechnik bezeichnet werden? Erklären Sie den Mechanismus der Aggressionsverschiebung.
   → M14

2.4 Gleichschaltung von Staat und Gesellschaft

Die Nationalsozialisten waren wegen ihrer antidemokratischen Einstellung zu keinem Zeitpunkt bereit, sich durch freie Wahlen wieder von der Machtausübung abberufen zu lassen. Sie arbeiteten folglich nach der Machtübernahme planmäßig darauf hin, ihre Herrschaft lückenlos zu festigen. Die zu diesem Zweck ergriffenen Maßnahmen bezeichnet man als Herrschaftstechnik.

Die gesamte literarische Produktion wurde überwacht. Schwarze Listen dienten der „Säuberung" von Bibliotheken. Die Aufgabe der Reichsschrifttumskammer bestand darin, das – wie es hieß – „deutsche Kulturleben von allem schädlichen und unerwünschten Schrifttum rein zu halten." Diese Politik mündete augenfällig in den Bücherverbrennungen vom 10. Mai 1933. Die kulturelle Gleichschaltung verursachte die Emigration der führenden deutschen Schriftsteller. Ungefähr ein Drittel aller Hochschullehrer wurde aus dem Dienst entlassen oder ging ins Ausland. Das deutsche Geistesleben im Allgemeinen und die deutsche Wissenschaft im Besonderen haben einen Aderlass ohnegleichen erfahren.

M 1

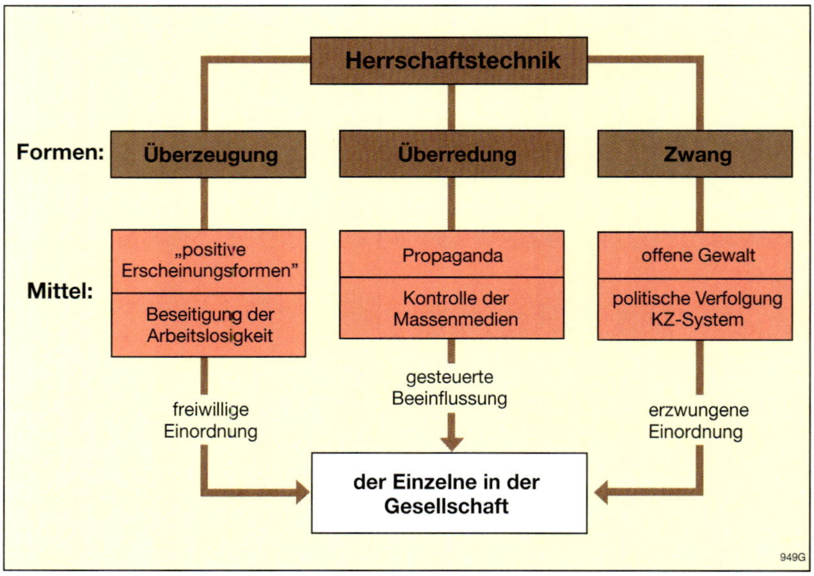

Propaganda

„In Deutschland gibt es keine Privatsache mehr." Diese Worte des Leiters der Deutschen Arbeitsfront Robert Ley machen den Anspruch auf totale Durchdringung von Staat, Gesellschaft und Individuum deutlich. Bei der Lenkung jedes Einzelnen kam den Massenmedien eine zentrale Aufgabe zu. Joseph Goebbels als Reichsminister für Volksaufklärung und Propaganda sorgte dafür, dass die von den Nationalsozialisten abweichenden Stimmen schnell verstummten. Reichskulturkammer (22. Sept. 1933) und Schriftleitergesetz (4. Okt. 1933) legalisierten eine massive Personalpolitik. Rundfunk („Volksempfänger"), Presse, Film und Literatur wurden einer strengen Zensur unterworfen und zügig zu Instrumenten nationalsozialistischer Indoktrination umfunktioniert.

Jugend und Schule

Die nationalsozialistische Führung war sich der Tatsache bewusst, dass die Jugend der Schlüssel für die Zukunft ist. Folglich setzte die totalitäre Vereinnahmung des Einzelnen durch den Staat bereits beim Kind an. Ab 1939 war die Mitgliederschaft in der Hitlerjugend (HJ) Pflicht. Die verschiedenen Organisationen waren entsprechend der NS-Ideologie hierarchisch nach dem Führerprinzip aufgebaut. Auch die Schule blieb von Eingriffen nicht verschont. Diese dokumentierten sich zum Beispiel durch:

- Entlassung, Umerziehung und Kontrolle von Lehrern,
- Zusammenfassung der Lehrer im Nationalsozialistischen Lehrerbund (NSLB),
- neue Lehrpläne und Lehrbücher,
- Beseitigung von pädagogischen Freiräumen.

Parallel zu den staatlichen Schulen entstanden neue Schultypen: zum einen die „Nationalpolitischen Erziehungsanstalten" (NAPOLA) und zum anderen die „Adolf-Hitler-Schulen". Es handelte sich dabei um Internatsschulen, in denen rassische, ideologische und vormilitärische Gesichtspunkte eine Rolle spielten. Die „Adolf-Hitler-Schulen" unterstanden nicht dem an sich zuständigen Schulministerium, sondern dem Reichsjugendführer Baldur von Schirach. Sie dienten der Heranbildung des Führernachwuchses für die Partei.

M 2 **Der „Bund deutscher Mädel"** (BdM) organisierte die weibliche Jugend zwischen 14 und 18 Jahren, Plakat aus dem Jahre 1936.

Frauen

„Der Mann als Kämpfer, die Frau als Mutter… Der Mann, der in der Öffentlichkeit wirkt oder an der Front, und die Frau als Hüterin von Haus und Familie…" In dieses schematische Denken passt es, dass im (entmachteten) Reichstag auch keine Frau mehr vertreten war. Frauen sollten eben nur als Mütter öffentlich Anerkennung genießen. Dieses Bild von den unterschiedlichen Aufgaben der Geschlechter blieb erstaunlich lange unverrückbar. Selbst als während des Krieges der Arbeitskräftemangel offenkundig wurde, weigerte sich Hitler, im großen Stil die Zwangsverpflichtung von deutschen Frauen für die Rüstungswirtschaft anzuordnen. Dies war auch ein Grund dafür, dass ab 1942 in großem Umfang Arbeitskräfte aus den besetzten Ländern zur Zwangsarbeit nach Deutschland geholt wurden.

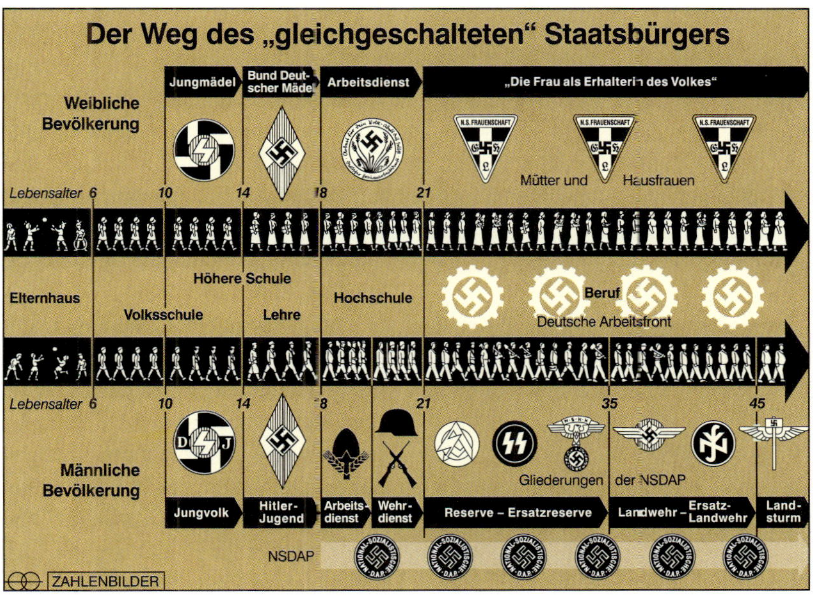

M 3 **Der Weg des „gleichgeschalteten" Staatsbürgers**
„Und sie werden nicht mehr frei, ihr ganzes Leben." (Hitler)

Justiz

Ein typisches Merkmal einer jeden Diktatur ist die Abschaffung der gewaltenteiligen Ordnung. Mit dem Führer als dem alleinigen Träger der Staatsgewalt ging die Abschaffung der unabhängigen Dritten Gewalt einher. Der unabhängige Richter, der einen Grundpfeiler des liberalen Rechtsstaates darstellt, wurde in seiner Amtsführung immer weiter eingeengt.

Sondergerichte, zum Beispiel der Volksgerichtshof für Hoch- und Landesverrat, machten die Politisierung der Justiz augenfällig. Zudem waren die Partei (NSDAP) sowie SA und SS der ordentlichen Gerichtsbarkeit entzogen. Das galt natürlich in besonderem Maße für den Führer selbst.

Wirtschaft

Der Nationalsozialismus kam nicht zuletzt wegen der hohen Arbeitslosigkeit und des damit verbundenen Elends an die Macht. Seine Popularität gewann er zwar auch aufgrund der außenpolitischen Erfolge, aber für weite Teile der Öffentlichkeit war der Rückgang der Arbeitslosigkeit von entscheidender Bedeutung. Allerdings wurde die Überwindung der Massenarbeitslosigkeit mit zweifelhaften Methoden erreicht:

- Die Ankurbelung der Rüstungsproduktion diente der Kriegsvorbereitung.
- Auch der Autobahnbau, der schon während der Weimarer Republik begonnen hatte, wurde unter strategischen Gesichtspunkten vorangetrieben.
- Bedingt durch das Finanzierungssystem musste der sichtbare Aufschwung mit einer rasanten Inflation beziehungsweise im Bankrott oder im Krieg enden.
- Mithilfe von Lohnstopps wurde das Konsumniveau breiter Bevölkerungsschichten niedrig gehalten.
- Die Arbeitslosenstatistiken wurden durch Einschränkung der Frauenarbeit, Einberufung zum Reichsarbeitsdienst (RAD) sowie durch die Einführung der allgemeinen Wehrpflicht (1935) geschönt.

Die Wirtschaftspolitik des Dritten Reiches entsprach in vielerlei Hinsicht dem Modell der so genannten Zentralverwaltungswirtschaft. Der Staat plante, machte Vorgaben, kontrollierte – vor allem im Hinblick auf die kriegsbedingte Bewirtschaftung, ohne jedoch grundsätzlich die private Verfügungsgewalt über das Eigentum abzuschaffen.

Die nationalsozialistische Führung erklärte die gesellschaftlichen Klassen für aufgehoben. An deren Stelle setzte sie die angeblich konfliktlose Volksgemeinschaft. Die Gewerkschaften wurden durch die Deutsche Arbeitsfront (DAF) ersetzt, die schon bald die Mehrheit der Arbeitnehmer organisierte – oft in Form einer Zwangsmitgliedschaft. Populärste Gliederung der DAF war die NS-Gemeinschaft „Kraft durch Freude“ (KdF), die unter anderem Freizeit- und Urlaubsveranstaltungen ausrichtete.

Der Umbau der Zivil- in eine Kriegswirtschaft wurde von der nationalsozialistischen Führung zunächst nur zögerlich in Angriff genommen. Die strategischen Reserven waren mithin nur so gering, dass wirtschaftlich gesehen nur Blitzkriege erfolgreich geführt werden konnten. Erst ab 1942 unter der Leitung des neu ernannten Rüstungsministers Albert Speer erfolgte der Übergang zur totalen Kriegswirtschaft. Zentralisierung und Reorganisation im europäischen Maßstab führten zu einer massiven Erhöhung der Rüstungsproduktion, die trotz der alliierten Bombardements 1944 ihren Höhepunkt erreichte.

M 4

Arbeitskräfte in der deutschen Kriegswirtschaft

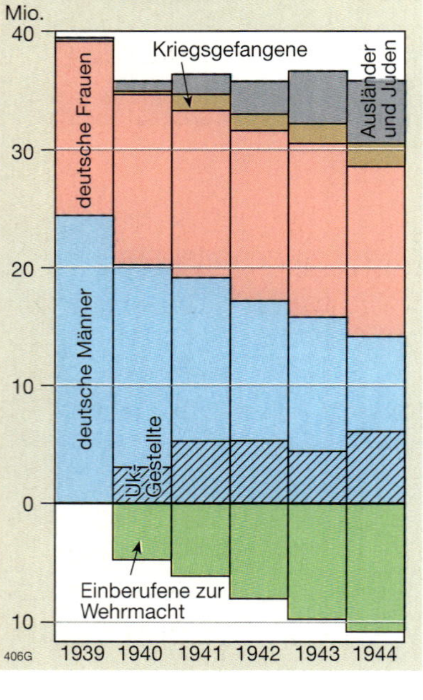

Zwangsarbeit

Das hohe Produktionsniveau der deutschen Wirtschaft konnte nur aufgrund von Zwangsarbeit erreicht werden. Da Millionen von wehrfähigen deutschen Männern als Arbeitskräfte nicht zur Verfügung standen und da die industrielle Tätigkeit mit dem Frauenbild des Nationalsozialismus nicht im Einklang stand, mussten die Lücken anders geschlossen werden. Die nationalsozialistische Führung griff im Laufe des Krieges immer mehr auf Zwangsarbeiter zurück. Zu diesem Zweck wurden Menschen willkürlich aus den besetzten Ländern deportiert. Diese Arbeitskräfte waren zwar offiziell keine Gefangenen, aber ihre Behandlung war oft demütigend und ihre Versorgung blieb unzureichend. Außerdem nutzte der Staat in großem Umfang die Arbeitskraft von Kriegsgefangenen und KZ-Häftlingen. Man geht heute davon aus, dass im Jahre 1944 etwa 7,5 Millionen Zwangsarbeiter im Deutschen Reich tätig gewesen waren.

M 5 **KZ-Zwangsarbeiter** des Lagers Mittelbau-Dora bei der V2-Raketenproduktion 1944

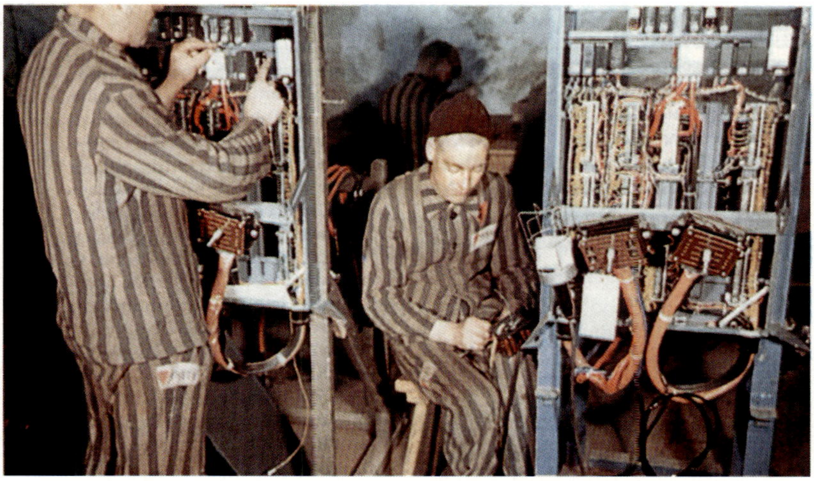

Chronologie

1. Mai 1933	1. Mai als Feiertag
2. Mai	Zerschlagung der Gewerkschaften; Aufhebung der Tarifautonomie
10. Mai	Gründung der Deutschen Arbeitsfront (DAF)
19. Mai	„Treuhänder der Arbeit“ werden eingesetzt, um Löhne und Arbeitsbedingungen festzulegen.
20. Januar 1934	„Gesetz zur Ordnung der nationalen Arbeit“
15. Mai	„Gesetz zur Regelung des Arbeitseinsatzes“ soll vor allem Landarbeiter zwingen, die Arbeit auf den Bauernhöfen beizubehalten.
4. Dezember	Kapitalgesellschaften werden gesetzlich gezwungen, den Reingewinn eines Jahres an das Reich abzutreten.
26. Februar 1935	Einführung eines Arbeitsbuches
26. Juni	Einführung der Arbeitsdienstpflicht für alle jungen Deutschen
9. September 1936	Ankündigung des Vierjahresplanes für die deutsche Wirtschaft (Autarkie)
22. Juli 1938	Einführung der Arbeitsverpflichtung
27. Januar 1943	Verordnung des „Generalbevollmächtigten für den Arbeitseinsatz“ (Sauckel) zur Führung des totalen Krieges; Männer zwischen 16 und 65 sowie Frauen zwischen 17 und 45 Jahren müssen sich zum Arbeitseinsatz zur Verfügung stellen.

M 6 Massenpsychologie

Hitler notierte in „Mein Kampf" dazu (1925):

Die Psyche der breiten Masse ist nicht empfänglich für das Halbe und Schwache. Gleich dem Weibe, dessen seelisches Empfinden weniger durch Gründe abstrakter Vernunft bestimmt wird, als durch solche einer undefinierbaren, gefühlsmäßigen Kraft, und das sich deshalb lieber dem Starken beugt, als den Schwächling beherrscht, liebt auch die Masse den Herrscher mehr als den Bittenden, und fühlt sich im Innern mehr befriedigt durch eine Lehre, die keine andere neben sich duldet, als durch die Genehmigung liberaler Freiheit; sie weiß mit ihr auch meist nur wenig anzufangen und fühlt sich sogar leicht verlassen. Die Unverschämtheit ihrer geistigen Terrorisierung kommt ihr ebensowenig zum Bewusstsein wie die empörende Misshandlung ihrer menschlichen Freiheit, ahnt sie doch den inneren Irrsinn in keiner Weise. So sieht sie nur die rücksichtslose Kraft und Brutalität ihrer zielbewussten Äußerungen, der sie sich endlich immer beugt.

A. Hitler, Mein Kampf, München 1936, S. 44.

M 7 Überredungsstrategie

Hitler sprach am 10. November 1938 vor Vertretern der deutschen Presse. Er offenbarte dabei die Planmäßigkeit seiner Vorgehensweise:

Der Zwang war die Ursache, warum ich jahrelang nur vom Frieden redete. Es war nunmehr notwendig, das deutsche Volk psychologisch allmählich umzustellen und ihm langsam klar zu machen, dass es Dinge gibt, die, wenn sie nicht mit friedlichen Mitteln durchgesetzt werden können, mit Mitteln der Gewalt durchgesetzt werden müssen. Dazu war es aber notwendig, nicht etwa nun die Gewalt als solche zu propagieren, sondern es war notwendig, dem deutschen Volk bestimmte außenpolitische Vorgänge so zu beleuchten, dass die innere Stimme des Volkes selbst langsam nach der Gewalt zu schreien begann. Das heißt also, bestimmte Vorgänge so zu beleuchten, dass im Gehirn der breiten Masse ganz automatisch allmählich die Überzeugung ausgelöst wurde: Wenn man das eben nicht im Guten abstellen kann, dann muss man es mit Gewalt abstellen; so kann es aber auf keinen Fall weitergehen. Diese Arbeit hat Monate erfordert, sie wurde planmäßig begonnen, planmäßig fortgeführt, verstärkt. Viele haben sie nicht begriffen, meine Herren; viele waren der Meinung, das sei doch alles etwas übertrieben. Das sind jene überzüchteten Intellektuellen, die keine Ahnung haben, wie man ein Volk letzten Endes zu der Bereitschaft bringt, gerade zu stehen, auch wenn es zu blitzen und zu donnern beginnt. [...]

Zit. nach: H. A. Jacobsen,: 1939–1945, Der Zweite Weltkrieg in Bildern und Dokumenten, Darmstadt 1959, S. 91 f.

M 8 Sprachregelung

Auf diesen Konferenzen gab Goebbels seine Anweisungen an die Verantwortlichen der Massenmedien:

4. Januar 1943:
Es sei notwendig, einige feststehende Grundsätze laufend und unaufhörlich bei jeder Gelegenheit herauszustellen und sie in das Gewissen des Volkes einzuhämmern. Als solche führte er u. a. an:
1. Der Krieg ist dem deutschen Volke aufgezwungen worden;
2. Es gehe in diesem Kriege um Leben oder Sterben;
3. Es gehe um die totale Kriegführung.

12. Februar 1943:
Von nun an müsse jeder Rundfunkvortrag, jede Meldung, jede Rede und jede Wochenparole mit der stereotypen Wendung schließen, dass der Kampf gegen den Bolschewismus unsere große Aufgabe sei.

W. A. Boelcke, Wollt ihr den totalen Krieg? Die geheimen Goebbels-Konferenzen 1939–1943, München 1969, S. 415 und 440.

M 9 Gesetz über die Hitlerjugend (1. Dezember 1936)

Von der Jugend hängt die Zukunft des deutschen Volkes ab. Die gesamte deutsche Jugend muss deshalb auf ihre künftigen Pflichten vorbereitet werden. Die Reichsregierung hat daher das folgende Gesetz beschlossen, das hiermit verkündet wird:

§ 1 Die gesamte deutsche Jugend innerhalb des Reichsgebietes ist in der Hitlerjugend zusammengefasst.

§ 2 Die gesamte deutsche Jugend ist außer in Elternhaus und Schule in der Hitlerjugend körperlich, geistig und sittlich im Geiste des Nationalsozialismus zum Dienst am Volk und zur Volksgemeinschaft zu erziehen.

Nach: W. Conze, Der Nationalsozialismus, Stuttgart 1972,S. 21.

M 10 Hitler über die Jugend

Hitler hielt diese Rede am 2. Dezember 1938. Der Text war im „Völkischen Beobachter" vom 4. Dezember 1938 nachzulesen:

Diese Jugend, die lernt ja nichts anderes als deutsch denken, deutsch handeln. Und wenn nun dieser Knabe und dieses Mädchen mit ihren zehn Jahren

M 11 **Kinder unter dem Nationalsozialismus**

Links: Kind in SA-Uniform, gestellte Aufnahme vom Reichsjugendtag 1934

Rechts: Kind bei einer von den Nazis durchgeführten Razzia in Warschau 1943

in unsere Organisationen hineinkommen und dort nun so oft zum ersten Mal überhaupt eine frische Luft bekommen und fühlen, dann kommen sie vier Jahre später vom Jungvolk in die Hitlerjugend, und dort behalten wir sie wieder vier Jahre, und dann geben wir sie erst recht nicht zurück in die Hände unserer alten Klassen- und Standeserzeuger, sondern dann nehmen wir sie sofort in die Partei oder in die Arbeitsfront, in die SA oder in die SS, in das NSKK [NS-Kraftfahrerkorps] und so weiter. Und wenn sie dort zwei Jahre oder anderthalb Jahre sind und noch nicht ganze Nationalsozialisten geworden sein sollten, dann kommen sie in den Arbeitsdienst und werden dort wieder sechs und sieben Monate geschliffen, alle mit einem Symbol, dem deutschen Spaten. Und was dann nach sechs oder sieben Monaten noch an Klassenbewusstsein oder Standesdünkel da oder da noch vorhanden sein sollte, das übernimmt dann die Wehrmacht zur weiteren Behandlung auf zwei Jahre. Und wenn sie dann nach zwei oder drei oder vier Jahren zurückkehren, dann nehmen wir sie, damit sie auf keinen Fall rückfällig werden, sofort wieder in SA, SS und so weiter. Und sie werden nicht mehr frei, ihr ganzes Leben.

Zit. nach: K.-J. Flessau, Schule der Diktatur, München 1977, S. 26.

M 12 **Uniformierte Hitlerjugend**

M 13 **Der NS-Lehrerbund**

Aus einem Organisationshandbuch der NSDAP:

Das Hauptamt für Erzieher betreut den Nationalsozialistischen Lehrerbund e.V. Der NS-Lehrerbund ist ein der NSDAP angeschlossener Verband. [...] Für amtliche Zwecke, wie Anstellung, Ernennungen und Beförderungen hat es [das Hauptamt] die politisch-weltanschauliche Beurteilung der Erzieher und Erzieherinnen aller Schulgattungen vorzunehmen. Die Beurteilungen werden im engsten Einvernehmen mit den zuständigen Kreisleitungen der NSDAP erstellt und in Form von Gutachten den zuständigen Regierungsstellen zugeleitet.

Gleichzeitig wahrt das Amt für Erzieher in Zusammenarbeit mit den staatlichen Anstellungsbehörden die Belange der NSDAP bei Schulstellenbesetzungen, insbesondere bei der Besetzung leitender Stellen (Schulleiter, Amtsleiter, Schulratsstellen usw.) [...] Der NS-Lehrerbund ist für die Durchführung der politisch-weltanschaulichen Ausrichtung aller Lehrer im Sinne des Nationalsozialismus verantwortlich. [Ergebnisse einer Erhebung aus dem Jahre 1936: Mitglieder des NSLB: 97 Prozent der gesamten Erzieherschaft, davon 32 Prozent Parteigenossen.]

Zit. nach: H. Focke, U. Reimer, Alltag unterm Hakenkreuz, Reinbek 1979, S. 80 f.

M 14 Die Aufgabe des Lehrers

Aus dem Buch „Feierstunden der deutschen Schule" (1941):

Die Deutsche Schule ist keine Anstalt zur einseitigen Wissensvermittlung, sie ist nicht tote Organisationsform, sie ist Lebensform. Der Lehrer ist nicht nur Wissensvermittler, Unterrichter. Er ist mehr. Auch er ist Soldat in der kulturpolitischen Front des Nationalsozialismus. Wohl ist der Kampf an dieser Front anders als sonst, wohl wird er mit anderen Waffen geführt, aber er ist nicht minder hart und nicht minder wichtig, denn der Kampf geht um die Seele des Volkes. Es hätte wahrlich keinen Sinn, den politischen Kampf zu gewinnen und den kulturpolitischen zu verlieren.

H. Klaus, zit. nach: G. L. Mosse, Der nationalsozialistische Alltag, Königstein/Ts. 1978, S. 159.

M 16 Schulbuchaufgabe

Aus einem Rechenbuch für Mittelschulen (1936):

Der jährliche Aufwand des Staates für einen Geisteskranken beträgt im Durchschnitt 766 RM; ein Tauber oder Blinder kostet 615 RM, ein Krüppel 600 RM. In geschlossenen Anstalten werden auf Staatskosten versorgt: 167 000 Geisteskranke, 8 300 Taube und Blinde, 20 600 Krüppel. Wie viel Mill. RM kosten diese Gebrechlichen jährlich? Wie viel erbgesunde Familien könnten bei 60 RM durchschnittlicher Monatsmiete für diese Summe untergebracht werden [...]?

Zit. nach: K.-J. Flessau, a. a. O., S. 147.

M 17 Frau und Politik

Aus einem Buch mit dem Titel „Das ist Nationalsozialismus" (1933):

Für die politische Frau ist in der Ideenwelt des Nationalsozialismus kein Platz. [...]
Die geistige Einstellung der Bewegung zu diesem Thema geht gegen die politische Frau. Sie weist die Frau in ihren naturgegebenen Kreis der Familie und in ihre Aufgaben als Gattin und Mutter zurück. Die politisierende Frau, diese Nachkriegserscheinung, die in parlamentarischen Wortgefechten nur selten „gute Figur" machte, bedeutet eine Entwürdigung der Frau.
Die deutsche Erhebung ist ein männliches Erzeugnis.

Zit. nach: G. L. Mosse, a. a. O., S. 71.

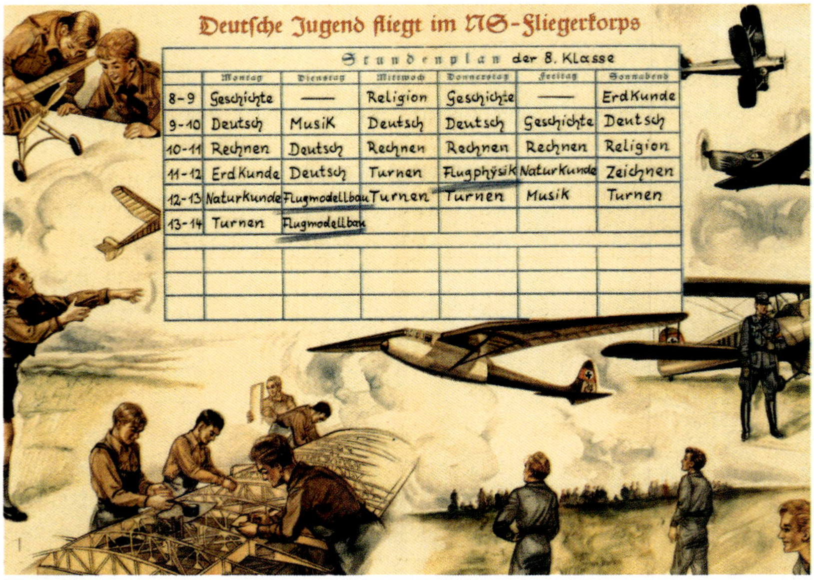

M 15 Stundenplan einer 8. Klasse aus dem Jahr 1940
Drei Stunden in der Woche gab es „Flugmodellbau" und „Flugphysik" – die Deutschen sollten ein Volk der Flieger werden.

M 18 Die Vogelfrau

Der spätere Propagandaminister J. Goebbels in seinem Roman „Michael" (1929):

Die Frau hat die Aufgabe, schön zu sein und Kinder zur Welt zu bringen. Das ist gar nicht so roh und unmodern, wie sich das anhört. Die Vogelfrau putzt sich für den Mann und brütet für ihn die Eier aus. Dafür sorgt der Mann für die Nahrung. Sonst steht er auf der Wacht und wehrt den Feind ab.

Zit. nach: G. L. Mosse, a. a. O., S. 66.

M 19 **Die NSDAP belohnte den Kinderreichtum mit Mutterkreuzen und Ehrenkarten.**

M 20 Der Richter im nationalsozialistischen Staat

Leitsätze des Reichsministers Hans Frank[1] (1936):

1. Der Richter ist nicht als Hoheitsträger des Staates über den Staatsbürger gesetzt, sondern er steht als Glied in der lebendigen Gemeinschaft des deutschen Volkes. Es ist nicht seine Aufgabe, einer über der Volksgemeinschaft stehenden Rechtsordnung zur Anwendung zu verhelfen oder allgemeine Wertvorstellungen durchzusetzen, vielmehr hat er die konkrete völkische Gemeinschaftsordnung zu wahren, Schädlinge auszumerzen, gemeinschaftswidriges Verhalten zu ahnden und Streit unter Gemeinschaftsgliedern zu schlichten.
2. Grundlage der Auslegung aller Rechtsquellen ist die nationalsozialistische Weltanschauung, wie sie insbesondere in dem Parteiprogramm und den Äußerungen unseres Führers ihren Ausdruck findet.
3. Gegenüber Führerentscheidungen, die in die Form eines Gesetzes oder einer Verordnung gekleidet sind, steht dem Richter kein Prüfungsrecht zu. Auch an sonstige Entscheidungen des Führers ist der Richter gebunden, sofern in ihnen der Wille, Recht zu setzen, unzweideutig zum Ausdruck kommt.

1 Hans Frank (1900–1946), Jurist ab 1939 Generalgouverneur im besetzten Polen, 1946 im Nürnberger Prozess verurteilt und anschließend hingerichtet.

Zit. nach: W. Hofer, Der Nationalsozialismus. Dokumente 1933–1945, Frankfurt 1957, S. 101 f.

M 21 a) Ein Gerichtsurteil: „Im Namen des Deutschen Volkes"

In der Strafsache gegen den Landwirt Ignatz Kaczmarek aus Halemba II, Halembaerstraße 15, geboren am 31. Juli 1881 zu Hindenburg, verheiratet, Angehöriger der Abteilung 4 der Deutschen Volksliste, polizeilich festgenommen am 19. April 1943, z. Zt. in der Haftanstalt in Beuthen O. S. [Oberschlesien], wegen Vorbereitung zum Hochverrat, Rundfunkverbrechen und Wehrkraftzersetzung hat der 1. Strafsenat des Oberlandesgerichts Kattowitz in Beuthen O. S. in der Sitzung vom 27. Juni 1944 [...] für Recht erkannt:

Der Angeklagte wird wegen wehrkraftzersetzender Äußerungen zum Tode verurteilt.

Die Ehrenrechte werden ihm auf Lebenszeit aberkannt.

Die Kosten des Verfahrens werden dem Angeklagten auferlegt.

Begründung:

Über die Kriegsursachen hat er sich dahin ausgelassen, dass niemand den Krieg gewünscht, Deutschland ihn aber angefangen und Russland überfallen habe. [...]

Weiter hat der Angeklagte erklärt, Adolf Hitler sei nur dadurch an die Macht gelangt, dass er viele deutsche Persönlichkeiten habe erschießen lassen, jetzt habe das Volk kein Vertrauen mehr zu ihm, er müsse sich auf die 10-jährigen Hitlerjungen stützen; wie schlimm es stehe, ersehe man daraus, dass die Frauen und Mädchen zur Arbeit herangezogen würden. Der Führer möchte jetzt zwar gern Frieden schließen, er müsse aber weiter kämpfen und werde den Krieg doch verlieren. [...]

Erläuterung der Rechtslage:

Die Verhängung der Todesstrafe erfolgte wegen Wehrkraftzersetzung, und zwar gem. § 5 der Kriegssonderstrafrechtsverordnung vom 17. August 1938 (RGBl. I, S. 1455). Dort heißt es:

„Wegen Zersetzung der Wehrkraft wird mit dem Tode bestraft:
Ziff. 1 Wer öffentlich dazu auffordert oder anreizt, die Erfüllung der Dienstpflicht in der deutschen oder einer verbündeten Wehrmacht zu verweigern, oder sonst öffentlich den Willen des deutschen oder verbündeten Volkes zur wehrhaften Selbstbehauptung zu lähmen oder zu zersetzen sucht." [...]
Das Gericht nimmt ein öffentliches Handeln an, obgleich der Angeklagte die beanstandeten Äußerungen nur gegenüber einer einzigen Person getan hat. Zudem wird die Todesstrafe verhängt, obgleich die Kriegssonderstrafrechtsverordnung die Todesstrafe nicht zwingend vorsah [...].

Zit. nach: I. Staff (Hg.), Justiz im Dritten Reich. Eine Dokumentation, Frankfurt/M. 1978, S. 170, 172, 174 f.

M 21 b) Reichsanwaltschaft beim Volksgerichtshof

Geschäftsnummer 4J777/44 (Staatsanwaltschaft)
Kostenrechnung
in der Strafsache gegen Erich Knauf
Gebühr gem. §§ 49, 52 SGKG für
Todesstrafe 300,00
Postgebühren gem. § 72, 1 SGKG 1,84
Gebühr gem. § 72,6 für den als
Pflichtverteidiger bestellt
gewesenen Rechtsanwalt [...]
Berlin-Lichterfelde-Ost,
Gärtnerstraße 10a 81,60
für die Strafhaft vom 6.4.44 bis 2.5.44 44,00
Kosten für Strafvollstreckung:
Vollstreckung des Urteils 158,18
hinzu Porto für Übersendung
der Kostenrechnung 0,12
zusammen: 585,74
Zahlungspflichtig: Die Erben des Erich Knauf, z. Hd. von Frau Erna Knauf, Berlin-Tempelhof, Manfred-von-Richthofen-Str. 13, bei Fa. Gilbert, Mach.

Zit. nach: I. Bayer, Ehe alles Legende wird, Baden-Baden 1979, S. 95.

M 22 Autarkie

Der Sozialhistoriker Helmut Böhme stellt den Zusammenhang von Wirtschaftspolitik und Kriegsvorbereitung her:

Nun, Landwirtschaft und Industrie taten alles, um diesen Beweis zu erbringen; die landwirtschaftliche Produktion stieg an; bis zu 80 Prozent konnte sich Deutschland selbst versorgen. Die deutsche industrielle Rüstungsproduktion erarbeitete Rekorde; Menge und Qualität der Ersatzstoffe konnten – trotz beträchtlicher Gestehungskosten – erheblich gesteigert werden. Unter dem Druck der diktierten Selbstversorgung errang Deutschlands Industrie eine Führung in technischen Forschungsleistungen; Kunstseide, Azetat, künstliches Gummi und Treibstoff ersetzten die natürlichen, wohl viel billigeren, aber eben vom Ausland bezogenen Rohstoffe und erlaubten, die Aufrüstung trotz den Engpässen und Einschränkungen, die die fortschreitende wirtschaftliche Isolierung mit sich brachte, fortzuführen.
Eine Autarkie indes war nicht zu erreichen – Deutschland blieb in seinem Fett- und Fleischbedarf vom Ausland abhängig, ebenso in seinem Bedarf an Eisenerz, Kupfer, Zink, Mangan, Chrom, Wolfram, Nickel, Textilrohstoffen, Häuten, Benzin und Mineralölen. Statt zur Wirtschaftsautarkie kam es zur Verarmung: denn die unproduktive Rüstungswirtschaft garantierte zwar Vollbeschäftigung, aber sie zehrte auch am Wohlstand. Hinter dem Schein „eines ständig steigenden Volkseinkommens" verbarg „sich faktisch eine fortschreitende Verarmung" (F. Lütge).
So fing 1939, nachdem die zur Einlösung anstehenden Mefo-Wechsel[1] auf Reichsschuldverschreibungen „verwiesen" wurden – was nach den Worten H. Schachts[2] „etwas Ungeheuerliches" war –, die Notenpresse wieder an, zu rotieren. Der Zeitpunkt der Einlösung der nationalsozialistischen Versprechungen war gekommen. Das „Raumproblem" als Problem der „Industrie- und Lebensversorgung" glaubte die Führung nur auf dem Weg eines Krieges, eines neuerlichen Griffes nach der Weltmacht, lösen zu können.

1 Mefo-Wechsel (von Metall-Forschungs-GmbH): Finanzierungsinstrument; Schuldpapiere, die durch eine Einlösungsverpflichtung durch die Reichsbank gesichert schienen.

2 Hjalmar Schacht (1877–1970), u. a. Reichsbankpräsident von 1933–39

H. Böhme, Prolegomena zu einer Sozial- und Wirtschaftsgeschichte. Deutschland im 19. und 20. Jahrhundert, Frankfurt/M. 1968, S. 128 f.

M 23 Aus dem „Gesetz zur Ordnung der nationalen Arbeit" (1934)

Führer des Betriebes und Vertrauensrat
§ 1 Im Betriebe arbeiten der Unternehmer als Führer des Betriebes, die Angestellten und Arbeiter als Gefolgschaft gemeinsam zur Förderung der Betriebszwecke und zum gemeinsamen Nutzen von Volk und Staat.
§ 2 (1) Der Führer des Betriebes entscheidet der Gefolgschaft gegenüber in allen betrieblichen Angelegenheiten, soweit sie durch dieses Gesetz geregelt werden. [...]

Zit. nach: W. Conze, a.a.O., Teil I, Stuttgart 1972, S. 75.

M 24 **Selbstversorgung**

Aus einer Denkschrift Hitlers (1936):

Kurz zusammengefasst: Ich halte es für notwendig, dass nunmehr mit eiserner Entschlossenheit auf all den Gebieten eine 100%ige Selbstversorgung eintritt, auf denen diese möglich ist, und dass dadurch nicht nur die nationale Versorgung mit diesen wichtigsten Rohstoffen vom Ausland unabhängig wird, sondern dadurch auch jene Devisen eingespart werden, die wir im Frieden für die Einfuhr unserer Nahrungsmittel benötigen. [...]

Zit. nach: W. Conze, a,a,O.,, Teil II, Stuttgart 1972, S. 32.

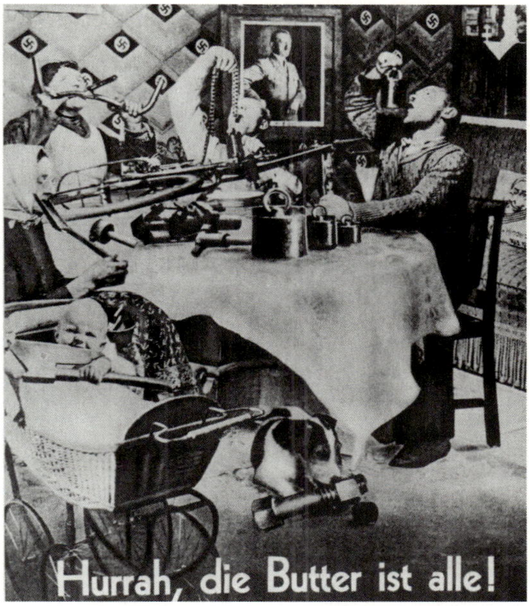

M 25 **„Hurrah, die Butter ist alle!"** Dieses Bild durfte in Deutschland nicht gezeigt werden, Fotomontage von John Heartfield (19. Dezember 1935).

M 26

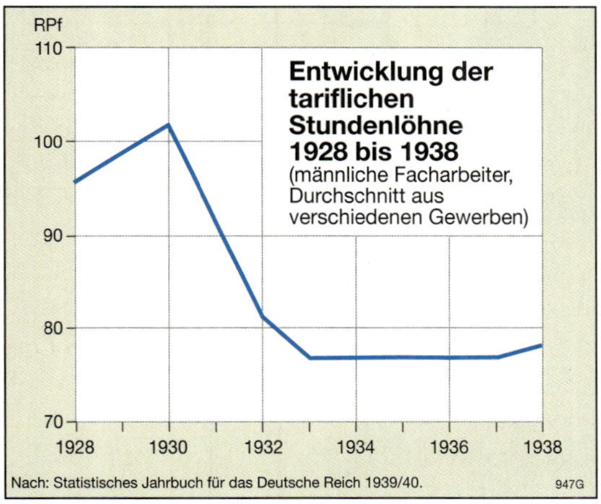

M 27

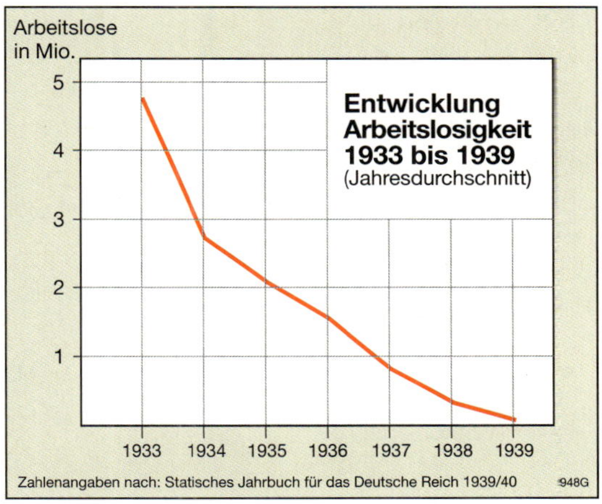

M 28

Rüstungsausgaben des Deutschen Reiches
(1928-1943)

Zeit	Rüstung (Wehrmacht) [in Mio. RM]	Anteil der Rüstung am Volkseinkommen in v. H.[1]
1928	827	1,1
1932	620	1,4
1933	720	1,6
1934	3300	6,3
1935	5150	8,7
1936	9000	13,7
1937	10850	14,7
1938	15500	18,9
1939	32300	23
1940	58100	40
1941	75600	52
1942	96900	64
1943	117900	70

1 ab 1939 Bruttosozialprodukt

D. Petzina u. a., Sozialgeschichtliches Arbeitsbuch III, Materialien zur Statistik des Deutschen Reiches 1914 bis 1945, München 1978, S. 149

M 29

Index der Industriellen Produktion

(1938 = 100)

Jahr	Industrie insgesamt	Verbrauchsgüter	Rüstung
1938	100	100	100
1939	106	100	125
1940	102	95	220
1941	105	96	220
1942	106	87	320
1943	119	91	500
1944	117	87	425

G. Stolper u. a., Deutsche Wirtschaft seit 1870, Tübingen 1964, S. 187.

M 30

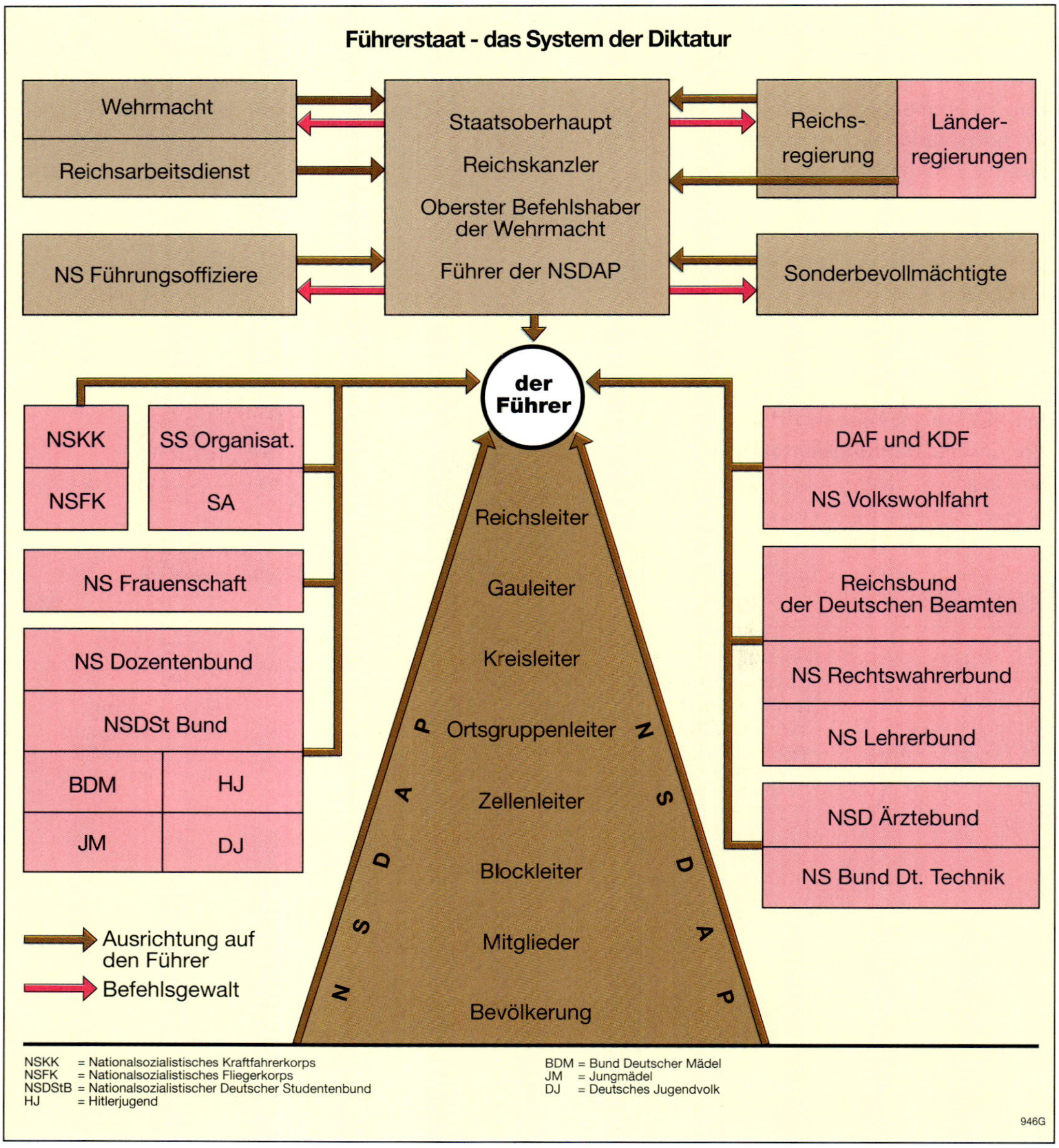

M 31 Führerdiktatur

Beschluss des Großdeutschen Reichstags (1942):

„Es kann keinem Zweifel unterliegen, dass der Führer in der gegenwärtigen Zeit des Krieges, in der das deutsche Volk in einem Kampf um Sein oder Nichtsein steht, das von ihm in Anspruch genommene Recht besitzen muss, alles zu tun, was zur Erringung des Sieges dient oder dazu beiträgt. Der Führer muss daher – ohne an bestehende Rechtsvorschriften gebunden zu sein – in seiner Eigenschaft als Führer der Nation, als Oberster Befehlshaber der Wehrmacht, als Regierungschef und oberster Inhaber der vollziehenden Gewalt, als oberster Gerichtsherr und als Führer der Partei jederzeit in der Lage sein, nötigenfalls jeden Deutschen – sei er einfacher Soldat oder Offizier, niedriger oder hoher Beamter oder Richter, leitender oder dienender Funktionär der Partei, Arbeiter oder Angestellter – mit allen ihm geeignet erscheinenden Mitteln zur Erfüllung seiner Pflichten anzuhalten und bei Verletzung dieser Pflichten nach gewissenhafter Prüfung ohne Rücksicht auf so genannte wohl erworbene Rechte mit der ihm gebührenden Sühne zu belegen, ihn im Besonderen ohne Einleitung vorgeschriebener Verfahren aus seinem Amte, aus seinem Rang und seiner Stellung zu entfernen."
Im Auftrage des Führers wird dieser Beschluss hiermit verkündet.

Zit. nach: K. Kroeschell, Deutsche Rechtsgeschichte, Bd. 3, Opladen 1989, S. 277 f.

M 32 **Hitler vor dem Reichstag am 1. September 1939** anlässlich der Kriegserklärung an Polen

Aufgaben

1. Erklären Sie den Begriff „Herrschaftstechnik".
   → Text, M1
2. Charakterisieren Sie das Menschenbild, das der NS-Propaganda zu Grunde lag.
   → M6
3. Beschreiben Sie die Methoden, derer sich die Propagandamaschinerie bediente.
   → Text, M7, M8
4. Vergleichen Sie die Funktion der Massenmedien in einer Demokratie und in einer Diktatur.
5. Mit welcher Zielsetzung wurde die Jugend im Nationalsozialismus organisiert?
   → Text, M2, M3, M9, M10–M12
6. Kennzeichnen Sie das Frauenbild des Nationalsozialismus.
   → Text, M17–M19
7. Beurteilen Sie die Rollenverteilung zwischen Männern und Frauen.
8. Welcher Methoden bedienten sich die Nationalsozialisten bei der Durchdringung des Schulwesens? Vergleichen Sie die Aufgaben und Ziele der Schule im Dritten Reich mit den Wertvorstellungen einer demokratischen Erziehung.
   → Text, M13–M16
9. Zählen Sie die Kernelemente der NS-Rechtsauffassung auf.
   → Text, M20, M21
10. Vergleichen Sie dieses Rechtsverständnis mit dem eines demokratischen Rechtsstaates.
11. Erläutern Sie die Zielsetzung der NS-Wirtschaftspolitik.
    → Text, M22–M24
12. Analysieren Sie die Entwicklung der deutschen Wirtschaft nach 1933.
    → M25–M29
13. Arbeiten Sie die Auswirkungen der NS-Wirtschaftspolitik auf die Arbeitnehmer heraus.
    → M23, M25–M27
14. „Wo immer der Faschismus gesiegt hat, hat er die Freien Gewerkschaften zertrümmert." (Otto Bauer, 1882–1938, österreichischer Sozialdemokrat) – Erklären Sie die Gründe für eine solche Politik.
15. Wie beurteilen Sie die Rolle Hitlers im Rahmen des Führerstaates?
    → M30–M32

2.5 Kriegspolitik

„Hitler bedeutet Krieg." – So war es von den politischen Gegnern des Nationalsozialismus bereits zu Zeiten der Weimarer Republik lautstark zu vernehmen. Sie hatten offenkundig Hitlers Buch „Mein Kampf" aufmerksam gelesen.

Die gesamte Außenpolitik der Nationalsozialisten stand unter dem Imperativ der Kriegsvorbereitung und der Kriegsführung. Krieg war Hitlers ureigenstes Ziel, und er zögerte nicht, ihn zum nächstmöglichen Zeitpunkt zu beginnen. Im Unterschied zu den komplexen Ursachen des Ersten Weltkrieges, bei dem man zumeist vom „Kriegsausbruch" (1914) spricht, bietet sich für den Zweiten Weltkrieg (1939) der Ausdruck „Entfesselung" als angemessen an. Es gibt keine Kriegsschuldfrage. In der Anfangsphase der NS-Herrschaft erweckte Hitler absichtlich den Eindruck, dass er mit seiner Außenpolitik friedliche Absichten verfolge – im Sinne einer ausschließlichen Revision des Versailler Vertrags.

Appeasementpolitik

Es schien, als wolle er lediglich eine für Deutschland angemessene internationale Geltung wiedererlangen. Großbritannien unterstützte dies zuerst mittels seiner Appeasement(=Beschwichtigungs)politik. So wurde unter anderem die Einführung der allgemeinen Wehrpflicht (1935) als auch die Besetzung des entmilitarisierten Rheinlands toleriert.

Die deutschen Zeitgenossen billigten in ihrer überwältigenden Mehrheit die nationalsozialistische Außenpolitik. Obgleich in Hitlers „Mein Kampf" deutlichst entworfen, nahmen sie zumeist nicht wahr, dass die außenpolitische Strategie auf Eroberung von „Lebensraum im Osten" ausgerichtet war. Dabei wurde seitens der nationalsozialistischen Führung der Krieg als Mittel der Politik angesehen.

In dem Maße, wie die Aufrüstung Fortschritte machte, wurden die Ansprüche immer aggressiver. Das Jahr 1938 stellte dabei den Übergang von einer nicht-militärischen Revision des Versailler Vertrags zur gewaltsamen Machtausdehnung dar. In diesem Jahr erfolgte die Besetzung und Eingliederung Österreichs. Auf der Münchener Konferenz (29. Sept. 1938), an der Chamberlain (Großbritannien), Daladier (Frankreich), Mussolini (Italien) und Hitler teilnahmen, wurde ein Abkommen geschlossen, das die Abtrennung des Sudetenlandes von der Tschechoslowakei vorsah. Als dann im März 1939 deutsche Truppen in die Rest-Tschechoslowakei einmarschierten, war für jedermann erkennbar, dass der NS-Staat seine Herrschaft auch über nichtdeutsche Siedlungsgebiete ausdehnte. Der imperialistische Charakter des NS-Staates war fortan nicht mehr zu übersehen. Die Appeasementpolitik zur Friedenserhaltung war durch diese Aktion endgültig gescheitert. England und Frankreich sahen sich nunmehr genötigt, sich auf einen europäischen Krieg vorzubereiten. Das vom nationalsozialistischen Deutschland bedrohte Polen erhielt eine Schutzgarantie.

Hitler-Stalin-Abkommen

Kurz vor dem Angriff auf Polen am 1. September 1939 gelang der deutschen Diplomatie – mittels des so genannten Hitler-Stalin-Abkommens – ein taktischer Schachzug, mit dem Hitler einen Zweifrontenkrieg vermeiden konnte. Diese von den Zeitgenossen als sensationell

M 1

empfundene Übereinkunft sah in einem geheimen Zusatzprotokoll die Teilung Polens sowie die Abgrenzung der Interessensphären in Osteuropa vor. Dieses Abkommen stieß die gesamte kommunistische Bewegung außerhalb der Sowjetunion in eine tiefe Glaubenskrise, denn von einem Tag zum anderen war aus dem nationalsozialistischen Erzfeind eine befreundete Nation geworden.

Eine Woche später marschierten deutsche Truppen – vorbereitet durch ein propagandistisches Trommelfeuer und einen von der SS vorgetäuschten polnischen Angriff auf den Rundfunksender Gleiwitz – in Polen ein. Damit hatte der Zweite Weltkrieg begonnen. England und Frankreich bestätigten ihre für Polen eingegangenen Verpflichtungen und erklärten Deutschland den Krieg. Der nach der Niederwerfung Polens gegen England und Frankreich geführte Krieg hatte Hitlers eigentliche Perspektive nicht verändert. Letztlich ging es ihm um die Erringung von so genanntem Lebensraum im Osten. Einen entsprechenden Befehl zur Vorbereitung erhielt die Reichswehr bereits Mitte 1940. Der Überfall auf die Sowjetunion begann dann am 22. Juni 1941.

Der auch nach Osten hin geplante schnelle Feldzug („Blitzkrieg“) scheiterte im Winter 1941/42 vor den Toren Moskaus. Die Niederlage in der Schlacht von Stalingrad ein Jahr später wird in der Retrospektive als Wendepunkt des Zweiten Weltkrieges angesehen. Trotz der enormen Steigerungen der Rüstungsproduktion ab 1942 war der Krieg des nationalsozialistischen Deutschlands verloren. Denn mit dem Kriegseintritt der USA trat eine Macht auf den Plan, die innerhalb kürzester Zeit ein militärisches Potenzial entfalten konnte, das ausreichte, um auf zwei weit auseinander liegenden Schauplätzen – in Europa und in Asien – siegreich präsent zu sein.

Das nationalsozialistische Deutschland hatte seine Kräfte überspannt. Es folgten „Frontbegradigungen“, opferreiche Rückzüge, verheerende Bombardierungen deutscher Städte und schließlich die Mobilisierung des „Volkssturms" – das letzte Aufgebot der Jugendlichen und Alten.

Der Krieg endete mit der bedingungslosen Kapitulation („unconditional surrender") am 8. Mai 1945. Drei Monate später setzten die amerikanischen Atombomben auf Hiroshima und Nagasaki den Schlusspunkt auch auf dem asiatischen Kriegsschauplatz.

M 2

Der Zweite Weltkrieg in Europa 1939-1942

Achsenmächte
- 1939
- Verbündete 1941
- besetzte Gebiete bis November 1942
- Ostfront Dezember 1941

Alliierte
- Gebiet der Alliierten November 1942
- Neutrale Staaten
- Staatsgrenzen bei Kriegsbeginn 1.9.1939

0 500 1000 km

M 3

Der Zweite Weltkrieg in Europa 1942-1945

- "Großdeutsches Reich"
- Verbündete Deutschlands
- von den Achsenmächten besetzte Gebiete November 1942
- Machtbereich der Alliierten November 1942
- bis Anfang 1945 neutrale Staaten
- Hauptstoßrichtungen der Alliierten
- deutscher Machtbereich Anfang Mai 1945
- Staatsgrenzen 1943

0 500 1000 km

Chronologie: Der Zweite Weltkrieg

1939	
1. September bis 1. Oktober	4.45 Uhr: Beginn des deutschen Angriffs auf Polen. Auf deutscher Seite kämpfen 53 Divisionen, 2 Luftflotten und Seestreitkräfte. Ende des Polenfeldzuges nach der Kapitulation von Warschau und der Übergabe von Modlin.
1940	
9. April bis 30. April	Besetzung Dänemarks und Norwegens durch deutsche Truppen
10. Mai bis 22. Juni	Unter Verletzung der Neutralität der Niederlande, Belgiens und Luxemburgs Einmarsch deutscher Truppen in Frankreich. 14. Juni Besetzung von Paris. 22. Juni Kapitulation Frankreichs und Waffenstillstandsabkommen im Wald von Compiègne.
1941	
12. Februar bis 13. Mai 1943	Eine deutsche Division wird unter Führung von Generalleutnant Rommel zum Angriff gegen britische Stellungen nach Libyen entsandt. Vorstoß bis zur libysch-ägyptischen Grenze. Der Feldzug endet am 13. Mai 1943 nach einer britischen Großoffensive unter Leitung des Generals Montgomery durch Kapitulation der Reste der Heeresgruppe Afrika.
6. April bis 1. Juni	Feldzug gegen Jugoslawien und Griechenland
22. Juni	Deutscher Angriff auf die UdSSR in breiter Front zwischen Ostsee und Karpaten mit insgesamt 3 050 000 Soldaten (= 75 Prozent des Feldheeres). In den folgenden anderthalb Jahren deutscher Vormarsch bis zur Linie Leningrad – Moskau – Stalingrad – Kaukasus. Nach Stalingrad: Kriegswende. Danach werden sowjetische Truppen im Gegenangriff unter immer größeren deutschen Verlusten bis in die Mitte Deutschlands vordringen. Die Japaner vernichten fast die gesamte amerikanische Pazifikflotte. Vier Tage später erklären auch Deutschland und Italien den USA den Krieg.
22. November	Sowjetische Truppen schließen die deutsche 6. Armee mit ca. 250 000 Soldaten im Raum zwischen Don und Wolga bei Stalingrad ein. Hitler verweigert den Ausbruch aus dem Kessel. Ende Januar 1942 Kapitulation; 91 000 deutsche Soldaten gehen in Kriegsgefangenschaft.
7. Dezember	Japanischer Überfall auf Pearl Harbor
1942–1945	Luftkrieg: Ständig zunehmende Bombardierung deutscher Städte
1943	
10. Juli bis 13. Oktober	22. Juli Eroberung von Palermo durch die 7. US-Armee. Luftangriffe auf Rom. Mussolini wird zum Rücktritt gezwungen und verhaftet, aber durch deutsche Fallschirmjäger wieder befreit. Italien unterzeichnet am 3. September 1943 einen Waffenstillstand und erklärt Deutschland den Krieg.
1944	
6. Juni	Alliierte Landung in der Normandie
1945	
4. bis 12. Februar	Konferenz von Jalta: Stalin, Roosevelt und Churchill verhandeln über die Koordinierung der militärischen Operationen in der Schlussphase des Krieges und über die Teilung Deutschlands nach Kriegsende.
30. April	Selbstmord Hitlers in Berlin
8. Mai	Ende des Zweiten Weltkrieges in Deutschland; Gesamtkapitulation der Deutschen Wehrmacht im Hauptquartier General Eisenhowers in Reims und im sowjetischen Hauptquartier in Berlin (Karlshorst), 9. Mai.
6. August	Abwurf der ersten Atombombe auf Hiroshima. Vier Wochen später: Unterzeichnung der bedingungslosen Kapitulation Japans.

M 4 Außenpolitische Zielsetzung

Hitler schrieb in „Mein Kampf" (1925):

Demgegenüber müssen wir Nationalsozialisten unverrückbar an unserem außenpolitischen Ziele festhalten, nämlich dem deutschen Volk den ihm gebührenden Grund und Boden auf dieser Erde zu sichern. Und diese Aktion ist die einzige, die vor Gott und unserer deutschen Nachwelt einen Bluteinsatz gerechtfertigt erscheinen lässt. [...] Deutschland wird entweder Weltmacht oder überhaupt nicht sein. [...] Damit ziehen wir Nationalsozialisten bewusst einen Strich unter die außenpolitische Richtung unserer Vorkriegszeit. Wir setzen dort an, wo man vor sechs Jahrhunderten endete. Wir stoppen den ewigen Germanenzug nach dem Süden und Westen Europas und weisen den Blick nach dem Land im Osten. Wir schließen endlich ab die Kolonial- und Handelspolitik der Vorkriegszeit und gehen über zur Bodenpolitik der Zukunft. Wenn wir aber heute in Europa von neuem Grund und Boden reden, können wir in erster Linie nur an Russland und die ihm untertanen Randstaaten denken.

A. Hitler, Mein Kampf, a. a. O., S. 739, 742.

M 5 Gebrauch der politischen Macht

Unmittelbar nach seinem Regierungsantritt skizzierte Hitler vor Befehlshabern des Heeres und der Marine seine außenpolitischen Absichten (3. Februar 1933):

Wie soll politische Macht, wenn sie gewonnen ist, gebraucht werden? Jetzt noch nicht zu sagen. Vielleicht Erkämpfung neuer Export-Möglichkeiten, vielleicht – und wohl besser – Eroberung neuen Lebensraums im Osten und dessen rücksichtslose Germanisierung. Sicher, dass erst mit politischer Macht und Kampf jetzige wirtschaftliche Zustände geändert werden können. Alles, was jetzt geschehen kann – Siedlung – Aushilfsmittel. Wehrmacht, wichtigste und sozialistischste Einrichtung des Staates. Sie soll unpolitisch und überparteilich bleiben. Der Kampf im Innern nicht ihre Sache, sondern der Nazi-Organisationen. Anders wie in Italien keine Verquickung von Heer und SA beabsichtigt. – Gefährlichste Zeit ist die des Aufbaus der Wehrmacht. Da wird sich zeigen, ob Fr[ankreich] Staatsmänner hat; wenn ja, wird es uns Zeit nicht lassen, sondern über uns herfallen (vermutl. mit Ost-Trabanten).

Aufzeichnung des Generalleutnants Liebmann, zit. nach: R. Kühnl, Der deutsche Faschismus in Quellen und Dokumenten, Köln 1975, S. 208.

M 6 Hitler: öffentlich und intern

a) Rede Hitlers vor dem Reichstag am 7. März 1936 (am Tag der Besetzung des entmilitarisierten Rheinlands durch deutsche Truppen):

Nach drei Jahren glaube ich so mit dem heutigen Tage den Kampf um die deutsche Gleichberechtigung als abgeschlossen ansehen zu können. [...] Wir haben in Europa keine territorialen Forderungen zu stellen.

Zit. nach: W. Conze (Teil 2), a. a. O., S. 39.

b) Denkschrift Hitlers zum Vierjahresplan vom August 1936:

Die endgültige Lösung liegt in einer Erweiterung des Lebensraumes bzw. der Rohstoff- und Ernährungsbasis unseres Volkes. Es ist die Aufgabe der politischen Führung, diese Frage dereinst zu lösen. [...] Ich stelle damit folgende Aufgabe:

1. Die deutsche Armee muss in 4 Jahren einsatzfähig sein.
2. Die deutsche Wirtschaft muss in 4 Jahren kriegsfähig sein.

Zit. nach: R. Kühnl. Der deutsche Faschismus in Quellen und Dokumenten, a. a. O., S. 287 f.

M 7 Strategie der NS-Außenpolitik am Beispiel des Angriffs auf die Tschechoslowakei

a) Militärische Weisung „Fall Grün":

Angriff auf die Tschechoslowakei (22.4.1938) – Zusammenfassung der Besprechung Führer/General Keitel [seit 1938 Chef des Oberkommandos der Wehrmacht OKW] am 21.4.1938

a. Politisch:

1. Strategischer Überfall aus heiterem Himmel ohne jeden Anlass oder Rechtfertigungsmöglichkeit wird abgelehnt. Da Folge: feindliche Weltmeinung, die zu bedenklicher Lage führen kann.
2. Handeln nach einer Zeit diplomatischer Auseinandersetzungen, die sich allmählich zuspitzen und zum Kriege führen.
3. Blitzartiges Handeln aufgrund eines Zwischenfalls (z. B. Ermordung des deutschen Gesandten im Anschluss an eine deutschfeindliche Demonstration.)

Zit. nach: W. Hofer, Der Nationalsozialismus, Dokumente 1933–1945, Frankfurt 1957, S. 202.

b) Geheime Kommandosache: Hitlers Weisung vom 30. Mai 1938:

Es ist mein unabänderlicher Entschluss, die Tschechoslowakei in absehbarer Zeit durch eine militärische Aktion zu zerschlagen. Den politisch und militärisch geeigneten Zeitpunkt abzuwarten oder herbeizuführen ist Sache der politischen Führung. Eine unabwendbare Entwicklung der Zustände innerhalb der Tschechoslowakei oder sonstige politische Ereignisse in Europa, die eine überraschend günstige, vielleicht nie wiederkehrende Gelegenheit schaffen, können mich zu frühzeitigem Handeln veranlassen. Die richtige Wahl und entschlossene Ausnützung eines günstigen Augenblicks ist die sicherste Gewähr für den Erfolg. Dementsprechend sind die Vorbereitungen unverzüglich zu treffen. […]

Zit. nach: W. Conze, a.a.O., Teil II, S. 51 f.

c) Aus Hitlers Sportpalastrede vom 26. Sept. 1938[1]

Ich habe ihm [Herrn Chamberlain – britischer Premierminister von 1937–1940] weiter versichert und wiederhole es hier, dass es – wenn dieses Problem gelöst ist – für Deutschland in Europa kein territoriales Problem mehr gibt! Und ich habe ihm weiter versichert, dass in dem Augenblick, in dem die Tschechen mit ihren anderen Minderheiten sich auseinandergesetzt haben, und zwar friedlich und nicht durch Unterdrückung, dass ich dann am tschechischen Staat nicht mehr interessiert bin. Und das wird ihm garantiert! Wir wollen gar keine Tschechen!

1 Die Münchner Konferenz (Teilnehmerstaaten: Deutschland, Großbritannien, Frankreich und Italien) beschloss am 30. Sept. 1938 die Abtretung des sudetendeutschen Gebietes an Deutschland.

Zit. nach: W. Hofer, a. a. O., S. 207.

d) Hitlers Geheimbefehl vom 21. Oktober 1938:

Die künftigen Aufgaben der Wehrmacht und die sich daraus ergebenden Vorbereitungen für die Kriegsführung werde ich später in einer Weisung niederlegen. Bis zum In-Kraft-Treten dieser Weisung muss die Wehrmacht jederzeit auf folgende Fälle vorbereitet sein:

1. Sicherung der Grenzen des Deutschen Reiches und Schutz gegen überraschende Luftangriffe.
2. Erledigung der Rest-Tschechei
3. Inbesitznahme des Memellandes […]

Zit. nach: W. Hofer, a. a. O., S. 219.

M 8 Nationalsozialistische Aggressionspolitik

Der Historiker Hans-Adolf Jacobsen fasst die Schritte zur Expansion zusammen:

Seit dem Kriegsausbruch (1. September 1939) zeichneten sich indessen die nationalsozialistischen Ziele Schritt für Schritt deutlicher ab: Nach dem Aufbau „Großdeutschlands" ging es zunächst um die Liquidierung Polens, begleitet von den ersten völkischen Ausrottungsmaßnahmen; sodann setzte der Kampf um die Vormachtstellung des Reiches in Mitteleuropa ein, der mit den militärischen Erfolgen von April bis Juni 1940 (Norwegen- und Westfeldzug) siegreich beendet zu sein schien. Aber als Hitler sich außer Stande sah, England zur Anerkennung seiner politischen und militärischen Eroberungen zu zwingen und eine Kontinentalkoalition gegen Großbritannien im Sinne seiner Zielsetzung aufzubauen, fasste er den Entschluss, die „Konsolidierung" Europas, das heißt die von ihm und seinen engsten politischen Mitarbeitern geplante Neuordnung des Kontinents im Geiste der nationalsozialistischen Ideologie mittels Gewalt zu „vollenden". […] Nach allen bis heute vorliegenden Zeugnissen ist aber festzuhalten: Der seit Juli 1940 geplante und im Juni 1941 ausgelöste deutsche Angriff gegen die Sowjetunion war kein Präventivkrieg; Hitlers Entschluss zur Offensive entsprang nicht der tiefen Sorge vor einem drohenden, bevorstehenden sowjetischen Angriff, sondern war letzten Endes Ausdruck seiner Aggressionspolitik, wie sie seit 1938 immer deutlicher zum Ausdruck gekommen war.

H.-A. Jacobsen, Kommissarbefehl …, in: M. Broszat u. a., Anatomie des SS-Staates, Bd. 2 München 1967, S. 138

Aufgaben

1. Fassen Sie zusammen, wie Hitler seine imperialistischen Vorstellungen rechtfertigte. Welche grundsätzliche Stoßrichtung hatten diese?
   → M4, M5
2. Stellen Sie die Strategie dar, nach der Hitler auf außenpolitischem Gebiet operierte.
   → M6–M8
3. Rekonstruieren Sie die Stationen der NS-Außenbzw. Kriegspolitik.
   → Text, M1–M3, M8
4. Diskutieren Sie, warum es nach dem Zweiten Weltkrieg keine ernsthafte Kriegsschuld-Diskussion in Deutschland geben konnte.
   → Text, M1–M8

2.6 Verfolgung und Vernichtung der Juden

Judenverfolgung

M 1 **Schild in Braunschweig** von 1935. Solche Schilder gab es überall in Deutschland. Während der Olympischen Spiele 1936 wurden sie vorübergehend entfernt.

1933 lebten in Deutschland eine halbe Million Juden (0,8 Prozent der Bevölkerung), die überwiegend der Mittelschicht angehörten und in die deutsche Gesellschaft weitgehend integriert waren. Die meisten von ihnen ahnten zu diesem Zeitpunkt keineswegs, welche brutalen und tödlichen Konsequenzen die nationalsozialistische Machtübernahme haben würde.

Die neuen Machthaber begannen unverzüglich mit der Ergreifung von judenfeindlichen Maßnahmen. Zwischen 1933 und 1939 schränkten etwa 250 Gesetze und Verordnungen die Existenz der Juden ein. Diese wurden aus allen öffentlichen Ämtern entfernt und schrittweise aus vielen Berufen herausgedrängt (Juristen, Ärzte, Schriftleiter, Apotheker). Ein Gesetz beschränkte den Zugang jüdischer Schüler zur Universität (1933). Ab 1936 wurde die Rassentrennung an den Schulen eingeführt. Die „Nürnberger Gesetze“ (1935) grenzten die Juden aus dem Verband der deutschen Reichsbürger aus. Die Absonderung und Entrechtung der Juden wurde auch in den nächsten Jahren systematisch weiterbetrieben. Pässe von Juden verloren ihre Gültigkeit (1938). Den Juden wurde (ab 1939) die Pflicht auferlegt, jüdische Vornamen anzunehmen: Israel für männliche und Sara für weibliche Juden. Ab 1941 mussten die Juden in der Öffentlichkeit einen Stern tragen. Die Verordnung zur Ausschaltung der Juden aus dem deutschen Wirtschaftsleben (1938) machte einen Zusammenhang augenfällig, der von Anfang an integraler Bestandteil der anti-jüdischen Politik gewesen war. Mit der Entrechtung ging der Vermögensentzug einher. Die „Arisierung der Wirtschaft“ lief praktisch auf eine Zwangsenteignung hinaus.

„Reichspogromnacht“

Vorläufiger Höhepunkt der nationalsozialistischen Judenpolitik war die so genannte Reichskristallnacht am 9. November 1938, als Synagogen abgebrannt, jüdische Geschäfte zerstört und Zehntausende von Juden verhaftet wurden. Die „Reichskristallnacht“ stellte eine neue Stufe der Verfolgung und Entrechtung der Juden in Deutschland dar. Das Attentat eines Juden auf einen Diplomaten der deutschen Botschaft in Paris (vom Rath) war für die NS-Führung der willkommene Anlass zu diesem Pogrom. Motiv für den jüdischen Attentäter Grynszpan war der Protest gegen kurz zuvor durchgeführte Abschiebungen von Juden nach Polen.

Ein großer Teil der deutschen Öffentlichkeit schien das Vorgehen der Nationalsozialisten am 9. November 1938 zu missbilligen. Gleichwohl kam es zu keinen größeren Protesten. Obgleich die NS-Propaganda nichts unversucht ließ, diese Aktionen als Ausdruck eines „gerechten Volkszorns“ zu deklarieren, handelte es sich um ein zentral gesteuertes Unternehmen – organisiert von Goebbels als der treibenden Kraft und ausgeführt von SA-Kommandos. Im Zusammenhang mit der „Reichskristallnacht“ wurden mindestens 267 Synagogen und 7 500 Geschäfte zerstört. Ungefähr 20 000 jüdische Deutsche wurden (vorübergehend) verhaftet und in Konzentrationslagern festgesetzt.

Der Volksmund sprach wegen der vielen Scheiben, die zu Bruch gegangen waren, etwas unbekümmert von der „Reichskristallnacht“.

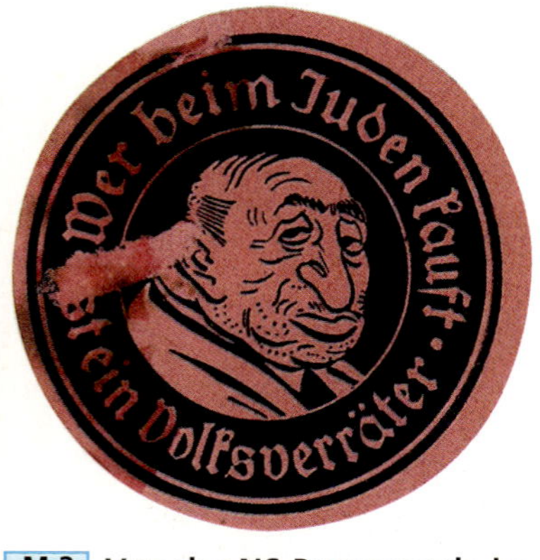

M 2 **Von der NS-Propaganda im November 1934 verbreiteter Aufkleber**

Aufgrund der in diesem Ausdruck enthaltenen Verharmlosung wird gegenwärtig bei offiziellen Anlässen von der „Reichspogromnacht" gesprochen.

Trotz der Schikanen und der sich fortsetzenden Diskriminierungen hatte bis 1938 nur etwa ein Drittel der jüdischen Deutschen ihre Heimat verlassen. Die Emigration war durch die Erhebung einer so genannten Reichsfluchtsteuer mit weitgehendem Vermögensverlust verbunden (bis 90 Prozent). Mit Kriegsbeginn schränkten die Behörden die Auswanderungsmöglichkeiten weiter ein. Ab 1941 wurden die jüdischen Deutschen – unter Entzug der deutschen Staatsangehörigkeit und ihrer Vermögen – nach Osten deportiert.

Menschenvernichtung

Die ideologische Grundlage für die Menschenvernichtung im Dritten Reich ist in der Rassenlehre und in der Eugenik (Erbgesundheitslehre) zu sehen. Unter dem Vorzeichen eines irreführenden Biologismus und versehen mit dem Etikett scheinbarer naturwissenschaftlicher Korrektheit entwickelten die neuen Machthaber ein Programm der „Rassenhygiene". Die Fortpflanzung von biologisch Minderwertigen sollte verhindert werden. Die Rassenhygieniker – darunter viele Mediziner – glaubten, dass auch soziales Fehlverhalten, wie zum Beispiel Verwahrlosung, Alkoholismus und Kriminalität, genetisch bedingt seien. Die Zwangssterilisierung und Tötung von Asozialen, Behinderten und Erbkranken lagen in der Konsequenz dieser ideologischen Prämissen.

Lange bevor die Entscheidung zur systematischen Vernichtung von Juden getroffen worden war, hatte Hitler den Befehl für das T4-Programm gegeben (1938). Hinter dem Kürzel T4 verbarg sich eine Dienststelle (Tiergartenstr. Nr. 4 in Berlin), die dem Reichsinnenministerium unterstand. Von hier aus wurde die Tötung von Behinderten und Geisteskranken geleitet. Das geschah in Gaswagen mit Kohlenmonoxyd. Nicht zuletzt aufgrund der Proteste von katholischen Geistlichen wurden diese Aktionen 1941 zunächst gestoppt, aber später heimlich weitergeführt. Die Gesamtzahl der Opfer des T4-Befehls belief sich bis Mitte 1941 auf etwa 70 000. Insgesamt fielen etwa 120 000 Menschen diesem Tötungsprogramm zum Opfer, das die NS-Ideologen zynisch als Euthanasie (wörtlich: schöner Tod) bezeichneten.

M 3 **Vorbereitung der Euthanasie**
Aus der Dia-Serie „Blut und Boden", die für Schulungszwecke eingesetzt wurde

Die so genannte Endlösung

Ein schriftlicher Befehl Hitlers („Führerbefehl") in Bezug auf die systematische Vernichtung der Juden und Roma und Sinti liegt nicht vor. Jedoch ist es aufgrund der Machtstrukturen des Dritten Reiches undenkbar, dass eine so weitreichende Entscheidung ohne Hitlers Einverständnis zustande kam. Sie wurde innerhalb der NS-Führung in der zweiten Hälfte des Jahres 1941 getroffen, wahrscheinlich nach Beginn des Feldzuges gegen die Sowjetunion und nach der zwischenzeitlichen Eroberung großer Gebiete in Osteuropa. An der Wannsee-Konferenz (20. Januar 1942) – benannt nach dem Tagungsort, einer Villa „Am Großen Wannsee" (heute eine Gedenkstätte), – nahmen die Staatssekretäre aus verschiedenen Ministerien sowie Vertreter der Partei, SS, Reichskanzlei usw. teil. Sie waren einer Einladung von Reinhard Heydrich (Chef der Sicherheitspolizei und des Sicherheitsdienstes) gefolgt, der sich auf der Konferenz als „Beauftragter für die Endlösung der europäischen Judenfrage" zu erkennen gab. Diese Konferenz fasste keinen Beschluss über die so genannte Endlösung, denn zu diesem Zeitpunkt war die Judenvernichtung bereits im Gange.

Die „Endlösung der Judenfrage" wurde unter dem Siegel einer „Geheimen Reichssache" von der SS exekutiert. Ihr fielen zwischen fünf und sechs Millionen Juden zum Opfer. Obgleich die Judenvernichtung die verbrecherische Konsequenz des kompromisslosen Antisemitismus war, versuchte die NS-Führung dennoch, dieses Geschehen vor der deutschen Öffentlichkeit geheim zu halten. Begriffe wie „Evakuierung", „Sonderbehandlung" und „Arbeitseinsatz im Osten" dienten dazu, das grausige Geschehen zu tarnen.

Ob dem Massenmord schon frühzeitig ein Generalplan zugrunde lag, ist unter den Historikern umstritten. Es überwiegt die Ansicht einer schrittweisen Radikalisierung. Das NS-System beraubte die Juden durch rechtliche, wirtschaftliche und politische Maßnahmen ihrer Lebensmöglichkeiten, erlaubte und förderte bis 1939 aber die Auswanderung. Der Massenvernichtung fehlte am Anfang die Systematik. Sie erfolgte durch Massenerschießungen, die in erster Linie von SS-Einsatzgruppen und teilweise auch von Wehrmachtseinheiten hinter den Fronten vorgenommen wurden. Insbesondere die Beseitigung von Ernährungs- und Versorgungsengpässen während des Krieges könnte

M 4

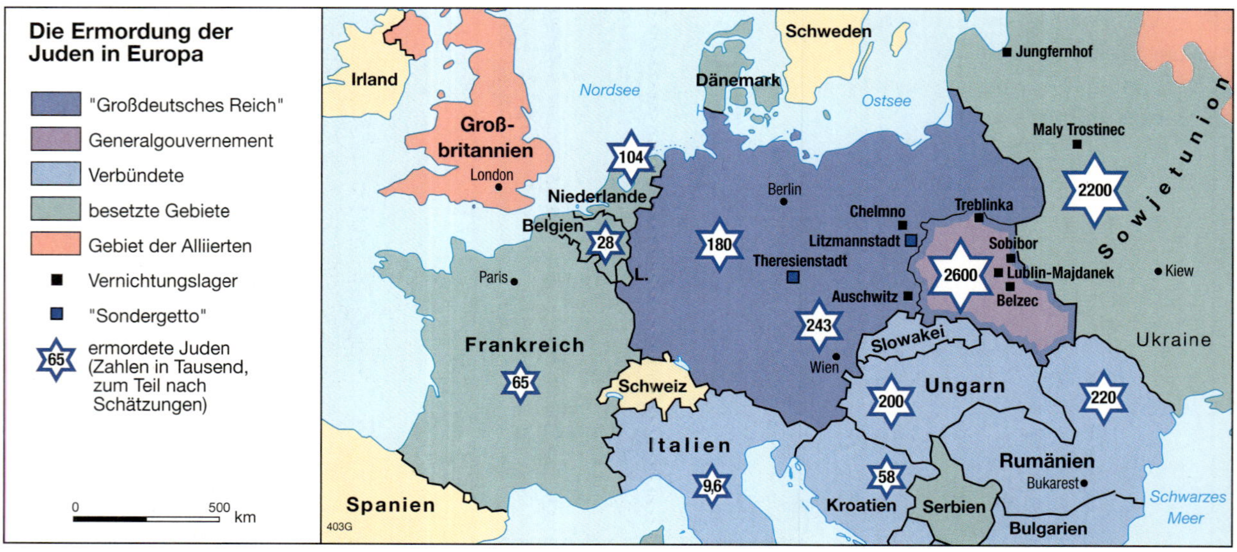

dem industriell durchgeführten Genozid (Völkermord) Vorschub geleistet haben. Für den Massenmord – insbesondere an den Juden – hat sich gegenwärtig auch als Folge eines amerikanischen Films mit gleichem Titel der Ausdruck „Holocaust" eingebürgert. Dieses Wort ist insofern unpassend, weil mit ihm ursprünglich ein religiöses Brandopfer gemeint war. Die Juden benutzen daher „Schoah", das hebräische Wort für „Vernichtung".

Das Schicksal der jüdischen Deutschen

Von der halben Million jüdischer Deutscher des Jahres 1933 wanderten etwa 280 000 aus. Von ihnen wurden ungefähr 30 000 nach Einmarsch der deutschen Truppen in die verschiedenen europäischen Länder festgenommen und deportiert. 72 000 Juden starben eines natürlichen Todes. Etwa 134 000 Juden, die im Reich verblieben waren, wurden nach Osten deportiert. Von ihnen überlebten etwa 5 000. Im Reich selbst vermochten etwa 20 000 Juden ihr Leben zu retten: 15 000, weil sie einen arischen Ehepartner hatten, zwischen 5 000 und 15 000 überlebten – zumeist auf abenteuerliche Weise – verborgen in der Illegalität. Nach den Forschungsergebnissen der Geschichtswissenschaft ist davon auszugehen, dass die Gesamtzahl der von den Nationalsozialisten in Europa getöteten Juden annähernd sechs Millionen beträgt.

Widerstand

Einen organisierten Widerstand der jüdischen Deutschen im Reich selbst hat es nicht gegeben – konnte es auch nach Lage der Dinge nicht geben. Auch in den besetzten Gebieten Osteuropas war aufgrund der Überlegenheit der SS und ihrer Helfer Widerstand fast aussichtslos. Die meisten Juden verfolgten eine Strategie der Anpassung, verbunden mit der vagen Hoffnung, so die Verfolgungen zu überstehen und dem Tod zu entgehen. Um so größer ist die historische Bedeutung des Warschauer Gettoaufstands von 1943. Im Warschauer Getto hatten die nationalsozialistischen Besatzer annähernd eine halbe Million Juden auf engstem Raum zusammen gepresst und von der Außenwelt abgeschottet. 1942 erfolgten von dort die Deportationen ins Vernichtungslager Treblinka. Dagegen bildete sich ein bewaffneter Widerstand, der im Frühjahr 1943 in einem Aufstand mündete. Mit minimalen militärischen Mitteln verteidigten etwa 750 Mann das Getto in einem wochenlangen Kampf gegen die Übermacht der SS-Truppen. Dieser Kampf endete mit der – wie es in einem SS-Bericht hieß – „Liquidierung des jüdischen Wohnbezirks"

Chronologie

1. April 1933	Boykott jüdischer Geschäfte
15. September 1935	„Nürnberger Gesetze"
9. November 1938	„Reichskristallnacht"
ab Juni 1941	Massenerschießungen von Juden durch Einsatzgruppen der SS (Baltikum, Weißruthenien, Ukraine, Krim)
1. September 1941	Juden müssen einen gelben Stern tragen.
ab Dezember 1941	Beginn der Massentötungen von Juden durch den Einsatz von Gaswagen in Chelmo
20. Januar 1942	Wannsee-Konferenz
ab Juni 1942	Beginn der Massenvergasungen in Auschwitz
19. April 1943	Aufstand im Warschauer Getto (bis zum 16. Mai niedergeworfen)
27. Januar 1945	Befreiung von Auschwitz durch die sowjetische Armee

M 5 Boykott jüdischer Geschäfte (1. April 1933)

Der Boykott war als prograndistische Aktion gedacht. Der englische Text auf dem Schaufenster verweist darauf, dass die Urheber offenkundig auch Ausländer beeinflussen wollten.

M 6 „Rassenschande"

Wegen „Rassenschande" am Pranger. Am 15. September 1935 erließ Hitler das „Gesetz zum Schutz des deutschen Blutes und der deutschen Ehre". Den Juden wurde die Ehe und der außereheliche Geschlechtsverkehr mit „Ariern" verboten, Aufnahme aus Hamburg, 1935.

M 7 „Nürnberger Gesetze" (15.9.1935)

1. „Gesetz zum Schutze des deutschen Blutes und der deutsche Ehre"

Durchdrungen von der Erkenntnis, dass die Reinheit des deutschen Blutes die Voraussetzung für den Fortbestand des deutschen Volkes ist, und beseelt von dem unbeugsamen Willen, die deutsche Nation für alle Zukunft zu sichern, hat der Reichstag einstimmig das folgende Gesetz beschlossen, das hiermit verkündet wird.

§1

1. Eheschließungen zwischen Juden und Staatsangehörigen deutschen und artverwandten Blutes sind verboten. Trotzdem geschlossene Ehen sind nichtig, auch wenn sie zur Umgehung dieses Gesetzes im Auslande geschlossen sind.

2. Die Nichtigkeitsklage kann nur der Staatsanwalt erheben.

§2

Außerehelicher Verkehr zwischen Juden und Staatsangehörigen deutschen oder artverwandten Blutes ist verboten.

§3

Juden dürfen weibliche Staatsangehörige deutschen oder artverwandten Blutes unter 45 Jahren nicht in ihrem Haushalt beschäftigen.

§4

1. Juden ist das Hissen der Reichs- und Nationalflagge und das Zeigen der Reichsfarben verboten. [...]

2. „Reichsbürgergesetz" [...]

§2

1. Reichsbürger ist nur der Staatsangehörige deutschen oder artverwandten Blutes, der durch sein Verhalten beweist, dass er gewillt und geeignet ist, in Treue dem deutschen Volk und Reich zu dienen. [...]

Zit. nach: I. v. Münch, Gesetze des NS-Staates, Paderborn 1982, S. 122 ff.

M 8 Der befohlene Pogrom

Aus dem Urteil des Obersten Parteigerichts vom 20. Januar 1939:

Der Befehl des Gruppenführers, der dem Stabsführer der Gruppe, Oberführer Römpagel in der Nacht vom 9. zum 10. November 1938 telefonisch übermittelt wurde, ist von diesem wie folgt schriftlich zusammengefasst worden:

„Sämtliche jüdischen Geschäfte sind sofort von SA-Männern in Uniform zu zerstören. Nach der Zerstörung hat eine SA-Wache aufzuziehen, die dafür zu sorgen hat, dass keinerlei Wertgegenstände ent-

wendet werden können. Die Verwaltungsführer der SA stellen sämtliche Wertgegenstände einschließlich Geld sicher.
Die Presse ist heranzuziehen.
Jüdische Synagogen sind sofort in Brand zu stecken, jüdische Symbole sind sicherzustellen. Die Feuerwehr darf nicht eingreifen. Es sind nur Wohnhäuser arischer Deutscher zu schützen von der Feuerwehr. Jüdische anliegende Wohnhäuser sind auch von der Feuerwehr zu schützen, allerdings müssen die Juden raus, da Arier in den nächsten Tagen dort einziehen werden.
Die Polizei darf nicht eingreifen. Der Führer wünscht, dass die Polizei nicht eingreift.
Die Feststellung der jüdischen Geschäfte, Läger und Lagerhäuser hat im Einvernehmen mit den zuständigen Oberbürgermeistern und Bürgermeistern zu erfolgen, gleichfalls das ambulante Gewerbe.
Sämtliche Juden sind zu entwaffnen. Bei Widerstand sofort über den Haufen schießen. An den zerstörten jüdischen Geschäften, Synagogen usw. sind Schilder anzubringen mit etwa folgendem Text:
Rache für Mord an vom Rath.
Tod dem internationalen Judentum.
Keine Verständigung mit den Völkern, die judenhörig sind.
Dies kann auch erweitert werden auf die Freimaurerei."

Zit. nach: W. Scheffler, Judenverfolgung im Dritten Reich, Berlin 1964, S. 73.

M 9 „Da muss der Jude den Schaden bezahlen"

Die NS-Führung beschließt antijüdische „Sühnemaßnahmen". Aus dem Protokoll der Sitzung im Reichsluftfahrtministerium vom 12. November 1938:

Göring[1]: Wie viele Synagogen sind tatsächlich niedergebrannt?
Heydrich[2]: Es sind im ganzen 101 Synagogen durch Brand zerstört, 76 Synagogen demoliert, 7 500 zerstörte Geschäfte im Reich. […]
Goebbels: Da muss der Jude den Schaden bezahlen […].
Heydrich: Sachschaden, Inventar- und Warenschäden schätzen wir auf mehrere hundert Millionen […].
Göring: Mir wäre lieber gewesen, ihr hättet 200 Juden erschlagen und nicht solche Werte vernichtet.
Heydrich: 35 Tote sind es.
Göring: Ich werde den Wortlaut wählen, dass die deutschen Juden in ihrer Gesamtheit als Strafe für die ruchlosen Verbrechen usw. usw. eine Kontribution [Zwangsabgabe] von einer Milliarde auferlegt bekommen. Das wird hinhauen.

1 Herman Göring, Reichsmarschall, 1939 zum Nachfolger Hitlers bestimmt

2 Reinhard Heydrich, sehr hoher SS-Führer, u. a. Chef des Reichssicherheitshauptamtes (RSHA), war maßgeblich beteiligt an der Vernichtung der europäischen Juden.

Zit. nach: Das Parlament, Nr. 44/1978.

M 10 **Aufruf vom 10. November 1938 aus München**

M 11 Zunehmende Entrechtung der Juden

Aus dem Tagebuch von Victor Klemperer[1] (Eintrag vom 2. Juni 1942):

Neue Verordnungen in judaeos [gegen die Juden]. Der Würger wird immer enger angezogen, die Zermürbung mit immer neuen Schikanen betrieben. Was ist in diesen letzten Jahren alles an Großem und Kleinem zusammengekommen! Und der kleine Nadelstich ist manchmal quälender als der Keulenschlag. Ich stelle einmal die Verordnungen zusammen: 1) Nach acht oder neun Uhr abends zu Hause sein. Kontrolle! 2) Aus dem eigenen Haus vertrieben. 3) Radioverbot, Telefonverbot. 4) Theater-, Kino-, Konzert-, Museumsverbot. 5) Verbot, Zeitschriften zu abonnieren oder zu kaufen. 6) Verbot zu fahren; (dreiphasig: a) Autobusse verboten, nur Vorderperron der Tram erlaubt, b) alles Fahren verboten, außer zu Arbeit, c) auch zur Arbeit zu

Fuß, sofern man nicht 7 km entfernt wohnt oder krank ist (aber um ein Krankheitsattest wird schwer gekämpft.) Natürlich auch Verbot der Autodroschke.) 7) Verbot, ‚Mangelware' zu kaufen. 8) Verbot, Zigarren zu kaufen oder irgendwelche Rauchstoffe, 9) Verbot, Blumen zu kaufen. 10) Entziehung der Milchkarte. 11) Verbot, zum Barbier zu gehen. 12) Jede Art Handwerker nur nach Antrag bei der Gemeinde bestellbar. 13) Zwangsablieferung von Schreibmaschinen, 14) von Pelzen und Wolldecken, 15) von Fahrrädern – zur Arbeit darf geradelt werden (Sonntagsausflug und Besuch zu Rad verboten), 16) von Liegestühlen, 17) von Hunden, Katzen, Vögeln. 18) Verbot, die Bannmeile Dresdens zu verlassen, 19) den Bahnhof zu betreten, 20) das Ministeriumsufer, die Parks zu betreten, 21) die Bürgerwiese und die Randstraßen des Großen Gartens (Park- und Lennéstraße, Karcherallee) zu benutzen. Diese letzte Verschärfung seit gestern erst. Auch das Betreten der Markthallen seit vorgestern verboten. 22) Seit dem 19. September der Judenstern. 23) Verbot, Vorräte an Esswaren im Hause zu haben. (Gestapo nimmt auch mit, was auf Marken gekauft ist.) 24) Verbot der Leihbibliotheken. 25) Durch den Stern sind uns alle Restaurants verschlossen. Und in den Restaurants bekommt man immer noch etwas zu essen, irgendeinen ‚Stamm', wenn man zu Haus gar nichts mehr hat. Eva sagt, die Restaurants seien übervoll. 26) Keine Kleiderkarte. 27) Keine Fischkarte. 28) Keine Sonderzuteilung wie Kaffee, Schokolade, Obst, Kondensmilch. 29) Die Sondersteuern. 30) Die ständig verengte Freigrenze. Meine zuerst 600, dann 320, jetzt 185 Mark. 31) Einkaufsbeschränkung auf eine Stunde (drei bis vier. Sonnabend zwölf bis eins). Ich glaube, diese 31 Punkte sind alles. Sie sind aber alle zusammen gar nichts gegen die ständige Gefahr der Haussuchung, der Misshandlung, des Gefängnisses, Konzentrationslagers und gewaltsamen Todes.

1 Victor Klemperer, Romanistikprofessor in Dresden, Jude, überlebte das 3. Reich, weil er mit einer so genannten. Arierin verheiratet war. Man nannte das damals eine „privilegierte Mischehe". Von Victor Klemperer stammt auch eine wichtige Analyse der Sprache des Dritten Reiches.

V. Klemperer, Ich will Zeugnis ablegen bis zum letzten. Tagebücher 1933–1945, Tagebücher 1942, hrsg. von W. Nowojski, Berlin 1999, S. 107 f.

M 12

M 13 Beschluss der Wannsee-Konferenz[1]

Heydrich hatte für den 20. Januar 1942 Vertreter der Partei und verschiedener Ministerien in eine Villa am Wannsee geladen:

An Stelle der Auswanderung ist nunmehr als weitere Lösungsmöglichkeit nach entsprechender vorheriger Genehmigung durch den Führer die Evakuierung [wörtlich Aussiedlung] der Juden nach dem Osten getreten. Diese Aktionen sind jedoch lediglich als Ausweichmöglichkeiten anzusprechen, doch werden hier bereits jene praktischen Erfahrungen gesammelt, die im Hinblick auf die kommende Endlösung der Judenfrage von wichtiger Bedeutung sind. [...]

Unter entsprechender Leitung sollen im Zuge der Endlösung die Juden in geeigneter Weise im Osten zum Arbeitseinsatz kommen. In großen Arbeitskolonnen, unter Trennung der Geschlechter, werden die arbeitsfähigen Juden, Straßen bauend in diese Gebiete geführt, wobei zweifellos ein Großteil durch natürliche Verminderung ausfallen wird. Der allfällig endlich verbleibende Restbestand wird, da es sich bei diesen zweifellos um den widerstandsfähigsten Teil handelt, entsprechend behandelt werden müssen, da dieser, eine natürliche Auslese darstellend, bei Freilassung als Keimzelle eines neuen jüdischen Aufbaus anzusprechen ist. (Siehe die Erfahrung der Geschichte.)

1 Einberufen von R. Heydrich, anwesend waren Vertreter der Partei sowie der verschiedenen Ministerien („Staatssekretärs-Konferenz")

Zit. nach: G. Schoenberner, Der gelbe Stern, München 1978, S. 103.

M 14 Im Vernichtungslager

Bericht des SS-Offiziers Kurt Gerstein[1], der 1942 das Lager Belzec besucht hatte:

Belzec. [...] Tatsächlich kam nach einigen Minuten der erste Zug von Lemberg aus an. 45 Waggons mit 6700 Menschen, von denen 1450 schon tot waren bei ihrer Ankunft. Hinter den vergitterten Luken schauten, entsetzlich bleich und ängstlich, Kinder durch, die Augen voller Todesangst, ferner Männer und Frauen. Der Zug fährt ein: 200 Ukrainer reißen die Türen auf und peitschen die Leute mit ihren Lederpeitschen aus den Waggons heraus. Ein großer Lautsprecher gibt die weiteren Anweisungen: Sich ganz ausziehen, auch Prothesen, Brillen usw. Die Wertsachen am Schalter abgeben, ohne Bons oder Quittung. Die Schuhe sorgfältig zusammenbinden (wegen der Spinnstoffsammlung), denn in dem Haufen von reichlich 25 Meter Höhe hätte sonst niemand die zugehörigen Schuhe wieder zusammenfinden können. Dann die Frauen und Mädchen zum Friseur, der mit zwei, drei Scherenschlägen die Haare abschneidet und sie in Kartoffelsäcken verschwinden lässt. „Das ist für irgendwelche Spezialzwecke für die U-Boote bestimmt, für Dichtungen oder dergleichen!" sagt mir der SS-Unterscharführer, der dort Dienst tut. –

Dann setzt sich der Zug in Bewegung. Voran ein bildhübsches junges Mädchen, so gehen sie die Allee entlang, alle nackt, Männer, Frauen, Kinder. [...] Ich selbst stehe mit dem Hauptmann Wirth oben auf der Rampe zwischen den Kammern. Mütter mit ihren Säuglingen an der Brust, sie kommen heraus, zögern, treten ein in die Todenskammern! – An der Ecke steht ein starker SS-Mann, der mit pastoraler Stimme zu den Armen sagt: „Es pass ert euch nicht das Geringste! Ihr müsst nur in den Kammern tief Luft holen, das weitet die Lungen, diese Inhalation ist notwendig wegen der Krankheiten und Seuchen." Auf die Frage, was mit ihnen geschehen würde, antwortete er: „Ja, natürlich, die Männer müssen arbeiten, Häuser und Chausseen bauen, aber die Frauen brauchen nicht zu arbeiten. Nur wenn sie wollen, können sie im Haushalt oder in der Küche mithelfen." – Für einige von diesen Armen ein kleiner Hoffnungsschimmer, der ausreicht, dass sie ohne Widerstand die paar Schritte zu den Kammern gehen – die Mehrzahl weiß Bescheid, der Geruch kündet ihnen ihr Los! – So steigen sie die kleine Treppe hinauf, und dann sehen sie alles. Mütter mit Kindern an der Brust, kleine nackte Kinder, Erwachsene, Männer, Frauen, alle nackt – sie zögern, aber sie treten in die Todeskammern, von den anderen hinter ihnen vorgetrieben oder von den Lederpeitschen der SS getrieben. Die Mehrzahl, ohne ein Wort zu sagen. Eine Jüdin von etwa 40 Jahren mit flammenden Augen ruft das Blut, das hier vergossen wird, über die Mörder. Sie erhält fünf oder sechs Schläge mit der Reitpeitsche ins Gesicht, von Hauptmann Wirth persönlich, dann verschwindet auch sie in der Kammer. – Viele Menschen beten. Ich bete mit ihnen, ich drücke mich in eine Ecke und schreie laut zu meinem und ihrem Gott. Wie gern wäre ich mit ihnen in die Kammern gegangen, wie gern wäre ich ihren Tod mitgestorben. Sie hätten dann einen uniformierten SS-Offizier in ihren Kammern gefunden – die Sache wäre als Unglücksfall aufgefasst und behandelt worden und sang- und klanglos verschollen. Noch also darf ich nicht, ich muss noch zuvor künden, was ich hier erlebe! – Die Kammern füllen sich. Gut vollpacken – so hat es der Haupt-

mann Wirth befohlen. Die Menschen stehen einander auf den Füßen [...]. Die SS zwängt sie physisch zusammen, soweit es überhaupt geht. – Die Türen schließen sich [...]. Die Menschen warten in ihren Gaskammern. [...] Sie weinen, schluchzen. [...] Nach 28 Minuten leben nur noch wenige. Endlich, nach 32 Minuten, ist alles tot!
Von der anderen Seite öffnen Männer vom Arbeitskommando die Holztüren. Man hat ihnen – selbst Juden – die Freiheit versprochen [...] für ihren schrecklichen Dienst. Wie Basaltsäulen stehen die Toten aufrecht aneinandergepresst in den Kammern. Es wäre auch kein Platz, hinzufallen oder auch nur sich vornüberzuneigen. Selbst im Tod kennt man die Familien. Sie drücken sich, im Tode verkrampft, noch die Hände, sodass man Mühe hat, sie auseinanderzureißen, um die Kammern für die nächste Charge freizumachen. Man wirft die Leichen [...] hinaus. Kinderleichen fliegen durch die Luft. Man hat keine Zeit, die Reitpeitschen der Ukrainer sausen auf die Arbeitskommandos. Zwei Dutzend Arbeiter öffnen mit Haken den Mund und sehen nach Gold. Gold links, ohne Gold rechts. Andere brechen mit Zangen und Hämmern die Goldzähne und Kronen aus den Kiefern.
Die nackten Leichen wurden auf Holztragen nur wenige Meter weit in Gruben von 100 x 20 x 12 m geschleppt. Nach einigen Tagen gärten dann die Leichen hoch und fielen alsdann kurze Zeit später stark zusammen, sodass man eine neue Schicht auf dieselben draufwerfen konnte. Dann wurde zehn Zentimeter Sand darübergestreut, sodass nur noch vereinzelte Köpfe und Arme herausragten [...].

1 Gerstein wandte sich anschließend u. a. an den päpstlichen Nuntius in Berlin, um das Ausland auf diese Verbrechen aufmerksam zu machen.

Zit. nach: Schriftenreihe der Bundeszentrale für Heimatdienst, Dokumentation zur Massenvergasung, Bonn 1962, S. 7 ff.

M 15 Selektion

Das ist die berüchtigte Rampe von Auschwitz, dem größten Vernichtungslager der Nationalsozialisten. Hier fand die Auswahl statt: 25 % eines jeden Zugtransports durfte – zeitweilig – überleben und wurde zum Arbeitseinsatz abkommandiert. Die restlichen 75 % wurden sofort in die Gaskammern geschickt.

M 16 Auschwitz

Auschwitz, Oswiecim, 60 Kilometer westlich von Krakau wurde 1939 mit Ostoberschlesien in das Deutsche Reich eingegliedert. Im April 1940 befahl Heinrich Himmler, ein Konzentrationslager für 10 000 Häftlinge einzurichten (Stammlager Auschwitz I); später wurde es auf 30 000 ausgelegt. Anfang 1941 begann die IG Farben ein Werk zur Erzeugung von synthetischem Treibstoff und Gummi zu bauen, für das Ende Mai 1942 ein Arbeitslager für 10 000 Häftlinge in Monowitz (Auschwitz III) entstand. Seit Ende November 1941 existierte bereits in der Nähe des Dorfes Brzezinka (Birken-Au) ein Lager für 100 000 Gefangene (Auschwitz II), seit Januar 1942 Vernichtungslager. Seit Frühjahr 1942 rollten die Transportzüge. An der Rampe von Birkenau wurden die Neuankömmlinge durch SS-Ärzte selektiert. Mindestens 900 000 Juden, 70 000 Polen, 21 000 Zigeuner und 13 000 sowjetische Gefangene, so können Historiker inzwischen belegen, wurden in Auschwitz ermordet. Es war das größte Vernichtungslager im Holocaust.

Aus: Die Zeit, Nr. 5/1995.

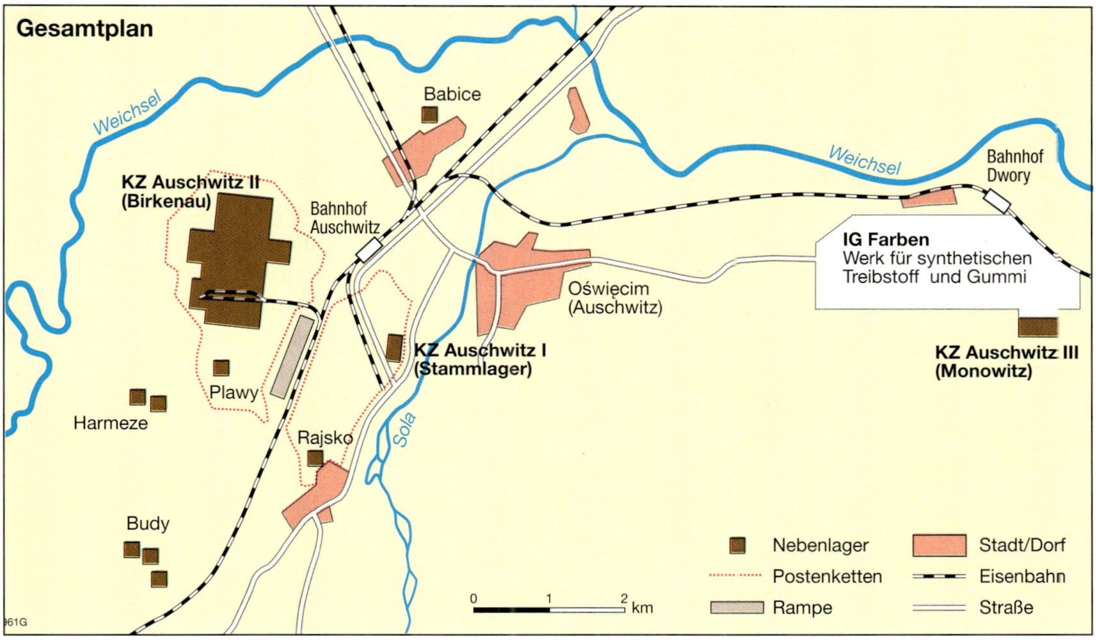

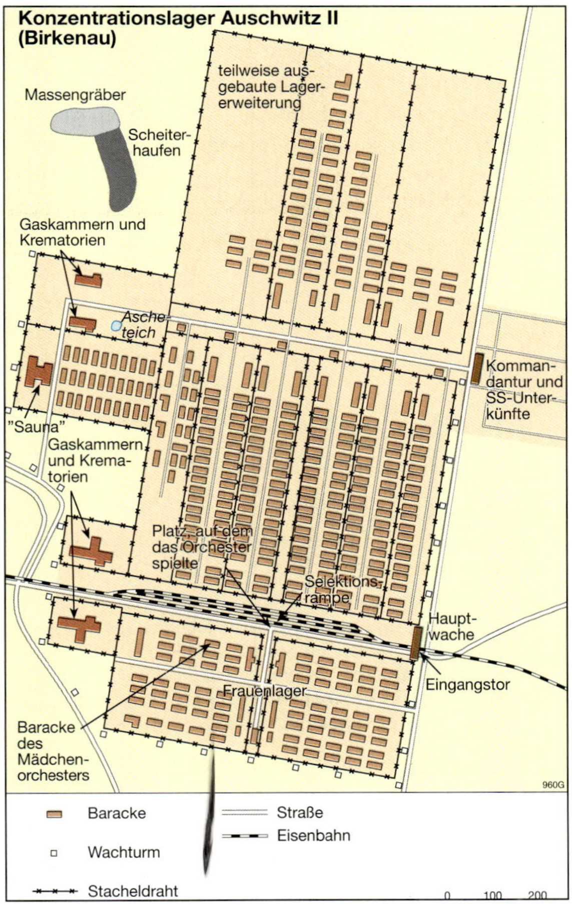

Aufgaben

1. Rekapitulieren Sie die einzelnen Schritte, die zur Entrechtung der Juden führten. Welcher Systematik bedienten sich die Nationalsozialisten bei ihrem Vorgehen?
   → Text, M1, M2, M5–M12
2. Veranschaulichen Sie sich die Maßnahmen, die die Lebensentfaltung der Juden immer weiter einschränkten.
   → M11
3. Halten Sie die Bestimmungen der „Nürnberger Gesetze" fest. Inwiefern spiegeln sie die NS-Ideologie wider?
   → M7
4. Der Pogrom vom 9. November 1938 wurde in den Massenmedien so dargestellt, als handele es sich um den Ausbruch der berechtigten Volkswut. Woran ist zu erkennen, dass diese Darstellung falsch ist? Welche Motive für das Handeln der NS-Führung werden sichtbar?
   → Text, M8, M9
5. Stellen Sie einen Zusammenhang her zwischen dem Programm der „Rassenhygiene" und dem Massenmord.
   → Text, M3
6. Informieren Sie sich über Zeitpunkt, Umfang und Methoden der so genannten Endlösung der Judenfrage.
   → Text, M4, M11–M16

2.7 Polizei, KZ-System und Besatzungsregime

Zum Zwecke der politischen Überwachung und Verfolgung Oppositioneller hatte der NS-Staat einen riesigen Apparat aufgebaut, in den die SS und der SD integriert wurden. Bei der Schutzstaffel (SS) handelte es sich zunächst um eine reine Parteiformation. Sie war 1925 gegründet worden und diente dem persönlichen Schutz Hitlers. Der Sicherheitsdienst (SD) der NSDAP besaß die Aufgabe, gegnerische Parteien zu überwachen, er richtete sich aber auch gegen die innerparteiliche Opposition.

Nach der Machtergreifung zielten die Bestrebungen des „Reichsführers SS“ – Heinrich Himmler – darauf ab, diese Parteiorganisationen mit der regulären staatlichen Polizei zu verschmelzen. Dies gelang ihm 1936. Damit existierte ein einheitlicher Machtapparat des Staates und der Partei, an dessen Spitze nunmehr der „Reichsführer SS und Chef der Deutschen Polizei“ stand. Beim Reichssicherheitshauptamt der SS (RSHA) liefen alle Fäden zur innenpolitischen Machterhaltung zusammen. Die Unterdrückungsmaschinerie – allein die Gestapo zählte ab 1943 etwa 45 000 Menschen – durchdrang die gesamte Gesellschaft und erstickte jede Opposition zumeist schon im Keim. Mitte 1944 waren über eine halbe Million KZ-Häftlinge registriert, im Januar 1945 sogar über 700 000. Nicht nur Juden wurden Opfer des NS-Terrors. Jede politisch abweichende Aktivität wurde kriminalisiert. So genannte Gemeinschaftsfremde führte man der „Vernichtung durch Arbeit“ zu. In den Konzentrationslagern gab es unter anderem folgende Häftlingskategorien: politische Häftlinge (zumeist Kommunisten und Sozialdemokraten), Bibelforscher, Kriminelle, Asoziale, Homosexuelle, Emigranten und Zigeuner.

M 1 Die vorsorgliche Inhaftierung hatte schon die Schutzhaftpraxis der Anfangsjahre geprägt. Während des Krieges wurde von ihr immer freizügiger Gebrauch gemacht, wenn auch nur die Möglichkeit zukünftiger Unzuverlässigkeit vorlag.

Geheime Staatspolizei
Geheimes Staatspolizeiamt
-IV C2- H.-Nr. Sch.9788-

Berlin SW 11, den 22.Mai 1941
Prinz-Albrecht-Straße 8

Schutzhaftbefehl

Vor- und Zuname: Hans Schiftan Geburtstag und -Ort: 8.12.99 Schöneberg
Beruf: Angestellter Familienstand: verh. Staatsangehörigkeit: DR
Religion: glaubenslos Rasse (bei Nichtariern anzugeben): -.-
Wohnort und Wohnung: Berlin-Neukölln, Zietenstr.27
wird in Schutzhaft genommen.

Gründe:

Er gefährdet nach dem Ergebnis der staatspolizeilichen Feststellungen durch sein Verhalten den Bestand und die Sicherheit des Volkes und Staates, indem er auf Grund seines politischen Vorlebens zu der Befürchtung Anlaß gibt, er werde sich nach Verbüßung einer Zuchthausstrafe von 2 Jahren wegen Vorbereitung zum Hochverrat erneut im marxistischen Sinne betätigen.

gez. Heydrich. Beglaubigt: Rottan

Die SS – Akteure des Verbrechens

Die SS wuchs in wenigen Jahren von einer kleinen Unterorganisation der SA zur Führungsschicht des NS-Staates heran. Sie unterhielt zum Beispiel eigene Schulen und besaß auch Industrieunternehmen, die auf der Grund-

M 2 Eingang zum KZ Auschwitz

lage der Zwangsarbeit von KZ-Häftlingen betrieben wurden. In den Händen der SS lag nicht nur die Verwaltung der Konzentrations- und Vernichtungslager, sondern auch die Versklavung der Völker im Osten sowie die Vernichtung der polnischen und sowjetischen Intelligenz.

Bei den brutalen Verbrechen, die im deutschen Namen verübt wurden, kam der SS eine zentrale Bedeutung zu. Wenn es auch in der historischen Forschung umstritten ist, inwieweit die Gliederungen der Waffen-SS sich schuldig gemacht haben, so gilt dennoch: Der SS unterstand unter anderem die Leitung der Konzentrationslager; sie organisierte den Völkermord. Die SS verstand sich als „Orden des guten Blutes" und als nationalsozialistische Elite, die unter dem Motto „Meine Ehre heißt Treue" angetreten war. Der SS-Angehörige schwor den Eid, Hitler bis in den Tod gehorsam zu sein.

Angesichts der Geschehnisse stellt sich die Frage, welcher Menschentyp zu solchen Verbrechen fähig war. Forschungen, die in der Nachkriegszeit in dieser Richtung angestellt worden waren, kamen zu dem Ergebnis, dass nicht der wütende Sadist der repräsentative Tätertyp gewesen war. Hannah Arendt gab ihrem Buch über den SS-Angehörigen Adolf Eichmann, der maßgeblich an der Judenvernichtung beteiligt gewesen war, den Untertitel: „Ein Bericht von der Banalität des Bösen."

Besatzungspolitik

Die Besatzungspolitik der Nationalsozialisten besaß eine spezifische Ausprägung nach rassischen Kriterien. Das Besatzungsregime wurde in Osteuropa deutlich brutaler ausgeübt als im Westen, weil – entsprechend der NS-Ideologie – die slawische Bevölkerung als minderwertige Rasse eingestuft wurde. Zwar ist überliefert, dass deutsche Soldaten zu Kriegsbeginn besonders in der Ukraine als Befreier (vom stalinistischen Terror) begrüßt worden waren, doch änderte sich diese Haltung sehr schnell angesichts der hemmungslosen Repression. Vertreibung, Ausplünderung und Verschleppung als Zwangsarbeiter waren an der Tagesordnung. Im Herbst 1944 befanden sich 7,6 Millionen ausländische Arbeitskräfte im Reich: 5,7 Millionen Zivilarbeiter und knapp zwei Millionen Kriegsgefangene.

M 3 Ausschaltung der Justiz

Über den von Himmler (Reichsführer der SS und Chef der deutschen Polizei) herausgegebenen Erlass zur „vorbeugenden Verbrechensbekämpfung durch die Polizei" (12. Dez. 1937) schreibt der Historiker Wolfgang Wippermann:

„Rechtens" war nun, dass folgende Personenkreise ohne Gerichtsverfahren in Konzentrationslager eingeliefert werden konnten:

1. „Personen, die durch geringfügige, aber sich immer wiederholende Gesetzesübertretungen sich der in einem nationalsozialistischen Staat selbstverständlichen Ordnung nicht fügen wollen (z. B. Bettler, Landstreicher (Zigeuner)), Dirnen, Trunksüchtige, mit ansteckenden Krankheiten, insbesondere Geschlechtskrankheiten, behaftete Personen, die sich den Maßnahmen der Gesundheitsbehörden entziehen."
2. „Personen, ohne Rücksicht auf etwaige Vorstrafen, die sich der Pflicht zur Arbeit entziehen und die Sorge für ihren Unterhalt der Allgemeinheit überlassen (z. B. Arbeitsscheue, Arbeitsverweigerer, Trunksüchtige)."
3. „Arbeitsscheue [...], die nachweislich in zwei Fällen die ihnen angebotenen Arbeitsplätze ohne berechtigten Grund abgelehnt oder die Arbeit zwar aufgenommen, aber nach kurzer Zeit ohne stichhaltigen Grund wieder aufgegeben haben."
4. Alle Personen, die „durch gemeinschaftswidriges, wenn auch nicht verbrecherisches Verhalten" zeigten, dass sie sich „nicht in die Gemeinschaft" einfügen wollten.

Aufgrund dieser weit gefassten Kriterien wurden im Mai 1938 in der „Aktion Arbeitsscheu Reich" 11 000 Personen in „polizeiliche Vorbeugungshaft" genommen und in Konzentrationslager verschleppt. Darunter befanden sich, wie schon erwähnt, neben Sinti und Roma auch Juden, die, und sei es wegen eines Bagatelldelikts, vorbestraft waren. [...]

Zit. nach: W. Wippermann, Der konsequente Wahn, Ideologie und Politik Adolf Hitlers, Gütersloh 1989, S. 165 f.

M 4 Innere Staatssicherung

Erlass des Chefs der Sicherheitspolizei an die Leiter aller Staatspolizei(leit)stellen (3. September 1939):

Geheim!

Betr.: Grundsätze der inneren Staatssicherung während des Krieges.

Um den für die Verwirklichung der Ziele des Führers notwendigen einheitlichen Einsatz aller Kräfte des Volkes gegen jede Störung und Zersetzung zu sichern, werden für den Vollzug der Aufgabe der inneren Staatssicherung die folgenden Grundsätze aufgestellt, nach denen die Tätigkeit der Sicherheitsorgane des Reiches sich zu richten hat.

1. Jeder Versuch, die Geschlossenheit und den Kampfwillen des deutschen Volkes zu zersetzen, ist rücksichtslos zu unterdrücken. Insbesondere ist gegen jede Person sofort durch Festnahme einzuschreiten, die in ihren Äußerungen am Sieg des deutschen Volkes zweifelt oder das Recht des Krieges in Frage stellt.
2. Dagegen sind mit psychologischem Verständnis und mit erzieherisch bestärkendem Bemühen diejenigen Volksgenossen zu behandeln, die aus äußerer oder innerer Not oder in Augenblicken der Schwäche sich Entgleisungen irgendwelcher Art zuschulden kommen lassen.
3. Besonderes Augenmerk ist auf alle Versuche zu richten, in der Öffentlichkeit – Gastwirtschaften, öffentlichen Verkehrsmitteln usw. – andere Personen in volks- und reichsfeindlichem Sinne zu beeinflussen. Ebenso ist gegen jeden Versuch der Bildung von Zusammenschlüssen und Kreisen zur Verbreitung derartiger Auffassungen und Nachrichten in der schärfsten Weise einzuschreiten. Wenn die Voraussetzungen der Öffentlichkeit oder der Zirkelbildung vorliegen, sind die verdächtigen Personen in jedem Falle festzunehmen.
4. Nach der Festnahme einer verdächtigen Person sind unverzüglich alle zur möglichst vollständigen Klärung des Falles erforderlichen Ermittlungen durchzuführen. [...] Alsdann ist unverzüglich dem Chef der Sicherheitspolizei Bericht zu erstatten und um Entscheidung über die weitere Behandlung der festgenommenen Personen zu bitten, da gegebenenfalls auf höhere Weisung brutale Liquidierung solcher Elemente erfolgen wird. [...]

gez. Heydrich

Zit. nach: T. W. Mason, Arbeiterklasse und Volksgemeinschaft, Dokumente und Materialien zur deutschen Arbeiterpolitik 1936–1939, Opladen 1975, S. 1061 f.

M 5 Häftlingsarbeit

Aussage von Rudolf Höß[1], dem ersten Kommandanten des KZ Auschwitz, in einem der Nürnberger Prozesse (1946):

[...] Nach meiner Kenntnis begann die massenhafte Verwendung von KZ-Häftlingen in der deutschen Privatindustrie im Jahre 1940/1941. Diese Verwendung steigerte sich fortlaufend bis zum Ende des Krieges. Gegen Ende 1944 waren ungefähr 400 000 Konzentrationslagerhäftlinge in der privaten Rüstungsindustrie und rüstungswichtigen

Betrieben beschäftigt. Wie viele Häftlinge schon vorher und nachher eingesetzt waren, kann ich nicht sagen. Nach meiner Schätzung sind in den Betrieben mit besonders schweren Arbeitsbedingungen, z. B. Bergwerken, jeden Monat ein Fünftel gestorben oder wurden wegen Arbeitsunfähigkeit zur Vernichtung von den Betrieben an die Lager zurückgeschickt.

1 Höß selbst wurde 1947 nach einem Prozess in Warschau auf dem Gelände des ehemaligen KZ Auschwitz hingerichtet.

Zit. nach: R. Kühnl, Der deutsche Faschismus in Quellen und Dokumenten, Köln 1975, S. 377.

M 6 Menschenverwertung

Das folgende Dokument gibt einen Einblick in die Verwertung von Menschen durch das Wirtschafts-Verwaltungs-Hauptamt der SS:

Täglicher Verleihlohn: zwischen RM 6,00 und RM 8,00, durchschnittlich RM 6,00
abzüglich
a) Ernährung RM 0,60–0,70
b) Bekleidungsamortisation RM 0,10–RM 0,70
Demnach bei durchschnittlich dreivierteljähriger Lebensdauer mal 270 = RM 1431,00 Dieser Gewinn erhöhte sich durch rationelle Verwertung der Häftlingsleiche nach 9 Monaten um den Erlös aus
a) dem Zahngold,
b) den Privatkleidern,
die teils der Häftlingsbekleidung in anderen Lagern zugeführt wurden, wodurch sich Neuanschaffungskosten erübrigten, teils der Spinnstoffverwertung für SS-Uniformen,
c) den hinterlassenen Wertsachen,
d) dem hinterlassenen Geld.
Wertsachen und Geld wurden bis in die ersten Kriegsjahre hinein nur noch bei der reichsdeutschen Minderheit der Häftlinge den Angehörigen zurückgeschickt.

Diese Beträge verringerten sich je Leiche um die Verbrennungskosten von durchschnittlich RM 2,00 sodass sich ein unmittelbarer und mittelbarer Nettogewinn je Leiche von mindestens RM 200,00 ergab, der aber in vielen Fällen in die Tausende von Reichsmark ging. Der Gesamtgewinn des Häftlingsumsatzes betrug daher in durchschnittlich 9 Monaten je Kopf wenigstens RM 1 630,00
Durch Knochen- und Aschenverwertung hat sich das eine oder andere KZ noch Sondereinnahmen verschafft.

Zit. nach: E. Kogon, Der SS-Staat, Das System der deutschen Konzentrationslager, München 1974, S. 357.

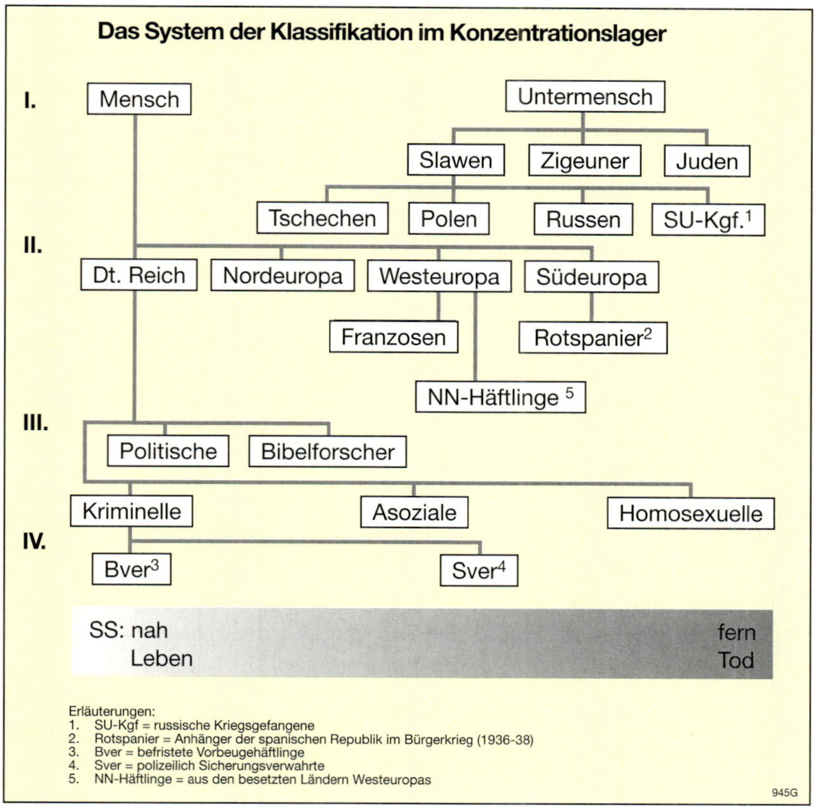

Erläuterungen:
1. SU-Kgf = russische Kriegsgefangene
2. Rotspanier = Anhänger der spanischen Republik im Bürgerkrieg (1936-38)
3. Bver = befristete Vorbeugehäftlinge
4. Sver = polizeilich Sicherungsverwahrte
5. NN-Häftlinge = aus den besetzten Ländern Westeuropas

M 7 Das System der Klassifikation im KZ

Die Lagerwelt bildete eine eigene Gesellschaft mit krassen Unterschieden und extremer Ungleichheit zwischen den Häftlingen. Die Chancen des (befristeten) Überlebens waren höchst ungleich verteilt. Der Soziologe Wolfgang Sofsky hat diese „Ordnung des Terrors" klassifiziert.

M 8 Innerhalb des von elektrisch geladenen Zäunen umspannten Lagers wurde dem Häftling die Persönlichkeit genommen. Der Tod wurde alltäglich. Einige Häftlinge unternahmen Fluchtversuche. Sie fanden den Tod im Elektrozaun oder wurden von SS-Wächtern erschossen.

M 9 Grundsätze für die Besatzungspolitik in Polen

Aus dem Diensttagebuch des Generalgouverneurs in Polen, Hans Frank[1] (31. Oktober 1939 und 19. Januar 1940):

[31. Oktober 1939]
Ganz klar müsse der Unterschied zwischen dem deutschen Herrenvolk und den Polen herausgestellt werden. [...]
Den Polen dürfen nur solche Bildungsmöglichkeiten zur Verfügung gestellt werden, die ihnen die Aussichtslosigkeit ihres völkischen Schicksals zeigten. Es könnten daher höchstens schlechte Filme oder solche, die die Größe und Stärke des Deutschen Reiches vor Augen führen, in Frage kommen. Es werde notwendig sein, dass große Lautsprecheranlagen einen gewissen Nachrichtendienst für die Polen vermitteln.
Reichsminister Dr. Goebbels führt aus, dass das gesamte Nachrichtenvermittlungswesen der Polen zerschlagen werden müsse. Die Polen dürften keine Rundfunkapparate und nur reine Nachrichtenzeitungen, keinesfalls eine Meinungspresse behalten. Grundsätzlich dürfen sie auch keine Theater, Kinos und Kabaretts bekommen, damit ihnen nicht immer wieder vor Augen geführt werden würde, was ihnen verloren gegangen sei. [...]
[19. Januar 1940]
Am 15. September 1939 erhielt ich den Antrag, die Verwaltung der eroberten Ostgebiete aufzunehmen, mit dem Sonderbefehl, diesen Bereich als Kriegsgebiet und Beuteland rücksichtslos auszupowern, es in seiner wirtschaftlichen, sozialen, kulturellen, politischen Struktur sozusagen zu einem Trümmerhaufen zu machen.
[...] Entscheidend wichtig ist nunmehr auch der Neuaufbau der Produktion im Generalgouvernement. [...] Den Polen, die in die Betriebe eingestellt werden, muss Hören und Sehen vergehen, sodass sie vor lauter Arbeit – disziplinierter Arbeit! – zu Sabotageakten gar nicht mehr kommen. [...] Mein Verhältnis zu den Polen ist dabei das Verhältnis zwischen Ameise und Blattlaus. Wenn ich den Polen förderlich behandele, ihn sozusagen freundlich kitzele, so tue ich das in der Erwartung, dass mir seine Arbeitsleistung zugute kommt. Hier handelt es sich nicht um ein politisches, sondern um ein rein taktisch-technisches Problem.

1 Hans Frank wurde im Nürnberger Prozess zum Tode verurteilt und anschließend hingerichtet.

Zit. nach: I. Geiss, Die deutsche Politik im Generalgouvernement Polen 1939–1945, in: Aus Politik und Zeitgeschichte, Nr. 34/1978, S. 16 ff.

M 10 Grundsätze für den SS-Mann

Heinrich Himmler, Reichsführer der SS, in einer Ansprache vor höheren SS-Führern (4. Oktober 1943):

Ein Grundsatz muss für den SS-Mann absolut da sein: Ehrlich, anständig, treu, kameradschaftlich haben wir zu unserem eigenen Blut zu sein. Zu sonst niemand anderem. Wie es dem Russen geht, wie es dem Tschechen geht, ist mir total gleichgültig. Das, was in den Völkern an gutem Blut unserer

Art da ist, das werden wir uns holen, indem wir denen, wenn notwendig, die Kinder rauben, bei uns großziehen. Ob die anderen Völker in Wohlfahrt leben, ob sie verrecken vor Hunger, das interessiert mich nur soweit, als wir sie als Sklaven für unsere Kultur brauchen. Anders interessiert es mich nicht. Ob bei dem Bau eines Panzergrabens 10 000 russische Weiber an Entkräftung umfallen oder nicht, interessiert mich nur soweit, als der Panzergraben für Deutschland fertig wird. Wir werden niemals roh sein und herzlos, wo es nicht sein muss. Das ist klar.

Ich will auch ein ganz schweres Kapitel – will ich hier vor Ihnen in aller Offenheit nennen. Es soll zwischen uns ausgesprochen sein, und trotzdem werden wir nicht – in der Öffentlichkeit nie darüber reden. Ich meine die Juden-Evakuierung, die Ausrottung des jüdischen Volkes. Es gehört zu den Dingen, die man leicht ausspricht: „Das jüdische Volk wird ausgerottet!" – Das sagt Ihnen jeder Parteigenosse! Ganz klar! Steht in unserem Programm drin! Ausschaltung der Juden! Ausrottung! Machen wir! – Hah! – Kleinigkeit! Von Euch werden die meisten wissen, was es heißt, wenn 100 Leichen beisammen liegen, wenn 500 daliegen oder wenn 1 000 daliegen. Und stets durchgehalten zu haben und dabei – abgesehen von menschlichen Ausnahmeschwächen – anständig geblieben zu sein, hat uns hart gemacht und ist ein niemals genanntes und niemals zu nennendes Ruhmesblatt.

Zit. nach: L. Poliakov, J. Wulf (Hg.), Das Dritte Reich und die Juden, Dokumente u. Aufsätze, Berlin 1955, S. 213, 215.

M 11 **„Führer befiehl, wir folgen"**

Autobiografische Aufzeichnungen des Rudolf Höß – Kommandant in Auschwitz (1946):

Nach dem Willen des RFSS [Reichsführer der SS] wurde Auschwitz die größte Menschen-Vernichtungs-Anlage aller Zeiten. Als er mir im Sommer 1941 persönlich den Befehl erteilte, in Auschwitz einen Platz zur Massenvernichtung vorzubereiten und diese Vernichtung durchzuführen, konnte ich mir nicht die geringsten Vorstellungen über die Ausmaße und die Auswirkungen machen. Wohl war dieser Befehl etwas Ungewöhnliches, etwas Ungeheuerliches. Doch die Begründung ließ mich [mir!] diesen Vernichtungsvorgang richtig erscheinen. Ich stellte damals keine Überlegungen an – ich hatte den Befehl bekommen – und hatte ihn durchzuführen. Ob diese Massenvernichtung der Juden notwendig war oder nicht, darüber konnte ich mir kein Urteil erlauben, soweit konnte ich nicht sehen. Wenn der Führer selbst die „Endlösung der Judenfrage" befohlen hatte, gab es für einen alten Nationalsozialisten keine Überlegungen, noch weniger für einen SS-Führer. „Führer befiehl, wir folgen" – war keinesfalls eine Phrase, kein Schlagwort für uns. Es war bitter ernst gemeint.

Es wurde mir seit meiner Verhaftung wiederholt gesagt, dass ich ja diesen Befehl hätte ablehnen können […].

So etwas war einfach ganz unmöglich.

Zit. nach: M. Broszat (Hg.), Kommandant in Auschwitz, Autobiographische Aufzeichnungen des Rudolf Höß, München 1963, S. 124 f.

Aufgaben

1. Erläutern Sie den totalitär-gewalttätigen Charakter des NS-Regimes.
   → Text, M1, M3, M4
2. Stellen Sie die Lebens- und Sterbensbedingungen in den Konzentrationslagern dar.
   → M2, M5–M8
3. Über dem Eingang des Konzentrationslagers Auschwitz stand: „Arbeit macht frei". Vergleichen Sie den Ausspruch mit der Praxis des Lagerlebens.
   → Text, M2, M5–M8
4. Die Nationalsozialisten sahen in den besetzten Gebieten ein Objekt der Erniedrigung und Ausbeutung. An welchen Maßnahmen ist dies erkennbar?
   → M9
5. Charakterisieren Sie die „Moralvorstellungen", die Himmler in seiner Rede vor SS-Führern entwickelte. Überlegen Sie, welche Funktion diese Rede hatte.
   → M10
6. Von den meisten hohen SS-Führern (z. B. Himmler, Eichmann, Höß) ist bekannt, dass sie keinen Juden eigenhändig umgebracht haben. Charakterisieren Sie am Beispiel von Höß, dem Lagerkommandanten von Auschwitz, die autoritätsfixierte Persönlichkeit.
   → M11
7. Finden Sie mögliche Gründe für die Entstehung einer solchen autoritätsfixierten Persönlichkeit.
   → M11

2.8 Widerstand

Claus Schenk Graf von Stauffenberg (1907–1944)
(ganz links) in Hitlers Hauptquartier „Wolfschanze" in Ostpreußen

Jede Form des Widerstands gegen die nationalsozialistischen Machthaber war mit einem sehr großen Risiko für Leib und Leben verbunden. Das allein vermag schon zu erklären, warum es eine wirklich breite Widerstandsbewegung zu keinem Zeitpunkt gegeben hat. Der Widerstand hatte keine Massenbasis in der deutschen Bevölkerung. Der Widerstand, der jahrelang durch die zuerst diplomatischen, dann militärischen Erfolge Hitlers behindert wurde, erhielt erst ab 1943 durch die sich abzeichnende Niederlage einen gewissen Auftrieb . Im Großen und Ganzen ist es aber erstaunlich, wie lange die Popularität Hitlers bei der Bevölkerungsmehrheit anhielt. Charakteristisch für den Widerstand gegen das Dritte Reich war seine extreme Zersplitterung. Widerstand zeigte sich durchweg in Aktionen einzelner oder kleinerer Gruppen, die aus militärischen (zum Beispiel um General Ludwig Beck), kirchlichen (zum Beispiel Dietrich Bonhoeffer), studentischen (zum Beispiel um die Geschwister Scholl) und kommunistischen (zum Beispiel Harro Schulze-Boysen und die „Rote Kapelle") Kreisen heraus ausgeführt wurden. Den Höhepunkt des deutschen Widerstandes gegen Hitler stellte ohne Zweifel das Attentat des Claus Graf Schenk von Stauffenberg und der damit verknüpfte Putschversuch dar (20. Juli 1944). Dieser bedeutsamste Versuch, ein als verbrecherisch erkanntes Regime zu beseitigen, scheiterte letztlich daran, dass Hitler den Anschlag überlebte. Die Rache des Regimes war grausam; etwa 5000 Menschen wurden als Folge des 20. Juli 1944 hingerichtet.

Bei diesem Putschversuch kam dem Kreisauer Kreis eine hervorragende Bedeutung zu. In ihm wirkten sowohl Bürgerlich-Konservative als auch Sozialdemokraten mit, um Pläne für die Neuordnung Deutschlands nach der NS-Herrschaft auszuarbeiten. Neben vielen anderen nahmen teil: Helmuth James Graf von Moltke, Yorck von Wartenburg und die Sozialdemokraten Adolf Reichwein, Julius Leber, Carlo Mierendorff.

Ein weiterer Widerstandskreis bildete sich um den nationalkonservativen Carl Friedrich Goerdeler, den ehemaligen Oberbürgermeister von Leipzig.

Schon vor 1944 waren andere mutige Männer zu dem Ergebnis gekommen, dass der Tyrannenmord den einzigen Ausweg aus der bedrückenden Situation biete (so z. B. Fabian von Schlabrendorff, Friedrich Olbricht, Henning von Tresckow, Axel von dem Bussche). Bereits am 8. November 1939 hatte Georg Elser, ein Einzelgänger, versucht, Hitler durch eine Zeitbombe während einer Ansprache im Bürgerbräukeller in München zu töten. Hitler entging diesem Attentat wie so vielen anderen auch. Insgesamt sind über 40 Attentatsversuche bekannt. Aber Zufälle, wie zum Beispiel nicht funktionierende Zeitzünder oder kurzfristige Terminänderungen, hatten jedes Mal den Erfolg der Attentate verhindert.

So gewiss wie der antifaschistische Widerstand nie eine Massenbewegung war, so gewiss ist auch, dass der Widerstand einen Umfang und eine Qualität hatte, die es verbieten, ihn dem Vergessen preiszugeben.

Carl Goerdeler (1884–1945)
vor dem Volksgerichtshof

Was als Widerstand zu gelten habe, ist nicht unumstritten. Gewissermaßen hat der NS-Staat selbst bestimmt – und zwar durch die Praxis der Strafverfolgung –, was dazu zu zählen habe. Wie eng der Spielraum für den Einzelnen war, zeigte das strikte Verbot, einen ausländischen Rundfunksender zu hören („Rundfunkverbrechen"). Die totalitäre Erfassung des so genannten Volksgenossen durch die Partei und den Staat lässt es angebracht erscheinen, Widerstand in verschiedenen Formen zu erkennen.

Hans und Sophie Scholl
Fotografie vom 22.7.1942

Widerstand kann ganz unterschiedliche Reichweiten besitzen. Er reicht von privater Verweigerung, wie zum Beispiel dem Erzählen eines politischen Witzes, bis zu einem politisch-konzeptionellen Widerstand, der staatspolitisch ausgerichtet ist. In jedem Fall waren die Risiken beträchtlich. Als das Hitler-Regime sich dem Ende zuneigte, verfolgte es selbst geringfügige Anzeichen der Missbilligung mit drakonischen Strafen. Eine Verordnung vom 24. Oktober 1941 bestrafte öffentliche Sympathiebezeugungen für Juden mit drei Monaten KZ. Und die Beteiligten vom 20. Juli planten ihr Vorgehen in dem Bewusstsein ihres wahrscheinlichen Scheiterns, was diesem „Aufstand des Gewissens" etwas Heroisches verleiht.

Neben den spektakulären Attentaten müssen auch die folgenden anderen Aktivitäten zum Widerstand gerechnet werden: Emigration (allein 1933 etwa 53 000 Menschen), propagandistische Aktivitäten (zum Beispiel Flugblätter herstellen und verteilen), Streiks, Protestpredigten evangelischer Pastoren der Bekennenden Kirche und katholischer Geistlicher, Befehlsverweigerung (zum Beispiel des Kommissarbefehls, der die kriegsrechtswidrige Ermordung gefangener sowjetischer Parteifunktionäre vorsah), Eides- und Kriegsdienstverweigerung (zum Beispiel der Zeugen Jehovas) sowie die verschiedenen Hilfeleistungen für die Verfolgten. Ungefähr 5000 Juden überlebten in Deutschland in der Illegalität, zum Beispiel auf Dachböden, in Kellern oder Gartenlauben. Das war ohne Hilfe von anderen Menschen nicht möglich, denn die Versteckten bedurften der Versorgung mit Nahrungsmitteln.

Die Historiker haben etwa 10 000 Hinrichtungen aufgrund ziviler Strafgerichtsurteile wegen politischer Delikte festgestellt. Außerdem wurde an 15 000 Soldaten (von 22 000) das Todesurteil wegen Fahnenflucht vollstreckt. Die meisten Anklagen wegen Kriegsdienstverweigerung endeten gleichfalls mit der Todesstrafe (10 500 Fälle).

Chronologie

5. März 1933	Synode der Bekennenden Kirche beschließt eine Kanzelverkündigung gegen die NS-Ideologie; 700 Pfarrer werden daraufhin verhaftet.
8. Nov. 1939	Georg Elsers Attentat auf Hitler im Münchner Bürgerbräukeller
26. Mai 1942	Attentat auf Reinhard Heydrich (stellv. Reichsprotektor von Böhmen und Mähren) in Prag
22. Februar 1943	Hinrichtung der Geschwister Scholl in München
19. April 1943	Beginn des jüdischen Aufstandes im Warschauer Getto
9. August 1943	„Kreisauer Kreis" von überwiegend christlich-sozialen Nazi-Gegnern entwirft ein Programm zur Neuordnung Deutschlands.
Juni 1944	Massenverhaftungen durch die Gestapo, u. a. werden die Sozialdemokraten Julius Leber und Adolf Reichwein verhaftet.
20. Juli 1944	Attentat des Obersten v. Stauffenberg auf Hitler; der Versuch eines Staatsstreichs scheitert.

M 1

© Erich Schmidt Verlag 50 095

M 2 Protest

Martin Niemöller[1] in einem kritischen Rückblick:

Als die Nazis die Kommunisten holten,
habe ich geschwiegen;
ich war ja kein Kommunist.
Als sie die Sozialdemokraten einsperrten,
habe ich geschwiegen;
ich war ja kein Sozialdemokrat.
Als sie die Gewerkschaften verboten,
habe ich nicht protestiert;
ich war ja kein Gewerkschaftler.
Als sie mich holten, gab es keinen mehr,
der protestieren konnte.

1 Vertreter der oppositionellen Bekennenden Kirche, ehem. Kirchenpräsident von Hessen und Nassau, 1938–1945 in KZ-Haft

Zit. nach: Neue Gesellschaft für Bildende Kunst (Hg.) a. a. O., S. 87.

M 3 Scheitern der Widerstandsbewegung

Der Erzähler Günther Weisenborn schrieb eines der ersten Bücher über den Widerstand (1953):

Die Widerstandsbewegung wollte der Welt den Frieden retten. Sie hat dieses Ziel aus drei Gründen nicht erreicht:

1. Ihr Gegner war der gewaltigste und beste Polizeiapparat der Welt.

2. Der Krieg kam, weil so viele Deutsche der Widerstandsbewegung fernblieben.

3. Die Widerstandsbewegung war zersplittert. Ihren Aktionen fehlte die Einheitlichkeit.

Aber wenn die Widerstandsbewegung trotzdem ein so großes Ausmaß gewonnen hat, so ist das eine Ehrenrettung des viel geschmähten deutschen Volkes.

G. Weisenborn, Der lautlose Aufstand, Bericht über die Widerstandsbewegung des deutschen Volkes 1933–1945, Reinbek 1962, S. 228.

M 4 Widerstand gegen die so genannte Euthanasie

Der Bischof von Münster, Graf von Galen, erstattete Anzeige wegen Mordes (3. August 1941):

Als ich von dem Vorhaben erfuhr, Kranke aus Mariental abzutransportieren, um sie zu töten, habe ich am 28. Juli bei der Staatsanwaltschaft, beim Landgericht in Münster […] Anzeige erstattet durch eingeschriebenen Brief mit folgendem Wortlaut: „Nach mir zugegangenen Nachrichten soll im Laufe dieser Woche (man spricht vom 31. Juli) eine große Anzahl Pfleglinge der Provinzialheilanstalt bei Mariental in Münster als so genannte ‚unproduktive Volksgenossen' nach der Heilanstalt Eichberg überführt werden, um dann alsbald, wie es nach solchen Transporten aus anderen Heilanstalten nach allgemeiner Überzeugung geschehen ist, vorsätzlich getötet zu werden."

Zit. nach: W. Hofer, Der Nationalsozialismus, Dokumente 1933–1945, Frankfurt 1957, S. 164.

DIE KUNST DES SELBSTRASIERENS

Neue Wege männlicher Kosmetik

H. F. G. & Cie.
Hamburg-London-Paris-New York

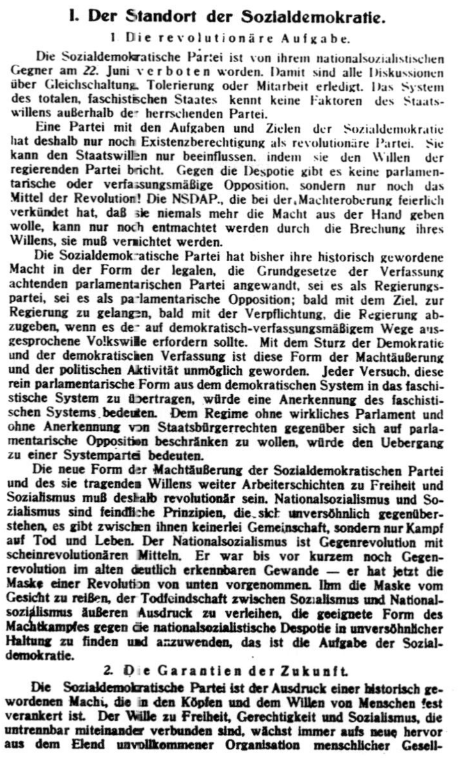
I. Der Standort der Sozialdemokratie.

1. Die revolutionäre Aufgabe.

Die Sozialdemokratische Partei ist von ihrem nationalsozialistischen Gegner am 22. Juni verboten worden. Damit sind alle Diskussionen über Gleichschaltung, Tolerierung oder Mitarbeit erledigt. Das System des totalen, faschistischen Staates kennt keine Faktoren des Staatswillens außerhalb der herrschenden Partei.

Eine Partei mit den Aufgaben und Zielen der Sozialdemokratie hat deshalb nur noch Existenzberechtigung als revolutionäre Partei. Sie kann den Staatswillen nur beeinflussen, indem sie den Willen der regierenden Partei bricht. Gegen die Despotie gibt es keine parlamentarische oder verfassungsmäßige Opposition, sondern nur noch das Mittel der Revolution! Die NSDAP., die bei der Machteroberung feierlich verkündet hat, daß sie niemals mehr die Macht aus der Hand geben wolle, kann nur noch entmachtet werden durch die Brechung ihres Willens, sie muß vernichtet werden.

Die Sozialdemokratische Partei hat bisher ihre historisch gewordene Macht in der Form der legalen, die Grundgesetze der Verfassung achtenden parlamentarischen Partei angewandt, sei es als Regierungspartei, sei es als parlamentarische Opposition; bald mit dem Ziel, zur Regierung zu gelangen, bald mit der Verpflichtung, die Regierung abzugeben, wenn es der auf demokratisch-verfassungsmäßigem Wege ausgesprochene Volkswille erfordern sollte. Mit dem Sturz der Demokratie und der demokratischen Verfassung ist diese Form der Machtäußerung und der politischen Aktivität unmöglich geworden. Jeder Versuch, diese rein parlamentarische Form aus dem demokratischen System in das faschistische System zu übertragen, würde eine Anerkennung des faschistischen Systems bedeuten. Dem Regime ohne wirkliches Parlament und ohne Anerkennung von Staatsbürgerrechten gegenüber sich auf parlamentarische Opposition beschränken zu wollen, würde den Uebergang zu einer Systempartei bedeuten.

Die neue Form der Machtäußerung der Sozialdemokratischen Partei und des sie tragenden Willens weiter Arbeiterschichten zu Freiheit und Sozialismus muß deshalb revolutionär sein. Nationalsozialismus und Sozialismus sind feindliche Prinzipien, die sich unversöhnlich gegenüberstehen, es gibt zwischen ihnen keinerlei Gemeinschaft, sondern nur Kampf auf Tod und Leben. Der Nationalsozialismus ist Gegenrevolution mit scheinrevolutionären Mitteln. Er war bis vor kurzem noch Gegenrevolution im alten deutlich erkennbaren Gewande — er hat jetzt die Maske einer Revolution von unten vorgenommen. Ihm die Maske vom Gesicht zu reißen, der Todfeindschaft zwischen Sozialismus und Nationalsozialismus äußeren Ausdruck zu verleihen, die geeignete Form des Machtkampfes gegen die nationalsozialistische Despotie in unversöhnlicher Haltung zu finden und anzuwenden, das ist die Aufgabe der Sozialdemokratie.

2. Die Garantien der Zukunft.

Die Sozialdemokratische Partei ist der Ausdruck einer historisch gewordenen Macht, die in den Köpfen und dem Willen von Menschen fest verankert ist. Der Wille zu Freiheit, Gerechtigkeit und Sozialismus, die untrennbar miteinander verbunden sind, wächst immer aufs neue hervor aus dem Elend unvollkommener Organisation menschlicher Gesell-

M 5 Tarnschrift „Die Kunst des Selbstrasierens"
Sie enthielt das Prager Manifest der SPD: „Kampf und Ziel des revolutionären Sozialismus" (1934)

M 6 Ein Attentat auf Hitler (1939)

Der Publizist Jörg von Uthmann erzählt die Geschichte von Georg Elser, einem Attentäter mit gutem Gewissen. Das Attentat schlug nur deshalb fehl, weil Hitler die Veranstaltung im Bürgerbräukeller früher als geplant verlassen hatte:

Die Deutschen sind vermutlich das einzige Volk, das Jahr für Jahr einen misslungenen Anschlag auf das Leben seines Staatsoberhauptes feiert – wobei es nicht das Misslingen des Anschlags ist, das gefeiert wird, sondern der Mut derer, die ihn unternahmen. Nicht allen freilich ist bei diesen Feiern wohl. Hitlers Rundfunkansprache, in der er die Attentäter des 20. Juli 1944 „eine ganz kleine Clique ehrgeiziger, gewissenloser und zugleich verbrecherischer, dummer Offiziere" nannte, wirkt bis heute nach. Sogar den Kriegsgegnern fiel es schwer, die Gründe ernst zu nehmen, aus denen pflichttreue deutsche Beamte Hoch- und Landesverräter wurden. [...]
Vor allem trifft es nicht zu, dass sich der Widerstand erst geregt habe, als der Krieg offenkundig verloren war. Das Attentat vom 20. Juli ist kein Einzelfall, sondern der Kulminationspunkt eines Dramas, dessen Hauptdarsteller schon seit Jahren auf der Bühne standen. Addiert man alle Versuche und Vorbereitungshandlungen, deren Ziel die Beseitigung Hitlers war, dann kommt man auf eine Zahl zwischen 40 und 50. Was ihn immer wieder rettete, war gewiss auch Stümperei und mangelnde Entschlossenheit, häufiger aber noch die von ihm so gern beschworene „Vorsehung", die ihm durch eine Reihe schier unglaublicher Zufälle zu Hilfe kam.
Ein klassisches Beispiel ist der Anschlag des Möbeltischlers Johann Georg Elser im Münchner „Bürgerbräukeller". Die Bierwirtschaft war eine der heiligen Stationen des nationalsozialistischen Leidensweges. Am 8. November 1923 war hier der Marsch zur Feldherrnhalle beschlossen worden, bei dem sechzehn Parteigenossen ihr Leben ließen. Seit 1933 spielte sich jedes Jahr das gleiche Ritual ab: Am Abend des 8. November hielt Hitler im „Bürgerbräukeller" eine anderthalbstündige Rede, bevor am nächsten Tag, dem Karfreitag der Bewegung, die „Alten Kämpfer" vor dem Haus zum Erinnerungsmarsch antraten.
Elser, ein verschlossener Einzelgänger und begabter Tüftler, hatte eine Zeitlang dem „Roten Frontkämpferbund" angehört, war aber auch hier isoliert geblieben. Im Herbst 1938, zurzeit des Münchner Abkommens, reifte in ihm der Entschluss, Hitler umzubringen. Aus seinem Heimatdorf Königsbronn

M 7 Der zerstörte Bürgerbräukeller in München
nach dem Attentat vom 8. November 1939

(bei Heidenheim) fuhr er in die bayerische Hauptstadt, um sich nach einem geeigneten Ort umzusehen. Seine Wahl fiel auf den „Bürgerbräukeller". In seine Heimat zurückgekehrt, verdingte er sich zum allgemeinen Erstaunen als Hilfsarbeiter in einem Steinbruch. Den übrigen Arbeitern fiel nicht auf, dass ihr schweigsamer Kollege systematisch Sprengstoff entwendete. Nach einigen Monaten hatte

Georg Elser (1903–1945)
Schreiner aus Hermaringen (Württemberg), verübte am 8. November 1939 ein Bombenattentat auf Hitler im Bürgerbräukeller in München. Georg Elser starb 1945 im Konzentrationslager Dachau.

Elser die zehn Kilo „Donarit" zusammen, die er nach seinen Berechnungen benötigte. Zu Ostern war er ein zweites Mal in München gewesen und hatte die Räumlichkeiten fotografiert. Dabei war ihm aufgefallen, dass neben der Rednertribüne ein holzgetäfelter Stützpfeiler stand. Hier, entschied er, werde er seine Höllenmaschine installieren. Im August 1939 verkaufte Elser seine bescheidene Habe und siedelte nach München um. Sein Vermieter, ein Tapezierer in der Türkenstraße, wunderte sich, dass sein Gast tagsüber schlief und nachts so gut wie niemals zu Hause war. Er arbeite an einer Erfindung, antwortete Elser geheimnisvoll, als ihn der Tapezierer befragte. In Wahrheit verbrachte er seine Nächte am Tatort. Nachdem er gegessen und gezahlt hatte, versteckte er sich in einer Rumpelkammer, wo er die Schließung des Lokals abwartete. Danach machte er sich an die Arbeit. 30 bis 35 Nächte, schätzte er später, habe es ihn gekostet, um den Sprengsatz und den Zündmechanismus in die Säule einzubauen. [...] Danach bestieg er den Zug nach Konstanz, um von dort aus die sichere Schweiz zu gewinnen. [...]
Elser wurde gefasst, als er versuchte, über den Grenzzaun zu klettern. Zum Verhängnis wurde ihm, dass er eine Ansichtskarte des „Bürgerbräukellers" bei sich trug. Kellnerinnen identifizierten den schwäbelnden Stammgast. Dass er allein gehandelt habe, wollte Hitler freilich nicht glauben. Er war überzeugt davon, dass die Engländer hinter dem Anschlag standen.
Unter Himmlers persönlicher Aufsicht wurde Elser gefoltert. Später versuchte es die Gestapo mit Pervitin-Spritzen und einem Hypnotiseur, um ihn zum Sprechen zu bringen. Aber es half nichts: Hitler musste auf den geplanten Schauprozess verzichten. Elser kam in das KZ Sachsenhausen, später nach Dachau, wo er wenige Tage vor der Befreiung des Lagers erschossen wurde.

J. v. Uthmann, Attentat, Mord mit gutem Gewissen, Berlin 1996, S. 133 ff.

M 8 Widerstand gegen die Judenverfolgung in Dänemark

Die Rettung fast aller Juden in Dänemark (1943) war das Ergebnis des Zusammenwirkens von deutschen, dänischen und schwedischen Widerstandskämpfern:

Als Datum für die Festnahme und den sofortigen Abtransport wurde die Nacht des 1. Oktober festgesetzt – im Hafen lagen Schiffe bereit –, und da man sich für die notwendige Unterstützung weder auf die Dänen noch auf die Juden, noch auf die in Dänemark stationierten deutschen Truppen verlassen konnte, trafen Polizeieinheiten aus Deutschland ein, um die Stadt von Haus zu Haus nach Juden zu durchsuchen. Ihnen sagte Best [Reichsbevollmächtigerer für Dänemark] im letzten Augenblick, mit Gewalt in Wohnungen einzudringen sei verboten, da sich sonst womöglich die dänische Polizei einmischen könnte, und mit den Dänen dürfe es nicht zu Handgreiflichkeiten kommen. Infolgedessen konnten sie nur Juden, die ihre Tür freiwillig öffneten, verhaften. Von insgesamt mehr als 7800 Juden fanden sie genau 477, die zu Hause waren und sie einließen. Einige Tage vor dem verhängnisvollen Datum hatte der deutsche Speditionskaufmann Georg F. Duckwitz – vermutlich von Best selbst mit dem Tipp versehen – dänischen Regierungsbeamten den ganzen Plan eröffnet, die ihrerseits schleunigst die Leiter der jüdischen Gemeinde informierten. Und diese gaben dann, in auffallendem Gegensatz zu jüdischen Funktionären in anderen Ländern, die Nachricht öffentlich bekannt – beim Neujahrsgottesdienst in den Synagogen. Den Juden blieb gerade genügend Zeit, ihre Wohnungen zu verlassen und sich zu verstecken, was in Dänemark sehr einfach war, denn „alle Kreise des dänischen Volkes, vom König bis zum einfachen Bürger", standen, wie es im Urteil heißt, bereit, sie aufzunehmen.
Sie hätten bis zum Ende des Krieges „untergrund" bleiben müssen, hätten sie nicht zum Glück Schweden als Nachbarn gehabt. Die Juden nach Schweden zu bringen, schien das Vernünftigste zu sein, und mithilfe der dänischen Fischereiflotte ist das auch gelungen. Die Überfahrt der mittellosen Juden – der Preis betrug ca. 100 Dollar pro Person – wurde weitgehend von wohlhabenden dänischen Bürgern bezahlt [...]

Zit. nach: H. Arendt, Eichmann in Jerusalem, Reinbek 1964, S. 214.

M 9 „Weiße Rose"

Flugblatt einer Widerstandsgruppe von Münchener Studenten um die Geschwister Hans und Sophie Scholl (1942):

Nichts ist eines Kulturvolkes unwürdiger, als sich ohne Widerstand von einer verantwortungslosen und dunklen Trieben ergebenen Herrscherclique regieren zu lassen [...]. Wenn jeder wartet, bis der andere anfängt, werden die Boten der rächenden Nemesis[1] unaufhaltsam näher und näher rücken, dann wird auch das letzte Opfer sinnlos in den Rachen des unersättlichen Dämons geworfen sein. Daher muss jeder Einzelne seiner Verantwortung als Mitglied der christlichen und abendländischen Kultur bewusst in dieser letzten Stunde sich wehren, so viel er kann, arbeiten wider die Geißel der Menschheit, wider den Faschismus und jedes ihm ähnliche System des absoluten Staates. Leistet passiven Widerstand – Widerstand –, wo immer ihr auch seid, verhindert das Weiterlaufen dieser atheistischen Kriegsmaschine, ehe es zu spät ist, ehe die letzten Städte ein Trümmerhaufen sind, gleich Köln, und ehe die letzte Jugend des Volkes irgendwo für die Hybris[2] eines Untermenschen [gemeint ist Hitler] verblutet ist. Vergesst nicht, dass ein jedes Volk diejenige Regierung verdient, die es erträgt.

1 Nemesis: griechische Göttin der strafenden Gerechtigkeit

2 Hybris: verbrecherische Überheblichkeit

Zit. nach: G. Weisenborn, a. a. O., S. 82.

Aufgaben

1. In welcher Form konnte sich Widerstand im Dritten Reich bemerkbar machen?
   → Text, M4–M9
2. Erläutern Sie, welche gesellschaftlichen und politischen Bedingungen Widerstand gegen den NS-Staat so außerordentlich erschwerten.
   → Text, M3
3. Benennen Sie die unterschiedlichen Akteure des Widerstandes und erläutern Sie deren Motive.
   → Text, M1, M2, M4–M9
4. Beurteilen Sie das Handeln von Georg Elser.
   → M6, M7
5. Erklären Sie, wie die überwiegende Mehrheit der dänischen Juden vor der Vernichtung gerettet werden konnte.
   → M8

2.9 Deutschland am Ende des Zweiten Weltkrieges

Schon während des Krieges hatten die Alliierten Listen von festzunehmenden Personen aufgestellt. Die Strafverfolgung von NS-Verbrechen setzte unmittelbar nach dem Kriegsende ein. Vor allem auf Betreiben der USA wurde in Nürnberg ein Internationaler Militärgerichtshof eingerichtet, dem die Aufgabe der Aburteilung von Hauptschuldigen zukam. Die Anklage lautete auf Verbrechen gegen den Frieden, Kriegsverbrechen und Verbrechen gegen die Menschlichkeit.

Im Zuge der Entnazifizierung beziehungsweise der juristischen Aufarbeitung der NS-Verbrechen wurden etwa 50 000 deutsche Täter verurteilt, die meisten von ihnen von Gerichten der UdSSR. In den Westzonen kam es zu 5 000 Verurteilungen unter alliierter Zuständigkeit, davon 650 zum Tode. Nach der Wiederherstellung der westdeutschen Rechtshoheit (1949/50) folgten weitere 4 000 Verurteilungen von NS-Straftätern durch deutsche Gerichte.

Die verheerenden Konsequenzen, die das Dritte Reich hatte, beziehen sich nicht nur auf Menschenleben, Gebietsverluste und zerstörte Städte, sondern auch auf das geistige Leben einer Kulturnation. Die Bücherverbrennungen vom 10. Mai 1933 waren nur der symbolische Ausdruck für die Vernichtung eines Teils der deutschen Kultur und Wissenschaft. Das bezieht sich zum einen auf die jüdischen Deutschen, die bis 1933 elf der 40 deutschen Nobelpreisträger stellten. Der Verlust von Deutschlands Weltgeltung im Hinblick auf die Wissenschaften hat auch mit der Vertreibung nach 1933 zu tun. Außer 280 000 Juden waren etwa 40 000 politische Gegner des NS-Regimes emigriert. Die Machtergreifung durch Hitler war mit einem Aderlass an den Universitäten verbunden. 40 Prozent aller Universitätslehrer (3000) verließen das Land. Auch die Mehrzahl der bekannten Schriftsteller emigrierte, unter ihnen Thomas und Heinrich Mann, Bertolt Brecht, Anna Seghers, Alfred Döblin, Lion Feuchtwanger.

Bedeutende Emigranten waren während der zwölf Jahre der NS-Diktatur in Vergessenheit geraten. Manche Namen, wie zum Beispiel Thomas Mann, durften aufgrund einer Anweisung von Goebbels in den Medien nicht mehr erwähnt werden. Nach 1945 mussten die Traditionsfäden der deutschen Kultur, die von den Nationalsozialisten so sorgfältig zerschnitten worden waren, erst wieder neu geknüpft werden. Hitler, der sich – wie andere NS-Politiker auch – das Leben genommen hatte (30. April 1945), hinterließ ein Land in Ruinen. Das galt in sichtbarer Weise beim Anblick deutscher Städte, aber auch hinsichtlich der sozialpsychologischen Verfassung eines ganzen Volkes. Hin- und hergerissen zwischen Verdrängung des Geschehens und dessen Aufarbeitung, zwischen den Gefühlen der Niederlage und Befreiung, suchten die Deutschen eine neue Orientierung. Mit wachsendem Abstand wurde Hitler immer klarer als unheilsvolle Führerfigur erkannt. Etwas zögerlich kam ein Dialog in Gang: über die Notwendigkeit und Unfähigkeit zu trauern, über Kollektiv- und Einzelschuld, über Schuld und Verantwortung – eine gesellschaftliche Diskussion, die bis in die Gegenwart reicht. In der deutschen Geschichte wird es auf absehbare Zeit immer ein Vorher und ein Nachher geben.

M 1 Niederlage
Hannover nach Kriegsende 1945. Etwa 3,5 Millionen Häuser wurden im Bombenkrieg zerstört.

M 2 Befreiung
Die Häftlinge des KZ Dachau begrüßen ihre amerikanischen Befreier am 30. April 1945.

M 3 **Die geistige Emigration**

Gemälde von Arthur Kaufmann, entstanden zwischen 1938 und 1965. 1. Viertel, Berthold (Schriftsteller u. Regisseur) 2. Lang, Fritz (Regisseur) 3. Anders, Günther (Schriftsteller) 4. Toch, Ernst (Philosoph) 5. Bloch, Ernst (Philosoph) 6. Kaufmann, Arthur (Maler) 7. Musset-Kaufmann, Elisabeth (Psychologin) 8. Wertheimer, Max (Psychologe) 9. Feuermann, Emanuel (Cellist) 10. Schönberg, Arnold (Komponist) 11. Grosz, George (Maler) 12. Floch, Joseph (Maler) 13. Mann, Heinrich (Schriftsteller) 14. Zucker, Paul (Architekt u. Kunsthistoriker) 15. Rainer, Luise (Schauspielerin) 16. Friedemann, Ulrich (Arzt, Bakteriologe) 17. Klemperer, Otto (Dirigent) 18. Tillich, Paul (Theologe) 9. Zweig, Arnold (Schriftsteller) 20. Stern, William (Psychologe) 21. Bruckner, Ferdinand (Schriftsteller) 22. Einstein, Albert (Physiker) 23. Mann, Klaus (Schriftsteller) 24. Mann, Thomas (Schriftsteller) 25. Mann, Erika (Schriftstellerin) 26. Renn, Ludwig (Schriftsteller) 27. Valentin, Curt (Kunsthändler) 28. Jelinek, Hans (Grafiker) 29. Frank, Bruno (Schriftsteller) 30. Piscator, Erwin (Regisseur) 31. Goslar, Lotte (Tänzerin) 32. Graf, Oskar Maria (Schriftsteller) 33. Dolbin, Benedikt Fred (Zeichner) 34. Goldstein, Kurt (Arzt, Neurologe) 35. Weill, Kurt (Komponist) 36. Reinhardt, Max (Regisseur) 37. Thimig, Helene (Schauspielerin) 38. Toller, Ernst (Schriftsteller)

M 4 Hitlers Nero-Befehl

Im Gespräch mit Speer[1] äußerte sich Hitler folgendermaßen (März 1945):

Wenn der Krieg verlorengeht, wird auch das Volk verloren sein. Es ist nicht notwendig, auf die Grundlagen, die das deutsche Volk zu seinem primitivsten Weiterleben braucht, Rücksicht zu nehmen. Im Gegenteil ist es besser, selbst diese Dinge zu zerstören. Denn das Volk hat sich als das schwächere erwiesen, und dem stärkeren Ostvolk gehört ausschließlich die Zukunft. Was nach diesem Kampf übrigbleibt, sind ohnehin nur die Minderwertigen, denn die Guten sind gefallen!

1 Albert Speer (1905–1981), zunächst als Architekt ein Vertrauter Hitlers, später (ab 1942) Reichsminister für Bewaffnung und Munition; im Nürnberger Prozess zu 20 Jahren Haft verurteilt.

A. Speer, Erinnerungen, Frankfurt/M. 1969, S. 446.

M 5 Nach dem Ende des Kriegs

Der Historiker Christian Graf von Krockow schildert die Nachkriegshaltung der Deutschen:

Die Nachkriegshaltung ist später analysiert und auf den Begriff gebracht worden als die Unfähigkeit zu trauern. Aber um wen wohl hätten die Deutschen weinen sollen, etwa um den „Führer", der ihnen so plötzlich abhanden gekommen war? Hitler hatte versprochen – und dies tatsächlich gehalten –, dass sich ein „November 1918" nicht wiederholen werde; alle, wirklich alle, hatten jetzt miterlebt, was das bedeutete. Die Endphase des Krieges, etwa vom 20. Juli 1944 an gerechnet, forderte mehr Opfer als die Jahre zuvor, um von Hab und Gut, von den brennenden Dörfern und Städten, von Würzburg und Dresden, von Flucht und Vertreibung, von Ostpreußen, Pommern und Schlesien nicht erst zu reden. Das Regime hatte sich widerlegt, wie nur es selbst sich widerlegen konnte: Überall war man Zeuge gewesen, wie die Parteifunktionäre Durchhalteparolen ausgaben, wie sie mit Greisen und Halbwüchsigen eine absurde Verteidigung organisierten, den Treckbefehl verzögerten, bis es zu spät war – um dann zu verschwinden, als hätte es sie nie gegeben. Sie waren, wie der „Führer" selbst, ihrer Verantwortung schmählich entlaufen.
Diese Verantwortung fiel nun auf die Hinterbliebenen zurück; sie wurde den Besiegten von den Siegern als Schuld zugerechnet, als Rechenschaft abgefordert. Genau damit aber fühlten die Deutschen sich von den Machthabern des als „tausendjährig" angekündigten Dritten Reiches um ihre Leistungsbereitschaft, ihre Treue im Dienst geprellt, um die Begeisterung, die Hingabe betrogen. [...]
So löste sich der Bann des Dritten Reiches fast über Nacht. Kein Widerstand gegen die Besatzung, kein Partisanenkampf, keine „Werwölfe" weit und breit. Über den „Verrat" der Deutschen klagte bereits der Propagandaminister Dr. Goebbels in seiner letzten Ansprache vor Mitarbeitern am 21. April 1945: „Was fange ich mit dem Volk an, dessen Männer nicht einmal mehr kämpfen, wenn ihre Frauen vergewaltigt werden!? [...] Im Osten läuft es davon, im Westen hindert es die Soldaten am Kampf und empfängt den Feind mit weißen Fahnen."
Nur wenig später, im August, schrieb der neue Landrat des fränkischen Gunzenhausens, einer alten Hochburg der NSDAP, in seinem Lagebericht: „Obwohl der Krieg erst seit einigen Monaten beendet ist, wird vom Nationalsozialismus fast nicht mehr, und wenn, dann im nachteiligen Sinne gesprochen. Bei Leuten, die in ihren Heimen Zeichen des nationalsozialistischen Staates in jeglicher Form zeigten, ist keine Spur davon zu sehen." Der Hohn, dass außer Hitler offenbar niemand Nationalsozialist war, verfehlte indessen sein Ziel – oder traf es auf vertrackte Weise: Einzig dem Führer hatte man „unbedingten Gehorsam" geschworen und nur ihm wirklich vertraut.

Chr. Graf von Krockow, Die Deutschen in ihrem Jahrhundert 1890–1990, Reinbek 1990, S. 268 f.

Aufgaben

1. Ziehen Sie eine Bilanz für Deutschland im Jahre 1945. Berücksichtigen Sie die materiellen und menschlichen Aspekte.
   → Text, M1–M3
2. Die Emigration erfolgte aus vielfältigen Gründen. Informieren Sie sich über einige Emigranten auf dem Gemälde.
   → M3
3. Charakterisieren Sie die Haltung Hitlers angesichts der Niederlage.
   → M4
4. Erläutern Sie, was viele Deutsche nach dem Ende des Krieges 1945 empfanden.
   → Text, M5

Gibt es eine Kollektivschuld der Deutschen?

Wahrscheinlich ist kein Abschnitt der Weltgeschichte so gründlich erforscht worden wie jene zwölf Jahre zwischen 1933 und 1945, die man mit dem Dritten Reich verbindet. Es liegen zehntausende von wissenschaftlichen Publikationen vor, und dennoch gibt es viele Fragen, auf die bis in die Gegenwart keine abschließende Antwort gefunden wurde und die vermutlich auch niemals beantwortet werden können:

- Was konnte oder wollte der Einzelne vom Holocaust in Erfahrung bringen?
- War die deutsche Geschichte tatsächlich auf einen „eliminatorischen" (löschenden) Antisemitismus angelegt?
- Wie viele Menschen waren am Holocaust unmittelbar beteiligt?
- Was bedeutet es für die Nachgeborenen, wenn Eltern und Großeltern historische Schuld auf sich geladen haben?

Unmittelbar nach dem Zweiten Weltkrieg gingen die Westalliierten davon aus, dass das gesamte Volk einem Wahn verfallen sei, psychisch deformiert durch eine schwere „geistige Krankheit". Die Vorstellung war weit verbreitet, dass ein spezifisch ausgeprägter Nationalcharakter die Deutschen zu solch schrecklichen Verbrechen geführt beziehungsweise verführt habe.

Schuld und Gewissen

Schuld ist ein moralischer und rechtlicher Begriff, der sich gemäß dem abendländischen Menschenbild nur auf natürliche Personen beziehen kann. Schuld beinhaltet die Urheberschaft einer verwerflichen Handlung. Sie setzt die freie Entscheidung, das heißt Handlungsalternativen, voraus. Schuld korreliert mit Gewissen als jener psychomoralischen Instanz, die auch das Schuldbewusstsein repräsentiert. Die naturrechtlich geprägte Denktradition ordnet Schuld und Gewissen dem Einzelnen zu. Die Übertragung auf ein ganzes Volk ist sozialpsychologisch plausibel, jedoch so gesehen nicht statthaft. Auch die rechtsstaatlich geführten NS-Prozesse nach 1945 gingen davon aus, dass juristische Schuld individuell bewiesen werden muss.

Wer waren die Täter?

Der amerikanische Politikwissenschaftler Daniel Goldhagen erregte großes Aufsehen mit seiner These, der Antisemitismus sei „ein nationales Projekt der Deutschen" gewesen. In seinem Buch „Hitlers willige Vollstrecker" (1996) vertrat er die Ansicht, dass die Deutschen einem „eliminatorischen Antisemitismus" anhingen, der geradezu zwangsläufig zum Holocaust geführt habe. Der Mord an den Juden erschien in dieser Perspektive als Teil des deutschen Nationalcharakters. Goldhagens These wurde als Bekräftigung der Kollektivschuldthese verstanden, zumal sich der Blick des Autors auf jene „ganz gewöhnlichen Deutschen" richtete, ohne die der Holocaust nicht durchzuführen gewesen wäre. Goldhagens Ausführungen haben in der deutschen Öffentlichkeit viel Beifall erhalten, aber auch deutliche wissenschaftliche Kritik erfahren.

Wer hat den Holocaust vollstreckt?

Mit der Durchführung des Genozids war die SS beauftragt, insbesondere das Reichssicherheitshauptamt (RSHA), dazu kamen Teile der Sicherheitspolizei (Sipo), des Sicherheitsdienstes (SD) und der Geheimen Staatspolizei (Gestapo). Im KZ und Vernichtungslager Auschwitz zum Beispiel taten ungefähr 7 000 SS-Leute Dienst. Die Einsatzgruppen mit ihren Erschießungskommandos umfassten 3 000 Männer, in den Polizeibataillonen wirkten noch einmal 16 000 Deutsche mit.

Der komplexe Prozess der Massenvernichtung war ohne die Beihilfe von verschiedenen Stellen und Ämtern nicht durchführbar: Partei- und Regierungsangehörige, Polizisten, Eisenbahner, Wehrmachtsangehörige. Die Zahl der direkten Tatbeteiligten am Holocaust (Täter und Helfer) lässt sich objektiv nicht ermitteln. Die Schätzungen der Fachleute bewegen sich im Bereich zwischen 100 000 und 500 000. Das Handeln „ganz normaler Männer“ gibt auch heute noch Rätsel auf. Um die Gehorsamsbereitschaft zu verstehen, muss man wahrscheinlich die Wirkung des Krieges und der jahrelangen Propaganda genauso berücksichtigen wie die systematische Enthumanisierung der Opfer. Außerdem spielte der Gruppendruck innerhalb der SS- und Polizeieinheiten eine nicht zu unterschätzende Rolle.

Was konnte die Bevölkerung wissen?

Die Psychoanalytikerin Margarete Mitscherlich schrieb 1979: „Ohne diese Teilnahme und Übereinstimmung der Bevölkerung […] wäre der schließlich erfolgte Massenmord nicht möglich gewesen.“ Andererseits zeigen verschiedene Äußerungen von Hitler und Himmler, dass man in der NS-Führung mit dem Antisemitismus des Volkes nicht zufrieden war. Sympathiebezeugungen zu Gunsten von Juden wurden ab 1941 unter Strafe gestellt. Die Gestapo-Berichte anlässlich der „Reichskristallnacht“ belegen, dass diese Aktionen alles andere als populär waren. Wie ausgeprägt war also der Antisemitismus der Deutschen? Die Antworten reichen von einem paradoxen „gering“ bis zu der These von Goldhagen.

Gesichert ist, dass sich die Entrechtung und Deportation der Juden im öffentlichen Raum abspielten und tendenziell jedem Deutschen bewusst sein mussten. Aber Deportation, die Propaganda sprach von Umsiedlung, und Vernichtung sind nicht das Gleiche. Fraglich ist, ob es für einen Durchschnittsdeutschen vorstellbar war, dass es im Osten Todesfabriken gab. Die Vernichtung war Geheime Reichssache; sie wurde abgeschirmt von der Öffentlichkeit vollzogen. Gerüchteweise wird hier und da das eine oder andere bekannt geworden sein, eventuell zugetragen von Soldaten, die auf Heimaturlaub von der Ostfront gekommen waren. Aber was sollte (wollte) man glauben? Zwar kannte man die antisemitische Propaganda, aber wer konnte sich vorstellen, dass die NS-Führung es so blutig ernst meinte? Die Skepsis wird verständlich, wenn man bedenkt, dass auch die Regierungen in Washington und London die ersten Berichte über Auschwitz – von polnischen Widerstandskämpfern aus dem Lager herausgeschmuggelt – als Übertreibungen und Propaganda abtaten.

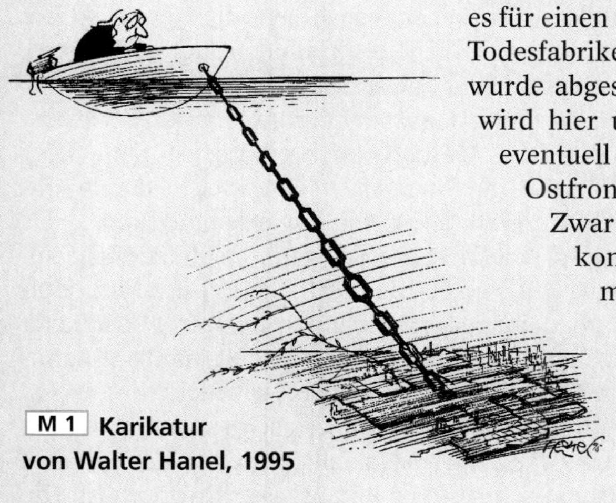

M 1 Karikatur von Walter Hanel, 1995

Aufgabe

1. Diskutieren Sie, wie die nachgeborenen Generationen mit der geschichtlichen Erblast umgehen sollten.

2.10 Faschismustheorien

Die wissenschaftliche Beurteilung des Faschismus ist umstritten und nicht zuletzt auch abhängig vom politischen Standort des Wissenschaftlers. Die kontroverse Diskussion findet in einer Vielzahl von wissenschaftlichen Richtungen und Theorien ihren Niederschlag, die im Folgenden nicht alle berücksichtigt werden können.

Umstritten war unter anderem der wissenschaftliche Ansatz, der Hitler als zentrale Figur im Mittelpunkt einer jeden Faschismus-Interpretation sehen möchte. Dieser Orientierung an der Persönlichkeit steht eine andere Interpretationsrichtung gegenüber, die die wirtschaftlichen und sozialen Strukturmerkmale als bestimmend ansieht, wobei die Frage „Wem nutzte der Faschismus?" berücksichtigt wird.

Die Ergebnisse der neueren Forschungen verweisen insgesamt darauf, dass Hitler eine einzigartige Machtstellung zukam. Die Diktatur des Dritten Reiches ist vom Diktator Hitler nicht zu trennen. Die gesamte politische Willensbildung war auf den „Führer" ausgerichtet. Hitler stand gleichsam über den gesellschaftlichen Institutionen. Alle wesentlichen politischen und militärischen Entscheidungen wurden von ihm getroffen. Der „Führerwille" war praktisch Gesetz. Insofern erweist sich jede Analyse des nationalsozialistischen Herrschaftsapparates ohne Berücksichtigung der Persönlichkeit Hitlers als unzureichend.

Auf Hitler konzentrierten sich die Hoffnungen großer Teile des deutschen Volkes. Außerordentlich weit verbreitet war der quasi religiöse Glaube an sein Genie. Hitlers Macht beruhte unter anderem auf der Projektion derjenigen Menschen, die in ihm die Verkörperung des „Erlösers" sahen.

Hitler ist zum Inbegriff der Gewaltherrschaft geworden. Diese war aber auf die Mitwirkung zahlloser Deutscher angewiesen. Die Führerdiktatur wäre nicht möglich gewesen ohne die vielen Helfer (Beamte, Polizisten, Soldaten, Parteimitglieder), die dem Führer zugearbeitet haben.

Wie unterschiedlich die Forschungsschwerpunkte gesetzt wurden, wird auch an Hand der DDR-Geschichtsschreibung deutlich. Hier spielte das politische Interesse der Staatsmacht eine entscheidende Rolle. Als Hauptschuldiger am „Hitlerfaschismus" wurde monokausal das Bündnis von Finanzkapital (Banken) und Schwerindustrie ausgemacht. Der Nationalsozialismus ließ sich als „Herrschaftsform des Monopolkapitalismus in seiner Niedergangsperiode" interpretieren – so lautetet die offizielle Sprachregelung. Auf dieser ideologischen Grundlage konnte die DDR ihre eigene Diktatur als „antifaschistisch" deklarieren.

Die Totalitarismustheorie definiert den Faschismus mit einem Begriff („total"), der von den Nationalsozialisten selbst als typisches Merkmal ihrer Gesellschaftsvorstellung herausgestellt worden ist. Die totale Erfassung des Einzelnen widersprach aufs Tiefste dem Grundrechtsverständnis des Liberalismus. Die Totalitarismustheorie stammte aus den vierziger Jahren, der Zeit des so genannten Kalten Krieges. Die Vertreter dieser Theorie betonten die Gemeinsamkeit zwischen dem faschistischen und dem sowjetkommunistischen Herrschaftstyp, um diese vom demokratischen Rechtsstaat abzugrenzen.

M 1 Hitler und die Deutschen

Interview mit dem britischen Historiker und Hitler-Experten Ian Kershaw:

Spiegel: Was war Hitler – ein zynischer Machtmensch, ein fanatischer Weltverbesserer, ein verblendeter Ideologe?

Kershaw: Unter den Historikern würde heute niemand mehr Hitler nur auf die Figur eines zynischen Machtpolitikers reduzieren. Natürlich war er das auch, aber seine Antriebskraft war eine politische Vision: Deutschland zu neuer Größe zu führen, am Ende sollte die Weltherrschaft stehen. Die Vernichtung Andersdenkender und der Genozid an den Juden gehörten dazu, waren aber nicht Selbstzweck.

Spiegel: War Hitlers letzte Antriebskraft Mordlust, wie [der Historiker] Sebastian Haffner meint?

Kershaw: Nein, Hitlers entscheidender Beweggrund war der Wunsch, Deutschland zur beherrschenden Weltmacht zu erheben. Das bedeutete nicht nur, die Gegner im Krieg zu besiegen, sondern sie buchstäblich zu vernichten. Zu Feinden zählten für Hitler hauptsächlich natürlich die Juden, die für ihn zugleich Weltkapitalismus und Weltkommunismus verkörperten. [...]

Hitler war kein schwacher Diktator, auch wenn sich einige Beispiele für Entscheidungsschwäche finden lassen. Dass er den inkompetenten und morphiumsüchtigen Luftwaffenchef Hermann Göring nicht abgesetzt hat, ist sicherlich kein Beweis für Stärke. Ins Gewicht fällt aber vor allem, dass Hitler alle herausragenden Entscheidungen wie die über Außenpolitik oder Krieg selbst traf. Er strebte den Krieg mit Frankreich 1940 und mit der Sowjetunion 1941 an, er wollte die Juden – deutsche, ost- und westeuropäische – vernichten lassen, er stand unter keinerlei Druck von irgendjemandem.

Spiegel: Aber wie lässt sich das Zusammenspiel zwischen Hitler und der NSDAP, der Verwaltung oder der Wehrmacht erklären?

Kershaw: Den Schlüssel fand ich in einer Rede, die Werner Willikens, ein Staatssekretär im preußischen Landwirtschaftsministerium, 1934 vor NS-Funktionären hielt. Er sagte, es gelte, „dem Führer entgegen zu arbeiten". Dieser Satz war mein Aha-Erlebnis.

Hitler hatte eine unveränderte Vision, doch kein konkretes Programm etwa für die Ermordung der Juden oder für den Kampf um Lebensraum in Osteuropa. Da jedoch bekannt war, dass Hitler immer die radikalste Lösung wählte, wussten seine Mitarbeiter, aber auch die Verwaltungs- und Mordexperten in den besetzten Gebieten, dass sie selbst für radikalste Vorschläge Zustimmung aus Berlin erhielten, es sei denn, taktische Gründe sprachen zu diesem Zeitpunkt aus Hitlers Sicht dagegen.

Aus: Der Spiegel, Nr. 34/2000.

M 2 Faschismus als Produkt des Führers

Der deutsche Faschismus war ganz und gar auf Hitler selbst ausgerichtet:

Auch die in Massenauflagen verbreitete, mit gewaltigen Reklamemitteln zum „Weltbestseller" hochgetriebene und 1977 verfilmte Hitler-Biografie von Joachim C. Fest ist ganz auf diese personalistische Interpretation abgestellt. Über Hitler heißt es: „Tatsächlich war er in einem wohl beispiellosen Grade alles aus sich und alles in einem: Lehrer seiner selbst, Organisator einer Partei und Schöpfer ihrer Ideologie, Taktiker und demagogische Heilsgestalt, Führer, Staatsmann und während eines Jahrzehnts Bewegungszentrum der Welt." Die faschistische Diktatur war demnach ein System, „das nur von einem einzigen Punkt her Sinn und Konsequenz erhielt: dem monströsen [ungeheuerlichen] Macht- und Einsatzwillen Hitlers". „In seiner Person hat ein Einzelner noch einmal seine stupende [erstaunliche] Gewalt über den Geschichtsprozess demonstriert."

R. Kühnl, Faschismustheorien, Reinbek 1979, S. 48 f.

M 3 Faschismus contra Arbeiterklasse

Die Sichtweise des österreichischen Politikers Otto Bauer, Sozialdemokrat und Haupttheoretiker des so genannten Austromarxismus (1936):

Der Faschismus ist das Resultat dreier eng miteinander verschlungener sozialer Prozesse. Erstens hat der Krieg Massen von Kriegsteilnehmern aus dem bürgerlichen Leben hinausgeschleudert und deklassiert [herabgesetzt]. [...]

Zweitens haben die Wirtschaftskrisen der Nachkriegszeit breite Massen von Kleinbürgern und Bauern verelendet. Diese Massen, pauperisiert [verarmt] und erbittert, fielen von den bürgerlich-demokratischen Massenparteien, denen sie bisher Gefolgschaft geleistet hatten, ab, sie wandten sich enttäuscht und hasserfüllt gegen die Demokratie [...] und scharten sich um die militaristisch-nationalistischen „Milizen" und „Wehrverbände".

Drittens haben die Wirtschaftskrisen der Nachkriegszeit die Profite der Kapitalistenklasse gesenkt. Die Kapitalistenklasse, an ihren Profiten bedroht, will ihre Profite durch Steigerung des Grades der Ausbeutung wiederherstellen. Sie will den Widerstand, den die Arbeiterklasse dem entgegensetzt, brechen. Sie verzweifelt daran, dies unter demokratischer Herrschaft zu können. Sie bedient sich der um die faschistischen und völkischen Milizen gescharten rebellischen Massenbewegung der Kleinbürger und Bauern zuerst, um die Arbeiterklasse einzuschüchtern und in die Defensive zu drängen, später um die Demokratie zu zerschlagen.

O. Bauer, Der Faschismus, in: dgl. u. a., Faschismus und Kapitalismus, Frankfurt 1967, S. 143 f.

M 4 Faschismus als „Extremismus der Mitte"

Der amerikanische Soziologe Seymour Lipset vertritt folgende These (1962):

Zusammenfassend interpretiert Lipset den „Extremismus der Mitte" wie folgt: Kennzeichnend sei, dass sich die faschistischen Bewegungen – „genau wie andere Bewegungen, die an die selbstständigen städtischen und ländlichen Mittelschichten appellieren – auf die ungelösten Frustrationen von Menschen zurückführen lassen, die sich von den Haupttrends der modernen westlichen Gesellschaft abgeschnitten fühlen. Diese Bewegungen wurde ja nicht nur in überproportionaler Weise von den kleinen Selbstständigen unterstützt, sondern sie erhielten auch überall einen starken Zulauf von Personen, die auf dem Lande oder in Provinzstädten wohnten. Dies sind die im Niedergang begriffenen ‚liberalen' Schichten, die in Notstandsgebieten leben. Das Kleinbürgertum solcher Gegenden leidet nicht nur deshalb unter Entbehrungen, weil es als Klasse im Vergleich zu anderen im Abstieg ist, sondern auch, weil es in Gemeinden wohnt, deren Status und Einfluss innerhalb der Gesamtgesellschaft rasch abnehmen."

R. Kühnl, a. a. O., S. 94.

M 5 Agententheorie

Die quasioffizielle sowjetkommunistische Definition, die für alle Kommunisten verbindlich war (1933):

[...] Statt dessen sah man im Faschismus nur den Agenten der Bourgeoisie. Die endgültige Formulierung dieser „Agententheorie" wurde 1933 auf dem XIII. Plenum des EKKI [Exekutivkomitee der Kommunistischen Internationale] gefunden: „Der Faschismus ist die offene terroristische Diktatur der am meisten reaktionären, chauvinistischen [übersteigert nationalistisch] und imperialistischen Elemente des Finanzkapitals."

W. Wippermann, Faschismustheorien, Darmstadt 1972, S. 16.

M 6 Totalitarismustheorie

Die moderne Totalitarismustheorie stellt den Versuch dar, einen klassifizierenden Vergleich von Sowjetkommunismus und Faschismus herzustellen, beispielhaft ausformuliert im Buch des deutschen Emigranten C. J. Friedrich: Totalitäre Diktatur (1956):

Totalitär sollen Regime nur dann genannt werden, wenn folgende typologischen Merkmale erfüllt seien:
(1) eine Ideologie, die alle Bereiche des menschlichen Lebens umfasst, einen Endzustand der Menschheit proklamiert, die bestehende Gesellschaft dagegen radikal verwirft,
(2) eine hierarisch und oligarchisch aufgebaute Massenpartei, die in der Regel von einem Mann geleitet wird und nur ca. 10 % der Gesamtbevölkerung umfasst und der Bürokratie übergeordnet oder mit ihr verflochten ist,
(3) ein Terrorsystem, das sich auch gegen potenzielle, willkürlich ausgewählte Feinde richtet (z. B. Juden und „Klassenfeinde"),
(4) ein technologisch bedingtes nahezu vollständiges Nachrichtenmonopol,
(5) ein Waffenmonopol
sowie
(6) eine Wirtschaft, die einer zentralen Kontrolle unterworfen ist und auch als „Befehlswirtschaft" bezeichnet werden kann.

W. Wippermann, a. a. O., S. 70 f.

M 7 Totalitarismustheorie und Antikommunismus

Wegen der Einbeziehung des kommunistischen Herrschaftssystems ist die Totalitarismustherorie oft scharf angegriffen worden:

Nicht nur die Beurteilung des Rechtsextremismus, sondern auch die politische Bewertung des Linksextremismus wird durch die Erfahrung mit dem Nationalsozialismus bestimmt. Die Gleichung „rot gleich braun" wurde begünstigt durch eine Theorie, die selber eine Folge des Nationalsozialismus ist: die Totalitarismustheorie.
Diese Lehre, von deutschen Emigranten in Amerika entwickelt, behauptet, Kommunismus und Faschismus seien wesensverwandt. Für den Beweis prinzipieller Gleichheit hebt sie auf ähnliche Erscheinungsformen und Methoden einer Politik ab, die eine Staatsgesellschaft in den Gleichschritt uniformierter Kolonnen zwingt.
Niemand kann leugnen, dass es einem von Rechtsunsicherheit, Verfolgung und Mord Bedrohten einer-

lei ist, ob die Schergen, die ihn in früher Morgenstunde abholen, auf ihren Uniformen Hakenkreuze oder Sowjetsterne tragen. Dennoch gibt es Unterschiede, die nicht nur von theoretischem Interesse sind, etwa den zwischen der NS-Rassenideologie und der marxistischen Klassentheorie. Der Glaube an die Überlegenheit einer Rasse ist biologische Ideologie. Der marxistische Klassenbegriff ist dagegen ein soziologischer Begriff von erheblicher Erkenntniskraft. Ziel der marxistischen Theorie ist die klassenlose Gesellschaft. Ziel des Nationalsozialismus war die Herrschaft einer Rasse über „Untermenschen", die es entweder auszutilgen oder für alle Zeit als Sklaven zu unterwerfen galt. Solche Unterschiede wurden schon in den fünfziger Jahren an deutschen Schulen nicht mehr gelehrt. Später besiegelte ein Beschluss der Ständigen Konferenz der Kultusminister die inzwischen fest eingeschliffene Gleichsetzung von Kommunismus und Nationalsozialismus. In diesem Beschluss heißt es: „Die Auseinandersetzung mit dem Totalitarismus gehört zu den wesentlichen Aufgaben der politischen Bildung unserere Jugend. Die Lehrer aller Schularten sind daher verpflichtet, die Schüler mit den Merkmalen des Totalitarismus und den Hauptzügen des Bolschewismus und des Nationalsozialismus als den wichtigsten totalitären Systemen des 20. Jahrhunderts vertraut zu machen."
Die Totalitarismustheorie wurde besonders von unbelehrbaren Nationalsozialisten geschätzt. Sie gab ihnen die Möglichkeit, im Kommunismus einen Feind zu bekämpfen, den Hitler schon als Weltfeind Nr. 1 bezeichnet hatte. Die Totalitarismustheorie erwies sich damit als die wirksamste politische Entlastung. Den auf die eigene Verantwortung zielenden Pfeil lenkte sie in die Front gegen den gefährlicheren, weil noch unbesiegten Vertreter des Totalitarismus ab. Auf diese Weise entstand ein Bollwerk, dessen demokratische Qualität zumindest fragwürdig war: Alte Nationalsozialisten kämpften zusammen mit neuen Demokraten gegen den Kommunismus.

M. und S. Greiffenhagen, Ein schwieriges Vaterland, Zur politischen Kultur Deutschlands, München 1979, S. 51 f.

M 8 **„Zeitzeichen. Rad der Geschichte"**
Karikatur von Georg Rauch, veröffentlicht in: „Die Zeit", Nr. 12/1935

Aufgaben

1. Analysieren Sie die Unterschiede zwischen den Faschismustheorien.
   → M2, M3–M5
2. Begründen Sie, warum die „Agententheorie" zu kurz greift.
   → M5
3. Erklären Sie, welche Bedingungen im Sinne der Totalitarismustheorie erfüllt sein müssen, damit man eine Gesellschaft als „totalitär" bezeichnen kann. Überprüfen Sie, inwiefern diese Bedingungen im Nationalsozialismus erfüllt waren.
   → M6
4. Erläutern Sie, welche Einwände gegen die Totalitarismustheorie erhoben werden könnten.
   → M7
5. Interpretieren Sie die Zeichnung „Rad der Geschichte".
   → M8

3. Deutschland: Von der Teilung zur Wiedervereinigung

Deutschland, 8. Mai 1945: Das Dritte Reich hat kapituliert. Ein Soldat vor dem zerstörten Reichstag in Berlin: erschöpft und am Ende. Wie der Einzelne, so auch das ganze Land – im wahrsten Sinne des Wortes ruiniert. Die Städte lagen in Trümmern, und in den Köpfen sah es ähnlich aus: zerbrochene Ideale, ideologische Leere. Vom heroischen Kult des Dritten Reiches war nichts mehr übrig geblieben, nichts an das sich noch zu glauben lohnte.

Die „Stunde Null“ hat es, obwohl man immer wieder von ihr spricht, nie gegeben. Denn das Leben ging in einem banalen physischen Sinne weiter, und zwar als Überlebenskampf.

Wenn man diesem Soldaten damals gesagt hätte, in nur vier Jahren würde wieder ein deutscher Staat entstehen, er hätte es schlichtweg für utopisch halten müssen. Realistisch betrachtet mussten sich die Deutschen auf eine lange Zeit der Siegerherrschaft, wenn nicht gar der Rache einstellen. Dass es anders kam, hing mit der „großen Politik“ zusammen. Die Kriegskoalition zwischen den USA und Großbritannien auf der einen Seite und der Sowjetunion auf der anderen funktionierte nur so lange, bis der gemeinsame Feind – Hitler-Deutschland – besiegt war. Die Idee, die noch von US-Präsident Roosevelt verfochten wurde, nämlich die Welt nach einheitlichen demokratischen Prinzipien im Einklang mit der UdSSR zu leiten, erwies sich schon bald als Illusion. Bereits im Laufe des Jahres 1946 zeichnete sich immer deutlicher der Gegensatz zwischen den westlich-liberalen Demokratien und der sowjetischen Parteidiktatur ab. Die Grenze zwischen den Systemen zerteilte Europa und verlief mitten durch Deutschland. Doch zumindest der Westen des geschlagenen Landes sollte vom Ost-West-Konflikt auf ungeahnte Weise profitieren. Denn den Planern der amerikanischen Strategie war klar, dass nur ein wirtschaftlich erstarktes Westeuropa in der Lage sein würde, einer sowjetischen Expansion zu widerstehen. Das schloss Westdeutschland mit ein. Aufbauhilfe (Marshallplan) und die westdeutsche Staatsgründung waren Bausteine in dieser Strategie, allerdings um den Preis einer verfestigten Teilung. Denn gleichsam spiegelbildlich integrierte die Sowjetunion ihre Besatzungszone in den Ostblock. Die Situation von zwei Deutschlands schien über Jahre stabil, weil jede Änderung des Status quo eine Kriegsgefahr heraufbeschwören musste. Eine Änderung im sowjetischen Machtbereich war gegen den Willen der UdSSR nicht möglich. Der Schlüssel zur Wiedervereinigung lag letztlich in Moskau. Erst Michail Gorbatschows Politik der Perestroika (Umbau) ab 1985 brachte Bewegung in die internationalen Verhältnisse – auch in die Deutsche Frage. Als das Volk auf die Straße ging, blieben die Panzer der Roten Armee – im Unterschied zum 17. Juni 1953 – in den Kasernen. Diese Tatsache lähmte auch den riesigen Sicherheitsapparat der DDR-Führung Der friedliche Protest führte dann zur Öffnung der Mauer am 9. November 1989 und letztlich zur Vereinigung der beiden deutschen Staaten am 3. Oktober 1990.

3.1 Das Scheitern einer gemeinsamen Besatzungspolitik

Die Ausweitung des Krieges durch Deutschland führte bei dessen Gegnern zu einer ständig enger werdenden Zusammenarbeit. Anlässlich mehrerer Konferenzen berieten der amerikanische Präsident Franklin D. Roosevelt, der britische Premierminister Winston Churchill und später auch der sowjetische Regierungschef Josef W. Stalin über die gegen Deutschland und seine Verbündeten zu ergreifenden Maßnahmen. Die USA und das von ihnen unterstützte Großbritannien formulierten in der Atlantik-Charta Grundsätze für die zwischenstaatlichen Beziehungen (1941). Auf dieser Grundlage sollte eine weltweite Allianz gegen Faschismus und Imperialismus entstehen und nach dem Krieg der Weltfriede in der Zukunft gesichert werden. Bis Kriegsende stimmten 45 Staaten der Charta zu, darunter die Sowjetunion, die sich dadurch, über alle ideologischen Gegensätze hinweg, materielle Hilfe der USA in der Auseinandersetzung mit Deutschland sicherte. Anlässlich der Konferenz von Casablanca (1943) erklärte Roosevelt, der Krieg werde bis zur bedingungslosen Kapitulation Deutschlands, Italiens und Japans fortgeführt. Anders als nach dem Ersten Weltkrieg sollten dieses Mal jedem Deutschen die militärische Niederlage und die sich daraus ergebenden Konsequenzen bewusst gemacht und die deutsche Kriegsmacht vollständig beseitigt werden. Militärische Erfolge ließen die Alliierten schon bald konkretere Bestimmungen über die Behandlung Deutschlands nach Beendigung des Krieges ins Auge fassen. Die Vorschläge der an der Konferenz von Teheran (1943) und Jalta (1945) beteiligten Mächte liefen auf eine territoriale, wirtschaftliche und vor allem militärische Schwächung sowie auf eine gesellschaftliche Neuordnung Deutschlands hinaus. Über den dabei einzuschlagenden Weg gab es innerhalb der amerikanischen Regierung kein einheitliches Konzept, sondern tief greifende Meinungsverschiedenheiten zwischen den Außen-, Kriegs- und Finanzministerien. Nur vorübergehend bestimmte die harte Linie von Finanzminister Morgenthau, der aus Deutschland einen Agrarstaat machen wollte, die amerikanische Politik. Die in Teheran noch vorgesehene Aufteilung Deutschlands in mehrere selbstständige Teilstaaten wurde in Jalta aufgegeben. Wegen sowjetischer Gebietsansprüche im Osten Polens sollte aber dieser Staat auf bisher deutsches Territorium nach Westen verschoben werden. Die Einheit des restlichen Deutschlands entsprach dem amerikanischen Interesse an weltweiter Freizügigkeit („one world"-Konzept), vor allem aber dem Ziel der Sowjetunion, Reparationsansprüche und Kontrollrechte in ganz Deutschland geltend zu machen. Die Sowjetunion forderte Wiedergutmachungsleistungen in Höhe von insgesamt 20 Milliarden US-Dollar, wovon sie 50 Prozent für sich beanspruchte. Darüber konnte keine Einigung erzielt werden. Zu gegensätzlich waren bereits die Interessen der Beteiligten, die aus militärischen Gründen noch zu kooperieren gezwungen waren.

M 1 Die „großen Drei"
Churchill, Roosevelt und Stalin auf der Konferenz von Jalta im Februar 1945. Auf der Potsdamer Konferenz (Juli/August 1945) wurden die USA von Präsident Truman an Stelle des inzwischen verstorbenen Roosevelt vertreten. Nach einem Wahlsieg der Opposition in Großbritannien musste Churchill noch während der Konferenz den Platz zugunsten seines Nachfolgers im Amt, Attlee, aufgeben. Nur Stalin blieb.

Bedingungslose Kapitulation

Angesichts des sicheren militärischen Zusammenbruchs beging Adolf Hitler am 30.4.1945 Selbstmord. Zu seinem Nachfolger hatte er Großadmiral Dönitz bestimmt, dem nun die Abwicklung der bedingungslosen Kapitulation oblag. Diese wurde am 7. Mai 1945 in Reims und auf Verlangen Stalins am 9. Mai in Berlin vom Oberkommando der Wehrmacht vollzogen. Die Amtszeit der Regierung Dönitz endete bald darauf durch Absetzung und Verhaftung. Die Siegermächte übernahmen die uneingeschränkte Regierungsgewalt im besiegten Deutschland. Zur Verwirklichung ihrer Ziele in Deutschland hatten die drei Mächte in Jalta die Besetzung und Kontrolle des Landes beschlossen. Frankreich war auf Betreiben der Briten aufgefordert worden, sich hieran zu beteiligen. Die französische Zone wurde zu Lasten der amerikanischen und britischen Zonen ausgewiesen. Die Bildung von Zonen ging auf den Wunsch Großbritanniens zurück, das ohne vertragliche Regelung die sowjetische Präsenz in ganz Deutschland fürchtete. Deutschland war somit in vier Besatzungszonen und Berlin als besonderes Gebiet in vier Sektoren aufgeteilt. Die oberste Gewalt übten die militärischen Oberbefehlshaber der vier Siegermächte aus, ein jeder in seiner eigenen Besatzungszone. In den Deutschland als Ganzes betreffenden Angelegenheiten waren gemeinsame und einstimmige Entscheidungen in dem eigens dafür gebildeten Alliierten Kontrollrat erforderlich. Für die gemeinsame Verwaltung der ehemaligen Reichshauptstadt wurde eine Kommandantur errichtet, die dem Kontrollrat unterstand. Bevor Amerikaner und Briten vereinbarungsgemäß in die ihnen zugewiesenen Sektoren Berlins einzogen, räumten sie die von ihren Truppen besetzten Gebiete Mitteldeutschlands (Thüringen, Sachsen-Anhalt, Teile Mecklenburgs und Sachsens), die in der den Sowjets zugeteilten Zone lagen.

Potsdamer Konferenz

Die Ziele der drei Mächte hinsichtlich Deutschlands erfuhren ihre endgültige Konkretisierung anlässlich der Konferenz von Potsdam (1945). Alarmiert durch die beeindruckende Ausdehnung des sowjetischen Machtbereichs über Ost- und Mitteleuropa wollte die britische Regierung die bisherigen Konferenzergebnisse zu Gunsten des Westens nachbessern. Dagegen wandten sich die USA, die zu diesem Zeitpunkt noch auf eine Kooperation mit der Sowjetunion im Rahmen der UN hofften, sodass die Vereinbarungen von Jalta bei der nun stattfindenden Konferenz von Potsdam maßgebend blieben. Die USA vertrat an Stelle des verstorbenen Roosevelt dessen Nachfolger Truman. Großbritannien war zuerst durch Churchill, nach dessen Wahlniederlage durch Attlee vertreten, und Stalin repräsentierte die UdSSR. Frankreich, obwohl als Besatzungsmacht vorgesehen, war zur Konferenz nicht eingeladen worden.

Die in Potsdam festgelegten politischen und wirtschaftlichen Grundsätze sollten den Siegermächten helfen, ihre Kriegsziele in Deutschland zu erreichen. Diese waren im Wesentlichen: Demilitarisierung, Denazifizierung, Demontage, Dezentralisierung und Demokratisierung. Voneinander abweichende Grundvorstellungen über die künftige Ordnung in Deutschland traten noch nicht offen zu Tage. Dagegen brachten die Frage der Westgrenze Polens und das Reparationsproblem die Konferenz an den Rand des Scheiterns.

Die Westmächte befürchteten, die sowjetischen Reparationsforderungen würden die deutsche Wirtschaft über die Maßen schwächen, dadurch amerikanische Hilfslieferungen an die Deutschen erforderlich machen und den wirtschaftlichen Aufbau Europas behindern. Auch fürchteten sie den sowjetischen Zugriff auf die Industrieanlagen und

Rohstoffe an Ruhr und Saar. Man einigte sich schließlich darauf, dass jede Macht nur der eigenen Besatzungszone Wiedergutmachungsleistungen entnehmen durfte. Die Vereinbarung, Deutschland als wirtschaftliche Einheit behandeln zu wollen, war jetzt unmöglich einzuhalten. Die zu erwartende unterschiedliche Behandlung der Zonen im Hinblick auf die zu leistende Wiedergutmachung musste zwangsläufig zu Sonderentwicklungen in den einzelnen Zonen führen. Ebenso widersprüchlich war das westliche Taktieren in der Polenfrage. Die Gebiete östlich der Oder-Neiße-Linie sollten nur vorläufig unter polnische Verwaltung gestellt werden, die endgültige Grenzregelung aber einem Friedensvertrag mit Deutschland vorbehalten bleiben. Gleichzeitig stimmten Großbritannien und die USA aber der Umsiedlung der dort sowie der in der Tschechoslowakei und in Ungarn lebenden Deutschen zu. Als Folge von Flucht und Vertreibung verließen über zwölf Millionen Deutsche ihre Heimat.

M 2 **Standarten in den Staub**
In einem feierlich-pathetischen Akt senkte die siegreiche Rote Armee die Fahnen und Standarten von Wehrmacht und Waffen-SS bei der Moskauer Siegesparade in den Staub. Die Szene wiederholt, bewusst oder unbewusst, jenen Akt der Huldigung bei der Parade anlässlich Hitlers 50. Geburtstag am 20. April 1939 in Berlin, als eine breite Front von Fahnenträgern auf die Tribüne des Gewaltherrschers zumarschierte, abrupt Halt machte, die Fahnen senkte und damit jene Selbstentmachtung symbolisch vollendete, welche die Wehrmacht seit 1933 in Stufen vollzogen hatte.

Aus: M. Stürmer, Die Grenzen der Macht, Berlin 1990, S. 127.

Die Potsdamer Konferenz brachte nur provisorische Lösungen hervor. Die Ausarbeitung eines Friedensvertrages mit Deutschland wurde den Außenministern der vier Mächte und Chinas übertragen, die konkrete Besatzungspolitik sollte der Kontrollrat koordinieren. Gelingen oder Misslingen hingen nun allein vom guten Einvernehmen der beteiligten Mächte ab. Die geschichtliche Bedeutung der Konferenz bestand darin, dass sie die Verantwortung der vier Mächte für ganz Deutschland und speziell für Berlin begründete. Diese endete erst mit dem Deutschlandvertrag von 1990.

Von der Kooperation zur Konfrontation

Gemeinsam hatten die USA, Großbritannien und die Sowjetunion Hitler-Deutschland besiegt, gemeinsam wollten sie es zusammen mit Frankreich verwalten und zu einem demokratischen und entmilitarisierten Land umgestalten. Mit zunehmender zeitlicher Distanz zum Krieg traten jedoch grundlegende Gegensätze zwischen den Siegermächten auf.

Der amerikanische Präsident F. D. Roosevelt war der Überzeugung, dass die Kooperation zwischen den USA und der UdSSR auch nach Kriegsende dauerhaft fortgeführt werden könnte. Die – wenn auch mit Vorbehalten vorgenommene – Zustimmung Stalins zur Atlantik-Charta nährte solche Hoffnungen. Die amerikanische Regierung hatte die Zielvorstellung, nach Kriegsende eine die ganze Welt umspannende Ordnung durchzusetzen, die von den Grundsätzen der wirtschaftlichen und politischen Liberalität geprägt sein sollte („one world"). Die Idee einer globalen Friedensordnung fand ihren organisatorischen Ausdruck in der Gründung der Vereinten Nationen im Juni 1945.

Die USA hatten ein starkes Interesse am weltweiten Zugang zu den Rohstoff-, Absatz- und Finanzmärkten („open-door-policy") als Voraussetzung für eine gut funktionierende Wirtschaft und innenpolitische Stabilität. Dies erforderte weitgehend ähnliche Wirtschafts- und Gesellschaftsordnungen nach amerikanischem Vorbild sowie die Beseitigung von Handelshemmnissen.

Spaltung

Aufgrund der Vorgehensweise der Sowjetunion in Osteuropa geriet die Idee der „one world" zusehends in Widerspruch zu der politischen Wirklichkeit. Die Einsetzung einer sowjetfreundlichen Regierung in Polen schuf auf westlicher Seite ein Misstrauen, das im weiteren Verlauf durch die Sowjetisierung der osteuropäischen Staaten massiv verstärkt wurde. Die Bildung eines Sicherheitsgürtels („cordon sanitaire") – bestehend aus Satellitenstaaten – entsprach zweifellos den sowjetischen Sicherheitsinteressen, verletzte aber genauso unzweideutig das Ideal des Selbstbestimmungsrechts der Völker. Es zeigte sich, dass die Sowjetunion unter „Demokratie" etwas anderes verstand als der Westen.

Noch nicht im Besitz der Atombombe, wirtschaftlich schwach und mit hohen Kriegsverlusten belastet, empfand die Führung der UdSSR das amerikanische Wirtschaftskonzept als Bedrohung für ihre eigene, noch nicht gefestigte Großmachtstellung. Sie wollte nicht Juniorpartner der USA werden. Darum schloss sie ihren Machtbereich ab. Nach dem Sieg über den gemeinsamen Feind waren die Systemunterschiede zwischen Ost und West immer klarer zu Tage getreten. Fortan trennte ein „Eiserner Vorhang" Ost- und Westeuropa.

Eindämmung

Zwischen 1946 und 1948 kristallisierte sich jene bipolare Weltordnung heraus, die letztlich auf der Unvereinbarkeit der Systeme beruhte. Der Idealist F. D. Roosevelt erlebte das Scheitern seiner Politik nicht mehr. Während der Amtszeit seines Nachfolgers Truman (Präsident ab 1945) schlug die zunächst sehr sowjetfreundliche Stimmung der amerikanischen Öffentlichkeit um. Unmittelbar nach dem Krieg hatte die zukünftige innere Gestaltung des polnischen Staates für Verstimmung zwischen den Kriegsalliierten gesorgt. Die Sowjetisierung Polens durch Stalins Politik war zweifellos nicht das Ziel gewesen, für das die Westmächte gekämpft hatten. Allerdings lag Polen im Einflussbereich der Sowjetunion, sodass die Interventionsmöglichkeiten begrenzt waren. Als aber Großbritannien in dem zu seiner Interessensphäre zählenden Griechenland der Bedrohung durch eine kommunistische Bürgerkriegsstreitmacht nicht mehr Herr werden konnte, erklärten die USA die

Phase der Kooperation auch offiziell für beendet (1947). Die als expansiv angesehene Sowjetunion und die Ideologie des Kommunismus sollten weltweit eingedämmt werden (Truman-Doktrin). Die Eindämmung (containment) sollte sowohl mithilfe von militärischen als auch wirtschaftlichen Mitteln (NATO, Marshall-Plan) erfolgen.

Die Ausdehnung des sowjetischen Machtbereichs bis in die Mitte Europas war mittelbar eine Folge des vom nationalsozialistischen Deutschland entfesselten Krieges. Die Blockbildung und der einsetzende Kalte Krieg mussten Deutschland besonders betreffen, weil nunmehr die Konfrontationslinie mitten durch Deutschland verlief. Die Spaltung Europas und die Spaltung Deutschlands sind gleichermaßen das Ergebnis der Systemunterschiede zwischen Ost und West.

Das Scheitern der gemeinsamen Besatzungspolitik

Das Vorhaben, Deutschland gemeinsam zu verwalten und umzugestalten, scheiterte auch bald an den gegensätzlichen Interessen der Besatzungsmächte.

Die Briten hatten Versorgungsengpässe im eigenen Land und finanzierten die in Deutschland anfallenden Besatzungskosten zum Teil durch Kreditaufnahmen in den USA. Durch Zurückhaltung bei den Reparationen sollte die Fähigkeit der Deutschen zur Selbstversorgung verbessert werden.

Dem gleichen Ziel diente die amerikanische Forderung nach Herstellung der Wirtschaftseinheit durch Öffnung der sowjetischen und französischen Zonen zumindest für den Handel. Die Sowjetunion dagegen beharrte auf ihrer ursprünglichen Reparationsforderung von zehn Milliarden US-Dollar und beanspruchte über die Beteiligung an einer Viermächtekontrolle des zur britischen Zone gehörenden Ruhrgebietes Mitsprache auch im Westen. Ihr Sicherheitsdenken veranlasste die Franzosen, neben einer internationalen Kontrolle des Ruhrgebiets auch die Abtretung des Rheinlandes und Westfalens zu verlangen sowie die Angliederung des Saarlandes. Frankreich blockierte auch ständig die Einrichtung zentraler deutscher Verwaltungsstellen, wie sie in Potsdam, allerdings ohne französische Beteiligung, für wichtige Bereiche vereinbart worden waren. Über diese Probleme wurde im Kontrollrat und auch anlässlich des Zusammentreffens der Außenminister ergebnislos verhandelt. Im Zeichen wachsender Ost-West-Spannungen nahm die Kooperationsbereitschaft immer mehr ab. Dies gilt für Maßnahmen innerhalb der jeweiligen Zone, wo zunehmend separate Wege beschritten wurden, wie auch im Verhältnis der Besatzungsmächte untereinander. War die Wirtschaftseinheit insgesamt nicht herstellbar, so wollten Amerikaner und Briten durch Vereinigung ihrer Zonen der wirtschaftlichen Gesundung Vorrang geben vor dem Ringen um einheitliche Lösungen, die immer unwahrscheinlicher wurden. Der Zusammenschluss der Bi-Zone erfolgte zum 1. Januar 1947. Die wirtschaftlichen Möglichkeiten und Ressourcen sollten zusammengefasst und bis 1949 die ökonomische Selbstständigkeit des Gebiets erreicht werden. Das Angebot an Sowjets und Franzosen, sich diesem Schritt anzuschließen, wurde nicht angenommen. Lagen ursprünglich auch nur wirtschaftliche und administrative Gründe für diesen Schritt vor und wurde auch noch kein westdeutscher Staat

M 3

angestrebt, so zeitigte dies doch politische Wirkungen. So konnten, im Lichte der Ost-West-Auseinandersetzungen besehen, die Ansprüche der Sowjetunion auf das Ruhrgebiet zurückgewiesen und auf jene Gebiete beschränkt werden, wo sie ohnehin die Macht hatte. Gleichzeitig konnte der westliche Einfluss, wenn auch nur auf einen Teil Deutschlands, gesichert werden. Für die USA war Europa ein wichtiger Markt. Das vereinigte Wirtschaftsgebiet konnte nun leichter wirtschaftlich aufgebaut und dadurch gegen kommunistischen Einfluss besser abgeschirmt werden. Im Jahre 1947 fand die entscheidende Weichenstellung für die weitere Entwicklung im Nachkriegsdeutschland statt, denn die Bi-Zone wurde zur Keimzelle für den späteren westdeutschen Staat.

Chronologie

14. August 1941	Atlantik-Charta (amerikanisch-britische Erklärung über die Friedensziele)
14.–26. Januar 1943	Konferenz von Casablanca (USA und Großbritannien wollen den Krieg bis zur bedingungslosen Kapitulation Deutschlands fortsetzen.)
28. Nov.–1. Dez. 1943	Konferenz von Teheran (USA, Großbritannien und Sowjetunion planen die Aufteilung Deutschlands in mehrere Staaten.)
4.–11. Februar 1945	Konferenz von Jalta/Krim (USA, Großbritannien und Sowjetunion beschließen Besatzungszonen und Kontrollsystem in Deutschland und bereiten Besatzungspolitik vor.)
7. und 9. Mai 1945	Bedingungslose Kapitulation der deutschen Wehrmacht in Reims (7. Mai) und Berlin-Karlshorst (9. Mai)
17. Juli – 2. August 1945	Potsdamer Konferenz (Festlegung der Besatzungspolitik für Nachkriegsdeutschland und Neuordnung Europas)
30. August 1945	Errichtung des Alliierten Kontrollrats für Deutschland in Berlin
14. November 1945	Beginn des Nürnberger Prozesses gegen die Hauptkriegsverbrecher (bis 1. Okt. 1946)
11. März 1947	Truman-Doktrin (Eindämmung der Sowjetunion)

M 4 Ergebnisse der Potsdamer Konferenz

Sie wurden in Form einer amtlichen Verlautbarung am 2. August 1945 publiziert:

Politische und wirtschaftliche Grundsätze, deren man sich bei der Behandlung Deutschlands in der Anfangsperiode der Kontrolle bedienen muss:
A. Politische Grundsätze [...]
2. Soweit dieses praktisch durchführbar ist, muss die Behandlung der deutschen Bevölkerung in ganz Deutschland gleich sein.
3. Die Ziele der Besetzung Deutschlands, durch welche der Kontrollrat sich leiten lassen soll, sind:
(I) Völlige Abrüstung und Entmilitarisierung Deutschlands und die Ausschaltung der gesamten deutschen Industrie, welche für eine Kriegsproduktion benutzt werden kann. [...]
(II) Das deutsche Volk muss überzeugt werden, dass es eine totale militärische Niederlage erlitten hat und dass es sich nicht der Verantwortung entziehen kann für das, was es selbst dadurch auf sich geladen hat, dass seine eigene mitleidlose Kriegsführung und der fanatische Widerstand der Nazis die deutsche Wirtschaft zerstört und Chaos und Elend unvermeidlich gemacht haben.
(III) Die Nationalsozialistische Partei mit ihren angeschlossenen Gliederungen und Unterorganisationen ist zu vernichten [...]; jeder nazistischen und militaristischen Betätigung und Propaganda ist vorzubeugen.
(IV) Die endgültige Umgestaltung des deutschen politischen Lebens auf demokratischer Grundlage und eine eventuelle Mitarbeit Deutschlands am internationalen Leben sind vorzubereiten.
4. Alle nazistischen Gesetze, welche die Grundlage für das Hitlerregime geliefert haben oder eine Diskriminierung aufgrund der Rasse, Religion oder politischen Überzeugung errichteten, müssen abgeschafft werden. [...]
5. Kriegsverbrecher und alle diejenigen, die an der Planung und Verwirklichung nazistischer Maßnahmen, die Gräuel oder Kriegsverbrechen nach sich zogen, oder als Ergebnis hatten, teilgenommen haben, sind zu verhaften und dem Gericht zu übergeben. Nazistische Parteiführer, einflussreiche Nazianhänger [...] sind zu verhaften und zu internieren.
6. Alle Mitglieder der nazistischen Partei, welche mehr als nominell an ihrer Tätigkeit teilgenommen haben, und alle anderen Personen, die den alliierten Zielen feindlich gegenüberstehen, sind aus den öffentlichen oder halb öffentlichen Ämtern und von verantwortlichen Posten in wichtigen Privatunternehmungen zu entfernen. [...]
7. Das Erziehungswesen in Deutschland muss so überwacht werden, dass die nazistischen und militaristischen Lehrer völlig entfernt werden und eine erfolgreiche Entwicklung der demokratischen Ideen möglich gemacht wird.
8. Das Gerichtswesen wird entsprechend den Grundsätzen der Demokratie und der Gerechtigkeit auf der Grundlage der Gesetzlichkeit und der Gleichheit aller Bürger vor dem Gesetz ohne Unterschied der Rasse, der Nationalität und der Religion reorganisiert werden.
9. Die Verwaltung Deutschlands muss in Richtung auf eine Dezentralisation [...] durchgeführt werden. Zu diesem Zwecke:
(I) Die lokale Selbstverwaltung wird in ganz Deutschland nach demokratischen Grundsätzen [...] wiederhergestellt.
(II) In ganz Deutschland sind alle demokratischen politischen Parteien zu erlauben. [...]
(IV) Bis auf Weiteres wird keine zentrale deutsche Regierung errichtet werden, jedoch werden einige wichtige zentrale deutsche Verwaltungsabteilungen errichtet werden, an deren Spitze Staatssekretäre stehen, und zwar auf den Gebieten des Finanzwesens, des Außenhandels und der Industrie. [...]

Zit. nach: R. Steininger, Deutsche Geschichte 1945–1961, Bd. 1, Frankfurt/M. 1983, S. 75 ff.

M 5 Über die Potsdamer Konferenz (1945)

Der US-Diplomat George F. Kennan hat früher als andere die Unvereinbarkeit der Systeme erkannt. Er hat das Konzept der Eindämmungspolitik entwickelt:

Die Idee, Deutschland gemeinsam mit den Russen regieren zu wollen, ist ein Wahn. Ein ebensolcher Wahn ist es, zu glauben, die Russen und wir könnten uns eines schönen Tages höflich zurückziehen und aus dem Vakuum werde ein gesundes und friedliches, stabiles und freundliches Deutschland steigen. Wir haben keine andere Wahl, als unseren Teil von Deutschland – den Teil, für den wir und die Briten die Verantwortung übernommen haben – zu einer Form von Unabhängigkeit zu führen, die so befriedigend, so gesichert, so überlegen ist, dass der Osten sie nicht gefährden kann. Das ist eine gewaltige Aufgabe für Amerikaner. Aber sie lässt sich nicht umgehen; und hierüber, nicht über undurchführbare Pläne für eine gemeinsame Militärregierung, sollten wir uns Gedanken machen. Zugegeben, dass das Zerstückelung bedeutet, aber die Zerstückelung ist bereits Tatsache, wegen der Oder-Neiße-Linie. Ob das Stück Sowjetzone wieder mit Deutschland verbun-

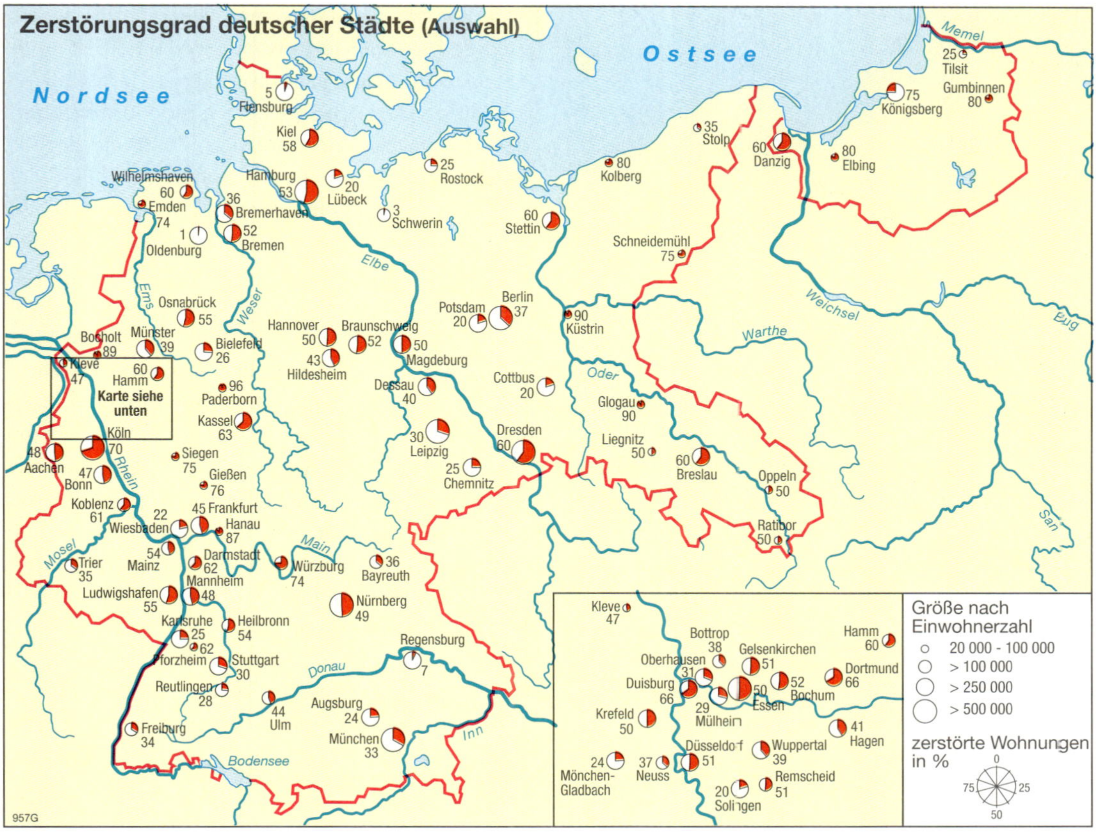

M 6

den wird oder nicht, ist jetzt nicht wichtig. Besser ein zerstückeltes Deutschland, von dem wenigstens der westliche Teil als Prellbock für die Kräfte des Totalitarismus wirkt, als ein geeintes Deutschland, das diese Kräfte wieder bis an die Nordsee vorlässt. […]

G. F. Kennan, Memoiren eines Diplomaten, Stuttgart 1968, S. 262 f.

M 7 Die Not der Besiegten

Der Historiker Rolf Steininger schildert die Umstände der „Stunde Null":

Dem totalen Krieg folgte die totale Niederlage. Deutschland – als Staat, als Nation, als Volk – schien im Sommer 1945 am Ende. Auch wenn es in der Geschichte des deutschen Volkes keine Stunde Null gibt, den Zeitgenossen erschien die Stunde der Kapitulation als die Stunde Null, Ende und Anfang zugleich: das Ende des Sterbens, der Bombennächte in feuchten Luftschutzkellern, der Standgerichte, für viele das Ende einer Illusion, für 700 000 Überlebende in den KZs das Ende ihrer Qualen. Und es war der Anfang des Improvisierens, des Überlebens, der Trümmerfrauen, der Schwarzmarktzeit, der Zigaretten- und Schokoladenwährung, der Kippensammler und der Hoffnung auf eine bessere Zeit.

Wohin man auch blickte, überall bot sich das gleiche Bild: Trümmerhaufen, aus denen nicht selten noch der Leichengeruch emporstieg: 4 Millionen deutsche Soldaten waren gefallen, fast ebenso viele Zivilpersonen umgekommen. Die Städte lagen in Schutt und Asche, ihre Zentren waren zu 60, 70, 80 % zerstört; einige hatten besonders schwere Angriffe erlebt.

Berlin lag in Trümmern. „Experten" rechneten damals aus, dass allein für deren Räumung 16 Jahre lang täglich 10 Güterzüge mit je 50 Waggons erforderlich sein würden. Wo vor dem Krieg 4,3 Millionen Menschen lebten, waren es nach der Kapitulation noch 2,8 Millionen. Mehr als ½ Million Wohnungen waren zerstört; durch Bomben und anschließende Demontage war das Industriepotenzial um 85 % verringert worden.

Köln war zu 72 % zerstört, von ehemals 770 000 Einwohnern hausten noch 40 000 in diesen Trümmern. Düsseldorf war zu 90 % unbewohnbar, in Frankfurt waren 80 000 von 180 000 Gebäuden beschädigt, in Hannover lag die Zahl der völlig unbeschädigten Häuser unter 1 %. Nicht nur die Großstädte, auch kleinere Städte wie Hildesheim, Heilbronn, Paderborn hatten schwer gelitten. Der alliierte Bombenkrieg hatte sich in den letzten Wochen des Krieges

M 8 **In einer südwestdeutschen Stadt** hat ein amerikanischer Panzer ein Pferd totgefahren. Einwohner schlachten das Pferd aus – der Hunger treibt sie dazu an.

so weit verselbstständigt, dass er sich nicht mehr lokalisieren ließ und sich schließlich wie eine Naturkatastrophe ausgetobt hatte. Obdachlosigkeit wurde zum Massenproblem.
Im Trümmerhaufen Deutschland standen 14 Millionen Haushaltungen 1946 nur 8 Millionen Wohnungen gegenüber. Das bedeutete Überbelegung des Wohnraumes oder Lagerleben; von abends 9 bis morgens 6 Uhr bestand Ausgehverbot, in den ersten Wochen nach der Kapitulation waren Erschießungen an der Tagesordnung; 10 Millionen Zwangsarbeiter (DPs – Displaced Persons) aus allen Teilen Europas wollten zurück in ihre Heimat; viele von ihnen nahmen nach ihrer Befreiung Rache an den Deutschen, viele zogen plündernd durchs Land; ihre Rückführung in ihre Heimatländer wurde zu einem zusätzlichen Problem für die Sieger. Soziale Bindungen waren vielfach zerrissen; Millionen Soldaten befanden sich in Gefangenschaft, eine Million wurde vermisst; beim Roten Kreuz stapelten sich die Suchanträge, im Oktober 1946 waren es 10 Millionen. Und die Menschen hungerten schon bald, mit Ausnahme der Landbevölkerung, der es nach wie vor gut ging.
Der Völkerbund hatte 1936 Richtlinien festgelegt, nach denen ein Mensch, der 8 Stunden arbeitete, 3 000 Kalorien pro Tag, und bei völliger Ruhe immer noch 1 600 Kalorien zum Leben brauchte. Die Briten setzten die tägliche Minimalration auf 1 150 Kalorien fest, auch sie wurde in der Praxis weit unterschritten. Im Juli 1945, zu einem Zeitpunkt, als noch Vorräte aus dem Krieg in Deutschland lagerten, erhielt z. B. jeder Erwachsene in Essen nur 700–800 Kalorien pro Tag; wenn man Glück hatte, bekam man seine tägliche Ration: zwei Scheiben Brot, einen Löffel Milchsuppe, zwei kleine Kartoffeln. In Köln litten Ende 1945 88 % der Kinder unter Untergewicht; in der amerikanischen Zone – in der die Versorgungslage noch am besten von allen vier Zonen war – lag das durchschnittliche Gewicht eines männlichen Erwachsenen Mitte 1946 bei etwa 51 kg – und es sank weiter; es kam vor, dass tagelang überhaupt kein Brot verteilt wurde, dass – so in Hamburg im März 1946 – in 2 Wochen die gesamte Monatsration an Brot aufgegessen war.
Die Ernährungslage verschärfte sich beinahe täglich. Es kamen jene „hungrigen Mägen" hinzu, die Churchill schon während der Potsdamer Konferenz gefürchtet hatte: Flüchtlinge und Vertriebene aus den deutschen Ostgebieten. Die Gesamtzahl ging in die Millionen; allein zwei bis drei Millionen starben auf der Flucht in den Westen.

R. Steininger, Deutsche Geschichte 1945–1961, Darstellung und Dokumente in zwei Bänden, Bd. 1, Frankfurt/M. 1983, S. 87 ff.

M 9 Der 8. Mai – Ein Gedenktag

Aus Anlass des 40. Jahrestages der Beendigung des Zweiten Weltkrieges am 8. Mai 1945 hielt der damalige Bundespräsident Richard von Weizsäcker eine Rede (1985):

Viele Völker gedenken heute des Tages, an dem der Zweite Weltkrieg in Europa zu Ende ging. Seinem Schicksal gemäß hat jedes Volk dabei seine eigenen Gefühle. Sieg oder Niederlage, Befreiung von Unrecht und Fremdherrschaft oder Übergang zu neuer Abhängigkeit, Teilung, neue Bündnisse, gewaltige Machtverschiebungen – der 8. Mai 1945 ist ein Datum von entscheidender historischer Bedeutung in Europa. […]
Der 8. Mai ist für uns vor allem ein Tag der Erinnerung an das, was Menschen erleiden mussten. Er ist zugleich ein Tag des Nachdenkens über den Gang unserer Geschichte. Je ehrlicher wir ihn begehen, desto freier sind wir, uns seinen Folgen verantwortlich zu stellen.
Der 8. Mai ist für uns Deutsche kein Tag zum Feiern. Die Menschen, die ihn bewusst erlebt haben, denken an ganz persönliche und damit ganz unterschiedliche Erfahrungen zurück. Der eine kehrte heim, der andere wurde heimatlos. Dieser wurde befreit, für jenen begann die Gefangenschaft. Viele waren einfach nur dafür dankbar, dass Bombennächte und Angst vorüber und sie mit dem Leben davongekommen waren. Andere empfanden Schmerz über die vollständige Niederlage des

eigenen Vaterlandes. Verbittert standen Deutsche vor zerrissenen Illusionen, dankbar andere Deutsche für den geschenkten neuen Anfang.
Es war schwer, sich alsbald klar zu orientieren. Ungewissheit erfüllte das Land. Die militärische Kapitulation war bedingungslos. Unser Schicksal lag in der Hand der Feinde. Die Vergangenheit war furchtbar gewesen, zumal auch für viele dieser Feinde. Würden sie uns nun nicht vielfach entgelten lassen, was wir ihnen angetan hatten?
Die meisten Deutschen hatten geglaubt, für die gute Sache des eigenen Landes zu kämpfen und zu leiden. Und nun sollte sich herausstellen: Das alles war nicht nur vergeblich und sinnlos, sondern es hatte den unmenschlichen Zielen einer verbrecherischen Führung gedient.
[...] Und dennoch wurde von Tag zu Tag klarer, was es heute für uns alle gemeinsam zu sagen gilt: Der 8. Mai war ein Tag der Befreiung. Er hat uns alle befreit von dem menschenverachtenden System der nationalsozialistischen Gewaltherrschaft.
Niemand wird um dieser Befreiung willen vergessen, welche schweren Leiden für viele Menschen mit dem 8. Mai erst begannen und danach folgten. Aber wir dürfen nicht im Ende des Krieges die Ursache für Flucht, Vertreibung und Unfreiheit sehen. Sie liegt vielmehr in seinem Anfang und im Beginn jener Gewaltherrschaft, die zum Krieg führte.
Wir dürfen den 8. Mai 1945 nicht vom 30. Januar 1933 trennen.

Zit. nach: Bulletin Nr. 52, S. 441, hrsg. vom Presse- und Informationsamt der Bundesregierung.

M 10 Richtlinien für die amerikanische Besatzungspolitik (1945)

Direktive der amerikanischen Stabschefs an den Oberbefehlshaber der US-Besatzungstruppen in Deutschland (JCS 1067):

[...] Grundlegende Ziele der Militärregierung in Deutschland
a) Es muss den Deutschen klar gemacht werden, dass Deutschlands rücksichtslose Kriegsführung und der fanatische Widerstand der Nazis die deutsche Wirtschaft zerstört und Chaos und Leiden unvermeidlich gemacht haben, und dass sie nicht der Verantwortung für das entgehen können, was sie selbst auf sich geladen haben.
b) Deutschland wird nicht besetzt zum Zwecke seiner Befreiung, sondern als ein besiegter Feindstaat. Ihr Ziel ist nicht die Unterdrückung, sondern die Besetzung Deutschlands, um gewisse wichtige alliierte Absichten zu verwirklichen. Bei der Durchführung der Besetzung und Verwaltung müssen Sie gerecht, aber fest und unnahbar sein. Die Verbrüderung mit deutschen Beamten und der Bevölkerung werden Sie streng unterbinden.
c) Das Hauptziel der Alliierten ist es, Deutschland daran zu hindern, je wieder eine Bedrohung des Weltfriedens zu werden. Wichtige Schritte zur Erreichung dieses Zieles sind die Ausschaltung des Nazismus und des Militarismus in jeder Form, die sofortige Verhaftung der Kriegsverbrecher zum Zwecke der Bestrafung, die industrielle Abrüstung und Entmilitarisierung Deutschlands mit langfristiger Kontrolle des deutschen Kriegspotenzials und die Vorbereitungen zu einem späteren Wiederaufbau des deutschen politischen Lebens auf demokratischer Grundlage. [...]

Deutscher Lebensstandard
[...] Sie [als der Oberbefehlshaber] werden alle durchführbaren wirtschaftlichen und polizeilichen Maßnahmen ergreifen, um sicherzustellen, dass die deutschen Hilfsquellen voll ausgenutzt werden und der Verbrauch auf dem Mindestmaß gehalten wird, damit die Einfuhren streng begrenzt und Überschüsse für die Besatzungsstreitkräfte, verschleppte Personen und Kriegsgefangene der Vereinten Nationen sowie für Reparationszwecke verfügbar gemacht werden können. Sie werden nichts unternehmen, was geeignet wäre, den Mindestlebensstandard in Deutschland auf einem höheren Niveau zu erhalten als in irgendeinem benachbarten Mitgliedstaat der Vereinten Nationen. [...]

Zit. nach: W. Cornides, H. Volle, Um den Frieden mit Deutschland, Oberursel 1948, S. 58 ff.

M 11 Churchill: Eiserner Vorhang

Durch die Rede, die Winston Churchill am 5. März 1946 in Fulton (USA) hielt, wurde „Eiserner Vorhang" zu einer stehenden Redewendung:

Ein Schatten ist auf die Erde gefallen, die erst vor kurzem durch den Sieg der Alliierten hell erleuchtet worden ist. Niemand weiß, was Sowjetrussland und die kommunistische internationale Organisation in der nächsten Zukunft zu tun gedenken oder was für Grenzen ihren expansionistischen und Bekehrungstendenzen gesetzt sind, wenn ihnen überhaupt Grenzen gesetzt sind. [...]
Von Stettin an der Ostsee bis hinunter nach Triest an der Adria ist ein „Eiserner Vorhang" über den Kontinent gezogen. Hinter jener Linie liegen alle Hauptstädte der alten Staaten Zentral- und Osteuropas: Warschau, Berlin, Prag, Wien, Budapest, Bel-

grad, Bukarest und Sofia. Alle jene berühmten Städte liegen in der Sowjetsphäre und alle sind sie in dieser oder jener Form nicht nur dem sowjetrussischen Einfluss ausgesetzt, sondern auch in ständig zunehmendem Maße der Moskauer Kontrolle unterworfen. [...] Die kommunistischen Parteien, die in allen diesen östlichen Staaten Europas bisher sehr klein waren, sind überall großgezogen worden, sie sind zu unverhältnismäßig hoher Macht gelangt und suchen jetzt überall die totalitäre Kontrolle an sich zu reißen. [...]

Zit. nach: H. Weber, Kleine Geschichte der DDR, Köln 1980, S. 39.

M 12 Die Weltlage aus sowjetischer Sicht

Aus einem Referat von Andrei Shdanow, der als Nachfolger Stalins galt (1947):

Die Beendigung des 2. Weltkrieges führte zu wesentlichen Veränderungen in der gesamten internationalen Lage. Die militärische Zerschmetterung des Blocks der faschistischen Staaten, der antifaschistische Charakter des Befreiungskrieges sowie die entscheidende Rolle der Sowjetunion bei dem Sieg über die faschistischen Aggressoren haben das Kräfteverhältnis zwischen den beiden Systemen – dem sozialistischen und dem imperialistischen – stark zugunsten des Sozialismus verändert [...].
Die internationale Bedeutung und die Autorität der UdSSR sind infolge des Krieges unermesslich gestiegen. Die UdSSR war die führende Kraft und die Seele der militärischen Zerschmetterung Deutschlands und Japans. Um die Sowjetunion schlossen sich die demokratischen, progressiven Kräfte der ganzen Welt zusammen. Der sozialistische Staat bestand die schwersten Prüfungen des Krieges und ging aus dem Kampf auf Leben und Tod gegen den ungeheuer starken Feind als Sieger hervor. Statt zu einer Schwächung der UdSSR kam es zu einer Stärkung. [...]
Konkrete Ausdrucksformen der expansionistischen Bestrebungen in den USA stellen gegenwärtig die „Truman-Doktrin" und der „Marshall-Plan" dar. Diese beiden Dokumente sind im Grunde genommen der Ausdruck der gleichen Politik, obwohl sie sich in der Form unterscheiden, in der in beiden Dokumenten ein und derselbe amerikanische Anspruch auf die Versklavung Europas serviert wird.
Die Hauptpunkte der „Truman-Doktrin" im Hinblick auf Europa sind folgende: 1. Schaffung amerikanischer Stützpunkte im Ostteil des Mittelmeerbeckens mit dem Ziel, die amerikanische Herrschaft in dieser Zone zu behaupten. 2. Demonstrative Unterstützung des reaktionären Regimes in Griechenland und in der Türkei als Bastionen des amerikanischen Imperialismus gegen die neue Demokratie auf dem Balkan (Erweisung militärischer und technischer Hilfe an Griechenland und die Türkei, Gewährung von Anleihen). 3. Ständiger Druck auf die Staaten der neuen Demokratie. [...] Die „Truman-Doktrin", die darauf berechnet ist, jedem reaktionären Regime amerikanische Hilfe zu gewähren, das den demokratischen Völkern aktiv entgegentritt, trägt einen unverhüllt aggressiven Charakter.

Zit. nach: H.-J. Lieber, K.-H. Ruffmann (Hg.), Sowjetkommunismus, Dok. Bd. 2, Köln 1964, S. 603 f.

Aufgaben

1. Nennen Sie die wichtigsten Ziele und Ergebnisse der Potsdamer Konferenz für Deutschland.
   → Text, M3, M4, M10
2. Beschreiben Sie die Situation in Deutschland unmittelbar nach der Kapitulation.
   → M1, M3, M6–M8
3. Fassen Sie zusammen, wie G. F. Kennan die Beschlüsse der Potsdamer Konferenz beurteilt. Welches Vorgehen schlägt er vor?
   → M5
4. Welche Bedeutung kommt dem 8. Mai 1945 aus der Sicht des ehemaligen Bundespräsidenten Richart von Weizsäcker zu?
   → M9
5. Analysieren Sie die Anweisung in Bezug auf die Ziele der amerikanischen Besatzungspolitik.
   → M10
6. Wie begründete der britische Premierminister W. Churchill seine Aussage, Europa sei durch einen Eisernen Vorhang getrennt?
   → M11
7. Kennzeichnen Sie das Selbstverständnis der Sowjetunion nach dem Zweiten Weltkrieg. Wie schätzt Shdanow die Politik der USA ein?
   → M12
8. Charakterisieren Sie zusammenfassend die veränderte politische Haltung der Siegermächte zueinander und Deutschland gegenüber. Diskutieren Sie, inwiefern eine innere Zwangsläufigkeit in der Entstehung des Ost-West-Konflikts lag.
   → Text, M5, M11, M12

3.2 Von der Neuordnung zur Bundesrepublik Deutschland

Entnazifizierung: Bestrafung und Umerziehung

Wesentliches Ziel der Besetzung und Kontrolle Deutschlands durch die Siegermächte war die Beseitigung des Nationalsozialismus. Dies sollte durch die Verfolgung und Bestrafung der Schuldigen an den im deutschen Namen begangenen Verbrechen sowie durch die Umerziehung der Deutschen zur Demokratie geschehen. Über die verbliebene NS-Führungselite wurde in Nürnberg Gericht gehalten. Viele Verantwortliche für NS-Verbrechen hatten sich durch Untertauchen oder Flucht ins Ausland dem Richter entzogen. Andere galten als unbescholten, bis ihre Täterschaft oft nur durch Zufall bekannt wurde. Zuerst erschwerte die fehlende Zuständigkeit deutscher Gerichte, dann das verspätete Interesse der deutschen Strafjustiz die Ahndung von NS-Verbrechen. Im Sinne der Potsdamer Vereinbarungen mussten grundsätzlich alle Deutschen über 18 Jahre sich einem Entnazifizierungsverfahren unterwerfen.

Ihnen wurde ein Fragebogen vorgelegt, mit dessen Hilfe das Verhalten im Dritten Reich erfragt wurde. Betroffen waren vor allem jene, die in NS-Organisationen mitgearbeitet beziehungsweise den NS-Staat in den verschiedensten gesellschaftlichen Funktionen unterstützt hatten. Sie wurden von Spruchkammern nach der Schwere ihrer Schuld als Entlastete, Mitläufer, Minderbelastete, Belastete und Hauptschuldige eingestuft und mit entsprechenden Zwangsmaßnahmen, wie Internierung, Berufsverbot oder Haft belegt. Der Einfluss von ehemaligen Nazis auf das öffentliche Leben sollte dadurch unmöglich gemacht werden.

Das Verfahren war allerdings nicht geeignet, das angestrebte Ziel zu erreichen: Der Kreis der von Entnazifizierungsverfahren Betroffenen war zu groß gewählt. Die Bearbeitung beanspruchte zu viel Zeit. Der

M 1 „Habe ich den nicht schon mal gesehen?"
Ein Memorandum des Education Branch der britischen Militärregierung vom 13. August 1948 stellt fest:
„Wir stimmten alle überein, dass „re-education" einer der Hauptzwecke unserer Besatzung ist. Es muss jedoch daran erinnert werden, dass es kein Wort gibt, das die Deutschen, auch die am freundlichsten Gesinnten unter ihnen, so sehr verabscheuen wie dieses und dass es keines gibt, das so energische Reaktionen hervorzurufen geeignet ist",
britische Karikatur von 1947.

Text aus: A. M. Birke, Nation ohne Haus, Berlin 1989, S. 84.

M 2 **Vergangene Insignien der Macht**
In Trier werden unter alliierter Bewachung Überbleibsel des „Dritten Reiches" entfernt, Mai 1945.

Umfang der begangenen Verbrechen wurde erst nach und nach bekannt. Belastete kamen wieder in Amt und Würden, nur weil sie beim Wiederaufbau gebraucht wurden. Es gab eine Tendenz, Schuldige möglichst zu rehabilitieren und lediglich als Mitläufer einzustufen. Ehemalige Nationalsozialisten brachten in großem Umfange entlastende Schreiben von unbelasteten Personen vor – so genannte Persilscheine. Zu Anfang der Verfahren wurden für schuldhaftes Verhalten härtere Maßstäbe angelegt als später unter dem Eindruck des Kalten Krieges.

Zwar hatte die Entnazifizierung gezeigt, wie schwierig es oft im Einzelfall war, individuelle Schuld nachzuweisen, doch die Millionen Opfer von Krieg und Gewaltherrschaft belasteten das deutsche Volk als Ganzes, unabhängig von individuellem Verhalten, mit einer kollektiven Verantwortung. Um solche Verbrechen künftig auszuschließen, sollten den Deutschen demokratische Verhaltensweisen anerzogen werden (re-education). Mit diesem Ziel nahmen die Besatzungsmächte Einfluss auf das Bildungswesen und auf die Massenmedien. Die von ihnen herausgegebenen Nachrichtenblätter wurden nach und nach durch Lizenzzeitungen deutscher Herausgeber abgelöst.

Der Rundfunk wurde nach britischem Vorbild öffentlich-rechtlich organisiert, das heißt er sollte sowohl der Regierungskontrolle als auch dem Zugriff großer privater Organisationen entzogen werden.

Demokratischer Neuanfang

Ein wesentliches Ziel der Alliierten in Deutschland war eine grundlegende Umgestaltung durch Schaffung demokratischer Strukturen. Anlässlich der Potsdamer Konferenz wurden zu diesem Zweck die Meinungs-, Presse- und Versammlungsfreiheit, die Zulassung politischer Parteien, ein dezentraler Staatsaufbau mit gemeindlicher Selbstverwaltung und die Neugründung von Ländern sowie die Entflechtung der hoch konzentrierten deutschen Wirtschaft vereinbart.

Parteien und Gewerkschaften

Nach einer Übergangszeit erlaubten die Alliierten Parteien und Gewerkschaften, allerdings nur auf lokaler Ebene und nur unter ihrer Kontrolle. In den Westzonen erhielten neben regional orientierten politischen Gruppierungen wie der Christlich-Sozialen Union (CSU), der Zentrumspartei, der Deutschen Partei und der Bayernpartei insbesondere die Sozialdemokratische Partei Deutschlands (SPD), die Christlich-Demokratische Union (CDU), die Kommunistische Partei Deutschlands (KPD) sowie die Liberalen unter verschiedenen Bezeichnungen (FDP, LDP, DVP) entsprechende Zulassungen. Der Zusammenschluss auf Länder- und Zonenebene war anfänglich verboten und später durch den Mangel an Verkehrs- und Kommunikationsmitteln erschwert. Abgesehen von CDU und CSU war dies für die Parteien nur organisatorisch ein totaler Neuanfang, nicht aber personell und programmatisch. Sie konnten an frühere Traditionen, insbesondere an die Zeit der Weimarer Republik, anknüpfen.

Parallel zu den Parteigründungen vollzog sich der Neuaufbau der Gewerkschaften ab September 1945. In Abkehr von Weimar wurde eine weltanschaulich neutrale, das heißt nicht an einzelne Parteirichtungen gebundene Einheitsgewerkschaft angestrebt. Im Gegensatz zu den früheren Richtungsgewerkschaften sollte darin eine Zusammenfassung aller Arbeitnehmer und damit eine mächtige Arbeitnehmervertretung möglich werden. Im April 1947 erfolgte die Gründung des Deutschen Gewerkschaftsbundes in der britischen Zone.

Aufbau der Verwaltung

Weil die Militärbehörden eine totale Übernahme aller Verwaltungstätigkeiten überfordert hätte, ernannten sie unmittelbar nach ihrem Einmarsch als unbelastet geltende Deutsche zu Bürgermeistern und Landräten. Erst 1946 fanden in allen Zonen Gemeinde- und Kreistagswahlen statt. Bald wurden auch auf Länderebene Regierungen mit beschränkten Befugnissen eingesetzt. Später erfolgte die Bildung zusätzlicher beratender Ausschüsse mit der Funktion von Parlamenten.

Ernannte, später gewählte Gremien erarbeiteten Verfassungsentwürfe, die nach Genehmigung durch die jeweilige Besatzungsmacht durch Volksabstimmung angenommen wurden. Aus danach abgehaltenen Landtagswahlen gingen demokratisch legitimierte Parlamente und Länderregierungen hervor.

Parallel zum Aufbau der Länder entstand die Bi-Zonen-Wirtschaftsverwaltung. Ein von den Landtagen gewählter Wirtschaftsrat erhielt legislative Zuständigkeiten für die Bereiche Wirtschaft, Finanzen, Ernährung und Landwirtschaft, Verkehr und Post. Somit eröffnete sich für deutsche Organe ein – wenn auch begrenzter – Handlungsspielraum.

Reparationen

Mit der Forderung nach Reparationen (Kriegsentschädigungen) verfolgten Deutschlands Kriegsgegner vor allem zwei Ziele: Durch Sachlieferungen, durch Beschlagnahmungen der Auslandsguthaben und die Nutzung deutscher Arbeitskräfte sollte der von Deutschland angerichtete materielle Schaden wieder gutgemacht werden. Mit der Demontage von industriellen Anlagen wiederum beabsichtigte man gleichzeitig die Zerschlagung der deutschen Kriegsindustrie und die Schwächung der deutschen Wirtschaft in einem Maße, dass von Deutschland auf absehbare Zeit keine Kriegsgefahr mehr ausgehen würde. Nach den Vereinbarungen der Potsdamer Konferenz sollte der durchschnittliche Lebensstandard der deutschen Bevölkerung den der anderen europäischen Länder nicht übersteigen. Im Industrieplan von 1946 legten die Besatzungsmächte dementsprechend die Produktionsleistung der deutschen Industrie auf 50 bis 55 Prozent der Produktion von 1938 fest.

Marshallplan

M 3

Die deutsche Industrie war nicht so stark zerstört, wie dies unmittelbar nach dem Krieg allgemein angenommen worden war. Die deutsche Wirtschaft verfügte im Gegenteil über einen relativ modernen Produktionsapparat, da kurz vor und während des Krieges in erheblichem Umfang investiert worden war. Zwar behinderten die unmittelbar nach der Besatzung beginnenden Entnahmen der Sieger und die immer unüberwindbarer werdenden Zonengrenzen die Entfaltung der Wirtschaft, dennoch konnte bis Herbst 1946 ein kräftiger Aufschwung verzeichnet werden.

Aufgrund des harten Winters 1946/47 kam es vor allem in der Bi-Zone zu einem Rückgang beziehungsweise Stillstand der Produktionstätigkeit wegen Energiemangels. Die Verschlechterung der Ernährungslage führte zu Demonstrationen und Arbeitskämpfen. Allerdings fiel die Wirtschaftskrise zeitlich mit einem politischen Umdenken in den USA zusammen. Bei Amerikanern und Briten trat mit Fortdauer der Besatzung das Ziel, Deutschland wirtschaftlich wieder auf eigene Beine zu stellen, immer klarer hervor. Die Not der Deutschen und die Kosten der Nahrungsmittellieferungen erschienen ihnen

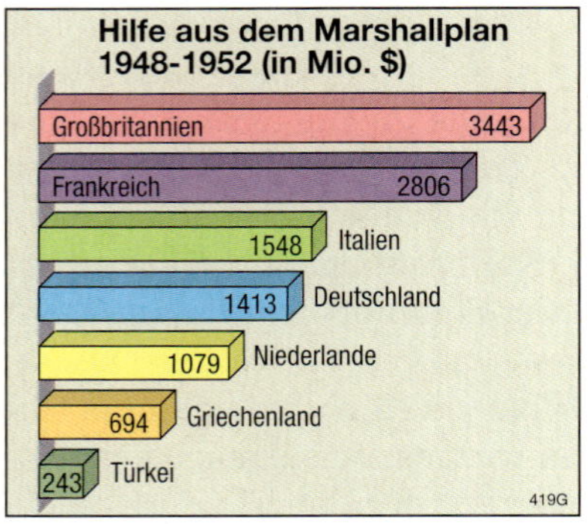

M 4

auf Dauer zu groß. Außerdem änderte sich die politische Haltung der USA aufgrund der sich verschärfenden Ost-West-Spannungen. Das European Recovery Program (ERP) – so die offizielle Bezeichnung für den Marshallplan – stellte einen Wendepunkt in der amerikanischen Nachkriegspolitik dar und erfolgte im Zusammenhang mit der Truman-Doktrin.

Die USA boten allen europäischen Staaten Hilfe beim Wiederaufbau ihrer Wirtschaft an. Ein entsprechender Plan wurde besonders von dem damaligen US-Außenminister George C. Marshall verfolgt. Die Sowjetunion und auf deren Druck hin auch alle mittelost- und osteuropäischen Staaten lehnten das Angebot ab.

Mögliche Motive für das amerikanische Hilfsangebot waren:
Es diente der ökonomischen Stabilisierung der europäischen Volkswirtschaften und damit auch der politischen Immunisierung gegenüber dem Kommunismus. Es trug somit zur Eindämmung des sowjetischen Einflusses in Europa bei. Außerdem ermöglichte es die Expansion des amerikanischen Handels auf den europäischen Märkten. Der ökonomische Wiederaufbau Westeuropas sollte nicht mehr durch die Ausbeutung Westdeutschlands mittels Reparationen, sondern vielmehr durch amerikanische Finanzhilfe an Deutschlands Gläubiger erreicht werden.

Bis Ende 1951 erhielten die westeuropäischen Länder etwa 12,4 Milliarden US-Dollar, teils als Geschenk, teils als Kredit, wofür Güter vorwiegend aus den USA bezogen werden konnten. Die Westzonen wurden im April 1948 in das Programm einbezogen. Westdeutschland erhielt bis Ende 1957 etwa 1,7 Milliarden US-Dollar, von denen eine Milliarde innerhalb von 30 Jahren zurückzuzahlen war.

Eigentumsordnung

In der Frage der künftigen Eigentumsordnung bestand unmittelbar nach dem Krieg ein breiter Konsens im Sinne antikapitalistischer Strömungen. In den ersten Nachkriegsjahren forderten SPD, CDU und Gewerkschaften nahezu übereinstimmend eine gerechtere Sozialordnung, die den politischen Missbrauch wirtschaftlicher Macht künftig ausschließen sollte. Ein Zusammenhang zwischen der vorher in Deutschland bestehenden Eigentumsordnung und der Naziherrschaft und dem Krieg wurde dabei unterstellt. Dies lief auf die Sozialisierung vor allem des Kohlebergbaus und der Eisen- und Stahlindustrie sowie auf mehr Mitbestimmung der Arbeitnehmer bei wirtschaftlichen Entscheidungen hinaus. Dies schien vor allem in der britischen Zone, wo die fraglichen Betriebe an Rhein und Ruhr konzentriert lagen, geboten und angesichts einer von der Labour-Partei geführten britischen Regierung auch möglich. Sozialisierungsexperimente und die Einschränkung der freien Unternehmertätigkeit gefährdeten aber nach Ansicht der USA die Effizienz der aufzubauenden deutschen Wirtschaft und belasteten wegen der notwendigen Hilfslieferungen den amerikanischen Steuerzahler. Die Amerikaner machten ihr weiteres finanzielles Engagement – sie übernahmen Ende 1947 den Großteil der finanziellen Lasten in der Bi-Zone – von einer antisozialistischen Politik abhängig. Angewiesen auf die amerikanische Unterstützung, hatten die Briten die Handlungsfreiheit in ihrer Zone verloren.

Der von den Besatzungsmächten vorgegebene Wille war für Deutschland verbindlich. Auch veränderten sich zum Teil bei den Deutschen selbst die politischen Anschauungen. So distanzierte sich mit dem Erstarken des bürgerlichen Flügels in der CDU diese Partei zunehmend von ihrem ursprünglichen Sozialisierungsprogramm. Auch nahm der wirtschaftliche Aufschwung dieser Forderung ihre ursprüngliche Bedeutung. So strebten die Gewerkschaften nachdrücklich in den Betrieben und auf Unternehmensebene die Mitbestimmung der Beschäftigten an. Hinsichtlich der entflochtenen Betriebe gelang ihnen dabei bereits 1947 ein Erfolg, der für die im Jahre 1951 erkämpfte paritätische Mitbestimmung in der Montanindustrie Modellcharakter hatte. Anfang der 50er-Jahre wurden die privatwirtschaftlichen Besitzverhältnisse wiederhergestellt, als die ursprünglich für eine Sozialisierung vorgesehenen und nunmehr entflochtenen Unternehmen von den alten Eigentümern wieder übernommen wurden.

Währungsreform

Die Kriegsfinanzierung mit der Notenpresse hatte die Reichsmarkwährung durch eine inflationäre Geldvermehrung zerrüttet. Lohn- und Preisstopp, Bewirtschaftung und Rationierung hatten den Geldüberhang bis Kriegsende verschleiert. Nur in Verbindung mit Lebensmittelkarten und Bezugsscheinen behielt das Geld offiziell seinen Wert. Längst jedoch wurden inoffiziell und verbotenerweise auf dem Schwarzmarkt um das Mehrfache überhöhte Preise für Mangelartikel bezahlt. Das Geld hatte seine Aufgabe als allgemeines Tauschmittel verloren. Zigaretten und Ähnliches traten an seine Stelle. Weil der Schwarzhandel einträglicher war als zu arbeiten, waren viele Menschen in Deutschland unterwegs, um das Nötigste, vor allem Nahrungsmittel, zu beschaffen. Der Naturaltausch verhinderte die Entfaltung der wirtschaftlichen Kräfte. Über die dringend notwendige Währungsumstellung für ganz Deutschland konnte im Kontrollrat keine Einigung erzielt werden, doch liefen bei den Alliierten schon seit geraumer Zeit die Vorbereitungen für diese Maßnahme. In den USA wurde schon seit Oktober 1947 neues Geld gedruckt. Deutsche Fachleute durften lediglich Hilfsdienste bei der Vorbereitung leisten, eine wirkliche Einflussnahme blieb ihnen verwehrt. Stichtag der Währungsreform in den drei Westzonen war der 20. Juni 1948. Die Sowjetunion zog in ihrer Zone drei Tage später nach. Damit war eine der letzten Gemeinsamkeiten, das Band der Währungseinheit, zwischen Ost- und Westdeutschland zerschnitten und die deutsche Spaltung noch sichtbarer geworden. Größter Nutznießer dieser Reform war der Staat, der sich bei einer Reichsschuld von fast 400 Milliarden Reichsmark nahezu vollständig entschuldete. Die Geldwertbesitzer wurden bei einem Umtauschsatz von höchstens 1:10 quasi enteignet und die Besitzer von Sachwerten einseitig begünstigt, da nur Geldbestände diese einschneidende Abwertung erfuhren. Der Lastenausgleich für Kriegssachgeschädigte und Vertriebene, den die Deutschen gern mit der Währungsreform verbunden hätten, wurde auf später verschoben. Ab Ende der 50er-Jahre wurden die Vermögensverluste entschädigt und bei Auslaufen des Lastenausgleichs werden voraussichtlich Zahlungen in Höhe von etwa 146 Milliarden DM geleistet worden sein.

Wachsende Spannungen

Als Folge des sich verschärfenden Ost-West-Konflikts setzte sich bei den Westmächten wie bei den Westdeutschen die Ansicht durch, die inzwischen erreichten wirtschaftlichen und politischen Fortschritte nicht einer ungewiss und riskant erscheinenden Einheit zu opfern. Vielmehr sprach man einer separaten Staatsgründung eine gewisse

Magnetwirkung zu, sodass die Einheit nach einer Zeit der Spaltung doch noch erreicht werden könnte.

Bereits Ende 1947 schien die deutsche Einheit nicht mehr in Sicht. Zudem gab es in den Westzonen im Laufe des Jahres 1948 bedeutende Weichenstellungen wie die Einbeziehung in den Marshall-Plan, die Währungsreform und die Einführung der Marktwirtschaft.

Zwar hat es nicht an Bemühungen gefehlt, die sich abzeichnende Spaltung abzuwenden, so zum Beispiel die Konferenz der Ministerpräsidenten der Länder in München (1947), aber diese scheiterten letztlich am Systemgegensatz zwischen Ost und West.

Briten und Amerikaner strebten einen höheren Grad des Zusammenschlusses aller Westzonen mit staatsrechtlichen Qualitäten an, um dieses Gebiet politisch, wirtschaftlich und gegebenenfalls militärisch in den Westen zu integrieren. Auf diese Weise sollte nach britischer Ansicht eine Annäherung Westdeutschlands an die Sowjetunion künftig ausgeschlossen werden, und außerdem konnten die Westeuropäer Sicherheit vor Deutschland erlangen. Diesem Zweck diente die Londoner Sechsmächtekonferenz 1948, wobei die Vorbehalte der westlichen Anrainerstaaten Deutschlands auszuräumen waren. Unter dem Eindruck der kommunistischen Machtergreifung in der Tschechoslowakei im Februar 1948 stimmten Frankreich, Belgien, die Niederlande und Luxemburg der Weststaatsgründung im Grundsatz zu. Als Gegenleistung sollten sie über das Ruhrstatut an der internationalen Kontrolle der Ruhrindustrie beteiligt werden. Dabei ging es um die Aufteilung der dortigen Kohle-, Koks- und Stahlproduktion zwischen dem deutschen Bedarf und dem Export. Durch die Nichtbeteiligung der Sowjetunion sollten deren Ansprüche endgültig ausgeschlossen werden. Zusätzlich vereinbarten die Konferenzteilnehmer einen Beistandspakt (Brüsseler Pakt), der sie vor einer erneuten deutschen Aggression schützen sollte. Das Bündnis war aber mehr noch die Antwort der Westeuropäer auf die als bedrohlich empfundene sowjetische Politik. Wegen des westlichen Vorgehens stellte die Sowjetunion am 20. März 1948 ihre Mitarbeit im Alliierten Kontrollrat ein.

Berlin-Blockade

Die Vorbereitungen zur Gründung eines westdeutschen Staates, insbesondere die Währungsreform in den Westzonen, nahm die Sowjetunion zum Anlass ihrer Berlin-Blockade.

Die alliierten Vereinbarungen über die Besetzung und gemeinsame Verwaltung Berlins enthielten keine Regelung über die Zugangswege. Eine Notwendigkeit hierzu wurde nicht gesehen, weil Deutschland als Einheit behandelt werden sollte und die Alliierten von einer Fortdauer ihrer gemeinsamen Politik auch im Frieden ausgingen. Die Zugangsfrage wurde erst zum Problem, als sich in der Berlin umgebenden Sowjetischen Besatzungszone eine vom übrigen Deutschland abweichende politische und gesellschaftliche Ordnung herausbildete. Dadurch und als Folge des aufkommenden Kalten Krieges geriet Berlin in den Schnittpunkt der Ost-West-Konfrontation. Die Sowjetunion begann, die Verkehrsverbindungen zwischen Berlin und den Westzonen als Druckmittel zur Erreichung ihrer politischen Ziele zu nutzen. Anlass dazu bot die Währungsreform in den Westzonen.

Am 24. Juni 1948 begann die Berlin-Blockade. Sie dauerte bis zum 12. Mai 1949. Die Sowjets begründeten die Blockade der Stadt mit dem Scheitern der Viermächteverwaltung. Die Schuld daran trügen die Westmächte, die dadurch ihre Besatzungsrechte in Berlin verwirkt

M 5 **„Gefährliche Passage"**
Amerikanische Karikatur, veröffentlicht in: „Der Spiegel", 18.9.1948

hätten. Die Westmächte gründeten ihren Rechtsstandpunkt auf die totale Niederlage und bedingungslose Kapitulation Deutschlands. Die gemeinsame Besetzung und Kontrolle seien vertraglich geregelt. Daraus und aus der tatsächlichen Besetzung Berlins leite sich auch das Recht auf freien Zugang zu Lande, auf dem Wasser und in der Luft ab.

Neben der praktizierten Luftbrücke gab es den Vorschlag, durch Verhandlungen der Alliierten die Besatzungszonen neu so festzulegen, dass ein direkter Zugang nach Berlin möglich wäre. Das Eintreten der westlichen Besatzungsmächte für die Stadt und der Durchhaltewillen der Berliner ließen die Blockade scheitern. Berlin wurde für Jahre zum Symbol für die Verteidigung der Freiheit gegen die sowjetische Expansionspolitik. Die tatsächlichen Blockadeziele der Sowjetunion kann man nur vermuten. Nachdem der Versuch, die ganze Stadt zu beherrschen, fehlgeschlagen war, setzte sie jetzt die Spaltung der Stadtverwaltung durch. Damit war nach der gemeinsamen Verwaltung Deutschlands auch die gemeinsame Verwaltung Berlins gescheitert.

Die Berlin-Blockade vertiefte die Spaltung Deutschlands und Europas. Sie gab dem Antikommunismus weiteren Auftrieb und schuf den gefühlsmäßigen Hintergrund, vor dem die westdeutsche Staatsgründung mehrheitsfähig wurde.

Gründung des westdeutschen Staates

Die Ergebnisse der Londoner Sechsmächtekonferenz legten die drei Militärgouverneure als Frankfurter Dokumente den Ministerpräsidenten der westdeutschen Länder zur Stellungnahme vor. Diese erhielten den Auftrag, eine verfassunggebende Versammlung einzuberufen, die Länder neu zu gliedern und Stellung zu nehmen zu einem Besatzungsstatut, das die Kompetenzen einer deutschen Regierung abgrenzen sollte.

Die Ministerpräsidenten hatten Bedenken und wollten den provisorischen Charakter der vorgesehenen Maßnahmen betont wissen. Danach sollte ein von den Landtagen gewählter Parlamentarischer Rat – und nicht eine direkt gewählte Nationalversammlung – nur ein vorläufiges Grundgesetz und nicht eine endgültige Verfassung ausarbeiten. Ein Ausschuss wurde ernannt, der in Herrenchiemsee Lösungen für die anstehenden Verfassungsprobleme erarbeitete.

Ein aus den Landtagen gewählter Parlamentarischer Rat trat zusammen, vertreten waren die 11 westdeutschen Länder und mit beratender Stimme Berliner Abgeordnete. Auf die Parteien entfielen die Mandate wie folgt: SPD 27, CDU 19, CSU 8, DP 2, FDP/LDP/DVP 5, Zentrum 2, KPD 2.

Die parteipolitische Zusammensetzung und die Vorstellungen der Alliierten beeinflussten maßgeblich das Ergebnis der Verfassungsberatungen. Insbesondere wegen der Stellung der Länder im Bund bezüglich der Gesetzgebung und der Finanzverfassung kam es zu politischen Auseinandersetzungen zwischen den süd- und norddeutschen Ländern sowie zwischen CDU und SPD. Mehrfach griffen die Besatzungsmächte ein, um ein ausgewogenes Verhältnis zwischen Föderalismus und Zentralismus herzustellen. Am 8. Mai 1949 stimmte der Parlamentarische Rat dem Grundgesetzentwurf mehrheitlich zu. Dagegen stimmten sechs Abgeordnete der CSU und die Parlamentarier von DP, Zentrum und KPD. Nachdem alle Landtage, außer dem bayerischen, dem Grundgesetz zugestimmt hatten, wurde es am 23. Mai 1949 verkündet, am Tag darauf trat es in Kraft. Damit waren die Voraussetzungen geschaffen zur Konstituierung der Staatsorgane.

M 6 Verkündung des Grundgesetzes am 23. Mai 1949
Vorne rechts: Theodor Heuss, der erste Bundespräsident, Mitte: Carlo Schmid. Die KPD-Abgeordneten Renner und Reimann bleiben demonstrativ sitzen und bekunden damit ihren Protest gegen die Verabschiedung der Verfassung.

Allerdings war mit der Gründung der Bundesrepublik Deutschland noch kein souveräner Staat entstanden. Im Besatzungsstatut zur Abgrenzung der Befugnisse und Verantwortlichkeiten der zukünftigen Regierung und der alliierten Kontrollbehörde hatten sich die Westmächte bestimmte Befugnisse vorbehalten in Bezug auf Entmilitarisierung, Ruhrkontrolle, Außenhandel und Außenpolitik.

Die Militärgouverneure wurden durch die Hohe Kommission, eine zivile Besatzungsbehörde, abgelöst. Als vorläufige Hauptstadt hatte der Parlamentarische Rat bereits Bonn festgelegt, das sich gegen Frankfurt/Main durchsetzen konnte.

Die Politik der neuen Bundesregierung unter Konrad Adenauer zielte darauf ab, Westdeutschland möglichst umgehend wieder zu einem souveränen Staat zu machen. Eine Gelegenheit dazu eröffnete der Korea-Krieg seit 1950. Der Angriff des kommunistischen Nordkoreas auf den Süden des geteilten Landes hatte den Ost-West-Konflikt massiv verschärft. Dieser Angriff wäre ohne Billigung und Unterstützung durch Stalin nicht möglich gewesen. Die Westalliierten erkannten in der militärischen Entblößung Westeuropas die Gefahr, dass die Sowjetunion diese Situation ausnutzen konnte. Einem militärischen Vormarsch der Roten Armee hätte Westeuropa zu diesem Zeitpunkt kaum etwas entgegenzusetzen gehabt. Die USA hatten sich weitgehend zurückgezogen, und die französische Armee war in Kolonialkriege verwickelt. Aus dieser Situation resultierten die Überlegungen der Westalliierten zur Wiederbewaffnung Westdeutschlands. Die Bundesregierung ihrerseits sah in dieser Konstellation die Chance für eine vergrößerte Unabhängigkeit. Die Verhandlungen über einen deutschen Verteidigungsbeitrag verknüpfte sie mit dem Ziel der Aufhebung des Besatzungsstatuts. Diese Verhandlungen mündeten – nach dem Scheitern einer Europäischen Verteidigungsgemeinschaft (EVG) – in den Pariser Verträgen von 1954, auch Deutschlandvertrag genannt. Dieser beinhaltete die Wiederbewaffnung, den Beitritt der Bundesrepublik Deutschland zur NATO und – im Gegenzug – die Herstellung der staatlichen Souveränität. Lediglich die alliierten Vorbehaltsrechte in Bezug auf Deutschland als Ganzes und Berlin blieben erhalten. Diese alliierten Vorbehaltsrechte erklären, warum die Vereinigung der beiden deutschen Staaten 1990 kein rein innerdeutscher Vorgang sein konnte und völkerrechtlich nur im Einverständnis mit den Siegermächten des Zweiten Weltkrieges vorgenommen werden konnte.

M 7 Antrittsbesuch von Bundeskanzler Adenauer bei den Hohen Kommissaren 1949
Im Vorhinein war von den alliierten Siegermächten festgelegt worden, dass Adenauer den Teppich nicht zu betreten habe. Dieser hielt sich jedoch nicht an das demütigende Protokoll. Die Hohen Kommissare [McCloy (USA), François-Poncet (Frankreich) und Robertson (Großbritannien)] wagten es nicht, den Bundeskanzler zu korrigieren.

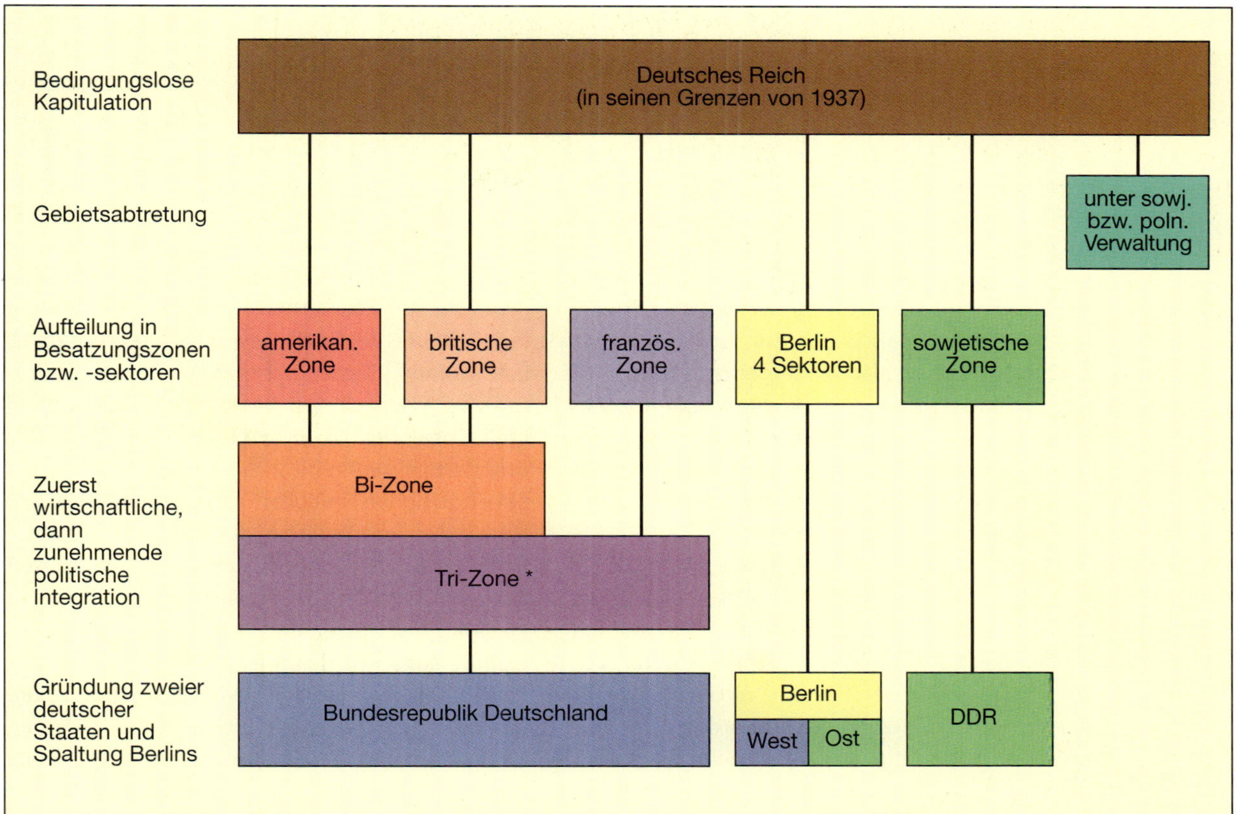

* wurde nicht offiziell gegründet; der Ausdruck kennzeichnet die Situation zwischen 6.3.1948 und 7.9.1949, als Frankreich seine Abgrenzungspolitik gegenüber der amerikanischen und britischen Zone aufgab.

M 8

Chronologie

6. Sept. 1946	Rede des amerikanischen Außenministers Byrnes in Stuttgart (Wandel in der amerikanischen Besatzungspolitik)
1. Januar 1947	Zusammenschluss der amerikanischen und britischen Zone zur Bi-Zone
11. März 1947	Truman-Doktrin (Eindämmung der Sowjetunion)
Mai 1947	USA stoppen Reparationslieferungen aus ihrer Zone.
5. Juni 1947	Ankündigung eines amerikanischen Hilfsprogramms für Europa durch US-Außenminister Marshall
5./6. Juni 1947	Konferenz der deutschen Ministerpräsidenten in München
23. Februar–6. März 1948	Beginn der Londoner Sechsmächtekonferenz; Teilnehmer: USA, Großbritannien, Frankreich, Belgien, Niederlande und Luxemburg (Fortsetzung 20. März bis 2. Juni 1948)
20. Juni 1948	Währungsreform in den drei Westzonen
24. Juni 1948	Berlin-Blockade (bis 12. Mai 1949)
1. Juli 1948	Übergabe der Frankfurter Dokumente an westdeutsche Ministerpräsidenten
1. September 1948	Zusammentreten des Parlamentarischen Rates zur Erarbeitung des Grundgesetzes
23. Mai 1949	Verkündung des Grundgesetzes
14. August 1949	Wahlen zum ersten Bundestag
21. September 1949	In-Kraft-Treten des Besatzungsstatuts

M 9 Verfolgung von Kriegsverbrechern

Der Historiker Rolf Steininger fasst wesentliche Aspekte der juristischen Entnazifizierung zusammen:

Als der Krieg zu Ende ging, begann die große Jagd alliierter Sonderkommandos nach den Naziverbrechern. Am 8. August 1945 unterzeichneten Vertreter der vier Siegermächte nach schwierigen Verhandlungen in London ein „Abkommen über die Verfolgung und Bestrafung der Hauptkriegsverbrecher der europäischen Achse" und ein „Statut für den Internationalen Militärgerichtshof".

Am 18. Oktober trat der Internationale Gerichtshof in jenem Saal des ehemaligen Volksgerichtshofes in Berlin zusammen, in dem dessen berüchtigter Präsident Freisler den Schauprozess gegen die Männer des 20. Juli durchgeführt hatte.

Am 20. November 1945 wurde das „Tribunal der Sieger" in Nürnberg, jener symbolträchtigen „Stadt der Reichsparteitage", fortgesetzt. Die Anklage gegen die Hauptkriegsverbrecher lautete: Verschwörung gegen den Frieden, Verbrechen gegen den Frieden, Verletzung der Kriegsrechte und Verbrechen gegen die Menschlichkeit. Sie waren sowohl als Einzelpersonen angeklagt als auch als Mitglieder von Reichskabinett, Führerkorps der NSDAP, SS, Sicherheitsdienst, Gestapo, SA, Generalstab und Oberkommando der Wehrmacht. [...]

Am 1. Oktober 1946 wurde den Angeklagten einzeln ihr Urteil verkündet: Göring, Ribbentrop, Keitel, Kaltenbrunner, Rosenberg, Frick, Frank, Streicher, Sauckel, Jodl, Seyß-Inquart, und – in Abwesenheit – Bormann wurden zum Tode durch den Strang verurteilt. Heß, Funk und Raeder erhielten lebenslänglich, Schirach und Speer zwanzig Jahre, Neurath fünfzehn und Dönitz zehn Jahre Gefängnis, Schacht, Papen und Fritzsche wurden freigesprochen. [...]

Dem Nürnberger Prozess [folgten] zahlreiche Verfahren vor den Gerichten der einzelnen Besatzungsmächte. [...]

Angeklagt wurden u. a. Direktoren des IG-Farben-Konzerns, SS-Ärzte, KZ-Aufseher, Alfred Krupp, Friedrich Flick, leitende Beamte des Auswärtigen Amtes, Generalstäbler, Leiter von Einsatzgruppen. Allein von den Militärgerichten der drei Westmächte wurden 5 006 Angeklagte verurteilt, davon 794 zum Tode; 486 dieser Todesurteile wurden vollstreckt. Die übrigen Verurteilten wurden fast alle zwischen 1950 und 1956 wieder entlassen – Ausdruck des gewandelten Verhältnisses der ehemaligen Sieger gegenüber dem neuen Verbündeten. 1955 fielen die letzten Beschränkungen für die deutsche Justiz bei der Verfolgung von Kriegsverbrechern – allerdings mit einer gewichtigen Ausnahme: Verfahren, die von den Alliierten entschieden worden waren, durften von deutschen Gerichten nicht mehr aufgegriffen werden. Dahinter stand die Befürchtung, dass deutsche Richter die Urteile zugunsten der Angeklagten revidieren würden.

Tatsächlich aber führte dies in den 60er-Jahren zu jener unerträglichen Situation, dass in zahlreichen Prozessen die für die NS-Gewaltverbrechen eigentlich Verantwortlichen nur mehr als Zeugen auftraten – auch wenn inzwischen neues Beweismaterial gegen sie vorlag. Sie waren für die deutsche Justiz unantastbar, während ihre ehemaligen Untergebenen zu hohen Freiheitsstrafen verurteilt wurden. Nur schwer verständlich bleibt auch, dass die systematische deutsche Verfolgung des organisierten Massenmordes und der NS-Gewaltverbrechen erst 15 Jahre nach Kriegsende einsetzte – 1958 eher zufällig ausgelöst durch einen Prozess in Ulm, in dem es um Verbrechen der SS-Einsatzgruppen ging. Die Erkenntnis, dass zahlreiche, insbesondere im Osten begangene NS-Verbrechen gerichtlich noch nicht geahndet waren, führte zur Einrichtung einer „Zentralen Stelle der Landesjustizverwaltungen zur Aufklärung nationalsozialistischer Verbrechen" in Ludwigsburg.

Im „Ulmer-Einsatzgruppen-Prozess" war ein ehemaliger SS-Oberführer, 1941 Polizeidirektor in Memel, der Hauptangeklagte. Dieser hatte gerichtlich auf Wiedereinstellung in den Staatsdienst geklagt; ein Leser hatte sich daran erinnert, dass dieser Mann zu Beginn des Russlandfeldzuges maßgeblich an Massenerschießungen von Juden in Litauen beteiligt gewesen war. Als er verhaftet wurde, legte er den Entnazifizierungsbescheid „nicht betroffen" vor.

Dieser Fall war symptomatisch für das Scheitern jener Politik nach 1945, für die die Amerikaner den Begriff Entnazifizierung geprägt hatten.

R. Steininger, Deutsche Geschichte 1945–1961, Bd. 1, Frankfurt/M. 1983, S. 124 ff.

M 10 Internationaler Gerichtshof gegen die Hauptkriegsverbrecher

Die Hauptkriegsverbrecher:

Hermann Göring (Reichsmarschall, bis kurz vor Kriegsende designierter Nachfolger Hitlers), Rudolf Heß (Hitlers Stellvertreter als Parteivorsitzender – er war 1941 nach England geflogen), Joachim von Ribbentrop (Reichsaußenminister seit 1938), Robert Ley (Reichsorganisationsleiter der NSDAP und Führer der Deutschen Arbeitsfront), Wilhelm Keitel (Chef des Oberkommandos der Wehrmacht), Ernst Kaltenbrunner (Chef des Reichssicherheitshauptamtes), Alfred Rosenberg (Parteiideologe und Minister für die besetzten Ostgebiete), Hans Frank (Generalgouverneur von Polen), Wilhelm Frick (Reichsinnenminister), Julius Streicher (Gauleiter von Franken und Herausgeber des Hetzblattes „Der Stürmer"), Walther Funk (Reichswirtschaftsminister), Hjalmar Schacht (Reichswirtschaftsminister bis 1937, Reichsbankpräsident bis 1939), Gustav Krupp von Bohlen und Halbach[1] (Industrieller), Karl Dönitz (Oberbefehlshaber der Kriegsmarine seit 1943, Nachfolger Hitlers als Staatsoberhaupt), Erich Raeder (Vorgänger von Dönitz als Oberbefehlshaber der Kriegsmarine), Baldur von Schirach (Reichsjugendführer, Gauleiter von Wien), Fritz Sauckel (Generalbevollmächtigter für den Arbeitseinsatz), Alfred Jodl (Chef des Wehrmachtsführungsstabes), Martin Bormann[2] (Reichsleiter, d. h. Sekretär Hitlers), Franz von Papen (Vizekanzler bis 1934, danach Botschafter in Wien und Ankara), Arthur Seyß-Inquart (Reichskommissar der Niederlande), Albert Speer (Architekt und Rüstungsminister), Konstantin von Neurath (Reichsaußenminister bis 1938, Reichsprotektor von Böhmen und Mähren) und Hans Fritzsche (Chefkommentator des Rundfunks).

Die Hauptkriegsverbrecher vor Gericht in Nürnberg, 1.10.1946

1 Der Prozess erfolgte zu einem späteren Zeitpunkt.

2 Wie erst später bekannt wurde, hatte sich Bormann bereits bei Kriegsende das Leben genommen.

M 11 Doppelte Eindämmung

Der Historiker Michael Stürmer präzisiert die Aufgaben US-amerikanischer Außenpolitik nach 1945:

Deutschlands Schicksal entschied sich damals nicht am Rhein, nicht an der Seine, nicht an der Themse, sondern an der Moskwa und am Potomac. Im Juli 1947 hatte der Planungschef des State Department, George F. Kennan, eine Studie unter dem Titel „Die Antriebskräfte sowjetischer Politik" veröffentlicht. Eindämmung der sowjetischen Expansion wurde die Formel, die seitdem zum Leitmotiv amerikanischer Weltpolitik aufstieg. Kennan beschrieb Eindämmung als „[...] langfristige, geduldige, aber entschiedene und wachsame Eindämmung des russischen Ausdehnungsdranges. [...]"

Was Amerika indessen damals zu leisten hatte, war „doppelte Eindämmung". Das bedeutete Schutz vor der Roten Armee, die vor den Toren stand, aber auch Schutz vor der Macht des Deutschen Reiches, das es doch nicht mehr gab. In Westeuropa erinnerte man sich der Zwischenkriegszeit und fürchtete das deutsch-russische Gespenst von Rapallo 1922 und Moskau 1939. Man fürchtete jedes Deutschland, das nicht fragmentarisiert [hier: zerstückelt] war und noch über die Ruhr verfügte. Die Westeuropäer hatten die Sprengkraft nicht vergessen, die immer in der Deutschen Frage lag [...]. So musste die Eindämmungspolitik der USA, um zu wirken, beides herstellen: Sicherheit vor den Deutschen und Sicherheit vor den Russen. Die Westeuropäer zahlten, indem sie Deutschlands Wiederaufstieg hinnahmen; die Westdeutschen zahlten mit der Hinnahme der Teilung. Es war noch einmal der Preis des verlorenen Krieges. Die Westalliierten allerdings milderten ihn auf Insistieren [Beharren] Adenauers, indem sie immer wieder bekräftigten – am deutlichsten im Artikel 7 des Deutschland-Vertrages von 1954 –, dass sie das Ziel der nationalen Einheit der Deutschen unterstützten. Zwar blieb deren genaue geografische Erstreckung unausgesprochen, insbesondere die bittere Wahrheit, dass jenseits von Oder und Neiße Deutschland verloren war. Aber es lag darin für die deutsche Innenpolitik die entscheidende moralische Voraussetzung der Westbindung, für die deutsche Außenpolitik ein Wechsel auf die Zukunft.

M. Stürmer, Die Grenzen der Macht, Berlin 1992, S. 137 ff.

M 12

Umfang der Demontagen (in den westlichen Besatzungszonen)

	Anlagen oder Teile von Anlagen	in %
Nach dem ersten Industrieplan, März 1946	1 800	100
Nach dem revidierten Industrieplan, August 1947	858	48
Nach dem Petersberg-Abkommen, November 1949	680	38

Aus: W. Abelshauser, Wirtschaftsgeschichte der Bundesrepublik Deutschland 1945–1980, Frankfurt/M.1983, S. 25.

M 13

Die Entwicklung der industriellen Produktion[1] in den Besatzungszonen

<table>
<tr><th>Jahr</th><th>amerikanische Zone</th><th>britische Zone</th><th>französische Zone</th><th>sowjetische Zone</th></tr>
<tr><td>1946</td><td>41</td><td>34</td><td>36</td><td>44</td></tr>
<tr><td>1947</td><td colspan="2">44</td><td>45</td><td>54</td></tr>
<tr><td>1948</td><td colspan="2">63</td><td>58</td><td>60</td></tr>
<tr><td>1949</td><td colspan="2">86</td><td>78</td><td>68</td></tr>
</table>

1 1936 = 100 Nach: W. Abelshauser, a. a. O., S. 34.

M 14 Zerstörungsgrad der deutschen Industrie am Ende des Krieges 1945

Der Wirtschafts- und Sozialhistoriker Werner Abelshauser erklärt, warum trotz der Bombardierungen die industrielle Substanz noch beträchtlich war:

Am Ende des Krieges schien unter den Trümmern der Großstädte auch der Kapitalstock der deutschen Industrie begraben. Es lag nahe, den fast völligen Stillstand der Produktion auf die Luftangriffe der beiden letzten Kriegsjahre zurückzuführen. Tatsächlich war im Mai 1945 die Substanz des industriellen Anlagevermögens jedoch keineswegs entscheidend getroffen. Bezogen auf das Vorkriegsjahr 1936 war das Brutto-Anlagevermögen der Industrie sogar noch um rund 20 % angewachsen. Diese auf den ersten Blick überraschende Bilanz hat im Wesentlichen zwei Gründe.

Das Jahrzehnt zwischen dem Ende der Weltwirtschaftskrise und dem Beginn der strategischen Luftkriegsoffensive der alliierten Bomberverbände war eine Zeit beispielloser Investitionstätigkeit. Von Anfang 1935 bis Ende 1942 beschleunigte sich das Wachstum des Brutto-Anlagevermögens von Jahr zu Jahr stärker. Erst 1944 übertrafen die Bombenschäden den Wert der laufenden Investitionen. Bis 1945 kumulierten sich die Brutto-Anlageinvestitionen der westdeutschen Industrie auf rund 75 % des Brutto-Anlagevermögens von 1936, während im gleichen Zeitraum die volkswirtschaftlichen Abschreibungen bei 37 % des Basisvermögens lagen.

Andererseits wurde unmittelbar nach Kriegsende das Ausmaß der Bombenschäden stark überschätzt. [...] Tatsächlich aber hatte der Bombenkrieg auf die Industrie – selbst auf die Rüstungsindustrie – die geringste Wirkung hinterlassen. Der Schwerpunkt der Bombenangriffe lag, neben den Flächenbombardierungen von Wohngebieten, auf Zielen im Transportsystem. Auf die Zivilbevölkerung und auf Verkehrseinrichtungen fielen jeweils siebenmal mehr Bomben als auf die Rüstungsindustrie. Es ist daher nicht die Zerstörung von industriellem Anlagevermögen, sondern die Lähmung des Transportsystems für den seit Mitte 1944 eintretenden Rückgang der industriellen Erzeugung verantwortlich gewesen. Insbesondere die Abschnürung des Kohletransports aus dem Ruhrgebiet wurde zur wichtigsten Einzelursache des endgültigen Zusammenbruchs der deutschen Kriegswirtschaft.

Zit. nach: W. Abelshauser, Wirtschaftsgeschichte der Bundesrepublik Deutschland 1945–1980, Frankfurt/M. 1983, S. 20 ff.

M 15 Der Marshall-Plan

Aus den „Erinnerungen" des ersten Bundeskanzlers der Bundesrepublik Deutschland, Konrad Adenauer:

Die Industrien fast aller Länder Europas waren zerstört und mussten neu aufgebaut werden. Die Verluste an Menschen waren ungeheuer groß. Die allgemeine Umstellung von der Kriegs- auf die Friedenswirtschaft brachte erhebliche Schwierigkeiten mit sich. Die Entwicklung in Europa schien immer weiter abwärts zu gehen. Die Kommunistische Partei fand daher überall gute Möglichkeiten für ihre Werbung. Am 8. Mai 1947 hielt der damalige Unterstaatsse-

kretär im amerikanischen Außenministerium, Dean Acheson, in Cleveland, Mississippi, eine Rede, in der er offen von einem Misserfolg der Moskauer Außenministerkonferenz sprach und betonte, dass die Vereinigten Staaten sich nicht davon abhalten lassen würden, den Wiederaufbau Europas auch ohne eine Einigung der Großen Vier in Angriff zu nehmen. Dean Acheson ging in dieser Rede auch auf Deutschland ein und sagte, dass die Vereinigten Staaten unter den gegebenen Umständen alles nur Mögliche tun müssen, um den Wiederaufbau der großen „Werkstätte" Europas möglich zu machen. Ähnliche Worte fand er für Japan. Er sagte, dass die endgültige Gesundung Europas und Asiens im hohen Maße von der Gesundung Deutschlands und Japans abhänge. Die amerikanische Wirtschaft brauche den europäischen Absatzmarkt, und die Vereinigten Staaten müssten aus Gründen ihrer Sicherheit gegenüber dem Weltkommunismus und ihrer eigenen Wirtschaft ein Interesse daran haben, dass Europa wieder gesunde. Dean Acheson führte [...] aus, dass die Vereinigten Staaten sehr vielen Ländern der Welt in der Nachkriegszeit Unterstützung gewährt hätten, und wies darauf hin, dass diese Maßnahmen nicht nur aus humanitären Erwägungen erfolgten, sondern zu einem großen Teil eine Frage der Selbsterhaltung der Vereinigten Staaten seien. Wenn nicht alle Länder der Welt wieder über eine gesunde Wirtschaft verfügten, werde es keinen dauerhaften Frieden für irgendein Land geben. Der Krieg werde erst dann wirklich beendet sein, wenn alle Völker der Erde wieder genug zum Leben hätten und voll Vertrauen in die Zukunft blicken könnten. Der Friede in der Welt diene dem Wohle der Vereinigten Staaten. Die Unterstützungsmöglichkeiten für andere Länder von Seiten der Vereinigten Staaten seien jedoch beschränkt, und so müssten sich die Vereinigten Staaten darauf konzentrieren, ihre Hilfe dort zu geben, wo sie die Autorität der Vereinten Nationen stärke und zu dem Ausbau einer liberalen Handelspolitik beitrage. Ein künftiges amerikanisches Hilfsprogramm werde den freien Völkern, deren Ziel es sei, ihre Unabhängigkeit, ihre demokratischen Institutionen und die Freiheit der Person gegen jeden totalitären Druck von innen oder außen zu verteidigen, den absoluten Vorrang geben. Damit hat Dean Acheson die Grundlinien des großen amerikanischen Hilfsprogramms, das unter dem Namen „Marshall-Plan" in die Geschichte einging, gezeichnet.
Außenminister Marshall hatte nach Abschluss der Moskauer Konferenz sofortige Maßnahmen gefordert, wenn nicht anders möglich ohne vorherige Einigung der Großmächte, um die Gesundung Europas herbeizuführen. Er sagte, die gesamte Wirtschaft Europas müsse als harmonisches Ganzes zusammenarbeiten. Ziel der amerikanischen Außenpolitik sei, eine gesunde koordinierte Wirtschaft in Europa wiederherzustellen.

K. Adenauer, Erinnerungen 1945–1953, Stuttgart 1965, S. 114 f.

M 16 Parteipolitischer Neubeginn

Der Politikwissenschaftler Wolfgang Rudzio charakterisiert die neu entstandene „Parteienlandschaft":

Als die westlichen Militärregierungen nach der Potsdamer Konferenz zur offiziellen Lizenzierung [Zulassung] von Parteien schritten – in den Monaten August bis Dezember 1945 – hinkten sie damit hinter der realen Entwicklung hinterher. Mit diesem überraschend schnellen Wiedererstehen von Parteien war freilich ein Neubeginn von der Basis her hinfällig – denn überall lag die Initiative bei Politikern der Weimarer Republik und Honoratioren, während sich der Mitgliederunterbau erst nachfolgend entwickelte; doch dies war wohl kaum vermeidbar.
Im Ergebnis entstand so – entsprechend den Berliner Gründungen – eine Parteien-Vierergruppe im Gebiet der späteren Bundesrepublik Deutschland:
1. Die „Christlich-Demokratische Union" (CDU), in Bayern: „Christlich-Soziale Union" (CSU): Sie verstand sich – im Unterschied zum alten Zentrum – als

M 17 Drei führende Köpfe der Nachkriegszeit
Kurt Schumacher (1895–1952), Vorsitzender der SPD, während des Dritten Reiches KZ-Häftling, bekämpfte den ostdeutschen Zusammenschluss von SPD und KPD; Carlo Schmid (1896–1979), er bekleidete wichtige (SPD-) Partei- und Staatsämter, Konrad Adenauer (1876–1967), CDU-Vorsitzender und Bundeskanzler von 1949 bis 1963 (v. l. n. r.), Fotografie vom 10.9.1949.

überkonfessionelle christliche Partei („Union") und zugleich als Partei aller sozialen Schichten. Die politische Herkunft ihrer Gründer wies auf alle nichtsozialistischen Parteien der Weimarer Republik: Zentrum, DDP, DVP und DNVP; der Vorsitzende der Partei in der Britischen Zone, der ehemalige Kölner Oberbürgermeister Dr. Konrad Adenauer, entstammte dem Zentrum.

In der Partei existierten nebeneinander bürgerlich-katholische, konservative und liberale Strömungen sowie ein – von der katholischen Arbeiterbewegung herkommender – linker Flügel.

2. Die „Sozialdemokratische Partei Deutschlands" (SPD): Sie war die Wiederbegründung der Weimarer SPD unter Einschluss einiger sozialistischer Splittergruppen. Die Partei fand in Kurt Schumacher rasch ihren unbestrittenen Vorsitzenden. Ausgehend von ihrer Hausmacht, der protestantischen Industriearbeiterschaft, suchte die SPD nun bewusst auch andere Bevölkerungsschichten anzusprechen; ihre Politik zielte auf sofortige Sozialisierungen der Großindustrie und eine Rahmenplanung der Wirtschaft.

3. Die „Freie Demokratische Partei" (FDP), in Württemberg-Baden: Demokratische Volkspartei:
Die FDP vertrat als liberale Partei zunächst allein konsequent eine freie Marktwirtschaft auf der Grundlage des Privateigentums. Sie war auch geschlossen in ihrer Abwehr starken kirchlichen Einflusses im gesellschaftlichen Leben, zeigte im Übrigen jedoch starke regionale Unterschiede. Erster Bundesvorsitzender wurde der ehemalige Reichstagsabgeordnete der DDP, Prof. Theodor Heuss.

M 18 Erste Wahlplakate aus den Westzonen 1946/1947

4. Die „Kommunistische Partei Deutschlands" (KPD): Die KPD führte die Weimarer Partei gleichen Namens fort. Sie überraschte zunächst durch die Mäßigung, mit der sie ihre Forderungen nach sozialer und wirtschaftlicher Neuordnung vortrug. Ihre uneingeschränkte Unterstützung der sowjetischen Politik und der Entwicklung in der Sowjetischen Zone isolierte sie allerdings zunehmend von allen anderen politischen Kräften.

W. Rudzio, Die organisierte Demokratie, Parteien und Verbände in der Bundesrepublik Deutschland, Stuttgart 1977, S. 82.

M 19 Frankfurter Dokumente

Aufforderung der drei westlichen Militärgouverneure an die westdeutschen Ministerpräsidenten (1. Juli 1948):

In Übereinstimmung mit den Beschlüssen ihrer Regierung autorisieren die Militärgouverneure der amerikanischen, britischen und französischen Besatzungszone in Deutschland die Ministerpräsidenten der Länder ihrer Zonen, eine Verfassunggebende Versammlung einzuberufen, die spätestens am 1.9.1948 zusammentreten sollte.

[...] Die Verfassunggebende Versammlung wird eine demokratische Verfassung ausarbeiten, die für die beteiligten Länder eine Regierungsform des föderalistischen Typs schafft, die am Besten geeignet ist, die gegenwärtig zerrissene deutsche Einheit schließlich wiederherzustellen, und die Rechte der beteiligten Länder schützt, eine angemessene Zentralinstanz schafft und Garantien der individuellen Rechte und Freiheiten enthält.

Wenn die Verfassung in der von der Verfassunggebenden Versammlung ausgearbeiteten Form mit diesen allgemeinen Grundsätzen nicht im Widerspruch steht, werden die Militärgouverneure ihre Vorlage zur Ratifizierung genehmigen. Die Verfassunggebende Versammlung wird daraufhin aufgelöst.

Zit. nach: Th. Stammen (Hg.), Einigkeit und Recht und Freiheit, Westdeutsche Innenpolitik 1945–1955, München 1965, S. 178.

M 20 Stellungnahme der westdeutschen Ministerpräsidenten (10. Juli 1948)

Die Ministerpräsidenten sind davon überzeugt, dass die Notstände, unter denen Deutschland heute leidet, nur bezwungen werden können, wenn das deutsche Volk in die Lage versetzt wird, seine Angelegenheiten auf der jeweils möglichen höchsten territorialen Stufe selbst zu verwalten. Sie begrüßen es daher, dass die Besatzungsmächte entschlossen sind, die ihrer Jurisdiktion unterstehenden Gebietsteile Deutschlands zu einem einheitlichen Gebiet zusammenzufassen, dem von der Bevölkerung selbst eine kraftvolle Organisation gegeben werden soll, die es ermöglicht, die Interessen des Ganzen zu wahren, ohne die Rechte der Länder zu gefährden.

Die Ministerpräsidenten glauben jedoch, dass, unbeschadet der Gewährung möglichst vollständiger Autonomie an die Bevölkerung dieses Gebietes, alles vermieden werden müsste, was dem zu schaffenden Gebilde den Charakter eines Staates verleihen würde; sie sind darum der Ansicht, dass auch durch das hierfür einzuschlagende Verfahren zum Ausdruck kommen müsste, dass es sich lediglich um ein Provisorium handelt, sowie um eine Institution, die ihre Entstehung lediglich dem augenblicklichen Stand der mit der gegenwärtigen Besetzung Deutschlands verbundenen Umstände verdankt. [...]

Für den Vorschlag der Ministerpräsidenten, von einem Volksentscheid Abstand zu nehmen, waren die gleichen Erwägungen maßgebend. Ein Volksentscheid würde dem Grundgesetz ein Gewicht verleihen, das nur einer endgültigen Verfassung zukommen sollte. Die Ministerpräsidenten möchten an dieser Stelle noch einmal betonen, dass ihrer Meinung nach eine deutsche Verfassung erst dann geschaffen werden kann, wenn das gesamte deutsche Volk die Möglichkeit besitzt, sich in freier Selbstbestimmung zu konstituieren, bis zum Eintritt dieses Zeitpunktes können nur vorläufige organisatorische Maßnahmen getroffen werden.

Zit. nach: M. Overesch, Deutschland 1945–1949, Vorgeschichte und Gründung der Bundesrepublik, Königstein 1979, S. 240 f.

M 21 Konflikte bei der Beratung des Grundgesetzes im Parlamentarischen Rat

Der Historiker Jürgen Weber beleuchtet einige Aspekte der Arbeit des Parlamentarischen Rats, der zwischen dem 1. September 1948 und dem 8. Mai 1949 das Grundgesetz ausarbeitete:

Man ist sich zwar in den Reihen der Abgeordneten weitgehend darin einig, dass der zu schaffende Weststaat nur eine provisorische Lösung sein soll. Keine Übereinstimmung besteht allerdings zwischen den beiden großen Parteien darin, ob die Verfassung daher eher den Charakter eines Organisationsstatuts für eine ungewisse Übergangszeit haben soll, wie dies die SPD auf der Grundlage der Argumente ihres Fraktionsvorsitzenden Carlo Schmid, anstrebt, oder ob sie ein Modell für ein späteres Gesamtdeutschland sein soll, wie dies die führenden Abgeordneten von CSU und CDU wünschen. Die FDP nimmt in dieser Frage eine eher vermittelnde Position ein.

Rasche Einigung erzielt der Parlamentarische Rat in der Frage der Grundrechte. Bereits in der ersten Grundsatzdebatte im Plenum am 8. September 1948 wird deutlich, dass die Mehrheit der Abgeordneten für die Verankerung von Grundrechten eintritt und diese auf die individuellen Freiheitsrechte beschränken will, die als unmittelbar geltendes Recht (also nicht bloß als gut gemeinte Programmsätze) Verwaltung, Rechtsprechung und Gesetzgebung binden sollen. Zu harten Auseinandersetzungen kommt es allerdings zwischen SPD und CDU/CSU in der Frage des Elternrechts und der Frage der Stellung der Kirche im Staat. Um den provisorischen Charakter des Grundgesetzes zu unterstreichen, verzichtet man nämlich innerhalb der SPD-Fraktion darauf, auch soziale Grundrechte in die Verfassung zu schreiben. Die entsprechenden Wünsche der Gewerkschaften, die das Streikrecht sowie ein Grundrecht auf Arbeit in der Verfassung verankert sehen wollen, finden daher keine Unterstützung bei den Abgeordneten der SPD. Allerdings sieht sich die SPD-Fraktion bald in ihrer Hoffnung getäuscht, dass durch diesen Verzicht auch die christlich-konservativen Abgeordneten im Gegenzug auf Grundrechte der kulturellen Lebensordnung – also Elternrecht, Festlegung der religiösen Erziehung der Kinder in der Schule, Schutz von Ehe und Familie, Stellung der Kirchen –, wie sie insbesondere von der katholischen Kirche gefordert werden, verzichten würden. Zum zentralen Streitpunkt wird die Frage der Ausgestaltung der von den West-Alliierten verbindlich geforderten föderativen Ordnung des zukünftigen westdeutschen Staates. Die Meinungsverschiedenheiten gehen aber durch alle Parteien und bilden den Stoff tief greifender Kontroversen zwischen den Parteien. Die SPD fordert eine starke Bundesgewalt, die CDU und noch mehr die CSU sind bestrebt, das politische Gewicht der Länder zu sichern. Eine extrem föderative Position (Staatenbundkonzept) verficht die Deutsche Partei, weniger eindeutig äußert sich die FDP. Die Auseinandersetzungen entzünden sich an drei grundsätzlichen Fragen:

- Sollen die Länderinteressen durch einen Bundesrat als Vertretung der Länderregierungen oder durch einen Senat als unmittelbar gewählte Vertretung der Bevölkerung der Länder zur Geltung gebracht werden?
- Soll dem Bund oder den Ländern der Vorrang bei der Finanzverwaltung und Steuergesetzgebung zustehen, und nach welchen Prinzipien soll die Aufteilung des Steueraufkommens vorgenommen werden?
- Welche Rolle spielen die Länder bei der Gesetzgebung des Bundes?

J. Weber, Parlamentarischer Rat – Das Ringen um eine demokratische Verfassung, in: Schulfunk-Materialien (SDR/SR/SWF), Das Werden des neuen Staates, 30 Jahre Bundesrepublik Deutschland, o. O., o. J.

Aufgaben

1. Erklären Sie die Schwierigkeiten bei der gerichtlichen Ahndung von Kriegsverbrechen und bei der Entnazifizierung.
   → Text, M1, M9, M10
2. Erläutern Sie den Begriff „doppelte Eindämmung".
   → M11
3. Beschreiben Sie, wie sich die Blockade Berlins auf die westdeutsche Bevölkerung auswirkte. Welche Ziele verband die Sowjetunion möglicherweise mit der Blockade?
   → Text
4. Analysieren Sie die Zahlen der industriellen Produktion und stellen Sie Überlegungen an hinsichtlich der unterschiedlichen Entwicklung in den Besatzungszonen.
   → M12–M14
5. Erläutern Sie die Ziele, die die USA mit der Marshall-Plan-Hilfe für Europa verbanden.
   → Text,M3, M4, M15
6. Beschreiben Sie das Parteienspektrum, wie es sich während der Besatzungszeit herausgebildet hat.
   → Text, M16, M18
7. Analysieren Sie die Wahlplakate insbesondere unter dem Gesichtspunkt ihrer programmatischen Aussage.
   → M18
8. Welche Konflikte traten bei den Beratungen für ein Grundgesetz auf? Inwieweit waren dabei Vorgaben der Westmächte zu beachten?
   → Text, M6, M19–M21
9. Erläutern Sie die Haltung der westdeutschen Ministerpräsidenten zur Weststaatsgründung.
   → M19, M20
10. Fassen sie zusammen: Wodurch wurde die Gründung des westdeutschen Staates beschleunigt?
11. Wie beurteilen Sie die Frage, ob das föderalistische System noch zeitgemäß ist?

3.3 Von der Sowjetischen Besatzungszone zur DDR

In ihrem Gründungsaufruf vom 11.6.1945 vertrat die KPD die Auffassung, dass es falsch wäre, Deutschland das Sowjetsystem aufzuzwingen, weil dies nicht den aktuellen Entwicklungsbedingungen entspräche. Stattdessen wurde der Aufbau einer antifaschistischen, demokratischen Ordnung, einer parlamentarischen Republik mit demokratischen Rechten und Freiheiten für das Volk gefordert.

Bis zur Gründung der Deutschen Demokratischen Republik (DDR) 1949 hatten in der Sowjetischen Besatzungszone (SBZ) so tief greifende Veränderung stattgefunden, dass die offizielle DDR-Geschichtsschreibung von der Phase der „antifaschistisch-demokratischen Umwälzung" sprach. Als wahre Antifaschisten galten den Sowjets nur die deutschen Kommunisten. Ihre führenden Vertreter waren in der Sowjetunion für den Neuaufbau Deutschlands besonders geschult worden und bereit, den Anordnungen der Besatzungsmacht bedingungslos zu folgen. Dafür erfuhren sie von der Sowjetischen Militäradministration in Deutschland (SMAD) jede Art von Begünstigung. So wurden unter dem Deckmantel der Entnazifizierung die Schlüsselpositionen, zum Beispiel bei der Polizei und im Justizapparat, Kommunisten übertragen.

Veränderte Eigentumsverhältnisse

Parallel zu den politischen Veränderungen wurde von der SMAD die Umgestaltung der wirtschaftlichen und sozialen Verhältnisse betrieben. Mit der Bodenreform, bereits im Herbst 1945 in die Wege geleitet, wurden die agrarischen Besitzverhältnisse grundlegend verändert.

Der Grundbesitz von Kriegsverbrechern, Kriegsschuldigen und von aktiven Nazis wurde entschädigungslos enteignet, ebenso alle privaten Besitztümer mit über 100 Hektar Land. Die insgesamt zur Verteilung anstehende Fläche betrug über drei Millionen Hektar. Sie wurde unter mehr als 500 000 Empfängern aufgeteilt. Im Nachhinein wurde deut-

M 1 Propagandafoto zur Bodenreform 1945
Die Fotografie (Herbst 1945) zeigt die Zuteilung von Landparzellen des ehemaligen Rittergutes Helfenberg (bei Dresden) an Industriearbeiter. Ein freies Bauerntum war zu keinem Zeitpunkt Ziel der Politik in der SBZ (DDR), vielmehr diente die Bodenreform als taktische Vorstufe für die spätere Kollektivierung (ab 1952).

lich, dass dies nur eine Vorstufe zu der späteren Kollektivierung der Landwirtschaft war.

Mit der Industriereform, ebenfalls bereits 1945 begonnen, wurden die Weichen für eine neue Wirtschaftsordnung gestellt. Sie führte zur Beschlagnahmung vieler privater Industriebetriebe, die zum Teil in sowjetischen Besitz überführt und zum Teil verstaatlicht wurden. Bereits 1948 hatte sich die Wirtschaftsstruktur dahingehend geändert, dass der private Anteil an der Industrieproduktion nur noch 30 Prozent betrug.

In der SBZ waren die umfangreichen Entnazifizierungsmaßnahmen von vornherein darauf angelegt, einer neuen kommunistisch orientierten Elite den Zugang zu den Schaltstellen der Macht zu ebnen. Die neuen Machthaber entließen über eine halbe Million Menschen – vor allem aus dem öffentlichen Dienst. Der Polizei- und Justizapparat wurde personell fast komplett ausgetauscht. Auch im Schulwesen und in der Wirtschaftsverwaltung fanden weit reichende Entlassungsaktionen statt.

Gründung der SED

Die Politik der Sowjetunion zielte darauf ab, in ihrem Machtbereich den Kommunisten die Führungsrolle zu übertragen. Unmittelbar nach dem Krieg war von einer „Sowjetisierung" – dem Umbau der Gesellschaft nach sowjetischem Vorbild – noch keine Rede. Allerdings begünstigte die SMAD von Beginn an die KPD, die ihre Vertrauensleute in den politisch wichtigen Ämtern platzieren konnte. In den offiziellen Bekundungen der KPD war zunächst nur von einer „antifaschistisch-demokratischen" Umgestaltung die Rede. Diese Vorgehensweise besaß eine innere Logik, zumal die Bevölkerung der SBZ mehrheitlich antikommunistisch eingestellt war. Das Zusammenspiel von SMAD und KPD begünstigte zwar den raschen organisatorischen Aufbau der KPD, brachte sie aber zugleich bei der Bevölkerungsmehrheit in Verruf. Die Kommunisten waren der verlängerte Arm der Besatzungsmacht. In dieser Situation entwickelte sich nicht die KPD, sondern die SPD zur stärksten Partei in der SBZ. Ihr Führungsanspruch stieß mit den Zielen der KPD zusammen. Um diesen bedeutendsten Konkurrenten im Kampf um die Macht auszuschalten, änderte die KPD im Herbst 1945 ihre Taktik. Die von Moskauer Exilanten geführte Partei hatte zunächst der Vereinigung von KPD und SPD ablehnend gegenübergestanden. Aber nach dem schlechten Abschneiden bei Wahlen in Ungarn und Österreich änderten die Kommunisten ihre Haltung. Vermutlich weil sie befürchteten, in Deutschland schwächer zu bleiben als die SPD oder gar die bürgerlichen Parteien CDU und LDPD, arbeiteten sie auf eine Vereinigung mit den Sozialdemokraten hin.

M 2 **Den „Händedruck"** von Wilhelm Pieck (links, vorher KPD) und Otto Grotewohl (vorher SPD) auf dem Vereinigungsparteitag 1946 stilisierte die SED zum Symbol und Parteiabzeichen. Als „historische Schirmherren" wachen Wilhelm Liebknecht und August Bebel. Die Verschmelzung der SPD und der KPD in der sowjetischen Zone Deutschlands zur SED fand am 21./22. April 1946 statt.

Die Vereinigungsbestrebungen von KPD und SPD fanden vielfach Unterstützung, weil die Erinnerung an gemeinsam erlittene Verfolgungen in der Zeit des Nationalsozialismus Mitglieder beider Parteien verband. Gleichwohl gab es innerhalb der SPD Widerstand gegen den Zusammenschluss, der aber von der SMAD brutal unterdrückt wurde.

Am 21./22. April 1946 fand der Gründungsparteitag der Sozialistischen Einheitspartei Deutschlands (SED) statt. Die SPD in den westlichen Besatzungszonen und in den Berliner Westsektoren lehnte diese Vorgehensweise entschieden ab. Ihr Vorsitzender Kurt Schumacher befürchtete zu Recht, dass das Konzept der Einheitspartei nur dazu diene, der Sozialdemokratie eine kommunistische Führung aufzuzwingen.

„Partei neuen Typs“

Bei den Gemeindewahlen 1946 erreichte die SED 52 Prozent der Stimmen, bei den Landtagswahlen im gleichen Jahr 46 Prozent. Diese Ergebnisse waren allerdings durch schwerwiegende Wahlbehinderungen der bürgerlichen Parteien zustande gekommen. In Groß-Berlin erhielt die SED sogar nur 20 Prozent gegenüber 49 Prozent der SPD, 22 Prozent der CDU und neun Prozent der LDPD. Diese Wahlen stellten einen Gradmesser für die politische Stimmung innerhalb der Bevölkerung dar. Und diese Wahlen endeten für die SED mit einer Niederlage. Alles deutet darauf hin, dass angesichts dieser Wahlergebnisse die kommunistische Führung der SED einen Strategiewechsel einleitete. Denn es zeichnete sich ab, dass eine ungeteilte kommunistische Machtübernahme unter Wahrung demokratischer Regeln nicht gelingen würde.

Dass die These vom „besonderen deutschen Weg zum Sozialismus“ vor allem taktische Gründe hatte, wurde im Laufe des Jahres 1948 deutlich. Die SED eröffnete den Kampf gegen „Sozialdemokratismus“. Daraufhin setzten umfangreiche „Säuberungen“ gegen Mitglieder mit „parteifeindlichen Einstellungen“ ein. Ehemalige Sozialdemokraten wurden aus den Führungsämtern der SED verdrängt. Die Parteiführung erhob nunmehr den Marxismus-Leninismus zur offiziellen Ideologie. Somit diente eingestandenermaßen die Kommunistische Partei der Sowjetunion (KPdSU) als Vorbild für die SED.

M 3 Plakat der Freien Deutschen Jugend (FDJ),
der Jugendorganisation der SED

Die Umwandlung der SED in eine „Partei neuen Typs“ ist auf dem Hintergrund des sich deutlich abzeichnenden Ost-West-Konflikts zu sehen. Der einsetzende Kalte Krieg machte Rücksichten auf westliche Partner seitens der Sowjetunion überflüssig. Die UdSSR ging daran, ihren Machtbereich in Osteuropa abzusichern. Die Integration ihrer Besatzungszone in den Ostblock war gewissermaßen die Antwort auf die Schaffung der Bi-Zone, das heißt der Vereinigung der von den USA und Großbritannien verwalteten Westzonen. Die Teilung Deutschlands zeichnete sich ab.

Die sowjetische Besatzungsmacht und die SED waren darum bemüht, die faktische Einparteiherrschaft mit einem scheinbaren Pluralismus zu verschleiern. Zwar konnten Parteien und Organisationen nach 1945 gegründet werden, aber durch deren Zusammenfassung im so genannten antifaschistischen Block gelang es der SED, ihre Vorherrschaft im Parteiensystem der SBZ zu sichern.

Die Entmachtung konkurrierender Parteien und die Vereinigung von Parteien und Massenorganisationen in einer „Nationalen Front“, Wahlen mit Einheitsliste und vorher festgelegter Mandatsverteilung sind bis zum Ende grundlegende Merkmale des politischen Systems der DDR geblieben.

Als vorbereitete Reaktion auf die Entstehung der Bundesrepublik Deutschland wurde die Deutsche Demokratische Republik am 7. Oktober 1949 gegründet.

Chronologie

8. Mai 1945	Bedingungslose Kapitulation Deutschlands
21./22. April 1946	Gründung der Sozialistischen Einheitspartei Deutschlands (SED)
3. Juli 1948	Umwandlung der SED in eine „Partei neuen Typs“
7. Oktober 1949	Gründung der Deutschen Demokratischen Republik

M 4 **Ein ehemaliger Kommunist berichtet**

Wolfgang Leonhard lebte zehn Jahre in der Sowjetunion, kam im April 1945 auf Anweisung der sowjetischen Führung im Rahmen der „Gruppe Ulbricht" nach Berlin, um dort den Aufbau kommunistischer Strukturen vorzubereiten. Seine bekannte Biografie trägt den wegweisenden Titel: „Die Revolution entlässt ihre Kinder.":

Frage: Während die Amerikaner Westdeutschland und Süddeutschland besetzten, eroberte die Rote Armee Berlin. Am 2. Mai 1945 kapitulierten die letzten Reste der deutschen Wehrmacht, und am selben 2. Mai begann die sowjetische Besatzungsmacht mit dem Staatsaufbau von unten. Das Manöver ist bekannt geworden unter dem Namen „Gruppe Ulbricht", zu der Sie gehört haben.

Leonhard: Es war nicht nur am selben Tag, sondern sogar zur selben Stunde. Am 2. Mai 1945 um 12 Uhr kapitulierten die letzten Reste der Wehrmacht in Berlin – und genau zur gleichen Zeit fuhr eine Gruppe von Personenwagen, von Osten kommend, in Berlin ein: die Gruppe Ulbricht, die später als die Initiativgruppe der deutschen kommunistischen Partei bezeichnet wurde, faktisch die neue KP-Führung. Es waren zehn Personen, die an diesem 2. Mai den Aufbau einer neuen Verwaltung in Deutschland in Angriff nahmen. [...]

Dann kam die Aufgabe, in jedem der zwanzig Verwaltungsbezirke Berlins eine, wie es hieß, demokratische Verwaltung aufzubauen.

Frage: Es sollten, wie gesagt, nicht nur Kommunisten sein?

Leonhard: Es sollten ein Bürgermeister für jeden Bezirk, zwei Stellvertreter und dann Dezernenten für Ernährung, Wirtschaft, Soziales, Gesundheit, Verkehr, Arbeit, Volksbildung und so weiter ausfindig gemacht werden. Und davon sollten nur der stellvertretende Bürgermeister, der gleichzeitig für Personalfragen zuständig war, der Dezernent für Volksbildung sowie der Chef der Bezirkspolizei unbedingt und überall in Händen der Kommunisten sein. Oder, wie es immer bei uns hieß, in Händen der eigenen Leute.

In die neue Verwaltung, wurde uns gesagt, müssten Sozialdemokraten herein, vor allen Dingen für Wirtschaft, Soziales und Ernährung. Ulbricht sagte: „Die Sozialdemokraten, die verstehen was von Kommunalpolitik." Und dann immer wieder die Direktive: bürgerliche Antifaschisten, besonders in den westlichen Bezirken Berlins, am liebsten Leute, die den Doktortitel hatten. Die Idee war: wenn die westlichen Alliierten die Berliner Westbezirke besetzten, sollten sie dann die von uns eingesetzten Bezirksverwaltungen übernehmen. Walter Ulbricht gebrauchte wiederholt für die Zusammensetzung der Bezirksverwaltungen den berühmten Satz: Es muss demokratisch aussehen, aber wir müssen alles in der Hand haben. [...]

Frage: Sie bekamen alsbald Zuzug aus Moskau. Als nächstes kam die Gruppe Pieck an. Änderte sich damit das Konzept?

Leonhard: Das ist eine interessante Frage, die von der Zeitgeschichte noch zu untersuchen wäre. Die Gruppe Pieck kam mit einer ganzen Reihe von prominenten Emigranten aus der Sowjetunion an. Wir hatten dann einige Tage viele Besprechungen. Anfang Juni wurde plötzlich eine Änderung der politischen Linie verkündet. Während man bis dahin eine langfristige Zusammenarbeit zwischen den Alliierten voraussetzte, kam jetzt heraus, dass da einiges nicht klappte. Während man uns vorher gesagt hatte: keine kommunistische Partei, sondern „Block der kämpferischen Demokratie", wurde uns jetzt verkündet: Nach dem Aufbau der Verwaltungen so schnell wie möglich eine kommunistische Partei gründen.

Frage: Nur eine kommunistische Partei oder ein ganzes Parteiensystem?

Leonhard: Ja, gleichzeitig kam die Anweisung, es sollten auch drei andere Parteien gegründet werden: eine sozialdemokratische Partei, ein Zentrum, also wieder eine katholische Partei, und eine demokratische oder liberale Partei. Unsere Aufgabe bestand nun darin, dies zu beschleunigen. [...]

Ich glaube, dass damals Walter Ulbricht und noch manche andere die Möglichkeit der KPD weit überschätzt haben. Sie dachten, dass in dem Spiel der Parteien die KPD – mit der zusätzlichen Unterstützung der sowjetischen Besatzungsmacht und ihren genauen Plänen – die stärkste Partei würde.

Frage: Vorgearbeitet war in diesem Sinne. Man hatte zwar die Parteien unabhängig voneinander gründen lassen, aber zugleich auch versucht, sie aneinander zu koppeln.

Leonhard: Dazu wurde zunächst einmal ein Einheitsausschuss KPD/SPD gegründet und dann am 14. Juli der Antifaschistisch-Demokratische Block (später Antifaschistisch-Demokratische Einheitsfront) aus den vier inzwischen gegründeten Parteien KPD, SPD, CDU, LDP. Der Hintergedanke war: gemeinsam die Verantwortung tragen, wobei die KP immer die weitesten Forderungen stellen und auf diese Weise die anderen mitziehen würde. Wenn sie nicht mehr mitgehen wollten, könnte man eine Scheibe nach der anderen abschneiden – was später als

Salami-Taktik bezeichnet wurde. Das, glaube ich, waren die Vorstellungen Walter Ulbrichts, aber nicht die Vorstellungen aller Kommunisten.

Frage: Sie haben damals ja ziemliche Wandlungen mitmachen müssen. Nach dieser ganzen Geschichte mit den vier separaten Parteigründungen wurde im Herbst 1945 ganz plötzlich der Hebel herumgelegt und auf die Tendenz geschaltet: lieber doch eine sozialistische Einheitspartei, also eine Verbindung von SPD und KPD.

Leonhard: Man hatte ursprünglich im Kreise von Ulbricht gedacht, die KPD würde die stärkste Partei. Aber dann geschahen zwei Dinge: Im Laufe des Sommers und Herbstes begann die Diskreditierung der KP; die Leute sahen, das ist die Russenpartei. Der Zulauf zur SPD wurde immer stärker, sodass im Spätherbst 1945 klar wurde, dass die SPD die KPD in den Schatten stellte. Zweitens: Ende November 1945 kamen die österreichischen Wahlen, aus denen die KP – wider aller Erwartung – als ganz kleine Partei mit nur vier Abgeordneten hervorging. Da wurde bei uns umgeschaltet und gesagt, wir müssen doch die Vereinigung machen. […]

A. Wucher (Hg.), Wie kam es zur Bundesrepublik? Politische Gespräche mit Männern der ersten Stunde, Freiburg, Basel, Wien 1968, S. 38 ff.

M 5 Lenkung des öffentlichen Lebens

Der Autor des Textes, Gregory Klimow, war Offizier bei der Sowjetischen Militäradministration in Deutschland (SMAD):

Die politische Verwaltung [der Sowjetischen Militäradministration] überwacht die Tätigkeit der politischen Parteien der Sowjetzone Deutschlands: Von hier aus werden den Führern der deutschen Kommunisten, dem Dreigespann Pieck, Grotewohl und Ulbricht, das vor den Wagen der SMAD gespannt ist, die direkten Moskauer Instruktionen erteilt. Zu den Pflichten der Politverwaltung gehört ferner die Propagierung und Verbreitung der sowjetischen Ideologie. Diesem Zweck dient sowohl das „Haus der Kultur der Sowjetunion" als auch die „Tägliche Rundschau" und der „Sowjetexportfilm" und als Gegenstück die Spezialabteilung Zensur für Presse, Film und Rundfunk.

Eine Abteilung der Politverwaltung befasst sich mit Fragen der Aufklärung und der politischen Arbeit innerhalb der deutschen Jugend. Alle Lehrpläne und Lehrbücher für die deutschen Schulen werden nach den Richtlinien der Verwaltung für Aufklärung der SMAD zusammengestellt, müssen aber außerdem, bevor sie in Druck gehen, der Politverwaltung nochmals zur Überprüfung und endgültigen Billigung vorgelegt werden. Das beweist, welch große Bedeutung der Erziehung der deutschen Jugend in sowjetischem Geist beigemessen wird.

Ohne Genehmigung der Politverwaltung kann niemand im öffentlichen Leben der deutschen Sowjetzone eine Rolle spielen. Selbst dort, wo – wie z. B. bei den Wahlen der Vertreter der deutschen Parteien und Gewerkschaften – die Demokratie scheinbar aufrechterhalten wird, bestimmt die Politverwaltung den Ausgang der Wahlen im Voraus. Dabei bedient sie sich verschiedener Methoden, vorzugsweise einer Unterhaltung im Stab der SMAD, wo man mit den „demokratischen" Vertretern auch sonst nicht viel Federlesens macht und sie kurzerhand auffordert: „Legen Sie uns eine Liste ihrer Kandidaten zur Bestätigung vor."

G. Klimow, Berliner Kreml, zit. nach: I. Spittmann (Hg.), Die SED in Geschichte und Gegenwart, Köln 1987, S. 174.

M 6 SED – „Partei neuen Typs"

Nachdem eine Wiedervereinigung unter kommunistischen Vorzeichen 1948 endgültig gescheitert war, wurde die SED auch offiziell dem sowjetischen Vorbild angepasst. Entschließung der 1. Parteikonferenz der SED (28. Januar 1949):

Die Kennzeichen einer Partei neuen Typus sind:

• Die marxistisch-leninistische Partei ist die bewusste Vorhut der Arbeiterklasse. Das heißt, sie muss eine Arbeiterpartei sein, die in erster Linie die besten Elemente der Arbeiterklasse in ihren Reihen zählt, die ständig ihr Klassenbewusstsein erhöhen. Die Partei kann ihre führende Rolle als Vorhut des Proletariats nur erfüllen, wenn sie die marxistisch-leninistische Theorie beherrscht, die ihr die Einsicht in die gesellschaftlichen Entwicklungsgesetze vermittelt. […]

Die marxistisch-leninistische Partei ist die höchste Form der Klassenorganisation des Proletariats. Die Partei, in der die besten Menschen der Klasse zusammengefasst sind, die mit der Theorie des Marxismus-Leninismus, mit der Kenntnis der Gesetze des Klassenkampfes und mit der Erfahrung der revolutionären Bewegung gewappnet sind – hat die Möglichkeit und ist berufen und verpflichtet, alle anderen Organisationen der Werktätigen […] zu leiten. […]

Um die führende Rolle der Partei sicherzustellen und die Partei vor Schwankungen zu bewahren, ist die Einführung einer Kandidatenzeit für die Aufnahme in die Partei erforderlich.

• Die marxistisch-leninistische Partei beruht auf dem Grundsatz des demokratischen Zentralismus.

Dies bedeutet die strengste Einhaltung des Prinzips der Wählbarkeit der Leitungen und Funktionäre und der Rechnungslegung der Gewählten vor den Mitgliedern. Auf dieser innerparteilichen Demokratie beruht die straffe Parteidisziplin, die dem sozialistischen Bewusstsein der Mitglieder entspringt. Die Parteibeschlüsse haben ausnahmslos für alle Parteimitglieder Gültigkeit. [...]
Die Duldung von Fraktionen und Gruppierungen innerhalb der Partei ist unvereinbar mit ihrem marxistisch-leninistischen Charakter.

- Die marxistisch-leninistische Partei ist vom Geist des Internationalismus durchdrungen. Dieser Internationalismus bestimmt ihren Platz in der weltweiten Auseinandersetzung zwischen den Kriegshetzern und den Friedenskräften, zwischen Reaktion und Fortschritt, zwischen Kapitalismus und Sozialismus. In diesem Kampfe steht die marxistisch-leninistische Partei eindeutig im Lager der Demokratie und des Friedens, an der Seite der Volksdemokraten und der revolutionären Arbeiterparteien der ganzen Welt. Sie erkennt die führende Rolle der Sowjetunion und der KPdSU [...] im Kampfe gegen den Imperialismus an und erklärt es zur Pflicht jedes Werktätigen, die sozialistische Sowjetunion mit allen Kräften zu unterstützen.

Entschließung der 1. Parteikonferenz der SED, 28.1.49, zit. nach: E. Deuerlein (Hg.), DDR, 1945–1970, S. 83 ff.

Aufgaben

1. In welcher Weise wurden schon sehr frühzeitig die Weichen für eine kommunistische Parteidiktatur gestellt?
   → Text, M1, M2, M4–M7
2. Analysieren Sie die Entstehung des Parteiensystems in der SBZ. Welcher politischen Strategie folgte dabei die Gründung der SED?
   → Text, M2, M4, M5, M7
3. Durch welche Maßnahmen und mit welchem Ziel beeinflusste die sowjetische Besatzungsmacht das öffentliche Leben in ihrer Zone?
   → M5
4. Arbeiten Sie die wichtigsten Merkmale der SED als „Partei neuen Typs" heraus.
   → M6
5. Erklären Sie, warum 1948 die Umwandlung der SED in eine „Partei neuen Typs" erfolgte.
   → Text
6. Vergleichen Sie das Wahlsystem in der SBZ (bzw. der DDR) mit demjenigen in einer parlamentarischen Demokratie.
   → M7

STIMMZETTEL

für den Stimmkreis 3 Land Sachsen-Anhalt zum 3. Deutschen Volkskongreß

Ich bin für die Einheit Deutschlands und einen gerechten Friedensvertrag

Ich stimme darum für die nachstehende Kandidatenliste zum Dritten Deutschen Volkskongreß

1. Prof. Agricola, Rudolf, SED . . Halle/Saale
2. Beck, Arnold, FDGB . . Halle/Saale
3. Biering, Walter, VdgB . . Sohesten
4. Bierks, Hans, SED . . . . Zschernewitz
5. Bininda, Robert, CDU . . Düben
6. Bock, Erich, LDP . . . . Halle/Saale
7. Böhland, Max, FDGB . . Merseburg
8. Büttner, Thekla, LDP . . Zeitz
9. Dr. Damerow, Erich, LDP Halle/Saale
10. Dittmar, Karl, FDGB . . Halle/Saale
11. Diez, Käte, LDP . . . . Halle/Saale
12. Einicke, Ludwig, SED . . Halle/Saale
13. Prof. D. Fascher, Erich, CDU Halle/Saale
14. Feist, Gotth., FDGB . . . Halle/Saale
15. Feist, Margot, FDJ . . . Halle/Saale
16. Prof. Dr. Frank, Heinrich, SED . . . . Berlin
17. Freyhof, Theo, FDGB . . Schkopau
18. Fritzsch, Max, FDGB . . Halle/Saale
19. Gieß, Hans, SED . . . . Leuna
20. Gölling, Gerald, CDU . . Nietleben
21. Gutjahr, Karl, SED . . . Halle/Saale
22. Günther, Elfriede, SED . Merseburg
23. Gutsch, Heinrich, CDU . . Naundorf
24. Gysi, Klaus, KB . . . . . Berlin
25. Dr. Hauck, Kurt, NDP . . Weißenfels
26. Prof. Dr. Heilmann, Adolf, NDP . . . . Halle/Saale
27. Herbert, Otto, Genossenschaft . . . . Halle/Saale
28. Dr. Hertwig, Paula, DFD Halle/Saale
29. Dr. Herwegen, Leo, CDU . Halle/Saale
30. Prof. Hopp, Hanns, KB . . Halle/Saale
31. Horn, Richard, KB . . . . Halle/Saale
32. Jünger, Emanuel, SED . . Weißenfels
33. Kammerahl, Heinz, SED . Halle/Saale
34. Kamps, Otto, LDP . . . . Halle/Saale
35. Kern, Käte, DFD . . . . Berlin
36. Prof. Dr. Klemperer, Viktor, KB . . . . Halle/Saale
37. Knauf, Christa, LDP . . Dölau
38. Prof. Koenen, Bernard, SED Halle/Saale
39. Lahne, Gustav, FDGB . . Muldenstein
40. Dr. Lautz, Hermann, LDP Bitterfeld
41. Lehnig, Walter, SED . . . Halle/Saale
42. Lorenz, Ernst, LDP . . . Halle/Saale
43. Dr. Maaß, Hans, LDP . . Halle/Saale
44. Maier, Inge, SED . . . . Halle/Saale
45. Prof. Dr. Menner, Erich, KB . . . . Bitterfeld
46. Mertke, Willi, SED . . . Ammendorf
47. Menzel, Robert, FDJ . . Halle/Saale
48. Miller, Anton, CDU . . . Halle/Saale
49. Mittelstädt, Bruno, LDP . Brehna
50. Mödersheim, Karl, SED . Leuna
51. Prof. Oppenheim, Hans, VVN Bitterfeld
52. Posselt, Willi, SED . . . Halle/Saale
53. Dr. Rexrodt, Wilhelm, LDP Halle/Saale
54. Richter, Richard, DBD . . Halle/Saale
55. Rühle, Else, NDP . . . . Halle/Saale
56. Rühle, Otto, NDP . . . . Halle/Saale
57. Saulich, Johannes, SED . Zeitz
58. Schäfer, Paul, CDU . . . Merseburg
59. Schneider, Alwin, FDGB . Delitzsch
60. Schlegel, Max, LDP . . . Lauchstädt
61. Dr. Schwarze, Kurt, LDP Halle/Saale
62. Schwarzer, Rudolf, SED . Halle/Saale
63. Schütze, Wolf, SED . . . Halle/Saale
64. Selbmann, Käte, SED . . Teltow/Potsdam
65. Siewert, Robert, SED . . Halle/Saale
66. Stascewski, Walter, SED . Bitterfeld
67. Stein, Richard SED . . . Kötzschen
68. Taube, Paul, SED . . . . Bitterfeld
69. Teller, Günter, SED . . . Halle/Saale
70. Tittmann, Walter, DBD . Burgwerben
71. Walther, Alfred, CDU . . Weißenfels
72. Weidner, Fritz, LDP . . . Naumburg
73. Werner, Wilhelm, LDP . Naumburg
74. Wiesenthal, Hans, CDU . Zeitz
75. Prof. Dr. Winter, Ed. . . Halle/Saale
76. Dr. Wirth, Gustav, SED . Leuna
77. Prof. Dr. Zetkin, Maxim., SED . . . . Berlin

JA

NEIN

H (43) MDV Halle (S), Gr. Ulrichstr. 16

E - 5011 - 3. 5. 49 - 87508

M 7 Einheitslisten-Wahl

Der Volksrat [...] beschloss allgemeine Wahlen zu einem 3. Volkskongress. Sie fanden am 15. und 16. Mai 1949 in der sowjetischen Besatzungszone und Ostberlin statt. „Gewählt" wurde auf einer Einheitsliste, auf der es keine Auswahlmöglichkeiten zwischen Parteien gab. Nur mit JA oder NEIN konnte auf die Trickaussage geantwortet werden: „Ich bin für die Einheit Deutschlands und einen gerechten Friedensvertrag. Ich stimme darum für die nachstehende Kandidatenliste zum Dritten Deutschen Volkskongress." Die Verteilung der Mandate lag schon vorher fest und sicherte der SED über ihre Mitglieder in den Massenorganisationen die Mehrheit.
Am Abend des 15. Mai fanden erste Auszählungen statt. Als sie nicht die gewünschten Ergebnisse zeigten, wurden Manipulationen angeordnet. Leere oder durchgestrichene Stimmzettel mussten nachträglich als Ja-Stimmen gewertet werden. Am Abend des 16. Mai 1949 wurde dann bekannt gegeben, dass 66,1 Prozent der Wähler mit „ja" gestimmt hätten, in Ostberlin nur 58,1 Prozent. Der so „legitimierte" Volkskongress bestätigte die Verfassung am 30. Mai 1949 abermals und setzte einen neuen Volksrat [aus dem die Volkskammer wurde] ein.

Aus: Informationen zur politischen Bildung, Nr. 232, Die Teilung Deutschlands 1945–1955, Bonn 1991, S. 25.

3.4 Deutschland im Zeichen der Zweistaatlichkeit

Aufbau des Sozialismus nach sowjetischem Vorbild

Die Zulassung von Parteien und Gewerkschaften durch die sowjetische Besatzungsmacht unmittelbar nach Kriegsende erweckte zunächst den Anschein einer pluralistischen Ordnung. Verlautbarungen der KPD in der SBZ ließen eine gewisse Distanzierung vom Sowjetkommunismus erkennen. Der Ausschluss faschistischer und auch bürgerlicher Kräfte von der politischen Willensbildung und die Enteignung von Industriebetrieben und Grundbesitz konnten leicht mit der Entnazifizierung und Demokratisierung der Gesellschaft begründet werden. Doch die dann zwischen 1945 und 1949 vollzogene so genannte antifaschistisch-demokratische Umwälzung in der SBZ brachte für die dortige Gesellschaft grundlegende Veränderungen. Ein nationaler deutscher Weg zum Sozialismus wurde ab 1948 von der nun allein bestimmenden SED verneint. Allerdings befleißigten sich die Kommunisten bis Anfang der 50er-Jahre noch diesbezüglich einer gewissen Zurückhaltung. Es war Rücksicht zu nehmen auf die eigene Bevölkerung, bis die Macht der Partei endgültig gesichert war. Auch durfte man die westdeutsche Bevölkerung nicht abschrecken, die man für eine Wiedervereinigung unter sozialistischen Vorzeichen gewinnen wollte. Die Westintegration der Bundesrepublik Deutschland machte eine solche Rücksichtnahme überflüssig. Die Angleichung an das sozialistische Lager, insbesondere an die Führungsmacht Sowjetunion, hatte nun eindeutig Priorität gegenüber der Wiedervereinigung. Die SED konnte die von ihr verdeckt seit 1945 betriebene Ostintegration nun auf allen Gebieten der Gesellschaft offen betreiben.

M 1 **SED-Plakat von 1946**
Die Propaganda vom einheitlichen Deutschland verschwieg, dass diese (natürlich) unter kommunistischen Vorzeichen angestrebt wurde.

Die II. Parteikonferenz der SED 1952 beschloss die planmäßige Errichtung des Sozialismus in der DDR nach sowjetischem Vorbild.

Es folgte nun eine Zeit der beschleunigten Umgestaltung durch Verstaatlichung von Unternehmen und der Bildung von erzwungenen Produktionsgenossenschaften in allen Bereichen der Wirtschaft. Gleichzeitig wurde die Zentralisierung des Staatsaufbaus durch Auflösung der Länder und die rigorose Gleichschaltung der Parteien und Massenorganisationen betrieben. Der Einfluss der Kirchen wurde bekämpft. Die Bevölkerung der DDR reagierte auf diese von der SED betriebene Sowjetisierung der Gesellschaft zum Teil mit Flucht in den Westen. Verschärfte Grenzkontrollen und ab Mai 1952 die Ausweisung einer fünf Kilometer breiten Sperrzone entlang der innerdeutschen Grenze sowie die Errichtung von Sperranlagen sollten dieser Fluchtbewegung entgegenwirken.

Bereits vor Gründung der DDR betrieb deren politische Führung eine Politik der Annäherung an die Sowjetunion, die als Besatzungsmacht ohnehin das Sagen hatte. Die KPD und auch die SED orientierten sich ideologisch an der KPdSU. Nur durch Anlehnung an die Besatzungsmacht ließ sich gegen den Willen breiter Bevölkerungskreise die politische Macht erringen und sichern. Diese Gesichtspunkte behielten auch über das Jahr 1949 hinaus Gültigkeit. Die Integration der DDR, wie auch der weiteren osteuropäischen Staaten in das sozialistische Lager, erfolgte auch durch wirtschaftliche und militärische Bindung an die UdSSR.

Die handelspolitisch traditionell nach dem Westen ausgerichteten osteuropäischen Staaten hatten Interesse an der amerikanischen Marshallplan-Hilfe bekundet, durften diese aber auf sowjetischen Druck hin nicht annehmen. Stattdessen bot ihnen die Sowjetunion die Zusammenarbeit im Rat für gegenseitige Wirtschaftshilfe (RGW) an, der 1949 gegründet wurde. Die DDR trat dieser übernationalen Organisation im Jahre 1950 bei.

M 2 Plakat zum „Monat der deutsch-sowjetischen Freundschaft", 1952

Über die Zusammenarbeit im RGW hinaus unterhielt die DDR seit den 60er-Jahren besonders enge zweiseitige Wirtschaftsbeziehungen zur Sowjetunion.

Die Einbeziehung der Bundesrepublik Deutschland in die NATO am 9. Mai 1955 nahm die Sowjetunion zum Anlass, am 14. Mai 1955 ein Bündnis der sozialistischen Staaten, den Warschauer Pakt, ins Leben zu rufen. Die Eingliederung der Nationalen Volksarmee der DDR in den Militärpakt erfolgte im Januar 1956. Allerdings besaß die DDR bereits vor deren Gründung mit der Kasernierten Volkspolizei streitkräfteähnliche Verbände, die 1952 offiziell die Funktion von nationalen Streitkräften übernommen hatten.

Die Vertragspartner im Warschauer Pakt verpflichteten sich zur Zusammenfassung ihrer Militärpotenziale unter einem gemeinsamen sowjetischen Oberkommando, zur Koordinierung ihrer Verteidigungspolitik und zur gemeinsamen Abwehr von Bedrohungen. Neben der Sicherung des Friedens vor Angriffen von außen hatte auch der „Schutz der sozialistischen Errungenschaften" vor Bedrohungen von innen Bedeutung erlangt, wie der Einmarsch von Paktstreitkräften in die Tschechoslowakei (1968) bewies. Die Theorie des sozialistischen Internationalismus hatte dort die praktische Begrenzung der nationalen Souveranität zur Folge.

Die Deutsche Frage

Stalin-Note

Nach der Gründung der beiden deutschen Staaten (1949) kam es zu einer Konkurrenz, welcher von ihnen die rechtmäßige Vertretung des ganzen deutschen Volkes für sich in Anspruch nehmen dürfe. Die Bundesregierung verwies zu Recht immer wieder darauf, dass sie die einzige demokratisch legitimierte deutsche Regierung sei.

Am Anspruch auf Wiedervereinigung hielten zunächst beide Seiten fest, wenngleich unter den Bedingungen des Kalten Krieges eine Realisierung immer unwahrscheinlicher wurde. Die Integration der DDR in den Ostblock und der Bundesrepublik Deutschland in die westliche Staatengemeinschaft ließ letztlich die Wiedervereinigung in weite Ferne rücken. Vereinzelte Vorstöße, wie zum Beispiel die Stalin-Note von 1952, hatten eher eine taktische politische Bedeutung. Dieser Friedensvertragsentwurf erging vor dem Hintergrund der militärischen Integration der Bundesrepublik Deutschland in die westliche Verteidigungsgemeinschaft. Das Angebot der UdSSR sah eine Wiedervereinigung nur unter der Bedingung der Blockfreiheit vor. Sowohl die westlichen Alliierten als auch die Bundesregierung weigerten sich, in Verhandlungen einzutreten. Heute sind sich die meisten Historiker sicher, dass die Bereitschaft der Sowjetunion zur Wiedervereinigung nur ein propagandistischer Schachzug gewesen war.

Deutschlandpolitik im Westen

In der Anfangsphase der Bundesrepublik Deutschland schälten sich rasch drei verschiedene deutschlandpolitische Konzepte heraus, die jeweils von einem bedeutenden Politiker verkörpert wurden.

- Jakob Kaiser (CDU) verstand Deutschland als Brücke zwischen Ost und West. Daher forderte er Neutralität als Voraussetzung für die Wiedervereinigung. Diese Vorstellung ließ sich aber nicht verwirklichen, weil sie ein Klima der Kooperation zwischen den Siegermächten vorausgesetzt hätte. Der Kalte Krieg stand letztlich im Gegensatz zu diesem Plan.
- Kurt Schumacher (SPD) sah Deutschlands Zukunft in einem sozialdemokratischen, einheitlichen Deutschland. Er lehnte die sowjetkommunistische Gesellschaftsform ab. Nach seinem Tod (1952) traten neutralistische Tendenzen innerhalb der Sozialdemokratie stärker hervor. Die Kritik an der Sowjetunion teilte Schumacher mit seinem Gegenspieler Adenauer.
- Mit Konrad Adenauer (CDU) verbindet sich die so genannte Magnettheorie. Unter Inkaufnahme der Teilung sollte Westdeutschland an die Seite der Westmächte geführt werden. Es hieß dazu: Der Verlust der Einheit wäre zwar der Preis für die Freiheit (des Westens), aber eine wirtschaftlich erstarkte Bundesrepublik würde zu einem späteren Zeitpunkt eine so starke Anziehungskraft auf den Osten ausüben, dass es doch noch zur Wiedervereinigung käme. Adenauer war Realpolitiker. Er sah und nutzte den begrenzten außenpolitischen Spielraum, um die noch junge Bundesrepublik zu einem gleichberechtigten Mitglied der westlichen Wertegemeinschaft zu machen. Er lehnte folglich jede „Schaukelpolitik" zwischen Ost und West ab.

Rückblickend bleibt die Erkenntnis, dass es – gemäß den Gesetzen der Machtlogik – erst nach Überwindung des Systemkonflikts zwischen Ost und West zu einer Vereinigung der beiden deutschen Staaten kommen konnte.

M 3 Wahlplakat der CDU für den Bundeswahlkampf 1957
Konrad Adenauer (1876–1967) war bereits 81 Jahre alt, als seine Partei 1957 die absolute Mehrheit bei der Bundestagswahl errang. Seine Persönlichkeit dominierte die westdeutsche Politik.

Volksaufstand (17. Juni 1953)

Die DDR-Führung hatte 1951 einen Fünfjahresplan in Kraft gesetzt, der bis zum Ende seiner Geltungsdauer eine Verdoppelung der Produktion im Vergleich zur Vorkriegszeit vorsah. Die Priorität lag dabei auf dem Ausbau der Schwerindustrie zu Lasten der Konsumgüterindustrie. Dies hatte in der Praxis Versorgungsengpässe zur Folge. Zur Sicherstellung der Planerfüllung erhöhte die Regierung Ende Mai 1953 die Arbeitsnormen um zehn Prozent, was wegen des Wegfalls von Leistungsprämien zu einer gravierenden Lohnsenkung führte. Unmittelbar nach dem Tode Stalins hatte die Führung der Sowjetunion einen neuen Kurs verkündet, der von der SED nur zögernd übernommen wurde. Er sah insbesondere eine Abschwächung des Sozialisierungsprogrammes, Verbesserungen im Konsumbereich und Erleichterungen im innerdeutschen Reiseverkehr vor. Die Normenerhöhung dagegen wurde von der Partei und der Gewerkschaft ausdrücklich bestätigt. Daraufhin zogen am 16. Juni 1953 Ost-Berliner Bauarbeiter vor Regierungsgebäude und forderten eine Senkung der Arbeitsnormen. Eine entsprechende Zusage befriedigte die Arbeiter nicht, sie forderten nun den Rücktritt der Regierung und riefen zum Generalstreik für den kommenden Tag auf. Am 17. Juni 1953 kam es an mehr als 250 Orten in der DDR und in Berlin (Ost) zu Unruhen. In Betrieben fanden nicht genehmigte Versammlungen statt, Streikausschüsse wurden gebildet, die über das weitere Vorgehen berieten. Am Rande von Demonstrationen gab es Ausschreitungen wie die Erstürmung von Parteibüros, Rathäusern, Gerichten und Gefängnissen sowie Gewaltanwendung gegen Repräsentanten der Staatsmacht. Der ursprünglich ausschließlich sozial motivierte Aufstand der Arbeiter weitete sich zusehends durch politische Forderungen und durch seine Wirkung auf andere Gruppen der Gesellschaft zu einem Volksaufstand aus. Dem wirkte die Sowjetunion durch Ausrufung des Ausnahmezustandes und Verhängung von Ausgangsverbot und Kriegsrecht entgegen. Sowjetische Truppen und Einheiten der DDR-Volkspolizei bereiteten der Erhebung innerhalb von drei Tagen ein Ende. 70 Menschen wurden dabei von sowjetischen Soldaten beziehungsweise Angehörigen der Kasernierten Volkspolizei getötet. In der Folge kam es zu 13 000 Verhaftungen durch DDR-Dienststellen und 3 000 Festnahmen durch sowjetische Truppen.

M 4 Aufstand der Arbeiter in Berlin (Ost) am 17. Juni 1953
Im Unterschied zu 1989 blieben die sowjetischen Panzer nicht in den Kasernen.

Die SED reagierte auf diese eindeutige Misstrauenserklärung an ihre Adresse auf mehrfache Weise:

- Sie bezeichnete den Arbeiteraufstand als Putschversuch westdeutscher faschistischer Elemente.

- Sie verlangsamte das Tempo der sozialistischen Umgestaltung und versprach die Erhöhung des Lebensstandards.
- Sie säuberte die Partei auf allen Ebenen von „unzuverlässigen“ Mitgliedern und Amtsträgern; mehr als die Hälfte der Funktionäre wurde ausgetauscht.

In Würdigung der Geschehnisse vom 17. Juni 1953 erklärte die Bundesrepublik Deutschland diesen Tag zum nationalen Feiertag. Ab 1990 trat an dessen Stelle der 3. Oktober – das Datum der Wiedervereinigung.

Bau der Mauer in Berlin (13. August 1961)

Ab dem Jahre 1958 sollte in der DDR endgültig und umfassend die Grundlage für den Sozialismus geschaffen werden.

Angestrebt wurde insbesondere die Zurückdrängung des Privateigentums durch Kollektivierung der Landwirtschaft und durch staatliche Beteiligung an privaten Unternehmen. Diese Vorhaben stießen erneut auf Widerstand im Kreise der Betroffenen, die sich der Mitwirkung in großem Umfang durch Flucht entzogen. Als Tor zum Westen diente nach der Absperrung der innerdeutschen Grenze insbesondere Berlin (West), wohin die DDR-Bürger über Berlin (Ost) relativ gefahrlos gelangen konnten. Die Sowjetunion forderte darum Ende 1958 die Vereinigung von Berlin (West) mit dem Ostteil der Stadt und die Eingliederung in die DDR. Übergangsweise war die Sowjetunion mit der Umwandlung von Berlin (West) in eine selbstständige politische Einheit beziehungseise in eine entmilitarisierte „Freie Stadt“ innerhalb von sechs Monaten einverstanden. Die Westmächte bestanden jedoch auf ihren Rechten in Berlin auf der Grundlage des Viermächtestatus der Stadt, sodass keine Änderung eintrat.

Walter Ulbricht (1893–1973) bestimmte zwei Jahrzehnte – unter sowjetischer Vorherrschaft – die Politik der DDR, wurde 1971 von seinem Nachfolger Erich Honecker als SED-Chef entmachtet. Ulbricht, ein kühler Funktionärstyp, war unpopulär. Im Westen hieß es oft: „Der Spitzbart muss weg!“

Die Sowjetunion übertrug nun zunehmend Kontrollrechte, die ihr als Besatzungsmacht zustanden, auf DDR-Organe. 1960 schränkte die DDR die Freizügigkeit in Berlin unbefristet ein. Viele DDR-Bewohner fürchteten nun, bald überhaupt keine Fluchtmöglichkeit mehr zu haben, und kehrten der DDR den Rücken.

Ab 1960 verstärkte sich die Fluchtbewegung derart, dass die DDR diesem Aderlass an Arbeitskräften und vor allem an jungen Menschen am 13. August 1961 durch den Mauerbau ein Ende setzte. Berlin (West) wurde durch Sperranlagen völlig von Berlin (Ost) und der DDR abgeriegelt. Die Fluchtbewegung war gestoppt. Nun hatten die Deutschen in der DDR keine andere Wahl mehr, sie mussten sich mit dem System der SED arrangieren. Im Jahre 1963 stellte der VI. Parteitag der SED fest, dass die Grundlagen des Sozialismus in der DDR geschaffen seien.

Entspannung – Die Ostverträge

Die konkurrierenden Siegermächte des Weltkrieges nahmen eher ein geteiltes Deutschland in Kauf als auf jeweils „ihren Staat“ zu verzichten. Auch die jeweiligen deutschen Regierungen waren nicht bereit, die freiheitliche Gesellschaftsordnung der Bundesrepublik Deutschland beziehungsweise die „sozialistischen Errungenschaften“ der DDR aufs Spiel zu setzen. Zur Unterstreichung ihres Anspruchs, allein für das deutsche Volk zu sprechen, drohte die Bundesregierung seit Ende 1955 jedem Land mit dem Abbruch der diplomatischen Beziehungen, das die DDR völkerrechtlich als Staat anerkannte (Hallstein-Doktrin).

Der Anspruch der Bundesregierung, Deutschland allein zu vertreten, fand nur vorübergehend Beachtung. Im Verlaufe der sechziger Jahre wurde die DDR als zweiter deutscher Staat verstärkt von neutralen Ländern und von Staaten der Dritten Welt diplomatisch anerkannt. In dem Bemühen der Bundesrepublik Deutschland um ein Offenhalten der Deutschen Frage glaubten die sozialistischen Staaten des Ostblocks revanchistische Tendenzen zu erkennen. Darum forderten sie wiederholt von der Bundesregierung die Anerkennung der nach dem Zweiten Weltkrieg in Europa entstandenen „Realitäten". Um ihrem Anliegen Nachdruck zu verleihen, übten die Sowjetunion und die DDR Ende der 60er-Jahre Druck auf Berlin (West) aus. Sie stellten nun nicht mehr den Viermächtestatus von Berlin infrage, sondern sie kritisierten die Bindungen der Stadt an die Bundesrepublik Deutschland. Mehrfach kam es zu ernsthaften Behinderungen auf den Transitstrecken zwischen Berlin (West) und der Bundesrepublik Deutschland. Ohne Anerkennung der Oder-Neiße-Grenze als Westgrenze Polens und der innerdeutschen Grenze als Staatsgrenze würde es keine Verbesserungen in Berlin geben, ließ die Sowjetunion verlauten.

Im Rahmen der allgemeinen Ost-West-Entspannung beschritt 1969 die neu gebildete Bundesregierung unter Bundeskanzler Brandt (SPD) und Außenminister Scheel (FDP) den Weg der Vertragspolitik mit dem Osten. Unter dem Vorbehalt einer demokratisch und friedlich herzustellenden deutschen Einheit wurde die europäische Nachkriegsordnung völkerrechtlich anerkannt.

Die Ost-Verträge (1970)

Vertragspartner:
Bundesrepublik Deutschland - UdSSR
Bundesrepublik Deutschland - Polen

Ziel:
Internationale Friedenssicherung durch Normalisierung der Beziehungen

Mittel:
- territoriale Integrität
- Verzicht auf Gebietsansprüche
- Unverletzlichkeit der Grenzen
- Gewaltverzicht

Folgen:
- Anerkennung der Oder-Neiße-Linie als Westgrenze Polens
- (nicht-völkerrechtliche) Anerkennung der Demarkationslinie zur DDR als Staatsgrenze
- politische Entspannung
- Erleichterung bei der Familienzusammenführung
- Zunahme des Reiseverkehrs
- Erweiterung des Handels
- Förderung des Kulturaustausches

943G

M 5

Die Verträge von Moskau und Warschau, die unter anderem diese Anerkennung enthielten, ebneten somit auch den Weg für eine Entspannung um Berlin. Gemäß ihren Rechten und Zuständigkeiten in Berlin regelten die Vier Mächte die strittigen Probleme in einem Abkommen. Dieses wurde durch deutsch-deutsche Vereinbarungen, die Teil des Viermächteabkommens waren, ergänzt und konkretisiert (Protokoll über den Post- und Fernmeldeverkehr, Transitabkommen, Vertrag über Reise- und Besucherverkehr).

Die Verhandlungen im Zuge des Viermächteabkommens hatten die Deutschen in Ost und West ermutigt, das Verhältnis zwischen beiden Teilen Deutschlands zu entspannen. Die Bundesregierung strebte menschliche Erleichterungen an. Artikel 7 stellte aus dieser Sicht den Kern des Grundlagenvertrags dar. Der DDR war an einer Anerkennung als zweiter deutscher Staat und an wirtschaftlichen Vorteilen gelegen.

Mit dem Abschluss wurden aufgrund der vertraglichen Regelungen vor allem für die Menschen in der DDR merkliche Verbesserungen

M 6 Ein Bild, das um die Welt ging
Der Kniefall Bundeskanzler Brandts vor dem Mahnmal im ehemaligen Warschauer Getto am 7. Dezember 1970

erzielt. Allerdings versuchte die Regierung der DDR, die Freizügigkeit von Menschen und Ideen in Deutschland zu behindern. Ein Mittel dazu war die Pflicht zum Umtausch eines Mindestbetrags westlicher Währung gegen DDR-Mark bei der Einreise nach Berlin (Ost) beziehungsweise in die DDR. Auch in anderen Bereichen ließ sich die DDR das westdeutsche Streben nach Geltung der Menschenrechte finanziell und wirtschaftlich honorieren.

Der Abschluss der Ostverträge und des Grundlagenvertrages war innenpolitisch von heftigen Auseinandersetzungen begleitet. Die damalige Opposition (CDU und CSU) bekämpfte die Vertragspolitik der Regierungskoalition von SPD und FDP mit der Begründung, Leistung und Gegenleistung seien nicht ausgewogen. Später betrachteten alle im Bundestag vertretenen Parteien die abgeschlossenen Verträge als Grundlage ihrer Deutschland- und Ostpolitik.

Die faktische Anerkennung der deutschen Zweistaatlichkeit im Zuge der neuen Ostpolitik hatte die Forderung nach Beibehaltung wenigstens der nationalen Gemeinschaft in den Vordergrund treten lassen. Das Festhalten am Begriff der gesamtdeutschen Nation hatte die Aufgabe, als einigende Klammer die weitere Entfremdung der beiden deutschen Staaten und der darin lebenden Menschen aufzuhalten.

Die Regierung der Bundesrepublik Deutschland vertrat die Auffassung von der Fortexistenz der ungeteilten deutschen Nation. Danach hat das Deutsche Reich den politischen und militärischen Zusammenbruch 1945 überdauert. Die DDR-Führung hielt dagegen an der These fest, nicht kulturelle Zusammenhänge oder gemeinsame geschichtliche Erfahrung, sondern ökonomische, soziale, politische und ideologische Merkmale seien grundlegend für eine Nation. Die Regierung der DDR forderte die Aufhebung des gesamtdeutschen Staatsangehörigkeitsanspruchs des Grundgesetzes. Die Staatsangehörigkeit sei künftig an eine sozialistische Nation (DDR) und eine kapitalistische Nation (Bundesrepublik Deutschland) zu koppeln.

Chronologie

7. Oktober 1949	Gründung der DDR
29. September 1950	Aufnahme der DDR in den Rat für gegenseitige Wirtschaftshilfe (RGW)
9. bis 12. Juli 1952	2. Parteikonferenz der SED beschließt planmäßige Errichtung der Grundlagen des Sozialismus.
17. Juni 1953	Volksaufstand in Berlin (Ost) und in der DDR
14. Mai 1955	Gründung des Warschauer Paktes; DDR ist Gründungsmitglied.
18. Januar 1956	Volkskammerbeschluss zur Schaffung der Nationalen Volksarmee
13. August 1961	Bau der Berliner Mauer durch die Regierung der DDR
12. August 1970	Moskauer Vertrag zwischen der Bundesrepublik Deutschland und der Sowjetunion
7. Dezember 1970	Warschauer Vertrag zwischen der Bundesrepublik Deutschland und Polen
3. September 1971	Unterzeichnung des Viermächteabkommens über Berlin durch die Siegermächte des Zweiten Weltkrieges
21. Dezember 1972	Unterzeichnung des Grundlagenvertrags zwischen der Bundesrepublik Deutschland und der DDR
19. September 1973	Aufnahme der beiden deutschen Staaten in die UNO
11. Dezember 1973	Prager Vertrag zwischen der Bundesrepublik Deutschland und der Tschechoslowakei

M 7 **Grundgesetz für die Bundesrepublik Deutschland**

Präambel[1]

Im Bewusstsein seiner Verantwortung vor Gott und den Menschen, von dem Willen beseelt, seine nationale und staatliche Einheit zu wahren und als gleichberechtigtes Glied in einem vereinten Europa dem Frieden der Welt zu dienen, hat das Deutsche Volk, [...] um dem staatlichen Leben für eine Übergangszeit eine neue Ordnung zu geben, kraft seiner verfassunggebenden Gewalt dieses Grundgesetz der Bundesrepublik Deutschland beschlossen. Es hat auch für jene Deutschen gehandelt, denen mitzuwirken versagt war. Das gesamte Deutsche Volk bleibt aufgefordert, in freier Selbstbestimmung die Einheit und Freiheit Deutschlands zu vollenden.

1 in der bis zum 3.10.1990 gültigen Fassung

Zit. nach: Bundeszentrale für politische Bildung (Hg.), Grundgesetz, Bonn 1974, S. 19.

M 8 **Alleinvertretungsanspruch**

Erklärung der Bundesregierung vor dem Deutschen Bundestag am 21. September 1949:

In der Sowjetzone gibt es keinen freien Willen der deutschen Bevölkerung. Das, was jetzt dort geschieht, wird nicht von der Bevölkerung getragen und damit legitimiert. Die Bundesrepublik Deutschland stützt sich dagegen auf die Anerkennung durch den frei bekundeten Willen von rund 23 Millionen stimmberechtigter Deutscher. Die Bundesrepublik Deutschland ist somit bis zu Erreichung der deutschen Einheit insgesamt die alleinige legitimierte staatliche Organisation des deutschen Volkes. [...]

M 9 **Volksbund-Plakat für die Bundesbahn 1953**

Die Bundesrepublik Deutschland fühlt sich verantwortlich für das Schicksal der 18 Millionen Deutschen, die in der Sowjetzone leben. Sie versichert sie ihrer Treue und ihrer Sorge. Die Bundesrepublik Deutschland ist allein befugt, für das deutsche Volk zu sprechen. Sie erkennt Erklärungen der Sowjetzone nicht als verbindlich für das deutsche Volk an.

Zit. nach: Dokumente und Akten zur Frage Deutsche Einheit in Freiheit und Frieden, hrsg. vom Bundesministerium für gesamtdeutsche Fragen, Bonn 1951, S. 35 f.

M 10 **Wiedervereinigung durch Westintegration der Bundesrepublik Deutschland**

Bundeskanzler Adenauer am 1. März 1952:

Ich möchte Ihnen sagen, dass ich der festen Überzeugung bin, auf dem eingeschlagenen Wege auch die Wiedervereinigung Deutschlands zu erreichen. Kann einer glauben, dass Sowjetrussland jemals, ohne dazu genötigt zu sein, die Ostzone wieder freigeben wird? Ich glaube es nicht. Aber ich denke mir die Entwicklung folgendermaßen: Wenn der Westen stärker ist als Sowjetrussland, dann ist der Tag der Verhandlungen mit Sowjetrussland gekommen. Dann wird man auch Sowjetrussland klarmachen müssen, dass es so nicht geht, dass es unmöglich halb Europa in Sklaverei halten kann, und dass im Wege einer Auseinandersetzung, nicht einer kriegerischen Auseinandersetzung, sondern im Wege einer friedlichen Auseinandersetzung, die Verhältnisse in Osteuropa neu geklärt werden müssen. Ich bin auch der Auffassung, dass Sowjetrussland zu solchen Verhandlungen alsdann bereit sein wird, denn, glauben Sie mir, auch Sowjetrussland hat schwere innere Probleme, sogar außerordentlich schwere innere Probleme, nämlich das Nahrungsmittelproblem.

Bundeskanzler K. Adenauer am 1.3.1952. Zit. nach K. P. Tudyka (Hg.), Das geteilte Deutschland, Stuttgart 1965, S. 70.

M 11 **Die DDR als Teil des sozialistischen Weltsystems**

Die offizielle Sichtweise der DDR: „Die sozialistische Etappe des Übergangs vom Kapitalismus zum Sozialismus 1949–1961/62":

[Die] Haupttendenzen des weltrevolutionären Prozesses sind auch maßgebend für Entstehung und Entwicklung der DDR, die vom ersten Tag ihres Bestehens an fest zum sozialistischen Weltlager gehört. Ihre Gründung stellt eine entscheidende Wende in der Geschichte des deutschen Volkes und seiner Nachbarvölker dar. Sie erhöht das Gewicht des sich herausbildenden sozialistischen Weltsystems, an dessen Westgrenze nun ein stabiler Frie-

densstaat existiert. Mit der Gründung der DDR tritt der von der Arbeiterklasse und ihrer marxistisch-leninistischen Partei, der SED, geführte Umwälzungsprozess vom Kapitalismus zum Sozialismus in seine zweite – die sozialistische – Etappe ein. Die Errichtung der Arbeiter-und-Bauern-Macht als Form der Diktatur des Proletariats schafft die grundlegende Voraussetzung, um die Entwicklung der Elemente sozialistischer Produktionsverhältnisse in Gestalt der volkseigenen Betriebe, den Beginn der Planwirtschaft und die veränderte Stellung der Arbeiterklasse in Produktionsprozess und Gesellschaft zu wirksamen Faktoren für die Weiterführung der gesellschaftlichen Umwälzung werden zu lassen. Der in der DDR vollzogene gesellschaftliche Umwälzungsprozess ist Bestandteil des Wachstums des Sozialismus im Weltmaßstab, von dem er – namentlich durch die Sowjetunion als dessen Hauptkraft – entscheidende Hilfe und Unterstützung erfährt, dem er aber in dialektischer Wechselwirkung auch neue Kräfte zuführt. Die höheren Formen der Zusammenarbeit der sozialistischen Staaten, wie sie sich in der Arbeit des „Rates für Gegenseitige Wirtschaftshilfe" und seit Mai 1955 in der Arbeit der Organe des Warschauer Vertrages ausdrücken, entwickeln sich dabei zum entscheidenden Instrument für den erfolgreichen Kampf um Frieden und Sicherheit. [...] Als fester Bestandteil des sozialistischen Weltlagers macht die DDR alle imperialistischen Liquidierungspläne zunichte. Gestützt auf die Solidarität der Sowjetunion und der anderen sozialistischen Staaten, hält sie dem Druck des Imperialismus stand und wehrt den permanenten Wirtschaftskrieg der BRD und ihrer Verbündeten gegen sich ab.
Sie durchkreuzt die massivsten Versuche einer Konterrevolution im Sommer 1953 [17. Juni] und im Herbst 1956 [Verhaftung einer parteiinternen Reformgruppe um W. Harich] durch die Standhaftigkeit der Arbeiterklasse und die solidarische Unterstützung der sozialistischen Staaten, besonders der Sowjetunion. Als sich der Imperialismus schließlich im Sommer 1961 offen anschickt, die DDR zu überfallen und aus der sozialistischen Staatengemeinschaft herauszubrechen, bereiten die bewaffneten Kräfte der DDR in Verwirklichung eines gemeinsamen Beschlusses der Staaten des Warschauer Vertrags, gedeckt von der Sowjetarmee, dem imperialistischen Klassengegner am 13. August 1961 eine entscheidende Niederlage.
Für alle Welt wird die neue geschichtliche Lage sichtbar. Das Kräfteverhältnis hat sich entscheidend zugunsten des Sozialismus verändert.
In der DDR, wie in anderen sozialistischen Staaten, hat die Arbeiterklasse ihre historische Mission erfüllt, die Herrschaft der Bourgeoisie zu stürzen und eine Gesellschaft aufzubauen, in der die Ausbeutung des Menschen durch den Menschen beseitigt ist. Im Zusammenhang mit dem sich abzeichnenden Sieg der sozialistischen Produktionsverhältnisse bildet sich mehr und mehr die politisch-moralische Einheit des Volkes heraus. Die sozialistische deutsche Nation in der DDR nimmt deutliche Konturen an.

Zit. nach: Sozialistisches Vaterland DDR, Entstehung und Entwicklung, Museum für Deutsche Geschichte, Berlin (Ost) 1979, S. 38 f.

M 12 Der 17. Juni 1953

Die Sichtweise der Staatspartei kommt in der Entschließung des Zentralkomitees der SED zum Ausdruck (26.7.1953):

Der 17. Juni hat bewiesen, dass in der DDR eine von den Amerikanern organisierte und unterstützte faschistische Untergrundbewegung vorhanden ist. An diesem Tage traten in einigen Städten (Magdeburg, Halle, Görlitz u. a.) ganze Gruppen maskierter Volksfeinde aus der Anonymität hervor und provozierten Unruhen. Es wurden illegale faschistische Organisationen mit eigenen Zentren, eigener Disziplin und ständigen Verbindungen mit den Agentenorganisationen in Westberlin aufgedeckt. [...] Der Versuch der Feinde des deutschen Volkes, die Partei und die Regierung durch die faschistische Provokation von der Durchführung des neuen Kurses abzubringen, ist gescheitert. [...]
Diese Generallinie der Partei war und bleibt richtig.

Zit. nach: H. Weber (Hg.), DDR, Dokumente zur Geschichte der Deutschen Demokratischen Republik 1945 bis 1985, München 1986, S. 188 f.

M 13 Beschluss der DDR zum Bau der Mauer

Der Beschluss des Ministerrats der DDR erfolgte, nachdem eine entsprechende Entscheidung in Moskau getroffen worden war:

Die westdeutschen Revanchisten und Militaristen missbrauchen die Friedenspolitik der Sowjetunion und der Staaten des Warschauer Paktes in der Deutschland-Frage, um durch feindliche Hetze, durch Abwerbung und Diversionstätigkeit [hier: Sabotage] nicht nur der Deutschen Demokratischen Republik, sondern auch anderen Staaten des sozialistischen Lagers Schaden zuzufügen. Aus all diesen Gründen beschließt der Ministerrat der Deutschen Demokratischen Republik in Übereinstimmung mit dem Beschluss des Politischen Beratenden Ausschusses der Staaten des Warschauer Vertrages zur Sicherung des europäischen Friedens, zum Schutze der Deutschen Demokratischen Repu-

blik und im Interesse der Sicherheit der Staaten des sozialistischen Lagers folgende Maßnahmen:
Zur Unterbindung der feindlichen Tätigkeit der revanchistischen und militaristischen Kräfte Westdeutschlands und West-Berlins wird eine solche Kontrolle an den Grenzen der Deutschen Demokratischen Republik einschließlich der Grenze zu den Westsektoren von Groß-Berlin eingeführt, wie sie an den Grenzen jedes souveränen Staates üblich ist. Es ist an den West-Berliner Grenzen eine verlässliche Bewachung und eine wirksame Kontrolle zu gewährleisten, um der Wühltätigkeit den Weg zu verlegen. Diese Grenzen dürfen von Bürgern der Deutschen Demokratischen Republik nur noch mit besonderer Genehmigung passiert werden. Solange West-Berlin nicht in eine entmilitarisierte neutrale Freie Stadt verwandelt ist, bedürfen Bürger der Hauptstadt der Deutschen Demokratischen Republik für das Überschreiten der Grenzen nach West-Berlin einer besonderen Bescheinigung.

Zit. nach: A. Hillgruber, Berlin, Dokumente 1944–1961, Darmstadt 1961, S. 198 f.

M 14 **Kritik am Mauerbau,** Fotomontage der Westberliner „Arbeitsgemeinschaft 13. August“

M 15 Vertrag

über die Grundlagen der Beziehungen zwischen der Bundesrepublik Deutschland und der Deutschen Demokratischen Republik (1973 in Kraft getreten):

Die Hohen Vertragschließenden Seiten eingedenk ihrer Verantwortung für die Erhaltung des Friedens, in dem Bestreben, einen Beitrag zur Entspannung und Sicherheit in Europa zu leisten […].

Artikel 1
Die Bundesrepublik Deutschland und die Deutsche Demokratische Republik entwickeln normale gutnachbarliche Beziehungen zueinander auf der Grundlage der Gleichberechtigung.

Artikel 2
Die Bundesrepublik Deutschland und die Deutsche Demokratische Republik werden sich von den Zielen und Prinzipien leiten lassen, die in der Charta der Vereinten Nationen niedergelegt sind, insbesondere der souveränen Gleichheit aller Staaten, der Achtung der Unabhängigkeit, Selbstständigkeit und territorialen Integrität, dem Selbstbestimmungsrecht, der Wahrung der Menschenrechte und der Nichtdiskriminierung.

Artikel 3

Entsprechend der Charta der Vereinten Nationen werden die Bundesrepublik Deutschland und die Deutsche Demokratische Republik ihre Streitfragen ausschließlich mit friedlichen Mitteln lösen und sich der Drohung mit Gewalt oder Anwendung von Gewalt enthalten. Sie bekräftigen die Unverletzlichkeit der zwischen ihnen bestehenden Grenze jetzt und in der Zukunft und verpflichten sich zur uneingeschränkten Achtung ihrer territorialen Integrität.

Artikel 4

Die Bundesrepublik Deutschland und die Deutsche Demokratische Republik gehen davon aus, dass keiner der beiden Staaten den anderen international vertreten oder in seinem Namen handeln kann. […]

Artikel 6

Die Bundesrepublik Deutschland und die Deutsche Demokratische Republik gehen von dem Grundsatz aus, dass die Hoheitsgewalt jedes der beiden Staaten sich auf sein Staatsgebiet beschränkt. Sie respektieren die Unabhängigkeit und Selbstständigkeit jedes der beiden Staaten in seinen inneren und äußeren Angelegenheiten.

Artikel 7

Die Bundesrepublik Deutschland und die Deutsche Demokratische Republik erklären ihre Bereitschaft, im Zuge der Normalisierung ihrer Beziehungen praktische und humanitäre Fragen zu regeln. Sie werden Abkommen schließen, um auf der Grundlage dieses Vertrages und zum beiderseitigen Vorteil die Zusammenarbeit auf dem Gebiet der Wirtschaft, der Wissenschaft und Technik, des Verkehrs, des Rechtsverkehrs, des Post- und Fernmeldewesens, des Gesundheitswesens, der Kultur, des Sports, des Umweltschutzes und auf anderen Gebieten zu entwickeln und zu fördern. Einzelheiten sind in dem Zusatzprotokoll geregelt.

Artikel 8

Die Bundesrepublik Deutschland und die Deutsche Demokratische Republik werden ständige Vertretungen austauschen. Sie werden am Sitz der jeweiligen Regierung errichtet. […]

Zit. nach: Der Grundlagenvertrag, Seminarmaterial des Gesamtdeutschen Instituts – Bundesanstalt für gesamtdeutsche Aufgaben (Hg.), Bonn 1975, S. 3 f.

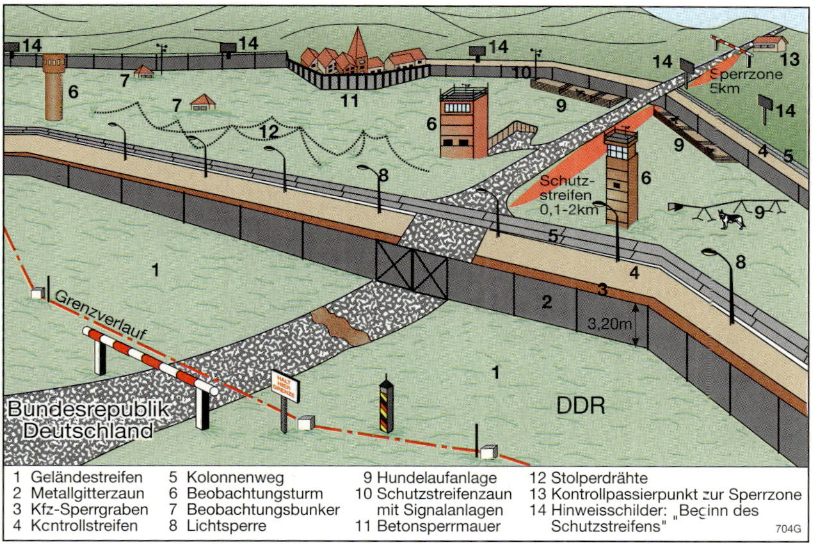

M 16 **DDR-Grenzsperranlagen**

Bis zum Bau der Mauer verließen etwa 2,7 Millionen Menschen die DDR, aus einer Publikation des damaligen „Ministeriums für gesamtdeutsche Fragen".

M 17 Brief zur deutschen Einheit (1972)

Egon Bahr, Berater von Willy Brandt und entscheidend mit beteiligt an der Neukonzeption der deutschen Ostpolitik, an den Staatssekretär beim Ministerrat der DDR Michael Kohl (21.12.72):

Sehr geehrter Herr Kohl!

Im Zusammenhang mit der heutigen Unterzeichnung des Vertrages über die Grundlagen der Beziehungen zwischen der Bundesrepublik Deutschland und der Deutschen Demokratischen Republik beehrt sich die Regierung der Bundesrepublik Deutschland festzustellen, dass dieser Vertrag nicht im Widerspruch zu dem politischen Ziel der Bundesrepublik Deutschland steht, auf einen Zustand des Friedens in Europa hinzuwirken, in dem das deutsche Volk in freier Selbstbestimmung seine Einheit wiedererlangt.

Mit vorzüglicher Hochachtung

Bahr

Zit. nach: Der Grundlagenvertrag, Bundesanstalt für gesamtdeutsche Aufgaben (Hg.), a. a. O., S. 4.

M 18 Die deutsche Nation in den Verfassungen der Deutschen Demokratischen Republik

*a) Im Jahre **1949**:*

Artikel 1
Deutschland ist eine unteilbare demokratische Republik; sie baut sich auf den deutschen Ländern auf. Die Republik entscheidet alle Angelegenheiten, die für den Bestand und die Entwicklung des deutschen Volkes in seiner Gesamtheit wesentlich sind; alle übrigen Angelegenheiten werden von den Ländern selbstständig entschieden. [...] Es gibt nur eine deutsche Staatsangehörigkeit.

*b) Im Jahre **1968**:*

Artikel 1
Die Deutsche Demokratische Republik ist ein sozialistischer Staat deutscher Nation. Sie ist die politische Organisation der Werktätigen in Stadt und Land, die gemeinsam unter Führung der Arbeiterklasse und ihrer marxistisch-leninistischen Partei den Sozialismus verwirklichen.

*c) Im Jahre **1974**:*

Artikel 1
Die Deutsche Demokratische Republik ist ein sozialistischer Staat der Arbeiter und Bauern. Sie ist die politische Organisation der Werktätigen in Stadt und Land unter Führung der Arbeiterklasse und ihrer marxistisch-leninistischen Partei.

Zit. nach: a) R. Thomas, Modell DDR, München 1977, S. 185; b) Staatsverlag der Deutschen Demokratischen Republik, Berlin (Ost) 1970, S. 9; c) H. Weber (Hg.), DDR, Dokumente zur Geschichte, München 1986, S. 156f.

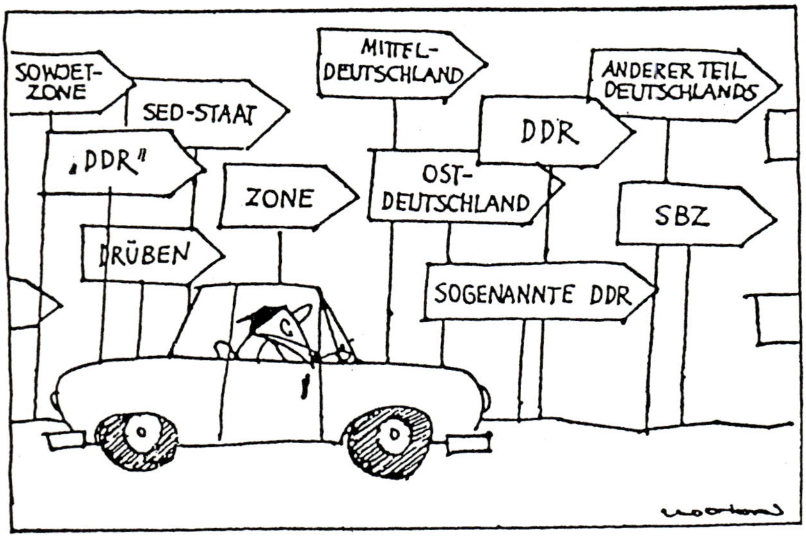

M 19 Orientierungsschwierigkeiten
Westdeutsche Karikatur von Jupp Wolter, 1968

Aufgaben

1. Skizzieren Sie die wesentlichen Veränderungen, die beim Übergang der DDR-Gesellschaft vom Kapitalismus zum Sozialismus auftraten und erläutern Sie die damit verbundenen Probleme.
   → Text, M2, M11
2. Unterscheiden Sie die politischen Strategien zur Lösung der Deutschen Frage, die es in Ost und West gab.
   → Text, M1, M7, M8, M10, M18
3. Halten Sie den Auftrag fest, der sich aus dem Grundgesetz für die Verfassungsorgane der Bundesrepublik ergab. Auf welche Widerstände stieß die Verwirklichung dieses Auftrages?
   → M7
4. Wie begründete die Bundesregierung ihren Anspruch, für das ganze Deutschland zu sprechen?
   → M8
5. Wie erklärte die SED-Führung den Arbeiteraufstand vom 17. Juni 1953?
   → Text, M12
6. Konfrontieren Sie die offizielle Rechtfertigung der DDR-Regierung für den Bau der Berliner Mauer mit den tatsächlichen Gründen.
   → Text, M13, M14, M16
7. In welcher Form und mit welchem Ziel wurde die Politik der Entspannung von der Bundesregierung betrieben?
   → Text, M5, M6, M15
8. Nennen Sie die Inhalte des Grundlagenvertrages. Inwiefern haben sich im Text die Interessen der DDR und der Bundesrepublik Deutschland niedergeschlagen?
   → M15
9. Erklären Sie die Bedeutung, die dem Brief zur deutschen Einheit im Zusammenhang mit dem Grundlagenvertrag zukam.
   → M7, M17
10. Untersuchen Sie, wie sich die offizielle DDR-Haltung zur nationalen Frage in den Verfassungen niederschlug.
    → M18

Die DDR – ein Staat der Stasi?

MfS

Die Führung der DDR baute im Laufe der Zeit einen riesigen Sicherheitsapparat auf, in dessen Zentrum das Ministerium für Staatssicherheit (MfS) stand. Beim Zusammenbruch des Staates 1989 befehligte der zuständige Minister Erich Mielke (SED) etwa 91 000 hauptamtliche Mitarbeiter. Außerdem konnte man auf etwa 173 000 Inoffizielle Mitarbeiter (IM) zurückgreifen. Bezogen auf die Einwohnerzahl ergab das eine selbst für kommunistische Staaten ungewöhnliche Überwachungsdichte. Die Staatssicherheitsbehörde (abgekürzt Stasi) stellte einen mitunter sichtbaren, oft aber auch unsichtbaren Bestandteil des DDR-Alltags dar. Der Volksmund sprach ironisch vom „VEB Horch und Greif" (VEB: Volkseigener Betrieb), manchmal auch nur kurz und bündig von der „Firma". Jeder DDR-Bürger wusste, was gemeint war.

Führungsanspruch der SED

Die DDR war der Staat der Sozialistischen Einheitspartei Deutschlands (SED). Diese Kennzeichnung gründete sich auf den Anspruch der Partei, alle Bereiche des politischen, ökonomischen und gesellschaftlichen Lebens zu durchdringen, um das sozialistische System planmäßig zu gestalten und den Aufbau der „entwickelten sozialistischen Gesellschaft" voranzutreiben. Dieser Führungsanspruch wurde aus der Überzeugung abgeleitet, dass nur die SED die objektiven Gesetze der gesellschaftlichen Entwicklung erkennen könne.

Dieser Anspruch sowie der Aufbau der SED orientierten sich grundsätzlich am Vorbild der KPdSU und damit am leninistischen Parteiverständnis. Die SED verstand sich folglich als der „organisierte Vortrupp der Arbeiterklasse" und sie bekannte sich zur „unverbrüchlichen Freundschaft und [zum] brüderlichen Bündnis mit der kommunistischen Partei der Sowjetunion, der Vorhut der kommunistischen Weltbewegung" (Parteistatut).

Machtmonopol

Das politische System wurde – formal betrachtet – durch das Vorhandensein von vier Parteien gekennzeichnet, die neben der SED zugelassen waren. Dies erweckte den Anschein eines Mehrparteiensystems. Tatsächlich wurde aber das Machtmonopol der SED durch die Existenz der anderen Parteien nur oberflächlich verschleiert. Denn die neben der SED bestehenden Parteien stellten keine politische Alternative zur SED dar. Zusammen mit vier Massenorganisationen waren alle unter dem Dach der Nationalen Front vereinigt. Dieses Blocksystem diente der SED als ein Instrument zur Durchsetzung ihrer tatsächlichen Führungsrolle.

Mittels der Nationalen Front sollten auch solche Bevölkerungskreise in das politische System integriert werden, die nicht kommunistisch eingestellt waren. Neben einer allgemeinen Mobilisierungsfunktion bestand die Hauptaufgabe der Nationalen Front darin, die Wahlen zum Parlament der DDR – der Volkskammer – zu organisieren. Sie stellte eine Einheitsliste auf, die aber zuvor von den höchsten Parteigremien gebilligt worden war. Die Kandidaten der Nationalen Front traten im Wahlkampf nicht gegeneinander an. Außerdem wurde durch das Ergebnis der Wahlen die Sitzverteilung in der Volkskammer nicht

M 1 **Staatsbesuch**
Bundeskanzler Helmut Schmidt besucht Güstrow am 13.12.1981. Die Kleinstadt ist abgeriegelt durch die „Organe“. Nicht weniger als 34 000 Volkspolizisten und MfS-Mitarbeiter hatte die SED aufgeboten, um jegliche spontane Regung zu unterdrücken.

berührt. Die Stärke der einzelnen Fraktionen stand schon vor der Wahl fest. Auch vor Wahlfälschungen schreckte die politische Führung nicht zurück.

Formal gesehen blieben die Partei (SED) und der Staat getrennt. Parteibeschlüsse bedurften einer Bestätigung durch die Volkskammer, damit sie Gesetzeskraft erlangten. Tatsächlich waren aber Partei- und Staatsfunktionen aufs Engste miteinander verschmolzen.

Schild und Schwert der Partei

Das Ministerium für Staatsicherheit war 1950 nach dem Vorbild sowjetischer Sicherheitsorgane geschaffen worden. Es diente von Beginn an der Sicherung der SED-Parteidiktatur. Die Stasi verstand sich als „Schild und Schwert der Partei“. Treue zur Partei war für den Stasi-Offizier kein leere Phrase. Es hat in der Geschichte der DDR auch keine Versuche der Staatssicherheit gegeben, sich von der Führung durch die SED loszulösen. Die Stasi bildete keinen „Staat im Staate“. Aus dieser Perspektive ist es nicht richtig, von einem Stasi-Staat zu sprechen. Die Staatssicherheit war das Werkzeug der Staatspartei SED. Die Anleitung und Kontrolle durch das Führungsorgan der SED, das Politbüro, wurde nicht infrage gestellt. Die personelle Verflechtung zeigte sich auch darin, dass der Minister für Staatssicherheit gleichzeitig Mitglied des Politbüros der SED war. Hier empfing er Anweisungen in erster Linie von Erich Honecker, dem Generalsekretär der SED. Die Unterordnung des Apparats ergab sich auch aus der Tatsache, dass alle Stasi-Offiziere SED-Mitglieder waren und damit der Parteidisziplin unterlagen.

Funktionen der Stasi

Die Aufgaben des MfS bezogen sich auf alle Bereiche des Machterhalts: Die Stasi besaß die Funktion einer politischen Geheimpolizei, eines Justizorgans und eines Auslands-Spionagedienstes. Außerdem standen ihr auch militärische Einheiten zur Verfügung. Im Laufe der Zeit übernahm das Ministerium für Staatssicherheit immer mehr Zuständigkeiten, zum Beispiel im Außenhandel und bei der Devisenbeschaffung. Es entstand ein hoch bürokratisierter Apparat, der die gesamte Gesellschaft durchdrang. Ein engmaschiges Netz von Inoffiziellen Mitarbeitern (IM) überzog alle Bereiche der Republik. Im Zentrum stand dabei die „Verhinderung feindlich-negativer Tätigkeit" – so lautete eine Stasi-Anweisung. Vom zuständigen Minister Erich Mielke ist der Ausspruch überliefert: „Wir wollen alles wissen." Der Prozess der Überwachung, Kontrolle und Bespitzelung der DDR-Gesellschaft war in einem beträchtlichen Maße fortgeschritten. Es kann daher kaum verwundern, dass alle bedeutenden Oppositionsgruppen in der Spätphase der DDR von der Stasi unterwandert gewesen waren. Rund 2 00 000 Menschen sind in der ehemaligen DDR aus politischen Gründen inhaftiert worden. Die politischen Verfolgungen betrafen ganz unterschiedliche soziale Gruppen, die als „Feinde des Sozialismus" bezeichnet wurden: zum Beispiel liberale Bürger, Gewerbetreibende, selbstständige Bauern, Sozialdemokraten und kirchlich gebundene Menschen.

Die Bürgerrechtsgruppen der ehemaligen DDR haben ein entscheidendes Verdienst daran, dass die Tätigkeit der Stasi aufgedeckt und ins öffentliche Bewusstsein der Deutschen gerückt wurde. Viele Stasi-Dokumente blieben erhalten, obgleich bereits im November 1989 die Anordnung zur systematischen Vernichtung von Unterlagen im MfS ergangen war.

Gauck-Behörde

Zu den Hinterlassenschaften der DDR-Staatssicherheit zählen sechs Millionen personenbezogene Akten im zentralen Archiv: vier Millionen über DDR-Bürger und zwei Millionen über Westdeutsche beziehungsweise Ausländer. Entsprechend dem Einigungsvertrag zwischen der DDR und der Bundesrepublik wurden diese Aktenbestände dem „Bundesbeauftragten für die Unterlagen des Staatssicherheitsdienstes der ehemaligen DDR" unterstellt. Diese Bundesbehörde (zumeist nach ihrem ersten Leiter Joachim Gauck benannt) sichert das Material für die zeitgeschichtliche Forschung und für die historisch-politische Erinnerungsarbeit. Die „Gauck-Behörde" ermöglicht es den betroffenen Opfern der Stasi-Tätigkeit, Einsicht in „ihre" Akten zu nehmen.

M 2 Vor der Stasi-Zentrale in der Normannenstraße in Ost-Berlin, nachdem diese besetzt worden war (19.2.1990)

Aufgaben

1. Stellen Sie das Verhältnis zwischen der Staatspartei SED und der Staatssicherheit dar.
2. Charakterisieren Sie das Welt- bzw. Gesellschaftsbild, das hinter den Stasi-Aktivitäten stand.
3. Welche Funktionen bzw. Aufgaben besaß die Stasi und mit welchen Methoden operierte sie?

M 3 Die Liquidierung von Gesellschaft und Tradition

Der Autor Erhard Neubert ist Mitarbeiter beim Bundesbeauftragten für die Unterlagen des Staatssicherheitsdienstes der ehemaligen DDR:

„Liquidierung" ist ein gängiger kommunistischer Begriff, der hundertfach in den operativen Akten des Repressionsapparates verwendet wird. Er fordert eine begriffliche Klärung heraus. Gemeint ist immer die politische Vernichtung von Gegnern. Ihm ist aber auch die Bedeutung der physischen Vernichtung inhärent [innewohnend].
Dem entsprechen auch Bedeutungszuschreibungen anderer Begriffe, wie dem der Säuberung. Gesäubert wurden Geschichtsbücher und Parteiprogramme. Gesäubert wurde auch immer wieder die Partei. Letzteres kostete dann auch Todesopfer. [...]
Je näher die Kommunisten dem Ziel der Liquidierung der Gesellschaft kamen [gemeint ist die Auslöschung traditioneller Schichten und Milieus], desto mehr mussten sie darauf achten, jede soziale Selbstorganisation oder geistige Unabhängigkeit zu verhindern. Sie mussten in der gleichgeschalteten Gesellschaft jedes Individuum kontrollieren, um Individualität in die Vorgaben der Parteigesellschaft zu zwingen. Die flächendeckende konspirative [verschwörerische] Überwachung und Beeinflussung war damit schon vorgegeben.

E. Neubert, in: S. Courtois (Hg.), Schwarzbuch des Kommunismus, München 1998, S. 844 f.

M 4 Stasi-Tätigkeiten

Komprimierte Fassung der Aufgaben einer MfS-Kreisdienststelle am Beispiel Jena:

1. Sicherung des sozialistischen Staates
1.1. Vorbeugende Verhinderung, Aufdeckung, Bekämpfung politischer Untergrundtätigkeit
1.2. Durchdringung des Sicherungsbereiches „Friedrich-Schiller-Universität" Jena
1.3. Politisch-operative Sicherung des Staatsapparates und der Blockparteien
1.4. Politisch-operative Sicherung politischer und gesellschaftlicher Höhepunkte
1.5. Zurückdrängung von Antragstellern auf ständige Ausreise und Bearbeitung feindlich-negativer Zusammenschlüsse und Kräfte
2. Unterstützung der Wirtschaftsstrategie der Partei
2.1. Politisch-operative Sicherung und Unterstützung wirtschaftsstrategischer und verteidigungswichtiger Aufgaben [...].
2.2. Politisch-operative Sicherung der Außenwirtschaftsbeziehungen mit dem NSW [Nichtsozialistischen Wirtschaftsgebiet]
3. Vorbeugende Sicherung, Aufklärung und Bekämpfung der subversiven Angriffe imperialistischer Geheimdienste
4. Sicherung der Organe der Landesverteidigung
5. Ziel- und Aufgabenstellungen zur Gewährleistung des Schutzes und der Unverletzlichkeit der Staatsgrenze zur BRD, zur vorbeugenden Verhinderung, Aufklärung und Bekämpfung des ungesetzlichen Verlassens der DDR und des staatsfeindlichen Menschenhandels [gemeint sind Flüchtlinge].

Zit. nach: W. Süß, in: E. Kuhrt u.a. (Hg.), Die SED-Herrschaft und ihr Zusammenbruch, Opladen 1996, S. 119 f.

M 5 „Zersetzung"

Die Stasi bekämpfte tatsächliche und vermeintliche Gegner der SED-Diktatur. In einer Anweisung aus dem Jahre 1976 wurden die Formen der „Zersetzung" dargestellt:

Maßnahmen der Zersetzung sind auf das Hervorrufen sowie die Ausnutzung und Verstärkung solcher Widersprüche bzw. Differenzen zwischen feindlich-negativen Kräften zu richten, durch die sie zersplittert, gelähmt, desorganisiert und isoliert [...] werden [...].
Bewährte anzuwendende Formen der Zersetzung sind: systematische Diskreditierung des öffentlichen Rufes, des Ansehens und des Prestiges auf der Grundlage miteinander verbundener wahrer, überprüfbarer und diskreditierender sowie unwahrer, glaubhafter, nicht widerlegbarer und damit ebenfalls diskreditierender Angaben; systematische Organisierung beruflicher und gesellschaftlicher Misserfolge zur Untergrabung des Selbstvertrauens einzelner Personen; [...] die Erzeugung von Zweifeln an der persönlichen Perspektive [...].
Bewährte Mittel und Methoden der Zersetzung sind: die Verwendung anonymer oder pseudonymer Briefe; Telegramme, Telefonanrufe und so weiter; kompromittierender Fotos, zum Beispiel von stattgefundenen oder vorgetäuschten Begegnungen; die gezielte Verbreitung von Gerüchten über bestimmte Personen einer Gruppe, Gruppierung oder Organisation; gezielte Indiskretionen [...]; die Vorladung von Personen zu staatlichen Dienststellen oder gesellschaftlichen Organisationen mit glaubhafter oder unglaubhafter Begründung.

W. Schuller, Zersetzungsangriff aus dem Dunkeln, FAZ 6.7.1999.

3.5 Die deutsche Einheit

Einundvierzig Jahre nach Gründung der Bundesrepublik Deutschland und der Deutschen Demokratischen Republik im Jahre 1949 gab die DDR ihre Staatlichkeit auf und trat mit Wirkung vom 3. Oktober 1990 der Bundesrepublik Deutschland bei. Die Vorgeschichte dieses historischen Momentes wies ganz unterschiedliche Dimensionen auf:

Entspannung

Die internationale Situation wurde seit den siebziger Jahren durch Entspannungsbemühungen geprägt. So konnte der Ost-West-Konflikt entschärft werden. Ihren Ausdruck fand die neue Kooperation in der ersten Konferenz über Sicherheit und Zusammenarbeit in Europa (KSZE), die 1975 in Helsinki stattfand. Die beteiligten europäischen Staaten (sowie die USA und Kanada) einigten sich auf Rechtsgrundsätze, zu denen unter anderem die Achtung der Menschenrechte, die territoriale Integrität, das Selbstbestimmungsrecht und der Verzicht auf Gewaltanwendung gehörten.

Innerdeutsche Bindungen

Im Rahmen der Entspannungspolitik vervielfachten sich die persönlichen Kontakte zwischen den Menschen in den beiden deutschen Staaten. Die Grenze wurde wieder durchlässiger, vor allem in West-Ost-Richtung. Besuchsreisen nahmen zu. Neu verlegte Telefonleitungen ermöglichten eine fernmündliche Kommunikation in vorher nicht gekanntem Ausmaße. Der Empfang des Westfernsehens wurde für die DDR-Bürger zur Norm. Die Verträge zwischen den beiden deutschen Staaten ermöglichten es, dass die menschlichen Bindungen trotz der staatlichen Teilung nie abrissen. Allerdings lehnte die DDR-Führung die Einheit der deutschen Nation als „Fiktion“ ab. In der DDR-Verfassung von 1974 fehlte jeder Hinweis auf eine deutsche Nation. Zudem reagierte der Staat mit verschärfter ideologischer Abgrenzung und mit dem Ausbau des Überwachungsapparates.

„Perestroika“

Eine wesentliche Rolle bei der Überwindung des Ost-West-Konfliktes spielte Michail Gorbatschow, ab 1985 Generalsekretär der KPdSU. Der von ihm eingeleitete politische Kurswechsel, die so genannte „Perestroika“(Umbau), ermöglichte eine Reihe von Abrüstungsabkommen. Die jahrzehntelange Bedrohung durch einen Atomkrieg zwischen den Großmächten verschwand.

Reformbewegungen

Der langsame Zerfall der bipolaren Struktur der Nachkriegszeit gab den antikommunistischen Oppositionsbewegungen in den osteuropäischen Staaten Auftrieb. Dabei kam Polen eine Vorreiterrolle zu. Dort war bereits 1980 die unabhängige Gewerkschaft „Solidarność“ (Solidarität) gegründet worden. Im darauffolgenden Jahr verboten, wurde sie 1989 unter ihrem Vorsitzenden Lech Walesa wieder zugelassen. Auch mit Unterstützung der katholischen Kirche trieb sie die Demokratisierung des öffentlichen Lebens voran.

In Ungarn setzten sich die Reformkräfte innerhalb der regierenden Sozialistischen Arbeiterpartei durch. Sie demokratisierten das Land, führten ein Mehrparteiensystem ein und ließen 1989 die Sperranlagen an der Grenze zu Österreich abbauen. In der Tschechoslowakei war es vor allem die Menschenrechtsorganisation „Charta 77“, die die Umgestaltung des politischen Lebens vorantrieb. Der mehrfach inhaftierte Dramatiker und Dissident Václav Havel wurde 1989 frei gewählter Staatspräsident der Tschechischen Republik.

Opposition in der DDR

Das Klima der gesamteuropäischen und innerdeutschen Entspannung begünstigte zunächst eine Lockerung der staatlichen Überwachung. Allerdings stießen abweichende Äußerungen schnell an die Grenze dessen, was die SED-Führung zu tolerieren bereit war. Da in den offiziellen Institutionen der DDR wichtige Themen tabuisiert waren, begannen vermehrt Pastoren ihre Kirchenräume für eine sich bildende Friedensbewegung zu öffnen. Diese übte unter anderem Kritik am Einmarsch der Roten Armee in Afghanistan (1979), an Aufrüstung, Wehrpflicht sowie an der Militarisierung der Kinder- und Jugenderziehung in der DDR. Ihre prominentesten Vertreter waren der Pfarrer Rainer Eppelmann und der Systemkritiker Robert Havemann. Beflügelt durch Gorbatschows Reformpolitik weitete sich der Themenkatalog aus: Bürokratisierung, fehlende Demokratie, Verletzung der Menschenrechte und Umweltverschmutzung wurden kritisiert.

Diese Oppositionsgruppen bildeten von Anfang an ein Objekt für die Stasi-Überwachung. Ein Dossier des Ministeriums für Staatssicherheit (MfS) sprach 1989 von 2500 Dissidenten, von denen 60 als „führend“ bezeichnet wurden, wie zum Beispiel Bärbel Bohley, Vera Wollenberger, Ulrike und Gerd Poppe oder Friedrich Schorlemmer. Ziel der meisten Dissidenten war zunächst ein reformierter, demokratischer Sozialismus. Im Herbst 1989 traten diese Bürgerrechtsgruppen („Neues Forum“, „Demokratie Jetzt“, „Demokratischer Aufbruch“) an die Öffentlichkeit.

In der Wende traf der Einsatz der Bürgerrechtler für eine freiheitliche Ordnung auf den fortschreitenden Zerfall einer hochgerüsteten Staatsmacht. Nicht zuletzt daraus entwickelte sich die Dynamik einer friedlichen Revolution im Herbst 1989 als Glied in der Kette der mittelosteuropäischen Revolutionen.

Es bewahrheitete sich der prophetische Satz des einstigen Bundespräsidenten Richard von Weizsäcker: „Die deutsche Frage ist solange offen, wie das Brandenburger Tor geschlossen ist.“

M 1 **Bei einer SED-„Kampfdemonstration“**
anlässlich des 69. Jahrestages der Ermordung von Rosa Luxemburg und Karl Liebknecht am 17. Januar 1988 reihten sich Bürgerrechtler ein. Sie trugen dabei Transparente mit einem Zitat von Rosa Luxemburg. 120 Personen wurden anschließend von der Staatssicherheit verhaftet, einige Dissidenten ausgebürgert und in die Bundesrepublik abgeschoben, wie zum Beispiel Freya Klier und Stephan Krawcyzk, Karikatur von Gerhard Mester, 1988.

M 2 **Gottesdienst in der Gethsemane Kirche in Ostberlin**
im Oktober 1989

Friedliche Revolution

Die mangelnde Übereinstimmung zwischen ideologischem Anspruch und gesellschaftlicher Wirklichkeit haben letztlich den Zusammenbruch des SED-Regimes in der DDR bewirkt. Die geringe Leistungsfähigkeit des sozialistischen Wirtschaftssystems, die unzureichende Versorgung mit Konsumgütern, die Umweltzerstörung, die politische Bevormundung und die fehlende Reisefreiheit hatten zu einer anhaltenden Unzufriedenheit der Bevölkerung geführt. Dies konnte nur unzureichend geäußert werden, weil Kritiker leicht als Staatsfeinde verdächtigt wurden. Die SED verwirklichte ihren Führungsanspruch mithilfe der gelenkten Medien, der Massenorganisationen, des Bildungssystems und nötigenfalls durch polizeistaatliche Unterdrückungsmaßnahmen. Die starre Haltung der Partei geriet zunehmend in Widerspruch zu den Bemühungen um politische und wirtschaftliche Reformen in der Sowjetunion, in Ungarn und Polen. Der Ostblock im Sinne einer geschlossenen Kampfgemeinschaft kommunistischer Staaten zur Abwehr westlich-kapitalistischer Einflüsse zerfiel zusehends, nachdem sich die Sowjetunion als ehemalige Führungsmacht unter Michail Gorbatschow an die Spitze der Reformbewegung gesetzt hatte. Ihren früheren Lehrsatz „Von der Sowjetunion lernen, heißt siegen lernen“ befolgte die Partei jedoch nicht. Die Bevölkerung der DDR musste befürchten, Opfer einer gescheiterten Form des Sozialismus zu sein. Die völlige Verkennung der

M 3 **Honecker-Zitat vom August 1989,**
Karikatur von Horst Haitzinger, 16. August 1989

anstehenden Probleme durch die SED-Führung wird an einer Äußerung des damaligen Politbüromitglieds Kurt Hager deutlich. Er beschied eine Frage nach der Notwendigkeit von Reformen in der DDR so: „Würden Sie ... wenn Ihr Nachbar seine Wohnung neu tapeziert, sich verpflichtet fühlen, Ihre Wohnung ebenfalls neu zu tapezieren?" Reformbewegungen auf den unteren Ebenen der Parteihierarchie scheiterten an den undemokratischen Macht- und Entscheidungsstrukturen innerhalb der SED. Die Hoffnungen vieler DDR-Bewohner, die sich besonders mit der Person des sowjetischen Staats- und Parteichefs Michael Gorbatschow und dessen Reformpolitik verbanden, wurden so von der autoritären Staatspartei in der DDR unter Honecker enttäuscht.

Unter Berufung auf die Schlussakte der Konferenz für Sicherheit und Zusammenarbeit in Europa (KSZE) forderten auch in der DDR immer mehr Bürger die ihnen bisher vorenthaltenen Freiheitsrechte. Die außerhalb der SED und der Blockparteien entstandenen Bürgerrechts-, Friedens- und Umweltgruppen fanden Freiräume unter dem Dach der evangelischen Kirche. Diese Bewegungen haben in der ersten Phase der Revolution maßgeblich dazu beigetragen, dass sich der Bürgerprotest organisieren konnte.

Fluchtbewegung

Vor allem jüngere Menschen sahen angesichts solcher Praktiken der Mächtigen keine Aussichten auf positive Veränderungen in der DDR. Sie flüchteten unmittelbar vor den Feierlichkeiten zum 40-jährigen Bestehen der DDR ab August 1989 über Ungarn, CSSR und Polen in die Bundesrepublik Deutschland. Viele von ihnen waren in die bundesdeutschen Botschaften in Prag und Warschau geflüchtet. Dass sie von dort nach langem diplomatischen Tauziehen ausreisen durften, legte die deutliche Isolierung der DDR-Regierung unter den sozialistischen Staaten Mittelosteuropas offen. Die Massenauswanderung verschärfte den chronischen Arbeitskräftemangel und stellte das Funktionieren wichtiger gesellschaftlicher Einrichtungen infrage. Die Berichterstattung über diese Vorgänge ermutigte viele DDR-Bürger zu einer offenen Ablehnung des SED-Staates. Sie löste eine gewaltige Welle des Protestes bei den Zurückgebliebenen aus, denen die legale Ausreise verwehrt war. Hunderttausende von ihnen hatten Ausreiseanträge gestellt und ablehnende Bescheide erhalten.

Massendemonstrationen

Die Äußerung von Partei- und Staatschef Gorbatschow anlässlich seines DDR-Besuches, „Wer zu spät kommt, den bestraft das Leben", machte deutlich, dass die DDR-Führung von dieser Seite keine militärische Unterstützung gegen das eigene Volk erwarten konnte. Sie war damit einer folgenschweren Fehleinschätzung der sowjetischen Außenpolitik erlegen. Dennoch versuchte das Regime durch Einsatz der Sicherheitskräfte, Festnahmen und Bestrafungen, dem ab Anfang August 1989 aufkommenden Massenprotest die Spitze zu nehmen. Vor einem letzten Versuch, mithilfe von Polizei, Betriebskampfgruppen und Truppen der Nationalen Volksarmee (NVA) am 9. Oktober eine Demonstration in Leipzig zu verhindern und der Demokratiebewegung den Todesstoß zu versetzen, schreckten die Machthaber dann doch zurück. Jetzt gehörte die Straße den demonstrierenden Volksmassen, die friedlich und gewaltlos in unzähligen Demonstrationszügen zu zehn- und hunderttausenden ihre immer weitergehenden Forderungen erhoben. Richtung und Tempo der politischen Entwicklung wurden in der DDR

M 4 **Karikatur aus der Frankfurter Rundschau von 1990**

über Monate von den Menschen auf der Straße bestimmt. Sie erzwangen letztlich den Rücktritt der Partei- und Staatsführung. Die Aussage „Wir sind das Volk." machte das Selbstverständnis dieser Menschen deutlich, die von nun an die führende Rolle selbst beanspruchten. Die Versuche der SED, sich nach personellen und programmatischen Korrekturen an die Spitze der Reformbewegung zu setzen, scheiterten, weil kaum noch jemand an eine wirkliche Erneuerung der Partei glaubte. Dies zeigte sich auch in der Konstituierung des „Runden Tisches". In Polen zuerst praktiziert, stellte der Runde Tisch ein nach der Verfassung nicht vorgesehenes politisches Gremium dar. Seine Gründung war eine Folge des Vertrauensverlustes der regierenden SED und der mit ihr verbündeten Blockparteien. Oppositionelle Gruppierungen hatten sich gebildet, die ihre Reformvorstellungen in den politischen Entscheidungsprozess einbringen wollten. Diesem Zweck diente vorübergehend der Runde Tisch, der mit Vertretern der Regierung und der Opposition besetzt war. Auf allen Ebenen des Staates eingerichtet, sollte er insbesondere die von der SED beherrschten Volksvertretungen kontrollieren. Weitere Ziele waren die Auflösung des Staatssicherheitsdienstes sowie die Einführung rechtsstaatlicher Regeln im gesellschaftlichen Zusammenleben. Dies bedeutete das Ende des Machtmonopols der Staatspartei.

Angesichts der jahrzehntelangen scheinbaren Stabilität des SED-Regimes ist dessen überraschend schneller Zusammenbruch bemerkenswert. Es zeigte sich, dass das Regime, abweichend von den Wahlergebnissen, nur über relativ wenige überzeugte Anhänger verfügte. Es verdankte seine Existenz der besonderen geschichtlichen Situation Nachkriegsdeutschlands und seiner Funktion als Vorposten des Sozialismus unter sowjetischer Vorherrschaft in Mittelosteuropa. Das Ende der Ost-West-Konfrontation ermöglichte somit die deutsche Einheit.

Auf dem Weg zur Einheit

Nach dem Ende der SED-Alleinherrschaft strebten vor allem Intellektuelle und Mitglieder von Bürgerrechtsgruppen für die DDR eine Reform des Sozialismus an. Sie suchten nach einem dritten Weg zwischen dem gescheiterten „realen Sozialismus" der SED und der westlichen Konsumgesellschaft. Dieses Vorhaben setzte Eigenstaatlichkeit voraus, wie sie Ministerpräsident Modrow (SED/PDS) seinem Vorschlag einer Vertragsgemeinschaft zwischen beiden deutschen Staaten zugrunde legte. Zu dieser Zeit schien dieses Vorgehen auch von der DDR-Bevölkerung mehrheitlich gewünscht zu sein. Man befürchtete den Verlust bestimmter sozialer Errungenschaften beziehungsweise den Verlust einer gewissen erst entstehenden DDR-Identität. Hinzu kamen Ängste vor Problemen, die man in der DDR bisher offiziell nicht kannte, wie Kriminalität, Drogenabhängigkeit oder Ausländerzuwanderung.

Der Wunsch nach Beibehaltung der Zweistaatlichkeit fand auch in der Bundesrepublik Deutschland begrenzte Unterstützung. Dies geschah mit der Begründung, eine sozialistische Alternative zu Westdeutschland könne sich positiv auf das gesellschaftliche Leben im Westen auswirken. Ein weiteres Argument in der Debatte war die politische, wirtschaftliche und militärische Stärke eines vereinten Deutschland, das zu einer Bedrohung für die Nachbarn werden könnte.

Einheit als Ziel

Je mehr aber das breite Volk die Politik über Massendemonstrationen mitbestimmte, desto stärker rückte das Thema der staatlichen Einheit Deutschlands in den Mittelpunkt. Bereits im November 1989 zeigte sich dies bei Demonstrationen. Aus dem Slogan: „Wir sind das Volk." wurde zunehmend „Wir sind ein Volk." Die DDR-Bürger verdeutlichten damit neben ihrem Freiheitswillen und aufgestauten materiellen Bedürfnissen auch die nationale Komponente der Revolution. Hunderttausende hatten die Öffnung der Grenze zu Besuchen in der Bundesrepublik Deutschland genutzt. Viele von ihnen sahen in Westdeutschland das positive Gegenbild zur erlebten Wirklichkeit in der DDR. Unter diesen Bedingungen wollten sie leben und zwar möglichst bald.

M 5 **Demokratie, jetzt oder nie!** Ein Meer von Plakaten begleitet die Demonstranten in Leipzig im Herbst 1989.

Früher als andere Politiker erkannte Bundeskanzler Kohl die Chancen für die Überwindung der Zweistaatlichkeit. Zielstrebig nutzte er die sich plötzlich eröffnenden politischen Spielräume. Er legte ein Zehn-Punkte-Programm vor, in dem er über eine Vertragsgemeinschaft hinaus zuerst lockere konföderative, dann engere bundesstaatliche Formen der Zusammengehörigkeit in Aussicht stellte. Die Mehrheit der Menschen in der DDR wollte nicht das Risiko weiterer sozialistischer Experimente eingehen, sondern wünschte einen möglichst kurzen Weg zu besseren Lebensbedingungen. Wachsende wirtschaftliche Schwierigkeiten und die fehlende demokratische Legitimation von Volkskammer und Regierung führten zu einer Vorverlegung des Termins für die ersten freien Volkskammerwahlen auf den 18. März 1990. Bei diesen Wahlen hatten die politischen Parteien Erfolg, die sich für eine rasche Verwirklichung der deutschen Einheit ausgesprochen hatten. Von ihnen erwarteten die Wähler auch die schnelle Einführung der Deutschen Mark, wovon sie sich eine rasche Angleichung des Wohlstandes erhofften. Die breite Mehrheit der DDR-Bevölkerung wollte die Einheit.

Wirtschafts-, Währungs- und Sozialunion

Zur zügigen Überwindung der Unterschiede in den Lebensverhältnissen wurde zwischen beiden deutschen Staaten eine Wirtschafts-, Währungs- und Sozialunion vereinbart, die am 1. Juli 1990 in Kraft trat. Der Vertrag regelte unter anderem die Einführung der DM und der Sozialen Marktwirtschaft in der DDR, außerdem die Übernahme des Wirtschafts-, Sozial- und Steuerrechts sowie der Einrichtungen der Sozialen Sicherung. Kontrovers diskutiert wurde der Umtauschsatz der beiden Währungen. Kritiker hielten auch den Zeitpunkt der Währungsumstellung angesichts der Anpassungsprobleme der DDR-Wirtschaft für verfrüht. Die Wirtschafts-, Währungs- und Sozialunion stellte eine entscheidende Weichenstellung für die Herstellung der deutschen Einheit dar.

Verfassungsrechtliche Grundlagen

Nach der Volkskammerwahl am 18. März 1990 spitzte sich die öffentliche Diskussion über den richtigen Weg der Einheit zu. Sollte die DDR nach Artikel 23 des Grundgesetzes der Bundesrepublik Deutschland beitreten und dabei das Grundgesetz übernehmen, wie die Bundesregierung es wollte? Oder war der Vorschlag der Opposition angemessener, auf der Grundlage des Grundgesetzes eine ganz neue Verfassung für den gemeinsamen Staat zu entwerfen und dem ganzen Volk zur Entscheidung vorzulegen? Auch diesen zweiten Weg sah das Grundgesetz (Artikel 146) als Möglichkeit vor. Für die erste Lösung sprach die Eile, mit der die Einheit vollzogen werden sollte. Auch hatte sich das Grundgesetz in vier Jahrzehnten Geltungsdauer zweifellos bewährt. Die

DDR-Bewohner wünschten ja den Beitritt zu genau dieser Ordnung. Die Befürworter einer neuen Verfassung wollten aus ihrer Sicht wünschenswerte Ergänzungen des Grundgesetzes vornehmen und den Eindruck eines glanzlosen Anschlusses der DDR an die Bundesrepublik Deutschland vermeiden. Der Konflikt wurde im Einigungsvertrag in der Weise beigelegt, dass der Beitritt nach Artikel 23 erfolgte. Bundestag und Bundesrat des vergrößerten Deutschland mussten innerhalb von zwei Jahren über weitergehende Verfassungsänderungen entscheiden.

Der Einigungsvertrag

Im Jahre 1952 waren die historisch gewachsenen Länder in der DDR aufgelöst und durch 14 Bezirke ersetzt worden. Diese Entscheidung wurde nun von der Volkskammer revidiert. Die Bildung von fünf Bundesländern war nicht nur eine formale Rechtsangleichung an den föderalen Aufbau der Bundesrepublik Deutschland. Die Rückbesinnung auf die früheren Länder, das Zeigen ihrer Symbole (Flaggen) im Herbst 1989 war Ausdruck des Protestes gegen den von der SED praktizierten Zentralismus. Nach dem Untergang der DDR bilden die Länder eine neue Basis für Heimatgefühl und Identitätsstiftung. Der Einigungsvertrag vom September 1990 regelt den Beitritt der neuen Bundesländer und das In-Kraft-Treten des Grundgesetzes in der ehemaligen DDR. Er fasst die Präambel des Grundgesetzes neu, entscheidet die Hauptstadtfrage und legt weitere Verfassungsänderungen aufgrund des Beitritts fest.

M 6 **Einheitsfeier vor dem Reichstag (am 3. Oktober 1990)**

Gesamtdeutsche Wahlen

Im Vorfeld der ersten gemeinsamen Bundestagswahl kam es zu politischem Streit wegen des Wahltermins und wegen des vereinbarten Wahlrechts. Der von den beiden Parlamenten beschlossene Wahlvertrag, der ein einheitliches Wahlgebiet mit Sperrklausel (5 Prozent) vorsah, wurde vom Bundesverfassungsgericht für verfassungswidrig erklärt, weil es die Wahl- und Chancengleichheit der kleineren Parteien nicht als gegeben ansah. Gewählt wurde letzt-

M 7 Während einer Wahlkampfveranstaltung mit Bundeskanzler Helmut Kohl im März 1990 in Leipzig

lich in zwei getrennten Wahlgebieten, die den bisherigen Staatsgebieten entsprachen. Somit bekamen auch solche Parteien Mandate im Bundestag, die nur in einem Wahlgebiet die Mindeststimmenzahl erreicht hatten. Im Großen und Ganzen wurde das westdeutsche Parteiensystem auf die DDR übertragen. Ergänzt wurde es durch die PDS, die aus der SED hervorgegangen ist. Hatten die West-Parteien bereits bei den Volkskammerwahlen und Kommunalwahlen ihnen nahe stehenden Parteien und Gruppierungen unterstützt, so zeigte sich ihre Einflussnahme deutlich im Vorfeld der Landtagswahlen und der ersten gesamtdeutschen Wahl. SPD, CDU und Liberale hatten inzwischen ihre Parteiorganisationen von West und Ost vereint. Die jeweiligen Parteigliederungen im Gebiet der DDR erfuhren massive personelle und materielle Unterstützung. Die Bundestagswahl am 2. Dezember 1990 bildete den vorläufigen Abschluss des deutschen Einigungsprozesses.

Die äußeren Aspekte der deutschen Einheit

Die Deutsche Frage

Die Teilung Deutschlands und die Abtretung der Gebiete östlich von Oder und Neiße waren eine Folge der nationalsozialistischen Herrschaft in Deutschland. Der von Hitler-Deutschland begonnene und verlorene Krieg mündete in der Kontrolle Deutschlands durch die vier Siegermächte. Das Zerbrechen der Anti-Hitler-Koalition im Zuge des Kalten Krieges (ab 1946/47) bedingte fast zwangsläufig die Teilung Deutschlands. Die Zweistaatlichkeit Deutschlands war also von Anfang an mit dem Ost-West-Konflikt verzahnt. Aus deutscher Perspektive beinhaltete die „Deutsche Frage" die Überwindung der Teilung beziehungsweise die Herstellung der Einheit.

Entspannung in Europa

Da die Teilung Deutschlands ein Ergebnis des Ost-West-Konflikts beziehungsweise eine Folge der europäischen Zentrallage Deutschlands war, setzte die Überwindung der Teilung folglich eine Änderung der politischen Gesamtsituation in Europa voraus. Bis Mitte der achtziger Jahre bildete die Konkurrenz der Systeme von Ost und West die Achse der gängigen Wahrnehmung: Kapitalismus contra Sozialismus, parlamentarische Demokratie contra Parteidiktatur, Marktwirtschaft contra Planwirtschaft.

Die starre Blockbildung begann sich aber – unter dem Einfluss der Reformpolitik des sowjetischen Präsidenten Gorbatschow – erst zu lockern, dann aufzulösen. Die Politik der Perestroika („Umbau") bereitete den Boden für den Abbau von Spannungen beziehungsweise für das Ende der militärischen Konfrontation. Gorbatschows Vision von einem „gemeinsamen Haus Europa" setzte den Rahmen, in dem die Überwindung der deutschen Zweistaatlichkeit überhaupt erst möglich wurde.

Die neue sowjetische Politik gab den Reformkräften in allen kommunistischen Ländern Auftrieb. Die Anwendung des Grundsatzes vom „Selbstbestimmungsrecht der Völker" erlaubte die Emanzipation der ehemaligen Satellitenstaaten von der UdSSR. Diese verzichtete auf den Einsatz ihrer militärischen Macht, zu der sie in der Nachkriegszeit bereits mehrmals gegriffen hatte. Dadurch wurde auch für die Opposition in der DDR der Weg frei, die SED-Herrschaft erst einzuschränken und dann zu beseitigen.

Widerstand im Osten und Westen

Wenn sich aus deutscher Sicht mit der „Deutschen Frage“ die Überwindung der Teilung verband, so stand für das Ausland die Friedensverträglichkeit Deutschlands im Vordergrund. Folglich mussten im Zuge des Vereinigungsprozesses vielfach Ängste hervortreten, die zuvor gerade durch die Teilung abgebaut worden waren: Ängste vor einer neuen deutschen Großmacht im Allgemeinen beziehungsweise vor einer wirtschaftlichen Übermacht Deutschlands in Europa im Besonderen. Dass die Widerstände überwunden werden konnten, hatte unter anderem folgende Ursachen:

- Die Bundesrepublik Deutschland hatte sich 40 Jahre als stabile Demokratie bewährt.
- Das vereinigte Deutschland blieb wirtschaftlich (in der EU) und militärisch (in der NATO) in den Westen integriert
- Die verbindliche und endgültige Anerkennung der Oder-Neiße-Grenze als polnische Westgrenze setzte einen Schlussstrich unter die territoriale Neuordnung, die als Folge des Zweiten Weltkrieges geschaffen worden war.
- Insbesondere bei den osteuropäischen Reformländern verband sich mit der deutschen Einheit die Hoffnung, dass man von Deutschland kapitalkräftige Hilfe für die Modernisierung der Wirtschaft erhalten werde.

M 8 **Befürchtungen im Ausland anlässlich der Wiedervereinigung**
Dämonenwechsel in Europa: Der eine ist tot, ersteht jetzt der andere wieder auf?, britische Karikatur, 1990.

Der „Zwei-plus-Vier-Prozess“

Der Deutschlandvertrag von 1952/54, den die drei Westmächte mit der Bundesrepublik Deutschland abgeschlossen hatten, regelte die alliierten Vorbehaltsrechte. Danach blieben – trotz der Souveränität der Bundesrepublik Deutschland – die Alliierten zuständig für alle Fragen, die Deutschland als Ganzes betrafen. Berlin behielt seinen besonderen Viermächte-Status. Das Truppenstatut regelte den Aufenthalt alliierter Militärverbände auf westdeutschem Territorium. Aus den alliierten Vorbehaltsrechten ergab sich, dass die deutsche Einheit nicht gegen den Willen der vier Siegermächte des Zweiten Weltkrieges herzustellen war.

Die „Zwei-plus-Vier-Konferenzen“ (zwei deutsche Staaten plus die vier Siegermächte) hatten das Ziel, den Weg zur deutschen Einheit einvernehmlich zu ebnen. Am Schluss einer Serie von Treffen der sechs Außenminister stand der „Vertrag über die abschließende Regelung in Bezug auf Deutschland". Er wurde am 12. September 1990 in Moskau unterzeichnet und stellt die historische Geburtsurkunde des vereinigten Deutschlands dar. In einem Brief an die vier Siegermächte versicherten die beiden deutschen Regierungen,

- die Enteignungen in der sowjetisch besetzten Zone während der Besatzungszeit (1945–1949) nicht rückgängig zu machen,
- die Denkmäler für die Opfer des Krieges und der nationalsozialistischen Gewaltherrschaft zu schützen,
- Parteien mit nationalsozialistischer Zielsetzung auch in Zukunft zu verbieten.

Dieser Brief wurde auf ausdrücklichen sowjetischen Wunsch hin verfasst. Er ist ein offizielles Dokument, das den Vertrag ergänzt. Daneben stellte die Anerkennung der Oder-Neiße-Grenze eine weitere Bedingung für die Inkraftsetzung des Vertrages dar. In einem separaten Vertrag zwischen Deutschland und Polen vom 14. November 1990 wurde die „uneingeschränkte Achtung" der „territorialen Integrität" Polens bestätigt.

Mit dem zweiten Deutschland-Vertrag erhielt das nunmehr geeinte Deutschland seine volle Souveränität. Nach allgemeiner Überzeugung ging damit die Nachkriegszeit in Europa zu Ende. Es war gelungen, den Einheitswunsch der Deutschen mit den Interessen der Siegermächte in Einklang zu bringen. Helmut Kohl als Bundeskanzler und Hans-Dietrich Genscher als Außenminister hatten daran entscheidenden Anteil gehabt. Sie hatten es geschafft, den komplizierten diplomatischen Prozess der Zwei-plus-Vier-Gespräche ungewöhnlich zügig zu Ende zu bringen. Die vertrauensvolle Zusammenarbeit mit den führenden Politikern der Siegermächte hatte dabei eine Rolle gespielt, insbesondere mit denjenigen der Sowjetunion. Der sowjetische Präsident Gorbatschow und sein Außenminister Schewardnadse hatten zweifellos die größten Zugeständnisse gemacht. Sie entließen nicht nur die DDR aus dem sowjetischen Machtbereich, sondern ließen es auch zu, dass das vereinigte Deutschland der NATO angehört.

Chronologie

6./7. Oktober 1989	Feiern zum 40. Jahrestag der DDR-Gründung; gewaltsame Auflösung von Demonstrationen in mehreren Städten der DDR
18. Oktober, 1989	Rücktritt von Erich Honecker als DDR-Staatsratsvorsitzender und SED-Parteichef; Egon Krenz Nachfolger als Generalsekretär der SED
9. November 1989	Öffnung der Mauer in Berlin
18. März 1990	Erste freie Wahl zur Volkskammer der DDR
1. Juli 1990	In-Kraft-Treten des Staatsvertrages über die Wirtschafts-, Währungs- und Sozialunion.
23. August 1990	Volkskammer beschließt den Beitritt der DDR zum Geltungsbereich des Grundgesetzes nach Art. 23.
12. September 1990	„Vertrag über die abschließende Regelung in Bezug auf Deutschland"
3. Oktober 1990	Beitritt der DDR zur Bundesrepublik Deutschland; Tag der Deutschen Einheit
14. November 1990	Unterzeichnung des Grenzvertrages zwischen Deutschland und Polen
2. Dezember 1990	Erste gesamtdeutsche Wahl zum Deutschen Bundestag

M 9 **Die Deutsche Frage im Spiegel der Karikatur,**
links: „Bruder" von Erich Köhler, 1949; rechts: Karikatur von Walter Hanel, 1992

M 10 **„Die Karre steckte tief im Dreck"**

Aus einem Brief von Egon Krenz (zeitweiliger Nachfolger von Erich Honecker im Amt des DDR-Staats- und Parteichefs) von 1991:

Lieber Erich Honecker!

[...] Ich bin jetzt überzeugt, dass wir als politische Führung das wahre Ausmaß der tiefen Krise, in der unsere Gesellschaft seit Jahren lebte, nicht erkannten. Mir ist heute bewusst, dass sie alle Seiten des Lebens betraf: die Politik, die Ökonomie, die Moral, die Wissenschaft, die Kultur. Die Glaubhaftigkeit der Werte, Ideale und Ziele des Sozialismus standen seit langem – auch wenn wir dies nicht in dieser Schärfe sahen – infrage. Viele redeten anders, als sie dachten, und sie dachten anders, als sie handelten. Nicht wenige – darunter viele Parteimitglieder – lebten in Gewissenskonflikten zwischen dem, was sie erkannten, und dem, was sie tatsächlich beeinflussen konnten. Ratlosigkeit und Resignation griffen um sich, begannen die ideologische Situation zu beeinflussen. Die Verletzung des Leistungsprinzips verhinderte, dass sich gute Arbeit wirklich lohnte. Für die Sozialpolitik fehlte uns die notwendige Produktivität. Damit begann der Anfang vom Ende der DDR. [...]

Die volkswirtschaftlichen Notwendigkeiten wurden Wunschvorstellungen untergeordnet. Es kam immer mehr zu fehlerhaften administrativen statt zu ökonomisch durchdachten Entscheidungen. Zwischen dem, was unser Politbüro als Festtagsstimmung am 1. Mai, beim Pfingsttreffen der FDJ, beim Pädagogischen Kongress deutete, sowie dem Alltag der Menschen gab es eine tiefe Kluft, die von uns im Politbüro leider verdrängt wurde. Wir neigten dazu, die Wirklichkeit von Tribünen und Präsidiumstischen aus einzuschätzen. So haben wir uns sehr vielen Täuschungen hingegeben. [...]

Ich bin davon überzeugt, dass die Hauptschuld für die Ursachen des Untergangs der DDR – soweit sie die innere Lage betreffen – beim Politbüro lag, dem ich angehörte und das du geleitet hast. Unsere Politik schwankte in den letzten Jahren zwischen „Nichtzurkenntnisnahme der Realitäten" und „politischer Verdrängung". Wir setzten die führende Rolle der SED gleich mit der falschen Auffassung, dass nur die Parteiführung – und dort wieder einige dominie-

rende Genossen – im Besitz der Wahrheit über die gesellschaftliche Entwicklung waren. Anders kann ich mir nicht erklären, dass es in den letzten Jahren kaum öffentliche Diskussionen über den Inhalt unserer Politik gab. [...]
Die Massenpsychose, die DDR zu verlassen, ist zwar auch mit Ungarn erklärbar, aber die volle Wahrheit ist doch, dass dahinter eine sehr starke Perspektiv- und Hoffnungslosigkeit vieler DDR-Bürger stand. Wir haben uns von einem falschen, einem idealisierten Menschenbild leiten lassen.
Wir sind unter anderem gescheitert, weil wir nicht wirklich im Volk gelebt haben, weil wir uns eine Scheinwelt aufbauten. Die Informationen, die wir erhielten, waren geschönt, die Meinungsforschung wurde von uns gering geschätzt und das Meinungsforschungs-Institut sogar aufgelöst. Bei unseren, vor allem bei deinen Reisen ins Land war jeder Schritt vorbereitet. Solide Analysen über Denken und Fühlen des Volkes haben dem Politbüro selten vorgelegen. Wir hatten die falsche Vorstellung, eine moderne Gesellschaft ließe sich nach dem Willen des Politbüros gestalten. [...]

Aus: Der Spiegel, Nr. 6/1991.

M 11 Die DDR in der deutschen Geschichte

Die ostdeutschen Historiker Armin Mitter und Stefan Wolle ziehen eine Bilanz:

Wie weit trägt der Vergleich zwischen den beiden deutschen Diktaturen, der nationalsozialistischen von 1933 bis 1945 und der realsozialistischen von 1945 bis 1989? Schon die formalen Unterschiede sind riesengroß. Zwölf Jahre stehen auf der einen Seite, vierundvierzig Jahre auf der anderen Seite. Hinzu kommt ein weiterer unübersehbarer Unterschied. Das Deutsche Reich war eine politische und militärische Großmacht, die DDR dagegen wurde auch von jenen, die ihr kritisch gegenüberstanden, häufig „das Ländchen" genannt. Hitlerdeutschland überfiel seit 1938 der Reihe nach sämtliche Nachbarn außer der Schweiz. Bei der einzigen nach außen gerichteten Militäraktion [Bezug auf die Niederschlagung des „Prager Frühlings", 1968], an der die DDR beteiligt war, beschränkte sich die NVA auf die Sicherung des Hinterlandes und logistische Aufgaben. Ulbricht und Honecker hingen im Wesentlichen an der sowjetischen Leine, Hitler war selbstständig in seinen Entscheidungen. Aus alledem ergibt sich ein extrem unterschiedliches Gewicht der Schwere der Verbrechen. Vor allem ist das NS-System im Krieg untergegangen und der SED-Staat im tiefsten Frieden in sich zusammengebrochen.
Der NS-Staat war wirtschaftlich und politisch gänzlich anders strukturiert als die DDR. Auch das Verhältnis zwischen Volk und Führung war grundlegend anders. Während sich Hitler auf die Zustimmung einer großen Mehrheit verlassen konnte, wusste die SED-Führung zu jedem Zeitpunkt, dass eine potenzielle Mehrheit des Volkes gegen sie stand. Daraus ergaben sich weitere fundamentale Unterschiede. Die Gestapo verfügte bei weitem über kein mit dem MfS [Ministerium für Staatssicherheit] vergleichbares Netz von Informanten und Zuträgern. Die NSDAP war längst nicht in dem Maße die führende Kraft im Staat, wie die SED. Die Universitäten des Nazireiches waren nicht in dem Maße politisch indoktriniert [stark beeinflusst] wie die Hochschulen der DDR. Aus alledem ergibt sich ein merkwürdig widersprüchliches Resultat. Die DDR war wesentlich „totalitärer" als Hitlerdeutschland. [...]
Die DDR war sowohl Antithese als auch Fortsetzung der Nazidiktatur. Antithese insofern, als die Kommunisten als die schärfsten Gegner des deutschen Faschismus an die Macht kamen. Viele von ihnen kamen aus der Emigration, der Illegalität oder aus den Konzentrationslagern und Gefängnissen der Hitlerdiktatur. Von Anfang an bezog die SED ihre Legitimation primär aus der Geschichte. Das deutsche Volk war in seiner Mehrheit dem Rattenfänger Adolf Hitler gefolgt. Dies zeigt in den Augen der Kommunisten den fragwürdigen Charakter der „formalen Demokratie". Nicht numerischen Mehrheiten dürfe das Schicksal in die Hände gegeben werden, sondern der Avantgarde [Vorhut] der Arbeiterbewegung. Die Arbeiterklasse ist gewissermaßen an sich fortschrittlich und die Partei ihr bewusster Vortrupp. Die kommunistische Avantgarde hat das Recht und die Pflicht, die Macht zu ergreifen. Im revolutionären Kampf auf formale demokratische Mehrheiten zu schielen, war in den Augen der Kommunisten eine typisch sozialdemokratische Verfälschung der reinen Lehre der Revolution. [...]
Fortsetzung der Nazidiktatur war die DDR durch die Perpetuierung [hier: Fortsetzung] deutschen Untertanengeistes, geistiger Unselbstständigkeit, stupider Propaganda, politischer Unfreiheit und Brutalität. Die Generation, die unter Hitler groß geworden war, rückte bald schon in wichtige Positionen ein und trat erst 1989 ab. [...]
Bei jeder Entscheidung der SED-Führung saß ein unsichtbarer Gast mit am Tisch. Die Existenz der Bundesrepublik war zu jedem Zeitpunkt politisch präsent. Je lauter die Eigenständigkeit der DDR-

Nation beschworen wurde, desto deutlicher wurde, dass ihre Existenz auf russischen Bajonetten und nicht auf dem Willen des Volkes ruhte. Die Mauer war nicht nur das Symbol der Trennung der Deutschen, sondern auch ein ständig vorhandener Beweis ihrer Einheit. Die Tatsache, dass das SED-Regime auf Mauer und Todesstreifen nicht verzichten konnte, führte ihre These von der nationalen Eigenständigkeit ad absurdum [ins Widersinnige].

A. Mitter, S. Wolle, Untergang auf Raten, München 1993, S. 544 ff.

M 12 Wege zur Einheit nach dem Grundgesetz

Artikel 23 – Geltungsbereich des Grundgesetzes[1]:
Dieses Grundgesetz gilt zunächst im Gebiet der Länder Baden, Bayern, Bremen, Groß-Berlin, Hamburg, Hessen, Niedersachsen, Nordrhein-Westfalen, Rheinland-Pfalz, Schleswig-Holstein, Württemberg-Baden und Württemberg-Hohenzollern. In anderen Teilen Deutschlands ist es nach deren Beitritt in Kraft zu setzen.

1 aufgehoben durch den Einigungsvertrag mit Wirkung zum 3. Oktober 1990

Artikel 146 – Geltungsdauer des Grundgesetzes[2]
Dieses Grundgesetz verliert seine Gültigkeit an dem Tage, an dem eine Verfassung in Kraft tritt, die von dem deutschen Volke in freier Entscheidung beschlossen worden ist.

2 in der Fassung, wie der Artikel bis zum 3. Oktober 1990 gültig war

Zit. nach: Bundeszentrale für politische Bildung (Hg.), Grundgesetz, Bonn 1974, S. 30 und 31.

M 13 Einigungsvertrag

Vertrag zwischen der Bundesrepublik Deutschland und der Deutschen Demokratischen Republik über die Herstellung der Einheit Deutschlands:

Kapitel 1: Wirkung des Beitritts:

Artikel 1 – Länder
(1) Mit dem Wirksamwerden des Beitritts der Deutschen Demokratischen Republik zur Bundesrepublik Deutschland gemäß Artikel 23 des Grundgesetzes am 3. Oktober 1990 werden die Länder Brandenburg, Mecklenburg-Vorpommern, Sachsen, Sachsen-Anhalt und Thüringen Länder der Bundesrepublik Deutschland. Für die Bildung und die Grenzen dieser Länder untereinander sind die Bestimmungen des Verfassungsgesetzes zur Bildung von Ländern in der Deutschen Demokratischen Republik vom 22. Juli 1990 [...] maßgebend.
(2) Die 23 Bezirke von Berlin bilden das Land Berlin.
Artikel 2 – Hauptstadt, Tag der Deutschen Einheit
(1) Hauptstadt Deutschlands ist Berlin. Die Frage des Sitzes von Parlament und Regierung wird nach der Herstellung der Einheit Deutschlands entschieden.
(2) Der 3. Oktober ist als Tag der Deutschen Einheit gesetzlicher Feiertag.

Zit. nach: Presse und Informationsamt der Bundesregierung (Hg.), Die Vereinigung Deutschlands im Jahr 1990, Bonn 1991, S. 102.

M 14 Vertrag über die abschließende Regelung in Bezug auf Deutschland (12. September 1990)

Dieser Vertrag schloss den „Zwei-plus-Vier-Prozess" ab und besitzt die Qualität einer internationalen Gründungsurkunde für das wiedervereinigte Deutschland:

Artikel 1
(1) Das vereinte Deutschland wird die Gebiete der Deutschen Demokratischen Republik, der Bundesrepublik Deutschland und ganz Berlins umfassen. Seine Außengrenzen werden [...] am Tage des In-Kraft-Tretens dieses Vertrages endgültig sein. Die Bestätigung des endgültigen Charakters der Grenzen des vereinten Deutschlands ist ein wesentlicher Bestandteil der Friedensordnung in Europa.
(2) Das vereinte Deutschland und die Republik Polen bestätigen die zwischen ihnen bestehende Grenze in einem völkerrechtlich verbindlichen Vertrag.
(3) Das vereinte Deutschland hat keinerlei Gebietsansprüche gegen andere Staaten und wird solche auch nicht in Zukunft erheben. [...]
Artikel 2
Die Regierungen der Bundesrepublik Deutschland und der Deutschen Demokratischen Republik bekräftigen ihre Erklärungen, dass von deutschem Boden nur Frieden ausgehen wird. Nach der Verfassung des vereinten Deutschlands sind Handlungen, die geeignet sind und in der Absicht vorgenommen werden, das friedliche Zusammenleben der Völker zu stören, insbesondere die Führung eines Angriffskrieges vorzubereiten, verfassungswidrig und strafbar. Die Regierungen der Bundesrepublik Deutschland und der Deutschen Demokratischen Republik erklären, dass das vereinte Deutschland keine seiner Waffen jemals einsetzen wird, es sei denn in Übereinstimmung mit seiner Verfassung und der Charta der Vereinten Nationen.
Artikel 3
(1) Die Regierungen der Bundesrepublik Deutschland und der Deutschen Demokratischen Republik bekräftigen ihren Verzicht auf Herstellung und

Besitz von und auf Verfügungsgewalt über atomare, biologische und chemische Waffen. [...]

(2) Die Regierung der Bundesrepublik Deutschland hat in vollem Einvernehmen mit der Regierung der Deutschen Demokratischen Republik am 30. August 1990 in Wien bei den Verhandlungen über konventionelle Streitkräfte in Europa folgende Erklärung abgegeben:

„Die Regierung der Bundesrepublik Deutschland verpflichtet sich, die Streitkräfte des vereinten Deutschlands innerhalb von drei bis vier Jahren auf eine Personalstärke von 370 000 Mann (Land-, Luft- und Seestreitkräfte) zu reduzieren. [...]

Artikel 4

(1) Die Regierungen der Bundesrepublik Deutschland, der Deutschen Demokratischen Republik und der Union der Sozialistischen Sowjetrepubliken erklären, dass das vereinte Deutschland und die Union der Sozialistischen Sowjetrepubliken in vertraglicher Form die Bedingungen und die Dauer des Aufenthalts der sowjetischen Streitkräfte auf dem Gebiet der heutigen Deutschen Demokratischen Republik und Berlins sowie die Abwicklung des Abzugs dieser Streitkräfte regeln werden, der bis zum Ende des Jahres 1994 vollzogen sein wird. [...]

Artikel 6

Das Recht des vereinten Deutschlands, Bündnissen mit allen sich daraus ergebenden Rechten und Pflichten anzugehören, wird von diesem Vertrag nicht berührt.

Artikel 7

(1) Die Französische Republik, die Union der Sozialistischen Sowjetrepubliken, das Vereinigte Königreich von Großbritannien und Nordirland und die Vereinigten Staaten von Amerika beenden hiermit ihre Rechte und Verantwortlichkeiten in Bezug auf Berlin und Deutschland als Ganzes. [...]

Zit. nach: Presse- und Informationsamt der Bundesregierung (Hg.), Vertrag über die abschließende Regelung in Bezug auf Deutschland, Bonn 1990, S. 40 ff.

M 15 „Es ist die Wiedervereinigung..."
Der französische Präsident François Mitterand öffnet die Tür. Die britische Premierministerin Margaret Thatcher auf der Couch, im Hintergrund der amerikanische Uncle Sam, Karikatur von 1990.

Aufgaben

1. Rekapitulieren Sie die einzelnen Schritte bei der Herstellung der deutschen Einheit.
   → Text
2. Erläutern Sie die Ursachen für das Scheitern der DDR.
   → Text, M1, M2, M3, M4, M5, M10, M11
3. Fassen Sie die Merkmale der SED-Herrschaft zusammen, die Egon Krenz für den Machtverlust der Partei verantwortlich machte.
   → M10
4. Erläutern Sie die Wege, die das Grundgesetz zur Vollendung der deutschen Einheit wies. Begründen Sie das gewählte Verfahren.
   → Text, M12, M13
5. Welche Befürchtungen, aber auch Hoffnungen werden von französischer, polnischer und sowjetischer Seite in Bezug auf ein vereinigtes Deutschland geäußert?
   → Text, M8, M15
6. Skizzieren Sie die Bedingungen, die der „Vertrag über die abschließende Regelung in Bezug auf Deutschland" im Einzelnen festschreibt.
   → Text, M14
7. Wie beurteilen Sie das Verhältnis von Ost- und Westdeutschen zueinander?
   → M9
8. Diskutieren Sie die Frage: Was ist Deutschland?
   → M6, M14

Was waren die tieferen Ursachen für den Zusammenbruch der DDR?

Die Tatsache, dass ein Staat verschwindet, ist ein außerordentlicher Vorgang. Die Revolution der DDR-Bürger 1989/90 stellte bei distanzierter Betrachtung den Schlusspunkt einer längerfristigen Entwicklung dar. Der Niedergang der DDR kann auch als Beispiel dafür dienen, wie über einen längeren Zeitraum die politischen und materiellen Grundlagen eines Staates zerstört wurden.

Beziehung zur Sowjetunion

Der DDR-Staat war eine Gründung der Sowjetunion. Am 17. Juni 1953 retteten alleine die Truppen der UdSSR das Regime. Auch ökonomisch blieb die DDR von der UdSSR abhängig: als Empfänger billiger Rohstoffe, vor allem Erdöl, und als Lieferant von Fertigwaren, die auf dem Weltmarkt nicht konkurrenzfähig waren. Doch politisch und wirtschaftlich traten im beiderseitigen Verhältnis in den achtziger Jahren massive Spannungen auf:

- Steigende Preise für das sowjetische Erdöl bei gleichzeitig verringerten Liefermengen führten zu Zahlungsschwierigkeiten. Die neue sowjetische Führung unter Gorbatschow (ab 1985) war zu keinen finanziellen Hilfen mehr bereit.
- Gorbatschows Politik der „Perestroika" (wörtlich: Umbau) stieß bei der SED-Führung auf Widerstand. Entscheidend wurde Gorbatschows Abschied von der so genannten Breschnew-Doktrin. Diese Doktrin von der „beschränkten Souveränität sozialistischer Staaten" war 1968 im Zusammenhang mit der Niederschlagung des „Prager Frühlings" in der Tschechoslowakei formuliert worden. Sie hatte dazu gedient, die Intervention der Warschauer Pakt-Staaten zu rechtfertigen. Indem der sowjetische Parteiführer sich von diesem außenpolitischen Grundsatz verabschiedete, signalisierte er, dass die Truppen der Roten Armee nicht eingreifen würden, falls die DDR-Führung in innenpolitische Schwierigkeiten geraten würde.

Die 50er und 60er-Jahre waren durch eine massive politische Unterdrückung der Bevölkerungsmehrheit geprägt. Angesichts der ständigen Fluchtbewegung ließ sich die staatliche Existenz der DDR nur durch eine hermetische Abschließung sichern. Der Bau der Berliner Mauer im August 1961 bildete dabei lediglich den Schlusspunkt.

Finanzen

Mit Honecker setzte nach 1970 insofern eine Wende ein, als nunmehr die Befriedigung materieller Bedürfnisse in den Vordergrund gerückt wurde. Um die Konsumausweitung zu finanzieren, war eine Steigerung der wirtschaftlichen Produktivität notwendig. Dazu war aber die DDR-Wirtschaft nur in unzulänglicher Weise in der Lage.

Die Politik der DDR-Führung wurde zusehends durch das Bestreben geprägt, die Deviseneinnahmen zu erhöhen. (Mit „Devisen" bezeichnet man Geld, das – im Unterschied zur ehemaligen DDR-Mark – international akzeptiert wird.)

Verhältnis zur Bundesrepublik

Dies erfolgte zum einen durch eine massive Schuldenaufnahme im westlichen Ausland. Zum anderen wurde das politische Handeln der DDR-

M 1

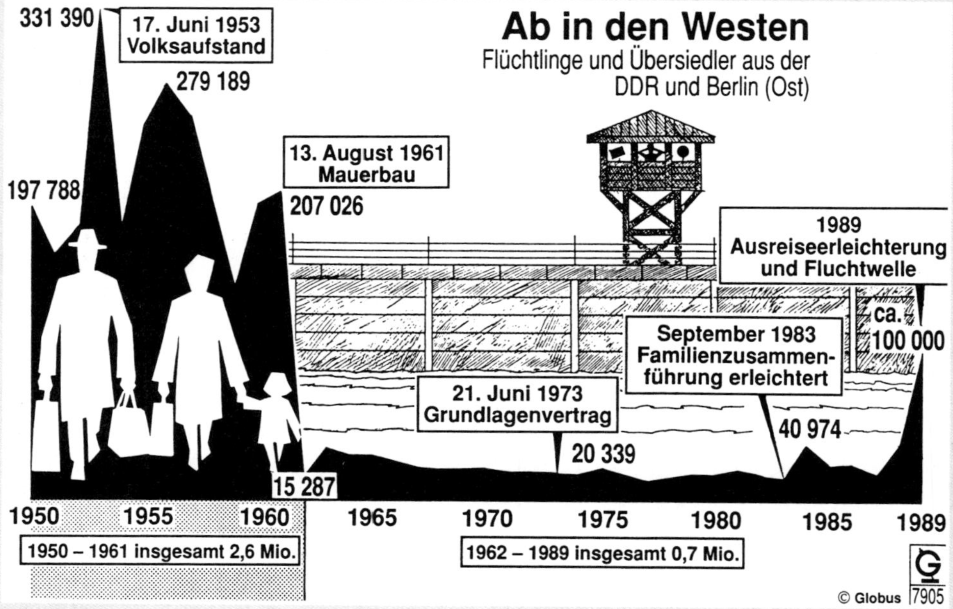

Führung gegenüber der Bundesrepublik durch die Absicht geleitet, die Deviseneinnahmen zu erhöhen. Im Einzelnen geschah das durch:

- Freikauf politischer Häftlinge (2–3 Mrd. DM),
- Dienstleistungen im Postverkehr,
- Gewährleistung des Autoverkehrs nach West-Berlin (7,8 Mrd. DM),
- Ausbesserung von Straßen und Transitstrecken (3 Mrd. DM),
- Visagebühren und Zwangsumtausch für Besucher (ca. 5 Mrd. DM),
- Private Geldtransfers (ca. 20 Mrd. DM).

Die DDR wurde in zunehmendem Maße ökonomisch abhängig von westdeutschen Zahlungen. Der Devisenhunger machte sie politisch verwundbar. Die Bindung von westdeutschen Zahlungen an politische Zugeständnisse führte letztlich zu einer Lockerung der kommunistischen Abschirmungspolitik.

Zuspitzung der Finanzprobleme

Der ständige Kapitalzufluss aus dem Westen reichte aber nicht aus, um die Wirtschafts- und Finanzprobleme in den Griff zu bekommen. Der Sozialwissenschaftler Gerhard Wettig verwies in diesem Zusammenhang auf die folgenden Gründe:

- Die DDR stand des öfteren am Rande der Zahlungsunfähigkeit. Die Verschuldung erreichte etwa 50 Milliarden DM (1989). Diese Summe entspricht in etwa dem Betrag von 25,5 Milliarden Euro.
- Die Exporterlöse dienten dazu, die Schulden zu bedienen.
- Zum Zweck der Deviseneinnahmen musste in großem Umfang exportiert werden, was zu Lasten der inländischen Versorgung ging.
- Es fehlte an finanziellen Mitteln, den Kapitalstock zu erneuern. Das führte zur Überalterung von Maschinen und zur rücksichtslosen Ausbeutung der Umwelt. Das System lebte von der Substanz.
- Der Versuch, aus dem Teufelskreis von wirtschaftlicher Rückständigkeit und finanzieller Abhängigkeit auszubrechen, führte 1986 zum Beschluss des Politbüros der SED zur „Meisterung der technisch-wissenschaftlichen Revolution“. Zur Realisierung des Programms sollten neue Kredite aufgenommen werden, die dann mithilfe der erwirtschafteten Gewinne zurückgezahlt werden sollten.

Das Programm erwies sich als Fehlschlag: Die produzierte Mikroelektronik war in keiner Weise konkurrenzfähig. Die Kosten der Chips lagen um ein Vielfaches über dem Weltmarktpreis. Das Scheitern der technischen Modernisierung bildete einen weiteren Baustein zur Verschuldung der DDR.

- Für das Jahr 1990 zeichnete sich deutlich die Zahlungsunfähigkeit ab: Den Verbindlichkeiten in diesem Jahr von etwa acht Milliarden DM stand ein Überschuss des Exports in den Westen von maximal einer halben Milliarde DM gegenüber.

Fehlende Legitimation

Honeckers Versuch, eine eigene „ostdeutsche (sozialistische) Nation“ zu etablieren, scheiterte. Dieses Fehlen einer nationalen Identität hatte zum einen mit der Existenz der Bundesrepublik zu tun, zum anderen aber auch mit einem Selbstständigkeitsmangel der DDR. Das System war von einer fremden Macht, der UdSSR, installiert worden. Die DDR stand unter dem Schutz der Sowjetunion und es war konsequent, dass der Entzug dieses Schutzes entscheidend für den staatlichen Zusammenbruch werden musste.

Zum Zeitpunkt der Wiedervereinigung (1990) zeigte sich das Land in einem ökonomisch und ökologisch ruinierten Zustand. Letztlich verschwand die DDR von der politischen Landkarte, weil ihre Wirtschaftsleistung aufgrund der sozialistischen Planwirtschaft unzureichend war. Die „Marxisten“ an der SED-Spitze handelten völlig unmarxistisch, indem sie den Primat (Vorrang) der Politik vor der Ökonomie festschrieben. Um sich die fehlende Legitimation zu verschaffen (Güterversorgung, Wohnraum, Sozialleistungen) und um die „Sicherheit“ zu gewährleisten (Staatssicherheit, Polizei, NVA), wurde die Ökonomie ständig überfordert, beziehungsweise es wurden die Fakten ignoriert und Statistiken gefälscht.

Ökonomisch hatte das politische System die eigene Substanz aufgezehrt. Die Kosten der Wiedervereinigung – im Sinne der Angleichung der Lebensverhältnisse – sind entsprechend hoch.

M 2 **Erst 1989 wagten die Menschen wieder offenen Protest wie hier bei einer Demonstration in Leipzig.**

Aufgaben

1. Erläutern Sie die Ursachen für das Scheitern der DDR als selbstständiger Staat.

4. Die Sowjetunion

Das Bild zeigt die alljährliche Truppenparade auf dem Roten Platz in Moskau. Vor der Kremlmauer das Lenin-Mausoleum, auf dem die politischen Führer standen, um die Parade abzunehmen. Die Sowjetunion war ein Militärstaat, der einen überproportionalen Anteil seiner Wirtschaftskraft in die Rüstung lenkte. Ihre äußere militärische Stärke korrespondierte mit einer wirtschaftlichen und gesellschaftlichen Schwäche. Die Sowjetunion durchlebte eine höchst wechselvolle Geschichte von ihrer Begründung in der Oktoberrevolution 1917, ihrem Aufstieg zur Weltmacht und ihrem Zerfall 1991.

Im Folgenden erzählt der Schweizer Diplomat Tim Guldiman die Geschichte eines russischen Dorfes im 20. Jahrhundert:

„Tsélaja-Rossija ist ein kleines Dorf. Zu Beginn des Ersten Weltkrieges lebten dort 140 Menschen [...]. Die Bolschewiken [...] rissen im Oktober durch einen Staatsstreich die Macht an sich. [...] Das Brot wurde knapp, vor allem in den Städten, wo die Produktion als Folge der wilden Fabrikbesetzungen und der Verstaatlichungen zusammenbrach. [...] Die „Revolution" war in Gefahr. Um sie zu retten, musste „der Klassenkampf ins Dorf getragen werden". Unter der Führung bewaffneter Rotgardisten und Soldaten der Geheimpolizei brachen Arbeiter und verarmte Bauern zum Plünderungsfeldzug gegen die Dörfer auf. [...] Eine grausame Zeit auch in Tsélaja-Rossija: von seinen 138 Einwohnern fiel einer im Bürgerkrieg, einer, vielleicht zwei, wurden von der bolschewistischen Geheimpolizei als „Feinde der Revolution" erschossen, und zwei verhungerten oder wurden von Epidemien hingerafft. Am Ende des Krieges lag das Land in Trümmern.

Nach zehn Jahren Krieg, Terror, Hunger und Epidemien stabilisierte sich in der zweiten Hälfte der zwanziger Jahre die Lage. Die Bolschewiken hatten sich als Alleinherrscher im ganzen Lande durchgesetzt. [...]

1929 waren die Städte wiederum vom Hunger bedroht [...]: Gewaltsam wurde die Landwirtschaft kollektiviert. [...] Mit allen Mitteln widersetzten sich die Bauern der „freiwilligen" Kollektivierung. [...] Die unmittelbare Folge der Kollektivierung war eine Hungersnot (1932/33), der im Dorf fünf Menschen, darunter drei Kinder, zum Opfer fielen.

Doch das Land hatte sich vom Schlag der Kollektivierung kaum erholt, als Stalin durch seine Geheimpolizei eine Terror- und Verhaftungswelle in Gang setzte [...]. Von den 164 Dorfbewohnern waren bereits 1936 fünf im Arbeitslager, in den folgenden zwei Jahren wurden mindestens sieben weitere Einwohner verhaftet. [...]

Am 21. Juni 1941 überfiel die deutsche Wehrmacht die Sowjetunion. Während der vier Kriegsjahre starben von der Dorfbevölkerung sieben Männer als Soldaten an der Front, ebenso viele Zivilisten fielen den Nazis zum Opfer. [...]

Tsélaja-Rossija existiert, sein Leidensweg ist die Geschichte der ersten 40 Jahre der Sowjetunion; „tsélaja Rossija" heißt „ganz Russland". Alle aufgeführten Zahlenangaben müssen mit einer Million multipliziert werden." T. Guldimann, Moral und Herrschaft in der Sowjetunion, Frankfurt/M. 1984, S. 81 ff.

4.1 Die Oktoberrevolution

Russland im 19. Jahrhundert

Im Verlauf des 19. Jahrhunderts gelang Russland der Aufstieg zu einer imperialistischen Großmacht. Die äußere Expansion richtete sich zunächst gegen das zerfallende Osmanische Reich, da die russische Meerengenpolitik auf einen Zugang zum Mittelmeer (Bosporus) zielte. Die Niederlage Russlands im Krimkrieg (1853–56), an dem sich auch England und Frankreich beteiligten, machte allerdings deutlich, dass aufgrund der Überlegenheit der westeuropäischen Staaten die großmachtpolitischen Bestrebungen in Richtung Westen auf Widerstand stießen.

In der Folge richtete sich die Expansion stärker auf den asiatischen Raum, sodass sich in der zweiten Hälfte des Jahrhunderts der russische Einflussbereich bis nach Persien, Afghanistan und China erstreckte. Im Fernen Osten konzentrierte sich das politische und wirtschaftliche Interesse vor allem auf China. Russlands Bemühungen um wirtschaftliche Durchdringung der Mandschurei und in Korea machten den Konflikt mit dem japanischen Imperialismus unvermeidlich. Im Russisch-Japanischen Krieg 1904/1905 erlitt Russland jedoch eine empfindliche Niederlage.

Die russische Innenpolitik wurde im 19. Jahrhundert von widersprüchlichen Tendenzen bestimmt. Neben scharfer politischer Unterdrückung gab es auch Versuche einer reformorientierten Modernisierung des gesellschaftlichen Systems nach westlichem Vorbild. Diese Widersprüche waren aber keineswegs neu in der russischen Geschichte. Bereits Peter der Große hatte nämlich um die Wende vom 17. zum 18. Jahrhundert versucht, durch ein ehrgeiziges Modernisierungsprogramm (Militär, Verwaltung, Wirtschaft) in Anlehnung an westeuropäische Muster die Rückständigkeit Russlands zu überwinden, ohne jedoch die Grundlagen des autokratischen Systems anzutasten.

Zu Beginn des 19. Jahrhunderts dominierten die beharrenden Kräfte des Absolutismus. Die kontinentale Großmacht Russland sah sich im Rahmen der „Heiligen Allianz“ (1815) als Bastion der monarchischen Kräfte der Reaktion gegen die aufkommenden liberalen und demokratischen Strömungen. Zar Nikolaus I. (1825–55) verkörperte einen auf despotischer Selbstherrschaft gegründeten Staat (Autokratie), in dem ein Heer von Geheimagenten und Zensoren alle fortschrittlichen Regungen unterdrückte und unnachsichtig verfolgte.

Besonders bedrückend war das sklavenähnliche Dasein, zu dem die Masse der Bauern verurteilt war. Rechtlos und verelendet lebten sie in völliger Abhängigkeit von den (adligen) Grundbesitzern. Zahllose Bauernrevolten wurden zum Teil unter Einsatz ganzer Truppenregimenter blutig niedergeworfen. Erst unter Zar Alexander II. (1855–81) wuchs langsam die Einsicht, dass Reformen unumgänglich waren. So löste zwar die Aufhebung der Leibeigenschaft (1861) 47 Millionen Bauern aus ihrer rechtlichen Abhängigkeit von den Grundbesitzern, aber durch die Ablösungszahlungen für die verteilten Güter blieb die wirtschaftliche Abhängigkeit bestehen. Der unbefriedigte Landhunger der Bauern und das Massenelend waren die Ursachen einer wachsenden politischen und sozialen Unzufriedenheit mit dem zaristischen System.

Seit 1890 beschleunigte sich die kapitalistische Entwicklung in Russland. Die Wirtschaftspolitik des Finanzministers Witte (1892–1903) trieb die Industrialisierung voran. Moskau, Petersburg und das Donezbecken bildeten sich als die „Inseln“ der industriellen Revolution heraus, die durch das Einfließen ausländischen Kapitals begünstigt wurde. Innerhalb eines Jahrzehnts verdoppelte sich die industrielle Produktion und die Zahl der russischen Fabrikarbeiter stieg von 1,4 auf 2,4 Millionen an. Am Ende des 19. Jahrhunderts bot Russland ein widersprüchliches Bild. Zwar verdienten noch 75 Prozent der Bevölkerung ihren Lebensunterhalt in der Landwirtschaft und das Land wies im Vergleich zu den westeuropäischen Ländern einen erheblichen Bildungsrückstand auf (etwa 65 Prozent der Bevölkerung waren Analphabeten), aber gleichwohl hatte eine energische und staatlich geförderte Industrialisierungspolitik Erfolge gebracht. Um die Jahrhundertwende verfügte Russland über eine moderne Industrie, die zudem nicht nur geografisch, sondern auch größenmäßig einen hohen Konzentrationsgrad aufwies. Dieser Umstand erleichterte die Bildung einer wirksamen Arbeiterbewegung beträchtlich.

Revolution 1905

Die Unruhen von 1905 offenbarten den Zusammenhang zwischen der Krise des Herrschaftssystems und der Revolution. Die Niederlage Russlands im Russisch-Japanischen Krieg von 1904/05 zeigte die Schwäche der zaristischen Regierung.

Die blutige Unterdrückung einer friedlichen Arbeiterdemonstration vor dem Winterpalast in Petersburg löste 1905 die erste russische Revolution aus. Unbewaffnete Arbeiter, die Ikonen und Zarenbilder trugen, wollten dem Zaren eine Petition überbringen. Die zum Schutz des Zaren eingesetzten Truppen erschossen hunderte von Demonstranten. Soziale und politische Krisen, bedingt durch Massenarmut, Landhunger der Bauern und politische Unterdrückung, waren Ausdruck der fortschreitenden Zerrüttung des Zarismus. Die spontan sich bildenden Sowjets (Arbeiterräte) spielten zum ersten Mal eine führende Rolle als Zentren des revolutionären politischen Kampfes vor allem in Petersburg und Moskau.

Zar Nikolaus II. (1868–1918) wurde am 17. Juli 1918 in Jekaterinburg – zusammen mit seiner Familie – ermordet.

Bis 1905 herrschte in Russland eine absolute Monarchie, auch Autokratie, das heißt Selbstherrschaft (des Zaren), genannt. Erst die Niederlage Russlands im Krieg gegen Japan und die Revolution von 1905 öffneten den Weg für eine konstitutionelle Monarchie. Zwar wurde im Folgenden ein Parlament (Duma) eingerichtet, aber die Regierung blieb allein vom Zaren abhängig. Zudem erfolgten die Duma-Wahlen nach einem extrem ungleichen Wahlrecht, das den politischen Willen von Bauern, Arbeitern und kleinbürgerlicher Schicht in keiner Weise angemessen zu repräsentieren vermochte. Im Wesentlichen blieb die zaristische Selbstherrschaft bis 1917 erhalten.

Außerhalb des Parlaments entstanden radikale Gruppierungen:

- Kleine anarchistische Zirkel propagierten den revolutionären Umsturz durch gewaltsame Aktionen wie Sabotage und Attentate.
- Die Bewegung der „Narodniki“ („Volkstümler“) wollte durch Aufklärung und eine gezielte Agitation unter dem Volk eine revolutionäre Bauernerhebung erreichen.
- Gegen Ende des Jahrhunderts gewannen vor allem unter den russischen Intellektuellen die sozialistischen Ideen von Marx und Engels an Einfluss. Marxistische Vorstellungen prägten die Entstehungsgeschichte der russischen Sozialdemokratie, aus der die erfolgreichen Revolutionäre der Oktober-Revolution 1917 hervorgingen.

Das Revolutionsjahr 1917

Die Revolution von 1917 schien zunächst eine Wiederholung der Ereignisse von 1905 zu sein. Der Erste Weltkrieg hatte Russland in eine tiefe Krise gerissen. Angesichts militärischer Misserfolge und zunehmender Versorgungsschwierigkeiten verlor die Herrschaft des Zaren rasch an Unterstützung. Hungerunruhen und Streiks mündeten in einer Aufstandsbewegung, die in dem Augenblick siegte, als die Garnison von Petrograd – so hieß St. Petersburg seit 1914 – meuterte und sich mit den Aufständischen solidarisierte (Februar 1917). Wenig später wurde der Zar zur Abdankung gezwungen.

Der Widerstand gegen die absolute Monarchie einte fast alle politisch aktiven Bevölkerungskreise. Es bestand Einigkeit über die Einführung bürgerlicher Freiheiten. Eine zu wählende Verfassunggebende Versammlung sollte die Weichen für das weitere politische Schicksal Russlands stellen.

Doppelherrschaft

Aus der Februar-Revolution gingen zwei Machtzentren hervor. Die Herrschaft teilten sich zunächst die Provisorische Regierung und der Petrograder Arbeiter- und Soldatenrat (russisch: Sowjet).

Alexander Kerenski (1881–1970), seit Juli 1917 Ministerpräsident der Provisorischen Regierung, wurde durch die Oktoberrevolution gestürzt und ging anschließend in die Emigration.

Die Provisorische Regierung hatte sich aus dem Parlament (Duma) heraus gebildet und wurde – aufgrund des ungleichen Wahlrechts im zaristischen Russland – als Vertretung von Adel und Bürgertum angesehen. Arbeiter und Soldaten fühlten sich eher durch den „Sowjet“ vertreten. Hierbei handelte es sich um ein spontan gebildetes revolutionäres Organ, das sich als Kontrolleur der Provisorischen Regierung begriff. Denn es bestand unter den Sozialisten die allgemeine Überzeugung, dass an die Stelle des Zarismus zunächst eine bürgerliche Regierung treten müsse, da die gesellschaftlichen und wirtschaftlichen Voraussetzungen für eine sozialistische Arbeitermacht nicht vorhanden waren.

Der neuen Regierung gelang es nicht, die drängendsten Probleme des Landes in den Griff zu bekommen, weil sie den Krieg fortsetzte. Aber mit dem Ausbleiben militärischer Erfolge versank das Land in den folgenden Monaten immer mehr im Chaos. Die Menschenverluste im Krieg waren gewaltig. Bis Februar 1917 summierte sich die Zahl der getöteten, verwundeten und in Gefangenschaft geratenen Soldaten auf acht Millionen. Das Millionenheer an der Front konnte zudem von der Industrie nicht mehr angemessen versorgt werden. Auch im Hinterland nahm die Not kontinuierlich zu. Inflation und Nahrungsmittelknappheit führten zu wachsender Kriegsmüdigkeit der russischen Bevölkerung.

Das Transportsystem brach zusammen, der Hunger hielt Einzug in den Städten und ganze Armee-Einheiten lösten sich demoralisiert auf. Von diesen Zuständen profitierte eine kleine Partei, die vorher nur eine politische Nebenrolle gespielt hatte: die bolschewistische Partei. In dieser Phase der Radikalisierung der Massen erhielt sie Zulauf, weil sie als einzige Partei kompromisslos gegen die Fortführung des Krieges eintrat.

Parteien

Die Russische Sozialistische Arbeiterpartei hatte sich 1903 in zwei Flügel gespalten, aus denen zwei verschiedene Parteien hervorgingen. Zum einen die Bolschewiken (wörtlich Mehrheitler) mit Lenin an der Spitze und zum anderen die Menschewiken (wörtlich Minderheitler). Tatsächlich sind diese Bezeichnungen aber irreführend, da die Partei Lenins ihren Namen einem zufälligen Abstimmungssieg verdankte

Wladimir Iljitsch Uljanow, Parteiname Lenin (1870–1924) Seine Dynamik bildete eine Voraussetzung für die Machtübernahme, Foto von 1918.

und in Wirklichkeit eine zahlenmäßig kleine Splitterpartei blieb. Die Menschewiken ähnelten im Parteiaufbau und -programm den westeuropäischen Arbeiterparteien. Sie lehnten die Parteilehre Lenins und dessen Machtanspruch ab.

Neben den Arbeiterparteien gab es noch die Sozialrevolutionäre, eine sozialistisch orientierte Bauernpartei, bei weitem die größte Partei Russlands. Sie zerfiel 1917 in mehrere Flügel. Die Kadetten (Konstitutionelle Demokraten) repräsentierten das liberale Bürgertum. Sie bildeten zunächst die Provisorische Regierung, die sich allerdings nicht halten konnte, sodass sowohl Menschewiken als auch Sozialrevolutionäre in die Regierung eintraten. Im Juli 1917 übernahm der Sozialrevolutionär Kerenski das Ministerpräsidentenamt.

Diese Umstände ließen die Bolschewiken zur einzigen wirkungsvollen Oppositionspartei werden. Die Partei, die zu Beginn des Revolutionsjahres 1917 nur 24 000 Mitglieder hatte, konnte diese bis zum Oktober auf etwa 350 000 erhöhen. Dieser Zulauf spiegelt die allgemeine Radikalisierung angesichts des militärischen und ökonomischen Zusammenbruchs wider. Die revolutionären Erwartungen des Volkes mussten unerfüllt bleiben, weil die Fortsetzung des Krieges innere Reformen nicht zuließ. Eine geschickte bolschewistische Propaganda („Friede, Brot, Land") war auf die wichtigsten Bedürfnisse der Massen zugeschnitten. Kriegsmüdigkeit, Hunger und Landnot förderten die Radikalisierung ebenso wie der gegen die Sowjets gerichtete Putsch des Generals Kornilow, der im August 1917 fehlschlug.

Machtergreifung durch die Bolschewiken

Die Macht verlagerte sich im Laufe des Jahres 1917 von der Provisorischen Regierung auf die Sowjets, in denen die Bolschewisten mehr und mehr tonangebend wurden. Diese hatten in Lenin, der mithilfe der deutschen Obersten Heeresleitung aus seinem Schweizer Exil nach Russland gekommen war, einen charismatischen Führer (Charisma = Ausstrahlung). Lenin drängte auf eine sofortige Machtübernahme durch die Bolschewiken, während sich im Unterschied dazu die anderen sozialistischen Parteien mit einer Kontrolle der bürgerlichen Regierung begnügen wollten. Gegen starken – auch innerparteilichen – Widerstand gelang es Lenin sich durchzusetzen.

M 1 **Das Smolny-Institut in Petrograd** (dem späteren Leningrad und heutigen St. Petersburg) diente als Erziehungsanstalt für die Töchter des hohen Adels. Seit Juli 1917 war es der Sitz des Arbeiter- und Soldatenrats (Sowjets) und der bolschewistischen Partei. Auf dem Foto bewachen Revolutionäre den Haupteingang während des Putsches im Oktober 1917.

Leo Trotzki (1879–1940), militärischer Organisator der Oktoberrevolution, wurde von einem Agenten Stalins im mexikanischen Exil ermordet.

Der Putsch, der als Oktoberrevolution in die Weltgeschichte einging, wurde vom Militärkomitee des Petrograder Sowjets (unter Führung Trotzkis) organisiert. Nachdem fast die gesamte Petrograder Garnison sich auf die Seite des Sowjets gestellt hatte, verfügte die Provisorische Regierung über keine reale Macht mehr. Am 25. Oktober 1917 war die „Doppelherrschaft" beendet. Der Putsch verlief weitgehend unblutig und blieb anfänglich von der Öffentlichkeit fast unbemerkt. Die Menschen Petrograds erlebten zu diesem Zeitpunkt die Auflösung jeglicher Ordnung: Streiks und Aussperrungen, Teuerung und Lebensmittelknappheit, Hunger und Plünderungen waren an der Tagesordnung. Angesichts des totalen Autoritätsverlusts der Regierung herrschte allgemein die Ansicht vor: „Schlimmer kann es nicht mehr kommen."

Der am selben Abend tagende Zweite Allrussische Sowjetkongress, in dem die Bolschewisten die stärkste Fraktion bildeten, legalisierte formal den Staatsstreich. Ein bolschewistischer „Rat der Volkskommissare" übernahm als Regierung die Macht. Bis zum Jahresende hatten die Bolschewisten die wichtigsten Zentren Russlands in ihrer Hand.

Chronologie

1812	Krieg Napoleons gegen Russland
1815	Heilige Allianz (Russland, Preußen, Österreich), Zar Alexander I. (bis 1825)
1825	Aufstand der Dekabristen (oppositionelle liberale Adlige) in St. Petersburg niedergeschlagen
1830/1831	Unterwerfung Polens
1853–1856	Krimkrieg
1855–1881	Zar Alexander II.; innenpolitisch „Neue Ära" mit liberalen Reformversuchen
1858–1860	Verträge mit China (Amur-Gebiete russisch, Wladiwostok gegründet)
1861	Aufhebung der Leibeigenschaft
1881–1894	Zar Alexander III.; Industrialisierungspolitik des Finanzministers Witte; Bau der Transsibirischen Eisenbahn begonnen.
1898/1903	Parteitage der Sozialdemokratischen Arbeiterpartei Russlands (SDAPR)
1904/1905	Russisch-Japanischer Krieg
1905–1907	Revolution in Russland
1914–1917	Russische Teilnahme am Ersten Weltkrieg
1916	Mehrere russische Offensiven scheitern; Demoralisierung des Heeres; wachsende Unzufriedenheit der Bevölkerung
23. Februar 1917	Februar-Revolution in Petersburg; Bildung einer Provisorischen Regierung unter dem Fürsten Lwow
März 1917	Abdankung des Zaren Nikolaus I; „Doppelherrschaft" zwischen Provisorischer Regierung und Sowjets
April 1917	Rückkehr Lenins aus dem Exil
Juli 1917	Bolschewistischer Putsch in Petersburg scheitert; Kerenski wird Ministerpräsident.
September 1917	Gescheiterter gegenrevolutionärer Putsch und Sturz des Generals Kornilow
24./25. Oktober 1917	Oktober-Revolution in Petersburg und Sturz der Provisorischen Regierung[1] (6./7. Nov.)

1 Die Zeitangaben folgen dem in Russland bis 1918 üblichen Julianischen Kalender. In Klammern werden die Datierungen nach dem heute gültigen Gregorianischen Kalender angegeben.

M 2 Russische Leibeigenschaft
Ihre Spielschulden wechselten die russischen Großgrundbesitzer nicht nur mit ihren Ländereien ein, sondern auch mit den dazugehörigen „Seelen". Sichtweise des französischen Grafikers Gustave Doré, Karikatur von 1854.

M 3 Ökonomische Entwicklung und Sozialstruktur

Der Sozialhistoriker Richard Lorenz hält zur Sozialstruktur Russlands Folgendes fest:

Dem relativ niedrigen ökonomischen Entwicklungsniveau entsprach die Sozialstruktur, die sich bis zum Ersten Weltkrieg in Russland herausgebildet hatte. Bei einer Gesamtbevölkerung von 165,7 Millionen (ohne Finnland) lebten lediglich 26,3 Millionen (16 Prozent) in den Städten. Obwohl das russische Proletariat in den letzten Jahrzehnten zahlenmäßig sehr stark zugenommen hatte, stellte es im Jahre 1913 innerhalb der Gesamtbevölkerung nur eine verschwindende Minderheit dar. Die Zahl der Industrie-, Bergbau- und Eisenbahnarbeiter betrug 4,2 Millionen (ohne Familienangehörige). Allerdings war das industrielle Proletariat außergewöhnlich stark konzentriert; im Durchschnitt war mehr als die Hälfte der Arbeiter in Betrieben mit über 500 Personen beschäftigt; in Petersburg, das den höchsten Konzentrationsgrad aufwies, waren es 70 Prozent, in Moskau 51,5 Prozent. Große Teile der Arbeiterschaft hatten jedoch immer noch eine enge Verbindung zur Landwirtschaft – nicht nur infolge ihrer bäuerlichen Herkunft, sondern vor allem deshalb, weil sie im Rahmen der Dorfgemeinde selbst noch ein Stückchen Land besaßen. Das traf in erster Linie für die Arbeiter des Ural, die Bergleute im Donezbecken und die Textilarbeiter des Zentralen Industriebezirks zu. Erst die Stolypinsche Agrarreform [P. A. Stolypin, 1906–1911 Ministerpräsident], die den Verkauf des Anteillandes gestattet hatte, hatte ja in Russland endgültig die Voraussetzungen für die Entstehung einer modernen, vom Dorf losgelösten Arbeiterschaft geschaffen. Seitdem konnte sich auch in größerem Umfang ein Stammproletariat herausbilden.

R. Lorenz, Sozialgeschichte der Sowjetunion 1, 1917–1945, Frankfurt/M. 1976, S. 28.

M 4 Eisen- und Steinkohleproduktion (in Mio. t)

	Roheisen	Steinkohle
1877	0,38	1,80
1892	1,05	6,95
1897	1,85	11,20
1898	2,19	12,06
1900	2,88	16,13
1913	4,20	29,10

V. Gitermann, Geschichte Russlands, 3. Band, Hamburg 1949, S. 334/35.

M 5 **Die russische Gesellschaft in einer Karikatur,** die um 1900 von der „Union russischer Sozialisten" als Flugblatt im Ausland veröffentlicht wurde. Die Pyramide wird getragen von den Bauern und Industriearbeitern; die Fahne trägt die Inschrift: „Wir arbeiten für Euch, wir ernähren Euch."

Jahr	Anzahl der registrierten Bauern-unruhen	Arbeiterunruhen (Streikende in Tausend)
1900	48	29
1901	50	32
1902	340	37
1903	141	87
1904	91	25
1905	3228	2863
1906	2600	1108
1907	1337	740
1908	855	176
1909	819	64
1910	928	46
1911	507	105
1912	307	725
1913	128	887
1914	178	1337
1915	96	540
1916	263	952
1917 (März–Okt.)	5782	Februar- und Oktober-Revolution

Nach: S. M. Dubrovskij, Die russische Bauernbewegung 1907–14, in: D. Geyer (Hg.), Wirtschaft und Gesellschaft im vorrevolutionären Russland, Köln 1975, S. 348.

M 7 **Die Arbeiter- und Bauernbewegung in Russland (1890–1917)**

M 6

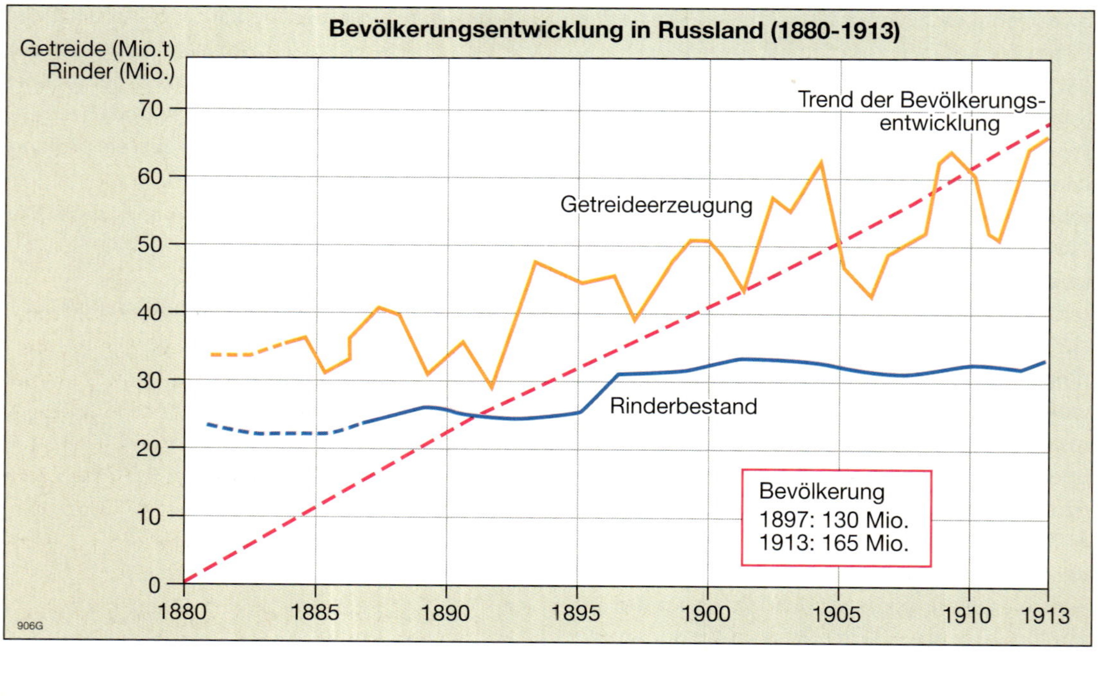

M 8

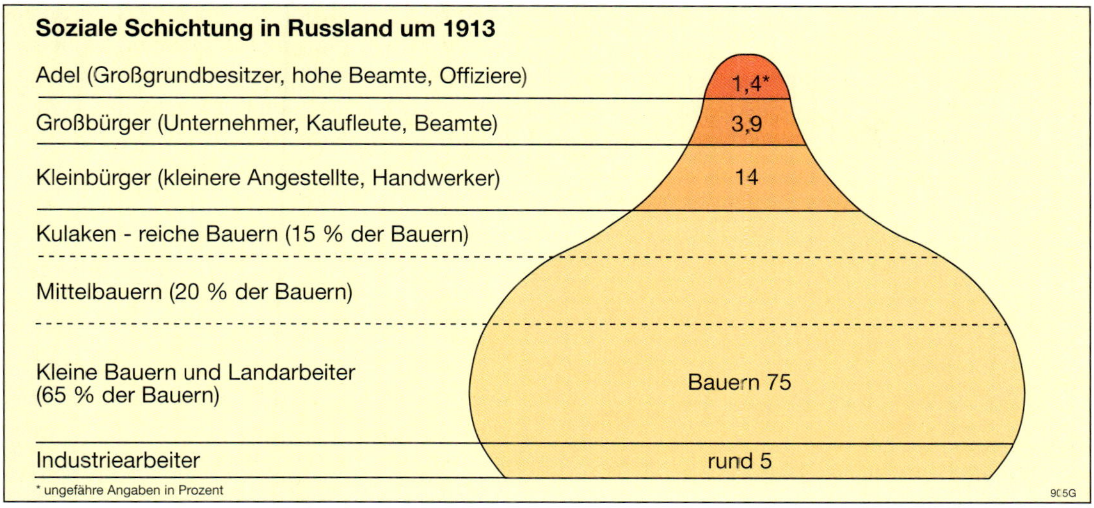

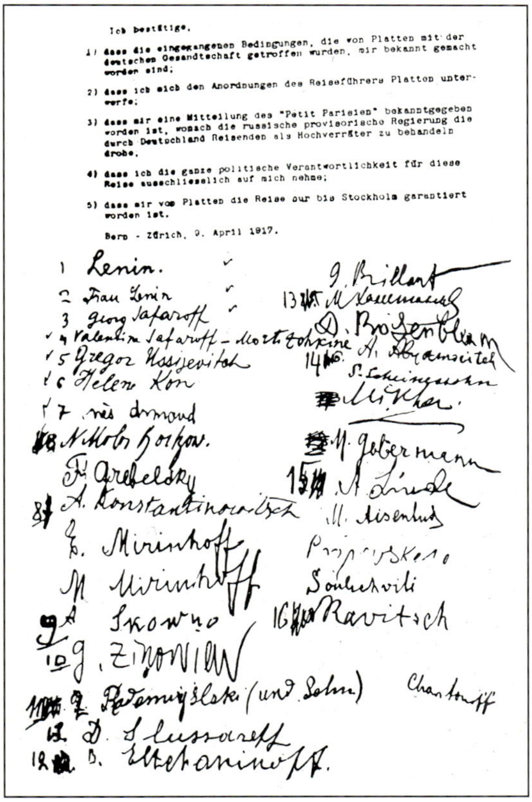

Ich bestätige,

1) dass die eingegangenen Bedingungen, die von Platten mit der deutschen Gesandtschaft getroffen wurden, mir bekannt gemacht worden sind;

2) dass ich mich den Anordnungen des Reiseführers Platten unterwerfe;

3) dass mir eine Mitteilung des "Petit Parisien" bekanntgegeben worden ist, wonach die russische provisorische Regierung die durch Deutschland Reisenden als Hochverräter zu behandeln drohe.

4) dass ich die ganze politische Verantwortlichkeit für diese Reise ausschliesslich auf mich nehme;

5) dass mir von Platten die Reise nur bis Stockholm garantiert worden ist.

Bern - Zürich, 9. April 1917.

M 9 Rückkehr Lenins nach Russland

Liste der russischen Revolutionäre, die im April 1917 durch Deutschland nach Russland zurückkehrten. Faksimile der Abmachung Lenins mit dem Schweizer Sozialisten Fritz Platten für die Reise durch das Deutsche Reich. Die deutsche Oberste Heeresleitung (OHL) gestattete die Rückkehr der Revolutionäre aus ihrem Schweizer Exil in der Hoffnung auf eine Schwächung Russlands und einen Sieg an der Ostfront. Lenin war besorgt, man könnte ihn für einen Agenten der Deutschen halten (was er nie war). Die Durchreise erfolgte im so genannten plombierten Zug von Zürich nach Stockholm und weiter nach Petrograd, wo Lenin am 3. [16.] April 1917 ankam. [F.B.]

M 10 Was wollen die Revolutionäre?

Der Korrespondent des „Manchester Guardian", Morgan Philips Price, berichtete im Frühjahr 1917[1]:

Revolution hieß für den kleinen, erwerbstätigen Mann in der Menge, dass der Friede nicht mehr fern sei, dass er dann zu dem gewohnten ruhigen Leben, wie er es vor dem Krieg kannte, zurückkehren würde, zurück in die Datscha [Landhäuschen], um seine Tage ruhig zu beschließen, unbehelligt von Mobilisationsbefehlen und lästiger Rationierung der Lebensmittel. Aber Revolution hieß für den rauhen, abgehetzten Arbeiter etwas ganz anderes. Es bedeutete, dass der Krieg freilich bald vorüber sein würde, aber dass er nicht in das gleiche Joch, wie vor dem Kriege, zurückkehren werde; dass der enge Spielraum zwischen Wochenausgaben und Wochenlohn erweitert würde, und zwar beträchtlich erweitert, dass anstelle des gefürchteten Gespenstes der Arbeitslosigkeit gesicherte und ihn von der Laune des Unternehmers freimachende Arbeitsbedingungen treten würden; dass er nicht länger in das Heer abgeschoben würde, um für die Besitztümer eines anderen zu kämpfen als Strafe dafür, dass er sich unterstand, seine eigenen Arbeiterrechte zu verteidigen. Die Revolution bedeutete für den der Bauernschicht entnommenen Soldaten, [..] dass ihm die Jahre 1914–1917 nur noch wie ein böser Traum vorkommen würden und dass Erde – Erde in Menge und weit mehr als vor dem Krieg – zu seiner

Verfügung stehen würde, sobald er nur in sein Heimatdorf zurückgekehrt sei. Unter den hochgehenden Wogen allgemeiner Begeisterung konnte man somit in diesen Straßenversammlungen zum mindesten drei verschiedene soziale Typen wahrnehmen, die nach drei verschiedenen Richtungen hin die Revolution deuteten. Welcher dieser drei Typen würde der Führer der Revolution werden?

1 Der Autor war Augenzeuge und Korrespondent des „Manchester Guardian".

M. P. Price, Die Russische Revolution, Berlin 1977, S. 10 ff.

M 11 Der revolutionäre Weg zur Macht

Auf dem Kongress der Arbeiterdeputierten wurde die Journalistin Markovic Zeugin folgender Wortduelle (27. Mai 1917):

Von Anfang an nimmt die Sitzung einen ungewöhnlichen und leidenschaftlichen Verlauf. Der Minister Cereteli ist auf der Rednertribüne. Er legt die Schwierigkeit dar, die Macht auf dauerhaften Grundlagen aufzurichten: „Ein leidenschaftlicher Kampf", sagt er, „zeigt sich in Russland um die Ausübung der Macht, und zur selben Zeit ist keine politische Partei vorhanden, die dafür die Verantwortung übernehmen will."
„Doch, es ist eine da!" schreit eine Stimme.
Das ist die Stimme Lenins. Er sitzt in den ersten Reihen mit seiner Frau, der Krupskaja, und einigen Führern des Maximalismus[1].
„Ich zweifle nicht daran, Genosse Lenin", gibt Cereteli heftig zurück. [...]
„Man muss von Worten zu Taten schreiten!" ruft er [Lenin] aus. „Unsere Partei schlägt die Macht nicht aus. Sie ist jeden Augenblick bereit, die Macht in ihre Hände zu nehmen. Ich glaube, dass keine Partei, die vorwärts drängt, die Macht zurückweisen kann, selbst wenn die Vertreter der Macht von der Deportation nach Sibirien bedroht sind. [...] Aber wir sind noch nicht deportiert!"
Nach diesem Anfang setzt der berühmteste Maximalist sein Programm der wirtschaftlichen und finanziellen Reformen auseinander. „Die Kapitalisten müssten verhaftet werden, ohne das bleiben unsere Sätze unnütze Worte!" [...]
Lenin hat die Bühne verlassen. Und Kerenski[2] tritt ganz einfach vor. Alle Herzen schlagen höher.
„Herr Lenin", sagt Kerenski, „hat vergessen, dass ein Marxist, der solche Hilfsmittel gegen das soziale Übel vorschlägt, nicht würdig ist, Sozialist genannt zu werden, denn die Verfahren, die er anpreist, sind die der schlimmsten asiatischen Despoten. Herr Lenin hat vergessen, dass in unserer Zeit eine Massenverhaftung der Kapitalisten ‚Sabotage' der Gesetze der wirtschaftlichen Entwicklung ist." [...]
„Der Weg, den Sie betreten wollen, ist der der Zerstörung. Hüten Sie sich! Aus dem Chaos wird, wie ein Phönix aus der Asche, ein Diktator aufsteigen – nicht ich!, obgleich Sie alles tun, um mich zur Diktatur zu treiben. Sie öffnen dem wahren Diktator die Türen, der ihnen zeigen wird, wie die Kapitalisten sich gegen die Sozialisten verhalten! [...] Sie sagen, im Kampf seien alle Mittel gut [...]"
„Das ist nicht wahr", rufen die Bolschewiken.

1 hier: Bolschewismus

2 Sozialrevolutionär; seit März 1917 Minister in der Provisorischen Regierung; seit Juli 1917 Ministerpräsident

R. Kohn (Hg.), Die Russische Revolution in Augenzeugenberichten, München 1977, S. 240 ff.

Aufgaben

1. Skizzieren Sie die sozialen Krisenherde, die die Entwicklung der russischen Agrargesellschaft im 19. Jahrhundert kennzeichneten.
   → Text, M2, M3, M5– M8
2. In welcher Form schlugen sich die autokratischen Strukturen des Zarismus im politischen Herrschaftssystem nieder?
   → Text, M5
3. Erläutern Sie, welche Besonderheiten die russische Gesellschaft des 19. Jahrhunderts im Vergleich mit den westeuropäischen Ländern aufwies.
   → Text, M2, M5, M8
4. Erklären Sie die Rolle des Krieges als Auslöser der Ereignisse vom Februar 1917.
   → Text, M9, M10
5. Kennzeichnen Sie die unterschiedlichen politischen und sozialen Kräfte, die der „Doppelherrschaft" zu Grunde lagen.
   → Text
6. Wie erklärte sich der Autoritätszerfall der Regierung Kerenski und der wachsende politische Einfluss der Bolschewiki?
   → Text, M10
7. Fassen Sie zusammen: Warum konnte es einer kleinen Partei entschlossener Revolutionäre gelingen, die Macht an sich zu reißen?
   → Text, M5, M9–M11

4.2 Leninismus und die Festigung der bolschewistischen Macht

Leninismus

Während des Ersten Weltkrieges trennten sich Lenin und seine Anhänger von den sozialdemokratischen Arbeiterparteien. Denn diese bekannten sich 1914 bei Kriegsbeginn zum Grundsatz der Landesverteidigung und waren darum zu einem „Burgfrieden“ mit den bürgerlichen und militärischen Machthabern bereit. Lenin hingegen geißelte die Sozialdemokraten als „Partei der Arbeiteraristokratie“ und forderte die Umwandlung des imperialistischen Krieges in einen Bürgerkrieg für den Sozialismus.

Mit der bolschewistischen Machtübernahme in Russland (Okt./Nov. 1917) hatte die sozialistische Revolution in einem Land gesiegt, das nach der Marxschen Lehre keineswegs „reif“ dafür war. Denn Marx hatte in seiner Lehre vom Historischen Materialismus dargelegt, dass der Sozialismus auf einer voll entwickelten kapitalistischen, das heißt industrialisierten Gesellschaft aufbaue. Russland war aber 1917 weitgehend noch eine Agrargesellschaft. Die russische Gesellschaft – nach Lenin „das schwächste Glied des Kapitalismus“ – hatte sich erst wenig entwickeln können. Aber aus dieser Schwäche des Bürgertums sowie aus der Rückständigkeit der wirtschaftlichen und gesellschaftlichen Verhältnisse in Russland leitete Lenin – ganz im Gegensatz zur Marxschen Lehre – die Notwendigkeit ab, dass die Arbeiterbewegung selbst sofort die Führung der Revolution übernehmen müsse. Lenin ging dabei davon aus, dass die sozialistische Revolution in Russland international nicht isoliert bliebe. Diese Erwartung ging nicht in Erfüllung.

Die bolschewistische Revolution war die Revolution einer Minderheit. Die neuen Machthaber standen von Anfang an vor dem Problem,

M 1 Propagandabild
Lenin spricht am 8. November 1917 auf dem 2. Allrussischen Sowjetkongress.
Lenin war zweifellos der alles entscheidende Antreiber der Oktoberrevolution. „Die Geschichte wird uns nicht verzeihen, wenn wir die Macht jetzt nicht ergreifen“, schrieb er 1917.
Lenin besaß keinerlei moralische Skrupel, wenn es um die Macht ging. Nach seinem Tod 1924 wurde ein – von Stalin geförderter – halbreligiöser Leninkult in Szene gesetzt, der zum Beispiel in der Einbalsamierung seines Leichnams und der Errichtung des Lenin-Mausoleums seinen Ausdruck fand, zeitgenössisches Propagandagemälde von A. Kukalow.

wie die Macht erhalten werden konnte. Folgerichtig spielte die Gewalt in Lenins Strategie der Machtergreifung eine viel größere Rolle als in der Marxschen Theorie.

Abweichend von der Marxschen Lehre konnten die Bolschewiken keinen fertigen Produktionsapparat übernehmen. Zudem war die Produktion in den wenigen Industriezentren – bedingt durch Revolution und Kriegswirren – zum Erliegen gekommen. Für Lenin und seine Nachfolger ging es in erster Linie darum, die industrielle Rückständigkeit Russlands zu überwinden. Die neue Formel Lenins für Kommunismus lautete: „Sowjetmacht und Elektrifizierung des ganzen Landes".

Während Marx die Veränderungen der Politik (Überbau) als Reflex der geänderten wirtschaftlichen Verhältnisse (Basis) ansah, kehrte Lenin das Verhältnis um. Für ihn galt es, zuerst die Staatsmacht zu erringen, dann erfolgte die „Diktatur des Proletariats" und der Aufbau des Sozialismus. Da aber das russische Proletariat eine Minderheit darstellte und alleine nicht handlungsfähig war, musste die leninistische Partei als Stellvertreter des Proletariats handeln. Dem Willen der Partei kam also – nach Lenin – mehr Bedeutung zu als den ökonomischen Gesetzmäßigkeiten.

Die leninistische Partei („Vorhut der Arbeiterklasse") stand im Widerspruch zur demokratischen Tradition der westeuropäischen sozialdemokratischen Parteien. Bei Marx befreite die Arbeiterklasse noch sich selbst; Lenin lehnte diese Perspektive ab. Sein Parteikonzept wurde später für alle sowjetkommunistischen Länder verbindlich.

Welche Risiken dieser Parteityp aber in sich birgt, das hat Trotzki – zunächst Widersacher und später Mitkämpfer Lenins und Organisator der Oktoberrevolution – bereits 1904 festgestellt: „Lenins Methoden führen zu folgendem Ergebnis: Zuerst tritt die Parteiorganisation an die Stelle der ganzen Partei, dann nimmt das Zentralkomitee die Stelle der Organisation ein und schließlich ersetzt ein einziger ‚Diktator' das Zentralkomitee."

Bolschewistische Alleinherrschaft

Nachdem die Regierungsgewalt den Bolschewiken nahezu kampflos in den Schoß gefallen war, stand für sie das Problem der Machtbehauptung im Vordergrund. Die neue Regierung („Rat der Volkskommissare") verfügte keineswegs über ein fertiges Konzept. Die ersten Dekrete (Verordnungen) legalisierten im Wesentlichen das bereits spontan Geschehene: die Besetzung der Güter und die Aufteilung des Landes, die Arbeiterkontrolle in den Fabriken. Banken wurden verstaatlicht; die Abschaffung des Offiziersranges förderte den Zerfall der Armee. Für landwirtschaftliche Erzeugnisse bestand eine Ablieferungspflicht.

Die Wahlen zur Verfassunggebenden Versammlung brachten ein die Bolschewiken nicht befriedigendes Ergebnis: Bolschewiken 25 Prozent, sozialistische Parteien 62 Prozent, bürgerliche Parteien 13 Prozent. Daraufhin wurde die Versammlung Anfang 1918 von ihnen mit Waffengewalt aufgelöst. Damit war für jedermann erkennbar, dass Lenins Partei nicht gewillt war, ihre Macht nach demokratischen Spielregeln zu gebrauchen. Zuerst wurden bürgerliche, anschließend auch sozialistische Parteien unterdrückt und verboten. Der Weg zum Einparteienstaat war damit bereits 1918 eingeschlagen. Die Sowjets wurden zusehends entmachtet und zu Instrumenten der Partei umfunktioniert. Der Durchsetzung der bolschewistischen Alleinregierung diente eine Organisation, die im Dezember 1917 gegründet worden war: die „Außerordentliche Kommission zur Bekämpfung der Konter-

Felix Dserschinski (1877–1926)
Gründer der Tscheka (der bolschewistischen Geheimpolizei) und Organisator des „Roten Terrors"

revolution und Sabotage" (Tscheka). Unter verschiedenen Bezeichnungen hat diese Institution die sowjetische Geschichte nachhaltig geprägt.

Das wichtigste Problem, das es für die neuen Machthaber zu lösen galt, war der Frieden. Die Verhandlungen mit der deutschen Obersten Heeresleitung (OHL) führten Anfang März zum Vertrag von Brest-Litowsk, der wegen seiner ungewöhnlich harten Bedingungen (unter anderem Abtrennung der Ukraine, der baltischen Staaten und Finnlands) von der russischen Öffentlichkeit fast einhellig abgelehnt wurde. Mit der Annahme dieses Friedensdiktats stürzte Lenin auch seine eigene Partei in eine Zerreißprobe. Aber ihm ging es darum, eine Atempause zu bekommen, um die Selbstbehauptung der Revolution voranzutreiben. Der Zusammenbruch der Mittelmächte im Herbst des gleichen Jahres machte dann den Frieden von Brest-Litowsk bedeutungslos.

Im Laufe des Jahres 1918 formierte sich ein breit gefächerter Widerstand gegen die bolschewistische Herrschaft, der in einen Bürgerkrieg zwischen den Verteidigern der neuen Ordnung (den „Roten") und ihren Feinden (den „Weißen") mündete.

Unterstützt durch die Landung alliierter Expeditionskorps, die aber nicht unmittelbar in den Bürgerkrieg eingriffen, rückten „weiße" Truppen auf das bolschewistische Kerngebiet um Moskau und Petrograd vor. Die „weiße" Opposition bildete keine Einheit: Sie umfasste Monarchisten, Liberale und Sozialisten. Sie blieb ohne festes Programm, ohne gemeinsame Strategie, wurde nur halbherzig von den Alliierten unterstützt und war lediglich geeint durch den gemeinsamen Feind.

Die Regierung Lenins stand mit dem Rücken zur Wand. Isoliert vom Ausland, kämpfte sie ums Überleben. Unter Hinzuziehung ehemaliger zaristischer Offiziere wurden binnen kurzem Arbeiter bewaffnet und die Rote Armee – im Wesentlichen organisiert von Trotzki – aus dem Boden gestampft.

Die Rote Armee konnte ihre Kräfte konzentriert einsetzen und hatte somit einen strategischen Vorteil gegenüber den unkoordinierten Aktionen der „Weißen". Letztendlich entscheidend für den Erfolg der Roten Armee war aber, dass deren Feinde von den Kleinbauern und Landarbeitern nicht unterstützt wurden. Diese Bevölkerungsgruppen mussten nicht zu Unrecht befürchten, dass nach einem Sieg der „Weißen" die Großgrundbesitzer zurückkehren und die Landaufteilungen rückgängig gemacht würden.

Nach der Beendigung des Bürgerkrieges (Mitte 1920) blieb trotz des Sieges die bolschewistische Macht immer noch instabil. Die katastrophale wirtschaftliche Situation sowie der Alleinherrschaftsanspruch der Partei führten zu weiteren innenpolitischen Krisen, die im Aufstand der Kronstädter Marinesoldaten gipfelten (Febr./März 1921).

Kronstadt – eine vor den Toren Petrograds im finnischen Meerbusen gelegene Insel – war der Hauptstützpunkt der russischen Ostseeflotte. Die Kronstädter Matrosen hatten entscheidenden Anteil am Erfolg der Oktoberrevolution gehabt und auch in den folgenden Jahren des Bürgerkriegs hatten sie die Sache der Revolution unterstützt. Ihr Aufstand richtete sich gegen die bolschewistische Parteidiktatur, die alle wesentlichen Freiheitsrechte, unter anderem der Rede, der Presse und der Versammlung, beseitigt hatte. Lenin befahl den Angriff auf die Insel. Kronstadt wurde belagert und gestürmt. Die Rote Armee und die Tscheka richteten ein Blutbad an.

Die Rebellion der Kronstädter Matrosen blieb die letzte innenpolitische Herausforderung der Sowjetmacht. Lenin reagierte auf dem parallel zu den Ereignissen tagenden Zehnten Parteitag seiner Partei auf zweifache Weise: Er setzte ein Fraktionsverbot durch. Dadurch wurde jede Opposition innerhalb der Partei praktisch in die Illegalität abgedrängt. Gleichzeitig veranlasste er einen radikalen wirtschaftspolitischen Kurswechsel.

Kriegskommunismus und Neue Ökonomische Politik

In den ersten Jahren nach der Revolution versank Russland in einem Chaos: Hungersnöte und Inflation, Bürgerkrieg und Gewalt, Enteignungen und Sabotage, Entvölkerung und Flucht waren an der Tagesordnung. Die Regierung versuchte der Auflösung der staatlichen Ordnung Einhalt zu gebieten. Ihre diktatorischen Maßnahmen waren vom Behauptungswillen geprägt. Dabei befolgten die bolschewistischen Machthaber kein ausgearbeitetes Konzept. Die Regierungsdekrete waren zunächst die Antwort auf den Zusammenbruch der Versorgung: Güter waren knapp, das Geld wertlos, die Bauern hielten ihr Getreide zurück. Die Regierung reagierte darauf, indem sie ein staatliches Getreidemonopol verordnete. Getreide (und oft genug auch das Saatgetreide) wurde beschlagnahmt. Auf diese Weise sollte das Überleben der städtischen Bevölkerung gewährleistet werden. Die Bauern setzten sich erbittert zur Wehr. Der Bürgerkrieg auf dem Land hatte entsetzliche Hungersnöte zur Folge.

M 2 Hungersnot (1920–1922)
Die Hungersnot konnte (durfte) durch westliche Hilfsorganisationen nur unzureichend gelindert werden. Diese zeitgenössische Fotografie zeigt Opfer der Hungersnot, die auf eine Brotverteilung warten. Verwaiste und verwahrloste Kinder, Opfer des Bürgerkrieges und der Hungerjahre, bildeten gewalttätige Banden, die bis weit in die zwanziger Jahre ein großes soziales Problem darstellten.

Als Folge einer längeren Dürre, aber auch des Kriegskommunismus und der Requisitionen reichten die Ernten 1921/22 nicht aus, um eine minimale Versorgung der Bevölkerung zu sichern. Man schätzt, dass damals etwa fünf Millionen Menschen durch das neue Regime dem Hungertod preisgegeben wurden.

Diese erste Phase der sowjetkommunistischen Entwicklung (1917–1921) bezeichnet man als „Kriegskommunismus". Verteidiger der bolschewistischen Herrschaft glaubten trotz der absoluten Mangelwirtschaft einen gesellschaftlichen Fortschritt zu sehen, weil – ent-

M 3 Aufruf zur Hilfe während der Hungersnot im Winter 1921/22

sprechend einem kommunistischen Ideal – Geld keine Rolle mehr spielte. Löhne wurden in Form von Naturalien ausgegeben und privater Handel gänzlich verboten. Die Industrieproduktion sank gegen Null. Das Elend war allgegenwärtig.

Nach dem Bürgerkrieg gegen die „Weißen“ und nach dem gescheiterten Aufstand der Kronstädter Matrosen riss Lenin das wirtschaftspolitische Ruder herum (1921). Der Kriegskommunismus wurde zugunsten der Neuen Ökonomischen Politik (NEP) aufgegeben. Lenin spürte, dass die mittelfristige Sicherung der bolschewistischen Herrschaft einer wirtschaftlich solideren Basis bedurfte. Diesem Zweck sollte ein gemischtes Wirtschaftssystem dienen, in dem der Staat zwar die „Kommandohöhen“ besetzt hielt (Banken, Großbetriebe, Außenhandel), in dem aber nunmehr privater Handel und private Kleinbetriebe ihren Platz haben sollten. Der Boden blieb zwar Staatseigentum, aber er durfte privat bewirtschaftet werden. Die Bauern durften wieder einen Teil ihrer Produkte vermarkten. Binnenhandel, Kleingewerbe und Handwerk durften wieder privat ausgeübt werden.

Ziel der Neuen Ökonomischen Politik war es, einen Ausgleich zwischen dem Staat und den Bauern herzustellen und die industrielle Produktion, die weit unter den Vorkriegsstand gesunken war, zu steigern. Die NEP führte relativ schnell zu einer Stabilisierung der Lage. 1926/27 wurde der Vorkriegsstand der Industrieproduktion erreicht.

Seit Mitte der zwanziger Jahre fand innerhalb der Partei eine Debatte über den richtigen Weg zur Industrialisierung Russlands statt. Sie endete 1928, als Stalin die Politik der Zwangskollektivierung der Landwirtschaft und der beschleunigten Industrialisierung einleitete. Damit ging die NEP zu Ende. Im Nachhinein erscheint die NEP als eine Übergangsperiode zwischen zwei plötzlichen Kurswechseln: 1921 und 1928.

Chronologie

1898	Parteikongress in Minsk: Gründung der Sozialdemokratischen Arbeiterpartei Russlands (SDAPR)
1903	Londoner Parteitag der SDAPR: Spaltung der Partei in Menschewiki (Martow, Plechanow, Trotzki) und Bolschewiki (Lenin)
Oktober 1917	Erste Dekrete der Sowjetregierung
25. November 1917	Wahlen zur Konstituierenden Nationalversammlung (aufgelöst Januar 1918 durch bolschewistische Truppen)
3. März 1918	Friede von Brest-Litowsk
28. Juni 1918	Dekret über Verstaatlichung der Industrie
10. Juli 1918	Verfassung der Russischen Sozialistischen Föderativen Sowjetrepublik (RSFSR)
1918–1920	Bürgerkrieg und Intervention; Weiße Truppen gegen Rote Armee (Trotzki)
1917–1921	Kriegskommunismus
März 1921	Aufstand in Kronstadt; 10. Parteitag: Beschluss über Einführung der „Neuen Ökonomischen Politik“ (NEP)
1921–1922	Hungersnot
1922	Gründung der Union der Sozialistischen Sowjetrepubliken (UdSSR)
1924	Tod Lenins

M 4 Lenins Theorie der revolutionären Partei

Bereits 1902 hat Lenin die Kernelemente für den revolutionären Kampf festgehalten:

Wir haben gesagt, dass die Arbeiter ein sozialdemokratisches Bewusstsein gar nicht haben konnten. Dieses konnte ihnen nur von außen gebracht werden. Die Geschichte aller Länder zeugt davon, dass die Arbeiterklasse ausschließlich aus eigener Kraft nur ein tradeunionistisches[1] Bewusstsein hervorzubringen vermag, d.h. die Überzeugung von der Notwendigkeit, sich in Verbänden zusammenzuschließen, einen Kampf gegen die Unternehmer zu führen, der Regierung diese oder jene für die Arbeiter notwendigen Gesetze abzutrotzen u.a.m. [...] Der politische Kampf der Sozialdemokratie ist viel umfassender und komplizierter als der ökonomische Kampf der Arbeiter gegen die Unternehmer und die Regierung. Genauso (und infolgedessen) muss die Organisation der revolutionären sozialdemokratischen Partei unvermeidlich anderer Art sein als die Organisation der Arbeiter für diesen Kampf. Die Organisation der Arbeiter muss erstens eine gewerkschaftliche sein; zweitens muss sie möglichst umfassend sein; drittens muss sie möglichst wenig konspirativ sein (ich spreche natürlich hier und weiter unten vom autokratischen Russland). Die Organisation der Revolutionäre muss dagegen vor allem und hauptsächlich Leute erfassen, deren Beruf die revolutionäre Tätigkeit ist (darum spreche ich auch von der Organisation der Revolutionäre, wobei ich die revolutionären Sozialdemokraten im Auge habe). [...] Und nun behaupte ich, 1. Keine einzige revolutionäre Bewegung kann ohne eine stabile und die Kontinuität wahrende Führerorganisation Bestand haben; 2. je breiter die Masse ist, die spontan in den Kampf hineingezogen wird, die die Grundlage der Bewegung bildet und an ihr teilnimmt, um so dringender ist die Notwendigkeit einer solchen Organisation und umso fester muss diese Organisation sein (denn umso leichter wird es für allerhand Demagogen sein, die unterentwickelten Schichten der Masse mitzureißen); 3. eine solche Organisation muss hauptsächlich aus Leuten bestehen, die sich berufsmäßig mit revolutionärer Tätigkeit befassen; 4. je mehr wir die Mitgliedschaft einer solchen Organisation einengen, und zwar so weit, dass sich an der Organisation nur diejenigen Mitglieder beteiligen, die sich berufsmäßig mit revolutionärer Tätigkeit befassen und in der Kunst des Kampfes gegen die politische Polizei berufsmäßig geschult sind, umso schwieriger wird es in einem autokratischen Lande sein, eine solche Organisation „zu schnappen", und 5. umso breiter wird der Kreis der Personen aus der Arbeiterklasse wie aus den übrigen Gesellschaftsklassen sein, an der Bewegung teilzunehmen und sich in ihr aktiv zu betätigen. [...]

1 auf gewerkschaftliche Forderungen beschränkt (englisch tradeunion = Gewerkschaft)

Lenin, Werke, Bd. 5, Berlin, S. 385, S. 469, S. 480.

M 5 Erste Maßnahmen der Sowjetregierung

a) Dekret über den Frieden (26.10. [8.11.] 1917):

Die Arbeiter- und Bauernregierung, die durch die Revolution vom 24.–25. Oktober geschaffen wurde und die sich auf die Sowjets der Arbeiter-, Soldaten- und Bauerndeputierten stützt, schlägt allen Krieg führenden Völkern und ihren Regierungen vor, sofort Verhandlungen über einen gerechten demokratischen Frieden zu beginnen. [...] Ein solcher Friede ist nach Auffassung der Regierung ein sofortiger Friede ohne Annexionen (d.h. ohne Aneignung fremder Territorien, ohne gewaltsame Angliederung fremder Völkerschaften) und ohne Kontributionen [erzwungene Abgaben].
[...] Die Regierung schlägt allen Regierungen und Völkern aller Krieg führenden Länder vor, sofort einen Waffenstillstand abzuschließen. [...]
Die Provisorische Arbeiter- und Bauernregierung Russlands, die dieses Friedensangebot an die Regierungen und an die Völker aller Krieg führenden Länder richtet, wendet sich gleichzeitig insbesondere an die klassenbewussten Arbeiter der drei fortgeschrittensten Nationen der Menschheit und der größten am gegenwärtigen Kriege beteiligten Staaten: England, Frankreich und Deutschland. Die Arbeiter dieser Länder haben der Sache des Fortschritts und des Sozialismus die größten Dienste erwiesen [...], sie werden die ihnen jetzt gestellte Aufgabe der Befreiung der Menschheit von den Schrecken des Krieges und seinen Folgen begreifen; denn diese Arbeiter werden uns durch ihre allseitige, entschiedene, rückhaltlos energische Tätigkeit helfen, die Sache des Friedens und zugleich damit die Sache der Befreiung der werktätigen und ausgebeuteten Volksmassen von jeder Sklaverei und jeder Ausbeutung erforderlich zu Ende zu führen.

Zit. nach: W. Lautemann, M. Schlenke (Hg.), Weltkriege und Revolutionen 1914–1945, München 1975, S. 80 f.

b) Dekret über den Grund und Boden (26.10. [8.11.] 1917):

1. Das Eigentumsrecht der Gutsbesitzer an Grund und Boden wird unverzüglich ohne jede Entschädigungszahlungen aufgehoben.

2. Die gutsherrlichen Besitzungen sowie alle Domänenverwaltungen, Klöstern und Kirchen gehörenden Ländereien gehen mit allem lebenden und toten Inventar, allen Baulichkeiten und allem Zubehör in die Verfügungsgewalt der Amtsbezirks-Landkomitees und der Kreissowjets der Bauerndeputierten über, bis zum Zusammentritt der Konstituierenden Versammlung.

3. Jedwede Schädigung des konfiszierten Eigentums, das von nun an dem ganzen Volk gehört, wird als Schwerverbrechen angesehen und vom Revolutionsgericht geahndet.

Zit. nach: H. Altrichter, H. Haumann (Hg.), Die Sowjetunion, Bd. 2, München 1987, S. 25.

c) Dekret über die Presse (27.10. [9.11.] 1917):

In der schweren, entscheidenden Stunde des Umsturzes und in den Tagen, die ihm unmittelbar folgten, war das Provisorische Revolutionskomitee gezwungen, eine ganze Reihe von Maßnahmen gegen die konterrevolutionäre Presse [...] zu ergreifen. [...]

Jedermann weiß, dass die bürgerliche Presse eine der wichtigsten Waffen der Bourgeoisie ist. Besonders im kritischen Moment, da die neue Macht, die Macht der Arbeiter und Bauern, sich erst konsolidierte, war es gänzlich unmöglich, diese Waffe in den Händen des Feindes zu lassen, sie wäre zu diesem Zeitpunkt nicht weniger gefährlich gewesen als Bomben und Maschinengewehre. [...]

Wenn sich die Neuordnung erst gefestigt hat, werden alle administrativen Beeinträchtigungen der Presse beseitigt, wird sie die vollständige Freiheit erhalten.

Zit. nach: H. Altrichter, H. Haumann (Hg.), a. a. O., S. 29.

d) Dekret über die Errichtung der Versorgungsdiktatur (13. Mai 1918):

Der unheilvolle Zerfallsprozess in der Versorgung des Landes, auch eine Folge des vierjährigen Krieges, setzt sich immer weiter fort, weitet sich aus, spitzt sich zu. Zu einer Zeit, da die getreidearmen Gouvernements hungern, gibt es in den Getreide produzierenden Gouvernements gleichzeitig wie eh und je große Vorräte, sogar an noch nicht gedroschenem Getreide der Ernten 1916 und 1917. Dieses Getreide befindet sich in den Händen der dörflichen Großbauern (kulaki) und Reichen, in den Händen der dörflichen Bourgeoisie. Satt und wohlgenährt, mit riesigen Geldmengen, die sie in den Kriegsjahren verdient hat, bleibt die Dorfbourgeoisie vollkommen taub und gleichgültig gegenüber dem Stöhnen der hungernden Arbeiter und der armen Bauern. [...]

2. Alle Werktätigen und nicht vermögenden Bauern sind aufgerufen, sich rasch zum bedingungslosen Kampf gegen die Kulaken zusammenzuschließen.

3. Alle, die Getreideüberschüsse haben und sie nicht zu den Sammelstellen bringen, sowie diejenigen, die Getreidevorräte für Schwarzbrennereien verschwenden, sind zu Volksfeinden zu erklären, dem revolutionären Gericht zu übergeben und mindestens zehn Jahre ins Gefängnis zu sperren; ihr ganzes Vermögen ist zu konfiszieren, und sie sind für immer aus der Landgemeinde auszuschließen: [...] Schwarzbrenner sind darüber hinaus zu öffentlichen Zwangsarbeiten zu verurteilen.

Zit. nach: H. Altrichter, H. Haumann (Hg.), a. a. O., S. 56 ff.

M 6 Sowjetisches Plakat von 1920
Übersetzung:
Genosse Lenin reinigt die Erde von Unrat.

M 7 Lenins Programm der „Säuberung"

Der Journalist Fritjof Meyer fasst Lenins Vorstellungen und Anweisungen zusammen (1999):

Auf einem Kongress der Parteijugend am 2. Oktober 1920 erläuterte Lenin: „Wenn ein Bauer sich den Getreideüberschuss aneignet, den er auf seinem Land erwirtschaftet hat, also Getreide, das weder er noch sein Vieh zum Überleben benötigen, [...] dann hat er sich bereits in einen Ausbeuter verwandelt", in einen „Kulaken".

Sogar „gegen die schwankenden und hemmungslosen Elemente der arbeitenden Menschen selbst" sei Gewalt anzuwenden, befand Lenin.

Sein Programm: „Säuberung der russischen Erde von allem Ungeziefer, von den Flöhen, den Gaunern, von den Wanzen – den Reichen und so weiter und so fort", auch von „bürgerlichen Intellektuellen" und

„Arbeitern, die sich vor der Arbeit drücken". Gemeint waren die Schriftsetzer von Petrograd, die bis zum Januar 1918 und wieder im April 1919 gegen die Diktatur der Bolschewiki streikten.

Lenin wandte sich gegen Sozialdemokraten, die da sagten: „Die Revolution ist zu weit gegangen." Ihnen solle man antworten: „Gestattet uns, euch dafür an die Wand zu stellen."

Bei Bedarf war er auch Antisemit. „Behandelt die Juden in der Ukraine mit eiserner Faust", trug er den ukrainischen Genossen auf und schrieb danach an den Rand: „Formuliert es freundlicher: die jüdischen Kleinbürger."

Er kümmerte sich um Details: Zur Beschattung Verdächtiger empfahl er „besondere Trennwände, Holzverschläge oder Umkleidekabinen, Blitzdurchsuchungen; Systeme zur doppelten und dreifachen Sofortüberprüfung". Er riet, Verhaftungen am besten nachts vorzunehmen; Parteimitglieder hätten alles Auffällige der Staatssicherheit zu melden.

Als gleich nach dem Oktoberputsch die Genossen die Todesstrafe für Deserteure abgeschafft hatten, erregte sich Lenin: „So ein Unsinn. Wie kann man denn eine Revolution ohne Erschießungen durchführen?" Allein 1921, vier Jahre nach dem Sieg, wurden 4337 Rotarmisten exekutiert.

Einige wörtliche Befehle Lenins:

„Einen von zehn, die sich des Müßiggangs schuldig machen, auf der Stelle erschießen."

„Können nicht weitere 20 000 Petrograder Arbeiter mobilisiert werden, plus 10 000 Bourgeois, mit hinter ihnen aufgestellten Maschinengewehren, die ein paar hundert erschießen?"

„Hunderte von Prostituierten, welche die Soldaten betrunken machen, ehemalige Offiziere und dergleichen sind zu erschießen und abzutransportieren."

„Bieten Sie sämtliche Kräfte auf, um die korrupten Beamten und Spekulanten von Astrachan zu erschießen. Man muss diesem Pack eine derartige Lehre erteilen."

„Solange wir nicht mit Terror gegen Spekulanten vorgehen, also keine standrechtlichen Erschießungen durchführen, wird nichts dabei herauskommen."

„Mit Räubern muss man ebenso verfahren und sie auf der Stelle erschießen."

„Meiner Meinung nach muss man den Einsatz von Erschießungen (als Ersatz für die Verbannungen ins Ausland) verstärken."

„Bürger, die sich weigern, ihren Namen zu nennen, werden auf der Stelle und ohne Gerichtsverhandlung erschossen. [...] Familien, die Banditen verstecken, werden verhaftet und verbannt. Der älteste Arbeiter der Familie ist ohne Verfahren sofort zu erschießen. Dieser Befehl ist erbarmungslos auszuführen."

Die Erschießungsobsession hatte Lenin schon, ehe er erwarten konnte, sie in die Tat umzusetzen. Auf die Frage, was nach einem Sieg mit den Beamten des alten Regimes geschehen solle, hatte er in der Emigration keinen Augenblick gezögert: „Wir werden den Mann fragen: ‚Wie stellst du dich zur Revolution? Bist du dafür oder bist zu dagegen?' Wenn er dagegen ist, werden wir ihn an die Wand stellen. Ist er dafür, so werden wir ihn willkommen heißen und ihn auffordern, mit uns zu arbeiten."

Aus: Der Spiegel, Nr. 29/1999, S. 146 f.

M 8 Die Revolution im klassischen Marxismus

Der Marxismus-Experte Wolfgang Leonhard rekapituliert die Voraussetzungen im Marxschen Revolutionsbegriff:

Mit dem Begriff „soziale Revolution" wollten Marx und Engels besonders unterstreichen, dass es sich um eine soziale Umwälzung, um den Sieg einer sozialen Kraft, der Arbeiterklasse, über die Bourgeoisie, die Herrschaft der Kapitalisten, handelt und um eine Neuorganisation der Gesellschaft. Dabei wiesen Marx und Engels stets auf drei entscheidende Voraussetzungen einer solchen sozialen Revolution hin:

a) Der Kapitalismus müsse, nach Marx und Engels, auf einer hohen wirtschaftlichen Stufe stehen, sodass die ökonomischen Vorbedingungen für seine Ersetzung durch den Sozialismus vorhanden sind.

b) Die Widersprüche zwischen dem wirtschaftlich-technischen Stand der Entwicklung auf der einen und den sozialen Beziehungen auf der anderen Seite müssen sich so sehr verschärft haben, dass eine radikale Veränderung des ökonomischen, sozialen und politischen Systems unumgänglich notwendig geworden ist.

c) Die Industriearbeiterschaft muss die Mehrheit der Bevölkerung ausmachen, zumindest aber eine bedeutende Stellung einnehmen. „Eine radikale soziale Revolution", erklärte Marx, „ist an gewisse historische Bedingungen der ökonomischen Entwicklung geknüpft. Letztere sind ihre Voraussetzungen. Sie ist also nur möglich, wo mit der kapitalistischen Produktion das industrielle Proletariat wenigstens eine bedeutende Stelle in der Volksmasse einnimmt."

Falls diese Voraussetzungen – hoher ökonomischer Stand, Widersprüche in einer entwickelten kapitalistischen Gesellschaft, Arbeiterklasse als Mehrheit der Bevölkerung – nicht gegeben sein sollten, sahen

Marx und Engels voraus, dass dann nur der Mangel verallgemeinert würde und dies zu einer neuen sozialen Klassenschichtung führen müsste. Der Versuch, eine soziale Revolution ohne die erwähnten Voraussetzungen oder gar als Handstreich einer kleinen revolutionären Minderheit durchzuführen, würde nicht zur Herrschaft der Arbeiterklasse führen, sondern nur zur Diktatur einiger weniger, die den Handstreich unternommen hätten.

W. Leonhard, Was ist Kommunismus?, München 1976, S. 17 f.

M 9 „Kommunismus – das ist Sowjetmacht plus Elektrifizierung des ganzen Landes"

Rede Lenins am 22. Dezember 1920:

Solange wir in einem kleinbäuerlichen Lande leben, besteht für den Kapitalismus in Russland eine festere ökonomische Basis als für den Kommunismus. Das darf man nicht vergessen. Jeder, der das Leben auf dem Lande aufmerksam beobachtet und es mit dem Leben in der Stadt verglichen hat, weiß, dass wir den Kapitalismus nicht mit der Wurzel ausgerottet und dem inneren Feind das Fundament, den Boden nicht entzogen haben. Dieser Feind behauptet sich dank dem Kleinbetrieb, und um ihm den Boden zu entziehen, gibt es nur ein Mittel: die Wirtschaft des Landes, auch die Landwirtschaft, auf eine neue technische Grundlage, auf die technische Grundlage der modernen Großproduktion, zu stellen. Eine solche Grundlage bildet nur die Elektrizität. Kommunismus – das ist Sowjetmacht plus Elektrifizierung des ganzen Landes. Sonst wird das Land ein kleinbäuerliches Land bleiben, und das müssen wir klar erkennen. Wir sind schwächer als der Kapitalismus, nicht nur im Weltmaßstab, sondern auch im Innern unseres Landes. Das ist allbekannt. Wir haben das erkannt, und wir werden es dahin bringen, dass die wirtschaftliche Grundlage aus einer kleinbäuerlichen zu einer großindustriellen wird. Erst dann, wenn das Land elektrifiziert ist, wenn die Industrie, die Landwirtschaft und das Verkehrswesen eine moderne großindustrielle technische Grundlage erhalten, erst dann werden wir endgültig gesiegt haben. […] Wir müssen es dahin bringen, dass jede Fabrik, jedes Kraftwerk zu einer Stätte der Aufklärung wird, und wenn Russland sich mit einem dichten Netz von elektrischen Kraftwerken und mächtigen technischen Anlagen bedeckt haben wird, dann wird unser kommunistischer Wirtschaftsaufbau zum Vorbild für das kommende sozialistische Europa und Asien werden. (Stürmischer, nicht enden wollender Beifall.)

Zit. nach: H. Altrichter, H. Haumann (Hg.), a. a. O., S. 109 f.

M 10 „Kommunismus ist Sowjetmacht plus Elektrifizierung des ganzen Landes." Propagandaplakat von 1920/21

Aufgaben

1. Erläutern Sie, wie Lenin die Notwendigkeit einer revolutionären Partei begründete. Wie sollte die Partei seiner Meinung nach organisiert sein?
   → Text, M1, M4
2. Geben Sie die Inhalte der ersten Maßnahmen der Sowjetregierung wieder.
   → Text, M5
3. Mit welchen Methoden festigten die Bolschewiki ihre Macht, obwohl sie nicht über die Mehrheit verfügten?
   → Text
4. Nennen Sie die Bestimmungen der NEP und erläutern Sie, inwieweit sie einen wirtschaftlichen Kurswechsel bedeuteten.
   → Text
5. Erklären Sie, wie Lenin seine neue Definition des Kommunismus begründete.
   → Text, M9
6. Hinterfragen Sie den sprachlichen Ausdruck „Säuberung" im Zusammenhang mit der Politik Lenins.
   → M6, M7
7. Vergleichen Sie Lenins Revolutionslehre mit der Marxschen Theorie. Welche Unterschiede stellen Sie fest?
   → M8

4.3 Stalinismus

Politisches System

Mit dem Namen Stalin verbindet sich eine Umwälzung der politischen, ökonomischen und gesellschaftlichen Verhältnisse in der Sowjetunion, die man gelegentlich als eine zweite (bolschewistische) Revolution bezeichnet hat. Im Gegensatz zum Jahre 1917 erfolgte unter Stalin die Veränderung der sowjetischen Gesellschaft als „Revolution von oben".

Nach Lenins Tod (1924) kam es zu einem innerparteilichen Machtkampf um die Nachfolge des Parteioberhaupts. Stalin, der 1922 zum Generalsekretär der bolschewistischen Partei bestellt worden war, vermochte sich gegen seine Konkurrenten Trotzki, Sinowjew und Kamenew durchzusetzen. Die beherrschende Rolle innerhalb der Partei zu spielen, gelang Stalin nicht zuletzt deswegen, weil er die Funktion als Generalsekretär geschickt ausnutzte, um die Personalpolitik der Partei zu kontrollieren.

Stalins Aufstieg ist verknüpft mit der These vom „Sozialismus in einem Land" (1925). Sie bedeutete eine fundamentale Abkehr von der bis dahin gültigen Lehre, dass die Errichtung einer sozialistischen Gesellschaft im rückständigen Russland nur möglich sei in Verbindung mit der erfolgreichen Revolution in den westlichen Industrieländern, insbesondere in Deutschland. Nachdem sich 1924 ein Ausbleiben dieser Revolution klar abgezeichnet hatte, bekam Stalins Linie innerhalb der Partei die Oberhand. Aufbauend auf der These von der „kapitalistischen Einkreisung" lautete nunmehr das Ziel: Errichtung des Sozialismus aus eigener Kraft.

Diese Doktrin richtete sich auch gegen Stalins Konkurrenten Trotzki und dessen These von der „permanenten Revolution". Trotzki hielt am revolutionären Internationalismus fest, weil er den Aufbau des Sozialismus in einem isolierten Land wie der Sowjetunion für undurchführbar hielt.

Mit „Stalinismus" bezeichnet man heute sowohl die Periode von 1928 bis 1953 als auch eine spezielle Ausprägung des sowjetischen Herrschaftssystems. Dessen Merkmale waren:

- Im Rahmen der zentralistischen Einparteien-Herrschaft konzentrierte sich die Macht an der Parteispitze, insbesondere in der Person Stalins (Ein-Mann-Diktatur).
- Durch die Vernichtung der revolutionären Elite von 1917 unterwarf sich Stalin die Partei. Auch ranghöchste Parteiführer waren der Willkür Stalins ausgeliefert.
- Das Parteimonopol für alle wichtigen Entscheidungen führte zu einer Reglementierung und Erstarrung des öffentlichen Lebens. Zugelassen waren lediglich Rituale des Personenkults um Stalin beziehungsweise Äußerungen, die im Einklang mit der dogmatischen Ideologie des Marxismus-Leninismus (in der von Stalin gebilligten Version) standen.
- Es entstand ein bürokratisches Herrschaftssystem, das sich auf einen überdimensionalen Polizeiapparat stützte (Polizeistaat).
- Jegliche (potenzielle) Opposition wurde durch so genannte Säuberungen ausgeschaltet. Schauprozesse dienten der Führung dazu, die Öffentlichkeit abzuschrecken und Sündenböcke für Fehlschläge der eigenen Politik zu liefern.

- Liquidierungen, Massendeportationen und Zwangsarbeit wurden zu hervorstechenden Merkmalen des Stalinismus. Unter Stalins Herrschaft entstand eine moderne Form der Sklavenwirtschaft („Archipel GULAG“, so der Titel von A. Solschenizyns berühmten Werk, GULAG = Hauptverwaltung der Lager). Man schätzt, dass etwa fünf Prozent der sowjetischen Bevölkerung durch diese Lager gegangen beziehungsweise in ihnen umgekommen sind.

Zwangskollektivierung

Der „Aufbau des Sozialismus in einem Land“ bedeutete in der Praxis eine beschleunigte, nachholende Industrialisierung. Dieses Programm war unvermeidlich mit dem Problem verknüpft, wie das für die Industrialisierung notwendige Kapital aufzubringen sei.

In Anbetracht außenpolitischer Isolierung und des Ausbleibens von ausländischem Kapital sah die sowjetische Führung im Agrarsektor die einzige Möglichkeit, sich abschöpfbare Überschüsse anzueignen. Die Bauern sollten also das Investitionskapital für die Industrialisierung zur Verfügung stellen.

Der Sowjetstaat versuchte, durch hohe Steuern beziehungsweise niedrige Preise für Agrarprodukte das Industrialisierungskapital anzueignen. Daraus ergab sich zwangsläufig ein Interessengegensatz zwischen den selbstständigen Bauern und der Staatsmacht. Weil der Staat keine angemessenen Gegenwerte zur Verfügung stellen konnte, gingen viele Bauern dazu über, Getreide zurückzuhalten. Als es 1928 wegen Missernten und der Hortung von Getreide zu einer Getreideverknappung und Versorgungskrise kam, beschritten Stalin und die sowjetische Führung den Weg der Zwangskollektivierung. Die Kollektivierung, das heißt die Überführung der Privatbauern in Genossenschaften, bedeutete praktisch deren Enteignung. Ihrem Wesen nach war die Zwangskollektivierung eine Kriegserklärung an die gesamte Bauernschaft. Die Strategie der bolschewistischen Bewegung lief darauf hinaus, „den Klassenkampf ins Dorf zu tragen“ und die reichen und armen Bauern gegeneinander auszuspielen.

Die Durchführung dieser Aktion nahm die Formen eines Bürgerkrieges auf dem Lande an. Denn die Bauern setzten sich gegen ihre Entrechtung, gegen hohe Ablieferungsnormen und niedrige Preise zur Wehr. Sie schlachteten zum Beispiel ihr Vieh, was dazu führte, dass der Viehbestand zwischen 1928 und 1933 um fast 50 Prozent abnahm. Die sowjetische Staatsmacht setzte die Kollektivierung mit militärischen Mitteln durch. Es kam zu regelrechten Vernichtungsfeldzügen, Massenliquidierungen und Deportationen. Ende 1929 befahl Stalin die „Liquidierung des Kulakentums als Klasse“, das heißt der bäuerlichen Oberschicht, die nach mitteleuropäischen Maßstäben aber eher Mittelbauern, ja sogar Kleinbauern entsprach. Wer auch nur einen Arbeiter beschäftigte, wurde als „Ausbeuter“ beziehungsweise „Kulak“ erfasst. Im Verlaufe der Aktionen wurden mehrere Millionen Bauern enteignet und in den hohen Norden oder nach Sibirien deportiert. Viele versuchten in die Städte zu fliehen.

Die politischen Kommissare und Funktionäre organisierten die verbliebene Landbevölkerung in Kolchosen (Genossenschaften) und Sowchosen (Staatsgütern). Durch die Kollektivierung entstand eine Schicht bäuerlicher Landarbeiter, die gänzlich vom Staat abhängig war und unter dem Zwang der Planerfüllung (Ablieferungszwang zu niedrigen Preisen) stand.

M 1 **„Geh zur Kolchose“,** heißt es auf dem Plakat, auf dem die Vertreter des alten Regimes versuchen, ein Bauernmädchen von diesem Schritt abzuhalten.

Als unmittelbare Folge der Zwangskollektivierung breitete sich zwischen 1931 und 1933 eine riesige Hungersnot unter der Landbevölkerung aus, die – so schätzt man heute – über zehn Millionen Menschen das Leben kostete. Diese Katastrophe wurde vor der Weltöffentlichkeit geheim gehalten. Von außen konnte – im Unterschied zu 1921 – keine Hilfe kommen.

Aus der Perspektive der sowjetischen Führung waren bei der Durchsetzung der Kollektivierung zwei Aspekte maßgebend: Zum einen befürchtete man, dass ein agrartechnischer Fortschritt auf der Grundlage eines zersplitterten Kleinbauerntums nicht möglich sei. Zum anderen gestattete eine kollektivierte Landwirtschaft einen unmittelbaren Zugriff des Staates auf die Produktion. In Bezug auf die Versorgung der wachsenden Bevölkerung in den Städten war damit der Marktmechanismus ausgeschaltet. Zwar erhöhte sich in den folgenden Jahren durch die fortschreitende Mechanisierung die landwirtschaftliche Produktion, aber die Landwirtschaft blieb bis zum Ende der Sowjetunion eine Achillesferse der Wirtschaft. Ihre Produktivität blieb weit hinter der westlichen Landwirtschaft zurück.

Industrialisierung

Gegen Ende der zwanziger Jahre trat eine plötzliche Wende in der sowjetischen Wirtschaftspolitik ein. Die „Neue Ökonomische Politik" (NEP) wurde zugunsten einer beschleunigten Industrialisierung aufgegeben. Die Wirtschaftspolitik Stalins zielte darauf ab, unter der Bedingung der Autarkie die ökonomische und damit politische Unabhängigkeit des Sowjetstaates zu sichern. Durch einen Entwicklungsschub sollten die westlichen Ökonomien eingeholt beziehungsweise überholt werden. Stalin knüpfte dabei mittelbar an Lenin an, der den Kommunismus als „Sowjetmacht plus Elektrifizierung des ganzen Landes" definiert hatte. Die stalinistische Wirtschaftsverfassung war auf Rüstungsbedürfnisse ausgerichtet und kriegswirtschaftlich organisiert. Weitere wesentliche Merkmale waren:

- Wirtschaftslenkung mittels eines zentralisierten Plans (Fünfjahrespläne),
- Vollsozialisierung von Industrie und Handel,
- Primat der Schwerindustrie,
- Militarisierung der Arbeit, unter anderem durch Beschneidung jeglicher Freizügigkeit und strenge Disziplinierungen,
- Ablösung des Zeitlohns durch Akkordlöhne,
- Betriebshierarchien,
- Zwangsarbeit.

Die Industriealisierung unter Stalin brachte ein zwiespältiges Ergebnis. Zwar gelang es mithilfe von hohen Wachstumsraten, innerhalb von etwa zwölf Jahren einen modernen Produktionsapparat aufzubauen, aber die Effektivität der Investitionen beziehungsweise die Produktivität blieb hinter westlichen Standards zurück. Daran hat sich bis zum Ende der Sowjetunion 1991 nichts geändert.

Terror

Der Kommunismus war die einzige politische Bewegung, die ihre Führer und Funktionäre systematisch selbst umbrachte. Die Verfolgung von Kommunisten durch Kommunisten ist ein großes Paradoxon der Geschichte des 20. Jahrhunderts. So kamen zum Beispiel in den Lagern der Sowjetunion mehr kommunistische deutsche Funktionäre um als in den Konzentrationslagern der Nationalsozialisten. Man kann letztlich nur darüber spekulieren, welche Funktionen die sich wiederho-

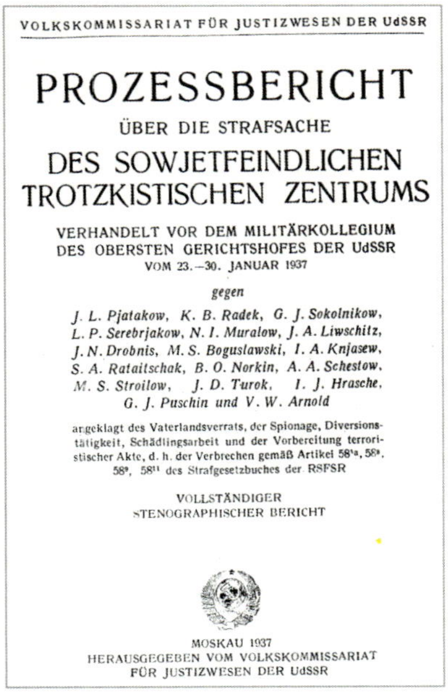
VOLKSKOMMISSARIAT FÜR JUSTIZWESEN DER UdSSR

PROZESSBERICHT
ÜBER DIE STRAFSACHE
DES SOWJETFEINDLICHEN TROTZKISTISCHEN ZENTRUMS

VERHANDELT VOR DEM MILITÄRKOLLEGIUM DES OBERSTEN GERICHTSHOFES DER UdSSR VOM 23.–30. JANUAR 1937

gegen

J. L. Pjatakow, K. B. Radek, G. J. Sokolnikow, L. P. Serebrjakow, N. I. Muralow, J. A. Liwschitz, J. N. Drobnis, M. S. Boguslawski, I. A. Knjasew, S. A. Rataitschak, B. O. Norkin, A. A. Schestow, M. S. Stroilow, J. D. Turok, I. J. Hrasche, G. J. Puschin und V. W. Arnold

angeklagt des Vaterlandsverrats, der Spionage, Diversionstätigkeit, Schädlingsarbeit und der Vorbereitung terroristischer Akte, d. h. der Verbrechen gemäß Artikel 58[1a], 58[6], 58[8], 58[11] des Strafgesetzbuches der RSFSR

VOLLSTÄNDIGER STENOGRAPHISCHER BERICHT

MOSKAU 1937
HERAUSGEGEBEN VOM VOLKSKOMMISSARIAT FÜR JUSTIZWESEN DER UdSSR

M 2

lenden „Säuberungen“ hatten, zumal diese absolut willkürlich verliefen. In jedem Fall ging ein einschüchternder, Angst machender Effekt von den Verhaftungen aus. Eine „Abweichung von der Parteilinie“ verbot sich von selbst. Aber auch die vollkommene Anpassung nutzte vielen nichts. Gleichzeitig konnte die Parteiführung immer wieder Schuldige (Sündenböcke) für Fehlschläge und Niederlagen präsentieren.

Zwischen 1936 und 1938 wurden in Moskau drei Schauprozesse für die sowjetische, aber auch für die Weltöffentlichkeit inszeniert. Sie waren sorgfältig als Medienereignis vorbereitet worden:

- August 1936: Prozess gegen das „Trotzkistisch-Sinowjewistische Terroristische Zentrum“,
- Januar 1937: Prozess gegen das „Sowjetfeindliche Trotzkistische Zentrum“,
- März 1938: Prozess gegen den „Antisowjetischen Block der Rechten und Trotzkisten“.

Die große Mehrheit der angereisten Journalisten und Beobachter glaubte den absurdesten Selbstbezichtigungen der Angeklagten. Diese waren Monate lang auf den Prozess vorbereitet worden: mit Folter, Schlafentzug, Zermürbung durch pausenlose Verhöre, durch Drohungen und Versprechungen. Die angeklagten ranghohen Kommunisten beschuldigten sich selbst in diesen Prozessen der unwahrscheinlichsten Verbrechen: Angeblich ständen sie im Solde ausländischer Mächte. Sie seien klassenfeindliche Spione oder faschistische Agenten. Sie bezichtigten sich selbst der Verschwörung gegen Stalin. Sie hätten der sowjetischen Rüstungswirtschaft durch Sabotage geschadet usw. Eine genaue Analyse der Prozessumstände sowie der Protokolle ergibt, dass die Angeklagten während des öffentlichen Verfahrens vorbestimmte Rollen als „Volksfeind“, „Spion“ oder „Saboteur“ zu übernehmen hatten.

Parallel zu den Schauprozessen fanden Massenverhaftungen statt, deren Umfang letztlich nur geschätzt werden kann. Knapp eine Million der Verhafteten wurde direkt getötet. Man geht davon aus, dass sich zum Zeitpunkt der Prozesse etwa acht Millionen Menschen (fünf Prozent der Bevölkerung) in Gefängnissen und Lagern befanden, von denen zwei Millionen durch Lagerarbeit starben.

Auch nach dem Zugang zu neuen Quellen besteht immer noch Unklarheit über den Umfang der Repressionen. 1997 erschien in Frankreich das von Stephane Courtois herausgegebene „Schwarzbuch des Kommunismus“. In ihm wurde die Zahl der Opfer des kommunistischen Herrschaftssystems in der Sowjetunion mit etwa 20 Millionen beziffert. Die Autoren stellten dem nationalsozialistischen „Rassen-Genozid“ (Völkermord) den kommunistischen „Klassen-Genozid“ gegenüber.

Chronologie

1922	Stalin wird Generalsekretär.
1924	Lenins Tod
1925	Stalins These vom „Sozialismus in einem Land“ wird offiziell von der Partei übernommen.
1926	Ausschluss Trotzkis aus dem Politbüro; 1940 wird Trotzki im mexikanischen Exil ermordet.
1928	Beginn der Zwangskollektivierung und erster Fünfjahresplan
1934–1938	Schauprozesse
1953	Stalins Tod

M 3 Selbstdarstellung Stalins
Plakat zum ersten Fünfjahresplan, der vom freundlich lächelnden, verschlagenen Stalin bereits in vier Jahren erfüllt wurde; die internationale Kirche, das Kapital und die Sozialdemokraten geifern vergebens gegen ihn.

M 4 Über die „innere Lage der Sowjetunion"

Stalin in einem Bericht für den 14. Parteitag der Kommunistischen Partei der Sowjetunion (1925):

[...] Wir arbeiten und bauen unter den Bedingungen der kapitalistischen Umkreisung. [...] Das ist der Rahmen, innerhalb dessen der Kampf der beiden Systeme vor sich gehen muss, des sozialistischen Systems und des kapitalistischen Systems. [...]
Hieraus folgt: Wir müssen unsere Wirtschaft so aufbauen, dass unser Land nicht zu einem Anhängsel des kapitalistischen Weltsystems wird, dass es nicht in das Gesamtsystem der kapitalistischen Entwicklung als deren Hilfsbetrieb einbezogen wird, dass sich unsere Wirtschaft nicht als ein Hilfsbetrieb des Weltkapitalismus entwickelt, sondern als eine selbstständige Wirtschaftseinheit, die sich hauptsächlich auf den inneren Markt, auf den Zusammenschluss unserer Industrie mit der bäuerlichen Wirtschaft unseres Landes stützt.
Es gibt zwei Generallinien: Die eine geht davon aus, dass unser Land noch lange ein Agrarland bleiben müsse, dass es landwirtschaftliche Erzeugnisse ausführen und Maschinen einführen, dass es dabei bleiben und sich auch in Zukunft in der gleichen Bahn weiterentwickeln müsse. [...] Diese Linie bedeutet eine Abkehr von den Aufgaben unseres Aufbaus. Das ist nicht unsere Linie.
Es gibt eine andere Generallinie, die davon ausgeht, dass wir alle Kräfte aufbieten müssen, um unser Land zu einem wirtschaftlich selbstständigen, unabhängigen, auf dem inneren Markt basierenden Land zu machen, zu einem Land, das zum Anziehungsfeld für alle anderen Länder wird, die nach und nach vom Kapitalismus abfallen und in die Bahnen der sozialistischen Wirtschaft einlenken werden. [...]
Das ist unsere Aufbaulinie, die die Partei einhält und die sie auch künftig einhalten wird. Diese Linie ist unerlässlich, solange es eine kapitalistische Umkreisung gibt.
Anders wird sich die Lage gestalten, sobald die Revolution in Deutschland oder in Frankreich oder in beiden Ländern gesiegt hat, sobald dort der sozialistische Aufbau auf einer höheren technischen Grundlage beginnt. Dann werden wir von der Politik der Verwandlung unseres Landes in eine unabhängige Wirtschaftseinheit zur Politik der Einbeziehung unseres Landes in die gemeinsame Bahn der sozialistischen Entwicklung übergehen. Solange das aber nicht geschehen ist, brauchen wir für unsere Volkswirtschaft unbedingt jenes Minimum von Unabhängigkeit, ohne das es unmöglich ist, unser Land vor der wirtschaftlichen Unterwerfung unter das System des Weltkapitalismus zu bewahren. [...]

Zit. nach: H. Altrichter (Hg.), Die Sowjetunion, Bd. 1, München 1986, S. 87 ff.

M 5 Überwindung der Rückständigkeit

Vor Industriefunktionären hielt Stalin am 4. Februar 1931 folgende Rede:

Zuweilen wird die Frage gestellt, ob man nicht das Tempo etwas verlangsamen, die Bewegung zurückhalten könnte. Nein, das kann man nicht, Genossen! Das Tempo darf nicht herabgesetzt werden! Im Gegenteil, es muss nach Kräften und Möglichkeiten gesteigert werden. Das fordern die Verpflichtungen gegenüber den eigenen Arbeitern und Bauern, gegenüber der Arbeiterklasse der ganzen Welt. Das Tempo verlangsamen, das bedeutet Zurückbleiben. Und Rückständige werden geschlagen. Wir aber wollen nicht die Geschlagenen sein [...]. In der Vergangenheit hatten wir kein Vaterland und konnten keines haben. Jetzt aber, wo wir den Kapitalismus gestürzt haben und bei uns die Arbeiter an der Macht stehen, haben wir ein Vaterland und werden seine Unabhängigkeit verteidigen. Wollt ihr, dass unser sozialistisches Vaterland geschlagen wird und seine Unabhängigkeit verliert? Wenn ihr das nicht wollt, dann müsst ihr in kürzester Frist seine Rückständigkeit beseitigen und ein wirklich bolschewistisches Tempo im Aufbau seiner sozialistischen Wirtschaft entwickeln. Andere Wege gibt es nicht. Darum sagte Lenin zur Zeit des Oktobers: entweder Tod oder die fortgeschrittenen kapitalistischen Länder einholen und überholen. Wir sind hinter den fortgeschrittenen Ländern um fünfzig bis hundert Jahre zurückgeblieben. Wir müssen diese Distanz in zehn Jahren durchlaufen. Entweder bringen wir das zu Stande, oder wir werden zermalmt.

Zit. nach: G. v. Rauch, Machtkämpfe und soziale Wandlungen in der Sowjetunion seit 1923, Stuttgart 1972, S. 15 f.

M 6 Verhältnis des Produktions- zum Konsumgütersektor

Jahr	Produktionsgüter	Konsumgüter
1913	35,1	64,9
1928	39,5	60,5
1940	61,2	38,8
1945	74,9	25,1
1946	65,9	34,1
1950	68,8	31,2
1955	70,5	29,5

Zit. nach: H. Altrichter, H. Haumann (Hg.), a. a. O., S. 527.

M 7 „Säuberungen" und Schauprozesse

Der Kommunismus-Experte Hermann Weber beleuchtet den Höhepunkt des stalinistischen Terrors zwischen 1936 und 1938:

Außer den Schauprozessen gab es unter Ausschluss der Öffentlichkeit geführte Prozesse, so gegen Tuchatschewski und die Armeeführer im Juni 1937 und gegen die Altbolschewiki Jenukidse, Karachan u. a. im Dezember 1937. Neben diesen zentralen Tribunalen fanden ungezählte in der Provinz statt, denen die lokalen Führer zum Opfer fielen. Noch weit größer ist die Zahl der Erschossenen, die stillschweigend verschwanden, nachdem sie als angebliche „Volksfeinde" ihre Positionen verloren hatten. Auf diese Weise vernichtete das NKWD Stalins in den Jahren 1936 bis 1938 fast die gesamte Führergruppe der KP aus der Zeit Lenins. [...] Von den 32 Mitgliedern der Politbüros zwischen 1919 und 1938 fielen nicht weniger als 17 der Säuberung zum Opfer. 40 Mitglieder des Zentralkomitees der KPdSU wurden liquidiert. 18 frühere Volkskommissare (d. h. Regierungsmitglieder), 16 Botschafter und 10 Gesandte, fast sämtliche Vorsitzende der einzelnen Republiken wurden erschossen oder verschwanden in Sibirien. Nicht anders erging es den meisten ausländischen Kommunisten, die sich zu jener Zeit in Russland befanden. Ohne große Schauprozesse aber wurden Zehntausende alter Kommunisten erschossen oder in die Verbannung geschickt, wovon die Öffentlichkeit kaum etwas erfuhr. Auch in der Armee wütete die Säuberung, ihr fielen fast alle 80 Mitglieder des 1934 geschaffenen Obersten

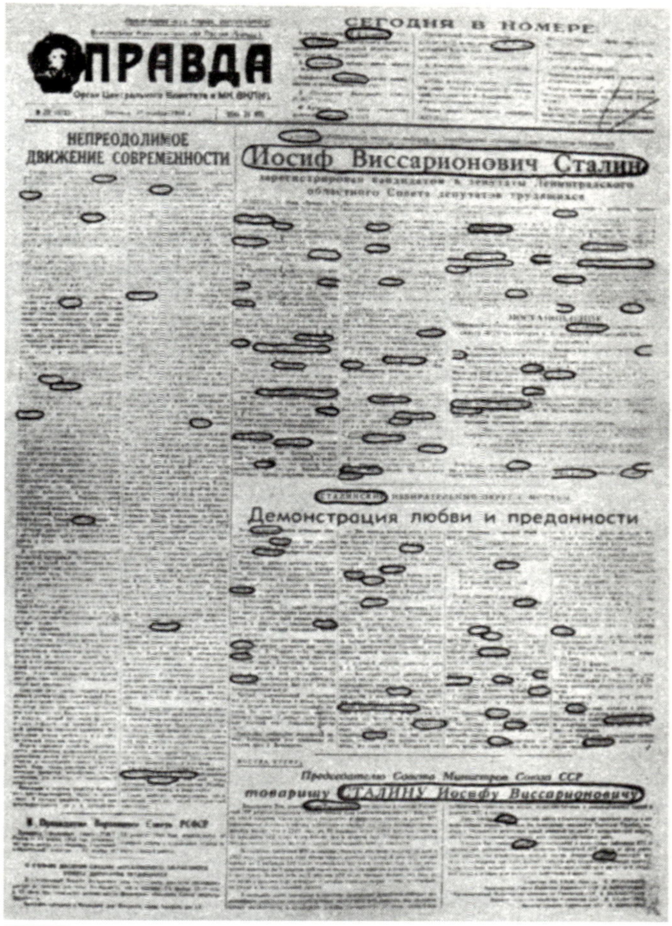
СЕГОДНЯ В НОМЕРЕ
ПРАВДА
НЕПРЕОДОЛИМОЕ ДВИЖЕНИЕ СОВРЕМЕННОСТИ
Иосиф Виссарионович Сталин
Демонстрация любви и преданности
Председателю Совета Министров Союза ССР
товарищу СТАЛИНУ Иосифу Виссарионовичу

M 8 Alltäglicher Personenkult

Stalins Name erscheint auf der Titelseite der „Prawda" vom 17.11.1950 nicht weniger als 101-mal; davon 38-mal als „Genosse Stalin", 10-mal als „Großer genialer Führer und Lehrer", 5-mal als „teurer und geliebter Stalin", 8-mal als „großer", „genialer" oder „weiser" Stalin, 20-mal wird Stalins Name adjektivisch verwendet und 20-mal ohne Zusatz.

Kriegsrates und vermutlich 35 000 Offiziere zum Opfer. Allein im höheren Offizierskorps verschwanden drei von fünf Marschällen (Tuchatschewski, Blücher, Jegorow), 13 von 15 Armeekommandeuren, 57 von 85 Korpskommandeuren, 110 von 195 Divisionskommandeuren. Sämtliche Befehlshaber der Flotte wurden erschossen. Die Folgen dieser Dezimierung der Armeeführung 1937/38 musste die Sowjetunion beim Überfall Hitler-Deutschlands verspüren.

Die große Säuberung von 1936 bis 1938 zog einen Schlussstrich unter die gesellschaftliche Entwicklung, die – basierend auf der Grundlage der verstaatlichten Industrie und der kollektivierten Landwirtschaft – seit Anfang der zwanziger Jahre zur politischen und wirtschaftlichen Herrschaft der Apparate geführt hatte. Die blutige Säuberung beseitigte die Kräfte, die durch ihre Verbundenheit mit der revolutionären Tradition der neuen Herrschaft bei der Unterdrückung der Arbeiter latent gefährlich werden konnten.

H. Weber, Stalinismus. Zum Problem der Gewalt in der Stalin-Ära, in: R. Crusius und M. Wilke (Hg.), Der XX. Parteitag der KPdSU und seine Folgen, Frankfurt/M. 1977, S. 274 f.

M 9 Stalin auf der Titelseite der Zeitschrift „Wir bauen, Zeitschrift der Industrie", Nr. 20 aus dem Jahr 1937

Seit Mitte der dreißiger Jahre versucht Stalin, seine Rolle als einziger „Führer" in der Sowjetunion zu festigen. Im ganzen Land lässt er sich mit Liedern, Gedichten und Hymnen feiern. Bereits im Kindergarten werden Huldigungsformeln eingeübt: „Stalin – Großer Lehrer, Freund und Vater! Stalin – das Licht!". Um auch im kollektiven Bildgedächtnis seine herausragende Rolle zu verankern, ordnet er einen nicht endenden Prozess von Fälschungen, Retuschen und Inszenierungen an. Gleichzeitig lässt er sich in Gemälde hinein malen, die Ereignisse während der Oktoberrevolution zeigen, um sich in diese Tradition zu stellen. Das Ministerium für Agitation und Propaganda kontrolliert, welche Stalinbilder verbreitet werden: In der Regel zeigen sie Stalin mit einem ernsten, jedoch entspannten Gesichtsausdruck. Die Bilder sind geschönt, Stalins Teint ist glatt, seine Pockennarben nicht zu sehen. Im Gegensatz zu Hitler und Mussolini sucht Stalin keine Nähe zu den Menschen. Fotos mit begeisterten Anhängern sind nicht vorhanden. Fotomontagen und Collagen sollen die Nähe zum Volk suggerieren. Ein weiteres Mittel zur Popularisierung Stalins ist seine Darstellung im Spielfilm. Auch hier inszeniert er sein eigenes Bild, indem er selbst die Darsteller seiner Person auswählt und vorgibt, wie er zu zeigen ist.

Aus: Haus der Geschichte (Hg.), Bilder, die lügen, Bonn 1999, S. 37.

M 10 Bilanz des Grauens

Sowjethistoriker rechnen mit Stalin ab

Moskau. Zwischen 42 und 52 Millionen Menschen sind von 1927 bis 1953 nach Berechnungen des sowjetischen Historikers Roy Medwedjew von stalinistischen Terrormaßnahmen wie Inhaftierung und Deportation betroffen worden oder fielen der durch die Agrarkollektivierung ausgelösten Hungersnot von 1932/33 zum Opfer. Mit Bestimmtheit lässt sich aus Medwedjews Schätzungen eine Mindestzahl von neun Millionen Todesopfern ablesen. Ihre wirkliche Zahl dürfte jedoch weitaus höher liegen, da allein von den fünf bis sieben Millionen Verhafteten des Massenterrors von 1937/38 nur eine Minderheit die Auflösung der Lager nach Stalins Tod noch erlebt haben dürfte.

Medwedjews Statistik, in der jüngsten Nummer der [sowjetischen] Zeitschrift „Argumente und Fakten" veröffentlicht, dürfte den drängenden Forderungen nach gründlicher Sichtung und öffentlicher Auswertung der Archive aus der Stalin-Ära neuen Auftrieb geben. Dazu dürften auch die von Medwedjew geäußerten Zweifel an der Zahl der sowjetischen Kriegsopfer beitragen, die mit 20 Millionen angegeben wird.

Nach Medwedjews Angaben, die sich teils auf bisher nur ungenaue sowjetische Quellen, teils offenbar auch auf ausländische Schätzungen stützen, befanden sich bereits von 1927 bis 1929 etwa eine Million politischer Häftlinge in Haft oder Verbannung. Die „Entkulakisierung" von 1930 bis 1932, also die Vertreibung tatsächlicher oder angeblicher Großbauern von ihren Höfen und ihre gewaltsame Umsiedlung in unwirtliche östliche Landesteile, betraf mit Familienangehörigen sechs bis sieben Millionen Menschen, dazu kamen als „Subkulaken"[1] vermutlich weitere drei bis vier Millionen. Eine neue Deportationswelle erfasste 1933 etwa eine Million Bauern.

Schätzungen der Zahl von Hungertoten aus den Jahren 1932/33 bewegen sich zwischen drei und zehn Millionen. Anhand der demografischen Statistiken aus den zwanziger und dreißiger Jahren nimmt Medwedjew sechs bis sieben Millionen Verhungerte an. Eine Verschärfung der bäuerlichen Ablieferungsverpflichtungen führte vermutlich zu weiteren eineinhalb bis zwei Millionen Verhaftungen auf dem Lande. Die Deportationskampagne nach der wahrscheinlich von Stalin selbst verantworteten Ermordung des Leningrader Parteichefs Kirow verschlug 1935 etwa eine Million Großstadtbewohner in ferne Landesteile.

Dem „Jeschow-Terror"[2] von 1937/38 mit fünf bis sieben Millionen Verurteilungen zu Lagerhaft oder Tod folgten 1939 und 1940/41 zwei weitere Deportationswellen in den annektierten Gebieten der Westukraine und des Baltikums, auf deren Umfang die in den vergangenen zwei Jahren erfolgte Rehabilitierung von rund einer Million Betroffener schließen lässt. Während des Krieges wurden unter anderem zwei Millionen Sowjetdeutsche und drei Millionen Angehörige islamischer Völkerschaften des Kaukasus nach Osten transportiert.

Durch die rigorose Verschärfung der Arbeitsgesetzgebung 1940 mit strengsten Strafen auch für geringfügige Versäumnisse erhöhte sich die Zahl der Lagerhäftlinge um weitere zwei bis drei Millionen, darunter viele junge Menschen. Besondere Schwierigkeit bereitet die Ermittlung der Zahl jener, die während des Krieges oder danach in Lager verbracht wurden, weil sie sich angeblich unter deutscher Okkupation verdächtig gemacht hatten oder in Kriegsgefangenschaft geraten waren. Medwedjew nennt die Annahme von zehn bis zwölf Millionen eher zu niedrig als zu hoch. Die Zeit zwischen 1946 und Stalins Tod 1953 kostete nach Medwedjew nochmals ein bis anderthalb Millionen Menschen die Freiheit.

Ungewissheit herrscht vor allem über die Zahl der Lagerhäftlinge, die entweder Opfer der Härten des Lagerlebens wurden oder aber mit oder ohne Urteil der Geheimtribunale jener Zeit exekutiert wurden.

1 Kulak: russische Bezeichnung für Mittel- und Großbauern; (sub = unten)

2 N. I. Jeschow: Leiter des Volkskommissariats für Innere Angelegenheiten während der Terrorwelle von 1936–1938

U. Engelbrecht, in: Die Presse (Wien), 8.2.1989.

M 11 **Karikatur von Brigitte Schneider**
aus: Das Parlament, Nr. 46–47, 1990

Aufgaben

1. Welcher Methoden der Machterhaltung bediente sich Stalin?
   → Text, M2, M3, M7
2. Analysieren Sie, welche Formen der Personenkult um Stalin annahm.
   → Text, M3, M8, M9
3. Erläutern Sie den Zusammenhang zwischen der Kollektivierung der Landwirtschaft und der niedrigen Produktivität.
   → Text, M1
4. Analysieren Sie die Begründungen Stalins für sein Programm der beschleunigten Industrialisierung.
   → Text, M4, M5
5. Welche Auswirkungen hat die stalinistische Entwicklungsdiktatur auf die Gesellschaft?
   → M10
6. Fassen Sie zusammen: Was versteht man aus heutiger Perspektive unter „Stalinismus"?
   → Text, M1–M10

Wie wird mit Bildern Politik gemacht?

Bilder prägen unser Bild von der Wirklichkeit mehr als jedes andere Medium. Sie vermitteln eine vermeintliche Objektivität und Glaubwürdigkeit, was mit der herausragenden Bedeutung des Auges als menschliches Sinnesorgan zu tun hat. Die Illusion des Sichtbaren hat sich die Bildpropaganda zu Nutze gemacht. Das Ab-Bild kann durch verschiedene Manipulationspraktiken zur Lüge werden. Bildausschnitt, Blickwinkel, Vergrößerung und Retusche stellen die üblichen

M 1

Bearbeitungstechniken dar, die in den dreißiger Jahren perfektioniert wurden. Die totalitären Diktaturen (Kommunismus, Faschismus und Nationalsozialismus) betrieben Bildfälschungen und Bildinszenierungen im großen Stil. Diese dienten in erster Linie dazu, den Führerkult um Mussolini, Hitler, Stalin und Mao Zedong und andere zu popularisieren.

Wenn es in der Vergangenheit oft schwierig war, Schein und Wirklichkeit auseinander zu halten, so dürfte das in Zukunft fast unmöglich werden. Die Digitalisierung von Fotos und die computergestützte Bildbearbeitung ermöglichen heute perfekt gefälschte Bilder, deren Authentizität visuell nicht mehr überprüfbar ist.

Aufgaben

1. Warum wurde in der Sowjetunion die öffentliche Erinnerung an bestimmte Personen ausgelöscht?
2. Erläutern Sie, inwiefern totalitäre Systeme die Geschichtsdarstellung instrumentalisieren.
3. Erörtern Sie die Aussage: „Die Lüge ist Teil der Wirklichkeit."

M 2 **Bildfälschung**

[…] Sicher ist, dass eine „Auslöschung der Erinnerung“ an das politische Wirken anders Denkender oder inzwischen missliebiger Personen eine gängige Herrschaftspraxis in den totalitären Systemen unsere Jahrhunderts gewesen ist. So soll mit der Entstalinisierung nach dem Tod Stalins dessen Andenken ausgelöscht werden. Eines der bekanntesten Beispiele für eine „Damnatio memoriae“ [sinngemäß: Auslöschung der Erinnerung] bereits zu Lebzeiten ist das Schicksal Trotzkis.

M 3

Leo Dawidowitsch Bronstein – genannt Trotzki – verschwindet aus sämtlichen Bildern. Vor allem die Geschichte einer Fotografie verdeutlicht dies: Auf dem Swerdlow-Platz vor dem Bolschoi-Theater in Moskau versammeln sich am 5. Mai 1920 Einheiten der Roten Armee. In der Mitte des Platzes steht ein Holzpodium, auf dem Wladimir Iljitsch Lenin eine Rede hält, bevor die Truppen gegen die Verbände des polnischen Marschalls Jozef Klemens Pilsudski ins Feld ziehen. Das revolutionäre Russland befindet sich im Krieg. […]

Die Aufnahme zeigt Trotzki und Leo Borissowitsch Kamenew auf der Treppe zum Podium, während Lenin in der ihm typischen Rednerpose die bunt zusammengewürfelten Verbände mit seiner Ansprache zu mobilisieren versucht. Das Bild wird in den folgenden Jahren in der Sowjetunion zu einer wahren Ikone und findet als Fotoabzug und Postkarte weite Verbreitung. Ein unbekannter Fotograf macht nur wenige Sekunden nach dem Goldstein-Bild eine nahezu identische Aufnahme. Sie zeigt Trotzki und Kamenew im Profil. Auch dieses Motiv wird in hohen Auflagen gedruckt und verbreitet. Die Originalversion erscheint das letzte Mal 1927. […]

Später wird nur noch die Fälschung veröffentlicht. Ein Retuscheur sorgt dafür, dass fünf Holzstufen Trotzki und Kamenew ersetzen. In der Geschichte der Fotografie wird dieser Eingriff nicht nur wegen seiner für die damaligen Verhältnisse gelungenen Durchführung berühmt, sondern auch weil die Entfernung Trotzkis aus dem Bild das spätere Schicksal des einstigen Weggefährten Lenins vorwegnimmt. Bereits im November 1927 schließt ihn die Führung der Kommunistischen Partei aus dem ZK aus. 1929 aus der UdSSR wegen angeblicher „konterrevolutionärer Betätigung“ ausgewiesen, führt er den Rest seines Lebens ein Emigrantendasein, bis ihn Stalin am 20. August 1940 in Mexiko durch einen Agenten ermorden lässt.

Für Stalins Herrschaftssicherung ist es essenziell, auch die Erinnerung an die politische Bedeutung Trotzkis zu tilgen. Trotzkis politische Zielsetzung, seine Theorie einer „permanenten Revolution“, die von Russland aus auf andere Länder übergreifen soll, widerspricht den Absichten des Georgiers. Stalin hingegen formuliert sein Programm als den „Aufbau des Sozialismus in einem Land“, das später in den Exzessen der Zwangskollektivierung der bäuerlichen Privatwirtschaft mündet. In den zwanziger Jahren gelingt es Stalin, als Generalsekretär der Kommunistischen Partei seine Machtbasis systematisch zu vergrößern und seinen Widersacher ins politische Abseits zu manövrieren.

Trotzki bleibt jedoch im kollektiven Gedächtnis eine der Schlüsselfiguren der Oktoberrevolution. Er hat den Aufbau der Roten Armee organisiert und damit entscheidend zum Sieg der Bolschewiki im Bürgerkrieg beigetragen. Zahlreiche Aufnahmen belegen die zentrale Rolle Trotzkis nach dem Sturz der Zarendynastie wie auch seine enge Verbundenheit zu Lenin.

T. Chafig, in: Haus der Geschichte (Hg.), Bilder, die lügen, Bonn 1998, S. 30 f.

4.4 Die Sowjetunion nach Stalin

Entstalinisierung

Nach dem Tode Stalins (1953) gelang es Chruschtschow, sich gegen seinen Hauptrivalen Malenkow durchzusetzen. Mit Chruschtschow als Sekretär des Zentralkomitees begann eine neue Phase sowjetischer Politik, die man als Entstalinisierung bezeichnet. Auf dem XX. Parteitag (1956) der Kommunistischen Partei der Sowjetunion (KPdSU) hielt Chruschtschow eine Geheimrede, die eine Abrechnung mit den Verbrechen Stalins und dessen Personenkult beinhaltete.
Entstalinisierung bedeutete in der innenpolitischen Praxis:

- eine Abkehr vom Massenterror,
- die Kontrolle des verselbstständigten und allmächtigen Staatssicherheitsapparates durch die Partei,
- die Auflösung vieler Zwangsarbeitslager,
- mehr Rechtssicherheit für den Bürger,
- die Ankurbelung der Konsumgüterproduktion.

M 1 **Stalins Denkmal-Kopf**
Budapester Aufstand,
23. Oktober 1956

Die Entstalinisierungsphase mit den Enthüllungen der Verbrechen unter Stalin weckte Hoffnungen in der Sowjetgesellschaft, die kaum eingelöst wurden. Viele Probleme blieben tabuisiert, viele unschuldige Opfer ohne Rehabilitierung. Chruschtschow wurde 1964 abgesetzt. Ab 1965 setzte unter seinem Nachfolger Breschnew ein härterer innenpolitischer Kurs ein, der eine kritische Auseinandersetzung mit dem Stalinismus kaum noch zuließ.

Die Kommunistische Partei der Sowjetunion

Das politische System der Sowjetunion, wie es sich in den zwanziger Jahren ausgebildet hatte, blieb bis zur Perestroika (1985) in Kraft. Die Entstalinisierung brachte also keine prinzipielle Änderung des politischen Machtgefüges mit sich. Der einzige Unterschied zwischen der Stalinzeit und den nachfolgenden Jahrzehnten bestand darin, dass die Partei eifersüchtig darüber wachte, dass kein neuer Alleinherrscher die Partei unterjochte. Unter diesen Vorzeichen ist auch der Sturz Chruschtschows und seine Ablösung durch Breschnew zu sehen (1964).

Offiziell war die Sowjetunion ein demokratischer Räte (Sowjet)staat. Tatsächlich kann jedoch das politische System nur aus der Existenz eines Herrschaftszentrums in der Parteispitze verstanden werden. Die leitenden Gremien der KPdSU stellten den Kern der politischen Macht dar. Über den Entscheidungsprozess innerhalb der oligarchischen Führungsgruppe war nur wenig bekannt, weil die Vorgänge sorgfältig jeder öffentlichen Kontrolle entzogen wurden. Man vermutete aber zu Recht, dass Gruppenbildungen und persönliche Rivalitäten eine wichtige Rolle spielten.

Aufgrund der hierarchischen Struktur der KPdSU war die Parteibasis politisch einflusslos. Entschließungen und Personalentscheidungen der Parteitage wurden sorgfältig vorbereitet und liefen ritualisiert ab. Die Delegierten hatten lediglich die Funktion, bereits gefällten Entscheidungen Beifall zu spenden.

Ein so genannter Demokratischer Zentralismus durchdrang das Innenleben der Partei. Das Statut (die Satzung) der Kommunistischen Partei der Sowjetunion sah die Wählbarkeit der leitenden Organe vor, was aber eine reine Formsache blieb. Andererseits schrieb es auch die „unbedingte Verbindlichkeit der Beschlüsse der höheren Organe für die unteren“ vor. Letzteres wurde hingegen von den Inhabern der Macht umso ernster genommen. Diese Organisationslogik folgte dem Denken Lenins, das ganz auf die Technik der Machterringung und -erhaltung ausgerichtet gewesen war.

Im Zentrum der Entscheidungsfindung und der hierarchischen Willensbildung stand das Politbüro (PB). Hier fasste eine kleine Gruppe von Spitzenfunktionären alle wichtigen Beschlüsse. Neue Mitglieder dieses Organs wurden in unregelmäßigen Abständen kooptiert, das

M 2

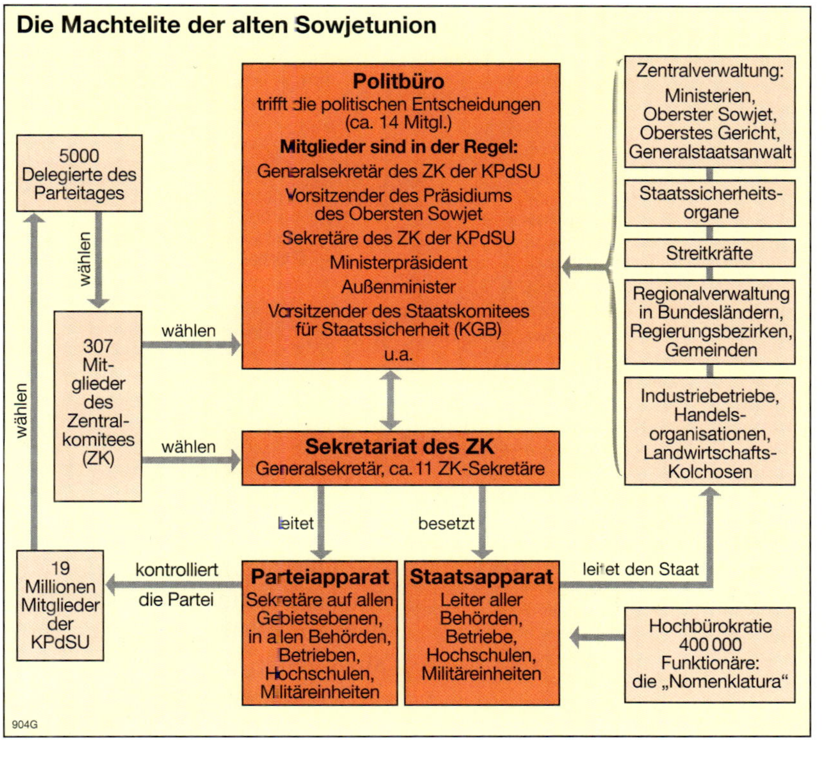

heißt vom Politbüro selbst zugewählt. Zusammen mit den Sekretären des Zentralkomitees (ZK) der Partei konzentrierte sich bei den Politbüromitgliedern die Macht. Der Parteitag als solcher, formell das „oberste Organ der KPdSU“, besaß hingegen als Entscheidungsträger keinerlei Bedeutung. Die KPdSU hatte etwa 19 Millionen Mitglieder; das waren etwa 10 Prozent der Sowjetbürger über 18 Jahre. Viele von ihnen hatten die Mitgliedschaft weniger aus ideologischer Überzeugung als mit der Hoffnung gesucht, sich das berufliche Fortkommen zu erleichtern und die eigene Existenz abzusichern.

Der Sowjetstaat

Die Sowjetunion war ein Vielvölkerstaat, der sich formell aus selbstständigen Republiken zusammensetzte. Die 15 Unionsrepubliken waren theoretisch souverän und verfügten auch über eigene Verfassungen. Allerdings bestand der föderale Charakter nur der Form nach, denn in der Praxis wurde die Union der Sozialistischen Sowjetrepubliken (UdSSR) zentral von Moskau aus gelenkt. Das geschah seit der Stalinzeit durch Personalentscheidungen, Parteibindungen und die Umsiedlung von Russen in die nicht russischen Gebiete (Russifizierung).

Die KPdSU verfügte über ein vielfältiges Instrumentarium, um ihren Anspruch auf die führende Rolle in Staat und Gesellschaft durchzusetzen. Ein Mittel, alle gesellschaftlichen Bereiche zu durchdringen und parteikonforme Verhaltensweisen zu sichern, war die gezielte Besetzung von Schlüsselstellungen (Kaderpolitik).

Die Sowjetunion war der Staat der KPdSU, genau so wie die DDR der Staat der SED gewesen war. Dabei hielt die Parteidiktatur den Anschein eines Parlamentarismus aufrecht. In der UdSSR diente der „Oberste Sowjet“ und dessen regelmäßige Wahl durch das Volk dazu,

M 3

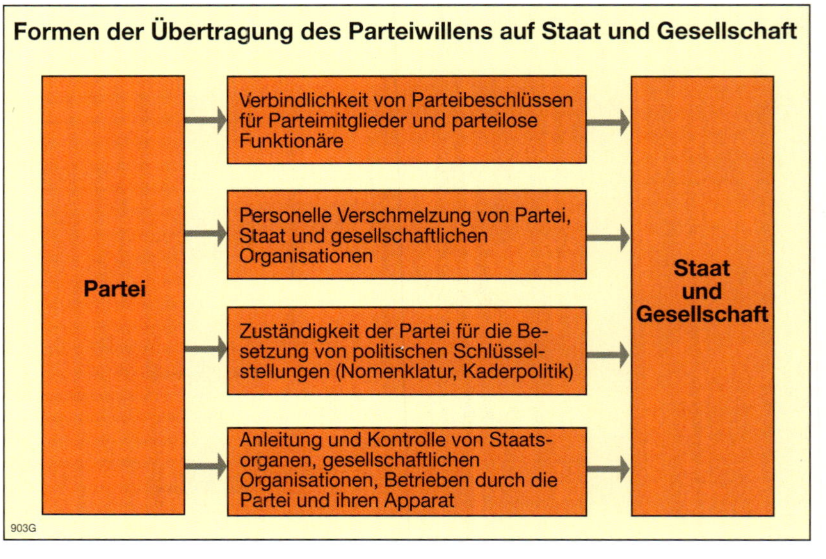

der Herrschaft der Partei einen scheinlegalen Anstrich zu verleihen. Tatsächlich fiel der Volksvertretung nur die Aufgabe zu, die Entscheidungen, die bereits an der Parteispitze gefällt worden waren, formal abzusegnen und als Gesetze zu verabschieden. Der Oberste Sowjet stellte keinen eigenständigen Machtfaktor dar. Die Besetzung aller wichtigen Ämter geschah mithilfe der Nomenklatura, das heißt wörtlich eines Verzeichnisses von Ämtern und Personen. Die Nomenklatura umfasste die Träger von Herrschaftspositionen und bezeichnete somit die Machtelite der Sowjetunion. Hierzu zählten vor allem die „Vertreter der Staatsmacht“, also Personen, die zur Ausübung von staatlicher Hoheitsgewalt berechtigt waren. Man schätzt, dass etwa 400 000 Partei- und Staatsfunktionäre solche Herrschaftspositionen innehatten. Ihre Einsetzung erfolgte entweder direkt durch die Partei oder doch zumindest mit ihrer Zustimmung. Diese „Hochbürokratie“ bildete zusammen mit dem höheren Offizierskorps und der so genannten Prestige-Elite, wozu die führenden Wissenschaftler, Schriftsteller und Künstler gezählt wurden, eine privilegierte Personengruppe. Die Nomenklatura war mit abgestuften Vorrechten versehen, die es ihr zum Beispiel gestatteten, Dienstwohnungen zu beziehen, in abgeschlossenen Siedlungen zu wohnen, in Spezialgeschäften einzukaufen und ins Ausland zu reisen.

Wirtschaft und Gesellschaft

Die Wirtschaftsordnung der Sowjetunion war nach den Grundsätzen der Planwirtschaft organisiert. Folgende Merkmale kennzeichneten das sozialistische Wirtschaftssystem des sowjetischen Typs:

- Das private Eigentum an Produktionsmitteln war durch staatliches Eigentum ersetzt.
- Die Wirtschaft wurde durch staatliche Instanzen zentral geplant und gelenkt (zentral-administratives Planungssystem).
- Die staatliche Planung ersetzte den Markt- und Preismechanismus.
- Die Ziele der wirtschaftlichen Entwicklung wurden durch die Führungsgremien der Partei festgelegt.

Seit Stalin und den ersten Fünfjahresplänen hatte die sowjetische Wirtschaftspolitik das Ziel einer beschleunigten nachholenden Industrialisierung verfolgt. Die Bevorzugung der Investitionsgüter- und Rüstungsindustrie ging dabei notwendig auf Kosten des Lebensstandards der Bevölkerung und war eine wesentliche Ursache wirtschaftlicher Fehlentwicklungen und von Versorgungsschwierigkeiten.

Das niedrige Konsumniveau und die Unflexibilität einer hoch zentralisierten Planung stellten die sowjetische Wirtschaft nach Stalin vor neue Probleme. Verschiedene Wirtschaftsreformen unter Chruschtschow und Breschnew/Kossygin (seit 1964) hatten die Zielsetzung, mit Maßnahmen wie einer regionalen Dezentralisierung und verstärkter Mitsprache der Betriebe den starren Planungsapparat stärker auf die Anforderungen und Bedürfnisse einer entwickelten Industriegesellschaft auszurichten.

Die sowjetische Gesellschaft konnte auf Jahrzehnte eines eindrucksvollen Wirtschaftswachstums zurückblicken. So wuchs – nach offiziellen Angaben – die Industrieproduktion von 1940 bis zum Ende der Sowjetunion um das 25-fache, die Realeinkommen der sowjetischen Bevölkerung immerhin um das 6-fache. Während der Anteil der UdSSR an der Weltindustrieproduktion 1922 nur ein Prozent betrug, war er bis 1983 auf 20 Prozent gestiegen.

M 4 Das Denkmal „Arbeiter und Kolchosebäuerin" in Moskau
Monumentale Verherrlichung der sowjetischen Gesellschaft; das Denkmal von W. Muchina war ursprünglich der sowjetische Beitrag zur Weltausstellung in Paris im Jahre 1937.

Dennoch wurden jahrelang die ehrgeizigen Planziele nicht mehr erreicht. Zwischen Plan und Wirklichkeit tat sich eine zunehmend größer werdende Kluft auf, weil sich das Wachstum verlangsamte. Die Entwicklung ist auf Mechanismen zurückzuführen, die der Planwirtschaft innewohnen. Diese begünstigte augenscheinlich ein mengenmäßiges Wachstum („Tonnenideologie“), während qualitative Aspekte der Produktion in den Hintergrund gedrängt wurden.

M 5 **Sowjetkarikatur zur Arbeitsmoral: Permanenter Bummelstreik**
Auf der Betriebswandtafel steht: „Gesucht – heute in unserem Konzern: a) ging zur chemischen Reinigung, b) ging zur Besichtigung, c) ging rauchen, d) ging fünf Minuten weg, e) ging zur anderen Abteilung."

Zwar gab es einige Bereiche – hier sind Rüstung und Raumfahrt zu nennen –, in denen die sowjetische Wirtschaft Spitzenleistungen hervorbrachte, aber aufs Ganze gesehen existierte ein technologischer Rückstand im Vergleich zu den westlichen Industrieländern (zum Beispiel im Bereich der Chemie und der Computertechnik).

Eine Achillesferse der sowjetischen Ökonomie war die Landwirtschaft. Aufgrund ihrer unzureichenden Effektivität konnte die Ernährung der wachsenden Bevölkerung nur mithilfe von enormen Getreideimporten sichergestellt werden. Die unzureichende Leistungskraft der Landwirtschaft wurde oft mit ungünstigen Witterungsbedingungen erklärt. Hingegen dürften die Eigentumsordnung, Planungsfehler, ungenügende Mechanisierung, Transport- und Lagerverluste eine entscheidende Rolle gespielt haben. Die traditionelle Bevorzugung der Produktionsgüterindustrie hatte zur Folge, dass die Versorgung der Bevölkerung mit Konsumgütern lückenhaft blieb. Die sowjetische Führung mit Gorbatschow an der Spitze (seit 1985) hatte öffentlich die Schwächen der sowjetischen Ökonomie zugegeben und eine umfassende „Modernisierung des Sozialismus" verkündet. Im Zuge dieses Programms sollte auch das Niveau der Konsumgüterindustrie angehoben werden.

Der wirtschaftliche Abstand der Sowjetunion zu den führenden westlichen Industrieländern konnte nicht weiter verringert werden. Ein wirtschaftliches Zurückbleiben musste aber zwangsläufig den ideologischen Anspruch auf Überlegenheit des Sozialismus als ungerechtfertigt erscheinen lassen. Die UdSSR konnte ihre Rolle als Weltmacht auf Dauer nur mit einer effektiv funktionierenden Wirtschaft ausüben.

Sowjetideologie

Der Marxismus-Leninismus war die offizielle ideologische Grundlage des Sowjetsystems. Umgeben vom Anspruch der Wissenschaftlichkeit, wurde er an Schulen und Universitäten als Wahrheit gelehrt. Ideologische Schulungen und Weiterbildungen waren auch auf allen Ebenen des Staatsapparates verbindlich vorgeschrieben.

Der Marxismus-Leninismus gliederte sich folgendermaßen:
- Der dialektische Materialismus bildete die philosophische Grundlage. Im Mittelpunkt standen dabei das Verhältnis von materiellem zu ideellem Sein sowie die allgemeinen Entwicklungsgesetze („Kampf“ und die Einheit der Gegensätze, Umschlagen von quantitativen Veränderungen in qualitative).
- Der historische Materialismus beinhaltete die Anwendung des dialektischen Materialismus auf die Geschichte. Er lehrte den gesetzmäßigen Ablauf der Geschichte und die Aufeinanderfolge verschiedener Gesellschaftsformationen mit der sozialistischen Ordnung als zwangsläufiger Weiterentwicklung des Kapitalismus.
- Die Politische Ökonomie beschäftigte sich mit den Grundlagen kapitalistischer und sozialistischer Wirtschaft.
- Im Mittelpunkt der Lehre vom „wissenschaftlichen Kommunismus“ standen die Revolution, der Klassenkampf und der Aufbau des Sozialismus.

Das in der Sowjetunion gültige ideologische Gebäude wich in vielfacher Hinsicht von der Lehre Marx’ und Engels’ ab. Diese Unterschiede erklärten sich unter anderem daraus, dass der Marxismus-Leninismus offensichtlich die Funktion hatte, die Verhältnisse in der Sowjetunion zu rechtfertigen und gegen Kritik abzuschirmen (Legitimationsideologie). Die KPdSU beanspruchte für sich das Erkenntnismonopol im Hinblick auf die „Gesetze“ politischer beziehungsweise historischer Entwicklungen. Dieser Anspruch stand in einem engen Verhältnis zu dem Führungsanspruch der Partei. Während es der KPdSU über einige Jahrzehnte gelang, die Verbindlichkeit ihrer Ideologie für alle kommunistischen Bewegungen durchzusetzen, hatten sich in der Nachkriegszeit die unterschiedlichsten Strömungen kommunistischer Ideologie (zum Beispiel chinesische, jugoslawische und reformkommunistische) herausgebildet.

Kritik am Sowjetsystem

Obgleich die enormen Härten der stalinistischen Diktatur nach Stalins Tod deutlich abgemildert worden waren, so reagierte doch die Sowjetmacht nach wie vor repressiv auf Kritik. Dissidenten, die oftmals nur von verfassungsmäßig festgelegten Rechten Gebrauch machten, mussten mit der Einweisung in Gefängnisse oder psychiatrische Kliniken, Verbannung oder Ausbürgerung rechnen.

Dissidenten stellten eine kleine Minderheit von Intellektuellen, Wissenschaftlern und Schriftstellern dar (Sacharow, Kopelew, Solschenizyn, Amalrik und andere). Die große Mehrheit der Sowjetbürger hatte sich offensichtlich angepasst, den Rückzug ins Private angetreten und war mit den täglichen Versorgungskämpfen beschäftigt. Die Demokratiebewegung blieb bis zu den Reformen unter Gorbatschow schwach.

Es hat in der Vergangenheit viele Versuche gegeben, das Sowjetsystem wissenschaftlich einzuordnen. Eine besondere Bedeutung kommt dabei der in den fünfziger Jahren formulierten Totalitarismustheorie (C. J. Friedrich, 1953) zu. Nach dieser Theorie besitzen totalitäre Diktaturen folgende Merkmale:
- eine allgemein verbindliche Ideologie,
- eine einzige Partei, die die wichtigen Entscheidungen monopolisiert,
- ein Terrorsystem,
- Kontrolle der Massenmedien und aller Waffen durch die Partei,
- zentrale Lenkung der Wirtschaft.

M 6 Szene vor dem Gorki-Park in Moskau
Lange Schlangen vor den Geschäften und permanente Propaganda gehörten zum Alltag der Sowjetunion.

M 7 Parteistaat

Milovan Djilas, ehemaliger stellvertretender Ministerpräsident Jugoslawiens, musste wegen seiner Kritik am Sowjetsystem für sieben Jahre ins Zuchthaus. Er schrieb über die Funktionsweise kommunistischer Macht:

Der Mechanismus der kommunistischen Macht ist wahrscheinlich der einfachste, den man sich denken kann, obwohl er zu raffiniertester Tyrannei und brutalster Ausbeutung führt. Die Einfachheit dieses Mechanismus rührt von der Tatsache her, dass eine einzige Partei, die Kommunistische Partei, das Rückgrat der gesamten politischen, wirtschaftlichen und ideologischen Tätigkeit ist. Das ganze öffentliche Leben stagniert oder läuft weiter, bleibt zurück oder führt Wendungen aus – je nachdem, was in den Parteiinstanzen vor sich geht.
Unter den kommunistischen Systemen erkennen die Leute sehr schnell, was ihnen erlaubt ist und was nicht. Gesetze und Vorschriften haben keine wesentliche Bedeutung für sie. Wichtig sind die tatsächlichen und ungeschriebenen Regeln, die das Verhältnis zwischen der Regierung und ihren Untertanen bestimmen. Ungeachtet der Gesetze weiß jeder, dass die Regierungsgewalt bei den Parteikomitees und bei der Geheimpolizei liegt. Nirgends ist die „Führungsrolle" der Partei vorgeschrieben, aber die Macht wirkt sich in allen Organisationen und auf allen Sektoren aus. Kein Gesetz sieht vor, dass die Geheimpolizei das Recht hat, die Bürger zu bespitzeln, aber die Polizei ist allmächtig. Kein Gesetz schreibt vor, dass Gerichte und Staatsanwaltschaft unter der Kontrolle der Geheimpolizei und der Parteikomitees stehen müssen, es ist aber so. Die meisten Leute wissen das. Jeder weiß, was man tun kann und was nicht, und was von wem abhängt.

M. Djilas, Die neue Klasse, München 1957, S. 103 f.

M 8 Führung der Kommunistischen Partei der Sowjetunion

Im Statut der KPdSU wurde die Rolle der Partei folgendermaßen festgelegt (1961):

Unter der Führung der Kommunistischen Partei sind in der Sowjetunion die ausbeutenden Klassen beseitigt worden; die moralische und politische Einheit der sowjetischen Gesellschaft hat sich entwickelt und gefestigt. Der Sozialismus hat vollständig und endgültig gesiegt. Die Kommunistische Partei, die Partei der Arbeiterklasse, ist jetzt zur Partei des ganzen sowjetischen Volkes geworden. Die Partei existiert für das Volk und dient dem Volk.

Sie ist die höchste Form der gesellschaftlich-politischen Organisation, die führende und lenkende Kraft der sowjetischen Gesellschaft. Die Partei leitet die große aufbauende Tätigkeit des sowjetischen Volkes, sie verleiht seinem Kampf für die Erreichung des letztlichen Ziels – des Sieges des Kommunismus – einen organisierten, planmäßigen, wissenschaftlich fundierten Charakter.

Die Arbeit der KPdSU basiert darauf, dass die Leninschen Normen des Parteilebens, das Prinzip der Kollektivität der Leitung strikt eingehalten werden, dass die innerparteiliche Demokratie, die Aktivität und Selbsttätigkeit der Kommunisten, die Kritik und Selbstkritik allseitig entfaltet werden.

Ein unumstößliches Lebensgesetz der KPdSU ist die ideelle und organisatorische Einheit, die monolithene [einheitliche] Geschlossenheit ihrer Reihen, die hohe bewusste Disziplin aller Kommunisten. Jegliche Erscheinung von Fraktionstätigkeit und Gruppenbildung ist unvereinbar mit der marxistisch-leninistischen Parteilichkeit, mit der weiteren Mitgliedschaft in der Partei. [...]

Zit. nach: G. Meyer (Hg.), Das politische und gesellschaftliche System der UdSSR, Ein Quellenband, Köln 1976, S. 113.

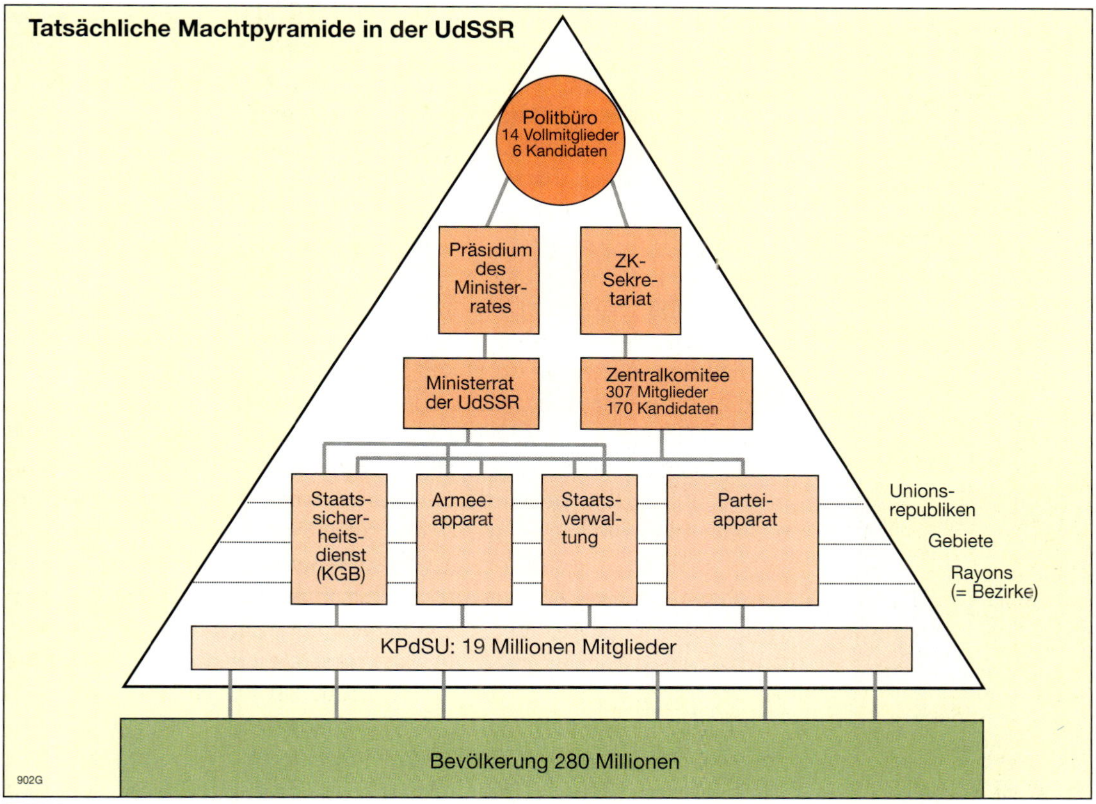

M 9

Aufgaben

1. Beschreiben Sie das Gefüge der zentralen Parteiorgane und nehmen Sie eine Gewichtung vor.
   → Text, M2
2. Erklären Sie die Organisationsprinzipien, mit denen es der Parteiführung gelang, ihre Vormacht sicherzustellen.
   → Text, M8, M9
3. In welcher Form legitimierte die KPdSU ihre politisch führende Rolle in der Sowjetunion?
   → Text, M8
4. Auf welche Weise vermochte es die KPdSU, die von ihr beabsichtigte Rolle als „führende Kraft" durchzusetzen?
   → Text, M3, M7
5. Nach welchen Grundsätzen funktionierte die sozialistische Planwirtschaft? Warum nahm die Leistungsfähigkeit der Planwirtschaft ab?
   → Text, M5
6. Erläutern Sie die Methoden, mit denen die sowjetische Führung auch ohne stalinistischen Massenterror autoritäre Strukturen aufrecht erhielt.
   → Text, M6, M7, M9

4.5 Die Außenpolitik der UdSSR

Die erste Phase der Außenpolitik des jungen Sowjetstaates fußte auf der Überzeugung seiner Führer, dass das bolschewistische Regime ohne internationale Hilfe nicht überlebensfähig sei. Die russischen Revolutionäre von 1917 hofften auf die proletarische Revolution in Westeuropa, besonders in Deutschland. Nach gängiger Ansicht bedurfte das agrarische Russland der Hilfe eines Industrielandes, damit die neue sozialistische Ordnung aufgebaut werden könne. Weltrevolutionäre Bestrebungen waren so gesehen nur die Kehrseite der staatlichen Existenzsicherung. Die 1919 gegründete Kommunistische Internationale (Komintern) diente als Instrument, mit dem revolutionäre Bewegungen in der Welt gefördert und die nationale Sicherheit des Sowjetstaates erhöht werden sollte. Vor allem nachdem sich Stalin mit seiner Konzeption vom „Aufbau des Sozialismus in einem Land" gegen seinen Widersacher Trotzki durchgesetzt hatte, diente die Komintern nur der Schaffung günstiger Bedingungen für die nationalen Ziele der sowjetischen Führung.

Hitler-Stalin-Pakt

Mit der Annäherung der Sowjetunion an das nationalsozialistische Deutschland begann eine neue – allerdings kurze – Etappe in der sowjetischen Außenpolitik, die im Hitler-Stalin-Pakt vom August 1939 ihren Ausdruck fand. Diese plötzliche außenpolitische Kehrtwendung wurde von den Zeitgenossen allgemein als Sensation empfunden und mit ungläubigem Staunen quittiert. Das Vertrauen nicht weniger Kommunisten in Stalins Klugheit wurde erschüttert, weil aus dem faschistischen Erzfeind von einem Tag auf den anderen ein Verbündeter geworden war. Während Hitlers Absichten auf der Hand lagen (denn durch den Vertrag ließ sich beim Angriff auf Polen ein Zweifrontenkrieg vermeiden), waren Stalins Motive ungewiss. Die sowjetische Seite tat sich lange Zeit schwer, die Existenz eines geheimen Zusatzprotokolls einzugestehen. Die in ihm vorgenommene Abgrenzung der deutsch-sowjetischen Interessensphären hatte die Grundlage für die Besetzung Ostpolens und der baltischen Staaten geboten. Die völkerrechtswidrige Einverleibung der baltischen Staaten Litauen, Lettland und Estland durch die Sowjetunion war von den Westmächten nie anerkannt worden.

M 1 **Stalin-Plakat (1944)**
„Vorwärts, vernichten wir die deutschen Okkupanten und jagen wir sie hinter die Grenzen unserer Heimat!"

Während der Perestroika haben dann die Unabhängigkeitsbewegungen der baltischen Staaten ihr Streben nach Souveränität damit begründet, einen alten Rechtszustand wiederherzustellen. Das „neue Denken" unter Gorbatschow ermöglichte es, dass die Unrechtmäßigkeit des Hitler-Stalin-Pakts offen ausgesprochen wurde. Die drei baltischen Staaten haben 1991 ihre Unabhängigkeit wiedererlangt.

Die sowjetische Geschichtsschreibung hatte den Vertrag so interpretiert, dass auf diese Weise Zeit für die Vorbereitung auf den sich abzeichnenden Krieg gewonnen worden sei. Insgeheim war wohl die sowjetische Führung davon ausgegangen, dass der Krieg zwischen dem nationalsozialistischen Deutschland und den westlichen Demokratien Großbritannien und Frankreich beide Seiten – letztlich zugunsten der Sowjetunion – schwächen werde. Tatsache ist, dass die Westmächte, die 1939 ebenfalls mit Stalin verhandelt hatten, als Schutzmächte Polens auftraten

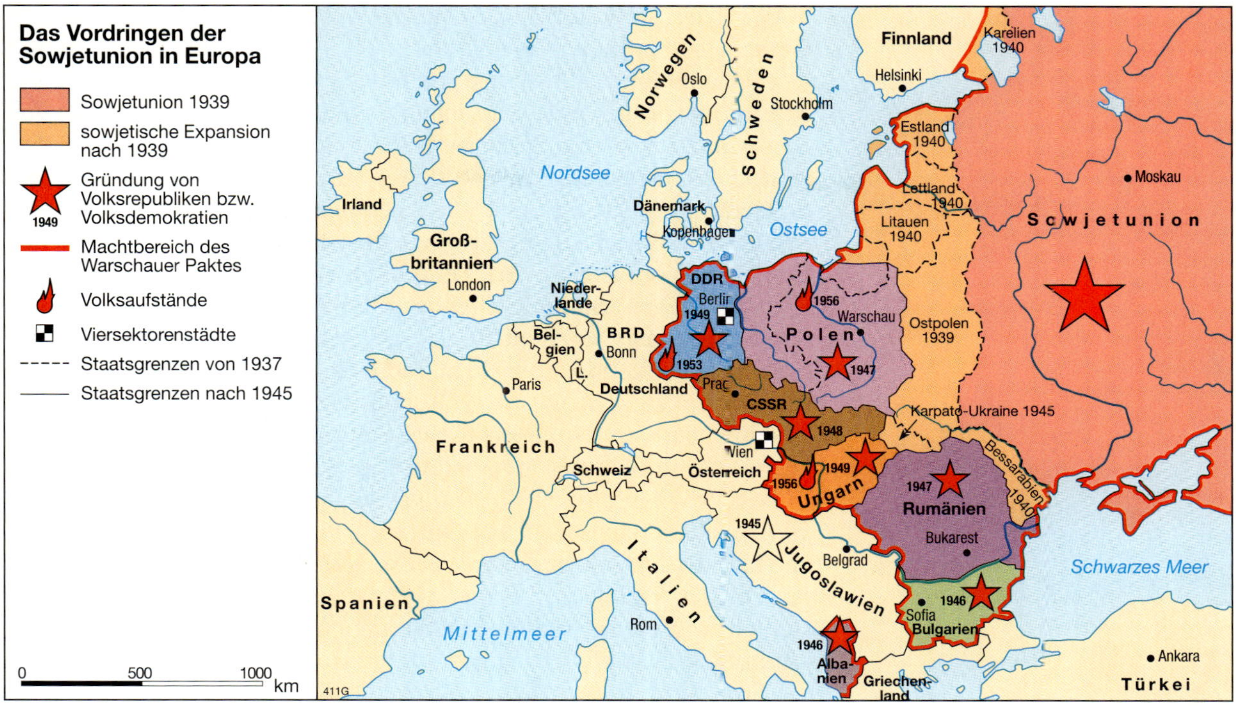

M 2

und daher nicht bereit waren, der UdSSR territoriale Zugeständnisse zu machen. Genau das tat aber Hitler in taktischer Absicht, wobei er sein Ziel, nach Osten zu expandieren, nicht aus den Augen verlor.

Der knapp zwei Jahre später erfolgte nationalsozialistische Überfall auf die Sowjetunion zog zwangsläufig wieder eine Umorientierung der sowjetischen Außenpolitik nach sich. Es kam zu einer Annäherung an die Westalliierten, die unter anderem in der umfangreichen Lieferung von kriegswichtigem Material durch die USA und Großbritannien ihren Niederschlag fand. Die Auflösung der Komintern spiegelt deutlich die Unterordnung der weltrevolutionären Zielsetzung unter das nationale Interesse der UdSSR wider. Diese wollte mit diesem Schritt die Westalliierten beschwichtigen, auf deren Hilfe sie angewiesen war.

Nach dem Zweiten Weltkrieg

Als Siegermacht des Zweiten Weltkrieges schob die UdSSR ihren Einflussbereich nach Westen vor und befestigte sich als vorherrschende Macht in Osteuropa. Dies geschah zum einen durch die Annexion jener Gebiete, die das nationalsozialistische Deutschland der UdSSR zugestanden hatte, zum anderen durch die Einsetzung von kontrollierten Regierungen. Die Politik Stalins lief darauf hinaus, einen „cordon sanitaire“ (Sicherheitsgürtel) – gebildet von politisch und wirtschaftlich abhängigen Staaten – zu schaffen. Nicht zuletzt diese Politik war es, die zum Zerbrechen der Allianz mit den Westalliierten führte. Aus der Kooperation wurde die Konfrontation.

„Friedliche Koexistenz“

Die Politik der „friedlichen Koexistenz“ eröffnete ein neues Kapitel in den Ost-West-Beziehungen. Der „kalte“ und teilweise auch „heiße“ Krieg hatte seine Höhepunkte in der Berlin-Blockade (1948/49), im Koreakrieg (1950–53), in der Berlinkrise (1958–61) sowie der Kuba-Krise (1962) gehabt. Mitte der fünfziger Jahre setzte sich in der UdSSR die Erkenntnis durch, dass im Zeitalter der Verfügung über thermonukleare

Waffen die „friedliche Koexistenz von Staaten unterschiedlicher Gesellschaftsordnung“ zwangsläufig wird. In der Chruschtschow-Ära wurde damit formell Abschied genommen von einer kompromisslosen Revolutionspropaganda. Tatsächlich stammt diese Lehre bereits von Lenin und ist später aufs Engste verknüpft mit Stalins These vom „Sozialismus in einem Land“. Spätestens seitdem dominierte innerhalb der Sowjetführung das Interesse, die eigene Entwicklung voranzutreiben, die außenpolitische Isolierung zu durchbrechen und den eigenen Einflussbereich abzusichern. Die Politik der „friedlichen Koexistenz“ und die mit ihr verknüpfte These von der Vermeidbarkeit von Kriegen hatte ihre Basis letztlich in der gegenseitigen Respektierung der Systemgrenzen. Im Unterschied zu Teilen der Dritten Welt waren in Europa die Grenzen zwischen Ost und West klar abgesteckt. Im Atomzeitalter wäre ein Antasten dieses Status quo mit unkalkulierbaren beziehungsweise menschheitsbedrohenden Risiken verbunden gewesen.

Wiederholt hatte die UdSSR Unabhängigkeitsbestrebungen in ihrem Herrschaftsbereich gewaltsam unterdrückt, ohne dass der Westen eingegriffen hätte, so zum Beispiel in der DDR (1953), in Ungarn (1956) und in der Tschechoslowakei (1968). Militärische Interventionen stellten in diesem Zusammenhang aber nur eine extreme Form der politischen Disziplinierung dar. Andere Instrumente, mit deren Hilfe die Souveränität der osteuropäischen Staaten eingeschränkt wurde, waren die Warschauer Pakt Organisation, Truppenstationierungen, der Rat für gegenseitige Wirtschaftshilfe sowie Rohstoff- und Kreditabhängigkeiten.

Breschnew-Doktrin

Im Zuge der militärischen Niederschlagung des tschechoslowakischen Reformkommunismus (1968) wurde von Seiten der sowjetischen Führung die Breschnew-Doktrin formuliert, so benannt nach dem damaligen Parteivorsitzenden der KPdSU. Sie beinhaltete die Aussage von der „beschränkten Souveränität sozialistischer Staaten“. Ihr zufolge gab es also innerhalb des sowjetischen Machtbereiches keine eigenständige Entwicklung – losgelöst von den Vorgaben Moskaus. Die UdSSR behielt sich damit ein Interventionsrecht vor. Die Breschnew-Doktrin hatte die Funktion, die Gleichschaltung innerhalb des sowjetischen Machtbereiches zu rechtfertigen. Die UdSSR hatte im Zuge der Koexistenzpolitik oft wiederholt, dass der „Kampf der Systeme“ auf ideologischer Ebene fortgesetzt beziehungsweise verschärft werden sollte.

Entspannung

Der Ost-West-Konflikt musste für die UdSSR bedrohliche Formen annehmen, als es nach dem chinesisch-sowjetischen Konflikt zu einer Annäherung zwischen der Volksrepublik China und den USA gekommen war (1972). Einkreisungsängste wurden wach. Nicht zuletzt auf diesen Umstand, aber auch auf das Zurückbleiben der sowjetischen Wirtschaft dürfte es zurückzuführen sein, dass es in den siebziger Jahren zu einer Ost-West-Entspannung kam. Die sowjetische Führung unter Breschnew strebte eine Ausweitung des Handels und der wissenschaftlich-technischen Kooperation mit den westlichen Industrieländern an, um die eigene Wirtschaft zu modernisieren. Die Verträge von Moskau und Warschau (1970) zwischen der Bundesrepublik Deutschland und der Sowjetunion und Polen sowie die Konferenz für Sicherheit und Zusammenarbeit in Europa (Helsinki 1975) führten zu einer Anerkennung des territorialen Status quo in Europa.

M 3 **Moskau, 1990**
Eine wirkliche Entstalinisierung fand nicht 1956, sondern erst mit Glasnost und Perestroika statt.

Es ist aus heutiger Perspektive unumstritten, welcher Seite die Entspannungspolitik mehr genutzt hat: Die Entspannung hat in Osteuropa reformfreundliche Kräfte freigesetzt, weil das innenpolitische Druckmittel der Konfrontation und des Kalten Krieges weggefallen war. Die sowjetische Führung hatte diesen Zusammenhang vermutlich klar gesehen, denn die außenpolitische Entspannungsbereitschaft war verknüpft mit einem härteren innenpolitischen Kurs.

Die UdSSR unternahm in den letzten Jahren enorme rüstungstechnische Anstrengungen, um die Rolle einer mit den USA gleichwertigen Weltmacht auszufüllen. Sie operierte weltweit und suchte ihre strategischen Vorteile in der Dritten Welt, so zum Beispiel in Vietnam, Äthiopien, Angola und Mosambik.

Der sowjetische Einmarsch in Afghanistan (1979) markierte das Ende der Entspannungspolitik der siebziger Jahre. Die folgenden Jahre waren vom Wettrüsten sowie von intensivierten ideologischen Auseinandersetzungen zwischen den beiden Weltmächten geprägt.

Nach der Wahl Gorbatschows zum Parteichef der KPdSU (1985) kam es zu einer Wiederannäherung zwischen den USA und der UdSSR.

„Perestroika“

Das so genannte neue Denken – so lautete Gorbatschows Ausdruck für seine neue Außenpolitik – hat einen dramatischen Umbruch in der internationalen Politik zur Folge gehabt. Die politische Weltlage hatte sich in den Jahren der Perestroika (Umbau) fundamental geändert. Das Jahr 1990 markierte das Ende der Epoche des Ost-West-Konflikts. Dieser umspannte fast ein halbes Jahrhundert, beginnend mit dem Zerfall der Anti-Hitler-Koalition 1946/47.

Die Politik der Umgestaltung war die Antwort der sowjetischen Führung auf die krisenhafte Zuspitzung der innersowjetischen Verhältnisse. Um den wirtschaftlichen Niedergang zu bremsen, mussten die Rüstungslasten gesenkt werden. Außerdem strebte man verstärkt danach, ausländische Wirtschaftshilfe zu erhalten. Beides ließ sich aber in einem Klima internationaler Spannungen nicht erreichen. Der Abbau des Ost-West-Konfliktes sollte den Weg für eine breit angelegte Kooperation der Sowjetunion mit den westlichen Staaten ebnen. Die Außenpolitik hatte also zunächst die Funktion, die innenpolitischen Reformen abzusichern.

Charta von Paris

Das „neue Denken“ im Zuge der Perestroika drückte sich in einer Entideologisierung der Außenpolitik und in der Absage an traditionelle Feindbilder aus. Es war nicht mehr die Rede vom „internationalen Klassenkampf“. Stattdessen wurde die Zugehörigkeit zur europäischen Zivilisation betont.

Die Neuorientierung der sowjetischen Außenpolitik vollzog sich in mehreren Schritten zwischen 1986 und 1990. Am Ende dieses Prozesses stand die Integration der UdSSR in ein durch gemeinsame Werte geprägtes internationales System. In der Charta von Paris (1990) wurde die ideologische Konfrontation zwischen Ost und West feierlich beendet. Auch die Sowjetunion bekannte sich darin zu den Werten der Menschenrechte, der Selbstbestimmung, des Pluralismus und der Marktwirtschaft.

Somit wurde das Fundament für eine gemeinsame Friedensordnung gelegt. Die Vision des amerikanischen Präsidenten F. D. Roosevelt (1933–45) von einer Welt („one world“) schien damit nach fast einem halben Jahrhundert doch noch Wirklichkeit werden zu können.

Die UdSSR sagte sich von ihrem Streben nach Hegemonie (Vorherrschaft) los. Im Unterschied zu früheren Jahren wurden die Reformbewegungen für die Demokratie und Unabhängigkeit in den ehemaligen Ostblockstaaten nicht niedergeschlagen. Die Breschnew-Doktrin von der „begrenzten Souveränität sozialistischer Staaten" wurde in aller Form widerrufen.

Die Sowjetunion zog ihre Truppen aus den ehemaligen Ostblockstaaten zurück und gab damit – sehr zum Unwillen von Teilen der Roten Armee – ihr militärisches Vorfeld (Glacis) frei. Sie respektierte somit das Recht der Staaten beziehungsweise Völker auf Selbstbestimmung. Das war die entscheidende Voraussetzung für den Erfolg der mittelosteuropäischen Revolutionen und die Befreiung der ehemaligen Ostblockländer aus dem Status von Satellitenstaaten. Dieser Prozess mündete konsequenterweise in der Auflösung des Warschauer Paktes sowie des Rats für gegenseitige Wirtschaftshilfe (1991).

Deutsche Einheit

Im Zeichen der Wende der sowjetischen Außenpolitik konnte die Sowjetunion auch der deutschen Einheit zustimmen. Politisch und militärisch gesehen bedeutete dieser Vorgang einen Machtverlust für die UdSSR. Gleichwohl stand die Glaubwürdigkeit der außenpolitischen Wende auf dem Spiel, wenn das Prinzip der Selbstbestimmung nicht auch auf Deutschland angewendet werden würde.

Zweifellos verband die sowjetische Führung mit ihrem Zugeständnis auch die Hoffnung, in einem vereinigten Deutschland einen finanzstarken Partner für die Modernisierung der Wirtschaft zu finden.

Die Vereinigung Deutschlands symbolisierte wie kein anderes Ereignis die Überwindung der Spaltung Europas in zwei Lager. Die Tiefe und die Dramatik der Veränderungen im internationalen System kamen an keiner Stelle so deutlich zum Ausdruck wie im Hinblick auf die Wiedervereinigung. Die Freigabe des überaus wichtigen strategischen Brückenkopfes DDR bildete die Voraussetzung für die endgültige Regelung der deutschen Frage. Damit wurden völlig neuartige Perspektiven für eine europäische Kooperation eröffnet.

Abrüstung

Das „neue Denken" beinhaltete den Abschied von der These der Existenz eines westlichen Imperialismus sowie der Friedensunfähigkeit der kapitalistischen Staaten.

Durch die Beilegung des Systemkonflikts eröffnete sich zum ersten Mal seit Kriegsende die Chance einer wirkungsvollen Abkehr von der Hochrüstung. Verschiedene Abkommen über die Verringerung atomarer und konventioneller Waffen wurden bereits unterzeichnet. Drastische Verkleinerungen der Armeen wurden ins Auge gefasst. Diese und weitere Maßnahmen zielten auf die Beseitigung der Angriffsfähigkeit sowohl der UdSSR als auch der USA.

Weltpolitik

Globalpolitisch war die Annäherung zwischen Ost und West von der Entschärfung verschiedener Krisenherde begleitet, so zum Beispiel in Afghanistan (Rückzug der Roten Armee), Angola und Kambodscha. Im Rahmen des Ost-West-Gegensatzes hatte immer die Gefahr bestanden, dass Regionalkonflikte den Schauplatz für Stellvertreterkriege abgeben. Dieser Gefahr war nunmehr der Boden entzogen. Das zeigte sich deutlich während des Golfkrieges nach der Besetzung Kuwaits durch den Irak (1991). Die Sowjetunion beteiligte sich konstruktiv am Krisenmanagement und blockierte nicht die UN-Sanktionen durch ein Veto im Sicherheitsrat der Vereinten Nationen (UNO).

Die neue Partnerschaft zwischen Ost und West eröffnete auch die Möglichkeit für eine neue und effektivere Rolle der Vereinten Nationen. In der Vergangenheit wurde die UNO regelmäßig durch den Ost-West-Konflikt blockiert. Mit der Kooperation der Großmächte könnte es wie nie zuvor gelingen, Konflikte zu entschärfen und den Frieden zu fördern.

Chronologie

1919	Gründung der Kommunistischen Internationale (Komintern)
23. Aug. 1939	Hitler-Stalin-Pakt Die Rote Armee besetzt Ostpolen.
1939–1940	Angriff der UdSSR auf Finnland (sowjetisch-finnischer Winterkrieg)
1940	Sowj. Annexion der baltischen Staaten (Estland, Lettland, Litauen)
22. Juni 1941	Deutscher Angriff auf die Sowjetunion
1943	Offizielle Auflösung der Komintern
1945	Ende des Zweiten Weltkrieges; Konferenz von Potsdam
1947	Beginn des Kalten Krieges
1948	Staatsstreich in der Tschechoslowakei bringt das Land unter kommunistische Herrschaft; Berlin-Krise
1950–1953	Koreakrieg
1953	Stalins Tod
17. Juni 1953	Volksaufstand in der DDR
1955	Gründung des Warschauer Pakts
1956	Aufstände in Ungarn und Polen
ab 1960	Konflikt zwischen der VR China und der UdSSR
1968	Intervention von Truppen des Warschauer Pakts gegen den tschechoslowakischen Reformkommunismus
1970	Moskauer Vertrag und Warschauer Vertrag zwischen der UdSSR bzw. Polen und der Bundesrepublik Deutschland
1972	Annäherung der USA und der VR China
1975	Konferenz für Sicherheit und Zusammenarbeit in Europa (KSZE) in Helsinki; Intervention kubanischer Truppen in den angolanischen Bürgerkrieg
1979	Einmarsch sowjetischer Truppen in Afghanistan
1985	Gorbatschow wird Generalsekretär der KPdSU.
Dezember 1987	3. Gipfeltreffen zwischen US-Präsident Reagan und dem sowjetischen Staats- und Parteichef Gorbatschow: Unterzeichnung des INF-Abkommens (Vernichtung der Mittelstreckenraketen)
1988	Sowjetischer Truppenabzug aus Afghanistan
Juli 1990	Treffen von Bundeskanzler Kohl und dem sowjetischen Präsidenten Gorbatschow: Einigung über die äußeren Aspekte der deutschen Einheit (auch das vereinigte Deutschland gehört der NATO an).
November 1990	Vertrag über gute Nachbarschaft, Partnerschaft und Zusammenarbeit zwischen Deutschland und der UdSSR unterzeichnet.
Februar 1991	Beschluss über die Auflösung der Militärorganisation des Warschauer Pakts
März 1991	Ratifizierung des 2+4-Vertrages durch den Obersten Sowjet (Regelung der deutschen Einheit)

M 4 Aus den Statuten der Kommunistischen Internationale (1920)

Die Komintern war als Weltorganisation der Kommunistischen Parteien 1919 auf Initiative der Bolschewiki gegründet worden:

Die Kommunistische Internationale setzt sich zum Ziel: mit allen Mitteln, auch mit den Waffen in der Hand, für den Sturz der internationalen Bourgeoisie und für die Schaffung einer internationalen Sowjetrepublik, als Übergangsstufe zur vollen Vernichtung des Staates, zu kämpfen. Die Kommunistische Internationale hält die Diktatur des Proletariats für das einzige Mittel, welches die Möglichkeit gibt, die Menschheit von den Gräueln des Kapitalismus zu befreien. Und die Kommunistische Internationale hält die Sowjetmacht für die geschichtlich gegebene Form dieser Diktatur des Proletariats.
Der imperialistische Raubkrieg hat die Geschicke der Arbeiter des einen Landes mit den Geschicken der Proletarier aller Länder besonders eng verknüpft. Der imperialistische Krieg hat aufs Neue bestätigt [...]: Die Emanzipation der Arbeiter ist weder ein lokales, noch ein nationales, sondern ein internationales Problem. [...] Die Kommunistische Internationale stellt sich die Befreiung der Werktätigen der ganzen Welt zur Aufgabe. In den Reihen der Kommunistischen Internationale vereinigen sich brüderlich Menschen weißer, gelber, schwarzer Hautfarbe – die Werktätigen der ganzen Erde.
Die Kommunistische Internationale unterstützt voll und ganz die Eroberung der großen proletarischen Revolution in Russland, der ersten siegreichen sozialistischen Revolution in der Weltgeschichte, und ruft die Proletarier der ganzen Welt auf, denselben Weg zu gehen. Die Kommunistische Internationale verpflichtet sich, jede Sowjetrepublik zu unterstützen, wo immer sie auch geschaffen wird.

Zit. nach: K. Farner, Th. Pinkus, Der Weg des Sozialismus, Quellen und Dokumente 1891–1962, Reinbek 1964, S. 166 f.

M 5 Der Vertrag zwischen Deutschland und der UdSSR über die wechselseitigen Beziehungen vom 23.8.1939:

Der informell Hitler-Stalin-Pakt genannte Vertrag ermöglichte Hitler den Angriff auf Polen ohne das Risiko eines Zweifronten-Krieges:

Die deutsche Regierung und die Regierung der Union der Sozialistischen Sowjetrepubliken [...] sind zu nachstehender Vereinbarung gelangt:
Artikel 1
Die beiden Vertrag schließenden Teile verpflichten sich, sich jeden Gewaltaktes, jeder aggressiven Handlung und jeden Angriffs gegeneinander, und zwar sowohl einzeln als auch gemeinsam mit anderen Mächten, zu enthalten.
Artikel 2
Falls einer der Vertrag schließenden Teile Gegenstand kriegerischer Handlungen seitens einer dritten Macht werden sollte, wird der andere vertragschließende Teil in keiner Form diese dritte Macht unterstützen. [...]

Geheimprotokoll über die Abgrenzung der Interessensphären zwischen dem Deutschen Reich und der Sowjetunion vom 23.8.1939:

Aus Anlass der Unterzeichnung des Nichtangriffsvertrages zwischen dem Deutschen Reich und der Union der Sozialistischen Sowjetrepubliken haben die unterzeichneten Bevollmächtigten der beiden Teile in streng vertraulicher Aussprache die Frage

M 6 Britische Karikatur von David Low, 4. November 1939

der Abgrenzung der beiderseitigen Interessensphäre in Osteuropa erörtert. Diese Aussprache hat zu folgendem Ergebnis geführt:

1. Für den Fall einer territorial-politischen Umgestaltung in den zu den baltischen Staaten (Finnland, Estland, Lettland, Litauen) gehörenden Gebieten bildet die nördliche Grenze Litauens zugleich die Grenze der Interessensphären Deutschlands und der UdSSR. Hierbei wird das Interesse Litauens am Wilnaer Gebiet beiderseits anerkannt.

2. Für den Fall einer territorial-politischen Umgestaltung der zum polnischen Staate gehörenden Gebiete werden die Interessensphären Deutschlands und der UdSSR ungefähr durch die Linie der Flüsse Narew, Weichsel und San abgegrenzt.

Die Frage, ob die beiderseitigen Interessen die Erhaltung eines unabhängigen polnischen Staates erwünscht erscheinen lassen und wie dieser Staat abzugrenzen wäre, kann endgültig erst im Laufe der weiteren politischen Entwicklung geklärt werden.

In jedem Falle werden beide Regierungen diese Frage im Wege einer freundschaftlichen Verständigung lösen.

3. Hinsichtlich des Südostens Europas wird von sowjetischer Seite das Interesse an Bessarabien betont. Von deutscher Seite wird das völlige politische Desinteresse[ment] an diesen Gebieten erklärt.

4. Dieses Protokoll wird von beiden Seiten streng geheim behandelt werden.

Moskau, den 23. August 1939
Für die deutsche Reichsregierung
v. Ribbentrop
In Vollmacht der Regierung der UdSSR
W. Molotow

Zit. nach: W. Lautemann, M. Schlenke (Hg.), Geschichte in Quellen, Bd. V, München 1961, S. 437 ff.

M 7 Stalin: Sowjetische Außenpolitik (1945/48)

In einem Gespräch mit dem hochrangigen jugoslawischen KP-Funktionär Milovan Djilas äußerte sich Stalin über die Ziele sowjetischer Außenpolitik:

Stalin legte dar, wie er über die besondere Art des Krieges dachte, den wir zurzeit führten: „Dieser Krieg ist nicht wie in der Vergangenheit; wer immer ein Gebiet besetzt, erlegt ihm auch sein eigenes gesellschaftliches System auf. Jeder führt sein eigenes System ein, so weit seine Armee vordringen kann. Es kann gar nicht anders sein."

Er erklärte auch, ohne sich auf lange Erklärungen einzulassen, den Sinn seiner panslawistischen Politik. „Wenn die Slawen zusammenbleiben und Solidarität wahren, wird in Zukunft niemand mehr einen Finger rühren können. Nicht einen Finger!", wiederholte er, den Gedanken unterstreichend, indem er mit dem Zeigefinger durch die Luft fuhr.

Jemand gab seinem Zweifel daran Ausdruck, dass die Deutschen fähig sein würden, sich innerhalb von fünfzig Jahren wieder zu erholen. Aber Stalin war anderer Meinung. „Nein, sie werden sich wieder erholen, und zwar sehr rasch. Sie sind eine hochentwickelte Industrienation mit einer äußerst qualifizierten und zahlreichen Arbeiterklasse und einer technischen Intelligenzia. Gebt ihnen zwölf oder fünfzehn Jahre Zeit, und sie werden wieder auf den Beinen stehen. Und deshalb ist die Einheit der Slawen so wichtig. Aber ganz davon abgesehen – wenn die Einheit der Slawen Tatsache ist, wird niemand wagen, auch nur einen Finger zu rühren."

Einmal stand er auf, zog die Hosen hoch, als trete er zu einem Ringkampf oder Boxkampf an, und rief, fast wie hingerissen: „Der Krieg wird bald vorbei sein. In fünfzehn oder zwanzig Jahren werden wir uns erholt haben, und dann werden wir es noch einmal versuchen." [...]

Sowohl an diesem Abend wie bald danach bei einer Zusammenkunft mit der bulgarischen und der jugoslawischen Delegation betonte Stalin, dass Deutschland geteilt bleiben würde: „Der Westen

M 8 Englische Karikatur zur sowjetischen Osteuropa-Politik nach 1945 von David Low

wird sich Westdeutschland zu Eigen machen, und wir werden aus Ostdeutschland unseren eigenen Staat machen."
Dieser sein Gedanke war neu, aber verständlich; er hing mit dem ganzen Trend der sowjetischen Politik in Osteuropa und gegenüber dem Westen zusammen. Ich hatte nie begreifen können, dass Stalin und die Sowjetführer den Bulgaren und Jugoslawen gegenüber im Frühjahr 1946 gesagt hatten, ganz Deutschland müsse unser werden, das heißt sowjetisch, kommunistisch. Ich fragte einen der Anwesenden, wie die Russen denn das erreichen wollten. Er erwiderte: „Das weiß ich selber nicht!" Ich nehme an, dass nicht einmal diejenigen, die solche Ankündigungen machten, es wirklich wussten, sondern einfach mitgerissen waren von dem Schwung der militärischen Siege und von ihren Hoffnungen auf einen wirtschaftlichen und sonstigen Zerfall Westeuropas.

M. Djilas, Gespräche mit Stalin, Zürich 1962, S. 146 f. und 195 f.

M 9 **Prag am 21. August 1968**
Um den Reformkommunismus in der Tschechoslowakei zu beenden, marschierten die Armeen des Warschauer Paktes ein.

M 10 Breschnew-Doktrin

Verlautbarung der sowjetischen Führung im Zusammenhang mit dem Einmarsch in die Tschechoslowakei (1968):

Aber bekanntlich, Genossen, gibt es auch allgemeine Gesetzmäßigkeiten des sozialistischen Aufbaus, und ein Abweichen von diesen Gesetzmäßigkeiten könnte zu einem Abweichen vom Sozialismus im Allgemeinen führen. Und wenn innere und äußere dem Sozialismus feindliche Kräfte die Entwicklung eines sozialistischen Landes zu wenden und auf eine Wiederherstellung der kapitalistischen Zustände zu drängen versuchen, wenn also eine ernste Gefahr für die Sache des Sozialismus in diesem Lande, eine Gefahr für die Sicherheit der ganzen sozialistischen Gemeinschaft entsteht – dann wird dies nicht nur zu einem Problem für das Volk dieses Landes, sondern auch zu einem gemeinsamen Problem, zu einem Gegenstand der Sorge aller sozialistischen Länder. Begreiflicherweise stellt militärische Hilfe für ein Bruderland zur Unterbindung einer für die sozialistische Ordnung entstandenen Gefahr eine erzwungene, außerordentliche Maßnahme dar. Sie kann nur durch direkte Aktionen der Feinde des Sozialismus im Landesinneren und außerhalb seiner Grenzen ausgelöst werden, durch Handlungen, die eine Gefahr für die gemeinsamen Interessen des sozialistischen Lagers darstellen. Die Erfahrung zeigt, dass der Sieg der sozialistischen Ordnung in dem einen oder anderen Land unter den gegenwärtigen Verhältnissen nur dann als endgültig und eine Restauration des Kapitalismus als ausgeschlossen betrachtet werden kann, wenn die kommunistische Partei als die führende Kraft der Gesellschaft bei der Entwicklung aller Bereiche des gesellschaftlichen Lebens unbeirrbar eine marxistisch-leninistische Politik betreibt; nur dann, wenn die Partei unermüdlich die Landesverteidigung und den Schutz ihrer revolutionären Errungenschaften verstärkt, wenn sie in ihren eigenen Reihen die Wachsamkeit gegenüber dem Klassenfeind und die Unversöhnlichkeit gegenüber der bürgerlichen Ideologie bewahrt und das Volk in diesem Geist erzieht; nur dann, wenn das Prinzip des sozialistischen Internationalismus als unverletzlich gilt und die Einheit und brüderliche Solidarität mit anderen sozialistischen Ländern gefestigt wird.

Zit. nach: P. H. Lange, Die „Breschnew-Doktrin" heute und morgen, Information für die Truppe, Nr. 10/1979, S. 24.

M 11 Der neue deutsch-sowjetische Vertrag

Der deutsch-sowjetische Vertrag vom 13. September 1990 ergänzte den 2 + 4-Vertrag:

Artikel 1
Die Bundesrepublik Deutschland und die Union der Sozialistischen Sowjetrepubliken lassen sich bei der Gestaltung ihrer Beziehungen von folgenden Grundsätzen leiten: Sie achten gegenseitig ihre souveräne Gleichheit und ihre territoriale Integrität und politische Unabhängigkeit. Sie stellen den Menschen mit seiner Würde und mit seinen Rechten, die Sorge für das Überleben der Menschheit und die Erhaltung der natürlichen Umwelt in den Mittel-

punkt ihrer Politik. Sie bekräftigen das Recht aller Völker und Staaten, ihr Schicksal frei und ohne äußere Einmischung zu bestimmen und ihre politische, wirtschaftliche, soziale und kulturelle Entwicklung nach eigenen Wünschen zu gestalten. Sie bekennen sich zu dem Grundsatz, dass jeder Krieg, ob nuklear oder konventionell, zuverlässig verhindert und der Frieden erhalten und gestaltet werden muss. […]

Zit. nach: Frankfurter Rundschau, 14.9.1990.

M 12 Die Pariser Charta für ein neues Europa

Ein Sondergipfeltreffen der KSZE (Konferenz für Sicherheit und Zusammenarbeit in Europa) beendete feierlich den Kalten Krieg (21. November 1990):

Wir, die Staats- und Regierungschefs der Teilnehmerstaaten der Konferenz über Sicherheit und Zusammenarbeit in Europa, sind in einer Zeit tief greifenden Wandels und historischer Erwartungen in Paris zusammengetreten. Das Zeitalter der Konfrontation und der Teilung Europas ist zu Ende gegangen. Wir erklären, dass sich unsere Beziehungen künftig auf Achtung und Zusammenarbeit gründen werden.

Europa befreit sich vom Erbe der Vergangenheit. Durch den Mut von Männern und Frauen, die Willensstärke der Völker und die Kraft der Ideen der Schlussakte von Helsinki bricht in Europa ein neues Zeitalter der Demokratie, des Friedens und der Einheit an. […]

Menschenrechte, Demokratie und Rechtsstaatlichkeit:

Wir verpflichten uns, die Demokratie als die einzige Regierungsform unserer Nationen aufzubauen, zu festigen und zu stärken. In diesem Bestreben werden wir an Folgendem festhalten:

Menschenrechte und Grundfreiheiten sind allen Menschen von Geburt an eigen: Sie sind unveräußerlich und werden durch das Recht gewährleistet. Sie zu schützen und zu fördern ist vornehmste Pflicht jeder Regierung. Ihre Achtung ist wesentlicher Schutz gegen staatliche Übermacht. Ihre Einhaltung und uneingeschränkte Ausübung bilden die Grundlage für Freiheit, Gerechtigkeit und Frieden. Demokratische Regierung gründet sich auf den Volkswillen, der seinen Ausdruck in regelmäßigen, freien und gerechten Wahlen findet. Demokratie beruht auf Achtung vor der menschlichen Person und Rechtsstaatlichkeit. Demokratie ist der beste Schutz für freie Meinungsäußerung, Toleranz gegenüber allen gesellschaftlichen Gruppen und Chancengleichheit für alle.

Die Demokratie, ihrem Wesen nach repräsentativ und pluralistisch, erfordert Verantwortlichkeit gegenüber der Wählerschaft, Bindung der staatlichen Gewalt an das Recht sowie eine unparteiische Rechtspflege. Niemand steht über dem Gesetz. […]

[…] Die beispiellose Reduzierung der Streitkräfte durch den Vertrag über Konventionelle Streitkräfte in Europa wird – gemeinsam mit neuen Ansätzen für Sicherheit und Zusammenarbeit innerhalb des KSZE-Prozesses – unser Verständnis für Sicherheit in Europa verändern und unseren Beziehungen eine neue Dimension verleihen. In diesem Zusammenhang bekennen wir uns zum Recht der Staaten, ihre sicherheitspolitischen Dispositionen [hier: Planung] frei zu treffen. […]

Zit. nach: Frankfurter Rundschau, 22.11.1990.

Aufgaben

1. Erläutern Sie die Zielsetzung der Komintern.
   → Text, M4
2. Analysieren Sie die Anzeichen dafür, dass die UdSSR weniger ideologisch motivierte Außenpolitik als reale Machtpolitik betrieb.
   → Text, M5, M6
3. Beschreiben Sie die Systematik, mit der seitens der UdSSR die Sowjetisierung Osteuropas betrieben wurde.
   → M7, M8
4. Welche Zielsetzung erkennen Sie in der sowjetischen Außenpolitik unter Stalin?
   → Text, M2, M8
5. Fassen Sie die Begründung der sowjetischen Führung für die Doktrin von der „beschränkten Souveränität sozialistischer Staaten" zusammen.
   → Text, M9, M10
6. Inwiefern lässt sich die Nachkriegsordnung als stabil charakterisieren?
   → Text
7. Erklären Sie, wie die Politik der Perestroika das internationale System verändert hat.
   → Text, M11, M12
8. Geben Sie die wesentlichen Inhalte des deutsch-sowjetischen Vertrages von 1990 wieder.
   → M11
9. Begründen Sie, wieso die Charta von Paris das Ende des Ost-West-Konfliktes besiegelte.
   → Text, M12

4.6 Das Ende der Sowjetunion

Krise

Die Wahl von Michail Gorbatschow zum Generalsekretär des ZK der KPdSU (1985) bedeutete mehr als eine rein personelle Änderung, die die Herrschaft der Alten beendete. Der Führungswechsel markierte einen Einschnitt, weil mit der Person ein neuer Kurs der Partei verknüpft war. Mit Gorbatschow wurde das jüngste Politbüromitglied Parteichef – eine dynamische, reformfreudige und zugleich nüchterne Persönlichkeit, die dem traditionellen Bild der sowjetischen Politbürokraten nicht entsprach.

Die KPdSU reagierte damit auf den wachsenden Problemdruck, der auf dem sowjetischen System lastete. Der neue Reformkurs der Partei stellte die Antwort auf krisenhafte Erscheinungen dar, die an folgenden Punkten deutlich wurden:

Ideologie: Die Ideologie des Marxismus-Leninismus, das herkömmliche Instrument zur Herrschaftslegitimierung und Integration von Volk und Partei, verlor zusehends an Wirksamkeit. Zu groß war die Kluft zwischen Anspruch und Wirklichkeit geworden, als dass die Ideologie nicht an Überzeugungskraft einbüßen und zum Ritual erstarren musste. Parallel dazu war ein Anwachsen religiöser Orientierung festzustellen, was von der Partei mit äußerstem Misstrauen registriert wurde.

Nationalitäten: Die UdSSR war formal ein föderalistisch aufgebauter Vielvölkerstaat („Union"), der etwa 100 nichtrussische Völkerschaften umfasste. Es gab 15 Unionsrepubliken, die auf dem Papier einige Unabhängigkeiten besaßen, in Wirklichkeit aber in allen wesentlichen Belangen zentral von Moskau aus regiert wurden.

Dabei dienten sowohl die russische Sprache als auch die Organisation der Partei als wichtigste Integrationsinstrumente in Bezug auf die

M 1

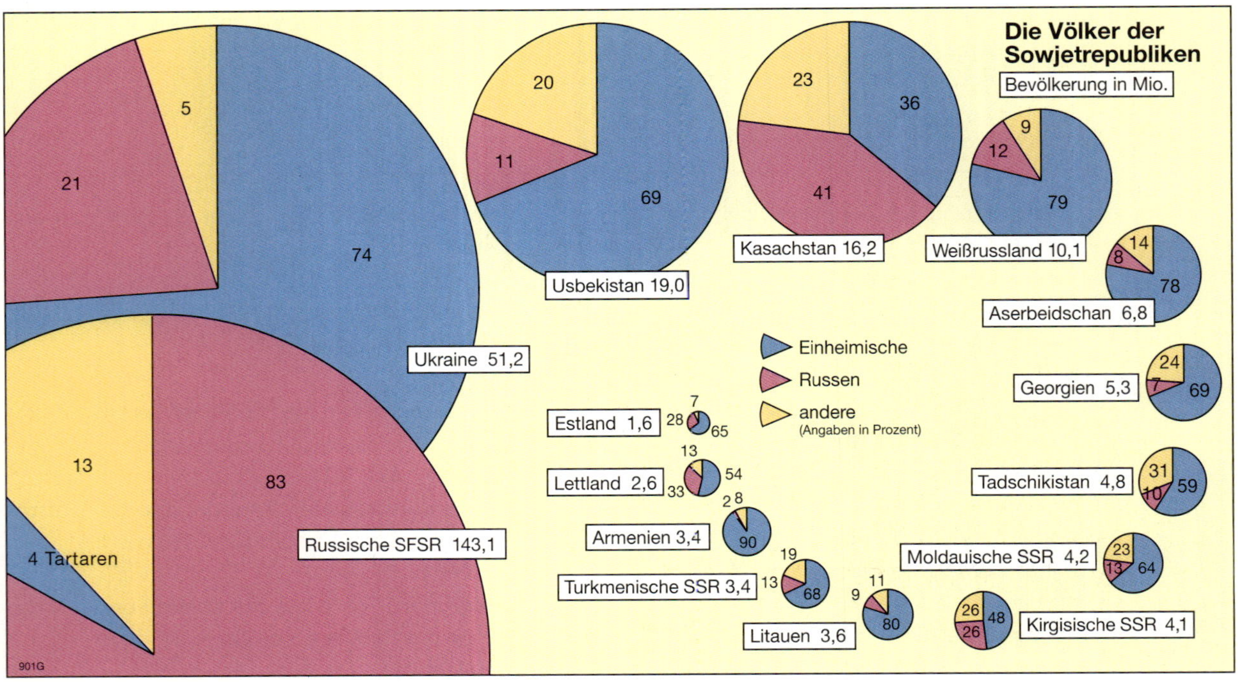

nationalen Eliten. Versuche der Russifizierung – durch Umsiedlungsaktionen, Vergabe wichtiger Posten in den Republiken an Russen, Zurückdrängung der nicht russischen Sprachen – stießen auf Widerstand. Beunruhigend wirkte auf die russische Führung der UdSSR die Tatsache, dass der Bevölkerungsanteil der Russen nur noch 50 Prozent ausmachte und dass dieser Anteil weiter sank, weil die nichtrussischen Völker eine höhere Geburtenrate aufwiesen.

Soziale Verhältnisse: Die sozialen Verhältnisse waren für eine Mehrheit der sowjetischen Bevölkerung nach wie vor nicht befriedigend. Unwillen erregten die unzureichende Versorgung mit Konsumgütern, das alltägliche Schlangestehen, die oft schlechte Qualität der einheimischen Produkte. Die Mängel bei der Wohnraumbeschaffung waren – trotz erheblicher staatlicher Anstrengungen – nicht behoben worden. Die Norm betrug nur 9 m^2 pro Person und auch diese konnte in den Ballungszentren oft nicht eingehalten werden.

Landwirtschaft: Obgleich 20 Prozent der sowjetischen Beschäftigten in der Landwirtschaft tätig waren (zum Vergleich: Bundesrepublik Deutschland 2,5 Prozent in 2001), war es der Sowjetunion nicht gelungen, die Selbstversorgung sicherzustellen. Die niedrige Produktivität verursachte Fehlbeträge, die nur durch riesige Nahrungsmittelimporte gedeckt werden konnten.

Technologie: Das erklärte Ziel, den technologischen Rückstand zu den westlichen Industriestaaten aufzuholen, konnte nur teilweise erreicht werden, so zum Beispiel in den Bereichen Rüstung und Raumfahrt. Im Übrigen erwies sich die Planwirtschaft, gelenkt von einem bürokratischen Wasserkopf, als zu schwerfällig. Experimentierfreude, Risikobereitschaft und Leistungsmotivation wurden nicht hinreichend gefördert.

Die Politik der Perestroika

Die Wahl Gorbatschows zum Generalsekretär der KPdSU bedeutete einen Wendepunkt in der Geschichte der Sowjetunion. Gorbatschows Machtantritt drückte die Bereitschaft von Teilen der Parteielite aus, einen neuen Kurs zu steuern, und signalisierte den Durchbruch der Reformer. Die Reformer beabsichtigten, das sozialistische Wirtschafts- und Gesellschaftssystem zu modernisieren. Dadurch wurde aber ein dynamischer Prozess ausgelöst, der letztlich zur Auflösung der Sowjetunion führte. Aus dem angestrebten Systemwandel wurde ein Systemwechsel. Die Perestroika brachte ein Ergebnis hervor, das von den Reformern nicht gewollt worden war.

Die Perestroika stellt eine abgeschlossene Periode in der Geschichte der Sowjetunion dar. Sie ist zugleich deren letzte Phase (1985–1991).

Obgleich Gorbatschow seine Politik als „Revolution" bezeichnete, war sie in Wirklichkeit nicht auf einen Systemwechsel gerichtet. Ziel war vielmehr die Effizienzsteigerung des sozialistischen Systems selbst. Die neue sowjetische Politik wollte die Modernisierung des Sozialismus. Der Führung war klar, dass nur eine hoch entwickelte Volkswirtschaft auf Dauer den Rang der Sowjetunion als Weltmacht sichern konnte. Diesem Zweck diente der „Umbau" (Perestroika) des politischen und wirtschaftlichen Systems. Eine Wirtschaftsreform sollte neue Energien freisetzen, den Lebensstandard erhöhen sowie den technologischen Rückstand wettmachen, das heißt die bisher nicht vorhandene Konkurrenzfähigkeit sowjetischer Produkte auf dem Weltmarkt herstellen. Die bis ins Kleinste geregelte und damit schwerfällige Befehlswirtschaft

M 2 „Hallo Totengräber, is' was?"

sollte mehr Spielraum und Eigenständigkeit erhalten. Neue Methoden der Wirtschaftslenkung sollten die Reglementierungen abbauen, Privatinitiative fördern und die Vorteile von Plan- und Marktwirtschaft kombinieren. Private Kleinunternehmen sollten zugelassen werden, so wie das schon in der Volksrepublik China der Fall war.

Glasnost

„Glasnost", was so viel wie Offenheit und Transparenz bedeutet, stellte eine flankierende Maßnahme im Zuge des „Umbaus" dar. Glasnost diente dazu, verkrustete Strukturen aufzubrechen und die Menschen zu aktivieren. Die zensierten Massenmedien, die traditionell ein Instrument der Partei waren, durften in bisher nicht gekannter Offenheit Themen aufgreifen, die seit Jahrzehnten tabu gewesen waren. Sie berichteten zum Beispiel über Justizwillkür, Alkoholismus und Drogensucht, Katastrophen und bürokratische Auswüchse.

Es gab ein „Tauwetter" in der Kulturpolitik: Vorher gesperrte Filme durften gezeigt werden, die weißen Flecken der sowjetischen Geschichte, Geschehnisse, die bisher verdrängt und verschwiegen wurden, durften diskutiert werden, so zum Beispiel der Terror der Stalinzeit. Der Name Trotzkis, des neben Lenin bedeutendsten Führers der Russischen Revolution von 1917, jahrzehntelang durch Stalin und dessen Nachfolger aus den Medien verbannt, durfte wieder erwähnt werden.

Mit der Formulierung: „Keiner hat das Recht auf Wahrheit gepachtet" (1987) erregte Gorbatschow Aufsehen, denn damit rückte er vom Absolutheitsanspruch der marxistisch-leninistischen Ideologie ab und brach mit einer geheiligten Parteitradition. Bei einer anderen Gelegenheit beteuerte er: „Wir brauchen die Demokratie wie die Luft zum Atmen" (1987).

In der Perspektive der Reformer sollte die informierte Öffentlichkeit als Gegengewicht zu einer beharrenden, unproduktiven Bürokratie dienen. Glasnost wurde zu einem entscheidenden Instrument der Umgestaltung. Sie beinhaltete zunächst eine Pluralisierung der Medienlandschaft sowie das Zugeständnis größerer Freiheiten in Bezug auf Meinungsäußerungen, Vereinigungen und Mitbestimmung. Damit wurde zum ersten Mal in der sowjetischen Geschichte das Politikmonopol der kommunistischen Partei in einem nennenswerten Umfang durchlöchert. Im Sowjetsystem hatte staatliches Handeln immer als Geheimbereich gegolten. Nunmehr wurden Missstände aller Art öffentlich gemacht, Versäumnisse und Korruption beim Namen genannt. Politische Gefangene wurden frei gelassen: Dissidenten, wie zum Beispiel Sacharow, durften aus der Verbannung zurückkehren. Eine Abrechnung mit dem Stalinismus setzte ein. So wurden zum Beispiel in den Zeitungen und Zeitschriften Aufsätze über die Opfer, die der Stalinismus gekostet hatte, veröffentlicht. Das politische Bewusstsein der sowjetischen Öffentlichkeit wuchs. Der Staat, der sich seit seiner Gründung praktisch im Alleinbesitz der KPdSU befunden hatte, verlor zusehends seinen Charakter als fest gefügter Machtblock.

M 3 **Michail Gorbatschow** von 1985 bis 1991 Vorsitzender der KPdSU, leitete die Politik der Perestroika ein. Lenin blieb bis zum Ende der Sowjetunion allgegenwärtig.

Reform von oben

Charakteristisch für die Perestroika war, dass die entscheidenden Impulse für ihre Durchführung aus dem Herrschaftszentrum selbst kamen. Innerhalb der Spitze der KPdSU hatte sich eine Reformfraktion gebildet, deren wichtigster Kopf Gorbatschow war. Dieser hatte eine durchaus traditionelle Parteikarriere hinter sich, bevor ihn der damalige Generalsekretär Andropow (1982–84) ins Politbüro holte. Was Gorbatschow von anderen Sowjetführern unterschied, war seine Weltoffenheit, sein intellektueller Zuschnitt und seine Lernfähigkeit. Obwohl überzeugter Sozialist, erkannte er deutlicher als andere sowjetische Politiker die Schwächen des Systems und die verkrusteten Strukturen seiner eigenen Partei. Eine Erneuerung und Humanisierung des Sozialismus erschien ihm nur dann möglich, wenn wirtschaftliche Reformen von demokratisierenden gesellschaftspolitischen Reformen begleitet würden. Unausgesprochen knüpfte er ideologisch an die Absichten der tschechoslowakischen Reformsozialisten von 1968 an („Prager Frühling"). Damals wurde der Versuch, einen „Sozialismus mit menschlichem Antlitz" zu verwirklichen, durch den Einmarsch von Warschauer-Pakt-Truppen blutig niedergeschlagen.

Bei der Perestroika handelte es sich zunächst um eine „Reform von oben". Der Reformdruck kam nicht „von unten", das heißt vom Volk selbst. Die Dissidenten stellten nur eine winzige intellektuelle Minderheit dar, die das System als solches nicht gefährden konnte. Durch die russisch-sowjetische Geschichte von Iwan IV. („dem Schrecklichen") im 16. Jahrhundert über Zar Peter den Großen (1689–1725) bis zu Stalin zieht sich wie ein roter Faden das politische Handeln so genannter starker Herrscher, die Reform- und Machtpolitik „von oben" betrieben. Das „Volk" blieb bis in die jüngste Zeit immer nur „Objekt" der Politik.

Der sowjetischen Gesellschaft fehlte aufgrund ihrer Geschichte eine demokratische Tradition. Lediglich 1917/18 – in jener kurzen Phase zwischen dem untergegangenen Zarismus und dem sich festigenden Bolschewismus – gab es politischen Pluralismus. Dieser kurze Zeitraum reichte aber nicht aus, um eine demokratische Traditionsbildung auf breiterer Grundlage zu begründen.

Die gesellschaftlichen Erfahrungen des durchschnittlichen russischen Bürgers haben eine obrigkeitsstaatliche Ausprägung. Die Mehr-

M 4 Widerstand gegen die Perestroika
Die Nomenklatura: „Nichts überstürzen, Genosse Gorbatschow!", Karikatur von Fritz Behrendt

heit ist bis in die Gegenwart eher passiv, abwartend und wenig experimentierfreudig. Dies stellt ein großes Hindernis für die Demokratisierung der ehemaligen Sowjetunion dar.

Dynamik des politischen Wandels

Mithilfe von Glasnost war das Scheitern des sozialistischen Gesellschaftsmodells für eine breite Öffentlichkeit offenbar geworden. Parallel dazu zeigte sich, dass die Wirtschaftsreformen die erhofften positiven Wirkungen nicht erbrachten. Im Gegenteil: Die sich verschlechternde Versorgungssituation ließ die Glaubwürdigkeit der Kommunistischen Partei weiter sinken. Es entstand eine unübersichtliche Situation, in der Unzufriedenheit, Chaos, Kriminalität und Anarchie wuchsen. Die stark abnehmende Popularität Gorbatschows zeugte von der sich zuspitzenden Krise.

Die sowjetische Gesellschaft polarisierte sich. Auf der einen Seite stand die demokratische Opposition, getragen von einer intellektuellen städtischen Minderheit. Sie forderte eine radikale Überwindung des sozialistischen Systems. Dem widersetzten sich die Vertreter der bürokratischen Apparate (Partei, Armee, KGB, Wirtschaft). Zusammen mit den Konservativen forderten sie die Rückkehr zu den alten autoritären Verhältnissen.

Der Putsch

Am 19. August 1991 putschte ein aus acht Konservativen bestehendes „Staatskomitee", geführt vom sowjetischen Vizepräsidenten Janajew. Weitere Mitglieder des Komitees waren unter anderem Krjutschkow (KGB-Vorsitzender), Jasow (Verteidigungsminister), Pugo (Innenminister der UdSSR) und Pawlow (Ministerpräsident der UdSSR). Janajew verkündete den Ausnahmezustand und erklärte Gorbatschow für abgesetzt. Der Staatsstreich wurde also von den wichtigsten Repräsentanten des Machtkomplexes der alten UdSSR durchgeführt. Auffallend war, dass die Kommunistische Partei als eigenständiger Faktor schon nicht mehr in Erscheinung trat.

Nach eigener Aussage wollten die Putschisten der Auflösung der Union zuvorkommen sowie die Ordnung und Staatsautorität wieder herstellen. Es ging ihnen um die Rettung des sowjetischen Machtstaates und seiner Einheit. Beides sahen sie durch westliche Werte wie Pluralismus, Demokratie und Selbstbestimmung gefährdet.

Der Putsch scheiterte aus mehreren Gründen:

- Die Putschisten besaßen keine überzeugende politische Alternative.
- Unter ihnen gab es keine glaubwürdige Persönlichkeit, die über Ausstrahlung verfügte.
- Es gelang in einigen Zentren (Moskau, Leningrad), Widerstand zu organisieren. Dieser kristallisierte sich um den russischen Präsidenten Jelzin und verschaffte ihm eine neue Legitimation als Sprecher des demokratischen Russlands.
- Teile der Armee beziehungsweise des KGB hatten sich geweigert, gegen die rechtmäßige russische Regierung um Jelzin vorzugehen.
- Nach sechs Jahren Glasnost hatte sich eine kritische städtische Öffentlichkeit gebildet, die von ihrem Widerstandsrecht Gebrauch machte.

Der misslungene Staatsstreich produzierte ein Ergebnis, das den Absichten der Putschisten völlig zuwiderlief: das Ende des Sowjetreiches in seiner alten Gestalt. Alle Republiken erklärten sich anschließend für souverän.

Boris Jelzin
erster Präsident Russlands
(1991–1999)

Der gescheiterte Putsch hatte also den Zerfall der sowjetischen Staatlichkeit beschleunigt. Es handelte sich dabei um einen Zerfall von innen, das heißt ohne Einwirkung äußerer Mächte. Es hatte sich gezeigt, dass mit dem Machtverlust der Kommunistischen Partei das einigende organisatorische Band des Vielvölkerstaates abhanden gekommen war. Dazu gesellte sich die rapide fortschreitende Unglaubwürdigkeit der kommunistischen Ideologie. Dies hinterließ ein ideologisches Vakuum, in das der Nationalismus einfließen konnte.

Aus der Sowjetunion wurde die Gemeinschaft Unabhängiger Staaten (GUS). Die neue „Gemeinschaft“ trat an die Stelle der UdSSR. Die 1922 gebildete „Union der Sozialistischen Sowjetrepubliken“ war somit nach 69 Jahren aufgelöst worden. Der sowjetische Präsident Gorbatschow wurde für abgesetzt erklärt. Damit war dessen Absicht, der Aufbau einer „erneuerten Union“, gescheitert.

Die Staatschefs der einzelnen Republiken, die das höchste beschließende Organ der neuen Gemeinschaft bilden, lehnten die Errichtung einer Zentralgewalt ab. Nach dem Ende der UdSSR nahm Russland an ihrer Stelle den Sitz im Sicherheitsrat der UNO ein.

Der russische Präsident Jelzin ging aus dem Putsch als neuer „starker Mann“ hervor, aber auch er konnte den weiteren Niedergang seines Landes nicht aufhalten.

Die anschließende Talfahrt der Wirtschaft und die zunehmende Verelendung erlebte der russische Durchschnittsbürger als Ergebnis des Zusammenbruchs der alten Ordnung. Diese musste vielen, je mehr sich die Lebensumstände weiter verschlechterten, als Hort der Stabilität und der Sicherheit erscheinen. Vielfach zeigten sich Demokratie und Marktwirtschaft in Verbindung mit Korruption, Kriminalität und (angeblichem) nationalen Ausverkauf an den Westen.

Vor diesem Hintergrund formierte sich eine Oppositionsbewegung, die Altkommunisten, Nationalisten, Antisemiten und Monarchisten umfasst. Es zeigt sich, dass es dem westlich-liberalen Gesellschaftsmodell an Tradition und Verankerung in der russischen Bevölkerung fehlt und autoritäre Traditionen lebendig sind.

Chronologie

11. März 1985	Gorbatschow wird Generalsekretär der KPdSU.
25. Februar–6. März 1986	27. Parteitag der KPdSU: Ankündigung der Perestroika
26. Mai 1988	Gesetz über das Genossenschaftswesen: Das Eigentumsmonopol des Staates wird erstmals durchbrochen.
26. März 1989	Wahlen zum „Kongress der Volksdeputierten“ – Erstmals haben die Wähler echte Wahlmöglichkeiten zwischen mehreren Kandidaten.
13.–16. März 1990	Das Amt des sowjetischen Staatspräsidenten wird geschaffen: Wahl Gorbatschows
12. Juni 1990	Souveränitätserklärung der Russischen Sozialistischen Föderativen Sowjetrepublik (RSFSR)
12. Juni 1991	Jelzin wird in freier Wahl zum Präsidenten der RSFSR gewählt.
1. Juli 1991	Gesetz über die Privatisierung von Unternehmen
19.–22. August 1991	Gescheiterter Staatsstreich gegen den sowjetischen Präsidenten Gorbatschow
21. Dezember 1991	Gründung der „Gemeinschaft Unabhängiger Staaten“ (GUS) – das Ende der Sowjetunion und ihr Zerfall in souveräne Staaten

M 5 **Ideologischer Kampf im Spiegel der Geschichte**
Karikatur von Fritz Behrendt, aus: FAZ, 22.10.1988
(Agonie = Todeskampf)

M 6 Die Voraussetzungen für den Umbruch

Der Osteuropa-Experte Gerhard Simon erläutert die Hintergründe für die Krise der Sowjetunion:

Die Bolschewiki, die im Oktober 1917 in Russland die Macht ergriffen hatten, betrachteten sich als Vollstrecker historischer Gesetze auf dem Weg zur kommunistischen Gesellschaft. Sie hielten es deshalb für unnötig, sich Mandat und Legitimation durch die Zustimmung der Bevölkerung in freien Wahlen zu verschaffen. Dieses selbst erteilte Mandat der Geschichte steht nach mehr als siebzig Jahren Sowjetherrschaft heute grundsätzlich zur Disposition.

Das traditionelle sowjetische Herrschafts- und Gesellschaftssystem beruhte vor allem auf drei Säulen: der „wissenschaftlichen Weltanschauung" des Marxismus-Leninismus; der Einparteiherrschaft; der zentralen Planwirtschaft. Diese tragenden Prinzipien kommunistischer Machtausübung sind in eine tiefe Krise geraten. Der Ausschließlichkeitsanspruch der „wissenschaftlichen Weltanschauung" hat zu keiner Zeit in der Sowjetunion wirklich durchgesetzt werden können, aber niemals haben Anspruch und Wirklichkeit so weit auseinander geklafft wie in den vergangenen zwei Jahrzehnten. Weil der Sowjetstaat niemals ein säkularer [weltlicher] Staat hat sein wollen, für den die Sinngebung menschlicher Existenz, Religion und Kultur, Angelegenheiten des Einzelnen oder gesellschaftlicher Gruppen sind, nicht aber Aufgabe des Staates, musste der Verfall des Geltungsanspruchs des Marxismus-Leninismus schwer wiegende Auswirkungen auf die öffentliche Moral haben. Der propagierte Verzicht auf das kleine private Glück, auf Wohlstand und Selbstständigkeit zugunsten eines zukünftigen großen Glücks für alle hat jede Glaubwürdigkeit verloren. Typisch für das tatsächliche Verhalten der Menschen und das gesellschaftliche Klima sind vielmehr die entgegengesetzten Normen geworden: Rückzug ins Private, Materialismus, Überordnung des Eigeninteresses über das Gemeininteresse. Die Folgen waren sinkende Arbeitsmoral, Verantwortungsscheu, Entwendung öffentlichen Eigentums, Korruption und Vetternwirtschaft. Die Krise der öffentlichen Moral erreichte in den achtziger Jahren früher nicht gekannte Ausmaße.

Alle diese Krisensymptome betrafen eine Gesellschaft, die sich seit der Stalin-Zeit gründlich gewandelt hatte. Die totalitäre Diktatur hatte selbstständige Regungen der Gesellschaft weitgehend unterdrückt, unabhängige Gruppen zerschlagen, Interessenartikulation verhindert, ein hierarchisches Befehlssystem aufgebaut und damit das Land in eine ständige Ausnahmesituation versetzt. Das Verhältnis zwischen Herrschaftssystem und Gesellschaft in den achtziger Jahren war durch ein dreifaches Dilemma gekennzeichnet. Erstens: Die Strukturen der Herrschaft – administratives Kommandosystem, Nichtvorhandensein einer demokratisch-parlamentarischen Legitimation – waren seit den dreißiger Jahren die gleichen geblieben. Zweitens: Die Führung war aber nicht mehr bereit und in der Lage, zur Durchsetzung der Diktatur uneingeschränkt Gewalt und Massenterror einzusetzen. Das äußere Feindbild konnte nicht mehr aufrecht erhalten werden. Drittens: Die Gesellschaft war aus dem Trauma von Terror und Krieg erwacht. Eine Fülle von alten und neuen Interessengruppen,

Schichten und Organisationen entstand und forderte Selbsttätigkeit und Mitsprache. Die Gesellschaft emanzipierte sich von der Diktatur, die aber nicht bereit war, die Gesellschaft freizugeben, sondern allenfalls pragmatisch einzelne Abstriche am Monopolanspruch auf die Macht zuließ. Es kam zu einer Legitimitätskrise der Einparteiherrschaft. Allerdings erreichte diese Krise vor 1985 noch nicht den Punkt, an dem in breiten Schichten der Gesellschaft die Machtfrage – d. h. die Forderung nach Abtreten der KPdSU von der Macht – gestellt wurde.

G. Simon, Der Umbruch des politischen Systems in der Sowjetunion, in: APuZ, Nr. 19–20/1990, S. 3.

M 7 Was bedeutet Perestroika?

Michail Gorbatschow erläutert seine Vorstellungen vom Umbau der sowjetischen Gesellschaft (1987):

Perestroika bedeutet Initiative der Massen; Entwicklung der Demokratie auf breiter Basis, sozialistische Selbstverwaltung, Förderung von Initiative und schöpferischer Arbeit, Stärkung von Ordnung und Disziplin, mehr Offenheit, Kritik und Selbstkritik in allen Bereichen unserer Gesellschaft; ein Höchstmaß an Achtung des Individuums und Wahrung seiner persönlichen Würde.

Perestroika bedeutet Intensivierung der gesamten sowjetischen Wirtschaft, Wiedereinführung und Entwicklung der Prinzipien des demokratischen Zentralismus bei der Führung der Volkswirtschaft, generelle Einführung ökonomischer Methoden, Verzicht auf ein Management des Kommandierens und administrativer Methoden sowie Ermutigung zu Innovation und sozialistischem Unternehmungsgeist auf allen Ebenen.

Perestroika bedeutet entschiedene Hinwendung zu wissenschaftlichen Methoden sowie die Fähigkeit, jeder neuen Initiative eine solide wissenschaftliche Basis zu geben. Sie bedeutet ferner Kopplung der Errungenschaften der wissenschaftlich-technischen Revolution mit der Planwirtschaft. Perestroika bedeutet vorrangige Entwicklung des sozialen Bereichs mit dem Ziel, die Bedürfnisse des sowjetischen Volkes nach guten Lebens- und Arbeitsbedingungen, nach Erholung, Bildung und medizinischer Versorgung immer besser zu befriedigen; ständiges Ringen um kulturellen und geistigen Reichtum, um die Bildung des Individuums und der ganzen Gesellschaft.

Perestroika bedeutet Befreiung der Gesellschaft von Verzerrungen der sozialistischen Ethik und konsequente Verwirklichung der Prinzipien sozialistischer Gerechtigkeit. Sie bedeutet ferner Einheit von Wort und Tat, von Rechten und Pflichten. Sie bedeutet Wertschätzung ehrlicher, in guter Qualität ausgeführter Arbeit sowie die Überwindung gleichmacherischer Tendenzen in Entlohnung und Konsum. [...]

Aber im Prinzip, soviel kann ich sagen, ist uns das Endziel der Perestroika klar: Sie ist die tief greifende Erneuerung aller Bereiche des sowjetischen Lebens, die Schaffung modernster Organisationsformen in der sozialistischen Gesellschaft, die volle Ausschöpfung des humanistischen Charakters unserer gesellschaftlichen Ordnung in all ihren entscheidenden Aspekten – den ökonomischen, sozialen, politischen und moralischen. [...]

Wir werden uns weiter auf einen besseren Sozialismus zu bewegen, und nicht von ihm weg. Wir sagen das in aller Aufrichtigkeit und nicht, um unser Volk oder die Welt zu täuschen. Jede Hoffnung, wir würden eine andere, nicht-sozialistische Gesellschaft anstreben und ins andere Lager umschwenken, ist unrealistisch und zwecklos. Die Leute im Westen, die von uns eine Abkehr vom Sozialismus erwarten, werden enttäuscht sein.

M. Gorbatschow: Perestroika, Die zweite russische Revolution, München 1987, S. 40 ff.

Aufgaben

1. Erklären und beurteilen Sie Gorbatschows Aussage: „Perestroika ist eine Revolution".
   → Text, M7
2. Untersuchen Sie, warum die KPdSU mit ihrem Herrschaftsanspruch in der Sowjetunion scheiterte. Beschreiben Sie die Krisensymptome.
   → Text, M6
3. Erläutern Sie die Begriffe „Glasnost" und „Perestroika".
   → Text, M7
4. Auf welche Schwierigkeiten aus der Anfangsphase der Perestroika verweist die Karikatur?
   → M4
5. Fassen Sie zusammen: Warum scheiterte die Weltmacht Sowjetunion nach wenigen Jahrzehnten ihrer Existenz?
   → Text, M4–M7

5. Die USA im 20. Jahrhundert

Am 23. Februar 1945 richten nach einem äußerst verlustreichen Kampf amerikanische Soldaten die Flagge ihres Landes auf der japanischen Insel Iwo Jima auf. Das Bild – bei dem es sich um eine nachgestellte Inszenierung handelt – wurde zum legendären Kriegsfoto Amerikas. Es wurde massenhaft verbreitet, erschien unter anderem als Briefmarke und ein nach dem Bild gestaltetes Denkmal steht auf dem ehrwürdigen Soldatenfriedhof Arlington. Die Wirkung des Fotos erschließt sich aus seinem symbolischen Gehalt: Es versinnbildlicht die siegreiche, ja triumphierende Nation, der es gelungen ist, im 20. Jahrhundert mehr Einfluss auszuüben als jedes andere Land.

Schon 1941 hatte der amerikanische Verleger Henry Luce das mittlerweile geflügelte Wort vom „amerikanischen Jahrhundert" geprägt. Er sollte damit Recht behalten. Nachdem die USA bereits durch ihr Eingreifen in den Ersten Weltkrieg das Patt der europäischen Mächte zu Gunsten der Entente entschieden hatten, so gab ihre Intervention auch im Zweiten Weltkrieg den Ausschlag. Der Überfall Japans auf Pearl Harbor am 7. Dezember 1941 erzwang nach zwei Jahrzehnten außenpolitischer Zurückhaltung die Rückkehr auf die weltpolitische Bühne. Das Land stellte danach einmal mehr seine Fähigkeit unter Beweis, seine riesigen materiellen Ressourcen zu mobilisieren. Folglich gingen die USA als eindeutiger Sieger aus dem Zweiten Weltkrieg hervor. Zwar gelang es der Sowjetunion in den folgenden Jahrzehnten durch einen gewaltigen rüstungspolitischen Kraftakt die strategische Parität herzustellen, aber ihr Supermacht-Status war auf dem Fundament einer ineffizienten – technologisch und finanziell überforderten – Planwirtschaft errichtet worden. Nach der Selbstauflösung der UdSSR (1991) sind die USA der einzig verbliebene globale Akteur. Zu Beginn des 21. Jahrhunderts kommt den Vereinigten Staaten von Amerika gleichsam automatisch eine Führungsrolle zu:

- Die amerikanischen Vorstellungen vom freien Welthandel haben sich weitgehend durchgesetzt.
- Die USA sind die führende Wirtschaftsmacht. Sie verfügen mit dem US-Dollar über die Leitwährung der Welt.
- Die USA nehmen eine technologisch-wissenschaftliche Spitzenposition ein.
- Als Militärmacht sind sie das einzige Land auf der Welt, das eine globale Interventionsfähigkeit besitzt.
- Die heutige Weltzivilisation ist – trotz mancher Einschränkungen – in einem erheblichen Ausmaße amerikanisch geprägt, was sich bei der Kleidung und in der populären Musik, in Filmen und Essgewohnheiten und nicht zuletzt in der Sprache zeigt.

In einer tendenziell multipolaren Welt mit den Schwerpunkten USA, Europa, Russland, China und Japan werden die USA bis auf Weiteres der erste „global player" bleiben. Die Politikwissenschaft hat für die Rolle einer behutsam ausgeübten weltpolitischen Führungsmacht den Begriff der „wohlwollenden Hegemonie" (Vormachtsstellung) geprägt.

5.1 Die Außenpolitik der USA

Der Erste Weltkrieg

Der Eintritt der USA in den Ersten Weltkrieg markierte einen Einschnitt in der amerikanischen Außenpolitik. Das Land brach mit der Empfehlung seines ersten Präsidenten George Washington und wandte sich vom Isolationismus ab.

Präsident Woodrow Wilson (1913–1921) verfocht zunächst eine Neutralitätspolitik, wobei aber seine Sympathien als überzeugter Demokrat und Liberaler der Entente gehörten. Die enge wirtschaftliche und finanzielle Verflechtung – auch durch Kriegskredite –, der politische Gegensatz zum autoritär regierten Deutschen Kaiserreich und vor allem der unbeschränkte U-Boot-Krieg Deutschlands (1917) erhöhten den innenpolitischen Druck auf Wilson. Der dilettantische diplomatische Versuch Deutschlands, Mexiko zu einer Kriegserklärung gegenüber den USA zu bewegen, führte zu heller Empörung in der amerikanischen Öffentlichkeit. Vor diesem Hintergrund erklärten die USA dem Deutschen Reich am 6. April 1917 den Krieg. In seiner Kriegserklärung prägte Präsident Wilson die programmatische Formel: „The world must be made safe for democracy." Als ein von moralischen Überzeugungen geleiteter Mensch verstand er den Krieg als einen Kreuzzug für eine gute Sache.

1918 legte Wilson eine Erklärung mit 14 Punkten vor, die einen Frieden ohne Sieger und Besiegte ermöglichen sollte. Sein Programm beinhaltete unter anderem Abrüstung, freien Handel, Abschaffung der Geheimdiplomatie und die Errichtung eines Völkerbundes zur Sicherung des Friedens.

Wilsons Versuch, eine stabile Nachkriegsordnung in Europa aufzubauen, scheiterte. Er nahm an der Pariser Friedenskonferenz (1918/19) teil, aber es gelang ihm nicht, einen maßvollen Frieden durchzusetzen, der die Gefahren einer deutschen Revanchepolitik gemindert hätte.

M 1 „Du kaufst eine Freiheitsanleihe, damit ich nicht untergehe." Amerikanisches Propagandaplakat von 1917/1918

M 2 Präsident Woodrow Wilson spricht kurz vor dem Ersten Weltkrieg, am 14. Juli 1914, in Philadelphia vom Balkon der Independence Hall. Das Foto zeigt den ganzen Mann: ein großer innenpolitischer Reformer mit einem Touch von Messias schon damals, ein guter Redner, aber zugleich ein zum Belehren disponierter Professor, jedenfalls jahrelang ein begabter, in Europa unterschätzter Zauberer auf der politischen Bühne der USA.

Text aus: H.-P. Schwarz, Das Gesicht des Jahrhunderts, Berlin 1998, S. 434.

Mit seinen Friedensvorstellungen geriet Wilson in Konflikt mit den europäischen Alliierten, die – vor allem wegen ihrer Kriegsschulden bei den USA – auf Reparationen der Besiegten beharrten.

Wilsons Hauptziel, die Gründung des Völkerbundes, misslang insofern, als der US-Senat dem Versailler Friedensvertrag und dem Beitritt der USA zum Völkerbund nicht zustimmte. Die notwendige Zweidrittel-Mehrheit für die Ratifizierung der Verträge kam nicht zu Stande. Der Völkerbund wurde zwar dennoch als internationale Friedensorganisation in Genf errichtet, aber das größte und wichtigste Land war nicht Mitglied, was sein politisches Gewicht von Beginn an schmälerte.

Isolationistische Strömungen gewannen nach 1920 in den USA wieder an Boden.

Isolationismus

Dennoch kann von einem Isolationismus nach dem Ersten Weltkrieg nur bedingt die Rede sein, denn wegen der Kriegsschuldenproblematik blieben die USA außenwirtschaftlich mit Europa eng verbunden. Amerikas zeitweiliger Rückzug stimmte nicht mit den Gegebenheiten des internationalen Systems überein. Durch den Ersten Weltkrieg waren die USA zur stärksten Wirtschaftsmacht der Welt mit globalen Handelsinteressen und zur Gläubigernation Europas geworden.

Der Rückzug der USA von der Weltpolitik fand seinen Ausdruck im Neutralitätsgesetz (1937), das als Fundament der Außenpolitik in Kriegszeiten galt. Mittels einer „Cash-and-carry"-Klausel sollten dabei Neutralitätspolitik und Handelsinteressen in Einklang gebracht werden. Sie galt für den Handel mit Krieg führenden Staaten und war auf kapitalkräftige Länder zugeschnitten, denn die Güter mussten vor der Ausfuhr bezahlt und auf Schiffen des Importlandes transportiert werden.

Der Zweite Weltkrieg

Nach Ausbruch des Zweiten Weltkrieges (1939) verhinderte zunächst eine breite neutralistische Grundströmung den Kriegseintritt gegen den Faschismus. Erst der japanische Überfall auf den Flottenstützpunkt Pearl Harbor auf Hawaii (1941) bedeutete das Ende des Isolationismus und die Übernahme einer weltweiten Führungsrolle, die die USA seitdem nicht mehr abgegeben haben.

Franklin Delano Roosevelt
Amerikanischer Präsident von 1933 bis 1945

Vor dem Hintergrund britischer Zahlungsunfähigkeit waren bereits seit dem Frühjahr 1941 Hilfslieferungen an die Alliierten auf der Grundlage des „Lend-Lease-Act" (Leih-Pacht-Gesetz) abgewickelt worden. Von der Militärhilfe profitierte vor allem England, später aber auch die Sowjetunion.

Der Aufstieg der USA als auch der UdSSR zu ihrer weltbeherrschenden Stellung begann 1941 mit dem japanischen Überfall auf Pearl Harbor und dem Angriff Hitler-Deutschlands auf die UdSSR. Die Gemeinsamkeiten im Kampf gegen den Faschismus ließen zeitweilig die politisch-ideologischen Unterschiede in den Hintergrund treten.

Mit Kriegsbeginn war ein gewaltiges Rüstungsprogramm angekurbelt worden, das rasch Erfolge zeigte. Bereits 1943 übertraf die Produktionskapazität der USA diejenige der Achsenmächte (Deutschland, Italien, Japan). Deren Niederlage 1945 spiegelte die materielle und technologische Überlegenheit der USA wider.

Die Amtszeit von Franklin Delano Roosevelt (1933–45) zählt zu den großen Präsidentschaften in der Geschichte der USA. Als überzeugter Demokrat und Anhänger einer liberalen Weltwirtschaftsordnung führte er sein Land in dem globalen Konflikt mit dem deutschen Nationalsozialismus, dem italienischen Faschismus und dem japanischen Imperialismus. Auf ihn hatten sich die Hoffnungen der Demokraten in vielen Ländern der Welt konzentriert. Als er 1945 verstarb, hinterließ er eine siegreiche Nation mit dem unzweifelhaften Status einer Weltmacht. Seine Vorstellungen hinsichtlich der Nachkriegsordnung, nämlich die Welt kooperativ mit der Sowjetunion Stalins zu regieren, waren allerdings zum Scheitern verurteilt und muten aus heutiger Perspektive illusionär an.

M 3 **Hiroshima nach dem Abwurf der Atombombe am 6. August 1945**

Von der Kooperation zur Konfrontation

Aus dem Zweiten Weltkrieg gingen zwei Weltmächte siegreich hervor: die USA und die UdSSR. Ein bi-polares Weltsystem war entstanden, denn die westeuropäischen Staaten waren faktisch zu politischen Mittelmächten geworden.

Angesichts der Niederlage des Faschismus zerbrach schnell jene „seltsame Allianz" der beiden Großmächte in der Anti-Hitler-Koalition. Ideologische und machtpolitische Gegensätze ließen sich offenbar nur so lange zurückstellen, als ein gemeinsamer Feind vorhanden war.

Der Ost-West-Konflikt entzündete sich an der Verschiebung des sowjetischen Einflussbereiches nach Westen. Die Politik der UdSSR zielte auf die Errichtung eines Gürtels freundlich gesinnter Staaten. Zu diesem Zweck wurde eine Sowjetisierung Osteuropas betrieben, die den alliierten Absprachen in Bezug auf das Selbstbestimmungsrecht der Völker entschieden zuwiderlief.

In der Amtszeit von Roosevelts Nachfolger im Präsidentenamt, Truman, verschärfte sich der Ost-West-Gegensatz zum Kalten Krieg. Als 1947 die britische Regierung erklärte, sie könne die griechische Regierung, die in einem Krieg mit kommunistischen Partisanen stand, nicht länger unterstützen, sprangen die USA aus wirtschaftlichen, strategischen und humanitären Gründen ein. Diese als Truman-Doktrin bezeichnete amerikanische Außenpolitik akzentuierte sich im Sinne einer anti-kommunistischen Strategie der Eindämmung (containment)

- durch militärische und wirtschaftliche Hilfsmaßnahmen an Länder, die von kommunistischen Bewegungen bedroht waren,
- durch ein internationales wirtschaftliches Hilfsprogramm (European Recovery Program, ERP), auch Marshall-Plan genannt,
- durch Bündnispolitik (u. a. Gründung der NATO, 1949) und ein globales Stützpunktsystem.

Zwischen 1947 und 1949 zerfiel die Welt in zwei feindliche Lager. Die Idee einer gemeinsamen globalen Sicherheit hielt der Wirklichkeit nicht stand, die von ideologischer Konfrontation und militärischer Rivalität geprägt war.

M 4 Präsident Harry S. Truman (1945–1953) und Außenminister George C. Marshall
Namensgeber für das – offiziell so genannte – „European Recovery Program" (Marshall-Plan)

Weltpolitik im Rahmen der Ost-West-Beziehungen

Kalter Krieg

Die Kooperation der Weltkriegsverbündeten zerbrach 1947/48. Die USA reagierten darauf mit der Gründung von Militärbündnissen, Stützpunkten und mittelfristig mit der Wiederbewaffnung der Bundesrepublik Deutschland im Rahmen der NATO. Angesichts der nuklearen Überlegenheit der USA bestand die offizielle Militärdoktrin in der „massiven Vergeltung" im Falle eines sowjetischen Angriffes. Spannungen prägten die Beziehungen zwischen Ost und West, wobei die Bezeichnung „Kalter Krieg" nur für Mitteleuropa berechtigt ist. Denn hier kam es trotz verschiedener Konflikte (zum Beispiel Berlin-Blockade 1948/49, Berlin-Krise 1959, Mauerbau 1961) nie zu bewaffneten Auseinandersetzungen.

Der Ausdruck „Kalter Krieg" bezeichnete ab 1947 den Spannungszustand im Kontext des Ost-West-Verhältnisses, wobei der Konflikt primär mit propagandistischen Mitteln, diplomatischen Drohgebärden, wirtschaftlichem Druck und dem Wettrüsten ausgetragen wurde. Auf der Grundlage abgesteckter Einflussbereiche wandelte sich die Konfrontation zur Koexistenz zweier unterschiedlicher Gesellschaftsordnungen. Die Teilung Europas und Deutschlands war festgeschrieben und Ergebnis einer bipolaren Weltordnung.

In den nachfolgenden Jahrzehnten, die von den tief greifenden politischen Gegensätzen zwischen Ost und West geprägt waren, kam es trotz der Spannungen zu keiner unmittelbaren militärischen Konfrontation zwischen den hochgerüsteten Weltführungsmächten. Dies konnte aus wohlerwogenem Überlebensinteresse verhindert werden.

Dreimal nach 1945 drohte der „kalte" Krieg allerdings zu einem globalen „heißen" Krieg zu eskalieren: im Koreakrieg (1950–1953), im

Vietnamkrieg (1964–75) und im Zusammenhang mit der Kuba-Krise, als die Sowjetunion versuchte, Mittelstreckenraketen auf der Karibikinsel zu stationieren (1962).

Koreakrieg

1950 überfiel das kommunistische Nordkorea – man vermutet nicht ohne das Einverständnis Stalins – den Süden des geteilten Landes. Nachdem Südkorea fast gänzlich erobert worden war, schafften es die USA und ihre Verbündeten im Rahmen eines UN-Mandats die Aggression zurückzuschlagen. Trotz des Eingreifens der Volksrepublik China gelang es, den Krieg zu regionalisieren und nach drei Jahren den Status quo ante, also den Zustand vor dem Konflikt, wiederherzustellen (1953). Die Demarkationslinie zwischen Nord- und Südkorea am 38. Breitengrad besitzt bis heute ihre Gültigkeit.

Der Koreakrieg hatte weitreichende militärische, wirtschaftliche und psychologische Folgen. Allgemein wurde er aus europäischer Perspektive als Testfall von Seiten der Sowjetunion angesehen, wie sich die westlichen Demokratien im Falle eines Angriffs verhalten würden. Eine Kapitulation in Korea hätte in dieser Sichtweise die Sowjetunion Stalins ermutigen können, etwas Vergleichbares auch in Europa zu unternehmen. Der Koreakrieg bewirkte daher die militärische Aufrüstung in Europa und er beschleunigte die Wiederbewaffnung der Bundesrepublik Deutschland und ihre Integration in das westliche Verteidigungsbündnis der NATO.

Kuba-Krise

In der Kuba-Krise (1962) stand die Menschheit abermals am Abgrund eines Weltkrieges. Die UdSSR versuchte auf Kuba Mittelstreckenraketen aufzustellen. Dieser Schachzug im globalen Ost-West-Konflikt diente dazu, einen strategischen Vorteil zu erringen. Die amerikanische Führung unter Präsident Kennedy zeigte sich zutiefst entschlossen, eine solche Stationierung zu verhindern. Allerdings hätte ein Einmarsch auf Kuba die Gefahr heraufbeschworen, dass im Gegenzug West-Berlin besetzt werden würde. Letztlich erwiesen sich die Androhung militärischer Gewalt und eine Seeblockade Kubas als erfolgreich. Die UdSSR gab – nicht ohne Prestigeverlust – nach. Als inoffizielle Gegenleistung wurden später die amerikanischen Jupiterraketen aus der Türkei entfernt.

M 5 Kuba-Krise (1962)
Der sowjetische KP-Chef Chruschtschow und US-Präsident Kennedy: „Einverstanden Herr Präsident, wir wollen verhandeln." (Originaltext), britische Karikatur von 1962.

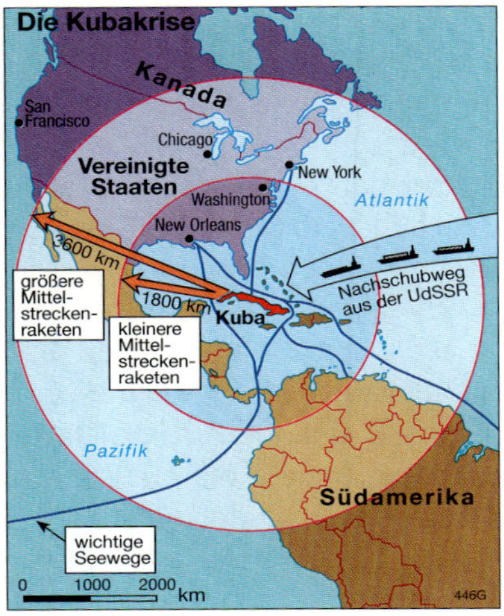

M 6

Vietnamkrieg

M 7

Die USA dokumentierten in der Kuba-Krise ihre Überlegenheit; sie standen im Zenit ihrer Macht.

Von der Kuba-Krise gingen zwei ganz gegensätzliche Folgewirkungen aus: Die faktische Niederlage veranlasste die Führung der UdSSR zu verstärkten Rüstungsanstrengungen, sodass sich schon gegen Ende der sechziger Jahre ein ungefähres nuklearstrategisches Gleichgewicht abzeichnete. Die beiden Weltführungsmächte verfügten nunmehr über globale Vernichtungspotenziale, die eine traditionelle Drohpolitik als widersinnig erscheinen ließen. Die militärische Parität (Gleichwertigkeit) erforderte eine den veränderten Verhältnissen angepasste Militärdoktrin. Die „massive Vergeltung" musste nach Lage der Dinge bei einem Konflikt zur Vernichtung der Menschheit führen. Die neue Strategie von 1967 lautete „flexible response" (wörtlich: angepasste Antwort). Diese sah im Konfliktfall den abgestuften Einsatz von konventionellen Waffen und von taktischen und strategischen Nuklearwaffen vor.

Vietnam war bis zum Zweiten Weltkrieg ein Teil der französischen Kolonie Indochina. Als nach Kriegsende dem Land die Unabhängigkeit verweigert wurde, brach ein Unabhängigkeitskrieg aus. Nachdem die national-kommunistischen Vietminh der französischen Kolonialmacht bei Dien-Bien-Phu (1954) eine schwere Niederlage zugefügt hatten, zog sich Frankreich aus Indochina zurück. Die anschließende Genfer Indochinakonferenz (1954) beschloss die provisorische Teilung Vietnams in einen kommunistischen Norden und einen westlich orientierten Süden. Für 1956 waren gesamt-vietnamesische Wahlen vorgesehen.

Nach dem Abzug der französischen Kolonialmacht steigerten die USA kontinuierlich ihr finanzielles und militärisches Engagement. Sie förderten das antikommunistische und autoritäre Diem-Regime in Saigon, das sich nur auf eine Minderheit aus Soldaten, sozialer Oberschicht und Katholiken stützen konnte. Die gesamtvietnamesischen Wahlen wurden von dieser Regierung boykottiert und die Oppositionellen verfolgt. Diem selbst wurde im Verlaufe eines Armeeputsches 1963 ermordet. Südvietnam nahm danach die Form einer Militärdiktatur an. Gegen dieses Regime hatte sich eine nationalrevolutionäre Widerstandsbewegung (Vietcong) formiert, die von Nordvietnam unterstützt wurde. Es entwickelte sich ein Guerillakrieg, bei dem die USA immer mehr die Hauptlast trugen. Die Zahl amerikanischer Soldaten stieg von 16 000 (1963) auf knapp 550 000 (1968). Diese Eskalation wurde Präsident Johnson, dem Nachfolger J. F. Kennedys, durch die so genannte Tonkin-Golf-Resolution ermöglicht, in der ein gezielt falsch informierter Kongress auf das Vorrecht der Kriegserklärung verzichtete. Diese Blankovollmacht ermöglichte der US-Führung die Bombardierung Nordvietnams und eine weitgehende Amerikanisierung des Krieges.

Mit dem War Powers Act hat der Kongress (1973) die Ermächtigung wieder zurückgenommen. Nunmehr gilt, dass die Kriegsführung ohne Zustimmung des Kongresses nur noch zeitlich begrenzt (60 Tage) möglich ist.

Der seit 1969 im Amt befindliche Präsident Nixon reduzierte die amerikanische Präsenz in Vietnam. Sein Programm der „Vietnamisierung" des Kriegs verband den Rückzug amerikanischer Bodentruppen mit einer Aufrüstung der südvietnamesischen Armee und massiver amerikanischer Luftunterstützung.

Das Pariser Waffenstillstandsabkommen (1973) – ausgehandelt von Richard Nixons Sicherheitsberater und späterem Außenminister Henry Kissinger – leitete die Beendigung der amerikanischen Verwicklung in Vietnam ein.

Das Waffenstillstandsabkommen konnte den Zerfall des südvietnamesischen Regimes Thieu nur für kurze Zeit aufhalten. 1975 zogen Vietcong- und nordvietnamesische Einheiten in Saigon ein.

Der Vietnamkrieg war der längste Krieg in der Geschichte der USA und der erste Krieg, den sie verloren haben. Trotz großer materieller, militärischer und personeller Übermacht gelang den USA keine „Eindämmung". Vielmehr bewirkte der Krieg ein sinkendes Ansehen der USA in der Weltöffentlichkeit und spaltete die amerikanische Nation. Der Verfall der militärischen Moral, die Kriegsmüdigkeit und das Anwachsen einer breiten Protestbewegung zeigten, dass dieser Krieg selbst innerhalb der amerikanischen Gesellschaft stark umstritten war.

Die Niederlage im Vietnamkrieg hatte ganz wesentlich ihre Ursache in der Funktionsweise einer demokratischen Gesellschaft. In ihr kann – im Unterschied zu diktatorisch regierten Staaten – kein Krieg gegen den Willen der Bevölkerungsmehrheit fortgesetzt werden. Selbst Minderheiten besitzen in freiheitlichen Gesellschaften eine Art Vetomacht und können militärische Einsätze politisch erschweren. Die Kriegshandlungen und Kriegsgräuel, die aufgrund der freien Berichterstattung tagtäglich auf den amerikanischen Bildschirmen zu sehen waren, hatten einen großen Einfluss auf die wachsende Ablehnung des Kriegseinsatzes in der amerikanischen Öffentlichkeit.

M 8 **Demonstration gegen den Vietnamkrieg in Washington D.C.**

Außerdem litt das militärische Engagement unter einem Legitimationsdefizit. Zwar kämpften die USA gegen einen kommunistischen Feind, der – jenseits aller Propaganda – weder für Menschenrechte noch für Demokratie eintrat, aber gleichzeitig stützten die Amerikaner eine südvietnamesische Regierung, die mit ähnlich terroristischen Methoden regierte wie die andere Seite.

Der psychologische Vorteil des Vietcong und der hinter ihm stehenden nordvietnamesischen Armee bestand darin, dass sie ihren Kampf als nationale Befreiung vom amerikanischen Kolonialismus darzustellen vermochten. In weiten Teilen der vietnamesischen Bevölkerung galten die amerikanischen Soldaten als die Eindringlinge und weniger als willkommene Helfer in der Not. Von Belang war zweifellos auch die Tatsache, dass der Vietcong die Vorteile des Territoriums besser nutzen konnte. Die Form des Dschungelkrieges begünstigte den technologisch Unterlegenen. Hingegen mussten die amerikanischen Soldaten fernab der eigenen Heimat kämpfen – in einem Umfeld, das ihnen fremd war. Als Folge davon setzte eine weit verbreitete Demoralisierung der Truppen ein.

Der Vietnamkrieg stieß die amerikanische Gesellschaft in eine kollektive Depression, auch weil mit ihm das Ansehen von der Unbesiegbarkeit verloren gegangen war. Er kostete die amerikanische Nation 55 000 Tote und die – für damalige Verhältnisse – gewaltige Summe von etwa 170 Milliarden US-Dollar.

Koexistenz und Entspannung

Bei den Weltmächten wuchs nach der Kuba-Krise langsam die Erkenntnis, dass die atomare Rüstung unter Kontrolle gebracht werden müsse. Das schlug sich im Kernwaffenteststopp-Abkommen von 1963 und auch im Vertrag über die Nichtweiterverbreitung von Kernwaffen (1968) nieder. Beide Abkommen leiteten zu einer dritten Phase der Ost-West-Beziehungen über, in der die Koexistenz durch Entspannung und Zusammenarbeit weitergeführt wurde.

Während der siebziger Jahre entstand ein Beziehungsgeflecht als Antwort auf das „Gleichgewicht des Schreckens". Ost und West suchten neue Formen der Kooperation auf politischem, militärischem und wirtschaftlichem Gebiet:

- Gewaltverzicht und Anerkennung territorialer Besitzstände (z. B. Konferenz für Sicherheit und Zusammenarbeit in Europa: Helsinki 1975).
- Entschärfung von Krisenherden [z. B. Viermächteabkommen über Berlin 1971].
- Rüstungskontrollabkommen (z. B. Begrenzung strategischer Waffen: SALT I (1972) und SALT II (1979).
- Handel, Kredite und Technologietransfer an den Osten.

Auch die neue Ostpolitik der sozialliberalen Bundesregierung Brandt/Scheel war in die politische Großwetterlage vollständig eingebunden und führte zu den Verträgen von Moskau und Warschau (1970). Diese Phase ging 1979/80 zu Ende.

Aufrüstung und neues Misstrauen

Ein entscheidender Auslöser für die Verschlechterung der Beziehungen zwischen den beiden Weltmächten war der Einmarsch sowjetischer Truppen in Afghanistan (Dezember 1979).

Nahezu zeitgleich verloren die USA – allerdings ohne Einflussnahme der Sowjetunion – nach dem Sturz des Schahs von Persien eine hochgerüstete und strategisch wichtige Bastion. Die Geiselnahme von amerikanischen Diplomaten der Teheraner US-Botschaft trug viel zum Stimmungsumschwung der Amerikaner bei.

Der Nahe Osten mit seinen Erdölreserven sowie die Tankerrouten wurden wegen der lebenswichtigen Bedeutung für die westlichen Industriestaaten zu Brennpunkten des Ost-West-Konflikts. Die USA verkündeten, dass der Versuch, Kontrolle über das Gebiet des Persischen Golfes zu erlangen, von ihnen als Angriff auf ihre Lebensinteressen gewertet und militärisch zurückgeschlagen werden würde (US-Präsident Jimmy Carter 1980).

Durch die Entspannungspolitik war das amerikanische Misstrauen gegenüber der UdSSR nicht abgebaut worden. Denn der Ost-West-Konflikt als solcher war nicht beseitigt worden. Er hatte sich vielmehr nur aus dem europäischen Bereich in andere Regionen, vor allem nach Afrika, verlagert (z. B. sowjetisch-kubanisches Engagement in Angola 1975 und Äthiopien 1978).

Zudem hatte die Rüstungskontrollpolitik das Wettrüsten nicht bremsen können. Die UdSSR nutzte die siebziger Jahre zur Vergrößerung und Modernisierung ihres Militärapparates (z. B. Flottenbau, Panzer, SS-20-Mittelstreckenraketen). Die NATO ihrerseits reagierte auf diese Situation mit dem Doppelbeschluss von 1979, der die Aufstellung von Pershing-2-Raketen und Marschflugkörpern für den Fall vorsah, dass Verhandlungen erfolglos bleiben sollten.

So deutete sich der Umschwung zur vierten Phase der Ost-West-Beziehungen bereits am Ende der Amtszeit des amerikanischen Präsidenten Carter an. Die Wahl des nachfolgenden Ronald Reagan (1980) spiegelte den Stimmungsumschwung in den Vereinigten Staaten wider. Reagan knüpfte in seiner Rhetorik an den Kalten Krieg an (die UdSSR wurde als „Reich des Bösen" bezeichnet) und leitete eine umfangreiche

Aufrüstung ein, um die militärisch-politischen Handlungsmöglichkeiten zu erweitern. Verhandlungen mit der UdSSR wurden zwar nicht grundsätzlich abgelehnt, aber sie sollten nur aus einer Position der Stärke heraus geführt werden. Die US-Regierung stellte die Wirtschaftsbeziehungen zwar nicht ein, mit Rücksicht auf die amerikanischen Farmer wurden die umfangreichen Getreidelieferungen fortgesetzt, aber den Transfer von Krediten und Technologien schränkte sie ein.

Annäherung durch sowjetische Reformpolitik

In der zweiten Amtsperiode Präsident Reagans (1984–88) bestimmte die völlig neue sowjetische Außenpolitik das Verhältnis zwischen den beiden Supermächten. Die Politik der Perestroika des sowjetischen Parteichefs Gorbatschow führte zu einer Lockerung der Konfrontation und zu einer Annäherung. Begünstigt durch den Reformkurs der UdSSR führten Verhandlungen zu einem ersten echten Abrüstungsvertrag über die Beseitigung von Mittelstreckenraketen (1987).

Die letzte Phase der sowjetisch-amerikanischen Beziehungen ist geprägt durch die bahnbrechenden Veränderungen im Ost-West-Verhältnis. Die gesellschaftspolitischen Veränderungen in der Sowjetunion, ihr Zerfall, die demokratischen Revolutionen in den Ländern Ostmitteleuropas sowie die Herstellung der Einheit Deutschlands haben das Gesicht der Welt verändert. Die Kategorien „Ost" und „West" haben ihre Bedeutung im Sinne eines Freund-Feind-Verhältnisses verloren. Der Warschauer Pakt hat sich aufgelöst. Der Kalte Krieg als Ausdruck des Systemkonflikts wurde im Rahmen der KSZE in aller Form beendet.

Die Invasion Kuwaits durch den Irak (1990) führte zum Eingreifen der USA in ihrer Rolle als „Weltpolizist". Aufgrund des beigelegten Ost-West-Konflikts geschah dies mit aktiver Unterstützung der Sowjetunion. Zum ersten Mal nach 1945 handelten beide Mächte Hand in Hand, zum Beispiel im Sicherheitsrat der UNO.

Ziel der von der USA geführten anti-irakischen Allianz war es, die Besetzung Kuwaits rückgängig zu machen, die Beherrschung eines Großteils der Erdölreserven durch den Irak zu verhindern sowie das Kriegspotenzial des Iraks (mögliche A-, B- und C-Waffen) zu zerschlagen.

Zu diesem Zweck leiteten die USA mit Tolerierung durch die UdSSR einen gewaltigen Truppenaufmarsch ein (über eine halbe Million Soldaten). Dieser Umfang erklärt sich aus den Erfahrungen im Vietnamkrieg. Die politische Führung von US-Präsident Bush wollte die Wiederholung eines lang andauernden Verschleißkrieges mit sinkender Unterstützung durch die Bevölkerung unter allen Umständen vermeiden. Der überaus schnelle Sieg gab dieser Strategie im Nachhinein Recht.

Nach dem Zerfall des sowjetischen Imperiums gingen die USA als der eigentliche Sieger aus dem Ost-West-Konflikt hervor. Sie haben im Zusammenhang mit dem Golfkrieg gegen den Irak Saddam Husseins bewiesen, dass sie zurzeit die einzige Weltmacht sind, die im globalen Sinne handlungsfähig ist. Gleichwohl können auch die USA nicht den Status einer uneingeschränkten Hegemonialmacht für sich beanspruchen. Für den Golfkrieg bildeten die USA eine umfangreiche Koalition gegen den Irak. Die Finanzierung des Golfkrieges wurde in erheblichem Umfang durch Kuwait, Saudi-Arabien, Japan und Deutschland geleistet. Die USA sind die führende Weltmacht, aber im Rahmen einer multipolaren Welt, in der Europa, die pazifischen Länder mit Japan, die Volksrepublik China und in Zukunft auch Russland eine bedeutende Rolle spielen.

M 9 **Die USA als global player**
Deutsche Karikatur von Luff, veröffentlicht in: „Der Spiegel“, Nr. 12/1992

Chronologie

- **1918** Wilsons 14-Punkte-Programm
- **1920** Wilson scheitert mit seinem Versuch, eine neue Friedensordnung zu errichten.
- **1933–1945** Präsidentschaft Franklin D. Roosevelts
- **1937** Neutralitätsgesetzgebung
- **1941** Lend-Lease-Act (Leih-Pacht-Gesetz): Es ermöglichte den Kauf von Waffen und militärischen Gütern durch „befreundete Staaten“.
- **1941** Atlantik-Charta zwischen US-Präsident Roosevelt und dem britischen Premierminister Churchill
- **1941** Japanischer Überfall auf Pearl Harbor und Eintritt der USA in den 2. Weltkrieg
- **1945** Kapitulation Deutschlands und Japans;
Abwurf der Atombomben auf Hiroshima und Nagasaki
- **1945** Konferenz von Potsdam;
Einstellung der amerikanischen Lend-Lease-Lieferungen an die UdSSR
- **1947** Truman-Doktrin; Marshall-Plan
- **1949** Gründung der NATO (North Atlantic Treaty Organization)
- **1950–1953** Koreakrieg
- **1962** Kuba-Krise
- **1964–1975** Vietnamkrieg
- **1991** Golfkrieg: Eine Allianz von 31 Staaten unter der Führung der USA besiegt den Irak.
- **1991** Selbstauflösung der Sowjetunion

M 10 Atlantik-Charta

Am 14. August 1941 trafen sich US-Präsident Roosevelt und der britische Premierminister Churchill auf einen Kriegsschiff vor der kanadischen Insel Neufundland, um die Prinzipien einer gemeinsamen Kriegs- und Nachkriegspolitik festzulegen:

Der Präsident der Vereinigten Staaten von Amerika und der Premierminister, Mr. Churchill, als Vertreter der Regierung seiner Majestät im Vereinigten Königreich, die zusammengetroffen sind, halten es für angezeigt, eine gemeinsame Erklärung bekannt zu geben über gewisse allgemeine Grundsätze in der nationalen Politik ihrer Länder, auf die sie ihre Hoffnungen für eine bessere Zukunft der Welt gründen.
• Erstens, ihre Länder streben nach keiner territorialen oder sonstigen Vergrößerung;
• Zweitens, sie wünschen keine territorialen Veränderungen zu sehen, die nicht mit den frei geäußerten Wünschen der betroffenen Völker übereinstimmen;
• Drittens, sie achten das Recht aller Völker, die Regierungsform zu wählen, unter der sie leben wollen; und sie wünschen, dass die souveränen Rechte und die Selbstregierung derjenigen wiederhergestellt werden, denen sie gewaltsam genommen worden sind;
• Viertens, sie werden bestrebt sein, unter gebührender Berücksichtigung ihrer bestehenden Verpflichtungen den gleichberechtigten Zugang aller Staaten, ob groß oder klein, ob Sieger oder Besiegte, zu dem Handel und den für ihr wirtschaftliches Gedeihen erforderlichen Rohstoffen der Welt zu fördern;
• Fünftens, sie wünschen die vollste Zusammenarbeit aller Nationen auf wirtschaftlichem Gebiet herbeizuführen, mit dem Ziele, verbesserte Arbeitsbedingungen, wirtschaftlichen Fortschritt und soziale Sicherheit für alle zustande zu bringen;
• Sechstens, sie hoffen, nach der endgültigen Zerstörung der Nazityrannei einen Frieden geschaffen zu sehen, der allen Nationen die Mittel bieten wird, innerhalb der eigenen Grenzen in Sicherheit zu leben, und der gewährleisten wird, dass alle Menschen in allen Ländern frei von Furcht und Mangel leben können;
• Siebtens, ein solcher Frieden sollte es allen Menschen ermöglichen, die hohe See und die Ozeane ohne Hinderung zu überqueren;
• Achtens, sie glauben, dass alle Nationen der Welt sowohl aus realistischen als auch aus geistigen Gründen dazu gelangen müssen, auf jede Gewaltanwendung zu verzichten. Da künftig kein Frieden gewahrt bleiben kann, wenn Rüstungen zu Lande, zu Wasser und in der Luft weiterhin von Nationen vorgenommen werden, die mit Angriffen über ihre Grenzen drohen oder drohen können, glauben sie, dass die Abrüstung solcher Nationen unumgänglich ist, bis ein umfassenderes und dauerndes System allgemeiner Sicherheit errichtet sein wird. Sie werden gleichfalls die sonstigen praktischen Maßnahmen unterstützen und ermutigen, die den friedliebenden Völkern die erdrückenden Rüstungslasten erleichtern werden.

Zit. nach: G. Zieger, Die Atlantik-Charta, hrsg. v. d. Niedersächsischen Landeszentrale für politische Bildung, Hannover 1963, S. 93 ff.

M 11 Eine fast endlose Prozession von Militärflugzeugen auf den Fließbändern der Douglas-Flugzeugwerke in Kalifornien: In wenigen Monaten gelang den Amerikanern die Umstrukturierung ihrer Wirtschaft auf die Massenproduktion von Rüstungsgütern. Bereits Ende 1942 produzierten die USA mehr als die Achsenmächte zusammen.

M 12 Die Vereinigten Staaten von Amerika – ein „gigantischer Dampfkessel"

Der britische Premierminister Winston Churchill über den Kriegseintritt der USA nach dem japanischen Überfall auf Pearl Harbor (7. Dezember 1941):

Kein Amerikaner wird mir das Geständnis verargen, dass es mir zur größten Freude gereichte, die Vereinigten Staaten an unserer Seite zu wissen. Den Gang der Ereignisse konnte ich zwar nicht voraussehen, und ich gebe nicht vor, dass ich die kriegerische Potenz Japans richtig bewertete; ich wusste in jenem Augenblick nur: Die Vereinigten Staaten beteiligen sich aktiv am Krieg und sind auf Leben und Tod engagiert. Damit hatten wir dennoch gesiegt! […]
Der Sieg war uns gewiss. England würde leben, Großbritannien würde leben, das Commonwealth of Nations und das Empire würden leben. Wie lang der Krieg dauern und in welcher Weise er zu Ende gehen würde, das konnte niemand voraussehen; ich fragte in jenem Moment auch nicht danach. […] Dumme Menschen, deren es viele und nicht nur in den feindlichen Ländern gab, neigten dazu, die

Kraft der Vereinigten Staaten zu unterschätzen. Einige sagten, sie seien schlapp, andere, man würde sich dort niemals einig. Sie würden sich höchstens aus der Entfernung ein wenig wichtig machen. Zu hart auf hart würden sie es nie kommen, nie würden sie eigenes Blut fließen lassen. Das demokratische System mit ewigen Wahlen müsse alle Kriegsanstrengungen lähmen, und so würden sie für Freund und Feind eine verschwommene Silhouette am Horizonte bleiben. Aller Welt würde sich jetzt die Schwäche dieser volkreichen, aber fernen, wohlhabenden und sich Ruhm bereitenden Nation offenbaren. Ich hingegen hatte mich eingehend mit dem bis zum letzten Zoll durchgekämpften amerikanischen Sezessionskrieg befasst. In meinen Adern fließt auch amerikanisches Blut. Eine Bemerkung [des britischen Außenministers] Sir Edward Greys vor über dreißig Jahren fiel mir ein, in der er die Vereinigten Staaten mit einem „gigantischen Dampfkessel" verglich. „Wenn er erst einmal angeheizt ist, werden der von ihm entwickelten Kraft keine Grenzen gesetzt sein." Übersättigt von Aufregung und Gefühlsstürmen, ging ich zu Bett und schlief dankbar den Schlaf des Geretteten.

W. Churchill, Der Zweite Weltkrieg, Bern 1954, S. 566 f.

M 13 Truman-Doktrin

In einer Botschaft an den Kongress am 12. März 1947 verkündete US-Präsident Harry S. Truman einen neuen Grundsatz amerikanischer Außenpolitik:

In einer Anzahl von Ländern waren den Völkern kürzlich gegen ihren Willen totalitäre Regimes aufgezwungen worden. Die Regierung der Vereinigten Staaten hat mehrfach gegen Zwang und Einschüchterung bei der Verletzung des Jalta-Abkommens in Polen, Rumänien und Bulgarien protestiert. Und weiter muss ich feststellen, dass in einer Anzahl anderer Staaten ähnliche Entwicklungen stattgefunden haben.

Im gegenwärtigen Abschnitt der Weltgeschichte muss fast jede Nation ihre Wahl in Bezug auf ihre Lebensweise treffen. Nur allzu oft ist es keine freie Wahl.

Die eine Lebensweise gründet sich auf den Willen der Mehrheit und zeichnet sich durch freie Einrichtungen, freie Wahlen, Garantie der individuellen Freiheit, Rede- und Religionsfreiheit und Freiheit von politischer Unterdrückung aus.

Die zweite Lebensweise gründet sich auf den Willen einer Minderheit, der der Mehrheit aufgezwungen wird. Terror und Unterdrückung, kontrollierte Presse und Rundfunk, fingierte Wahlen und Unterdrückung der persönlichen Freiheiten sind ihre Kennzeichen.

Ich bin der Ansicht, dass es die Politik der Vereinigten Staaten sein muss, die freien Völker zu unterstützen, die sich der Unterwerfung durch bewaffnete Minderheiten oder durch Druck von außen widersetzen.

Ich glaube, dass wir den freien Völkern helfen müssen, sich ihr eigenes Geschick nach ihrer eigenen Art zu gestalten.

Ich bin der Ansicht, dass unsere Hilfe in erster Linie in Form wirtschaftlicher und finanzieller Unterstützung gegeben werden sollte, die für eine wirtschaftliche Stabilität und geordnete politische Vorgänge wesentlich ist.

Die Welt steht nicht still, und der Status quo ist nicht heilig. Aber wir können keine Veränderungen im Status quo zulassen, die eine Verletzung der Charta der Vereinigten Nationen durch Zwangsmethoden oder durch vorsichtigere Maßnahmen wie eine politische Durchdringung bedeuten. Wenn wir freien und unabhängigen Nationen helfen, ihre Freiheit zu bewahren, so werden wir damit die Prinzipien der Charta der Vereinten Nationen verwirklichen. Man braucht nur einen Blick auf die Karte zu werfen, um zu erkennen, dass Existenz und Integrität der griechischen Nation von schwerwiegender Bedeutung im Rahmen einer viel umfassenderen Situation sind. Sollte Griechenland der Kontrolle einer bewaffneten Minderheit unterworfen werden, so würde das sofort schwerwiegende Auswirkungen auf seinen Nachbarn, die Türkei, haben. Verwirrung und Unordnung würden sich vielleicht durch den ganzen Mittleren Osten verbreiten.

Zit. nach: E.-U. Huster u. a., Determinanten der westdeutschen Restauration 1945–1949, Frankfurt 1972, S. 338 f.

M 14 Kooperation oder Konfrontation?

Der amerikanische Diplomat George F. Kennan, der maßgeblich an der Politik der Eindämmung mitgewirkt hat, schrieb anlässlich der Potsdamer Konferenz (1945):

Die Idee, Deutschland gemeinsam mit den Russen regieren zu wollen, ist ein Wahn. [...]

Es versteht sich – bei solchen Überzeugungen –, dass ich die Arbeit der Konferenz von Potsdam mit Skepsis und Entsetzen verfolgte. Ich kann mich an kein politisches Dokument erinnern, das mich je so deprimiert hätte wie das von Truman unterzeichnete Kommuniqué am Ende dieser wirren und verwirrenden Verhandlungen. Nicht nur weil ich wusste, dass die Idee einer gemeinsamen Vier-Mächte-Kontrolle, die man jetzt zur Grundlage für die Regierung Deutschlands gemacht hatte, abwegig und undurchführbar sei. Auch die unpräzise Ausdrucksweise, die Verwendung so dehnbarer Begriffe wie „demokratisch", „friedlich", „gerecht" in einem Abkommen mit den Russen lief allem direkt zuwider, was siebzehn Jahre Russlanderfahrung mich über die Technik des Verhandelns mit der sowjetischen Regierung gelehrt hatten. Die Behauptung zum Beispiel, wir würden zusammen mit den Russen das deutsche Erziehungssystem „nach demokratischen Richtlinien" umformen, ließ Rückschlüsse zu, die nach allem, was wir von der Geisteshaltung der sowjetischen Führer und den damaligen russischen Erziehungsgrundsätzen wussten, völlig ungerechtfertigt waren. Noch erschreckender las sich die von uns verkündete Absicht, in Zusammenarbeit mit den Russen das deutsche Rechtswesen so umzugestalten, dass es „den Prinzipien der Demokratie, der Urteilsfindung nach Recht und Gesetz und der gleichen Behandlung aller Bürger ohne Ansehen von Rasse, Nationalität oder Religion" entspräche. Für die weitere Behauptung, man werde die politische Tätigkeit „demokratischer Parteien und die dazugehörige Versammlungsfreiheit und öffentliche Diskussion" nicht nur gestatten, sondern „ermutigen", würden mildernde Umstände schwer zu finden sein. Jeder Mensch in Moskau hätte unsern Unterhändlern sagen können, was die sowjetische Führung unter „demokratischen Parteien" verstand. Die Irreführung der Öffentlichkeit in Deutschland und im Westen durch die Verwendung eines solchen Ausdrucks in einem Dokument, das außer von Stalin auch von den Herren Truman und Attlee unterzeichnet war, ließ sich selbst mit allergrößter Naivität nicht entschuldigen.

G. F. Kennan, Memoiren eines Diplomaten, Stuttgart 1968, S. 262 ff.

M 15 Antikommunismus

Der amerikanische Außenminister John Foster-Dulles (1953–1959) erläutert sein Bild vom sowjetischen Kommunismus (1953):

[…] Es gibt eine Reihe von politischen Fragen, die ich vorziehe, mit dem Ausschuss in einer geschlossenen Sitzung zu diskutieren, aber ich habe keine Einwände dagegen, in einer offenen Sitzung zu sagen, was ich schon früher gesagt habe: nämlich, dass wir niemals einen sicheren Frieden oder eine glückliche Welt haben werden, solange der sowjetische Kommunismus ein Drittel aller Menschen, die es gibt, beherrscht und dabei ist, mindestens den Versuch zu machen, seine Herrschaft auf viele andere auszuweiten.

Diese versklavten Menschen sind Menschen, die die Freiheit verdienen, und die, vom Standpunkt unseres Eigeninteresses, die Freiheit haben sollten, weil sie, wenn sie unterwürfige Mittel eines aggressiven Despotismus sind, irgendwann einmal zu einer Kraft zusammengeschweißt werden, die für uns selbst und die ganze freie Welt höchst gefährlich sein wird.

Deswegen müssen wir immer die Befreiung dieser unterjochten Völker im Sinn behalten. Nun bedeutet Befreiung nicht einen Befreiungskrieg. Befreiung kann auch erreicht werden durch Vorgänge unterhalb der Kriegsschwelle. Wir haben als ein Beispiel, wenn auch nicht als ideales Beispiel, aber es veranschaulicht meine Argumentation, den Abfall Jugoslawiens unter Tito von der Herrschaft des sowjetischen Kommunismus. [1948] […]

Deswegen ist eine Politik, die nur darauf zielt, Russland auf den Bereich zu beschränken, in dem es schon ist, für sich allein genommen eine unvernünftige Politik; es ist aber auch eine Politik, die zum Scheitern verurteilt ist, weil eine nur defensive Politik niemals gegen eine aggressive Politik gewinnt. Wenn unsere Politik nur darauf zielt, zu bleiben, wo wir sind, dann werden wir zurückgedrängt. Allein dadurch, dass wir an der Hoffnung auf Befreiung festhalten, dass wir uns diese Hoffnung zu Nutze machen, wenn sich eine Gelegenheit bietet, werden wir dieser schrecklichen Gefahr ein Ende machen, die die Welt beherrscht, die uns so schreckliche Opfer und so große Zukunftsängste auferlegt. Aber all dies kann und muss getan werden in Formen, die keinen allgemeinen Krieg provozieren, und in Formen, die auch keinen Aufstand provozieren, der mit blutiger Gewalt zerschlagen würde. […] Die Bedrohung durch den sowjetischen Kommunismus ist meiner Meinung nach nicht nur die schwerste Bedrohung, der sich die Vereinigten Staaten je ausgesetzt sahen, sondern auch die schwerste Bedrohung, dem das, was wir westliche Kultur nennen, oder überhaupt jede Kultur, die vom Glauben an Gott geprägt ist, je ausgesetzt war. Der sowjetische Kommunismus ist seinem Wesen nach atheistisch und materialistisch. Er glaubt, menschliche Wesen seien nicht mehr als etwas bessere Tiere […]. Glaubt man jedoch an die göttliche Natur des Menschen, dann ist es eine Ideologie, die völlig unannehmbar ist und die mit diesem Glauben vollständig unvereinbar ist.

Zit. nach: E.-O. Czempiel, C.-Chr. Schweitzer, Weltpolitik der USA nach 1945, Leverkusen, 1984, S. 125 f.

M 16 Militärpakte

Der Politikwissenschaftler Hans Wassmund stellt dar, wie die USA dem Kommunismus begegneten:

Während nach dem Ende der Kampfhandlungen an den europäischen und asiatischen Fronten 1945 praktisch keine formellen Militärpakte mehr existierten, gehörten nur zehn Jahre später bis auf ganz wenige Ausnahmen alle wichtigen Staaten der Erde zu einem der rivalisierenden Bündnissysteme.

Auf der einen Seite standen die USA im Zentrum eines weltumspannenden Systems von Militärpakten: Mit den westeuropäischen Staaten schlossen sie 1949 die Nordatlantische Verteidigungsgemeinschaft (NATO), der sich 1955 auch die Bundesrepublik Deutschland anschloss; im pazifischen Raum gründeten sie 1951 mit Australien und Neuseeland den Anzus-Pakt und 1954 zusammen mit Australien, Frankreich, Neuseeland und den Philippinen die Südostasiatische Verteidigungsgemeinschaft (SEATO). Schließlich waren die USA seit 1947 mit weiteren 20 Staaten des amerikanischen Kontinents durch den Rio-Pakt verbunden. Auf der anderen Seite war aufgrund der Initiative der Sowjetunion ein dichtes Netz von Verträgen und Bündnisstrukturen geschaffen worden, durch das Moskau seine militärischen Potenziale steigerte […]. Der sowjetisch-chinesische Verteidigungspakt vom Februar 1950 z. B. räumte der Sowjetunion eine Fülle von Sonderrechten in der gerade gegründeten Volksrepublik ein […].

Die Vielzahl der bilateralen Bündnispakte, die die Sowjetunion mit allen osteuropäischen Staaten bereits geschlossen hatte, wurde 1955 durch den Warschauer Pakt ergänzt, in dem Moskau sich mit sieben Staaten Ost- und Südosteuropas zu „Freundschaft, Zusammenarbeit und gegenseitigem Beistand" verbündete.

Gemeinsame Abschreckung des Gegners vor unbedachten Militäraktionen und Eindämmung der Kommunistischen Weltbewegung ganz generell wurden zu den zentralen Zielen der im ersten Jahrzehnt nach 1945 entstandenen westlichen Militärbündnisse. Ihnen standen im östlichen Militärlager „Verteidigung der Errungenschaften des Sozialismus" und [die] „Durchsetzung des Sozialismus im Weltmaßstab" gegenüber.

H. Wassmund, Die Supermächte und die Weltpolitik, München 1989, S. 58 f.

M 17

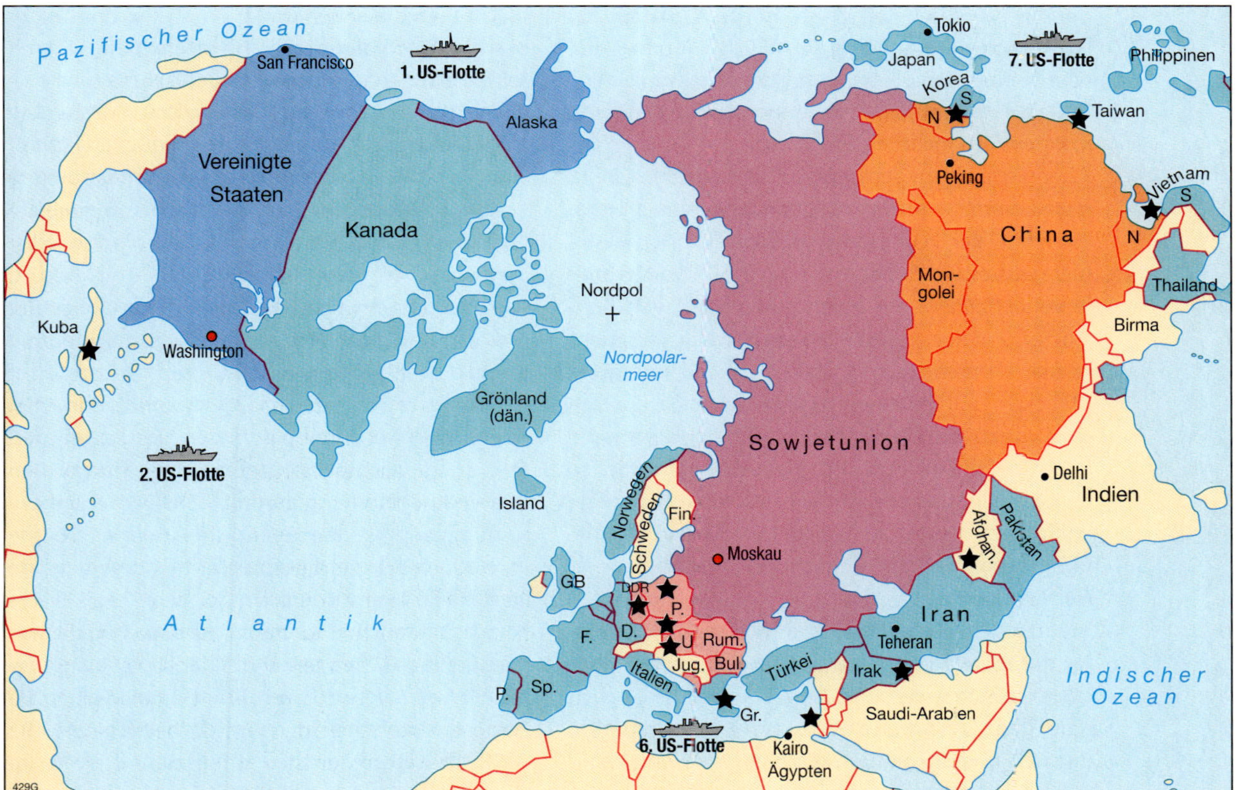

Die Welt im Ost-West-Konflikt nach 1949

USA und Verbündete | Sowjetunion und Verbündete | Kommunistische Staaten in Asien | strategische US-Flotten | ★ Konflikte im Kalten Krieg

M 18 Die „Dominotheorie"

Der US-Präsident Dwight David Eisenhower begründete das amerikanisches Engagement in Südostasien (1954):

[...] Es geht da um Spezifisches und Allgemeines, wenn man sich über alle diese Dinge Gedanken macht. Zum Ersten geht es um den spezifischen Wert eines geografischen Raumes im Hinblick auf die Produktion von Rohstoffen, die die Welt braucht.
Dann besteht die Möglichkeit, dass viele Menschen unter eine Diktatur geraten, die der freien Welt feindlich gegenübersteht.
Schließlich gibt es allgemeinere Erwägungen, die sich ableiten aus einem Prinzip, das man als „Dominotheorie" bezeichnen kann.
Es steht da eine Reihe von Dominosteinen. Sie stoßen den ersten um, und was mit dem letzten geschieht, ist die Gewissheit, dass es sehr schnell gehen wird. So könnte der Anfang eines Zerfalls mit außerordentlich weitreichenden Folgen aussehen.
Nun zu dem ersten Punkt: Zwei Dinge, die die Welt aus dieser speziellen Gegend bezieht, sind Zinn und Wolfram. Diese sind sehr wichtig. Natürlich gibt es noch andere, die Gummiplantagen usw.
Dann zu der zunehmenden Anzahl von Menschen, die unter diese Herrschaft geraten: Asien hat schließlich bereits ungefähr 450 Millionen Menschen seiner Bevölkerung an die kommunistische Diktatur verloren, und wir können uns größere Verluste einfach nicht leisten.
Aber wenn wir zu dem möglichen Ablauf der Ereignisse kommen, dem Verlust von Indochina, Burma, Thailand, der Halbinsel und danach Indonesiens, hier geht es um Gebiete, die nicht nur die Nachteile vervielfachen, die durch den Verlust von Rohstoffen und Rohstoffquellen entstünden, jetzt geht es hier vielmehr in Wirklichkeit um Millionen und Millionen und Millionen von Menschen. Schließlich wird durch die damit entstandene geografische Situation vieles bewirkt: Sie verschiebt die so genannte Inselverteidigungskette: Japan, Formosa, Philippinen weiter südwärts; mit dieser Verschiebung kommt es zur Bedrohung Australiens und Neuseelands.
In wirtschaftlicher Hinsicht verliert Japan die Gebiete, die es als Handelspartner braucht; oder aber Japan müsste seinerseits, um weiterzuleben, sich in eine ganz bestimmte Richtung hin orientieren, nämlich zu den kommunistischen Gebieten.
So sind also die möglichen Konsequenzen des Verlusts für die freie Welt gar nicht auszudenken. [...]

Zit. nach: E.-O. Czempiel, C.-Chr. Schweitzer, a. a. O., S. 154.

M 19 Containment in der Dritten Welt

Die Politikwissenschaftler Peter H. Merkl und Dieter Raabe verdeutlichen, warum das Konzept der Eindämmung in der Dritten Welt nicht funktionierte:

Die sowjetische und chinesische Unterstützung von Guerillabewegungen wurde aus amerikanischer Sicht mit dem Versuch der Erweiterung des kommunistischen Machtbereichs gleichgesetzt und als Herausforderung der Containment-Strategie betrachtet. Aber die herkömmliche Definition der Aggression ließ sich in solchen Fällen nicht länger anwenden. Die Voraussetzungen für eine gemeinsame Haltung des westlichen Verteidigungsbündnisses mussten somit entfallen. Das Festhalten an einem wenig flexiblen Verteidigungskonzept führte immer wieder zu amerikanischen Einzelreaktionen und Interventionen, so in Guatemala (1954), im Libanon (1958), in Kuba (1961), in der Dominikanischen Republik (1965) und schließlich in Vietnam. Kritiker dieser Politik konnten mit gutem Grund Vergleiche mit der bereits 1904 von Präsident Theodore Roosevelt beanspruchten Rolle Amerikas als Weltgendarm ziehen. Das starre Festhalten an überholten Denkmodellen unter den Bedingungen der Konkurrenz der Supermächte um die neuen Nationen Afrikas und Asiens brachte Amerika schließlich in offenen Konflikt mit seinen eigenen traditionellen Idealen und führte im Verlauf des Vietnamkrieges zu einer der schwersten und folgenreichsten Krisen der amerikanischen Politik. Dieser Konflikt trat besonders in der Unterstützung „antikommunistischer", diktatorischer Regime zutage. Die amerikanische Demokratie, die sich selbst gern auf ihre revolutionäre Entstehung beruft, widersetzte sich immer wieder – oft im Namen der Freiheit und der Demokratie – revolutionärem Wandel in der Dritten Welt; ein deutliches Indiz für das konservative Demokratieverständnis der Amerikaner. Ironischerweise erwiesen sich jedoch derartige Regime immer wieder als die unwirksamsten Bollwerke gegen kommunistische Unterwanderung, also gegen den eigentlichen Gegner. Gerade in Vietnam wurde diese Erkenntnis bereits lange vor dem Ende erreicht. Die besondere Tragik dieses Krieges bestand nicht zuletzt in seiner langjährigen Fortsetzung für letzten Endes gänzlich belanglose Ziele. Wie aus den 1971 veröffentlichten „Pentagon-Papieren" hervorgeht, lauteten bereits im März 1965 die amerikanischen Kriegsziele in Vietnam wie folgt: „70 Prozent – Vermeidung einer demütigenden amerikanischen Niederlage (in unserem Ansehen als Garant); 20 Prozent – die Bewahrung

Südvietnams (und des angrenzenden Territoriums) vor chinesischem Zugriff; 10 Prozent – der Bevölkerung Südvietnams ein besseres, freieres Leben zu ermöglichen."

P. H. Merkl, D. Raabe, Politische Soziologie der USA, Wiesbaden 1977, S. 182 f.

M 20 Die Nachwirkungen des Vietnamkriegs (rechts)
US-Präsident Bill Clinton angesichts der Frage, ob amerikanische Truppen auf dem Balkan eingesetzt werden sollen, Karikatur aus dem Jahr 1993.

M 21 Entspannung und Kriegsvermeidung

Grundsatzerklärung über die amerikanisch-sowjetischen Beziehungen, am 29. Mai 1972 in Moskau anlässlich des Besuchs von US-Präsident Nixon in der Sowjetunion unterzeichnet:

Die Vereinigten Staaten von Amerika und die Union der Sozialistischen Sowjetrepubliken sind [...] wie folgt übereingekommen:
1. Sie werden von dem gemeinsamen Schluss ausgehen, dass es im Nuklearzeitalter keine andere Alternative gibt, als die gegenseitigen Beziehungen auf der Grundlage einer friedlichen Koexistenz zu gestalten. Unterschiede in der Ideologie und in den Gesellschaftssystemen der USA und der UdSSR sind keine Hindernisse für die bilaterale Entwicklung normaler Beziehungen, die auf den Grundsätzen der Souveränität, der Gleichberechtigung, der Nichteinmischung in innere Angelegenheiten und des beiderseitigen Vorteils beruhen.
2. Die USA und die UdSSR legen größten Wert darauf, das Entstehen von Situationen zu verhindern, die zu einer gefährlichen Verschlechterung ihrer Beziehungen führen könnten. Sie werden daher ihr Äußerstes tun, um militärische Konfrontationen zu vermeiden und den Ausbruch eines Nuklearkrieges zu verhindern. Sie werden in ihren gegenseitigen Beziehungen stets Zurückhaltung üben, und sie werden bereit sein, zu verhandeln und Meinungsverschiedenheiten mit friedlichen Mitteln beizulegen. Gespräche und Verhandlungen über offen stehende Fragen werden in einem Geiste der Gegenseitigkeit, des beiderseitigen Entgegenkommens und des beiderseitigen Vorteils geführt werden. Beide Seiten erkennen an, dass Bestrebungen, direkt oder indirekt einen einseitigen Vorteil auf Kosten des anderen zu erreichen, nicht im Einklang mit diesen Zielen stehen.
Die Voraussetzungen für die Erhaltung und Stärkung friedlicher Beziehungen zwischen den USA und der UdSSR sind die Anerkennung der Sicherheitsinteressen der Vertragspartner auf der Basis des Grundsatzes der Gleichberechtigung und der Verzicht auf Anwendung oder Androhung von Gewalt. [...]
6. Die Vertragspartner werden ihre Bemühungen fortsetzen, die Rüstungen sowohl auf bilateraler als auch auf multilateraler Basis zu begrenzen. Sie werden weiterhin besondere Anstrengungen unternehmen, um die strategischen Rüstungen zu begrenzen. Wo immer möglich, werden sie konkrete Abkommen schließen, die der Erreichung dieser Ziele dienen. [...]
7. Die USA und die UdSSR betrachten Handels- und Wirtschaftsbeziehungen als ein wichtiges und notwendiges Element der Stärkung ihrer bilateralen Beziehungen und werden daher das Wachstum solcher Beziehungen fördern. Sie werden die Zusammenarbeit zwischen den zuständigen Organisationen und Unternehmen beider Länder [...] erleichtern.
8. Beide Seiten betrachten es als angebracht und nützlich, gegenseitige Kontakte und Zusammenarbeit auf den Gebieten der Wissenschaft und der Technologie zu entwickeln. Wo angebracht, werden die USA und die UdSSR geeignete Abkommen schließen, die sich auf die konkrete Zusammenarbeit auf diesen Gebieten erstrecken.

Zit. nach: E.-O. Czempiel, C.-Chr. Schweitzer, Weltpolitik der USA nach 1945, Leverkusen 1984, S. 327 ff.

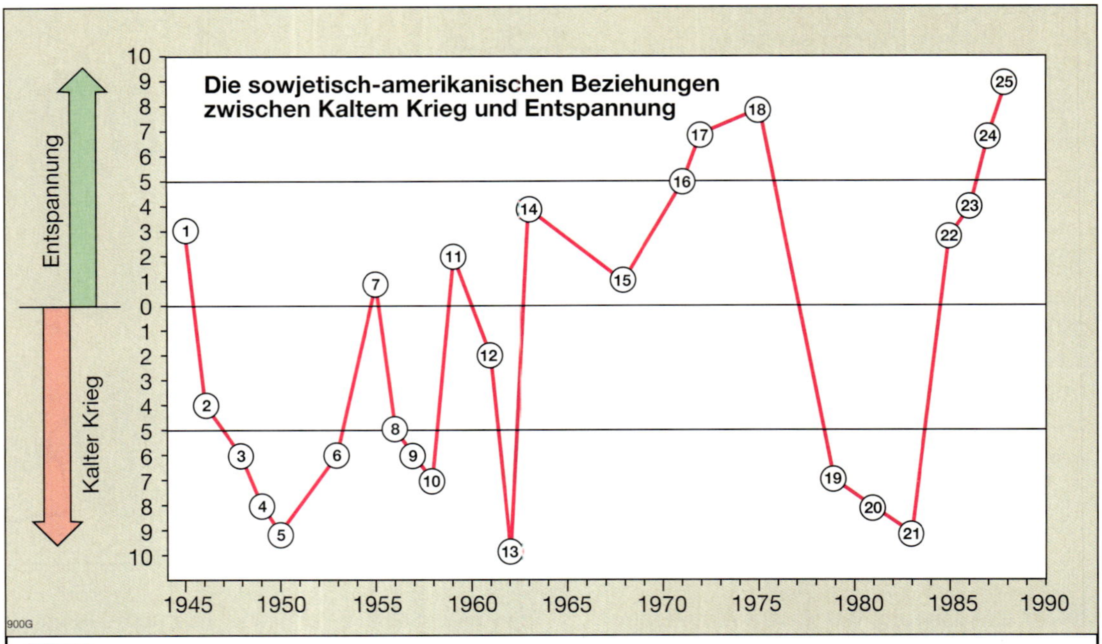

M 22 **Die sowjetisch-amerikanischen Beziehungen zwischen Kaltem Krieg und Entspannung**

1	Mai bzw. Aug. 1945	Ende des Krieges in Europa bzw. Asien; Gründung der UNO
2	März–Sept. 1947	Truman-Doktrin/Marshallplan; 2-Lager-Theorie
3	Feb. bzw. Juni 1948	Kommunistischer Umsturz in der CSSR bzw. Beginn der sowjetischen Blockade Berlins
4	April bzw. Okt. 1949	Gründung der NATO; kommunistische Staatsgründung in China und der DDR
5	Juni 1950	Ausbruch des Korea-Krieges
6	März bzw. Juli 1953	Tod Stalins bzw. Waffenstillstand in Korea
7	Juli 1955	Genfer Gipfelkonferenz der vier Siegermächte
8	Okt./Nov. 1956	„Doppelkrise" von Ungarn und Suez
9	Okt. 1957	Sowjetischer Sputnik
10	Nov. 1958	Sowjetisches Berlin-Ultimatum
11	Sept. 1959	Gipfeltreffen in Camp David
12	Aug. 1961	Bau der Berliner Mauer
13	Okt./Nov. 1962	Kuba-Krise
14	Juli/Aug. 1963	Vertrag über Stopp von Atomtests und „heißen Draht"
15	Juli/Aug. 1968	Kernwaffensperrvertrag; Ende des „Prager Frühlings"
16	Sept. 1971	Berlin-Abkommen
17	Mai 1972	SALT-1-Vertrag
18	Aug. 1975	Schlussakte der KSZE in Helsinki
19	Dez. 1979	NATO-Doppelbeschluss; sowjetische Besetzung Afghanistans
20	Dez. 1981	Kriegsrecht in Polen; amerikanische Handelssanktionen gegen die UdSSR
21	Nov./Dez. 1983	Abbruch aller Rüstungskontrollverhandlungen in Genf
22	Nov. 1985	Gipfeltreffen in Genf
23	Okt. 1986	Gipfeltreffen in Reykjavik
24	Nov./Dez. 1987	Einigung in Genf über Abbau der Mittelstreckenraketen; Unterzeichnung dieses INF-Vertrages beim Gipfeltreffen in Washington (über die Vernichtung der Mittelstreckenraketen)
25	Mai–Aug. 1988	Gipfeltreffen in Moskau; Fortsetzung des sowjetischen Rückzugs aus Afghanistan; Waffenstillstandsabkommen für Iran/Irak, Angola/Namibia; gegenseitige Besuche der amerikanischen und sowjetischen Generalstabschefs, überwachter Abbau von Mittelstreckenraketen

Nach: H. Wassmund, Die Supermächte und die Weltpolitik, München 1989, S. 54 f.

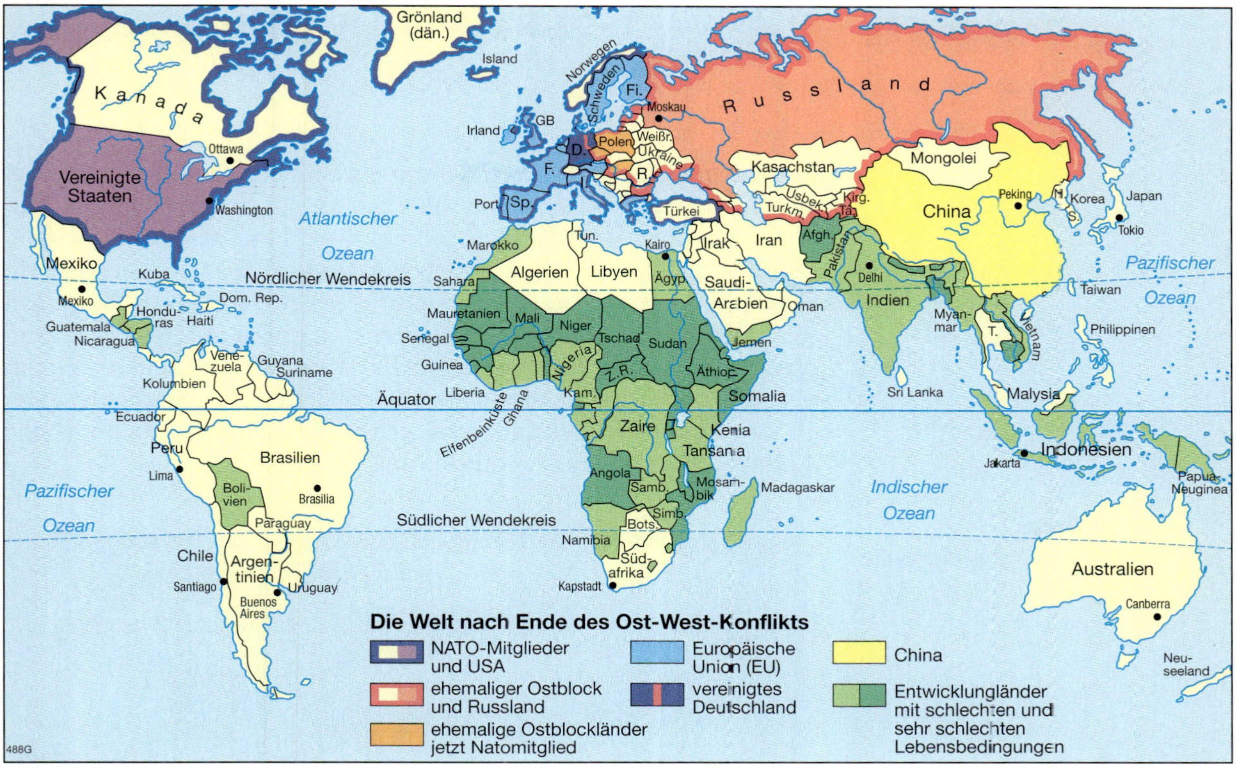

M 23

Aufgaben

1. Erläutern Sie das außenpolitische Konzept von US-Präsident Wilson.
   → Text
2. Mit welcher Zielsetzung griffen die USA in den Zweiten Weltkrieg ein? Beurteilen Sie den Erfolg dieser Politik.
   → Text, M10
3. Schildern Sie die Gefühle, die der britische Premierminister Churchill nach dem Kriegseintritt der USA hatte.
   → M12
4. Kennzeichnen Sie die Politik der Eindämmung (containment).
   → Text, M4, M13–M19
5. Man hat den Kalten Krieg als die Form der Konfrontation im Atomzeitalter bezeichnet. Erläutern Sie dies.
   → Text, M5
6. Wie begründet Dulles seine außenpolitische Konzeption? Beurteilen Sie, wie realistisch die Politik des „roll back" war.
   → M15
7. Stellen Sie die Herausbildung der beiden feindlichen Lager in der Nachkriegszeit dar.
   → Text, M14, M16, M17
8. Inwiefern leitet sich aus der „Dominotheorie" das Eingreifen der USA in Vietnam ab?
   → Text, M18
9. „Das vietnamesische Bollwerk ... war auf Sumpf gebaut (Theo Sommer)." Auf welche Ursachen ist die Niederlage der USA im Vietnamkrieg zurückzuführen?
   → Text, M7, M8, M19, M20
10. Untersuchen Sie die Probleme, zu denen die amerikanische „Eindämmungspolitik" in der Dritten Welt führte.
    → Text, M19
11. Formulieren Sie jene Erkenntnisse, auf denen die Entspannungspolitik beruhte.
    → Text, M5, M21
12. Ordnen Sie – unter Zuhilfenahme des Schaubilds – die wichtigsten politischen Ereignisse im Hinblick auf die verschiedenen Phasen der Ost-West-Beziehungen.
    → Text, M22
13. Welche Rolle zeichnet sich für die USA in einer sich dramatisch wandelnden Welt ab? Beschreiben Sie die Auflösung der bipolaren Weltordnung und kennzeichnen Sie das gegenwärtige Weltsystem.
    → Text, M9, M23

5.2 Wirtschaft und Gesellschaft

Nach dem Zweiten Weltkrieg nahmen die USA eine einzigartig herausgehobene Stellung im Weltwirtschaftssystem ein. Ungeachtet des Aufstiegs von Japan und Westeuropa konnte das Land seine Vormachtposition festigen. Die USA sind trotz eines zeitweiligen Niedergangs ein dynamisches Land mit einer höchst wettbewerbsfähigen Wirtschaft geblieben. Ein in den neunziger Jahren unter der Präsidentschaft Clintons einsetzender Wirtschaftsboom hat die Staatsverschuldung verringert und die Armutssituation merklich gelindert. Die Stärke der amerikanischen Wirtschaftsnation spiegelt sich auch in der dominierenden Rolle des US-Dollars als Leitwährung der Welt wider.

M 1 Der US-Dollar – die wichtigste Währung der Welt

Machtelite

Spätestens seit dem Erscheinen des Buches „Die Machtelite" des Sozialwissenschaftlers C. W. Mills (1956) wird in der amerikanischen Gesellschaft die Frage diskutiert, in welchem Verhältnis der demokratische Verfassungsanspruch zur Wirklichkeit steht. Mills stellte seinerzeit die These auf, dass die Spitzen der Wirtschaft und Politik sowie des Militärs zu einer Herrschaftselite zusammengewachsen seien. Allgemein wird heute am Einfluss dieser Elite nicht gezweifelt, umstritten ist hingegen, ob beziehungsweise inwieweit die demokratische Willensbildung dadurch tatsächlich beeinträchtigt worden ist. Der Einfluss mächtiger Interessenverbände durchdringt den modernen Parlamentarismus. Die „pressure groups" verfügen über Geld, Spezialisten und Massenmedien. Wahlkampffinanzierungen schaffen einen engen Kontakt zu den Politikern.

Schon der scheidende Präsident Dwight D. Eisenhower (1953–1961) hatte in seiner Abschiedsbotschaft vor der Ballung von wirtschaftlicher und militärischer Macht gewarnt: Der militärisch-industrielle Komplex übe eine unkontrollierte Macht aus und stelle eine Herausforderung für die Demokratie dar.

Militärisch-industrieller Komplex

Die USA waren immer ein Land ohne besondere militärische Traditionen. Der Funktionsverband von Pentagon (Verteidigungsministerium), Rüstungsindustrie und Kongress entstand erst im Verlaufe des Zweiten Weltkrieges, als binnen kürzester Frist eine beispiellose Rüstungsindustrie förmlich aus dem Boden gestampft wurde. Im Unterschied zur Situation nach Beendigung des Ersten Weltkrieges bekannten sich die USA nach 1945 zu ihrer Weltmachtrolle. Angesichts weltweiter strategischer Interessen erfolgte eine Abkehr vom traditionellen Isolationismus. Begünstigt durch den Kalten Krieg sowie angefacht durch den Koreakrieg (1950–1953) blieb die Rüstung auf einem hohen Niveau. Seitdem umfassen die Staatsausgaben für militärische Zwecke in der Regel über fünf Prozent des Bruttosozialprodukts.

Einige Industriesektoren profitierten überdurchschnittlich von den Staatsaufträgen (z. B. Luftfahrt, Schiffbau, Elektronik) und gerieten in Abhängigkeit vom Pentagon. Diese Verbindung wird gestützt durch den regelmäßigen personellen Austausch zwischen den Spitzen des Militärs und der Wirtschaft. Pensionierte Offiziere werden vielfach als Berater von Rüstungskonzernen eingestellt. In diese Kooperation von zivilen und militärischen Stellen wurde auch die militärtechnologische Forschung einbezogen.

M 2 **US-Karikatur 1969**
„Ein junges Pferd einzureiten ist ganz leicht, wenn man ihm klar macht, wer der Stärkere ist". In der Rolle des Pferds: US-Präsident Nixon (1969–74), veröffentlicht in: „Der Spiegel", Nr. 52/1975.

M 3

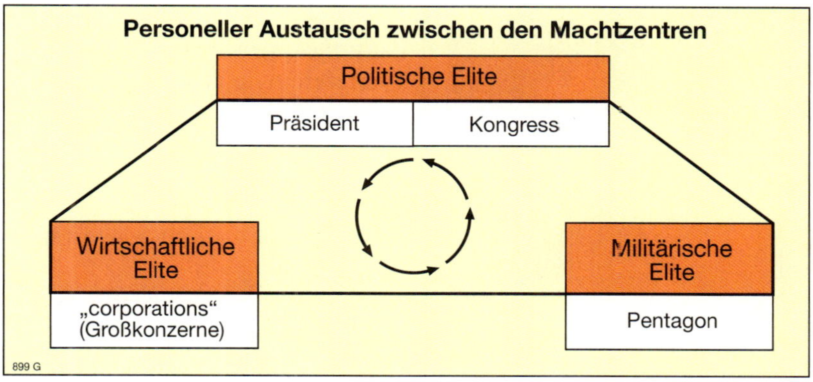

Nach dem Zusammenbruch der Sowjetunion und dem Ende des Ost-West-Konflikts wurde der Militärhaushalt zwar erheblich verringert, blieb aber – im Vergleich zu den europäischen NATO-Partnern – auf einem hohen Niveau. Nach dem Terroranschlag vom 11. September 2001 hat die Regierung unter Präsident George W. Bush (jr.) eine massive Erhöhung der Militärausgaben vorgenommen. Dies geschah vor dem Hintergrund des Krieges in Afghanistan beziehungsweise gegen den internationalen Terrorismus. Die militärische Dominanz der USA im globalen Maßstab steht am Anfang des 21. Jahrhunderts außer Frage.

Das Zusammenspiel von politischen, militärischen und privatwirtschaftlichen Interessen ist prinzipiell keine Besonderheit der amerikanischen Gesellschaft. Allerdings hat dieser Komplex aufgrund der Höhe der Militärausgaben und des Umfanges der Rüstungsexporte in den USA ein besonderes Gewicht. Die USA sind gegenwärtig der mit Abstand größte Lieferant von Rüstungsmaterial.

Pluralismus

An Warnungen, dass die Politik der Regierung von der Rüstungslobby gesteuert beziehungsweise manipuliert werde, hat es nicht gemangelt. Allerdings haben sie sich nicht bewahrheitet. Es ist geradezu das Merkmal von pluralistischen Gesellschaften, dass unterschiedliche Interessen in den politischen Raum hineinwirken und sich dort gegenseitig Konkurrenz machen. Zudem wird durch die Öffentlichkeit in Form der Massenmedien darauf geachtet, dass die machtpolitischen Gewichte sich nicht zu sehr nach einer Seite verlagern.

Gesellschaftliche Herausforderungen

Minderheiten

Zwischen 1820 und 1980 wanderten fast 50 Millionen Menschen in die Vereinigten Staaten ein. Die Integration von immer neuen Einwanderern stellt eine große gesellschaftliche Leistung dar, denn für die große Mehrheit von ihnen ging der Traum vom Wohlstand in Erfüllung.

Die Zuwanderung der verschiedensten Rassen und Nationalitäten in die USA hat die Vorstellung entstehen lassen, Nordamerika sei zu einem großen Schmelztiegel geworden, in dem die Unterschiede zwischen den verschiedenen Gruppen eingeebnet und verwischt würden. Diese Vorstellung von einer Angleichung stimmt aber nur sehr begrenzt mit der Wirklichkeit überein. Eine Integration, die aber nur sehr selten reibungslos verlief, gab es lediglich in Bezug auf die (west)europäischen Einwanderer. Neben der weißen Mehrheit zerfällt die Gesellschaft der USA in ethnische Minderheiten, die aus Menschen gebildet werden, die sprachlich und kulturell einer einheitlichen Volksgruppe angehören. Die ethnische Zusammensetzung der Gesellschaft hat sich in den letzten Jahren dramatisch geändert. Der Anteil der US-Amerikaner europäischer Herkunft sank auf 73 Prozent. Die Bevölkerungsstatistik für 2002 weist bei einer Gesamtzahl von 285 Millionen Einwohnern folgende Anteile auf:

- Schwarze: 12,7 %
- Hispano-Amerikaner: 13 %
- Asiaten: 3,9 %
- Indianer, Ureinwohner: 1,2 %

Charakteristisch für die Vereinigten Staaten ist der Prozess der Inselbildung. In den Zentren der großen Städte sammeln sich die Minderheiten in geschlossenen Wohngebieten, während die weiße Mittelschicht in die ausschließlich von Weißen bewohnten Vororte abwandert. Die Finanzkraft der Städte sinkt und damit die Qualität der Schulen, Krankenhäuser und anderen sozialen Einrichtungen. Faktisch erfolgt auf diese Weise eine Trennung der Wohn- und Lebensbereiche.

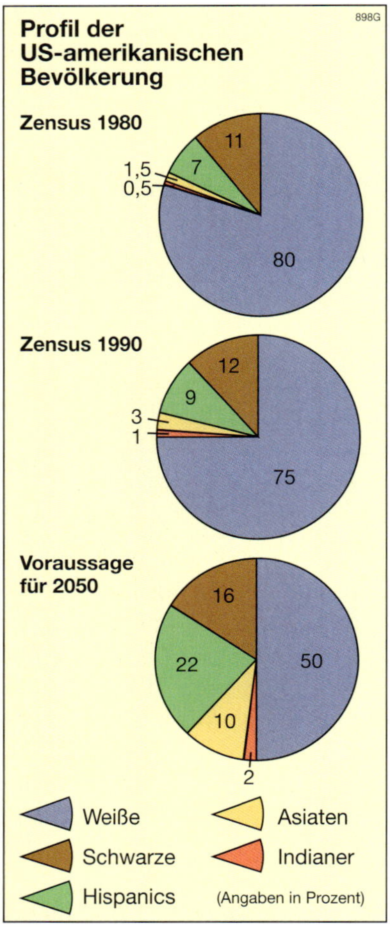

M 4 **Bevölkerungsprofil in Prozent**

Eine Vielzahl von inneren Problemen, mit denen die amerikanische Gesellschaft zu kämpfen hat, hängt mit der Rassenfrage zusammen. Dass ein Graben zwischen Weißen und vor allem Schwarzen existiert, wird angesichts der statistischen Daten deutlich: Die Arbeitslosenrate von Schwarzen liegt durchschnittlich doppelt so hoch wie die von Weißen. Ein Drittel aller Schwarzen bezieht ein Einkommen, das unterhalb der Armutsgrenze liegt (im Vergleich zu 11 Prozent bei Weißen). Der Mittelwert der „schwarzen" Einkommen beträgt nur 57 Prozent von „weißen" Einkommen. Schwarze haben außerdem eine deutlich geringere Lebenserwartung. Die Kindersterblichkeit ist bei den Schwarzen doppelt so hoch wie bei den Weißen. 46 Prozent aller Gefängnisinsassen sind Schwarze, obgleich deren Bevölkerungsanteil nur bei 12 Prozent liegt. Diese Zahlen belegen, dass die Integration dieses Bevölkerungsteils nur unvollständig gelungen ist, obgleich seit Beginn der sechziger Jahre erhebliche Fortschritte erzielt wurden.

Die Zahl der Schwarzen, die der Mittelschicht angehören, stieg. Gleichfalls wuchs die Zahl schwarzer Wähler und damit ihr politischer Einfluss. Die bürgerliche Gleichstellung der Schwarzen konnte in den sechziger Jahren – gegen den Widerstand rassistischer Weißer – durchgesetzt werden. Der Gesetzgeber stellte jede Form der öffentlichen Diskriminierung aufgrund der Hautfarbe unter Strafe.

Dieser Meilenstein in den Beziehungen zwischen den Rassen war eine Folge des Aufbruchs während der Präsidentschaft von John F. Kennedy (1961–1963). Wegen dessen Ermordung konnte sein Programm erst vom nachfolgenden Präsidenten Lyndon B. Johnson (1963–1969) verwirklicht werden. Der „Krieg gegen die Armut“ verband sich bei ihm mit der Vision einer „Great Society“, die allen Amerikanern – unabhängig von ihrer Hautfarbe – ein menschenwürdiges Dasein garantieren sollte. Das war rechtlich gesehen der Schlusspunkt einer Entwicklung, die bereits mit der Aufhebung der Rassentrennung in der Armee in den vierziger Jahren begonnen hatte. In der Folge hatte 1954 der Oberste Gerichtshof die Aufhebung der Rassentrennung an Schulen verfügt. Ein wesentlicher Impuls für den Abbau der Rassenschranken ging von der Bürgerrechtsbewegung aus, die in den sechziger Jahren ihre größte Wirksamkeit zu entfalten vermochte. Ihr historischer Führer und gleichzeitig Symbolfigur des gewaltlosen Widerstands war Martin Luther King (1929–1968). Auch er fiel einem Mordanschlag zum Opfer. Sein Geburtstag wird seit 1986 als Nationalfeiertag begangen.

M 5 **„I have a dream.“**
Hoffnungsträger Martin Luther King nach seiner legendären Rede am 28. August 1963 vor 300 000 Zuhörern in Washington

Als eine Folge des Mordes an Martin Luther King radikalisierten sich Teile der Bürgerrechtsbewegung und spalteten sich ab. Die „Black Panthers“ verfochten den revolutionären Kampf, erlangten aber mit diesem Konzept nur kurzfristige Bedeutung.

Die Idee der Gleichstellung hat sich heute in den USA prinzipiell durchgesetzt. Es gibt Hilfsprogramme und Quoten für Minderheiten bei staatlichen Dienststellen und Bildungseinrichtungen. So bleibt zum Beispiel an vielen Universitäten eine bestimmte Anzahl von Plätzen für schwarze Bewerber reserviert, was einer Privilegierung gegenüber gleich oder besser qualifizierten weißen Bewerbern gleichkommt. Die Bevorzugung von Schwarzen im Bildungsbereich und auf dem Arbeitsmarkt nennt man in den USA „affirmative action“. Es handelt sich um so genannte Aufholgesetze, mit denen die frühere Diskriminierung ausgeglichen werden soll. Für öffentliche Schulen werden Bus-Programme durchgeführt, damit eine Rassentrennung, die sich aufgrund der unterschiedlichsten Wohngebiete ergibt, verhindert wird. Auf diese Weise werden rassisch-gemischte Klassen hergestellt. Mit solchen Maßnahmen verknüpft sich auch die Hoffnung, dass vorhandene Vorurteile zwischen den Rassen in Zukunft abgebaut werden.

Multikulturelle Gesellschaft

In den achtziger Jahren hat sich das Unbehagen an der multikulturellen Gesellschaft spürbar vergrößert. Der Zerfall der Gesellschaft in ethnische, soziale und religiöse Gruppen verstärkte sich. Auf der einen Seite nimmt der Widerstand gegen die Gesetze der „affirmative action" zu. Die Abkehr vom Leistungsprinzip zugunsten der Hautfarbe (Bevorzugung von ethnischen Minderheiten) wird von der Mehrheit mit europäischer Abstammung als neues Unrecht empfunden. Auf der anderen Seite wächst ein völlig neues ethnisches Bewusstsein, das die angloeuropäischen Normen der US-amerikanischen Gesellschaft radikal infrage stellt. Die Kluft zwischen den Rassen hat sich verbreitert. Das belegen auch die Rassenunruhen, die – ausgelöst durch ein rassistisches Gerichtsurteil – in South Central Los Angeles 1992 ausbrachen. Das Ergebnis dieser Gewaltexplosion: 58 Tote, über 2 000 Verletzte, etwa 5 000 zerstörte und zum Teil geplünderte Häuser. Viele Beobachter der Situation sehen die Gefahr, dass der gesellschaftliche Zusammenhalt verloren gehen könnte. Die Grundidee des amerikanischen Staates ist immer die Bildung einer speziellen amerikanischen Identität bei den Einwanderern gewesen, basierend auf einer gemeinsamen Sprache und auf gemeinsamen Idealen. Heute mehren sich hingegen die Anzeichen dafür, dass die ethnischen (Ethnos = griechisch das Volk) und sozialen Differenzen immer größer werden. Die Gesellschaft droht in einander bekämpfende ethnische Lager zu zerfallen. Es bilden sich separate ethnische Gemeinden, die sich ganz bewusst von anderen Volksgruppen abgrenzen. Es werden ethnische Quoten für Bildung, Arbeit und politische Ämter gefordert. Der amerikanische Traum „e pluribus unum" („Aus Vielem Eines") ist von seiner Verwirklichung ein gutes Stück entfernt. Trotz der zweifellos vorhandenen Spannungen hat die amerikanische Gesellschaft andererseits eine erstaunliche Kraft bewiesen, immer neue Einwanderer zu integrieren und an den Wertekodex des „amerikanischen Glaubens" heranzuführen.

M 6 **Integrative Symbolik: das Staatswappen der USA**
Der amerikanische Adler trägt einen Ölzweig und ein Bündel mit 13 Pfeilen in seinen Krallen (Friedens- bzw. Kriegssymbolik). Das Spruchband in seinem Schnabel hat die Inschrift: „E PLURIBUS UNUM" („Aus Vielem Eines). Über dem Kopf eine Scheibe mit 13 Sternen (Zahl der Gründerstaaten).

Armut und Sozialstaat

Das wichtigste ungelöste innenpolitische Problem der USA – neben den Rassenbeziehungen und doch zugleich mit diesen aufs Engste verknüpft – ist die Armut. Diese erhält dadurch ihre besondere Note, dass es sich um eine Armut im Reichtum handelt. Gut 10 Prozent der amerikanischen Bevölkerung gelten als arm. Die Sozialstatistik zeigt, dass die Armut ungleich verteilt ist und dass Schwarze in einem erheblich höheren Maße von ihr betroffen sind als Weiße. Der Armut begegnet man konzentriert in ländlichen Notstandsgebieten und vor allem in städtischen Gettos, wo es zu einem verhängnisvollen Kreislauf von Arbeitslosigkeit, schlechten Wohnverhältnissen, Drogensucht und Kriminalität kommt. In den Gettos der großen Städte sind bis zu zwei Drittel der jugendlichen Schwarzen arbeitslos und es herrscht allgemeine Ratlosigkeit darüber, wie der Armutszirkel durchbrochen werden kann. Die im Vergleich zu westeuropäischen Ländern extrem hohe Gewalt- beziehungsweise Kriminalitätsrate amerikanischer Städte hat in diesem Umfeld ihre Ursachen. Die Mordrate ist im Durchschnitt fünfmal so hoch wie in Deutschland.

Das Netz der sozialen Sicherung ist in den USA weniger eng geknüpft, als es in vergleichbaren Industriestaaten der Fall ist. Denn das Denken der Amerikaner wurde allzeit von der Überzeugung beeinflusst, dass der Einzelne sein Schicksal selbst in die Hände zu nehmen weiß. Diesem Umstand ist es zuzuschreiben, dass erst in der Folge der Welt-

M 7 Städtische Problemzone
Gemalte Idole von gestern in Washingtons schwarzer „Nahkampfzone". Hinter dem Kapitol, wo eines der Crack-Viertel der „Mordhauptstadt" beginnt, ist auch die Erinnerung an Malcolm X [Malcolm X (1925–1965), ermordeter schwarzer Bürgerrechtler] längst zur Dekoration erstarrt. Das allgegenwärtige „X" des Apologeten [Verteidigers] schwarzen Selbstbewusstseins nährt nur noch eine Nostalgieindustrie für T-Shirts. Ihre Träger sind Halbwüchsige mit Statussymbolen und scharfer Munition. In einem Teufelskreis von Gewalt, Rauschgift und Waffenbesitz sind sie Täter und oft genug auch Opfer.
Aus: FAZ v. 24.1.1994.

wirtschaftskrise von 1929 ein Gesinnungswandel eintrat. Die amerikanische Sozialpolitik im modernen Sinne begann mit dem Sozialversicherungsgesetz von 1935. Erst seitdem gibt es sozialstaatliche Leistungen in nennenswertem Umfang. Diese Politik wurde später insbesondere von den Präsidenten Kennedy (1961–63) und Johnson (1963–69) fortgesetzt.

Der Einstieg in den Sozialstaat war Teil der Reformpolitik des „New Deal" in der Präsidentschaft Franklin Delano Roosevelts (1933–1945), die eine deutliche Ausweitung bundesstaatlicher Kompetenzen mit sich brachte. „New Deal" – frei übersetzt: neue Chance – war der Oberbegriff für einen politischen Kurswechsel, der für amerikanische Verhältnisse einer Revolution gleichkam. So griff die Zentralregierung in Washington in vorher nicht gekannter Weise in die Wirtschaft und Gesellschaft ein (Arbeitsbeschaffung, Mindestlöhne, Stärkung der Arbeitnehmervertretungen, Pflichtversicherungen).

Seit Präsident Roosevelt ist die soziale Verantwortung des Staates zwar grundsätzlich anerkannt, aber strittig blieb in der Gesellschaft immer die Frage nach dem Ausmaß der Leistungen. So hat das Pendel immer wieder zur einen oder anderen Seite ausgeschlagen – von der engagierten Sozialpolitik des demokratischen Präsidenten Johnson auf der einen Seite bis zum Abbau sozialer Leistungen während der Präsidentschaft des Republikaners Reagan (1981–1989) auf der anderen Seite.

Es gibt zwar Arbeitslosenversicherung, öffentliche Wohlfahrt und Sozialversicherung für Alte, Hinterbliebene und Invaliden, aber sowohl die Reichweite als auch die Leistungen bleiben im Vergleich zu den westeuropäischen Ländern zurück. Eine staatliche Krankenversicherung besteht nur für Arme und Rentner.

Fürsorgereform

1996 trat ein Gesetz in Kraft, das den Bezug staatlicher Fürsorge (vergleichbar der Sozialhilfe in Deutschland) auf maximal fünf Jahre begrenzt. Das Konzept lautete: „Arbeit statt Fürsorge". Es folgte die Umschichtung finanzieller Hilfen zu Programmen, die die Arbeitsaufnahme erleichtern sollen: Kinderbetreuung, Krankenversicherung, Schulung beziehungsweise Qualifizierung. Arbeitende im Niedriglohnbereich, so genannte working poor, fallen unter das bundesstaatliche Hilfsprogramm der negativen Einkommenssteuer (Earned Income Tax Credit). Damit wird das Einkommen bis zu einer gewissen Grenze durch den Staat aufgestockt. Die dahinter stehende Idee lässt sich so umschreiben: Arbeit soll belohnt werden. Die Anzahl der Empfänger staatlicher Fürsorge konnte in den letzten Jahren deutlich verringert werden. Der relative Erfolg wurde zweifellos durch den Umstand begünstigt, dass eine boomende Wirtschaft die Integration der Arbeitslosen in den Arbeitsmarkt erleichterte. Ein solcher radikaler Einschnitt in die Sozialhilferegelung wäre vermutlich in sozialdemokratisch geprägten Ländern Westeuropas nicht möglich. Er spiegelt vielmehr einen wesentlichen Aspekt der amerikanischen Kultur wider. Die Wurzeln dieser Kultur liegen in der Besiedlungsgeschichte eines Landes und in der Mentalität der Menschen, die es in Besitz genommen haben. In diesem Zusammenhang hat sich eine anti-staatliche „amerikanische Ideologie“ herausgebildet, ein Konzept von Wertvorstellungen, in dem Individualismus, Eigentum, Selbstverantwortung und die calvinistische Moral vom wirtschaftlichen Erfolg eine herausragende Rolle spielen.

Dieser ausgeprägte Individualismus leistete einer Einstellung Vorschub, die Armut als selbstverschuldetes Ergebnis eigener Faulheit erklärte. Diese Einstellung stand traditionell der Übernahme sozialer Verantwortung durch den Staat im Wege. Sozialstaatliche Maßnahmen schienen dem amerikanischen Selbstverständnis von der Eigenverantwortlichkeit des Individuums zu widersprechen.

Hilfe für die sozial Schwachen wurde weniger als staatliche Aufgabe, sondern vielmehr als Ergebnis privater Fürsorge verstanden. Ehrenamtliches soziales Engagement spielt in den USA sowohl auf kommunaler Ebene als auch gesamtstaatlich in Form von Stiftungen eine große Rolle. Dahinter steht auch das Selbstverständnis vieler Amerikaner, dass eine offene Gesellschaft sich so weit wie möglich selbst reguliert – ohne eine Intervention des Staates.

Von der Krise zu neuem Selbstbewusstsein

Vietnamkrieg und Watergate-Skandal haben das amerikanische Selbstbewusstsein stark erschüttert. Vietnam war der erste Kriegsschauplatz, den die Amerikaner nicht siegreich verlassen haben. Nixon war der erste Präsident, der zum Rücktritt von seinem Amt gezwungen wurde.

Die Watergate-Affäre hatte die nationale Symbolfigur der Amerikaner – den Präsidenten – politisch befleckt und gleichzeitig die Gefahr bewusst gemacht, die von einer übermächtigen Exekutive ausgehen kann. Nixon und seine Vertrauensleute scheuten keine kriminellen Praktiken, um die eigene Macht zu sichern. Zwei Journalisten der „Washington Post“ gelang es, die Spuren eines Einbruchs ins Büro der Demokratischen Partei (im Watergate-Gebäude) bis in die unmittelbare Nähe des Präsidenten zu verfolgen.

Gegen Präsident Nixon wurde das Verfahren zur Amtsenthebung (impeachment) eingeleitet, bei dem das Repräsentantenhaus als Kläger und der Senat als Richter auftreten. In beiden Häusern sind Zwei-Drittel-Mehrheiten für eine Amtsenthebung erforderlich. Nixon kam ihr durch seinen Rücktritt zuvor. Sein Nachfolger im Amt Gerald Ford gewährte ihm Straffreiheit für alle strafbaren Handlungen.

Als Folge des gestiegenen Misstrauens gegenüber der Regierung verstärkte der Kongress seine parlamentarischen Kontrollmechanismen. So verpflichtete beispielsweise der War Powers Act den Präsidenten, die Zustimmung des Kongresses innerhalb von 60 Tagen einzuholen, falls er Streitkräfte ins Ausland entsendet.

Die Wahl des Republikaners Ronald Reagan zum Präsidenten (1981) kann als ein Reflex auf die nationalen Demütigungen der siebziger Jahre (vom verlorenen Vietnamkrieg bis zur Geiselnahme von Teheran) verstanden werden. Im Unterschied zu seinem Vorgänger Jimmy Carter vermochte Reagan eine Aufbruchsstimmung zu vermitteln und dem Vertrauensverlust der Amerikaner in ihre Institutionen entgegenzuwirken. Er galt als „starker“ Präsident, der mit seiner Ausstrahlung von Optimismus und Gottvertrauen dem amerikanischen Durchschnittsbürger ein neues Selbstbewusstsein gab.

Reagans politisches und wirtschaftliches Programm beruhte im Wesentlichen auf drei Säulen:

- Reduzierung des Staatseinflusses auf die Privatwirtschaft bei gleichzeitigem Abbau wohlfahrtsstaatlicher Leistungen,
- Konjunkturbelebung durch umfangreiche Steuerentlastungen,
- außenpolitische Stärkung durch Aufrüstung.

Am Ende seiner ersten Amtsperiode erschien Reagan als ein äußerst erfolgreicher Präsident. Seine Popularität zeigte sich, als er 1984 mit großer Mehrheit für eine zweite Amtsperiode wiedergewählt wurde. Reagans Zuversicht schien berechtigt zu sein: Wirtschaftswachstum und eine reduzierte Arbeitslosigkeit spiegelten den Aufschwung der ersten Jahre wider.

Während seiner zweiten Amtsperiode stand Reagan weitaus weniger erfolgreich da. Gesteigerte Militärausgaben bei gleichzeitiger Steuerminderung führten zwangsläufig zu riesigen Haushaltsdefiziten, die nur über eine enorme Staatsverschuldung gedeckt werden konnten.

Die sinkende Konkurrenzfähigkeit der Industrie hatte hohe Zahlungsbilanzdefizite zur Folge. Die USA waren zum größten Schuldnerland der Welt geworden.

Reagan wird wahrscheinlich als derjenige Präsident in die Geschichte eingehen, der wie kein anderer vor ihm die Präsidentschaft im elektronischen Zeitalter repräsentierte. Er profilierte sich und sein Amt durch die wirksame Nutzung des Massenmediums Fernsehen. Reagan regierte mit jenem Medium, dessen Macht in den USA größer ist als in vergleichbaren westeuropäischen Ländern. Mit seiner Erfahrung als Schauspieler beherrschte er souverän die Methoden der „Public Relations“. In einer Mischung aus Kritik und Anerkennung haben die Zeitgenossen ihm die Eigenschaft eines „Great Communicator“ zugeschrieben.

Reagans Nachfolger im Amt des US-Präsidenten war sein ehemaliger Stellvertreter George Bush, ebenfalls ein Republikaner.

Unter seiner politischen Verantwortung errang die von den USA geführte Koalition einen schnellen und für die Amerikaner verlustarmen Sieg im Krieg gegen den Irak (1991). Viele Amerikaner haben diesen Sieg mit tiefer Befriedigung aufgenommen und als Ausgleich für die Niederlage in Vietnam empfunden.

Zu Beginn des 21. Jahrhunderts präsentiert sich das Land als selbstbewusste Führungsmacht im weltpolitischen Mächtekonzert. Ein lang andauernder Wirtschaftsaufschwung in den neunziger Jahren hat dazu beigetragen, die Staatsfinanzen zu sanieren und der Regierung neue finanzielle Spielräume zu eröffnen. Die USA sind nicht nur zum Magneten für Finanz- und Investitionskapital geworden, sondern auch für viele Migranten. Neben den Armutsmigranten aus den lateinamerikanischen Ländern werden hochqualifizierte Wissenschaftler, Techniker und Wirtschafts- beziehungsweise Finanzfachleute – letztere gefördert durch eine gezielte Einwanderungspolitik – von der Entwicklungsdynamik und den finanziellen Möglichkeiten dieses Landes angezogen.

Chronologie

1929	Große Depression; Beginn der Wirtschaftskrise
1933	Nach der Wahl Franklin D. Roosevelts zum Präsidenten leitet dieser eine umfassende soziale Reformpolitik („New Deal") ein.
1941	Der japanische Angriff auf Pearl Harbor führt zur Umstellung der amerikanischen Wirtschaft auf die Erfordernisse des Krieges.
1945	Die USA sind die mit Abstand führende Wirtschaftsmacht der Welt.
1954	Entscheidung des Obersten Bundesgerichtshofs: Die Segregation (Trennung) an Schulen ist verfassungswidrig. Damit wird der Grundsatz „gleich, aber getrennt" (so die Entscheidung von 1896) aufgehoben.
1955	Beginn der Bürgerrechtsbewegung, gewaltlose Kampfaktionen gegen die rassische Diskriminierung (Martin Luther King)
1961	John F. Kennedy wird zum Präsidenten gewählt. Es gelingt ihm, eine Aufbruchsstimmung zu wecken („New Frontier") und eine reformfreudige Politik einzuleiten.
1963	Ermordung Kennedys; Vizepräsident Lyndon B. Johnson wird Nachfolger im Amt.
1964	Inkraftsetzung des noch vom ermordeten Präsidenten Kennedy eingebrachten Bürgerrechtsgesetzes durch Präsident Johnson; umfassende Bundeskompetenz zur Durchsetzung des Gleichheitsgebots im Arbeits- und Bildungsbereich, in öffentlichen Einrichtungen und bei der Wahl
1966	Gettorebellion in über 20 Städten
1967	Aufstände in über 100 Städten
1968	Ermordung Martin Luther Kings; Aufstände in über 100 Städten
1965–1969	Eskalation des Vietnamkrieges; die innenpolitische Szene wird durch eine schnell wachsende Protestbewegung gegen den Krieg geprägt.
1968	Wahl Nixons zum Präsidenten (1972 wiedergewählt)
1971	Der Oberste Gerichtshof billigt das „Busing"-Programm zur Überwindung der Rassentrennung an Schulen. Durch den täglichen Transport von Schülern soll die Schülerschaft aller Schulen rassisch gemischt werden, sodass alle Schüler eine vergleichbar gute Ausbildung erhalten.
1973	Watergate-Skandal; Einleitung eines Verfahrens zur Amtsenthebung gegen Präsident Nixon
1974	Nixon tritt zurück (Nachfolger Gerald Ford).
1976	Wahl Jimmy Carters zum US-Präsidenten
1980	Wahl Ronald Reagans zum US-Präsidenten, Wiederwahl 1984
1988	Wahl von George Bush zum US-Präsidenten
1991	Golfkrieg: Sieg der von den USA geführten Koalition über den Irak
1992	Wahl von Bill Clinton zum US-Präsidenten, Wiederwahl 1996
1992	Schwere Rassenunruhen in Los Angeles.
2000	Wahl von George W. Bush jr. zum US-Präsidenten

M 8 Amerikas Antwort auf die Weltwirtschaftskrise

Der Amerikanist Hans J. Kleinsteuber stellt die Politik des „New Deal“ dar:

In den zwanziger Jahren genossen die USA eine bis dahin unbekannte Prosperität mit dem höchsten Lebensstandard der Welt. Diese Periode der so genannten „Normalität“ [nach der Kriegswirtschaft des Ersten Weltkriegs] gab noch einmal der Initiative und dem kapitalistischen Profitinteresse freien Lauf und gebärdete sich außerordentlich gewerkschaftsfeindlich. Nach der in der Wall Street beginnenden Weltwirtschaftskrise [1929] allerdings, die bald alle Wirtschaftszweige durch scharf zurückgehenden Absatz und eine hohe Arbeitslosigkeit in schwere Mitleidenschaft zog, war das Selbstbewusstsein der amerikanischen Privatwirtschaft schwer angeschlagen, und Präsident Franklin D. Roosevelt (1933–1945) wurde in seinem „New Deal“ Raum gegeben, um die USA auf den Stand eines modernen, organisiert-kapitalistischen Industriestaates zu bringen. Dies bedeutete, dass der Staat eine Verantwortung zur Konjunkturpolitik und -lenkung übernahm, also um ein Wiederankurbeln der darniederliegenden Wirtschaft bemüht war. Dazu dienten freiwillige Absprachen zwischen den Produzenten, umfangreiche Preis- und Abnahmegarantien für die Landwirtschaft und eine expansive staatliche Ausgabenpolitik. Manche dieser Programme orientierten sich an der engen Kooperation zwischen der Industrie und dem Staat während des Ersten Weltkriegs.

Da Teile der Geschäftswelt gegen Roosevelts staatsinterventionistische Pläne opponierten, hatte er sich politisch besonders auf die Gewerkschaften zu stützen, die wiederum durch gesetzgeberische Maßnahmen aufgewertet wurden: In Lohnverhandlungen wurden sie als gleichberechtigte Partei anerkannt, staatliche Behörden widmen sich seitdem der Lösung von Arbeitsstreitigkeiten (National Labor Relations Act, 1935), der Beginn eines Sozialversicherungssystems (Social Security System) wies den Weg für mehr soziale Sicherheit für die Lohnabhängigen.

Das New Deal stellte also ein Programm dar, in dem der bis zur Krise noch vergleichsweise staatsfrei und damit chaotisch verlaufende amerikanische Kapitalismus durch massive und dauerhafte Staatsinterventionen, die weit über das frühere Maß (ab 1887) hinausgingen, wieder reaktiviert wurde, um so nicht kapitalistische Lösungen von Anbeginn zu unterbinden.

Die Massenarbeitslosigkeit, gemildert durch große staatliche Arbeitsbeschaffungsprogramme wie beispielsweise der wasserwirtschaftliche Ausbau des Tennessee-Tals (Tennessee-Valley-Authority) war bei weitem nicht behoben, als die USA im Zweiten Weltkrieg die „Schmiede der Demokratie“ wurden und riesige Produktionsstätten für das Waffenarsenal der Alliierten aufbauten. Nach Kriegsende wurde die Wirtschaft nur zögernd auf Friedensproduktion umgestellt, die befürchtete Rezession blieb aber durch eine weiterhin aktive Wirtschaftspolitik der Regierung Truman (1945–1953) aus.

H. J. Kleinsteuber, Die USA – Politik, Wirtschaft, Gesellschaft, Hamburg 1974, S. 111.

M 9 Eine Warnung an die Nation

Aus der Abschiedsbotschaft des Präsidenten Dwight D. Eisenhower (1961):

General Dwight D. Eisenhower, 1952–1960 Präsident der USA

Unsere heutige militärische Organisation hat nur wenig Ähnlichkeiten mit jener, die meine Amtsvorgänger in Friedenszeiten oder selbst die Soldaten des Zweiten Weltkrieges oder des Koreakrieges kannten.

Noch bis in die Zeit unserer jüngsten Weltkonflikte besaßen die Vereinigten Staaten keine Rüstungsindustrie. Hersteller von Pflugscharen in Amerika konnten gegebenenfalls so, wie es erforderlich war, auch Schwerter anfertigen. Gegenwärtig können wir in der nationalen Verteidigung keine aus einem Notfall geborene Improvisationen mehr riskieren; wir sind gezwungen worden, eine bleibende Rüstungsindustrie großen Ausmaßes zu schaffen. Darüber hinaus sind dreieinhalb Millionen Männer und Frauen unmittelbar in den Verteidigungseinrichtungen tätig. Für unsere militärische Sicherheit geben wir jährlich einen höheren Betrag aus, als [es] dem Reingewinn aller Wirtschaftsunternehmen der Vereinigten Staaten entspricht. Diese Verbindung riesiger militärischer Einrichtungen mit einer großen Rüstungsindustrie ist eine neue Erfahrung für Amerika. Die Gesamtheit ihres Einflusses – wirtschaftlicher, politischer und selbst geistiger Art – ist in jeder Stadt, jedem Staatsparlament, jedem Amt der Bundesregierung spürbar. Wir erkennen die zwingende Notwendigkeit dieser Entwicklung an. Dennoch dürfen wir es nicht versäumen, die ernsten Folgerungen, die sich ergeben, zu begreifen. Unser Schaffen, unsere Hilfsquellen und unser ganzes Leben sind mit betroffen ebenso wie die Struktur unserer Gesellschaft selbst.

Unsere Regierungsstellen müssen vor jedem übermäßigen gewollten oder unbeabsichtigten Einfluss von Seiten der Militärs und der Industrie auf der Hut sein. Die Voraussetzungen für ein katastrophales Anwachsen falsch verteilter Macht existieren und werden weiterhin vorhanden sein. Wir dürfen unsere demokratischen Freiheiten durch eine derartige Gewichtsverlagerung nicht in Gefahr bringen. Auch sollten wir nichts als selbstverständlich erachten. Nur eine wachsame und aufgeklärte Bürgerschaft kann die richtige Verknüpfung einer riesigen industriellen und militärischen Verteidungsmaschinerie mit unseren friedlichen Methoden und Zielen erzwingen, auf dass Sicherheit und Freiheit zusammen gedeihen können.

Zit. nach: E.-O. Czempiel, C.-Chr. Schweitzer, Weltpolitik der USA nach 1945, Leverkusen 1984, S. 241 f.

M 10 Der militärisch-industrielle Komplex

Der Amerikanist Hartmut Wasser beschreibt die Symbiose von Militärs und Unternehmensvertretern:

Heute gilt vielen Amerikanern die politische Beherrschung Amerikas durch eine elitäre Minderheit mit einheitlichem Interesse als ausgemachte Tatsache. Worauf stützen sich solche Annahmen? Einmal auf spektakuläre Personalunionen innerhalb der „herrschenden Klasse". [...]

Zum anderen zieht die These von der Beherrschung Amerikas durch den „militärisch-industriellen Komplex" Bestätigung aus mancherlei Sachgegebenheiten. Da werden die Milliarden-Aufträge des Pentagon an die Industrie erwähnt. [...]

Von diesen Aufträgen hängen längst ganze Firmen mit Millionen Arbeitnehmern ab, „Boeing" ebenso wie „General Dynamics". [...]

Dass Militärs und Industrie Rüstungsinteressen vertreten, verwundert weiter nicht, ebenso wenig ihre enge Symbiose, die von Ex-Militärs als Unternehmensberatern und Lobbyisten auch personell gewährleistet wird. [...]

Was schon eher der Erklärung bedarf, ist der Umstand, dass auch Politiker, Abgeordnete und Senatoren die Zwecke der Rüstungs-Lobby großherzig fördern helfen. „Bestechung" ist kaum das Zauberwort zur Erhellung des Sachverhalts, wie es der Volksmund wissen will. Viel eher kann die Abhängigkeit der Repräsentanten von den local constituencies [Wählerschaft] von den Wahlkreisen und den Parteimaschinen der Einzelstaaten Licht auf solch eigentümliche Verfilzungen werfen. Militärbasen und Rüstungsunternehmen bringen Geld ins Land und in den Wahlkreis, schaffen Arbeitsplätze und veranlassen den Bund zu infrastrukturellen Investitionen. Der Kongressabgeordnete und Senator darf des Beifalls seiner constituency gewiss sein, der militärische Aufträge im eigenen Landstrich platzieren kann. [...]

Auch renommierte Universitäten und Forschungsinstitute, nach traditionellem Verständnis eher Institutionen mit kritischer Distanz zu den „Herrschenden", sind in den Kreis des military-industrial complex eingebunden. Pentagon-Dollars ermöglichen ihnen oft genug erst kostspielige Forschungs- und Entwicklungsvorhaben. [...]

An Beweisen für die behauptete Einseitigkeit der Machtverhältnisse im Handlungsgeflecht von Wirtschaft und Politik hapert es allerdings zuweilen. Dass die Rockefeller-Dynastie über unvorstellbare Reichtümer verfügt, lässt sich leicht feststellen, dass ihr Einfluss die politischen Institutionen gleichsam zu Erfüllungsgehilfen ihrer wirtschaftlichen Interessen degradiere, wird zwar behauptet, aber empirisch nirgendwo eindeutig belegt. Dass Kongress oder Weißes Haus zuweilen politische Entscheidungen treffen, welche die Ziele der „Oligarchie" konterkarieren [hintertreiben], wird als Tatbestand abgewertet oder ganz einfach verschwiegen. Sowohl die „Reichen", die großen Familiendynastien etwa, wie die „Mächtigen", der „industriell-militärische Komplex" beispielsweise, müssen politische Niederlagen einstecken, die nicht einfach als demokratische Gesichtskosmetik bagatellisiert werden können. Wenn sich in den vergangenen Jahren Ausschüsse des Kongresses, das Justizministerium und zuständige Kartellbehörden verstärkt der Kontrolle amerikanischer Großunternehmen zuwenden, signalisiert solche Aktivität die Bereitschaft des politischen Systems, sich mit der Macht der Konzerne anzulegen. [...]

Immer wieder konnten Bürgerorganisationen beim Engagement für spezifische Konsumentenanliegen handfeste Erfolge erzielen. Die Automobilindustrie wurde mit rigorosen umweltschützenden und sicherheitsfördernden Auflagen bedacht. Zigarettenwerbung im Fernsehen ist gegen den erbitterten Widerstand der Tabakindustrie verboten, der Aufdruck

einer Konsumentenwarnung auf jedem Zigarettenpäckchen verbindlich vorgeschrieben worden. Trotz intensiver Kampagnen der „American Medical Association" wurden schließlich Krankenschutzgesetze für alte und arme Bürger verwirklicht. [...]
Der Staat gewinnt aus der Gegensätzlichkeit und Vielfalt der wirtschaftlichen und gesellschaftlichen Interessen jene Autonomie, er schafft sich aus ihr jenen Handlungsspielraum, der ihn mehr sein lässt als eine bloße Marionette am Drahte von big business.

H. Wasser, Die Vereinigten Staaten von Amerika, Porträt einer Weltmacht, Stuttgart 1980, S. 347 ff.

M 11 Wachstumsdynamik und Modernisierung

Der Diplomat Konrad Seitz schreibt in seiner Studie über den Wandel zur globalen Hochtechnologiewirtschaft:

Zwar bauten die großen Unternehmen Amerikas in den achtziger Jahren drei Millionen Arbeitsplätze ab und wandelten sich zu „schlanken" Unternehmen, um so ihre Wettbewerbsfähigkeit im Manufacturing zurückzugewinnen; zur gleichen Zeit jedoch explodierten die Neugründungen von Unternehmen, es entstanden nicht weniger als 1,5 Millionen neue Firmen. Es waren diese neu gegründeten Firmen und die kleinen und mittleren Unternehmen insgesamt, die das amerikanische Job-Wunder herbeiführten. Sie schufen allein in den achtziger Jahren 18 Millionen neue Arbeitsplätze, also weit mehr, als in der Großindustrie verloren gingen. In den neunziger Jahren hält die Schaffung neuer Arbeitsplätze durch neue und kleinere Unternehmen an. Einen wesentlichen Anteil daran haben die rasch wachsenden jungen Hochtechnologieunternehmen im Silicon Valley und anderen Technologiezentren. [...]
In den 25 Jahren von 1972 bis 1996 hat Amerika die Zahl der Arbeitsplätze um nicht weniger als 60 Prozent vermehrt. Welche Leistung dies darstellt, wird deutlich, wenn man auf die Entwicklung in Europa blickt. In den Staaten der Europäischen Union nahm die Zahl der Arbeitsplätze im gleichen Zeitraum um vier Prozent ab. [...]
Amerika ist auf dem Weg in die Informationsgesellschaft weit voraus. 1997 nutzten von 1000 Einwohnern bereits 183 Online-Dienste, in Deutschland dagegen erst 76 und in Japan gerade 41. In über 40 Prozent aller amerikanischen Haushalte stand ein PC. Ebenso sind auch die amerikanischen Unternehmen in der Nutzung der Informationstechnik sehr viel weiter vorangeschritten als ihre europäischen und japanischen Konkurrenten. Die Amerikaner besitzen bereits eine Unternehmenskultur, in der die Mitarbeiter wie selbstverständlich ihre vernetzten PCs benutzen und ihr Wissen untereinander austauschen.
Als erstes Land der Welt errichtet Amerika die Industrie und die Kultur des Informationszeitalters. Wird in Europa das volkswirtschaftliche Wachstum noch vor allem von den nur langsam wachsenden klassischen Industrien getragen – Automobile, Maschinen, Chemie und Elektrotechnik –, so wird es in Amerika bereits von den neuen Wachstumsindustrien der Hochtechnologie-Ära angetrieben: Halbleiter, Computer, Telekommunikationsausrüstungen, Informations- und Kommunikationsdienstleistungen, Medien- und Unterhaltungsindustrie, Biotechnik in Pharmaindustrie und Landwirtschaft, Umwelttechnik, Luft- und Raumfahrt.

K. Seitz, Wettlauf ins 21. Jahrhundert, Berlin 1998, S. 110 f., 173.

M 12 Bruttoinlandsprodukt: USA, Japan, EU 1990–1998 (Reale Wachstumsraten in %)

Region	USA	Japan	EU
1990	1,3	5,1	3,0
1991	-1,0	3,8	1,5
1992	2,7	1,0	1,0
1993	2,3	0,3	-0,5
1994	3,5	0,6	2,9
1995	2,0	1,4	2,4
1996	2,4	3,6	1,6
1997	3,8	0,8	2,6
1998	3,5	-1,5	2,7

Aus: K. Seitz, a. a. O., S. 111.

M 13 Ursachen der Rassenunruhen

Der Korrespondent Joachim Schwelien berichtete über das Gutachten der Kerner[1] – Kommission, in dem diese zu folgenden Ergebnissen kam:

„Der Rassendünkel (Rassismus) der Weißen ist weitgehend verantwortlich für die explosive Mischung, die sich in unseren Städten seit dem Ende des Zweiten Weltkriegs angesammelt hat." Dieses für die weiße Bevölkerungsmehrheit vernichtende Urteil wird in dem Kerner-Bericht für jeden sozialen Bereich von der Schule bis zum Beruf, vom Dorf bis zum Getto, vom eingebildeten bis zum bewusst gezüchteten Vorurteil klar belegt. [...]
Die amerikanische Nation – so heißt es in dem Kerner-Bericht – bewegt sich auf zwei voneinander getrennte Gesellschaften hin, eine weiße und eine schwarze, und dies sind zwei ungleiche Gesellschaften. Die Segregation und die Armut haben im

Rassengetto eine selbstzerstörerische Umgebung hervorgebracht, die den meisten weißen Amerikanern vollkommen unbekannt ist. Diese Umgebung ist von Institutionen der Weißen geschaffen, wird von ihnen aufrechterhalten und wird von der weißen Gesellschaft gutgeheißen. Wenn es bei der Haltung der Segregation und der Diskriminierung bleibt, ist die Zukunft jedes Amerikaners gefährdet. Als die bittersten Früchte des weißen Rassismus werden in dem Bericht die intensive Diskriminierung und die Segregation am Arbeitsplatz, in der Erziehung und im Wohnwesen genannt, die zum fortgesetzten Ausschluss zahlreicher Schwarzer vom Ertrag des wirtschaftlichen Fortschrittes geführt haben; die weiterhin die Zuwanderung der Farbigen in die Stadtkerne und die Abwanderung der Weißen in die Vororte bewirkte, eine massive und wachsende Konzentration verarmter Schwarzer in den Großstädten und schließlich das Zusammenfließen von Segregation und Armut in den schwarzen Gettos bei der Jugend, das ihre Aufstiegsmöglichkeiten vernichtet und ihren Fehlschlag im Leben zwangsläufig heraufbeschwört. Das Ergebnis bei dieser Jugend sei die Zunahme an Kriminalität, Rauschgiftsucht, Abhängigkeit von Wohlfahrtsleistungen, aus denen dann Verbitterung und der Hass gegen die Gesellschaft, im Besonderen gegen die weiße Gesellschaft, sich ergeben. Diese vom Dasein enttäuschte Jugend werde ständig durch die Massenmedien mit dem Überfluss der Wohlstandsgesellschaft konfrontiert, der für sie unerreichbar sei; daraus entstünde jene Mischung von enttäuschten Hoffnungen und Erwartungen, der Neigung zu gewalttätigen Aktionen und einem Gefühl der Ohnmacht, das sich schließlich in den Aufständen der Gettos entlade. In dem Bericht werden die schon erwähnten Folgen der Wanderung der Schwarzen vom Land in die Stadt, ihre hohe Arbeitslosigkeit, die Ursachen ihrer Bedürftigkeit und die Verhältnisse in den Gettos in aller Breite geschildert; der Mangel an sanitären Einrichtungen dort und der allgemein schlechte Gesundheitszustand der Slum-Bewohner führen dazu, dass die Kindersterblichkeit dreimal so hoch und die Lebenserwartung um zehn Jahre niedriger ist als in den Wohnbezirken der weißen Mittelklasse.

1 Nach den blutigen Rassenunruhen von 1967 hatte Präsident Johnson eine Kommission unter der Leitung des Gouverneurs von Illinois, Otto Kerner, berufen. – Eine Konferenz, die sich 20 Jahre nach dem Kerner-Report dem gleichen Thema der Rassenbeziehungen widmete, kam zu dem Ergebnis, dass trotz der Entstehung eines schwarzen Mittelstands wesentliche Benachteiligungen (z. B. höhere Arbeitslosigkeit, niedrigere Einkommen, höhere Kindersterblichkeit) geblieben sind.

J. H. Schwelien, Amerikas brutales Antlitz, Der Januskopf der Neuen Welt, Düsseldorf 1968, S. 42 f.

M 14 **Rassenkrawalle 1992**

Bei Rassenkrawallen in Los Angeles starben 58 Menschen. Eine Menge von zumeist schwarzen Jugendlichen legte 5 400 Brände; etwa 10 000 Geschäfte von vorwiegend asiatischen Einwanderern wurden zerstört und geplündert. Anlass für die bürgerkriegsähnlichen Unruhen war ein Gerichtsurteil. Ein Richter hatte vier weiße Polizisten freigesprochen, die einen Schwarzen bei der Festnahme zusammengeschlagen hatten.

M 15 Die Lage der Schwarzen

Die USA besitzen strenge Antidiskriminierungsgesetze. Im Alltagsleben gibt es aber viele Schranken zwischen den ethnischen Gruppen:

„Wenn wir tatenlos zusehen, wie die Zentren unserer Städte zu Sammelbecken von Entbehrung, Kriminalität und Hoffnungslosigkeit verkommen, wenn aus uns ein Volk mit zwei Völkern wird, das eine wohlhabend in den Vorstädten, das andere urban und arm, jedes voller Misstrauen und Furcht vor dem anderen, dann werden wir jede kommende Generation zu Krüppeln machen."
Der Präsident, der so sprach, heißt Lyndon B. Johnson – und die Rede stammt aus dem Jahr 1965, aus der Mitte des Jahrzehnts der amerikanischen Bürgerrechtsbewegung. Als drei Jahre später Martin Luther King

ermordet wird und Rassenunruhen Los Angeles, Detroit und Chicago erschüttern, legt eine Untersuchungskommission einen Bericht vor, dessen Befund heute erschreckend aktuell klingt: „Es gibt zwei Amerikas: schwarz und weiß, getrennt und ungleich." Gewiss, die Trennlinie zwischen den Rassen war vor 25 Jahren schärfer als heute. Aber die amerikanische Apartheid besteht fort, auch wenn kein Schwarzer mehr auf den hintersten Plätzen im Bus sitzen muss, weil die vorderen für die Weißen reserviert sind. Drei neue Studien belegen, dass
- bei schwarzen Amerikanern Anträge auf Hypothekenkredite doppelt so häufig abgelehnt werden wie bei weißen Amerikanern,
- Schwarze gegenüber gleich qualifizierten Weißen bei Vorstellungsgesprächen wesentlich häufiger schlechter behandelt werden und
- Afroamerikaner, die bei Maklern vorsprechen, geringere Chancen haben, einen Mietvertrag zu erhalten als Weiße.

M 16 Geschichte und Gegenwart
Die Central High School in Little Rock (Arkansas) war 1957 ein Ort erbitterter Auseinandersetzungen um die Aufhebung der Segregation. Zuvor hatte das Oberste Gericht der USA die Rassentrennung an öffentlichen Schulen für verfassungswidrig erklärt (1954). Nach Ausschreitungen schickte Präsident Eisenhower Soldaten nach Little Rock, um den Widerstand zu brechen. Heute wird die „Central High" mehrheitlich von schwarzen Schülern besucht, weil viele Weiße in die Vororte abgewandert sind beziehungsweise ihre Kinder auf Privatschulen schicken.

Bis heute hat es Amerikas Politik nicht vermocht, der gesamten schwarzen Bevölkerung die gleichen Chancen zu eröffnen wie früher den irischen oder italienischen, heute den chinesischen und koreanischen Einwanderern. Die Schwarzen sind die einzige ethnische Gruppe, die das hoch gelobte Land unfreiwillig und in Ketten betraten. Die späteren Einwanderer, die auf der Suche nach dem Lebensglück kamen, übersprangen die früheren Sklaven auf der sozialen Leiter. Mobilität und Aufstieg, selbst nur das schiere gesicherte Überleben, sind für viele Schwarze ein Fremdwort geblieben. Die Statistik bietet ein trübes Bild von Ausweglosigkeit und Verzweiflung:
- Fast zehn Millionen schwarze Amerikaner, mehr als dreißig Prozent der gesamten farbigen Bevölkerung, müssen mit Einkommen unterhalb der offiziellen Armutsgrenze leben. Unter den Weißen gilt „nur" etwa jeder zehnte als arm, insgesamt sind das zwanzig Millionen Menschen.
- Die Arbeitslosenquote für Schwarze ist doppelt so hoch wie die für Weiße. 1970 verfügte eine schwarze Familie über etwa sechzig Prozent des Einkommens einer weißen Familie, 1990 sind es nur noch 58 Prozent.
- Mehr als die Hälfte aller Mordopfer in den USA ist schwarz; Mord ist die häufigste Todesursache für einen jungen Afroamerikaner. In der Hauptstadt Washington saßen an jedem Tag des vergangenen Jahres 15 Prozent aller farbigen Männer im Alter zwischen 18 und 35 Jahren im Gefängnis. Weitere 21 Prozent waren auf Bewährung entlassen, 6 Prozent wurden von der Polizei gesucht. Fast 85 Prozent aller Schwarzen in Washington werden während ihres Lebens mindestens einmal verhaftet.
- Zweimal mehr schwarze als weiße Babys sterben schon kurz nach der Geburt. Die Kindersterblichkeit unter Amerikas Farbigen ist so hoch wie im Schwellenland Malaysia. 43 Prozent aller schwarzen Kinder wachsen in bitterer Armut auf.
- Obwohl sie nur etwa 13 Prozent der Gesamtbevölkerung stellen, entfallen auf die Schwarzen in Amerika 28,8 Prozent der Aids-Fälle. 52 Prozent der aidskranken Frauen, 53 Prozent der aidskranken Kinder sind schwarz.

„Die Chance, auf der sozialen Stufenleiter aufzusteigen, wurde nur einem Teil der schwarzen Bevölkerung eröffnet", resümiert Sydney Verba, Soziologe an der Harvard-Universität. Längst ist die schwarze Gesellschaft Amerikas zu einer Ein-Drittel-Gesellschaft geworden. Anfang der sechziger Jahre konnte sich nur jeder zehnte Afroamerikaner zur

Mittelklasse zählen, heute jeder dritte. Die Zahl der Farbigen mit einem College-Abschluss ist von 280 000 pro Jahr auf mehr als zwei Millionen gestiegen. Zu Zeiten von Martin Luther King gab es in den USA nur 300 Schwarze in einem Wahlamt, heute sind es 7 370.

U. Schiller u. a., Die schwarzen Tage von L. A., Die Zeit, Nr. 20/1992.

M 17 Kriminalität

Die USA weisen Kriminalitätsraten auf, die deutlich höher sind als in den westeuropäischen Ländern:

Tatsächlich sind in den USA die Mord- und Gewaltverbrechensraten höher als in Deutschland. [...] Amtliche Daten zeigen freilich auch, dass es keine neue „Verbrechenswelle" gibt. Die Mordrate zum Beispiel fluktuiert seit zwanzig Jahren zwischen 7,9 und 10,2 pro 100 000 Einwohner und liegt jetzt mit 21 600 Morden (8,2 pro 100 000) am unteren Ende des Spektrums. Für das Alltagsleben der Amerikaner sind nationale Verbrechensdaten freilich nicht besonders relevant: Auf dem Land liegt die Mordrate bei unter drei pro 100 000 (z. B. in New Hampshire, South Dakota und Maine); in verarmten Ballungszentren ist sie wesentlich höher, in Washington und anderen Großstädten mehr als sechzig pro 100 000.

Das amerikanische Kriminalitätsproblem unterscheidet sich vom europäischen in vier Punkten: Verfügbarkeit von Schusswaffen, Rasse, Armut und Sozialpolitik. In den USA sind mehr als 200 Millionen Schusswaffen im Umlauf. [...] Revolver und Pistolen sind frei erhältlich. [...] In den USA agitiert zudem eine militante Schusswaffenlobby, der das Recht zum Schusswaffenbesitz so heilig ist wie die Religionsfreiheit. Waffenfabrikanten machen aggressiv Reklame: Anfang der achtziger Jahre, als der Schusswaffenabsatz zurückging, wurden neue semiautomatische Schusswaffen angepriesen. Heute wollen die Hersteller Frauen überzeugen (schicke kleine Pistolen fürs Handtäschchen), die sich bisher kaum bewaffnen.

Morde – genauso wie Gewaltverbrechen – kommen eher in unteren Einkommensschichten vor, in heruntergekommenen Innenstädten. Besonders betroffen sind Minoritäten; ein Drittel der Schwarzen und fast die Hälfte der schwarzen Kinder leben unter dem Existenzminimum. Dass Armut zur Kriminalität verleitet, weiß Amerika spätestens seit der Depression der dreißiger Jahre: Damals war die Mordrate höher als heute. Zurzeit ist die Angst vor dem sprichwörtlichen schwarzen Mann verständlich: Afro-Amerikaner, vor allem junge Schwarze, verüben überproportional viele Verbrechen. Bei armen Weißen ist die Kriminalitätsrate freilich ebenso hoch.

K. Ege, Eine Nation hinter Gittern?, in: Das Parlament, Nr. 17/1997.

M 18 Der Erfolg asiatischer Einwanderer

Ein deutscher Journalist berichtet über die asiatischen Einwanderer in Los Angeles:

Die erfolgreichsten Einwanderer in der ersten Hälfte dieses „amerikanischen Jahrhunderts" [gemeint ist das 20. Jahrhundert] kamen aus Europa und dem Nahen Osten. Sie kamen aus religiösen Gründen, wie viele Deutsche, aus politischen und wirtschaftlichen, wie viele Polen, Russen, Iren oder Araber, und als tödlich Bedrohte und Verfolgte, wie viele Juden. Sie arbeiteten hart, fügten sich klaglos in den bürgerlichen „mainstream" ein, schafften zumeist den Aufstieg in die Mittelschicht und prosperieren noch heute. Die erfolgreichsten Neuankömmlinge gegen Ende dieses ersten amerikanischen Jahrhunderts sind nun die Asiaten. Vor alteingesessenen Minderheiten wie den Schwarzen und mit großem Abstand vor der immer größeren Immigrantenschar aus Lateinamerika, verwirklichen die Flüchtlinge aus kommunistischen Tyranneien, ökonomisch maroden Drittweltländern mit gehöriger Energie ihren „amerikanischen Traum". Nirgendwo sind die Fortschritte, Schwierigkeiten und neuen Formen ethnischer Koexistenz so augenfällig wie in Los Angeles. Die kalifornische Metropole ist ein Mosaik aus Mikrokosmen, wo oft mehr asiatische Landsleute auf einem Fleck leben als irgendwo in ihrer Heimat, mit Ausnahme der Hauptstädte. „Chinatown", Little Tokyo", „Koreatown" und „Little Saigon" sind nur vier Ausschnitte aus einem asiatisch-pazifischen Panorama, das auch Inder, Pakistanis oder Filipinos einschließt. Das Geheimnis ihres Erfolgs in den Vereinigten Staaten ist, dass sie ähnlich wie zuvor die frühen Europäer von ihrem Gastland nichts und von sich selbst alles verlangen.

Die Gebildeten und beruflich Ausgebildeten der ersten Generation scheuen keine Mühe beim Englisch lernen und am Arbeitsplatz. Die weniger Vorbereiteten, die die neue Sprache niemals vollkommen beherrschen werden und nur mit einfachen Handlangerdiensten beginnen können, zeigen sogar doppelten Einsatz. Für beide Gruppen ist das verfassungsrechtlich geschützte „Streben nach Glück" eine selbstverständliche Aufforderung und keine sozialstaatliche Garantie. [...] Wegen ihrer Tüchtigkeit und Beharrlichkeit sind sie nicht überall beliebt. [...]

In Lebensstil, Interessen und Aussehen schon „amerikanisiert", sind die besonders leistungswilligen oder mit mehr als nur sanftem Druck zu Hochleistungen angespornten jungen Asiaten die erfolgreichsten Schüler und Studenten an den kalifornischen Hochschulen und über den „Goldenen Staat" hinaus. [...] Ihr Sammelpunkt ist Los Angeles, die „östliche Hauptstadt Asiens". Nicht alle unter dem Dach der „Familienzusammenführung" Nachrückenden sind ehrenwerte Gesellen. Aus Thailand, Vietnam, Taiwan, der Volksrepublik oder den Philippinen kommen auch Verbrechersyndikate, die ihre Rauschgift-, Prostitutions- und Glücksspielunternehmungen mit neuem unternehmerischen Elan und kaltblütiger Gewalttätigkeit in „Chinatown", „Koreatown" und „Little Saigon" fortsetzen. Das Gros sind indes jene findigen, emsigen und tüchtigen Neuamerikaner, die nicht nur das ethnische Gewebe der westlichen Großmacht im Inneren verändern, sondern auch deren auswärtige Handelsbilanz, die einströmenden Investitionen und sogar Washingtons längst nicht mehr exklusiv „eurozentrischen" geopolitischen Blickwinkel.

L. Wieland, Im Streben nach Glück von Amerika nichts und von sich selbst alles verlangen, FAZ, 14.3.1997.

M 19 **Eine Mauer**
Grenzbefestigung zwischen San Diego und Tijuana zur Abwehr illegaler Einwanderer: Im Südwesten der USA stoßen Erste und Dritte Welt aufeinander. Obgleich das Schwellenland Mexiko beträchtliche wirtschaftliche Fortschritte gemacht hat, ist das Wohlstandsgefälle nach wie vor groß.

M 20 Selbstgettoisierung

Der Politikwissenschaftler Peter Lösche schreibt über ein Land aus „Inseln der Gleichheit" und was diese zusammenhält:

Die Vereinigten Staaten bestehen aus tausenden und abertausenden von Inseln, von Nachbarschaftsinseln, die klar voneinander abgegrenzt und verschieden sind. Auf diesen Inseln, in den Nachbarschaften und Stadtvierteln, in den Kommunen, wohnen Menschen, die die gleiche ethnische und rassische Herkunft haben; die ungefähr über das gleiche Einkommen und ungefähr auch über das gleiche Sozialprestige verfügen; die im konkreten und übertragenen Sinn die gleiche Sprache sprechen und zur gleichen Kultur gehören; die in die gleiche Kirche gehen und ähnliche Schulen und Colleges besucht haben; die in vergleichbaren Häusern, Eigentums- oder Mietwohnungen leben. Dies sind Inseln der Gleichheit und Glückseligkeit – oder auch der Unglückseligkeit. Denn die gerade genannten Merkmale treffen auch auf die Elendsquartiere der Großstädte zu. Aber: Slums sind in sich differenziert, nicht einheitlich grau und trüb, sondern trotz Armut und (möglicher) Aggressivität ethnisch und sprachlich, auch kulturell gegliedert, strukturiert, segmentiert. Da gibt es den schwarzen und den hispanischen und den koreanischen Slum. Der unwissende weiße Facharbeiter oder der naive europäische Tourist erfährt über die Segmentierung der Armutsviertel dann etwas, wenn er in der Zeitung von Schlachten liest, die sich Jugendgangs aus verschiedenen Nachbarschaften bis hin zu Mord und Totschlag geliefert haben. Solidarität oder gar

„Klassenbewusstsein" entsteht da nicht, obwohl diejenigen, die brutal aufeinander losgehen oder auch unverbunden in reichen Nachbarschaften nebeneinander leben, nach „objektiven" sozialen und ökonomischen Kriterien]...] zur gleichen Gruppe von Menschen, zur gleichen Schicht, zur gleichen Klasse gehören [...].

Es sind die großen Gegensätze, die ungeheuren Widersprüche, die uns Europäern in die Augen fallen und die eben nicht auf den einzelnen Inseln der Glückseligkeit oder Unglückseligkeit vorhanden sind, sondern zwischen ihnen: Vorstadtidylle und Elendsquartier; „Little Italy" und schwarzer Slum; japanisches Millionärsviertel und polnische Facharbeiternachbarschaft; Fremdenhass und Gastfreundschaft; Provinzialismus und Weltoffenheit; moralischer Rigorismus und brutale Skrupellosigkeit. [...] Was diese vielfach aufgespaltene amerikanische Gesellschaft zusammenhält, was das Bedürfnis nach Integration angesichts sozialer Segmentierung und politischer Fragmentierung erfüllt, das ist die amerikanische Ideologie. [...]

Darüber hinaus geht es um Symbole wie die amerikanische Flagge (das Sternenbanner) und Rituale (etwa das tägliche [Treue-]Gelöbnis in der Schule auf die Vereinigten Staaten, die „Pledge of Allegiance"), um Architektur, Denkmäler und Stadtplanung (etwa die Anlage der Bundeshauptstadt Washington zwischen Capitol, Weißem Haus, Lincoln Memorial und Heldenfriedhof von Arlington). Zur amerikanischen Ideologie gehören dann die weltliche Heiligsprechung der Gründungsväter, Abraham Lincolns, der Unabhängigkeitserklärung und der Verfassung mit der „bill of rights"; der Mythos, die amerikanische Demokratie habe sich an der Grenze zum unentwickelten Land im Westen, an der Frontier, konstituiert mit ihren entscheidenden Merkmalen von Individualismus, Freiheit und Chancengleichheit, fundamentaler Skepsis gegen jede Art von Machtanhäufung; der Traum vom sozialen Aufstieg, vom Tellerwäscher zum Millionär, unter dem Motto, jeder sei seines Glückes Schmied.

Dies ist ein eigenartiges Gemisch aus Politik, Religion und Moralismus, eine weltliche Religion. Sie verklammert und übergreift soziale Schichten und Klassen sowie Gruppen, die ansonsten nach ethnischen, rassischen, kulturellen, sprachlichen und religiösen Merkmalen voneinander geschieden sind. Die amerikanische Ideologie hat immer wieder eine ungeheure Sogwirkung entfaltet, sie integriert sonst auseinander strebende gesellschaftliche Segmente, die abertausend Inseln der Glückseligkeit und Unglückseligkeit.

P. Lösche, Die Vereinigten Staaten, Innenansichten, Hannover 1997, S. 53 ff.

M 21

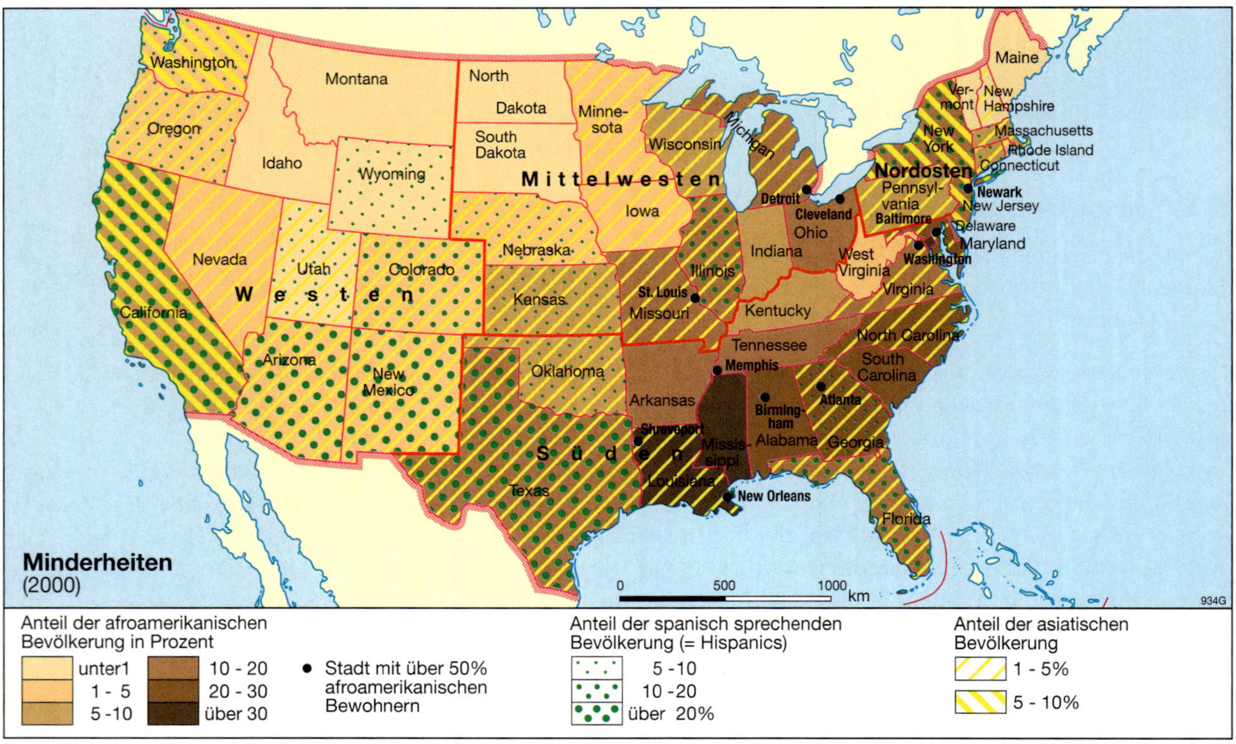

M 22 **Einwanderungsland Amerika**

„Der Richter zu Uncle Sam: Wenn die Einwanderung wirklich eingeschränkt würde, hätten Sie keinen Ärger mehr mit Anarchie, Sozialismus, Mafia und derlei Dingen." Karikatur um die Jahrhundertwende.

Aufgaben

1. Erklären Sie, inwiefern die „New Deal"-Politik einen tiefen Einschnitt in der amerikanischen Geschichte bedeutete.
→ M8
2. Beschreiben Sie das Zusammenwirken des Militärs mit der Wirtschaft. Wie beurteilte Präsident Eisenhower 1961 die Existenz eines militärisch-industriellen Komplexes?
→ Text, M2, M3, M9, M10
3. Analysieren Sie die wirtschaftliche Position der USA zu Beginn des 21. Jahrhunderts.
→ Text, M11, M12
4. Geben Sie das ethnische Profil der USA wieder.
→ Text, M4, M21
5. Analysieren Sie die Rolle, die die Immigration für die Gesellschaft der USA spielt.
→ Text, M18, M19, M21, M22
6. Welche Faktoren haben nach Erkenntnissen der Kerner-Kommission die Entstehung eines schwarzen Gewaltpotenzials gefördert?
→ Text, M7, M13, M14
7. Untersuchen Sie die Schwierigkeiten und Fortschritte, die es im Hinblick auf die Herstellung von Chancengleichheit der Minderheiten gegeben hat.
→ Text, M15, M16, M18
8. Erklären Sie, warum die Durchsetzung sozialstaatlicher Verantwortung in den USA auf Widerstand stößt.
→ Text, M20
9. Welche Faktoren spielen in Bezug auf die Kriminalitätsrate eine Rolle?
→ Text, M15, M17
10. Stellen Sie die integrativen Kräfte dar, die die multikulturelle Gesellschaft der USA zusammenhalten.
→ Text, M6, M20
11. Inwiefern ist das Bild vom Schmelztiegel untauglich für die Charakterisierung der amerikanischen Gesellschaft?
→ Text, M20

Sun Yatsen (1866–1925)

Mao Zedong (1893–1976)

Chiang Kaishek (1887–1975)

Deng Xiaoping (1904–1997)

6. China

Vier Politiker haben auf höchst unterschiedliche Weise der Geschichte Chinas im 20. Jahrhundert ihren Stempel aufgedrückt: Sun Yatsen, Chiang Kaishek, Mao Zedong und Deng Xiaoping. Sun Yatsen (1866–1925) gilt als der Vater des modernen Chinas. Er beteiligte sich an der revolutionären Bewegung, die 1911 den Sturz der Mandschu-Dynastie herbeiführte. Als bürgerlicher Revolutionär gründete er im Jahr darauf die „Guomindang" („Nationale Volkspartei"), die erste moderne Partei in der chinesischen Geschichte. Nachdem er kurzzeitig Präsident der Republik China gewesen war, musste er auf Druck des Militärdiktators Yuan Shikai zurücktreten.

Aus der Führungskrise der Guomindang nach dem Tod Sun Yatsens ging General Chiang Kaishek (1887–1975) als Sieger hervor. Ihm gelang es in mehreren Feldzügen, die Einheit Chinas im Wesentlichen wieder herzustellen, nachdem die Macht im Lande zuvor in die Hände von regionalen Militärmachthabern („Warlords") übergegangen war. Chiang Kaishek übernahm den Vorsitz der Nationalregierung in Nanjing und betrieb ab 1927 eine antikommunistische Politik. In den folgenden Jahren entwickelte sich ein Bürgerkrieg zwischen der Goumindang und der von Mao Zedong aufgebauten Roten Armee, der nur zwischenzeitlich durch den gemeinsamen Kampf gegen die japanische Invasion unterbrochen war (1937–1945). Nach der Kapitulation Japans (1945) folgte die letzte Phase des Bürgerkrieges, die mit der Verdrängung der Guomindang vom Festland endete. Chiang Kaishek flüchtete 1949 mit etwa zwei Millionen Anhängern auf die Insel Taiwan, wo anschließend die Republik China (Nationalchina) gegründet wurde, deren Präsident er bis zu seinem Tod blieb.

Der siegreiche Gegenspieler Chiang Kaisheks hieß Mao Zedong (1893–1976), der Gründer der Volksrepublik China (1949), deren Geschichte er als Vorsitzender der Kommunistischen Partei bis zu seinem Tod bestimmte. Die so genannten Mao Zedong-Ideen bildeten die offizielle Ideologie des neu gegründeten Staates. Maos Vorstellungen liefen auf eine gleichgeschaltete kommunistische Gesellschaft hinaus, in der – angefacht durch immer neue Massenkampagnen – ein „neuer Mensch" hervorgebracht werden sollte, der von klassenkämpferischen Ideen durchdrungen ist. Seine Politik stürzte das Land in mehrere Katastophen mit Millionen Todesopfern.

Die Politik der wirtschafltichen Liberalisierung und Öffnung des Landes nach außen verbindet sich mit dem Namen von Deng Xiaoping (1904–1997). Er gehörte zur alten Garde der kommunistischen Spitzenfunktionäre, fiel mehrmals bei Mao in Ungnade und wurde ab 1980 bis zu seinem Tod zum lenkenden Politiker der Volksrepublik China. Er ließ dem Begriff der „sozialistischen Marktwirtschaft" Verfassungsrang geben und erlaubte so die Freisetzung des schöpferischen Wirtschaftspotenzials der chinesischen Gesellschaft. Seine politische Konzeption lässt sich im Kern dahingehend charakterisieren, dass die Reform der Wirtschaft nur bei gleichzeitiger Wahrung des Machtmonopols der Partei betrieben wird.

6.1 Vom Kaiserreich zur Volksrepublik

Vorrevolutionäre Gesellschaftsordnung

Die traditionelle chinesische Gesellschaftsordnung war geprägt durch eine strenge Hierachie, an deren Spitze der Kaiser als absoluter Herrscher stand. Er verkörperte gleichermaßen die weltliche und die göttliche Macht. Nach der überlieferten Lehre des Konfuzius (551–479 v. Chr.) legitimierte sich seine Herrschaftsgewalt durch das Mandat des Himmels, was sich auch im Titel „Sohn des Himmels“ widerspiegelte.

Politisch stand der Kaiser an der Spitze eines zentralisierten Einheitsstaates, den er mithilfe einer straff geführten und privilegierten Beamtenschaft verwaltete. Zusammen mit den größeren Grundbesitzern bildeten diese die kleine Oberschicht in einem Reich, in dem die Mehrheit der Bevölkerung aus politisch einflusslosen, zumeist ausgebeuteten Bauern bestand.

Die konfuzianische Lehre bildete die ideologische Grundlage des Staates. Ihr zufolge besteht die Aufgabe des Herrschers darin, die bestehende Ordnung zu schützen und zu erhalten.

Imperialismus

Die traditionelle chinesische Ordnung wurde nicht nur durch innere Krisen bedroht, sondern auch von außen durch die gewaltsame Öffnung Chinas. Aufgrund der waffentechnischen Unterlegenheit wurde das bis ins 19. Jahrhundert weitgehend isolierte Riesenreich zur Interessensphäre der imperialistischen Mächte.

Den Beginn dieser Entwicklung stellt der erste Opiumkrieg dar, der von England vom Zaun gebrochen wurde, als die chinesische Regierung sich ernsthaft bemühte, den Opiumhandel zu unterbinden.

Nach chinesischer Auffassung beginnt nach der Niederlage im ersten Opiumkrieg die „Periode der Ungleichen Verträge“. Sie umfasst den Zeitraum von 1842 (Vertrag von Nanking) bis 1901 (Boxerprotokoll). Der Begriff „Ungleiche Verträge“ bezieht sich auf solche Verträge, die von chinesischer Seite unter Zwang abgeschlossen wurden, weil sie Gebietsabtretungen beinhalteten und das Land zu einer Halbkolonie herabstuften.

Um die Jahrhundertwende – vor allem nach der Niederlage im Krieg gegen Japan (1895) – geriet das Land zusehends in die Abhängigkeit von den Weltmarktmächten. Diese wetteiferten um Pachtgebiete, Konzessionen für den Eisenbahnbau und um profitable Investitionsmöglichkeiten. Die kaiserlich-chinesische Regierung verschuldete sich immer mehr bei ausländischen Kreditgebern, was ihre Erpressbarkeit erhöhte und sie zu weiteren Zugeständnissen zwang. Die Konkurrenz der imperialistischen Mächte verhinderte zwar, dass China eine Kolonie im klassischen Sinn wurde. Insbesondere die USA pochten auf das Prinzip der „offenen Tür“. Dies entsprach den handelspolitischen Interessen der im Grundsatz antikolonialistischen Großmacht. Aber insgesamt betrachtet glich der Status Chinas dem einer Kolonie.

Die Öffnung des chinesischen Marktes für die Güter der Industrieländer sowie deren zollmäßige Begünstigung ruinierten in der Folgezeit das chinesische Handwerk und Hausgewerbe. Die Existenzbedingungen breiter chinesischer Bevölkerungskreise verschlechterten sich dadurch zusätzlich.

M 1 Der englische Handel mit Opium aus französischer Sicht
„Sie haben dieses Gift auf der Stelle zu kaufen, damit wir eine Menge Tee zum Verdauen unseres Roastbeefs bekommen.“

M 2

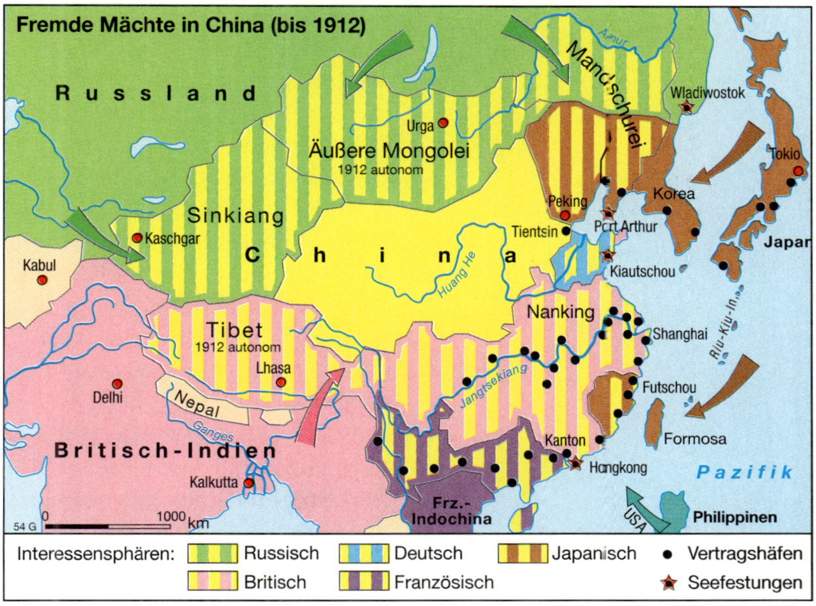

Das Ende des Kaiserreiches

Im 19. Jahrhundert mehrten sich die Zeichen für die Auflösung der traditionellen staatlichen Ordnung. Verzweiflung und Massenelend führten zu Massenaufständen, in deren Verlauf Millionen von Menschen getötet wurden. Mit der größten dieser Erhebungen, der Taiping-Revolution (1851–1864), wurde der Anfang vom Ende der Ch'ing-Dynastie (Mandschu-Dynastie) eingeleitet.

Im Laufe der Taiping-Revolution gesellten sich zu den sozialen Forderungen einer durch Missernten und soziale Belastungen bedrückten Bevölkerung ein Fremdenhass, der im erwachenden chinesischen Nationalismus seine Fortsetzung fand.

Auch der Boxer-Aufstand von 1900 – eines nationalistischen Geheimbundes mit dem Namen „Fäuste der Redlichkeit und Eintracht" (nach einer anderen Übersetzung „Verfechter von Recht und Frieden") – trug Züge von religiösem Fanatismus und Fremdenfeindlichkeit. Es kam zu Gewalttaten gegenüber Ausländern und Plünderungen von Handelsniederlassungen. Die Belagerung des Gesandtschaftsviertels in Peking veranlasste die chinesische Regierung, alle ausländischen Diplomaten auszuweisen. Der Boxer-Aufstand wurde durch ein internationales Expeditionskorps, das sich aus Soldaten von acht Nationen (auch mit deutscher Beteiligung) zusammensetzte, niedergeschlagen.

Die soziale Krise, das Scheitern von Reformbemühungen sowie der Widerstand gegen die ausländische Vorherrschaft führten 1912 zum Sturz der Monarchie. Damit fand die Tradition von 25 Kaiserdynastien ein Ende. Die unter Führung von Sun Yatsen gegründete Republik erwies sich allerdings als nicht lebensfähig. Die Macht zerfiel und ging in die Hände von rivalisierenden Militärmachthabern, so genannten Kriegsherren, über.

Guomindang und Kommunistische Partei

Die erste moderne Partei in China nach dem Sturz des Kaiserhauses war die Guomindang (Nationale Volkspartei), gegründet von Sun Yatsen (1866–1925). Dessen sozialreformerisches Programm blieb jedoch unrealisiert, als sich unter seinem Nachfolger Chiang Kaishek ab 1926 die Herrschaft der Guomindang zusehends zu einer Militärdiktatur entwickelte.

Unter seinem Oberbefehl begann von Kanton aus der so genannte Nordfeldzug, der das Ziel hatte, durch einen Sieg über die regionalen Militärmachthaber wieder eine chinesische Zentralgewalt zu errichten. Im Zuge dieser militärischen Operationen wurde der Bruch mit den Kommunisten vollzogen, mit denen die Guomindang (GMD) seit 1923 eine Einheitsfront gebildet hatte. Allerdings entging die Kommunistische Partei Chinas (KPCh) einer totalen Vernichtung, sodass die folgenden Jahrzehnte geprägt waren vom Kampf dieser beiden Parteien und ihrer Führer Chiang Kaishek und Mao Zedong (Mao Tse-tung) um die Macht in China. Dieser Kampf wurde lediglich kurzfristig 1937 zugunsten einer gemeinsamen Abwehr der japanischen Invasion unterbrochen. Tatsächlich war jedoch diese Einheitsfront bereits 1941 wieder zerbrochen. Nach der Kapitulation Japans (1945) setzte sich der Bürgerkrieg auf ausgeweiteter Grundlage fort. Er wurde ab 1948 – trotz deutlicher Unterlegenheit an Waffen und Soldaten – zügig von den Kommunisten gewonnen. Die Reste der Nationalarmee unter Führung von Chiang Kaishek flüchteten auf die Insel Taiwan. Hier riefen sie die Nationale Republik China aus (1950). Schon vorher, am 1. November 1949, war in Peking die Volksrepublik China proklamiert worden.

Chronologie

1839–1842	1. Opiumkrieg
1842	Vertrag von Nanking: Kriegsentschädigung, Öffnung von Häfen
1851–1864	Taiping-Revolution
1856–1858	2. Opiumkrieg
1858	Vertrag von Tientsin: Öffnung weiterer Häfen, Freizügigkeit für westliche Kaufleute und Missionare
1894/1895	Japanisch-chinesischer Krieg
1900	Boxeraufstand
1912	Abdankung der Ch'ing-Dynastie

M 3

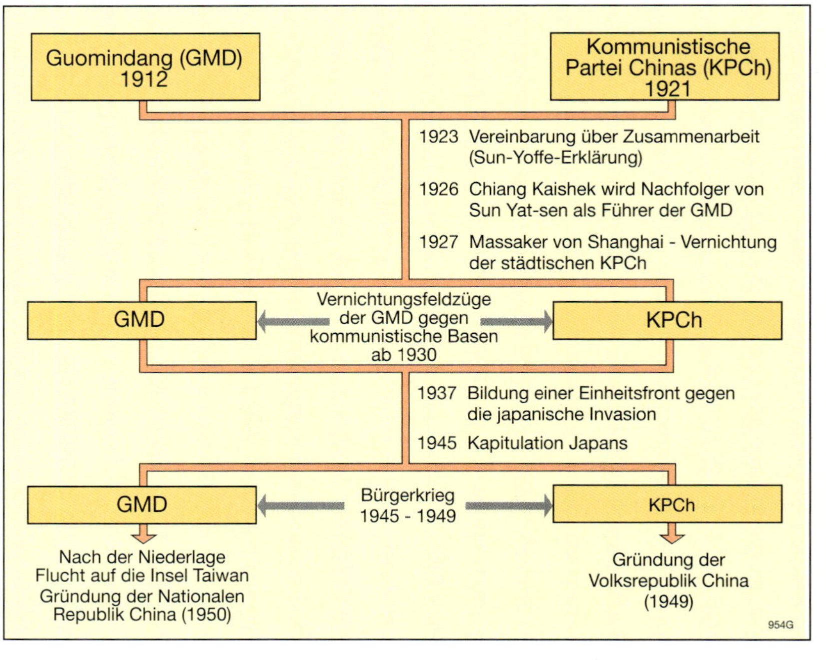

M 4 Gesellschaftskrise

Der Historiker Ernstjoachim Vierheller stellt die Krise der chinesischen Gesellschaft im 19. Jahrhundert dar:

[...] Das gravierendste Problem, dem sich die Mandschu-Dynastie gegenübersah, war der außerordentliche Bevölkerungszuwachs. Schätzungen besagen, dass zu Beginn der Dynastie im Jahre 1644 China höchstens 100 Millionen Menschen zählte. Um 1800 waren es schon zwischen 300 und 400 Millionen. Die Zahl stieg weiter und wird für 1928 mit rund 450 Millionen angegeben. Demgegenüber nahm die landwirtschaftliche Nutzfläche zwischen 1724 und 1833 nur um weniger als 5 % zu. Daraus ergab sich praktisch eine Halbierung der bebaubaren Fläche pro Kopf der Bevölkerung. Durch Auswanderung nach Übersee und die Besiedlung der Mandschurei wurde dieser Druck nur geringfügig gelindert. Möglichkeiten der Ertragssteigerung gab es im Rahmen der herkömmlichen Landwirtschaft nicht. [...]

Entscheidenden Einfluss hatte die Struktur der landwirtschaftlichen Produktion, in der die Tendenz zur Konzentration des Grundbesitzes sozusagen eingebaut war. Kleine Betriebsflächen (im Mittel bei einer Größenordnung von 1–2 ha), durch Erbteilung zerstückelt, geringe Produktion über den Eigenbedarf hinaus, Steuern, Wucherzinsen für Überbrückungskredite und eine ruinöse Manipulation der Preise durch die Kaufmannschaft ermöglichten dem selbstständigen Bauern nur eine prekäre [missliche] Existenz, die ihn bei der kleinsten Schwierigkeit zur Aufgabe seines Landes oder in die Abhängigkeit von einem Grundbesitzer trieb, der 50 % der Ernte als Pacht verlangte. Die Massen der entwurzelten Bauern bildeten ein Reservoir für Lokalarmeen und Banditenschwärme. Alle Faktoren wirkten auf eine Verelendung der ländlichen Massen hin, die sich im 19. und 20. Jahrhundert immer mehr beschleunigte.

Aus einer solchen Notlage gab es für die Bauern traditionell nur einen Ausweg: Bauernaufstände, die in der Geschichte vielfach das Ende einer Dynastie ankündigten. Der herrschenden Ideologie zufolge wurden derartige Rebellionen als gerechtfertigt und legitim angesehen, wenn sie zum Sturz einer Dynastie führten. Ein solcher Erfolg bestätigte den Verlust des „Himmelsmandates" der Dynastie, das somit auf die folgende Dynastie überging. Die Ablösung einer Dynastie durch eine neue bedeutete also einen „Wechsel des Himmelsmandates" (chinesisch: ko-ming), ein Ausdruck, der im 19. Jahrhundert für die Wiedergabe des westlichen Begriffes „Revolution" entlehnt wurde. Dem Vorgang des ko-ming fehlte jedoch der Charakter einer „Revolution" im westlichen Sinne: Niemals wurde dabei die Herrschaftsstruktur und die Staatsordnung in Frage gestellt. Der Machtantritt der neuen Dynastie bedeutete eine – allerdings vielfach von administrativen und sozialen Reformen begleitete – Restauration. Die Bauernschaft war zwar die zweithöchste Schicht in der traditionellen Gesellschaftsordnung; aber dem hohen Rang, der ihr im Rahmen der konfuzianischen Idealvorstellungen zugebilligt wurde – als dem Stand, welcher die materielle Grundlage des Reiches schuf – entsprach keine politische Rolle. Die gesellschaftliche und politische Oberschicht der Grundbesitzer und die aus ihr hervorgehenden Beamten betrachteten sich als „Vater und Mutter" des Volkes, das in politischer Unmündigkeit gehalten wurde und von sich aus diese Rolle nie in Frage stellte. Die lokale Herrschaft der Oberschicht wurde durch eine Staatsordnung sanktioniert [bestätigt], deren zentrale Administration nur bis auf die Ebene des Landkreises hinabreichte, darunter aber auf die besitzenden und privilegierten Familien delegiert war.

E. Vierheller, Die Kommunistische Bewegung in China 1921–1949, Hannover 1972, S. 16 f.

M 5

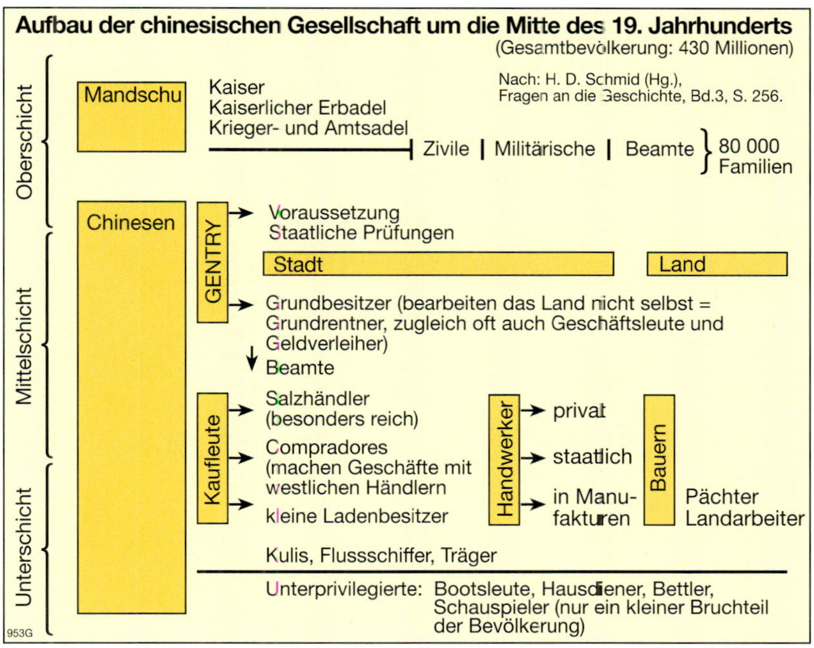

M 6 Die „Öffnung" Chinas

Der Sinologe Bodo Wiethoff zeigt die Hintergründe und Folgen des ersten Opiumkrieges:

Die Opiumeinfuhr nach China stieg von 4 000–5 000 Kisten (à 60–70 kg) im Jahresdurchschnitt zwischen 1780 und 1810 auf etwa 40 000 Kisten zwischen 1835 und 1840. Die sozial-physiologischen Auswirkungen (Suchtsyndrom in weiten Kreisen der Armee und Verwaltung) und ökonomischen Konsequenzen (Abfluss und damit Verknappung von Silber, dem wichtigsten Zahlungsmedium im Steuer- und Handelsverkehr) waren unübersehbar. Die Ch'ing-Regierung erließ daher wiederholt Edikte, welche die Einfuhr und den Konsum von Opium untersagten, allerdings ohne dass es gelang, sich gegen die Interessen der Fremden und betroffenen Reichsangehörigen nennenswert durchsetzen zu können. Im Jahr 1838 wurde Lin Tse-hsü (1785–1850) zum Sonderbeauftragten für die Untersuchung der Opiumfrage in Kwang-tung ernannt. Lin bekämpfte als erster konsequent den Opiumhandel. 1839 ließ er 20 000 Kisten britischen Opiums in Canton vernichten. Der latente Konflikt zwischen China und den überseeischen Handelsmächten führte damit erstmals zur offenen militärischen Auseinandersetzung [mit Großbritannien].

Der „Opium-Krieg" (1839–1842) endete mit der Niederlage der Mandschu Ch'ing. 1842 wurde dem Ch'ing-Reich der erste der später so genannten „Ungleichen Verträge" [Vertrag von Nanking] diktiert. Innerhalb von zwei Jahren folgten drei weitere. Ihr wesentlicher Inhalt: Abtretung Hongkongs an Großbritannien, Wiedergutmachung in Höhe von 20 Millionen Tael [chinesische Silberwährung], Liquidierung des Cohong-Systems[1], Öffnung von Canton, Amoy, Foochow, Ningpo und Shanghai als Außenhandelshäfen („Vertragshäfen"), Recht der Ausländer auf Niederlassung, Grunderwerb, Mission, Konsulargerichtsbarkeit, Stationierung von Militär und Marine in den Vertragshäfen, Zollvergünstigung […], Meistbegünstigung.

1 eingerichtet 1760, beschränkt den Außenhandel auf bestimmte chinesische Kaufleute, die einer staatlichen Aufsicht unterworfen waren.

B. Wiethoff, Grundzüge der neueren chinesischen Geschichte, Darmstadt 1977, S. 93 f.

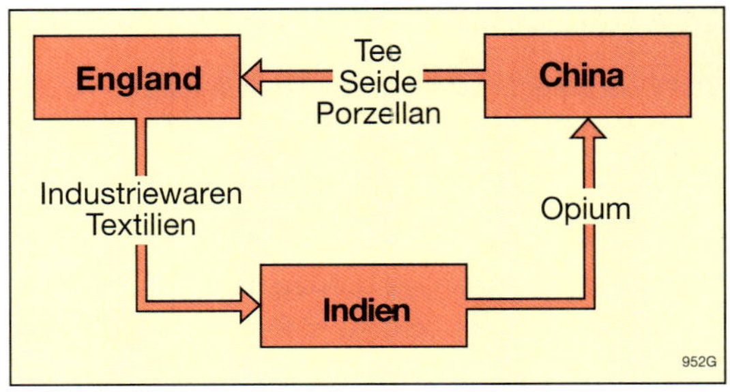

M 8 Der Dreieckshandel mit China

M 7 Der schlafende Drache

„Die wirklichen Probleme kommen erst, wenn er [der chinesische Drache] aufwacht." Der Drache symbolisierte in der chinesischen Tradition den Kaiser, darüber hinaus auch das Kaiserreich. Englische Karikatur aus der Zeit des Boxer-Aufstands.

M 9 Die „Politik der offenen Tür"

Aus einem Rundschreiben des US-Außenministers Hays an die Regierungen von Deutschland, Großbritannien, Frankreich, Russland und Japan vom 6. September 1899:

Die Vereinigten Staaten haben das ernste Bestreben, allen Grund für Spannungen zu beseitigen, und wünschen zugleich, dem Handel aller Nationen in China die unbezweifelbaren Vorteile zu sichern, welche aus einer formellen Anerkennung der dort „Interessensphären" beanspruchenden Mächte entstehen würden. Sie wünschen, dass alle Nationen vollständige Gleichheit der Behandlung ihres Handels und ihrer Schifffahrt innerhalb solcher Sphären genießen sollen.

Zit.nach: Th. Koch, Nordamerika, München 1972, S. 38.

M 10 Die Ostasien-Frage aus deutscher Sicht

Aufzeichnungen des Staatssekretärs des Auswärtigen Amtes Bernhard von Bülow (14. März 1899):

Ganz geheim

Die ostasiatische Frage in ihrer gegenwärtigen Gestalt beruht auf der militärischen Schwäche des Chinesischen Reiches und der Unfähigkeit seiner Zentralregierung, welche dieses reiche Ländergebiet oder doch einzelne Stücke desselben allen stärker organisierten Staaten als leichte und lohnende Beute erscheinen lassen. Der Machtzuwachs, welchen sich einzelne europäische Staaten durch territoriale Erwerbungen in China holen könnten, würde aber unausbleiblich auf das bestehende europäische Gleichgewicht eine fühlbare Rückwirkung ausüben. Deshalb sehen sich mehr oder weniger alle zivilisierten Nationen daran interessiert, den Zersetzungsprozess des Chinesischen Reiches aus nächster Nähe zu beobachten, um einzugreifen, sobald es ihre Interessen zu erheischen scheinen. […] Die von Japan her drohende Gefahr einer Aufrollung der chinesischen Frage ist durch die Intervention der drei Mächte [Russland, Frankreich, Deutschland] nach dem Frieden von Schimonoseki zunächst noch beschworen worden. Im Interesse des Weltfriedens, aber auch weil unsere Position in Ostasien sich stetig verbessert, vor allem aus marinetechnischen Gründen muss uns vorläufig daran liegen, dass der Prozess der weiteren Aufteilung Chinas noch hinausgeschoben wird. Wir werden kommerziell immer stärker, da unser ostasiatischer Handel schon jetzt in stärkerer Progression zunimmt als z. B. derjenige Englands, und die Lücken unserer infolge der Umtriebe einer verblendeten Opposition in der Entwicklung zurückgebliebenen maritimen Rüstung werden mit jedem Jahr mehr ausgefüllt. […] England wünscht dabei, sich das Jangtse-Tal […] zu reservieren und uns hingegen das Hwangho-Tal zuzuweisen. Es liegt auf der Hand, dass diese beiden Gebiete nicht entfernt gleichwertig sind und wir im Hwangho-Gebiet obendrein auch noch der Gefahr von Zusammenstößen mit Russland ausgesetzt sein würden. Wir können mit England nicht anders zusammengehen als auf dem Fuße der Behandlung als vollkommen Gleichberechtigte. Um den englischen Aspirationen [Bestrebungen] auf das Jangtse-Gebiet, das wichtigste in China, von dem wir uns deshalb nicht abdrängen lassen dürfen, zu begegnen, müssen wir versuchen, England möglichst lange bei der Politik der offenen Tür […] festzuhalten.

Zit. nach: L. Helbig, Imperialismus – das deutsche Beispiel, Frankfurt 1975, S. 63 ff.

M 11 Nationalismus und Republik

Die Hintergründe, die zum Sturz der Monarchie führten, beleuchtet der Historiker Ernstjoachim Vierheller:

Politisch hatte sich die Entstehung dieser neuen Gruppen [Bürger, Arbeiter, Militärs, Intellektuelle, Studenten] bemerkbar gemacht durch den zunehmenden Drang nach Auflösung der traditionellen staatlichen Ordnung. Dieses Bestreben fand seinen Ausdruck in einer Bewegung für die konstitutionelle Monarchie nach 1900 sowie in dem zu Beginn des 20. Jahrhunderts aufkommenden Nationalismus. In dem Dilemma, die nationalen Interessen gegen den Westen nur durch eine vermehrte Hinwendung zum Westen verteidigen zu können, wendete sich dieser Nationalismus zunächst gegen die Mandschu-Dynastie. Die Revolutionsbewegung, die sich unter der Führung von Sun Yatsen seit 1905 mit Zentrum in Japan entfaltete, trat im Gegensatz zu den inländischen Kräften der Konstitutionellen Bewegung für den Sturz der Monarchie und die Gründung der Republik ein. Zu der Verwirklichung dieses Ziels im Jahre 1911 trug allerdings wesentlich bei, dass die neu erwachten kapitalistischen Interessen der Oberschicht einiger Provinzen und vor allem Teile des jungen, nach neuzeitlichen Gesichtspunkten ausgebildeten Offizierskorps sich auf die Seite der Revolution stellten. Allerdings blieben die über den Sturz der Dynastie hinausgehenden sozialen und politischen Ziele der Revolution unerreicht, weil die Militärkreise sich die politische Macht sichern konnten. Nominell unter einer parlamentarischen Regierung in Peking geeint, entwickelte sich die Republik China sehr bald zu einer Ansammlung relativ autonomer

M 12 Straßenszene aus Nanjing (1912)

Ein kaiserliches Gesetz der Ch'ing-Dynastie (Mandschus) verpflichtete die Chinesen, einen Zopf zu tragen. Die dahinter liegende Absicht bestand darin, auf diese Weise die Chinesen leichter von der mandschurischen Führungsschicht unterscheiden zu können. Im 19. Jahrhundert wurde der Zopf zum Symbol der Fremdherrschaft. Darum kam dem Zopfabschneiden eine revolutionäre Bedeutung zu.

und zu fluktuierenden Bündnissen zusammengeschlossenen Militärdiktaturen. Die aus dem Rennen geschlagene revolutionäre Gruppe um Sun Yatsen versuchte von Kanton als ihrem neuen Zentrum aus wiederholt, mithilfe rivalisierender Militärmachthaber die Vormacht der Pekinger Regierung zu brechen. Einer dieser Konflikte sollte gerade durch Friedensverhandlungen in Shanghai beigelegt werden, als die Bewegung des 4. Mai das Land erfasste. Der durch eine Studentendemonstation in Peking am 4. Mai 1919 im ganzen Land ausgelöste Protest gegen die im Versailler Vertrag vorgeschlagene Übertragung ehemals deutscher Rechte in China auf Japan ist Ausdruck für den anderen, gegen die imperialistischen Mächte gerichteten Nationalismus. Er hatte lange Zeit hinter der Mandschufeindlichkeit der Revolutionsbewegung zurückgestanden, war aber nach der Revolution von 1911 immer stärker hervorgetreten. Getragen vorwiegend von der städtischen Kaufmannschaft, dem aufstrebenden Bürgertum und den Arbeitern, wurde die Auflehnung gegen den Imperialismus zu einem tragenden Element des in den zwanziger Jahren neu einsetzenden Aufschwungs der Revolution, in dem sich die kommunistische Bewegung erstmals etablierte.

E. Vierheller, Die Kommunistische Bewegung in China 1921–1949, Hannover 1972, S. 20 f.

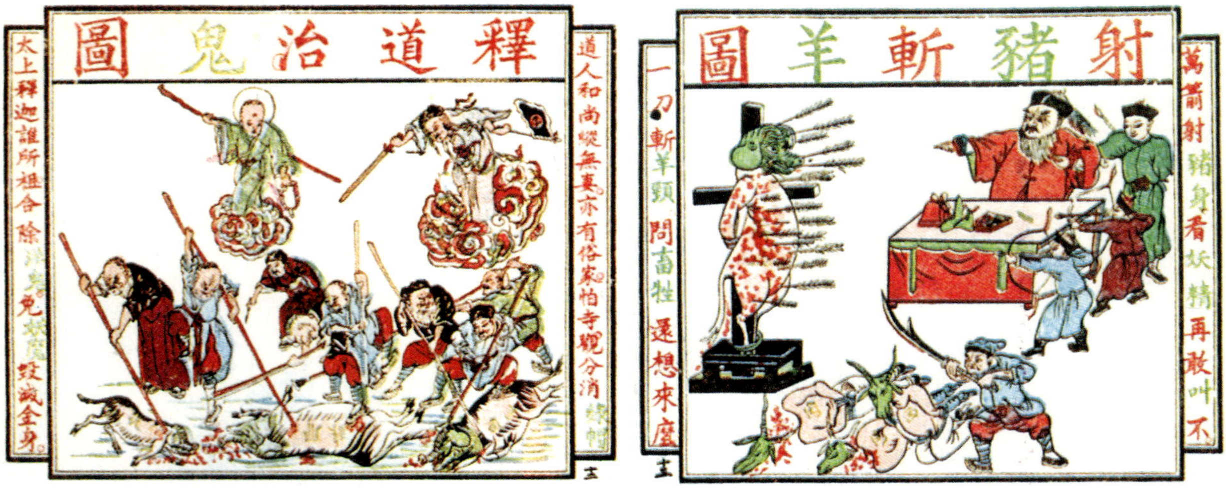

M 13 **Erwachender chinesischer Nationalismus**
Faksimile aus einem volkstümlichen Bilderalbum von 1891, das im Zuge des erwachenden chinesischen Nationalismus zum Krieg gegen die „ausländischen Eindringlinge" und ihre negativen Einflüsse auf die chinesische Kultur aufruft. Das gekreuzigte Schwein gilt als Symbol für Christus und die Christen, die Ziegen [mit menschlichen Leibern] versinnbildlichen das Fremde, Westliche überhaupt. Linke Seite: Buddha-Priester und Tao-Priester töten Dämonen. Rechte Seite: Hinrichtung des Schweins und der Ziegen.

Aufgaben

1. Welche Merkmale wies die politische und soziale Ordnung bis zum Beginn des 20. Jahrhunderts auf?
   → Text, M4, M5, M12
2. Untersuchen Sie den „sozialen Sprengstoff", der sich im vorrevolutionären China angesammelt hatte.
   → Text, M4, M5, M11
3. Durch welche Faktoren wurde der Auflösungsprozess der chinesischen Monarchie gefördert?
   → Text, M11
4. Stellen Sie die Zielsetzungen dar, mit denen die imperialistischen Mächte in China handelten.
   → Text, M2, M6, M8–M10
5. Nennen Sie die Länder, die in China aktiv waren und erläutern Sie deren Handlungen.
   → Text, M1, M2, M6, M8–M10
6. Woran scheiterte die formelle Inbesitznahme Chinas durch die Kolonialmächte?
   → Text, M2, M9
7. Erläutern Sie, wie sich der chinesische Nationalismus äußerte.
   → Text, M7, M11–M13

6.2 Mao Zedongs Revolutionsstrategie

Lebensbedingungen der bäuerlichen Bevölkerung

China war seit Jahrhunderten immer wiederkehrenden Naturkatastrophen (Dürren, Überschwemmungen usw.) und damit Hungersnöten ausgesetzt gewesen. Im Verlaufe des 19. und 20. Jahrhunderts traten zu diesen naturhaften Bedrohungen soziale Konflikte hinzu. Dem Wachstum der Bevölkerung entsprach keine angemessene Erweiterung der Anbauflächen, sodass daraus eine Verknappung der Bodennutzungsfläche resultierte. Im Zuge dieser Entwicklung verschärften sich die sozialen Auseinandersetzungen auf dem Land. Der Landhunger der armen Landbevölkerung führte zu Erhöhungen der Pachtforderungen seitens der Grundherren. Da nur etwa die Hälfte der chinesischen Bauern Eigentümer ihrer zumeist kleinen Äcker war, wuchs insgesamt die Abhängigkeit der Landbevölkerung von den Großgrundbesitzern (Landlords).

Agrarsteuern (etwa 10 Prozent), Pacht (im Durchschnitt 50 Prozent) minderten den Bruttoertrag, sodass in der ersten Hälfte des 20. Jahrhunderts etwa zwei Drittel der dörflichen Bevölkerung am Rande des Existenzminimums lebten. Die Mehrheit der Landbevölkerung war daher nicht in der Lage, Überschüsse zu erzielen. Die Produktivität blieb insgesamt niedrig, was bei steigender Bevölkerungszahl eine Abnahme des Pro-Kopf-Ertrags verursachte.

Allgemeine soziale Desintegration, das heißt Absinken der Eigentumsbauern zu Pächtern sowie der Pächter zu Landarbeitern, Landflucht und Bandenbildungen waren die Folge.

Revolutionsstrategie

Mao Zedong gehörte zu den Mitgründern der KPCh (1921). Während des Nordfeldzugs Chiang Kaisheks (1926/1927) organisierte er – noch im Einklang mit der Politik der GMD – Bünde von Bauern, die sich gegen Großgrundbesitzer und plündernde Soldaten zur Wehr setzten. Die bei dieser Tätigkeit gesammelten Erfahrungen ließen Mao zu der Erkenntnis kommen, dass in einem Agrarland wie China die nationale und soziale Revolution ihrem Charakter nach keine proletarische sein könne. In China gab es 1918 nur etwa zwei Millionen Industriearbeiter (in einem Land mit ungefähr 450 Millionen Menschen), die zudem auf wenige Städte konzentriert waren.

Mit der Erkenntnis, in den Bauern das revolutionäre Subjekt zu sehen, wich Mao sowohl von der Marxschen Lehre als auch vom bolschewistischen Vorbild ab. Er geriet dadurch in Konflikt mit dem orthodoxen, moskau-orientierten Flügel in der KPCh.

Die Zerschlagung der städtischen Arbeiterbewegung durch die GMD (Massaker von Shanghai, 1927) beraubte die KPCh ihrer städtischen, proletarischen Basis. Dieses Ergebnis bestärkte Maos Position. Im folgenden Bürgerkrieg zwischen Nationalisten und Kommunisten setzte sich Maos Linie endgültig durch, als er 1935 zum Vorsitzenden der KPCh gewählt wurde. Die Stützpunkte der kommunistischen Guerilla-Armee wurden immer wirkungsvoller von den GMD-Truppen eingekreist und belagert, sodass Mao und die anderen kommunistischen Führer nur noch die Möglichkeit sahen, den Belagerungsring zu durchbrechen und eine neue Basis in einer abgelegenen Region zu suchen.

Dieser „Lange Marsch“ wurde in der kommunistischen Geschichtsschreibung in ungewöhnlicher Weise verherrlicht und zum Mythos der Unbezwingbarkeit erhoben. In Wirklichkeit handelte es sich um einen verlustreichen Rückzug, bei dem die große Mehrheit der Beteiligten durch Hunger, Krankheit, Erschöpfung oder im Kampf umkam. Aus

M 1 Kommandeure der Roten Armee und engste Weggefährten Mao Zedongs in Shaanxi
Die 8000 Überlebenden des „Langen Marsches“ bildeten den Kern der kommunistischen Parteiführung in den kommenden Jahrzehnten. Am rechten Bildrand sieht man Deng Xiaoping (1904–1997). Er wurde zweimal von Mao entmachtet, und erst nach dessen Tod stieg er zum mächtigsten Mann Chinas auf, Foto von 1938.

den überlebenden Veteranen des Langen Marsches rekrutierten sich bis zu Deng Xiaoping die Führungskader der Volksrepublik China.

„Die Dörfer besiegen die Städte“.

Nach dem Langen Marsch bildeten die Überreste der Roten Armee in Shaanxi (Shensi) einen neuen Stützpunkt (1935). Der Aufbau der kommunistischen Macht musste sich dabei unter Bedingungen vollziehen, die durch die Überlegenheit der GMD- und japanischer Armeen diktiert wurden. Ein physisches und politisches Überleben in den revolutionären Basen war nur möglich, weil drei Voraussetzungen erfüllt waren:

- die Unterstützung der Kommunisten durch die Bauern,
- eine Ökonomie, die angesichts der Blockaden die Selbstversorgung sicherte,
- eine militärische Konzeption, mit deren Hilfe es gelang, dem an zahlenmäßiger Stärke und Bewaffnung um ein Vielfaches überlegenen Gegner standzuhalten.

Mao koppelte in seiner revolutionären Strategie die anti-feudalistischen Komponenten traditioneller Bauernaufstände mit der nationalen Komponente des anti-imperialistischen Kampfes gegen die japanischen Invasoren. In diesem Kampf wurde die Rote Armee zum wichtigsten Instrument. Ihr Sieg war langfristig nur möglich, weil sie sich radikal und positiv von den anderen Armeen auf chinesischem Boden unterschied. Dazu gehörte unter anderem die Schonung der Gefangenen, das strikte Verbot von Plünderungen und Diebstählen und das Verbot von Zwangsrekrutierungen.

Den Kommunisten gelang es, von Yan'an (Yenan) aus das Stützpunktsystem auszubreiten. Bei Kriegsende (1945) existierten 19 Stützpunkte, in denen knapp 100 Millionen Menschen lebten. Die Rote Armee war in den zehn Jahren zwischen 1935 und 1945 auf knapp eine Million Soldaten angewachsen. Im nachfolgenden Bürgerkrieg siegten die Kommunisten, sodass sie 1949 die Volksrepublik proklamieren konnten.

M 2

China 1935-1945
Mongolei
unabhängig 1924
Mandschurei
Manchouli
Qicihar
Harbin
Jilin
UdSSR
Wladiwostok
Mandschukuo
Xinjiang
Shenyang
Fushun
Jinzhou
Japanisches Meer
Tokyo
Japan
Kyoto
Hiroshima
Nagasaki
Baotou
Datong
Tangshan
Beijing
Tianjin
Dalian
Port Arthur (Lüshun)
Korea
(japanisch 1910-45)
Seoul
Gelber Fluss
Taiyuan
Sichuan
Lanzhou
Yan'an
Jinan
Qingdao
Zhengzhou
Xi'an
Xuzhou
Gelbes Meer
Nanjing
Shanghai
Suzhou
Ningbo
Hangzhou
Chengdu
Wuhan
Yangzi
Chongqing
Jiujiang
Ost-chinesisches Meer
Ryukyu-Inseln
Indien
Changsha
Nanchang
Zunyi
Hengyang
Guiyang
Fuzhou
Kunming
Xiamen
Taiwan
Yunnan
Shantou
Pazifischer Ozean
Burma
Hongkong
Südchinesisches Meer
Französisch-Indochina
Siam
Hainan
kommunistische Hochburgen bis 1935
Langer Marsch Oktober 1934 - Okober 1935
kommunistische Basis 1935-45
von Kommunisten kontrollierte Gebiete 1945
japanisch besetztes Gebiet
wichtige städtische und industrielle Zentren
0 500 1000 km
Nationalchina 1928 - 1937
UdSSR
Äußere Mongolei
Mandschurei
japanische Marionettenregierung Mandschukuo von 1933
Xinjiang
unabhängige War-Lords
Chahar
Jehol
Suiyou
Shenyang
Beijing
Korea
(japanisch)
Shanxi
Shandong
japanische Vorherrschaft 1927-29
Sichuan
unter nationalistischer Kontrolle 1937
Gansu
Nanjing
(Hauptstadt Chinas 1927-38)
Shanghai
Chongqing
(Hauptstadt Chinas 1938-45)
Jiangxi
Guizhou
Fujian
Yunnan
Guangxi
Taiwan
(japanisch)
Guangdong
unter japanischer Besetzung 1933
von Japan unterstützte Marionettenregierung
unter Kontrolle der nationalistischen Regierung in Nanjing 1928
unter Kontrolle von Nanjing 1929-34
unter Kontrolle von Nanjing 1935-37
0 500 1000 km
956G

M 3 Reichtum und Armut

M 4 Lebensbedingungen auf dem Land:

Der schwedische Journalist Jan Myrdal hat das maoistische China mehrmals besucht und zu Beginn der sechziger Jahre Interviews mit Dorfbewohnern durchgeführt. Ein Bauer berichtet:

In jedem Frühjahr ging uns das Getreide aus, sodass wir uns einen Teil vom Grundbesitzer ausleihen mussten, den wir nach der Ernte im Herbst zurückgaben. Die Zinsen waren in den einzelnen Jahren verschieden hoch. Das hing davon ab, wie die Ernte gewesen war. Der niedrigste Zinssatz war, dass wir 300 chin [1 chin 500 g] liehen und 390 zurückzahlten, der höchste betrug 450 chin für 300 geliehene. Je schlechter es für uns stand und je größer die Missernte war, desto höhere Zinsen mussten wir zahlen. Auf diese Weise verdiente der Grundbesitzer immer, ganz gleich ob es eine gute Ernte oder eine Missernte gegeben hatte. Er war immer der Gewinner. Wenn wir Pacht, Schulden und Zinsen bezahlt hatten, blieb nicht viel übrig. Bald mussten wir auch Geld für Kleidung und Geräte leihen. Zu Beginn hielt sich der Geldzins um 3 % im Monat, aber dann stieg er auf 5 %, und schließlich betrug er gar 10 % im Monat. Nicht immer konnten wir alles zurückzahlen, und die Schulden wuchsen um den Zinseszins [...]

Es ist ja hier in Nordshensi immer so gewesen, dass die Leute gearbeitet haben. Nicht umsonst heißt es, dass man hier wie ein Schwein essen, aber wie ein Pferd arbeiten muss. Früher, als noch die alten Verhältnisse bestanden, gab es zwar eine kleine Oberschicht, die im Luxus lebte, aber selbst die hatte weder Brokat noch Seide noch sonst etwas. Alle anderen mussten sich sechs Monate des Jahres von Kleie und Spreu und wilden Kräutern ernähren. [...]

Aber es hatte sich während dieser Jahre auch sonst manches ereignet. Es waren böse Jahre gewesen. 1928-1929 hatten wir hier eine Hungersnot. 1928 war die Ernte schlecht, und im Frühjahr 1929 kamen die Sklavenhändler nach Nordshensi. Sie kauften Kinder in den Dörfern. Viele Jungen und Mädchen wurden damals verkauft. Man brachte sie von Nordshensi nach Shansi und Hopei. Die Jungen wurden an kinderlose Familien vermittelt, die ihre Familie fortführen wollten, und die Mädchen wurden als Bräute oder in die Städte verkauft. [...] Die Grundbesitzer waren unmenschlich und grausam. Sie hatten selber Getreide genug und unterhielten große Lager. Aber sie gaben nichts an Leute, die kein Land zu verpfänden hatten. Sie verlangten Sicherheit für das, was sie gaben, und kümmerten sich nicht um die Not. Ich arbeitete unter Aufbietung all meiner Kräfte und konnte mit meiner Frau durchkommen. Wir waren ja nur zwei. Aber wenn Chang Ming-liang sein Getreide zu normalen Preisen verkauft hätte, wäre keiner in unserem Dorf verhungert. Er hatte genügend große Vorräte. Das glaubten wir schon damals während der Hungersnot, und als wir ihn dann im Jahre 1935 während der Revolution enteigneten und seine Lager prüften, fanden wir große Getreidevorräte aus den Jahren vor 1929. Er war eben ein Grundbesitzer.

Zit. nach: J. Myrdal, Bericht aus einem chinesischen Dorf, München 1969, S. 300 ff.

M 5 Bauernbewegung

Im Unterschied zu Lenin, der in den Arbeitern die revolutionäre Kraft sah, setzte Mao auf die Bauern. Er schrieb 1927:

Wenn wir zehn Punkte für die Durchführung der demokratischen Revolution redlich verteilen wollen, so verdiente die Leistung der Stadtbewohner und Soldaten nur drei Punkte; die übrigen sieben Punkte würden den Bauern und ihrer Revolution auf dem Lande zufallen. [...]

Alle revolutionär gesinnten Genossen müssen wissen, dass die nationale Revolution eine große Ver-

änderung auf dem Lande verlangt. Die Revolution von 1911 hat diese Veränderung nicht mit sich gebracht, deshalb ist sie gescheitert. [...]
Eine Revolution ist kein Gastmal, kein Aufsatzschreiben, kein Bildermalen oder Deckchenstricken. [...] Die Revolution ist ein Aufstand, ein Gewaltakt, durch den eine Klasse eine andere stürzt. Die Revolution im Dorf ist eine Revolution, in der die Bauernschaft die Macht der feudalen Grundherrenklasse stürzt. Ohne die maximale Kraftanstrengung ist es der Bauernschaft unmöglich, die seit Jahrtausenden tief eingewurzelte Macht der Grundherrenklasse zu brechen. Auf dem Lande muss es zu einer gewaltigen revolutionären Aufwallung kommen; erst dann kann man die Millionenmassen in Bewegung setzten, damit sie zu einer gigantischen Kraft werden. [...] Die einzige Gruppe auf dem Lande, die stets den erbitterten und hartnäckigen Kampf aufnahm, sind die armen Bauern. Sowohl in der illegalen Periode wie in der Periode des offenen Auftretens waren es die armen Bauern, die kämpften, organisierten und revolutionäre Arbeit leisteten. Sie allein sind Todfeinde der örtlichen Machthaber und Shenshi [Großgrundbesitzer], stürmen deren Lager, ohne zu zaudern. Nur sie sind in der Lage, das Werk der Zerstörung durchzuführen. [...] Diese Riesenmasse armer Bauern ist das Rückgrat der Bauernvereinigungen, sie bildet die Vorhut beim Sturz der feudalen Kräfte; es sind dies jene verdienstvollen Pioniere, die das große revolutionäre Werk vollbracht haben, das so viele Jahre ungetan geblieben war.

Zit. nach: S. R. Schram, Das politische Denken Mao Tse-Tungs, München 1975, S. 233 ff.

M 6 Der Lange Marsch

Der Lange Marsch war der bedeutendste Mythos des kommunistischen Chinas. Der Sinologe Bodo Wiethoff schrieb über ihn:

In einigen südchinesischen Provinzen entstanden [...] neue Stützpunkte in Form von Sowjetgebieten. Aber lediglich die von Mao Zedong und Zhu De in Süd-Kiangsi begründeten Gebiete waren stark genug, den Angriffen der GMD-Truppen zu widerstehen. Zu ihrem Schutz diente die Rote Armee. Damit hatten die Kommunisten um Mao Zedong nicht nur einen festen Stützpunkt gefunden, sondern auch einen genügend großen Bereich für sozial-revolutionäre Experimente. [...] Im November 1931 wurden die Sowjetgebiete zu einer Verwaltungseinheit zusammengefasst und die Chinesische Sowjetunion mit der Hauptstadt Jui-chin (Kiangsi) ausgerufen. Den Vorsitz des neuen Staates übernahm Mao Zedong, Oberbefehlshaber wurde Zhu De. Dieser Staat war zwar auf allen Seiten vom Hoheitsbereich Chiang Kaisheks umgeben, aber er war auch ein realer Wirkungsraum für die chinesischen Kommunisten. Im Herbst 1932 musste die Parteileitung aus Shanghai fliehen und in Mao Zedongs Staat Zuflucht suchen. Damit war Mao Zedongs Machtbereich zum alleinigen Zentrum der kommunistischen Bewegung geworden.
Obwohl die chinesische Sowjetunion bereits im Februar 1932 Japan den Krieg erklärt und die GMD zur Bildung einer nationalen Front aufgerufen hatte, führte Chiang Kaishek seine „Vernichtungsfeldzüge" gegen die Kommunisten fort. 1934 schließlich sahen diese sich gezwungen, dem massiven Druck auszuweichen. Unter großen Mühen gelang es dem Gros der Roten Armee und der politischen Führer, die Umzingelung zu durchbrechen. Für die Kommunisten unter Mao Zedong begann der „Lange Marsch", der über mehrere tausend Kilometer zu dem im fernen Nordwesten Chinas gelegenen Shensi führten sollte. Der Lange Marsch, der später zum Heldenmythos wurde, war in zweifacher Hinsicht für die unmittelbare Zukunft von Bedeutung. Die ungeheuren Strapazen, die großen Verluste und die gemeinsame Kampferfahrung fügten die Überlebenden zu einer festen Gemeinschaft zusammen, die in ihrer Geschlossenheit diejenige von Jui-chin[1] noch übertraf. Bedeutend war der Marsch weiterhin dadurch, dass er etwa zweihundert Millionen Menschen, die bis dahin wenig oder nichts vom Kommunismus gehört hatten, mit diesem bekannt machte und die Bevölkerung positiv für die Kommunisten einnahm, da die Revolutionäre auch auf ihrer Flucht Zurückhaltung und Disziplin zeigten. Mao Zedong konnte überdies einen persönlichen Erfolg verbuchen. Im Jahre 1935 wurde er auf einer Parteiführerkonferenz in Tsunyi [Kueichou] erstmals zum Vorsitzenden des ZK bestellt. Diese Wahl ist von Beobachtern später dahingehend interpretiert worden, dass sich mit ihr die „chinesische Linie" aufgrund ihres Erfolges gegenüber der Komintern[2]-Fraktion endgültig durchgesetzt habe.
In dem entlegenen, ärmlichen Bergland von Nord-Shensi entstand nach Ankunft des kommunistischen Trecks eine neue Basis mit der Hauptstadt Yenan.

1 Hauptort des kommunistischen Rätegebiets in Jiangxi (1930–1934)

2 Kommunistische Internationale; abhängig von der Führung der UdSSR

B. Wiethoff, China, Hannover 1973, S. 62 f.

M 7 Mao Zedong über die Landverteilung

Das Interview führte Edgar Snow, ein amerikanischer Journalist, der 1936 als erster westlicher Besucher nach Yenan gereist war. Sein von großer Sympathie für Mao getragenes Buch wurde zu einem „Klassiker" der China-Literatur:

Pao An, den 19. Juli 1936

Snow: Welches ist die wichtigste innenpolitische Aufgabe der Revolution nach dem Kampf gegen den japanischen Imperialismus?

Mao: Die Chinesische Revolution, eine Revolution von bürgerlich-demokratischem Charakter, hat zum obersten Ziel die Neuorganisation des Landproblems – die Durchführung der Landreform. Eine Vorstellung von der Dringlichkeit der Landreform lässt sich gewinnen aus den statistischen Angaben über die Landverteilung in China heute. Während der Nationalistischen Revolution war ich Sekretär des Komitees der Bauernbewegung in der Guomindang und leitete die statistischen Erhebungen in 21 Provinzen.

Unsere Erhebung brachte erstaunliche Ungleichheiten zum Vorschein. Etwa 70 % der gesamten Landbevölkerung bestanden aus armen Bauern, Pächtern oder Teilpächtern und Landarbeitern. Etwa 20 % waren mittlere Bauern, die ihr eigenes Land bestellten. Wucherer und Grundbesitzer bildeten etwa 10 % der Bevölkerung. Zu diesen 10 % gehörten auch reiche Bauern, Ausbeuter, wie die Militärs, Steuereintreiber usw. Die 10 % reiche Bauern, Grundbesitzer und Geldverleiher zusammen besaßen ungefähr 70 % des bebauten Landes. 12–15 % waren in Händen der mittleren Bauern. Die 70 % arme Bauern, Pächter, Teilpächter und Landarbeiter besaßen nur zwischen 10 und 15 % des gesamten bebauten Landes […].

Die Revolution wird hauptsächlich durch zwei Arten von Unterdrückung ausgelöst – durch die Imperialisten und durch die 10 % Grundbesitzer und chinesische Ausbeuter. So können wir sagen, dass wir bei unseren neuen Forderungen nach Demokratie, Landreform und Krieg gegen die Imperialisten von weniger als 10 % der Bevölkerung bekämpft werden. Sicher nicht einmal 10 %, vielleicht nur 3 %; denn nicht mehr als 5 % Chinesen werden Verräter werden und sich mit Japan verbünden, um ihr eigenes Volk zu unterwerfen unter der Devise des Einheitspakts gegen die Roten.

Snow: Es sind andere Dinge des Sowjetprogramms im Interesse einer Einheitsfront zurückgestellt worden; ist es deshalb nicht möglich, dass das Programm der Landneuverteilung ebenfalls verzögert wird?

Mao: Ohne die Konfiszierung der Güter der Großgrundbesitzer, ohne Erfüllung der obersten demokratischen Forderung der Landbevölkerung ist die Herstellung einer breiten Massenbasis zum erfolgreichen revolutionären Kampf für die nationale Befreiung unmöglich. Wenn wir die Unterstützung der Bauern für unser nationales Anliegen gewinnen wollen, müssen wir unbedingt ihre Forderung nach Land erfüllen. […]

E. Snow, Roter Stern über China, Frankfurt 1970, S. 542 f.

Aufgaben

1. Erläutern Sie, wie sich die soziale Krise der chinesischen Bauerngesellschaft darstellte.
   → Text, M3, M4
2. Die chinesische Landwirtschaft war kaum in der Lage, Überschüsse zu produzieren. Wie muss sich eine solche Situation in Bezug auf die gesamtgesellschaftliche Entwicklung auswirken?
   → Text
3. Wie begründete Mao seine Sichtweise, in den Bauern die „Hauptkraft der nationalrevolutionären Bewegung" zu sehen?
   → Text, M5
4. Formulieren Sie die Strategie, die Mao entwarf, um die Revolution erfolgreich durchzuführen.
   → Text, M5, M7
5. Erklären Sie die Bedeutung des „Langen Marsches" für die kommunistische Bewegung in China.
   → Text, M1, M2, M6,
6. Erläutern Sie, wie es den Kommunisten gelang, die Unterstützung der armen Bauern zu finden.
   → M6, M7
7. Militärfachleute erklärten im Nachhinein den Sieg der Roten Armee gegen einen militärisch weit überlegenen Gegner unter anderem mit einer erfolgreichen Militärstrategie. Erläutern Sie diese.
   → Text

6.3 Die Volksrepublik – ein entwicklungspolitisches Modell?

Nach ihrem Sieg über die Guomindang (GMD) war den Kommunisten 1949 ein Land in die Hände gefallen, das durch den achtjährigen Krieg mit Japan und den anschließenden Bürgerkrieg vollständig zerrüttet war. Vor dem Hintergrund des Kalten Krieges lehnte sich die Volksrepublik China fast zwangsläufig zunächst an die Sowjetunion an. Politisch kopierte man das leninistische Modell der Einparteien-Diktatur, bei der die tatsächliche Macht in den Händen einer kleinen Führungsgruppe um Mao Zedong lag. In der Verfassung wird das bis heute als „demokratische Diktatur des Volkes" umschrieben. Alle Kernelemente der bürgerlich-liberalen Gesellschaftsordnung – Parteienpluralismus, Privateigentum, Rechtssicherheit und die obligatorischen Freiheitsrechte – wurden als „reaktionär" diffamiert.

Im China Mao Zedongs entstand ein System von Arbeits-, Umerziehungslagern und Gefängnissen, wie es in der Sowjetunion unter Stalin existierte. Über dieses Lagersystem (chinesisch: Laogai = Nirgendwo) war lange Zeit wenig bekannt, weil die Abschottung des Landes nach außen und eine fehlende freie Öffentlichkeit den Informationsfluss behinderten. Die Lager füllten sich mit Menschen, die im Zuge von immer neuen Kampagnen gegen „Klassenfeinde", „schlechte Elemente", „Landbesitzer", „reaktionäre Elemente" und „Konterrevolutionäre" festgenommen worden waren. Jede Abweichung von der jeweiligen Parteilinie konnte zum Anlass von Repressionsmaßnahmen werden.

Wirtschaftlich folgte die Volksrepublik zunächst den Vorstellungen der Moskauer Machthaber, zumal sie von sowjetischer Finanzhilfe und technischer Unterstützung abhängig war. Die Übernahme des sowjetischen Modells bedeutete im Wesentlichen die Kollektivierung der Landwirtschaft und die Verstaatlichung der Industrie. Mithilfe von Fünfjahresplänen sollte das Land möglichst zügig zu Macht gelangen.

M 1 **Ein „Volkstribunal",** gebildet aus den Dorfbewohnern, sitzt über einen „Grundbesitzer" zu Gericht (1953).

Darum lag die Priorität beim Aufbau der Schwerindustrie, während der Konsumbereich von der Führung absichtlich vernachlässigt wurde.

Bei der Übertragung des sowjetischen Entwicklungsmodells auf die chinesischen Verhältnisse blieb das unterschiedliche Ausgangsniveau ohne Berücksichtigung.

Eine Agrarreform wurde mit dem Landreformgesetz von 1950 eingeleitet und bestand in der Enteignung der Großgrundbesitzer sowie der Umverteilung des Bodens zugunsten der landlosen beziehungsweise landarmen Bauern. Die Umwälzung der Sozialordnung auf dem Land („Fanshen“) schuf eine relativ homogene Schicht von Kleineigentümern. Dieser Prozess, der oftmals in idealisierenden Bildern gezeichnet wird, war zugleich ein politischer Racheakt, bei dem Millionen von Menschen Opfer von Terror und Massenprozessen wurden.

Mit der Agrarreform von 1950 war keine nennenswerte Erhöhung der Arbeitsproduktivität verbunden. Für die Führung eines kaum industrialisierten Landes stellte sich folglich das Problem, wie jene Geldmittel abzuschöpfen waren, die für eine Industrialisierung notwendig sind. Der traditionelle Sektor der Landwirtschaft musste so mobilisiert werden, dass er die für eine Industrialisierung notwendigen Überschüsse produzierte. Als Antwort auf diese Problematik leitete die KPCh ab 1953 die Kollektivierung ein, das heißt die Überführung der einzelnen Privatbetriebe in Produktionsgenossenschaften. Die Kollektivierung wurde bis 1958 abgeschlossen.

Die Zielsetzung bestand unter anderem in einem effektiveren Einsatz der Arbeitskraft. Saisonal ungenutzte Arbeitskräfte sollten durch Terrassenbau, Be- und Entwässungsarbeiten für eine Vergrößerung und Verbesserung der Betriebsflächen sorgen.

Der „Große Sprung nach vorn“

Als 1957 die Getreideproduktion hinter dem Bevölkerungswachstum von 2 Prozent zurückblieb, veranlasste das die chinesische Führung unter Mao Zedong, vom sowjetischen Entwicklungsvorbild abzurücken. Dieser so genannte Große Sprung nach vorn beinhaltete den organisatorischen Zusammenschluss von 680 000 Kollektiven zu 26 500 Volkskommunen. Diese sollten die Basiseinheiten für die Durchsetzung der sozialistischen Gesellschaftsordnung bilden. Im

M 2 Entwicklungsschema zur Industrialisierung

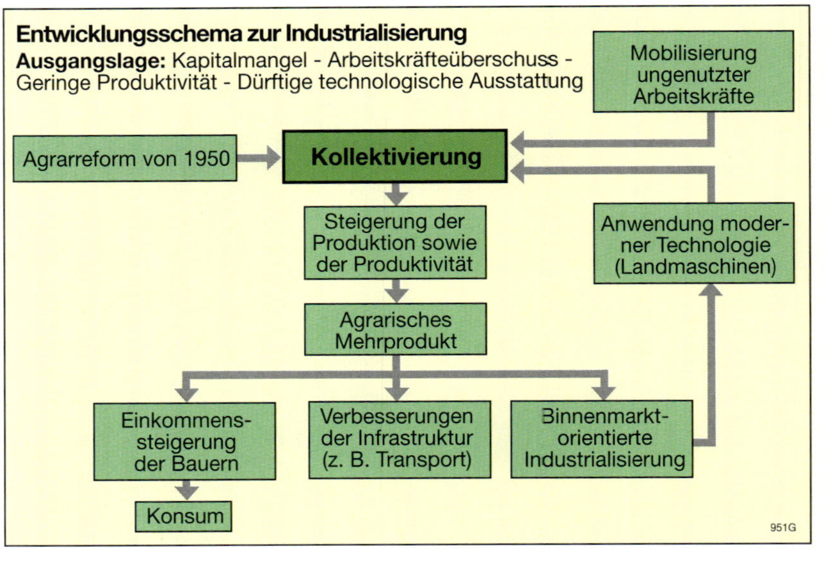

M 3 **Schlichte Schmelzöfen** wie hier in der Provinz Henan gehörten zu den Kernpunkten der Vision Maos, das Land schnell zu modernisieren. Es stellte sich jedoch bald heraus, dass der Stahl aufgrund seiner Minderwertigkeit nicht zu gebrauchen war.
Der „Große Sprung nach vorn" hatte die Vernachlässigung der Landwirtschaft zur Folge und führte zur wahrscheinlich größten Hungerkatastrophe der Neuzeit.

Rahmen der Volkskommune wurde die totale Mobilisierung des vorhandenen Arbeitskräftepotenzials zur Bildung akkumulationsfähiger Überschüsse angestrebt. Wegweisend sollte dabei das Prinzip der „Entwicklung aus eigener Kraft“ sein.

Mit dieser Politik sollte der „sozialistische Aufbau“ beschleunigt werden. Das gesamte Volk wurde von der kommunistischen Führung mobilisiert, um mit Zuwachsraten von 20–30 Prozent pro Jahr den industriellen Ausstoß zu erhöhen. Zu diesem Zweck wurde das Dorf selbst industrialisiert. Symptomatisch dafür waren die so genannten Hinterhof-Hochöfen, die mit einfachsten Mitteln Eisen und Stahl herstellen sollten. Jenseits aller gefälschten Statistiken erwies sich dieser Versuch als untauglich. Die gewonnenen Produkte waren durchweg unbrauchbar.

Der „Große Sprung“ bedeutete die Abkehr vom sowjetischen Vorbild. Allerdings zeigte sich, dass die Politik eines sprunghaften Entwicklungsschubs nicht durchführbar war. Sie scheiterte

- am Widerstand der Menschen gegen die Auflösung der Familie und gegen die weitgehende Militarisierung des Lebens,
- an einer Überforderung des ökonomischen Systems (unbrauchbare Produkte, falscher Einsatz der Arbeitskräfte usw.)
- und an gleichzeitig hereinbrechenden Naturkatastrophen.

Die propagandistische Euphorie des „Großen Sprungs nach vorn“ konnte die ökonomisch-technischen Gesetzmäßigkeiten nicht außer Kraft setzen. Diese von Mao vorangetriebene Politik erwies sich als Misserfolg. Die Vernachlässigung der Landwirtschaft hatte eine riesige Hungersnot zur Folge, die in ihrem Umfang lange vor der Weltöffentlichkeit verschwiegen wurde. Die Jahre 1959 bis 1962 sind als die „drei schweren Jahre“ in die neuere Geschichte Chinas eingegangen. Anhand der Auswertung von Bevölkerungsstatistiken geht man heute im Allgemeinen davon aus, dass dieses Entwicklungsexperiment bis zu 30 Millionen Menschen das Leben gekostet haben könnte.

Parallel dazu zog die UdSSR plötzlich ihre Techniker ab (1960). Jegliche Wirtschaftshilfe wurde eingestellt. Da die Konstruktionsunterlagen mitgenommen worden waren, blieben viele Entwicklungsprojekte ohne Abschluss. Ausschlaggebend für das sowjetische Verhalten dürfte nicht zuletzt das maoistische Wirtschaftsexperiment gewesen sein, das das sowjetische Monopol für den einzig richtigen Weg zum Sozialismus gefährdete.

Das Scheitern führte zu einem Prestigeverlust Maos. Im Folgenden setzte sich eine pragmatische Wirtschaftspolitik durch, die maßgeblich von Deng Xiaoping und Liu Shaoqi gefördert wurde. Die materielle Versorgung der Bevölkerung trat in den Vordergrund bei gleichzeitiger Zurückstellung ideologischer Gesichtspunkte. Die Politik der Kollektivierung des gesamten Lebens wurde aufgegeben.

Die Politik der Organisierung der Wirtschaft mittels riesiger Volkskommunen wurde revidiert zugunsten einer Umstrukturierung auf kleine Betriebsgrößen. Weitere Aspekte dieser wirtschaftspolitischen Liberalisierung waren:

- die Schaffung materieller Anreize (Leistungsprinzip, Prämien),
- die Zulassung von Privatbesitz an Haus, Garten, Kleinvieh und kleinem Acker,
- ein begrenzt freier Handel,
- die Zulassung familiärer Nebentätigkeiten.

Die Abkehr vom „Großen Sprung“ bedeutete keineswegs eine Rückkehr zum sowjetischen Entwicklungsmodell. Die Zielsetzung einer sprunghaften und dezentralen Schnellindustrialisierung wurde allerdings fallen gelassen.

„Kulturrevolution“

Mit „Kulturrevolution“ bezeichnet man heute eine Phase in der chinesischen Geschichte, in der der Kampf um die künftige Politik Bürgerkriegsausmaße annahm und zu einem zeitweiligen Zusammenbruch der staatlichen Ordnung führte, insbesondere zwischen 1966 und 1969. So waren zum Beispiel Schulen und Universitäten auf Jahre geschlossen. „Revolution statt Produktion“ hieß das Motto. Zeitweilig kam sogar die Industrieproduktion zum Erliegen. Das Transportsystem wurde lahm gelegt. Das Chaos vergrößerte sich noch, als rivalisierende Fraktionen der Roten Garden sich untereinander bekriegten. Selbst Einheiten der Volksbefreiungsarmee wurden von dem allgemeinen Aufruhr erfasst.

Gegen eine primär am Wirtschaftswachstum orientierte so genannte Expertenlinie (Hauptvertreter: Deng Xiaoping und Liu Shaoqi) mobilisierte Mao die (Partei-)jugend (Rote Garden) und knüpfte dabei an die Massenmobilisierung von 1958 an (so genannte Massenlinie). Seinen Höhepunkt fand Maos Kampf um die Vormacht innerhalb der KPCh in der Losung: „Bombardiert das Hauptquartier!“ (womit die Zentrale der KPCh gemeint war). Der kulturrevolutionäre Bürgerkrieg war mit politischen Verfolgungen und Massenterror seitens der Roten Garden verknüpft.

Der Terror richtete sich gegen Vorgesetzte allgemein und insbesondere gegen Angehörige der Intelligenzschicht: Funktionäre, Professoren, Lehrer, Wissenschaftler, Techniker, Künstler. Demütigungen, Folter und Inhaftierungen in Arbeitslagern waren an der Tagesordnung. Letzteres hieß beschönigend „Reform durch Arbeit“. Mao zielte mit seinen Bestrebungen auf eine Reaktivierung des revolutionären Bewusstseins und des Klassenkampfes. Stützen konnte er seine Mobilisierungsaktion auf die Armee unter Führung von Lin Piao, der offiziell zum Nachfolger Maos als Parteichef benannt wurde, später aber – vermutlich nach einem missglückten Putsch – ums Leben kam (1971). Sein Tod ist auch heute noch nicht vollends geklärt. Es heißt, dass sein Fluchtflugzeug über der Mongolei abgeschossen wurde. Lin war auch als Organisator eines überdimensionierten Personenkults um Mao in Erscheinung getreten.

Zwischenzeitlich siegten in diesem Kampf die Kulturrevolutionäre. Das fand seinen Ausdruck in der politischen Entmachtung von Liu und Deng. Liu Shaoqi verstarb 1969 im Gefängnis, während Deng Xiaoping nach Maos Tod (1976) zum mächtigsten Politiker aufstieg.

Das Jahrzehnt der – wie es seinerzeit hieß – „Großen Proletarischen Kulturrevolution“ gilt heute als verlorenes Jahrzehnt. Die wirtschaftliche Entwicklung Chinas verzögerte sich. Der Zusammenbruch des höheren Bildungswesens hinterließ Millionen unzureichend qualifizierter Jugendlicher.

„Zwei Linien“

Es entsprach maoistischem Denken, die innerparteilichen Auseinandersetzungen um die Grundsätze gesellschaftlicher und wirtschaftlicher Entwicklung als „Zwei Linien“ zu interpretieren. Dabei standen sich jeweils „Pragmatiker“ und „Ideologen“ beziehungsweise Maoisten gegenüber. Unter Pragmatikern versteht man Politiker, wie zum Beispiel Deng Xiaoping, die aufgrund eines konkreten Nutzens handeln. Es geht ihnen um die Bewältigung drängender Probleme. Die Weltanschauung („Ideologie“) tritt somit in den Hintergrund. Eine pragmatische Einstellung kam zum Beispiel zum Ausdruck, als Deng sagte: „Ob schwarze Katze oder weiße Katze, die Katze, die Mäuse fängt, ist eine gute Katze.“

M 4 **Einwohner Kantons demonstrieren gegen die Viererbande (1976)**

„Pragmatische Linie“	„Ideologische Linie“
Entlohnung: materielle Anreize (Prämien, Akkord)	Entlohnung: moralische Anreize
Leistungsprinzip	Bedürftigkeitsprinzip
soziale Differenzierung	egalitäre Gesellschaft: Beseitigung sozialer Unterschiede
Vorrang der Produktion	Vorrang der (revolutionären) Ideologie (Gesinnung)
Expertentum	Massenmobilisierung

Nach der Kulturrevolution setzte ab 1971 wieder eine pragmatische Wirtschaftspolitik ein, die von Zhou Enlai und dem 1973 rehabilitierten Deng Xiaoping gesteuert wurde. Angesichts des gesundheitlichen Verfalls von Mao Zedong begann ein Machtkampf um dessen Nachfolge. Dabei standen sich die Pragmatiker auf der einen Seite und die orthodox kommunistische „Viererbande“ – geführt von Maos Frau Jiang Qing – auf der anderen Seite gegenüber.

Das Jahr 1976

Das Jahr 1976 hieß „Jahr des Drachens“ – ein Jahr, in dem – nach traditionellem chinesischen Verständnis – schlimme Dinge passieren würden. Tatsächlich starben in diesem Jahr Zhou Enlai und der älteste Marschall und Kampfgefährte Maos Zhu De. Außerdem ereignete sich eine Naturkatastrophe. Das größte Erdbeben der Neuzeit zerstörte die Stadt Tangshan und hinterließ etwa 250 000 Tote. Nach traditionellem Glauben war dies ein „Zeichen des Himmels“ und bedeutete das „Ende einer Dynastie“. Tatsächlich erlag Mao Zedong kurz darauf seinen Leiden. Den Machtkampf entschied Deng anschließend zu seinen Gunsten. Die „Viererbande“ wurde festgenommen und später verurteilt (1981). Ab 1978 hatten sich Deng und die ihn stützenden Kräfte endgültig durchgesetzt. Es begann die Abkehr von maoistischer Politik und Ideologie. „Armut ist nicht Kommunismus“, lautete Dengs Wahlspruch. Das China der maostischen „blauen Ameisen“ gehörte endgültig der Vergangenheit an.

Deng Xiaopings Reformpolitik

Seit Ende der siebziger Jahre wurde eine neue Wirtschaftspolitik betrieben, die von Deng dirigiert wurde und die sich – darüber hinaus – mit den Namen Zhao Ziyang und Hu Yaobang verbindet. Die Politik der „Vier Modernisierungen“ (Industrie, Militär, Landwirtschaft, Bildung) sollte die Volksrepublik China aus ihrer Rückständigkeit befreien. Dengs Devise lautete: „Ein armer Sozialismus kann auf Dauer nicht bestehen.“

Die Kommunistische Partei verkündete die „Vervollkommnung des sozialistischen Systems“. Gleichzeitig war sich die Führung im Klaren, dass Produktionsfortschritte nur durch neue Leistungsanreize zu erreichen seien. In der Folge wurden die landwirtschaftlichen Kommunen aufgelöst. Die Bauern konnten nunmehr ihre Äcker eigenverantwortlich nutzen („Produktionsverantwortung“). Es entstanden freie Märkte im ganzen Land. Die Erträge stiegen explosionsartig, und 1984 konnte eine Rekordernte (von über 400 Millionen Tonnen Getreide) eingefahren werden.

Parallel dazu machte die Privatisierung von Handwerk, Gewerbe und Dienstleistungen rasche Fortschritte. Zweistellige Wachstumsraten pro Jahr waren die Regel. Reichtum wurde nicht länger verteufelt. In der Industrie ging man vom Prinzip des „eisernen Lohns“, das heißt des gleichen Lohns, ab. Auch die „eiserne Reisschüssel“, der unkündbare Arbeitsplatz, war nicht länger ein Tabu. Der Anteil der staatlichen Unternehmen an der Industrieproduktion sank kontinuierlich.

M 5 Das neue China
Das Bild zeigt eine Großbaustelle in Shenzhen, der „Sonderwirtschaftszone" an der Grenze zu Hongkong.

Der Wirtschaftsboom der achtziger Jahre brachte Gewinner und Verlierer mit sich. Gewonnen haben zunächst Bauern, die ihre Erzeugnisse nunmehr privat vermarkten konnten, ferner alle, die einer geregelten privatwirtschaftlichen Tätigkeit nachgingen. Verlierer waren insbesondere staatliche Angestellte und Beamte, deren Gehälter der Inflationsrate hinterherhinkten. Verlierer waren auch viele Menschen, die ihren angestammten Arbeitsplatz verloren hatten. Millionen Menschen sind gegenwärtig als Wanderarbeiter auf der Suche nach Arbeit.

Folge der Reformpolitik war nicht nur eine zunehmende gesellschaftliche Ungleichheit, sondern auch eine Auseinanderentwicklung der verschiedenen Provinzen. Der Wirtschaftsaufschwung verlief besonders rasant in den südlichen Küstenprovinzen, und da vor allem in den so genannten Sonderwirtschaftszonen, die günstige Investitionsbedingungen für ausländisches Kapital bieten. Die größte Sonderwirtschaftszone Shenzhen – zwischen Hongkong und Guangzhou (Kanton) gelegen – verzeichnete ein explosionsartiges Wachstum. Hier machte sich schon eine enge wirtschaftliche Verflechtung mit Taiwan und Hongkong bemerkbar. Die Kronkolonie Hongkong wurde 1997 von Großbritannien an China zurückgeben. Im Rückgabevertrag wurde der Kapitalismus Hongkongs auf 50 Jahre festgeschrieben: „ein Land, zwei Systeme“.

M 6 **„So lassen wir ihn vorläufig einmal!“** Mit dem Pressluftbohrer: Deng Xiaoping, rechts daneben der Parteichef Hua Guofeng, Karikatur von H. Haitzinger, 1980

Im Vergleich zu Südchina bleibt das Wirtschaftswachstum im Landesinnern und besonders in den von Minderheiten bewohnten Randprovinzen zurück.

Neben der beträchtlichen Inflation machen sich außerdem Wirtschaftskriminalität und Korruption als Begleiterscheinungen der Reformpolitik negativ bemerkbar.

Ideologisch beinhalteten die achtziger Jahre den Abschied von der Gleichheitsdoktrin. Die Reformer ließen verlauten: Mit Marx und Engels ließen sich die Probleme der Gegenwart nicht lösen. Die Wirtschaftsreformen wurden folglich von einer Entmaoisierung begleitet. Das Bild des gottgleichen „Großen Steuermanns“ verblich angesichts der von Mao zu verantwortenden Katastrophen, wie zum Beispiel der Kulturrevolution. Man sprach von seinen „Irrtümern“ und setzte eine neue Bewertung fest: „zu 70 Prozent gut, zu 30 Prozent schlecht“.

Politisch gingen die Reformen mit einer vorsichtigen Liberalisierung einher. Die Reformpolitiker sahen die Notwendigkeit, das Land nach außen mehr zu öffnen. Denn China sollte durch den Import von Kapital, Know-how und moderner Technologie modernisiert werden. Das bis dahin ziemlich abgeschlossene Land ermöglichte Kontakte und Kommunikation, wie sie noch zu Maos Zeiten undenkbar gewesen wären. Liberale Ideen verbreiteten sich mittels der Medien sowie durch Geschäftsleute, Touristen, Auslandschinesen und Studenten.

Das Massaker vom Tiananmen

Der Tiananmen-Platz – der „Platz des Himmlischen Friedens“ – liegt im Herzen von Peking südlich der „Verbotenen Stadt“, des Kaiserpalastes. Hier versammelten sich im April 1989 Studenten zu einer Trauerkundgebung für den verstorbenen Reformpolitiker Hu Yaobang. Im Anschluss daran blieb der Tiananmen Schauplatz von Demonstrationen der Studenten für eine Demokratisierung des Landes. Es ging den Studenten unter anderem um die Freiheit der Forschung und Lehre, freie und unabhängige Medien, allgemein um mehr Liberalität in Staat und Gesellschaft.

Sympathie und Unterstützung fanden die Demonstranten zunächst bei Intellektuellen, später auch zusehends allgemein bei der Pekinger Bevölkerung. Auch ein Teil der Parteiführung (um den Ministerpräsidenten Zhao Ziyang) stand dem Anliegen der Demokratiebewegung wohlwollend gegenüber.

Der Konflikt eskalierte und wurde mehr und mehr als ein Kräftemessen zwischen der Regierung und den Studenten verstanden. Der Blick auf Osteuropa ließ die Angst der KPCh-Führung vor einer Wiederholung der revolutionären Ereignisse anwachsen. Sie sprach von „konterrevolutionärer Verschwörung“. Die Parteiführung fürchtete den Verlust ihres Machtmonopols. Sie ließ nach langem Zögern Armee-Einheiten aufmarschieren, verhängte den Ausnahmezustand und gab Schießbefehl für die Soldaten (4. Juni 1989).

Über die Anzahl der Opfer gibt es keine Gewissheit. Man sprach von etwa 1400 Toten und 10 000 Verletzten. Deng Xiaoping, der das Vorgehen rechtfertigte, wandelte sich über Nacht vom Haupt der Reformbewegung zum Unterdrücker derselben.

Nach der gewaltsamen Niederschlagung der Demokratie-Bewegung erhielt die konservative Fraktion um den Ministerpräsidenten Li Peng Auftrieb. Eine „Säuberungswelle“ erfasste das Land. Studentische Anführer wurden zu hohen Gefängnisstrafen verurteilt. Studenten und

M 7 **Eine Szene, aufgenommen während der Demonstrationen der Demokratie-Bewegung auf dem „Platz des Himmlischen Friedens" in Peking (Juni 1989)**

Schüler mussten ideologische Schulungen („Belehrungen") über sich ergehen lassen. Die gelenkten Massenmedien betonten wieder die Bedeutung der „Mao Zedong-Ideen" und des „sozialistischen Weges".

Wesentlich für das Scheitern der Demokratie-Bewegung war, dass die ländliche Bevölkerung Chinas die Demonstranten nicht unterstützte. 800 Millionen Menschen (70 Prozent der Gesamtbevölkerung) sind Bauern beziehungsweise leben auf dem Land. Für sie ist Demokratie kein Thema. Die Landbevölkerung ging unbekümmert ihrer Arbeit nach. Liberale Ideen interessierten die Bauern nur insoweit, als sie zur Verbesserung ihrer konkreten Lebensumstände beitrugen.

Perspektiven

Zentral für die Entwicklung Chinas bleibt das Bevölkerungswachstum. In der VR China leben etwa 1,25 Milliarden Menschen (2001), was mehr als eine Verdoppelung seit ihrer Gründung 1949 bedeutet. Zwar gelang es der Führung mithilfe einer Kampagne für die Ein-Kind-Familie das Wachstum unter das vergleichbarer Entwicklungsländer zu drücken. Aber der Wirtschaftsboom des letzten Jahrzehnts und die Lockerung der Kontrolle drohen das Programm zum Scheitern zu bringen. Abgesehen davon, dass ein hohes Bevölkerungswachstum die erreichten entwicklungspolitischen Erfolge aufzehrt, ist es auch von globaler Bedeutung, denn das Land beherbergt nicht weniger als ein Fünftel der Weltbevölkerung.

Die Einwohner der Volksrepublik China lassen sich unterscheiden in so genannte Hanchinesen und in die verschiedenen Minderheiten. Zu diesen gehören etwa acht Prozent der Bevölkerung. 55 Minderheiten, unter ihnen Uiguren, Tibeter, Mongolen, Kasachen, Tadschiken, bewohnen vor allem die riesigen Grenzprovinzen des heutigen China,

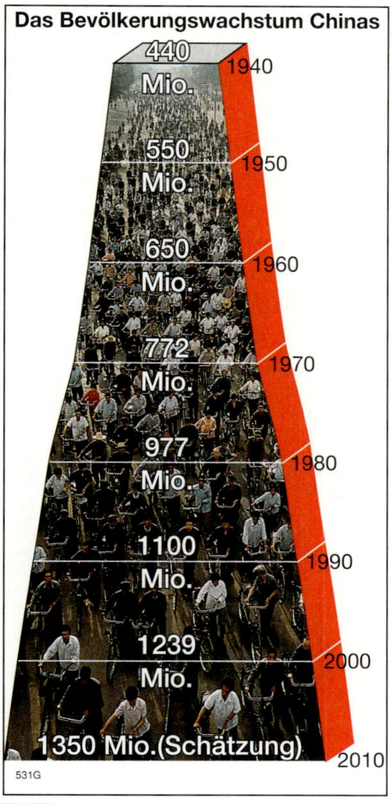

M 8

die 60 Prozent des gesamten Territoriums ausmachen. Die Pekinger Führung sieht mit wachsendem Misstrauen auf Autonomiebestrebungen sowie das Erwachen religiöser Traditionen. Sie befürchtet einen Zerfall des Riesenreiches, wie er sich in der Sowjetunion vollzogen hat. In Tibet wurden in den vergangenen Jahren mehrere Aufstandsversuche gewaltsam niedergeschlagen.

Die Ereignisse vom Tiananmen haben gezeigt, dass die Volksrepublik China vorerst eine Einparteien-Diktatur bleibt. Das Land wird von einer kleinen Parteielite regiert, die um sich einen Geheimbereich („Große Mauer") aufgerichtet hat. So wie im kaiserlichen China die Aristokratie kaiserlicher Beamter, so regierten bis gegen Ende des 20. Jahrhunderts Parteikader das Land, die teilweise noch am legendären „Langen Marsch" teilgenommen haben. Eine demokratische Kontrolle existiert nicht, genauso wenig wie unabhängige Massenmedien. Die Öffentlichkeit erfährt wenig über die Machtkämpfe im Führungskreis der KPCh. Die Herrschaft einer Handvoll Politiker an der Spitze der Partei birgt aber in sich die Gefahr der Erstarrung des politischen Systems. Pluralistische Bestrebungen, die der Einparteienherrschaft zuwiderlaufen, werden unterdrückt. Die Pekinger Führung, durch den Zusammenbruch des Kommunismus in Osteuropa verunsichert, will Einheit und Stabilität um jeden Preis. Sie beabsichtigt, westliche Technologie und westliche Wirtschaftsmethoden zu importieren. Hingegen sollen westliche Gedanken ferngehalten werden. Man verwendet in diesem Zusammenhang das Bild vom geöffneten Fenster mit dem Fliegengitter davor, das bürgerlich-liberale Ideen abfangen soll. Es fragt sich aber, ob eine Modernisierung des Landes unter Beibehaltung der autoritären Einparteienherrschaft überhaupt möglich ist.

Die fehlende Demokratie in der Volksrepublik China sollte aber den Blick dafür nicht verstellen, dass sich nach den drei Jahrzehnten des maoistischen Klassenkampfes die Lage der Menschen im Vergleich zu früher dramatisch verbessert hat. Vom „Reich der blauen Ameisen" ist nichts mehr übrig geblieben. Es gibt in der Gegenwart eine (relative) Offenheit, eine kulturelle Vielfalt und einen Wohlstand, der noch zu Maos Zeiten undenkbar gewesen ist. Allerdings konzentriert sich dieser Wohlstand in den östlichen Küstenprovinzen des Landes. Als Folge dieses Ost-West-Gefälles entstand eine innerstaatliche Wanderungsbewegung von riesigen Ausmaßen. Entwurzelte und Arbeit suchende Menschen gehören mittlerweile zum Erscheinungsbild der großen Städte an der Ostküste. Da gleichzeitig der Stadt-Land-Gegensatz und die Kluft zwischen Arm und Reich zunehmen, steht das Land vor der Bewältigung schwieriger sozialer Probleme.

Chronologie

1949	Gründung der Volksrepublik China
1958–1960	„Großer Sprung nach vorn"
1966–1976	„Kulturrevolution" (im engeren Sinne bis 1969)
1976	Tod Mao Zedongs und Zhou Enlais
1989	Massaker vom Tiananmen (4. Juni)
1997	Tod Deng Xiaopings

M 9 **Strukturelle Rückständigkeit**

Der Ökonom Willy Kraus macht eine Bestandsaufnahme der wirtschaftlich-sozialen Situation Chinas bei der Gründung der Volksrepublik:

Die Volksrepublik China zeigte 1949 typische Merkmale eines rückständigen, unterentwickelten Landes mit niedrigem Produktionsniveau und Pro-Kopf-Einkommen. Die einzelnen Wirtschaftsbereiche waren nur geringfügig miteinander verflochten. Die traditionelle Landwirtschaft bildete den größten Wirtschaftsbereich, der in den dreißiger Jahren zu 60 bis 65 Prozent zum Sozialprodukt beitrug. Daneben gab es einen kleinen Sektor der Leichtindustrie und des Handwerks in Höhe von ca. 10 Prozent – und schließlich die Schwerindustrie, die hauptsächlich von den Japanern während ihrer Besatzungszeit nach 1931 in der südlichen Mandschurei aufgebaut worden war. Kennzeichnend war ein ökonomischer Dualismus, ein Nebeneinander traditioneller und moderner Wirtschaftsreformen mit sektoraler und regionaler Aufspaltung. [...] Relativ moderne Industrien, die lediglich einige wenige Prozent zum Sozialprodukt beitrugen, waren meist in den Küstengebieten konzentriert.

Über 80 Prozent der Erwerbsbevölkerung waren in der Landwirtschaft beschäftigt. Arbeitsintensive Bewirtschaftungsmöglichkeiten führten zwar zu hohen Erträgen pro Flächeneinheit, jedoch zu einer geringen Produktion pro Beschäftigten. Von ca. 9,6 Millionen km^2 Gesamtfläche waren nur etwa 1,08 Millionen km^2, d. h. nur etwa 11,4 %, landwirtschaftlich nutzbar. Das niedrige Subsistenzniveau [Lebensunterhalt] eines Großteils der ländlichen Bevölkerung reichte kaum zu einer nennenswerten Ersparnisbildung aus. Der Bevölkerungsdruck führte bei fehlenden nichtlandwirtschaftlichen Beschäftigungsmöglichkeiten, geringer Zuwachsrate des kultivierten Landes und wegen der Erbteilung an alle überlebenden Söhne zu sinkenden Anbauflächen pro Kopf und Familie. [...] [Seitens der GMD] war versäumt worden, ein vernünftiges, praktisches Steuersystem aufzubauen, das den anstehenden Entwicklungserfordernissen Rechnung tragen konnte. Da die öffentlichen Aufgaben nur unzureichend wahrgenommen wurden, blieb es bei einem unzulänglichen Schulsystem und einer hohen Analphabetenquote. Von zehn Kindern im Schulalter konnte schätzungsweise nur eins lesen und schreiben. Das Gesundheitswesen war in einem äußerst dürftigen Zustand. Die schlecht ernährte Bevölkerung war immer wieder Seuchen und Naturkatastrophen ausgesetzt. Infektionskrankheiten und parasitäre Erkrankungen, insbesondere Tuberkulose, Malaria, Pocken, Pest [...] waren in weiten Teilen des Landes verbreitet. China hatte eine hohe Sterbequote von etwa 3 % jährlich. Die durchschnittliche Lebenserwartung betrug nur 28 Jahre, von 1 000 lebend geborenen Kindern starben bereits 160 bis 170 im Säuglingsalter. Es fehlte an einer systematischen medizinischen Betreuung der Bevölkerung – ein Mangel, der sich vor allem auf dem Land bemerkbar machte. Im Jahr 1948 sollen 13 447 Ärzte, 371 Zahnärzte, 962 Pharmazeuten, 6 000 Arzthelfer und 5 268 staatlich geprüfte Hebammen in China tätig gewesen sein. Für ca. 500 Millionen Einwohner standen nur 84 000 Krankenhausbetten zur Verfügung.

W. Kraus, Wirtschaftliche Entwicklung und sozialer Wandel in der Volksrepublik China, Berlin 1979, S. 28 und 31.

M 10 **Die Bildung von Volkskommunen (1958)**

Die von Mao gesteuerte Politik des „Großen Sprungs" zielte sowohl auf eine Erhöhung der Industrieproduktion als auch auf die radikale Umgestaltung der Lebensverhältnisse – das zeigt die Darstellung des Politikwissenschaftlers Heinrich Bechtoldt:

Über das chinesische Dorf brach eine Sintflut herein. Die bisherigen Genossenschaften und alle Einzelbauern hatten grundsätzlich alle Produktionsmittel und allen Besitz, also das Land, das Vieh, die Geräte, das Haus mit seinem gesamten Inventar usw., der Volkskommune zu übereignen; nur kleine Haustiere und einiges Geflügel würden noch als Einzelbesitz erlaubt sein. Was abgetreten wurde, ging in die Akten als gezeichnete Anteile ein. Um alle Illusionen zu zerstören, hieß es gleich, dass auf die Anteile keinerlei Zinsen oder Dividenden zu erwarten seien. Die Bauern waren über Nacht zu Lohnarbeitern geworden. Es gab keine Vergütung nach Tagewerken mehr, also auch keine Gewinnaufteilung wie in den Genossenschaften. Ein Musterstatut für Volkskommunen empfahl einen Leistungslohn, machte aber zu Bedingung, dass von den für Lohnzahlungen vorgesehenen Geldern von vornherein ein Viertel für Sonderzulagen abgezweigt wurde, damit also eine normale Existenz nur durch übernormale Anstrengungen möglich würde. In den Dörfern waren Speisehäuser, Kindergärten, Schneiderwerkstätten usw. einzurichten, damit die Frauen von der Belastung durch den Haushalt befreit und für den Arbeitseinsatz der Volkskommune verfügbar würden.

Umgekehrt wurden der Volkskommune nun zahlreiche Posten der Verwaltungskosten aufgebürdet.

Die bisherige Hsiang-Verwaltung [hsiang = Kleine Verwaltungseinheit] sollte als Leitung der Volkskommune fungieren und ist von der Volkskommune zu besolden. Verkaufseinrichtungen und Bankfilialen, die die Volkskommunen zu errichten hatten, mussten ihre Profite an den Staat abliefern, ihre Angestellten wurden aber von der Volkskommune bezahlt. Die Volkskommune hatte Milizeinheiten aufzustellen, als so genannte Ordnungsmacht; verfügungsberechtigt blieben aber die übergeordneten staatlichen Instanzen. In der Kassenführung der Volkskommune stehen die Produktionskosten, Investitionen und Steuern an erster Stelle, erst dann kommen die Ernährung der Bevölkerung und die Löhne. Die Volkskommune wurde als die gesellschaftliche Grundeinheit des Staates definiert, als der Anfang vom Übergang aus dem kollektiven Eigentum zum Eigentum des Volkes (sprich: Staates) und als die beste Organisation, um den Übergang vom Sozialismus zum Kommunismus in Gang zu setzen.

Ganz China war in einen Rausch versetzt. Die Milizen wurden aufgerufen und zogen in geschlossener Formation zur Arbeit, Arbeitspausen zu militärischen Übungen verwendend. Wo Eisen und Kohle erreichbar waren, wurden kleine Hochöfen mittelalterlichen Modells errichtet; alle Arbeiten, Transport und Zerkleinerung mussten von Hand geleistet werden. In geschlossenen Brigaden wurden Männer und Frauen zu Einsätzen bei Industrieprojekten oder Straßenbau, Eisenbahnbau, Kanalisierungen verschickt. Übereifrige Funktionäre ließen die kleinen Familienhütten abreißen. Die kleine Familie habe aufgehört, die größere Familie sei die Volkskommune. Gräber wurden eingeebnet und die Zahl der Hektare ausgerechnet, die nun für die Landwirtschaft gewonnen seien. Särge sollten nicht mehr aus Holz hergestellt werden, sondern aus Lehm und einigen Latten, und gleich wurde die Zahl der Eisenbahnschwellen errechnet, die aus dem eingesparten Holz gewonnen würden. Zwei Dinge waren entscheidend: Die Regierung wollte in der Landwirtschaft eine Organisationsform haben, die die zu erwartenden Gewinne aus der durchaus steigenden Produktion von den Bauern auf den Staat umleiteten und nach ihrer Struktur imstande wäre, alle weiteren Ertragssteigerungen nur noch dem Staat zugute kommen zu lassen und den Lebensstandard der Massen nach Belieben auf einem niedrigen Niveau zu halten. Zum anderen sollte eine Organisationsform geschaffen sein, die die Mobilisierung von Menschenmassen, wie sie im vorangegangenen Winter erstmals ausprobiert worden war, als ständiges Requisit [hier: Instrument] der Planwirtschaft und Politik in Bereitschaft hielte, Menschenkraft also wie Maschinen und an Stelle von Maschinen nach Belieben einsatzfähig und verschiebbar machte.

H. Bechtoldt, Indien oder China, Die Alternative in Asien, München 1964, S. 147 ff.

M 11 Personenkult und Propaganda
„Auf dem Weg zur Revolution, größeren Siegen entgegen".

M 12 Ziele der Kulturrevolution

Am 23. August 1966 veröffentlichte die offizielle chinesische Nachrichtenagentur Hsinhua („Neues China") das Programm der Pekinger Roten Garden:

1. Jeder Bürger soll manuelle Arbeit verrichten.
2. In allen Kinos, Theatern, Buchhandlungen, Omnibussen usw. müssen Bilder Mao Zedongs aufgehängt werden.
3. Überall müssen Zitate Zedongs an Stelle der bisherigen Neonreklame angebracht werden.
4. Die alten Gewohnheiten müssen verschwinden.
5. Die Handelsunternehmungen müssen reorganisiert werden, um den Arbeitern, Bauern und Soldaten zu dienen.
6. Eine eventuelle Opposition muss rücksichtslos beseitigt werden.
7. Luxusrestaurants und Taxis haben zu verschwinden.
8. Die privaten finanziellen Gewinne sowie die Mieten müssen dem Staat abgegeben werden.
9. Die Politik hat vor allem den Vorrang.
10. Slogans müssen einen kommunistischen Charakter aufweisen.

12. In allen Straßen sollen Lautsprecher aufgestellt werden, um der Bevölkerung Verhaltensmaßregeln zu vermitteln.

13. Die Lehre Mao Zedongs muss schon im Kindergarten verbreitet werden.

14. Die Intellektuellen sollen in Dörfern arbeiten.

15. Die Bankzinsen müssen abgeschafft werden.

16. Die Mahlzeiten sollen gemeinsam eingenommen werden, und es soll zu den Sitten der ersten Volkskommunen im Jahr 1958 zurückgekehrt werden.

17. Auf Parfüms, Schmuckstücke, Kosmetik und nichtproletarische Kleidungsstücke und Schuhe muss verzichtet werden.

18. Die Erste Klasse bei den Eisenbahnen und luxuriöse Autos müssen verschwinden.

19. Die Namen von Straßen und Monumenten müssen geändert werden.

20. Die alte Malerei, die nicht politische Themen zum Gegenstand hat, muss verschwinden.

21. Es kann nicht geduldet werden, dass Bilder verbreitet werden, die nicht dem Denken Mao Zedongs entsprechen.

22. Bücher, die nicht das Denken Mao Zedongs wiedergeben, müssen verbrannt werden.

„Hsinhua", 23. August 1966, zit. nach: Information für die Truppe, Nr. 12/1966

M 13 Aufmarsch
Während der Kulturrevolution bestimmten Aufmärsche und Kampagnen, Versammlungen und Schulungen den Tagesablauf der Chinesen.

M 14 Öffnung nach Westen

Der chinesische Parteiführer Deng Xiaoping definiert seine Vorstellung von Sozialismus (1992):

Dass wir uns in unserer Öffnungspolitik nicht trauen, Neues zu testen, ist doch, im Grunde genommen, nur die Angst, den kapitalistischen Weg zu beschreiten und Werte des Kapitalismus zu übernehmen. Doch lautet nicht die entscheidende Frage, was gehört eigentlich zur Familie „Kapitalismus" oder „Sozialismus"? Der einzige Maßstab dafür darf nur sein, was die Produktionskraft erhöht, den Lebensstandard des Volkes verbessert und die Qualität eines sozialistischen Landes verstärkt. [...]

Der Sozialismus kann erst dann seine Überlegenheit demonstrieren, wenn er alle zivilisatorischen Vorzüge der Menschheit – einschließlich der kapitalistischen – in sich integriert hat. Sozialismus heißt gemeinsam reich werden. [...] Noch immer tragen Ideologen und Politiker einen großen Hut, um Leute zu erschrecken. Das ist nicht eine „rechte" Gewohnheit, sondern eine „linke".

Es war grauenhaft, was diese Leute in der Geschichte unserer Partei angestellt haben. Zwar können nicht nur Linke, sondern auch Rechte die gute Sache des Sozialismus ruinieren. Doch müssen wir vor allem vor den Linken auf der Hut sein. Sie behaupten, die Reform- und Öffnungspolitik bringe die friedliche Evolution ins Land. [...]

Gegenwärtig entwickelt sich die Wirtschaft in unseren Nachbarländern schneller als bei uns. Wenn unsere Bürger vergleichen, könnte das zu unangenehmen Fragen führen. [...] Wo es Möglichkeiten zur wirtschaftlichen Entwicklung gibt, sollten deshalb keine Hindernisse konstruiert werden. Denn geringes Tempo bedeutet Stillstand.

Wenn wir in der Wirtschaft schneller voranschreiten wollen, ist es für ein so großes und unterentwickeltes Land unmöglich, nur auf Ruhe und Stabilität zu starren. Beides sind relative, keine absoluten Werte. Nur wirtschaftliche Entwicklung ist eine feste Größe.

Wenn wir das Denken nicht befreien, werden wir uns nicht entwickeln und eine günstige Gelegenheit verpassen. Fährt ein Schiff gegen den Strom, so muss es mit voller Kraft voranpreschen, sonst wird es zurückgetrieben.

Japan, Südkorea und Südostasien haben bei ihrer Entwicklung schnelle Wachstumsphasen durcheilt. Wenn man bedenkt, dass der Sozialismus in der Lage ist, bei bestimmten Zielvorgaben alle Kräfte zu massieren, sollten wir den Ehrgeiz aufbringen, dies jetzt auch anzugehen. Wenn wir die Gelegenheit nicht beim Schopfe packen, wird sie uns entweichen. […]

Guangzhou (Kanton) muss in 20 Jahren die „vier kleinen Drachen" Asiens [Taiwan, Südkorea, Hongkong und Singapur] eingeholt haben. Die gesellschaftliche Ordnung Singapurs kann man getrost als hervorragend bezeichnen. Dort existiert ein strenges System der Verwaltung und Kontrolle. Das sind Erfahrungen, die wir übernehmen und verbessern sollten. Historische Erfahrungen haben gezeigt, dass unsere politische Macht nur mit Diktatur zu konsolidieren ist. Eigentlich sollten wir unser Volk Demokratie genießen lassen. Um aber unseren Feinden überlegen zu sein, müssen wir Diktatur praktizieren – die demokratische Diktatur des Volkes.

Zit. nach: Der Spiegel, Nr. 14/1992.

M 15 Über bürgerlichen Liberalismus

Angesichts von Studentenunruhen äußerte sich Deng Xiaoping vor führenden chinesischen Politikern (30. Dezember 1986):

Wenn wir von Demokratie sprechen, dann können wir nicht die bürgerliche Demokratie übernehmen und keine dreifache Gewaltenteilung. Ich habe wiederholt die Herrschenden in den USA kritisiert und dabei gesagt, sie hätten in Wirklichkeit drei Regierungen. […]

Wir führen eine Politik der Öffnung nach außen durch. Wir lernen von ausländischen Technologien, nutzen ausländisches Kapital. Aber das ist nur eine Ergänzung des sozialistischen Aufbaus und nicht, um den sozialistischen Weg zu verlassen. […]

China hat keine Zukunft ohne die Führung durch die kommunistische Partei und ohne den Sozialismus. […]

Der Kampf gegen den bürgerlichen Liberalismus muss mindestens noch zwanzig Jahre geführt werden. Eine Demokratie kann nur Schritt für Schritt entwickelt werden. Wir könnten dabei nicht den Westen kopieren, sonst würden wir im Chaos enden. Unser sozialistischer Aufbau muss in geführter und ordentlicher Weise unter einer Lage der Stabilität verfolgt werden. Wenn ich besonders die Ideale und die Disziplin unterstreiche, dann ist das in diesem Sinn. Wenn bürgerlicher Liberalismus betrieben würde, dann käme es erneut zu einer Erschütterung mit dem bürgerlichen Liberalismus und einer Abkehr von der Führung durch die Partei, würden eine Milliarde Menschen ihren Kondensationspunkt verlieren und ihre Kampfstärke. Eine solche Partei wäre nicht einmal soviel wert wie eine Massenvereinigung, wie könnte sie das Volk zum Aufbau führen? […]

Der Kampf gegen den bürgerlichen Liberalismus ist ebenfalls unverzichtbar. Die Sorge ist unnötig, ob Ausländer sagen, wir würden damit unserem eigenen Ansehen schaden. Für China besteht nur Hoffnung, wenn es seinen eigenen Weg geht und einen Sozialismus chinesischer Prägung aufbaut.

Zit. nach: Frankfurter Rundschau, 3.4.1987.

M 16 Personenkult um Deng Xiaoping
Geschäftsdistrikt in Schanghai: „Reich werden ist ruhmvoll."

M 17 Der „Platz des Himmlischen Friedens"

Der „Platz des Himmlischen Friedens" (chinesisch: Tiananmen) ist der zentrale historisch-politische Ort Chinas. Auf ihm soll nach dem Willen der Kommunistischen Partei nur ihre Souveränität zur Geltung kommen. Auch ein Grund für die Niederschlagung der Demokratie-Bewegung, die hier bis zum 4. Juni 1989 demonstrierte:

Der Platz birgt einige der wichtigsten Symbole des kommunistischen China – an seinem Südende seit 1977 das Mausoleum Mao Zedongs und in seiner Mitte seit 1950 das Denkmal der Volkshelden, das den Kampf der Partei von ihrer Gründung 1921 bis zum Sieg 1949 ehrt. An der Westseite steht die Große Halle des Volkes, Sitz des Parlaments (Nationaler Volkskongress) und Schauplatz offizieller Besuche sowie aller Parteitage seit den fünfziger Jahren, mit ihren neoklassizistischen Säulen. Die Ostseite wird von Museen gesäumt, in denen Chinas Geschichte und die Revolution dargestellt werden.

Von den mittelalterlichen Mauern des Tores, das vom Platz in die „Verbotene Stadt" der ehemaligen Kaiserpaläste führt, rief Parteichef Mao Zedong am 1. Oktober 1949 die Volksrepublik China aus. Das

Bild Maos hängt an der Frontseite des rot gestrichenen Backsteintores mit dem geschwungenen Pagodendach.
Die Größe und Lage des Platzes haben ihn zu einem gegebenen Ort für Massendemonstrationen seit seinem Bestehen gemacht. Am 4. Mai 1919 hielten hier Studenten eine Massendemonstration ab, die eine bedeutende patriotische Bewegung einleitete. Anlass der Demonstration war die Abtretung chinesischen Gebiets an Japan als Teil einer Neuregelung nach dem Ende des Ersten Weltkriegs. In den Jahren 1926 und 1935 kam es hier zu antijapanischen Protestkundgebungen. Die letztere war der Beginn des Widerstands gegen die japanische Aggression in China.
In den zehn Jahren der von Mao ausgelösten so genannten Kulturrevolution von 1966 bis 1976 fanden hier zahllose gelenkte Demonstrationen der Roten Garden statt.

Aus: Frankfurter Rundschau, 24.5.1989.

M 18 Nur Demokratie kann China retten (1989)

Stellungnahme des Astro-Physikers Fang Lizhi[1], der als „Chinas Sacharow" galt, das heißt als mutiger Dissident:

Schuld am Misslingen der vergangenen vierzig Jahre war jedenfalls nicht allein die chinesische Tradition. Die Tatsachen zeigen eindeutig, dass fast alle anderen Länder und Regionen, die mit einem ähnlichen kulturellen Hintergrund begannen und deren Ausgangspunkt dem Chinas vergleichbar war, heute zu den entwickelten Ländern gehören oder zu ihnen aufgeschlossen haben.
Genauso wenig können die vierzig Jahre des Misserfolgs einfach der Überbevölkerung Chinas zugeschrieben werden. Zuerst einmal müssen wir erkennen, dass Chinas Überbevölkerung selbst eine der „politischen Errungenschaften" der maoistischen Zeit ist. Maos Politik der fünfziger Jahre bekämpfte die Geburtenkontrolle und förderte ein rapides Bevölkerungswachstum. Außerdem blockierte gerade der Reigen riesiger „Klassenkampf-Kampagnen" und politischer Massenverfolgungen jahrelang Chinas wirtschaftliche Entwicklung. [...]
Die Logik lässt nur einen Schluss zu: Die Enttäuschungen der vergangenen vierzig Jahre sind dem Gesellschaftssystem selbst zuzuschreiben. [...]
Die Reformen der letzten Jahre, die vor dem Hintergrund dieses Denkwandels begannen, haben in der Tat China gegenüber dem, was es zur Zeit Maos war, stark verändert. Wir sollten diese Veränderung positiv sehen. Die neue Betonung der Wirtschaft in der Innenpolitik und die Abkehr vom „Export der Revolution" in der Außenpolitik sind wichtige Beispiele des Fortschritts.
Andererseits weckte bereits vor neun Jahren die Abschaffung der „Mauer der Demokratie[2]" die Ahnung, dass der Regierung nicht der Sinn nach politischen Reformen stand. Die Erfahrung der darauffolgenden Jahre bestätigte diese Angst. Beispiele:
– Obwohl die Regierung den Klassenkampf der maoistischen Zeit als Fehler eingestand, verkündete sie ihre „Vier politischen Grundprinzipien" – was nichts anderes bedeutete als die Aufrechterhaltung erstens der Führung der Kommunistischen Partei; zweitens der Diktatur des Proletariats; drittens des sozialistischen Systems und viertens der Ideen des Marxismus-Leninismus-Maoismus. [...]
– Obwohl die chinesische Verfassung die Redefreiheit und andere Menschenrechte vorsieht, hat es die Regierung bis heute unterlassen, die UN-Menschenrechtskonventionen zu unterschreiben. Und in der Praxis wird sogar ein Grundrecht wie die Freiheit von Lehre und Forschung, politisch von geringer Bedeutung, tagtäglich verletzt. Kürzlich gab es Fälle, bei denen Dozenten der Naturwissenschaften aus politischen Gründen verbannt wurden.
– Das chinesische Erziehungssystem, das jahrelang die verheerenden Folgen von Maos anti-intellektu-

ellen und anti-kulturellen politischen Prinzipien erdulden musste, bescherte China eine Bevölkerung, deren Analphabetenrate in etwa so hoch ist wie vor vierzig Jahren. […]

– In den letzten Jahren mahnte die Regierung wiederholt zu „Stabilität und Einigkeit", besonders bei Anzeichen von Unruhe. Stabilität und Einigkeit scheinen zu einer Art höchstem Prinzip erhoben worden zu sein.

1 Im Zuge des Massakers auf dem „Platz des Himmlischen Friedens" gelang ihm die Flucht in die US-Botschaft in Peking. Fang Lizhi lebt heute in den USA.

2 bezieht sich konkret und im übertragenen Sinn auf die Möglichkeit freier Meinungsäußerung

Zit. nach: Die Zeit, Nr. 7/1989.

M 19 Koloss im Umbruch

Ulrich Schmid, der Korrespondent der Neuen Zürcher Zeitung in Peking, beurteilt den chinesischen Weg der Modernisierung des Landes:

Für jemanden, der in Russland gelebt hat, ist China eine Offenbarung. Das Land vibriert fast vor Arbeitsfreude. Überall wird gebaut, Tag und Nacht, überall wird transportiert, alle Menschen scheinen einem großen, gemeinsamen Ziel entgegenzugehen – oder zumindest entgegenzuradeln. Der Entschluss Deng Xiaopings, das sinistere [unheilvolle] ideologische Erbe Maos auf die Müllhalde der Geschichte zu kippen, hat eine unerhörte Dynamik freigesetzt. Die großen Städte der Ostküste sind kaum noch wieder zu erkennen und bieten dem, der Geld hat, jeden erdenklichen Luxus. Der Hunger, einst die Geisel der Chinesen, ist gebannt, der Lebensstandard ist angestiegen, immer mehr Wohnungen werden mit Wasser, Elektrizität und Energie versorgt. Die Landwirtschaft ist fast komplett privatisiert, die Bauern machen ihre Preise selber und produzieren entsprechend. Ein beachtlicher, kaum besteuerter Privatsektor ist entstanden. […]

Vor allem im seit je dynamischen Süden des Landes schießen neue Betriebe aus dem Boden, und vermutlich – so genau weiß das niemand – sorgt die Privatwirtschaft bereits jetzt für mehr als die Hälfte der gesamten Landesproduktion. In den Großstädten hat sich eine kleine Mittelschicht herangebildet, die hingebungsvoll konsumiert und unerbittlich elektronisch kommuniziert. Ein sehr farbiger, pulsierender, vage sogar westlich anmutender Modernismus regiert, und die Stimmung unter den jungen Leuten in den Städten, die sich anschicken, das China von morgen zu bauen, ist im Ganzen recht gut. […]

Hinter der neuen Glitzerfassade Chinas türmen sich monumentale Probleme. […]

Doch die Regierung zaudert, genau wie einst die russische. Sie propagiert zwar das Prinzip der Privatisierung, aber sie scheut die Konsequenz: Bei Großbetrieben behält sie praktisch immer die Aktienmehrheit und verhindert so die nötigen Sanierungen. Noch ist die Nabelschnur zwischen Staat und Privatwirtschaft längst nicht durchgetrennt; klar definierte Eigentumsverhältnisse trifft man selten. Doch das ist nicht überraschend. Auch in China hat man sich Jahrzehnte auf die Fürsorge des Staats verlassen. Der Appell an die Eigeninitiative ist relativ neu, und wenn der Staat sich aus der Wirtschaft zurückzieht, dann tut er das nicht nur mit einem unguten Gefühl, weil ihm Kontrolle entgleitet, sondern auch schuldbewusst, weil er die Lehren Maos mit Füssen tritt. Dennoch ist der Entstaatlichungsprozess in China bisher weit günstiger verlaufen als in Russland. Der Einfluss von Gangstern ist vergleichsweise gering, und viele Privatbetriebe florieren tatsächlich. Auf Rosen gebettet sind die Privaten in China allerdings nicht. Sie erhalten keine Subventionen, haben aber auch kaum Zugang zu Krediten – die Banken vergeben ihr Geld nach wie vor zu drei Vierteln an die maroden Staatsbetriebe. […]

Soweit das Wirtschaftliche. Nun zum Politischen. China ist nicht nur ein wirtschaftliches Entwicklungsland, sondern auch eine kommunistische Diktatur – besser: eine Diktatur. Der Kommunismus als Ideologie hat ausgespielt. Mao ist ein Papiertiger;

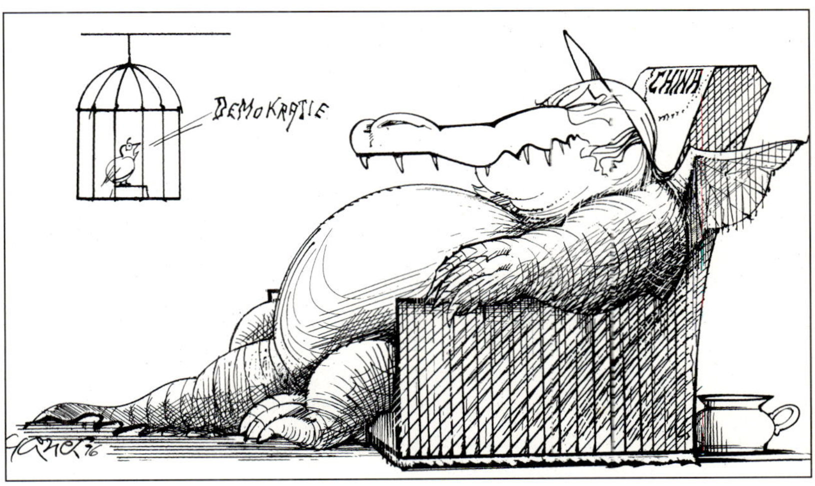

M 20 **„Demokratie"**, Karikatur von Walter Hanel, 1996

sein Ideal einer klassenlosen Gesellschaft ist im China der Superreichen und der verarmenden Massen ein fast schon rührender Anachronismus. Dass die KP-Führung sein Andenken hochhält, zeigt nur eins: dass sie krampfhaft nach allem greift, was ihrer undemokratischen Herrschaft ein Minimum an Legitimität verleihen könnte. Aber genau damit hapert es. Die chinesischen Kommunisten sind in keiner Weise legitimiert, sondern herrschen, weil sie die Macht vom Kriegsherr Mao vererbt erhalten haben. Und diese Macht verteidigen sie, mit allen Mitteln, auch den verbrecherischsten.

Die chinesische KP ist weder eine aufgeklärte noch eine gut meinende Oberschicht, sondern eine wahrhaft üble Bande von etwa 200 Männern, die eifersüchtig darüber wacht, dass ihr das, was sie an sich gerissen hat, nicht entwendet wird. Diese Männer herrschen mit eiserner Faust. Sie tolerieren keinen Widerspruch, und wer aufzubegehren wagt, bekommt es mit der mörderischsten Justiz der Welt zu tun. Und diese Partei soll das Land ins 21. Jahrhundert führen? Halten wir uns kurz die Bedingungen für wirtschaftlichen Erfolg in einer global vernetzten Welt vor Augen. Unabdingbar sind: eine gebildete Bevölkerung; eine faire, neutrale, zügig arbeitende Justiz; freier Zugang zu allen Märkten und zu global zirkulierenden Informationen; Rede- und Versammlungsfreiheit; eine prognostizierbare, verfasste Regeln respektierende Politik; unbedingter Schutz des physischen und geistigen Eigentums, vor allem aber: eine gelassene, da legitimierte Regierung, die ihren Bürgern vertraut. Nichts davon gibt es in China.

Aus: Neue Zürcher Zeitung (NZZ), 31.8.2000.

Anmerkung zur Schreibweise chinesischer Namen
Die Umschreibung chinesischer Namen ist im Deutschen sehr uneinheitlich. In diesem Kapitel wurden die im Deutschen gebräuchlichen Umschreibungen bevorzugt, wobei sich in vielen Fällen die Schreibung chinesischer Namen nach der heute üblichen Standardumschrift Pinyin durchgesetzt hat. Zur Orientierung hier eine Übersicht mit den Umschreibungen der wichtigsten Namen und Begriffe.

Mao Tse-tung, Mao Dse-dung, Mao Zedong;
Tschiang Kai-schek, Chiang Kai-shek, Jiang Kaishek;
Tschu En-lai, Dschou En-lai, Chou En-lai, Zhou Enlai;
Liu Shao-ch'i, Liu Shaoqi;
Teng Hsiao-ping, Deng Xiaoping;
Kuomintang (KMT), Guomindang (GMD);
Shensi, Shaanxi;
Yenan, Yan'an;
Peking, Beijing;
Nanking, Nanjing

Aufgaben

1. Beschreiben Sie die Merkmale der Unterentwicklung Chinas.
   → Text, M8, M9
2. In welchem Zusammenhang steht die Kollektivierung mit der Zielsetzung einer Industrialisierungspolitik?
   → Text, M1, M2
3. Listen Sie die Charakteristika des maoistischen Entwicklungsmodells auf.
   → Text, M1, M2, M10
4. Welcher Methoden bediente sich die chinesische Führung, um die Entwicklung zum Sozialismus zu beschleunigen?
   → Text, M1, M10, M11
5. Erläutern Sie die Bedeutung des „Großen Sprunges“ in der Geschichte Chinas.
   → Text, M3, M10
6. Analysieren Sie das entwicklungspolitische Konzept und das Gesellschaftsmodell, das in der kulturrevolutionären Ära propagiert wurde.
   → Text, M12, M13
7. Mit welchen Mitteln strebte Deng die Überwindung der Rückständigkeit Chinas an? Welche Elemente umfasste die von ihm gesteuerte Reformpolitik? Wie begründete er die Öffnung seines Landes?
   → Text, M14, M16
8. Geben Sie die Position Dengs wieder, die er gegenüber dem westlich-liberalen Gedankengut bezog. Wie wurde sie begründet?
   → M15, M20
9. Aus welchen Gründen scheiterte die Demokratie-Bewegung 1989?
   → Text, M7
10. Welche symbolische Bedeutung haftet dem „Platz des Himmlischen Friedens“ an?
    → Text, M17
11. Untersuchen Sie, welche Kritik der Dissident am politischen System seines Landes übt.
    → M18
12. Beschreiben Sie die gegenwärtige Situation der chinesischen Gesellschaft.
    → Text, M19

Welche Rolle spielt der Konfuzianismus in der Geschichte und Gegenwart Chinas?

In Bezug auf China, Japan, Korea und Vietnam spricht man von konfuzianisch geprägten Gesellschaftsordnungen. Dieser Kulturkreis und die Mentalität seiner Bewohner wurden wesentlich durch die Lehren des Konfuzius (chinesisch Kong Fu Zi) beeinflusst. Der „Meister aus dem Geschlecht der Kong" – so lautet die wörtliche Übersetzung– war einer der vielen Gelehrten, die im Lande umherwanderten. Mit seinem Namen verbindet sich eine philosophisch-sittliche Lehre, die in ihren Ursprüngen 2500 Jahre zurück reicht.

Konfuzius (551–479 v. Chr.) entwickelte seine Lehre vor dem Hintergrund von Konflikten feudaler Fürsten, Bürgerkriegen und politischem Chaos. Ihm ging es vorrangig darum, die gesellschaftliche Stabilität wieder herzustellen. Das entsprach der Sehnsucht der Bevölkerung nach Frieden. Das konfuzianische Gedankengebäude kann den Kontext seiner Entstehung nicht verleugnen: Es ist geprägt von der Suche nach Stabilität und Ordnung.

Im Gegensatz zum abendländischen Denken, das in seinem Kern die Individualisierung gefördert hat, betont Konfuzius die Einbindung des Einzelnen in die Gesellschaft. Dessen Pflicht bestehe darin, die egoistischen Ansprüche zurückzustellen. Die Grundlage für die Versittlichung der menschlichen Beziehungen sieht Konfuzius in der Anerkennung von Autorität und Ungleichheit. Er forderte die Unterordnung der Menschen allgemein unter den Kaiser, des Sohnes unter den Vater, der Frau unter den Mann. So erwachse aus dem als sittlich verstandenen Verhalten der einzelnen Gesellschaftsmitglieder das Wohl der gesamten Gesellschaft.

Die konfuzianische Lehre, die bis in die Gegenwart kulturprägend und im Alltagsbewusstsein vorhanden ist, betont also die Hierarchisierung der Gesellschaft und fordert die Anerkennung von Autoritäten. Nicht die Entfaltung des Individuums, sondern dessen Selbsteinbindung stand dabei im Mittelpunkt. Auf dieser Basis entstand im zweiten Jahrhundert durch die chinesischen Kaiser auch eine Staatsdoktrin mit ausgesprochen paternalistischen Zügen. Der Schutz vor dem Staat, der dem westlichen Menschenrechtsgedanken eigen ist, ist dem konfuzianischen Denken fremd. Auch darum besitzen in der chinesischen Rechtsauffassung Sozialrechte Vorrang vor Individualrechten.

Das maoistische China hat das konfuzianische Denken wiederholt als „reaktionär" verurteilt. Insbesondere während der Kulturrevolution (1966–1976) wurden anti-konfuzianische Massenkampagnen gestartet, in denen das konfuzianische Harmoniegebot angegriffen wurde. Das maoistische Klassenkampfkonzept widersprach ja der chinesischen Tradition. Andererseits hat die Führung in Peking nie gezögert, sich die autoritären Aspekte dieser Denktradition zu Nutze zu machen, wenn es ihr darum ging, ideologische „Linientreue" einzufordern.

Ein anderer Gesichtspunkt des konfuzianischen Menschenbildes ist die Betonung der Erziehung und des Lernens. Der Beamtenapparat im kaiserlichen China rekrutierte sich nicht auf Grund der Geburt, sondern es handelte sich um eine Bildungselite, die umfangreiche Prüfungen durchlaufen musste. Das in der Gegenwart so oft betonte Leistungsprinzip findet im Konfuzianismus seine Legitimation. Das asiatische Wirtschaftswunder ist gerade im konfuzianischen Einflussbereich besonders eindrucksvoll. So liegt es nahe, gerade auch in der Kultur eine Wurzel für das enorme Wirtschaftswachstum zu sehen. Bereits der konfuzianische Philosoph Menzius (372–289 v. Chr.) forderte eine Arbeitsethik, die Privateigentum, Gewinnstreben und persönlichen Leistungswillen einschloss, also Tugenden, die gleichsam wesentliche Aspekte der Wettbewerbsfähigkeit ausmachen. Ihre Ergänzung finden diese Wirtschaftstugenden in der Bildung von stabilen Netzwerken, die heutzutage die Festlandschinesen mit den Auslandschinesen in Nordamerika, Taiwan, Singapur, Indonesien und anderen Orten verbinden. Dafür ist der Ausdruck „Greater China“ in den Sprachgebrauch eingegangen.

M 1 Idealtypische Konfuzius-Abbildung
Konfuzius – ein Bild, das sich die Nachwelt von ihm machte

M 2 **Asiatische Demokratie**

Der Sinologe Oskar Weggel beleuchtet die kulturellen Hintergründe für die Eigenheiten asiatischer Demokratie- und Menschenrechtsvorstellungen:

Asiatische Institutionen haben, wie Deng Xiaoping es auszudrücken pflegte, eine „besondere Farbe" – angefangen vom „Sozialismus" bis hin zur „Demokratie". [...]

Die unterschiedlichen Prämissen [Voraussetzungen] beziehen sich auf das Wesen, den Zweck und den Entfaltungsraum von „Demokratie".

Was zunächst die Demokratie in ihren Grundeigenschaften anbelangt, so gilt sie in Asien, um es nochmals zu betonen, keineswegs als Selbstzweck, der sich unmittelbar aus der Selbstbestimmung des Individuums ableitete und auf den Kampf um Mehrheiten hinausliefe, sondern als Mittel zum Zweck, d. h. zur optimalen Vereinheitlichung des politischen Willens. „Demokratisierung" pflegt spontan in einen dialektischen Zusammenhang mit der „Zentralisierung" gebracht zu werden: In einer solchen Gegenüberstellung aber läuft „Demokratie" auf Vielheit, „Zentralismus" aber auf Einheit hinaus. Damit ergibt sich sogleich auch ein dialektischer Bezug: Demokratie ohne Zentralismus nämlich wird mit Anarchie, Zentralismus ohne Demokratie aber mit Diktatur assoziiert. Erstrebenswert bleibt am Ende jener „Demokratische Zentralismus", der die Mitte zwischen beiden Extremen auslotet und der übrigens auch zu einem Lieblingsbegriff der chinesischen Kommunisten geworden ist. [...] Während daher die Wirkung demokratischer Beschlüsse nach westlicher Auffassung bereits mit der Stimmabgabe (und ihrer möglicherweise oft außerordentlich knappen Mehrheit) einsetzt, ist die Willensbildung nach asiatischen Vorstellungen die Vereinheitlichung divergierender Meinungen, bedarf also „konsultativer" Vorarbeit und bisweilen auch sanften Drucks von Seiten der Gemeinschaft. Abstimmungen im formellen Sinn pflegen deshalb in aller Regel erst dann stattzufinden, wenn die Chance besteht, dass möglichst jedermann am gleichen Strang zieht, dass also Einstimmigkeit gewährleistet ist. Wie unschwer zu ersehen, hängt diese Auffassung von Demokratie mit einem anderen Menschenbild zusammen.

Da in den meisten asiatischen Kulturen nicht das Subjekt, sondern das Inter-Subjektive Vorrang hat, dient Demokratie keineswegs vorrangig dem Schutz des Individuums, sondern gerade umgekehrt dem Schutz des Ganzen vor allzu unverb ümten Individual- und Partikularinteressen.

Diese überindividuelle Ausrichtung von Demokratievorstellungen hat zur Folge, dass zwischen Individuum und Gesamtheit sowie zwischen Gesellschaft und Staat kein Dualismus anerkannt wird und daher für typisch westliche Einrichtungen wie Gewaltenteilung oder die Einklagbarkeit subjektiver Rechte gegenüber dem Staat entweder überhaupt kein Verständnis besteht oder dass solche westlichen Fremdkörper zwar gesetzestechnisch rezipiert, im Alltag aber nur widerwillig akzeptiert werden

Die Vorstellung von der Existenz eines autonomen Individuums ist sämtlichen asiatischen Überlieferungen gleichermaßen fremd. [...]

An keiner anderen Stelle unterscheidet sich „Asien" stärker von der europäischen Tradition als bei dieser ich-verneinenden Tradition des Menschenbilds. Kein Wunder, dass Ost und West gerade in der „Menschenrechts–Frage" oft aneinander vorbei reden. Nicht das Recht des Einzelnen gegen den Staat findet in Asien Anerkennung; was vielmehr zählt, ist gerade umgekehrt das Recht des Ganzen gegenüber Einzelpersonen oder Gruppierungen, die auf Extravaganzen zu verzichten und sich statt dessen an die Gemeinsamkeiten zu halten haben. Zu diesen besonders geschützten Gemeinschaftswerten – oder „Sozialrechten" – gehört an allererster Stelle das Recht auf „Ordnung und Harmonie", ferner das „Recht auf Leben", aber auch das „Recht auf Frieden und Entwicklung" sowie auf eine heile Umwelt. Gemeinschaftswerte dieses Kalibers haben Vorrang vor Individualansprüchen, die ja allemal mit Chaos und Konflikt assoziiert werden. Nicht die Einzelgerechtigkeit, sondern die „Gesamtgerechtigkeit" im Sinne sozialer Symmetrie, gesellschaftlicher „Harmonie" und wechselseitigen Friedens steht also im Vordergrund!

O. Weggel, Wie mächtig wird Asien? Der Weg ins 21. Jahrhundert, München 1999, S. 100 ff.

Aufgaben

1. Fassen Sie die Lehren und Vorstellungen zusammen, die mit dem Namen „Konfuzius" in Verbindung gebracht werden.
2. In welcher Form nahm und nimmt die „konfuzianische Denkweise" Einfluss auf die chinesische Gesellschaft und Politik?

7. Der Weg zum vereinten Europa

Im November 1950 zerstörten Anhänger der paneuropäischen Bewegung deutsch-französische Grenzschranken und demonstrierten so für ein Vereintes Europa. Das Europa ohne Grenzen blieb allerdings noch für Jahrzehnte eine kühne Vision. Erst das Schengener Abkommen, das 1995 in Kraft trat, sieht den Abbau von Personenkontrollen vor und ermöglicht den freien Personenverkehr zwischen den meisten westeuropäischen Staaten.

Die Idee eines gemeinsamen Europa besitzt in den Verheerungen, die der Erste Weltkrieg hinterlassen hatte, eine ihrer Wurzeln. 1922 veröffentlichte Richard Graf Coudenhove-Kalergi (1894–1972), ein politischer Schriftsteller österreichisch-ungarischer Herkunft, einen Artikel mit dem Titel: „Paneuropa – ein Vorschlag". Er sah in einem europäischen Staatenbund die einzige Möglichkeit, einen neuen Krieg zu verhindern. Aufgrund seiner Initiative bildete sich die Pan-Europa-Bewegung (1923), die bei vielen Schriftstellern und Intellektuellen auf fruchtbaren Boden fiel. Auch Politiker wie der deutsche Außenminister Gustav Stresemann und sein französischer Partner Aristide Briand besaßen viel Sympathie für die Idee einer Annäherung der europäischen Staaten. Im Nachhinein wird aber deutlich, dass die Zeit für einen solchen Schritt offensichtlich noch nicht reif war. Der Nationalismus erwies sich rückblickend betrachtet als zu dominant. Erst die zweite europäische Katastrophe in diesem Jahrhundert – der Zweite Weltkrieg, die nationalsozialistische Diktatur und die expansive Sowjetunion – ebneten den Weg für die Vereinigung Europas. Diesmal fand die Idee eines europäischen Zusammenschlusses stärkere Unterstützung, wobei gleichermaßen der Wunsch nach Frieden als auch die gemeinsame Gefahrenabwehr gegenüber dem Kommunismus eine Rolle spielten. In der Zeit des Kalten Krieges ab 1947 unterstützten auch die USA nachhaltig die Initiativen von zunächst einzelnen Politikern. Zu den weitsichtigen Politikern gehörten unter anderem der britische Premierminister Winston Churchill. Er sprach sich bereits 1946 in seiner berühmten Züricher Rede für die Schaffung der Vereinigten Staaten von Europa aus. Der französische Außenminister Robert Schuman arbeitete auf eine deutsch-französische Annäherung hin, wohl wissend, dass ein gemeinsames Europa die Überwindung der „deutsch-französischen Erbfeindschaft" voraussetze. Er schlug vor, die gesamte Kohle- und Stahlproduktion zusammenzulegen und einer unabhängigen Behörde zu unterstellen. Dahinter stand auch die Überlegung, auf diese Weise die Rüstungspotenziale der beteiligten Länder zu kontrollieren.

Neben Robert Schuman traten der französische Wirtschaftspolitiker Jean Monnet, der italienische Ministerpräsident Alcide De Gasperi und der deutsche Bundeskanzler Konrad Adenauer als Europapolitiker der ersten Stunde hervor. Von deutscher Seite sah man in der europäischen Annäherung einen Weg, das durch die nationalsozialistische Politik geächtete Land wieder in die Völkergemeinschaft zurückzuführen.

7.1 Die Europäische Union: Geschichte und Gegenwart

M 1 Erfinderstolz: „Hoffentlich entwickelt sich das Ding besser als die Sicherheitsnadel."
An der Nähmaschine der französische Außenminister Robert Schuman; die Sicherheitsnadeln beinhalten eine Anspielung auf die Maginot-Linie, dem zwischen 1929 und 1932 erbauten Befestigungssystem an der französischen Nordostgrenze, Karikatur von Klaus Pielert, 1950.

Nach dem Zweiten Weltkrieg erhielt das Streben nach einem Zusammenschluss Europas neue Impulse. Verschiedene Motive waren dafür ausschlaggebend:

- *Friedensbewahrung:* Die Geschichte der europäischen Nationalstaaten war eine lange Kette von bewaffneten Konflikten mit dem Zweiten Weltkrieg als dem zerstörerischen Tiefpunkt. Es galt folglich, der europäischen Selbstzerstörung Einhalt zu gebieten. Außerdem war die Europäische Gemeinschaft das Ergebnis des Kalten Krieges. Angesichts der militärischen Bedrohung aus dem Osten lag ein Zusammenschluss auch im Sinne der eigenen Sicherheit. Ein weiteres – später nicht mehr offen ausgesprochenes – Motiv lag in der politischen Einbindung Deutschlands.
- *Kultur- und Wertegemeinschaft:* Trotz nationaler und regionaler Unterschiede gibt es eine Gemeinsamkeit der europäischen Kultur. Dies drückt sich auch in der ältesten europäischen Nachkriegsinstitution – dem Europarat – aus. Dieser wurde 1949 mit dem Ziel gegründet, die Grundsätze der Rechtsstaatlichkeit und der Demokratie zu wahren. Der Europarat hat erfolgreich daran mitgewirkt, eine europäische Rechtsgemeinschaft zu schaffen. Die „Europäische Konvention zum Schutz der Menschenrechte und Grundfreiheiten" stellt das bedeutendste Dokument des Europarats dar.
- *Wirtschaft:* Der Wiederaufbau nach dem Zweiten Weltkrieg sowie die Steigerung der internationalen Wettbewerbsfähigkeit ließen die Schaffung eines wirtschaftlichen Großraums sinnvoll erscheinen. Mithilfe der Europäischen Gemeinschaft sollte eine Steigerung des Wohlstands erzielt werden.
- *Umweltschutz:* Diese noch relativ neue Ausprägung des Europagedankens basiert auf der Erkenntnis, dass Umweltverschmutzung an den Grenzen nicht Halt macht. Eine wirkungsvolle Umweltpolitik ist folglich nur für große geografische Räume möglich.

Europäische Gemeinschaft

Die Initiativen für eine Zusammenführung der europäischen Staaten mündeten zunächst in der Gründung der Europäischen Gemeinschaft für Kohle und Stahl (1951). Die EGKS schuf einen gemeinsamen Markt für die so genannte Montanindustrie. Dieses Projekt zielte auch darauf ab, die Rüstungspotenziale der beteiligten Länder zu kontrollieren. Durch die Vernetzung der Basisindustrien sollte ein Krieg für alle Zukunft ausgeschlossen sein.

Die Bundesrepublik Deutschland, Frankreich, Italien und die BeNeLux-Länder – allesamt Mitglieder der EGKS – unterzeichneten 1957 den Vertrag von Rom und setzten mit der Europäischen Wirtschaftsgemeinschaft (EWG) die Integration fort. Im EWG-Vertrag hatten sich die Mitgliedsländer verpflichtet, die folgenden „Grundfreiheiten" im zwischenstaatlichen Verkehr einzuhalten:

- Die Freiheit des Warenverkehrs zielte auf den Abbau von Zöllen und Beschränkungen.
- Die Freiheit des Zahlungs- und Kapitalverkehrs baute die Beschränkung im Devisen- und Wertpapierhandel ab.

- Die Freiheit der Arbeitskraft bedeutete die berufliche Entfaltung eines EWG-Bürgers in der Gemeinschaft. Das „Marktbürgerrecht" beinhaltet das Recht auf Freizügigkeit, die Ausübung von beruflichen Tätigkeiten und die Gewährleistung sozialer Sicherheit in jedem Mitgliedsstaat.

M 2 Unterzeichnung der Römischen Verträge am 25. März 1957
Rechts neben Bundeskanzler Konrad Adenauer der spätere erste Präsident der EWG-Kommission Walter Hallstein

Nach der Fusion von EWG, EGKS und der Europäischen Atomgemeinschaft (Euratom) sprach man seit 1967 von der Europäischen Gemeinschaft (EG). Erst 1986 erfolgte eine Vertragsänderung. Die Mitgliedsstaaten der EG unterzeichneten in Erweiterung der Römischen Verträge von 1957 die Einheitliche Europäische Akte.

Einheitliche Europäische Akte

Sie verpflichtete die EG-Mitglieder, bis zum 31. Dezember 1992 einen „Raum ohne Binnengrenzen" zu verwirklichen, das heißt den freien Verkehr von Kapital, Waren, Dienstleistungen und Personen sicherzustellen.

Die Vorteile eines gemeinsamen Binnenmarktes lagen auf der Hand: Grenzformalitäten fielen weg; der Markt wurde größer. Mit einer durchgreifenden Liberalisierung wurde in den EG-Staaten ein riesiger Markt mit etwa 380 Millionen Einwohnern in Europa geschaffen. Damit wuchs zweifellos das globale Gewicht der EG. Zwar waren Zölle und Kontingente innerhalb der EG im Prinzip abgeschafft, aber tatsächlich behinderten noch technische, rechtliche und steuerliche Unterschiede zwischen den einzelnen Ländern den freien Wettbewerb.

Trotz dieser Einschränkungen war das Ausmaß der Wirtschaftsverflechtung beträchtlich. Über 60 Prozent der Ausfuhren der EG-Länder gingen in die Gemeinschaftsländer (1958 waren es erst 37 Prozent.).

Zunächst lag die Bildung eines wirtschaftlichen Großraums im Interesse der Wirtschaft. Global betrachtet muss sich Europa der amerikanischen und japanischen Konkurrenz erwehren. Der Gemeinsame Binnenmarkt – verbunden mit einer Liberalisierung – sollte die Wettbewerbsfähigkeit erhöhen und eine kostengünstigere Produktion – dank größerer Stückzahlen – ermöglichen. Die Kapitalkonzentration nahm zu, was angesichts der Größe internationaler Konzerne notwendig erschien.

Der Abbau der Binnengrenzen brachte eine Fülle von Problemen mit sich. Vor einer uneingeschränkten Öffnung der Grenzen mussten die jeweils nationalen Bestimmungen einander angeglichen werden, wenn nicht Wettbewerbsverzerrungen und neue Konflikte eintreten sollten. Die weiteren Schritte der Integration waren damit vorgezeichnet:
- eine Harmonisierung des Steuerwesens,
- die Angleichung von technischen Normen,
- die Anerkennung von Berufsabschlüssen,
- die Festsetzung eines gemeinsames Mindeststandards in Bezug auf sozialpolitische Leistungen (z. B. Löhne, Arbeitsschutzbestimmungen),
- die Angleichung der Einreise- und Asylbestimmungen als Voraussetzung für die Beseitigung von Grenzkontrollen.

Mit dem Beschluss der europäischen Staats- und Regierungschefs, einen einheitlichen Wirtschaftsraum bis Ende 1992 zu verwirklichen, war die Europäische Gemeinschaft (EG) in eine neue Entwicklungsphase eingetreten. Als Fernziel wurde eine politische Union, als ein fester Zusammenschluss der EG-Mitglieder, angestrebt. Dies geschah durch den Vertrag von Maastricht, der am 1. November 1993 in Kraft trat.

Europäische Union

Der Vertrag von Maastricht – so benannt nach dem Tagungsort der EU-Staats- und Regierungschefs – sah einen noch festeren Zusammenschluss der EU-Staaten vor. Der Vertrag beinhaltet Folgendes:
- Einführung einer Unionsbürgerschaft: Die EU-Bürger haben das Recht, sich im Hoheitsgebiet der Union frei zu bewegen.
- Schaffung einer Wirtschafts- und Währungsunion (bis 1999): Ein Stufenplan sieht die Konvergenz (Annäherung) der Finanzpolitik und die Einführung einer gemeinsamen europäischen Währung vor. Außerdem wird eine unabhängige Europäische Zentralbank errichtet, deren übergeordnetes Ziel die Preisstabilität sein soll.
- Stärkung der Rechte des Europäischen Parlaments: Es erhält auf bestimmten Gebieten ein Veto-Recht (z. B. Binnenmarkt, Technologie, Verkehr).
- Gemeinsame Außen- und Sicherheitspolitik: Diesbezüglich ist der Vertrag unverbindlich formuliert und hat mehr den Charakter einer Absichtserklärung. Die Westeuropäische Union (WEU), in der alle EU-Staaten außer Irland und Dänemark vertreten sind, wird für eine gemeinsame Sicherheitspolitik ins Auge gefasst.

In Europa gibt es weitverbreitete Vorbehalte gegen den Vertrag von Maastricht. Die Ablehnung des Vertrags bei der ersten Volksabstimmung in Dänemark spiegelt diesen Tatbestand wider. Viele Europäer haben Einwände gegen die bürgerferne Brüsseler Bürokratie, sie sind empört über Subventionsmissbrauch und Geldverschwendung, und sie fürchten um ihre je eigene nationale Identität.

Währungsunion

Am 1. Januar 1999 wurde in elf Ländern der EU der Beschluss zur Europäischen Wirtschafts- und Währungsunion in die Praxis umgesetzt. Die mit diesem Datum eingeführte gemeinsame Währung bedeutete keine Währungsreform. Grundsätzlich sollte die Umstellung nicht die Kaufkraft verändern. Für eine Übergangszeit von drei Jahren konnte die neue Währung EURO nur im bargeldlosen Zahlungsverkehr genutzt werden. Seit dem 1. Januar 2002 ist sie alleiniges gesetzliches

Zahlungsmittel. Mit dem EURO wurde eine neue Qualität der Integration erreicht. Die Europäische Zentralbank (EZB) hat ihren Sitz in Frankfurt am Main.

Der parallel dazu in Kraft getretene Amsterdamer Vertrag (1997) verstärkte die außen- und sicherheitspolitische Zusammenarbeit der EU-Staaten. Mit ihm wurde auch das so genannte Schengener Abkommen in das EU-Recht aufgenommen. Das Schengener Abkommen von 1995 – so benannt nach einem kleinen Ort in Luxemburg – regelt die Bewegungfreiheit zwischen den Vertragsstaaten. Die Abschaffung der Personen- und Warenkontrollen wird durch strengere Kontrollen an den Außengrenzen der EU ausgeglichen. Flankiert wird dieser Prozess durch eine Verbesserung der polizeilichen Zusammenarbeit. Diesem Zweck dient auch das Schengener Informationssystem (SIS), das polizeiliche Fahndungen zentral erfasst. Außerdem beinhaltet das Schengener Abkommen auch eine perspektivische Harmonisierung der Asylpolitik.

Erweiterung der EU

Nach dem Ende des Ost-West-Konflikts stellte sich die Frage, wie der bis dahin zerrissene Kontinent Europa wieder zusammengeführt werden könne. Die ethnischen Konflikte, zum Beispiel auf dem Balkan, überzeugten viele Politiker davon, dass man den Menschen eine EU-Perspektive geben müsse. Nur eine politische und wirtschaftliche Stabilisierung der ehemals kommunistischen Länder garantiere Frieden und Sicherheit im „europäischen Haus".

Die Erweiterung der EU wird als ein wirkungsvolles Mittel gesehen, den Rückfall in Krieg und Diktatur zu verhindern. Es ging der EU also um die Stärkung der demokratischen Kräfte in den Ländern, die von der Transformation betroffen waren. Historisch handelt es sich dabei um Staaten und Gesellschaften, die nur geringe Erfahrungen mit Demokratie, Mehrparteiensystem und dem Schutz von Menschenrechten haben. Von den Beitrittsländern mussten folgende Bedingungen erfüllt werden, die der Europäische Rat festgelegt hatte:

- Vorhandensein einer demokratischen und rechtsstaatlichen Ordnung,
- Wahrung der Menschenrechte und Schutz von Minderheiten,
- Funktionsfähigkeit der Marktwirtschaft,
- Verpflichtung, die EU-Bestimmungen und rechtlichen Regelungen zu übernehmen.

M 3 Mitteleuropäische Anwärter auf die Mitgliedschaft in der EG (EU), Karikatur von 1991

M 4

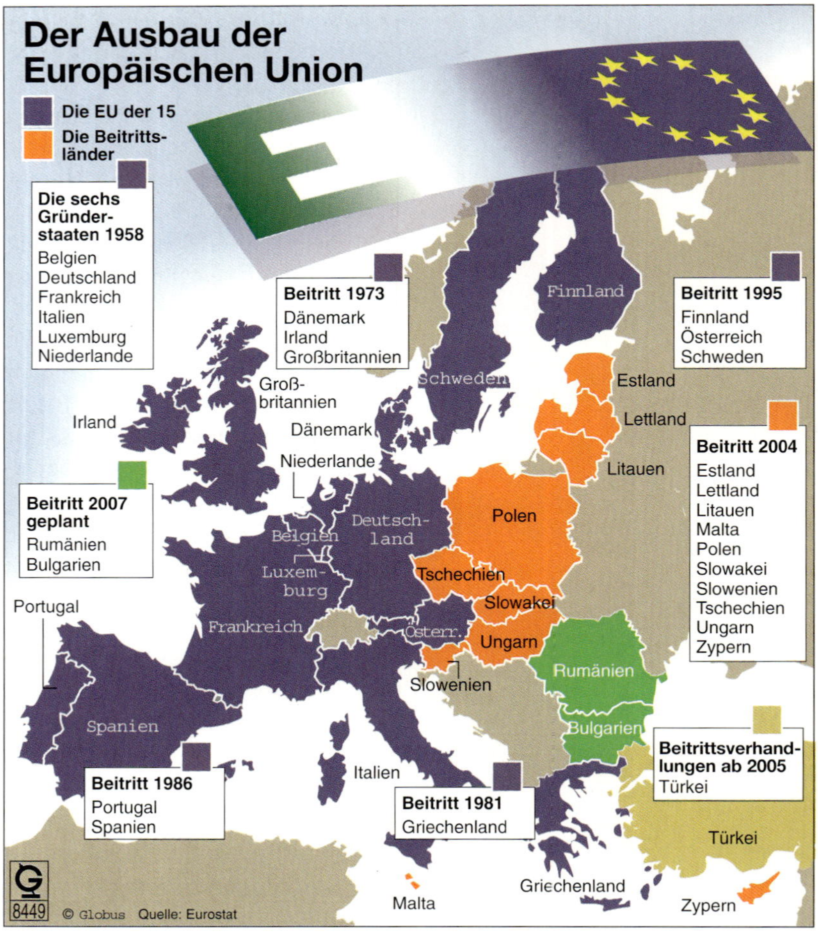

Die 2004 vollzogene Erweiterung der EU um zehn Länder stellte eine außerordentliche organisatorische Herausforderung dar. Mit der Vergrößerung wächst die Fläche der EU um 30 Prozent und die Bevölkerung um 75 Millionen. Polen ist mit 40 Millionen Einwohnern das größte Land, Malta mit 400 000 das kleinste.

M 5

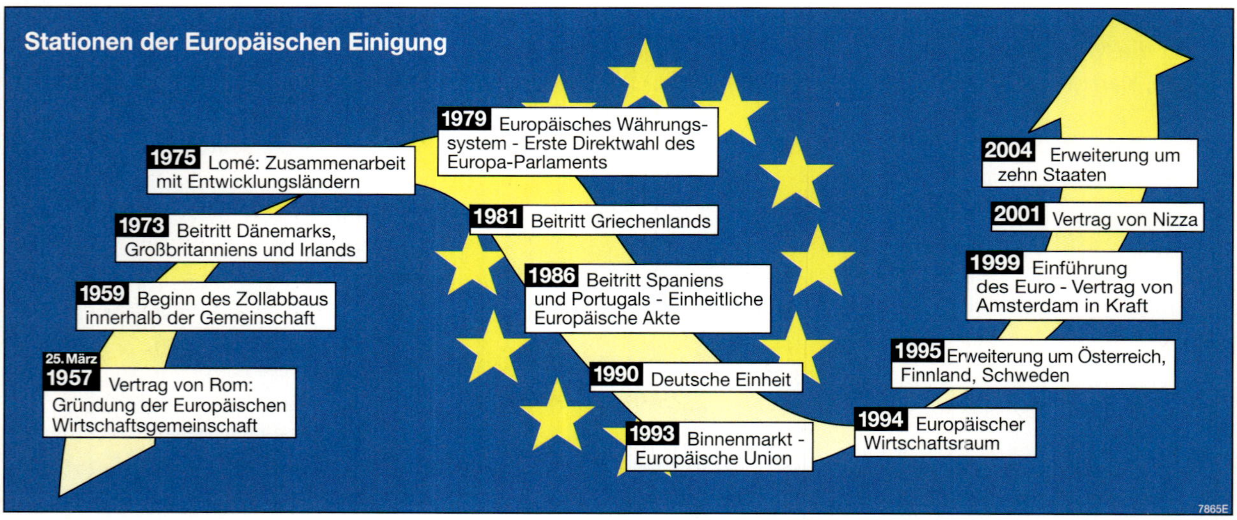

Mit der Vergrößerung verlagert sich nicht nur der Schwerpunkt der EU nach Osten. Der Beitritt von vielen Ländern mit geringer Wirtschaftskraft verstärkt auch innerhalb der EU das Wohlstandsgefälle. Im Durchschnitt erreicht das Pro-Kopf-Einkommen nur 50 Prozent der EU. Daraus ergeben sich beträchtliche Belastungen für das Finanzsystem. Die Beitrittsländer erwarten Hilfen bei der Modernisierung ihrer Landwirtschaft, Infrastruktur und Industrie. Die Mittel aus den Struktur-, Regional- und Agrarfonds werden verstärkt in die neu aufgenommenen Länder fließen. Die Finanzierung führt zu Konflikten. So ist zum Beispiel absehbar, dass die EU-Hilfen für den Osten Deutschlands weitgehend versiegen werden, weil diese Gebiete dann aus der Förderung herausfallen.

Vertrag von Nizza

Die angestrebte Erweiterung der EU um zehn Länder (ab 2004) machte umfangreiche institutionelle Änderungen notwendig. Letztlich ungelöst ist dabei noch die Frage, wie eine Vergrößerung der EU mit einer Vertiefung in Einklang zu bringen ist. Im Vertrag von Nizza (Dezember 2001) sollte die Entscheidungsfähigkeit der EU angesichts der veränderten Mitgliederstruktur sichergestellt werden. Dazu wurden die Verteilung und die Gewichtung der Stimmen im Europäischen Parlament und im Ministerrat neu geregelt. Der Vertrag, der seit 2003 in Kraft ist, sieht eine überproportionale Vertretung der kleinen Länder vor. Das Stimmengewicht korrespondiert nicht mit der Einwohnerzahl.

In Bezug auf den Abstimmungsmodus im Ministerrat konnten sich die EU-Staats- und Regierungschefs nicht zu einer einfachen Regelung durchringen. Steuer- und polizeirechtliche Beschlüsse verlangen nach wie vor das Einstimmigkeitsprinzip. In anderen Fragen wurde die Abstimmung nach qualifizierter Mehrheit ausgeweitet. In diesem Fall erfolgt die Mehrheitsfindung nach komplizierten Regeln: Es müssen 72 Prozent der Stimmen und die Mehrheit der Staaten zusammenkommen. Diese müssen zudem 62 Prozent der EU-Bevölkerung repräsentieren. Es stellt sich nachgerade die Frage, ob die Vergrößerung der EU ihre Handlungsfähigkeit beeinträchtigt.

Europäische Verfassung

Vor diesem Hintergrund ist auch das Projekt einer europäischen Verfassung zu sehen. Diese sollte – parallel zur Erweiterung – die EU nach innen festigen und die Handlungs- bzw. Regierungsfähigkeit sicherstellen. Grundrechtsgarantien für alle EU-Bürger, vermehrte Mitentscheidungsrechte für das Europäische Parlament sowie eine Vertiefung der Beschlussformalitäten bildeten wesentliche Inhalte der neuen Verfassung.

Der entsprechende Vertrag wurde 2004 von den europäischen Staats- und Regierungschefs unterzeichnet. Um in Kraft zu treten musste der Entwurf von *allen* 25 Mitgliedsstaaten ratifiziert werden. Erst diese Ratifizierung verschafft dem Dokument die völkerrechtliche Gültigkeit. Grundsätzlich stehen dafür zwei Wege offen: Billigung durch nationale Volksvertretungen oder durch eine Volksabstimmung. Der Deutsche Bundestag stimmte dem Verfassungsvertrag mit großer Mehrheit zu.

Nachdem aber im Jahre 2005 eine Mehrheit der Bevölkerung in Frankreich und in den Niederlanden sich gegen die Verfassung ausgesprochen hat, gilt das Projekt „Europäische Verfassung“ bis auf weiteres als gescheitert.

M 6 Der Weg nach Europa

Der Historiker Hagen Schulze weist auf die historischen Wurzeln des Europa-Gedankens hin:

Der europäische Widerstand gegen Hitlers Diktatur war eine Wurzel der Europabewegung nach dem Zweiten Weltkrieg; eine andere war der Kalte Krieg: Ohne die beiden großen Despoten des 20. Jahrhunderts, Hitler und Stalin, wäre eine europäische Einigungsbewegung, die das erste Mal in der Geschichte des Kontinents dauerhafte, übernationale Institutionen hervorbringen sollte, nicht möglich gewesen. Der Blick auf die Entwicklung des europäischen „Wir"-Gefühls von der Schlacht von Salamis[1] bis in die Gegenwart gibt dafür eine ebenso einfache wie bedrückende Erklärung: Europa hat sich immer nur gegen etwas, nie für etwas zusammenschließen können. Europa erlebt seine Einheit vor allem dann, wenn es um die Abwehr geht, und es verliert diese Einheit, wenn die Gefahr geschwunden ist. Wenn die Araber in Gallien einfielen und bei Tours und Poitiers geschlagen wurden, wenn die Mongolen über Ungarn und Schlesien hereinbrachen, wenn die Türken vor Wien standen, wurde die Einheit Europas ebenso beschworen wie angesichts des chinesischen Boxer-Aufstands von 1900, in dem die Angstfantasien vor der „Gelben Gefahr" ihre Evidenz[2] zu finden schienen, und zu dessen Niederschlagung sich noch vierzehn Jahre vor dem Ersten Weltkrieg, als Nationalismus und Imperialismus den Blick auf gesamteuropäische Zusammenhänge schon weitgehend versperrt hatten, ein gesamteuropäisches Expeditionskorps zusammenfinden konnte.

Die Gefahr eines neuen Weltkriegs, eines Angriffs der Truppen des Warschauer Pakts auf Westeuropa, wurde zwar durch das zwischen Ost und West herrschende nukleare Patt [hier: Gleichstand] verringert, aber sie hatte seit dem Ausbruch des Koreakriegs 1950 beträchtliche Nahrung erhalten, sodass nicht nur die Bereitschaft der Westeuropäer zum militärischen Zusammenschluss wuchs, sondern auch die Erkenntnis, dass die ökonomischen, militärischen und politischen Verflechtungen eine Abwendung von isolierter, nationalstaatlicher Politik erforderten. Als Winston Churchill in seiner Züricher Rede vom 19. Dezember 1946 die Schaffung der „Vereinigten Staaten von Europa" forderte, die, zu diesem Zeitpunkt noch eine schockierende Idee, auf der Partnerschaft zwischen Frankreich und Deutschland beruhen sollte, da nahm er Großbritannien noch aus; das war im Geist der klassischen britischen balance-of-power-Politik gedacht, die das unruhige Europa vor den Toren Englands durch Paktsysteme ruhig zu stellen suchte, um sich selbst den überseeischen Interessen ihrer britischen Majestät zu widmen. Aber der Zusammenbruch des britischen wie des französischen Kolonialreichs machte im Laufe der 50er Jahre deutlich, dass die Zeit europäischer Weltherrschaft für immer beendet, dass Europa ganz auf sich selbst zurückgeworfen worden war und nur dann eigenes Gewicht im Bündnis mit den Vereinigten Staaten behalten konnte, wenn es seine verbliebenen Kräfte bündelte und konzentrierte. Die Gründung des „Gemeinsamen Markts für Kohle und Stahl" 1951, auch „Montanunion" genannt, durch die die Produktion von Kohle und Stahl in Frankreich, Deutschland, den Niederlanden, Belgien und Luxemburg einer gemeinsamen Behörde unterstellt wurde, war der erste Schritt zu einer wirtschaftlichen Verflechtung Europas, an deren vorläufigem Ende die heutige „Europäische Union" mit ihrem mächtigen Überbau von Kommissionen, Räten, Generaldirektorien und Bürokraten steht.

1 Sieg der griechischen Flotte über die Perser (480 v. Chr.)

2 dem Augenschein entsprechend

H. Schulze, Staat und Nation in der europäischen Geschichte, München 1994, S. 327 f.

M 7 Die Vereinigten Staaten von Europa

Der britische Premierminister Winston Churchill[1] trug am 19. September 1946 in Zürich folgende Gedanken vor:

Wir müssen etwas wie die Vereinigten Staaten von Europa schaffen. Nur so können hunderte von Millionen schwer arbeitender Menschen wieder die einfachen Freuden und Hoffnungen zurückgewinnen, die das Leben lebenswert machen. Das Verfahren ist einfach. Was wir benötigen, ist der Entschluss von hunderten von Millionen Männern und Frauen, Recht statt Unrecht zu tun und als Lohn Segen statt Fluch zu ernten. [...]

Ich spreche jetzt etwas aus, das Sie in Erstaunen setzen wird. Der erste Schritt bei der Neugründung der europäischen Familie muss eine Partnerschaft zwischen Frankreich und Deutschland sein. Nur auf diese Weise kann Frankreich die moralische Führung Europas wiedererlangen. Es gibt kein Wiederaufleben Europas ohne ein geistig großes Frankreich und ein geistig großes Deutschland. Die Struktur der Vereinigten Staaten von Europa, wenn sie gut und echt errichtet wird, muss so sein, dass die materielle Stärke eines einzelnen Staates von weniger großer Bedeutung ist. Kleine Nationen zählen ebensoviel wie große und erwerben sich ihre Ehre durch ihren Beitrag zu der gemeinsamen Sache. Die alten Staaten und Fürstentümer Deutschlands, frei vereint aus Gründen gegenseitiger Zweckmäßigkeit in einem Bundessystem, können alle ihren individuellen Platz in den Vereinigten Staaten von Europa einnehmen.

Ich versuche nicht, ein ausführliches Programm zu entwerfen für hunderte von Millionen Menschen, die glücklich und frei sein wollen, zufrieden und sicher, die die vier Freiheiten, von denen der große Präsident Roosevelt sprach, genießen [wollen] und nach den in der Atlantik-Charta[2] verankerten Grundsätzen leben wollen. Ist dies ihr Wunsch, so müssen sie es nur sagen, und gewiss finden sich Mittel und Möglichkeiten, um diesen Wunsch Wirklichkeit werden zu lassen.

1 britischer Premierminister von 1940–1945 und 1951–1955

2 Erklärung von Churchill und US-Präsident Roosevelt über die Grundsätze der Nachkriegspolitik (1941): u. a. Selbstbestimmungsrecht der Völker, System kollektiver Sicherheit

Zit. nach: C. Gasteyger, Europa zwischen Spaltung und Einigung 1945–1990, Bonn 1990, S. 39 f.

M 9 Karikatur zum Schuman-Plan

Beseelt vom Geiste Gustav Stresemanns, des deutschen Außenministers der Weimarer Republik, baut Bundeskanzler Konrad Adenauer an der deutsch-französischen Verständigung. Rechts protestiert der sozialdemokratische Oppositionsführer Kurt Schumacher, Karikatur von Fritz Meinhard.

M 8 Eine Europäische Gemeinschaft für Kohle und Stahl

Der französische Außenminister Robert Schuman erklärte am 9. Mai 1950 in Paris:

Europa lässt sich nicht mit einem Schlag herstellen und auch nicht durch eine einfache Zusammenfassung: Es wird durch konkrete Tatsachen entstehen, die zunächst eine Solidarität der Tat schaffen. Die Vereinigung der europäischen Nationen erfordert, dass der Jahrhunderte alte Gegensatz zwischen Frankreich und Deutschland ausgelöscht wird. Das begonnene Werk muss in erster Linie Deutschland und Frankreich umfassen. Zu diesem Zweck schlägt die französische Regierung vor, in einem begrenzten, doch entscheidenden Punkt sofort zur Tat zu schreiten. Die französische Regierung schlägt vor, die Gesamtheit der französisch-deutschen Kohle- und Stahlproduktion unter eine gemeinsame Hohe Behörde zu stellen, in einer Organisation, die den anderen europäischen Ländern zum Beitritt offen steht. Die Zusammenlegung der Kohle- und Stahlproduktion wird sofort die Schaffung gemeinsamer Grundlagen für die wirtschaftliche Entwicklung sichern — die erste Etappe der europäischen Föderation — und die Bestimmung jener Gebiete ändern, die lange Zeit der Herstellung von Waffen gewidmet waren, deren sicherste Opfer sie gewesen sind. Die Solidarität der Produktion, die so geschaffen wird, wird bekunden, dass jeder Krieg zwischen Frankreich und Deutschland nicht nur undenkbar, sondern materiell unmöglich ist.

Zit. nach: H. Teske, Europa zwischen gestern und morgen, Köln 1988, S. 32 f.

Aufgaben

1. Rekapitulieren Sie die Schritte, die nach 1945 zur europäischen Einheit führten. → Text, M2, M3, M6–M9
2. Mit welcher Berechtigung bzw. Perspektive lässt sich von einer gemeinsamen europäischen Kultur sprechen? → M6
3. Wie begründete Churchill seinen Appell zur Schaffung eines vereinigten Europas? → M7
4. Welche europa-politischen Veränderungen brachte der Vertrag von Maastricht? → Text
5. Erörtern Sie die Probleme, die mit der Erweiterung der EU verknüpft sind. → Text, M3, M4
6. Diskutieren Sie die Ursachen der weitverbreiteten „Europa-Müdigkeit". → M7 (S. 326)

7.2 Institutionen und Funktionsweise der Europäischen Union

Die EU hat staatsrechtlich betrachtet einen einzigartigen Zuschnitt. Sie stellt mehr als einen Staatenbund dar, hat aber doch weniger Kompetenzen als ein Staat. Das Bundesverfassungsgericht sprach daher von einem „Staatenverbund“.
Die Hauptorgane der EU sind:
- die Europäische Kommission,
- der Ministerrat beziehungsweise „Europäischer Rat“,
- das Europäische Parlament,
- der Europäische Gerichtshof.

Die Kommission

Die Europäische Kommission ist das Exekutivorgan der EU. Sie sorgt für die Durchführung der Verträge und der Beschlüsse des Ministerrats und ist nicht an Weisungen der nationalen Regierungen gebunden. Die Kommission hat das Initiativrecht gegenüber dem Ministerrat, der in der Regel auf Vorschlag der Kommission tätig wird. Die Europäische Kommission ist der „Motor der Gemeinschaft“. Sie soll ein Gegengewicht zum Ministerrat darstellen. Ihre 25 Mitglieder werden von den EU-Staaten einvernehmlich auf vier Jahre ernannt. Sitz der Kommission ist Brüssel.

Der Ministerrat

Der Ministerrat stellt die Legislative der EU dar. Im Zusammenwirken mit der Europäischen Kommission und dem Europäischen Parlament trifft er die gesetzgeberischen Entscheidungen, die für die Mitgliedsstaaten verbindlich sind. Zusammengesetzt ist der Ministerrat aus den Vertretern der 25 Mitgliedsstaaten, das heißt den jeweils zuständigen Fachministern.

Das Europäische Parlament

Das Europäische Parlament hat im Gegensatz zu den nationalen Parlamenten der Mitgliedsstaaten keine Gesetzgebungsbefugnis, sondern im Wesentlichen nur beratende Funktion. Das Kontrollrecht des Europäischen Parlaments ist nur schwach entwickelt. Aus dem Parlament geht folglich keine Regierung hervor. Es gibt also ein demokratisches Defizit in der EU, da die Entscheidungen von den Exekutiven der Einzelstaaten getroffen werden. Die Direktwahl der Abgeordneten des Europaparlaments – auf Beschluss des Europäischen Rates von 1979 – hat daran nichts geändert. Mit der zunehmenden Integration ist das Europäische Parlament aufgewertet worden. Es hat ein Mitentscheidungsrecht bei den Gesetzen zur Vollendung des Binnenmarktes erhalten. Das Parlament besitzt das Budgetrecht (Haushaltsrecht), insbesondere über jene Teile, die nicht durch bestehende EU-Verträge festgeschrieben sind. Der Beitritt neuer Länder bedarf der Zustimmung des Parlaments. Außerdem muss es den Präsidenten und seine Kommission bestätigen.

Ein europäischer Bundesstaat – vergleichbar den USA – wird so lange nicht möglich sein, wie große nationale und regionale Interessenunterschiede bestehen. Noch auf absehbare Zeit wird die EU ein politisches System bleiben, in dem die Einzelstaaten ihre Vorteile suchen und in dem folglich der politische Alltag durch Kompromissfindungen geprägt sein wird. So lange diese Grundsituation vorgegeben ist, kann es auch kein Europäisches Parlament geben, das in eigener Souveränität Gesetze beschließt, die für die ganze EU gültig sind (Sitz: Straßburg und Brüssel).

Der Europäische Gerichtshof

Der Europäische Gerichtshof überwacht das rechtmäßige Handeln von europäischen Organen und spricht Recht bei Streitigkeiten und Verstößen gegen das EU-Recht. Im Zuge der europäischen Einigung hat auch die Bedeutung des Gerichtshofes zugenommen. Immer häufiger wird europäisches Recht berührt beziehungsweise nationales Recht von diesem überlagert. 25 Richter und acht Generalstaatsanwälte, die von den Regierungen der Mitgliedsstaaten im Einvernehmen für sechs Jahre ernannt werden, bilden den Europäischen Gerichtshof mit Sitz in Luxemburg.

Der Europäische Rat

Der Europäische Rat besteht aus den Staats- und Regierungschefs der EU-Länder sowie dem Präsidenten der EU-Kommission. Die „europäischen Gipfeltreffen" finden zweimal jährlich statt.

Auf dieser Ebene werden alle fundamentalen Entscheidungen getroffen. Bei bestimmten Sachfragen kommen die jeweils zuständigen Minister zusammen. Die Europa-Politik wird nach wie vor von den Exekutiven der einzelnen EU-Mitgliedsstaaten beherrscht. Wichtige Beschlüsse, zum Beispiel in den Bereichen Steuer-, Außen- und Sicherheitspolitik, erfordern die Einstimmigkeit, was naturgemäß die Entscheidungsfindung erschwert. In anderen Fällen genügt die einfache beziehungsweise die qualifizierte Mehrheit. Ähnlich wie im deutschen Bundesrat gibt es eine Gewichtung der einzelnen Länderstimmen, abgestuft nach der Einwohnerzahl des Landes. So verfügen zum Beispiel die vier großen EU-Länder (Deutschland, Frankreich, Großbritannien und Italien) jeweils über 29 Stimmen und Malta als kleinstes Mitglied über drei Stimmen.

M 1

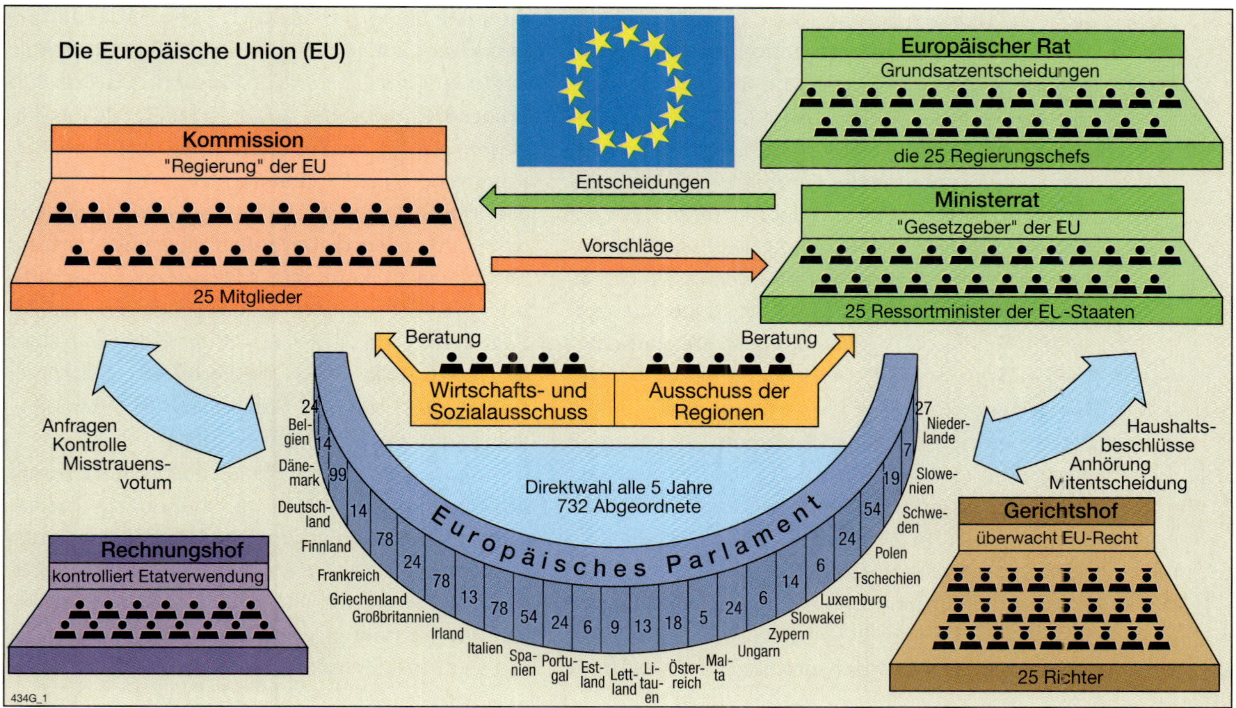

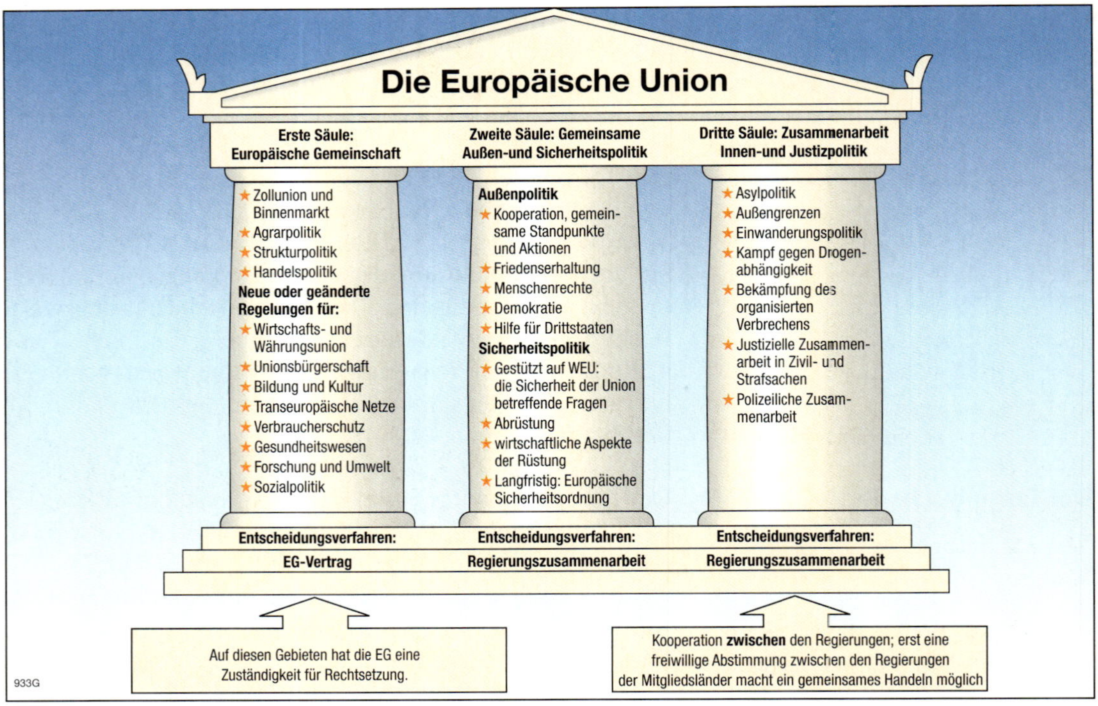

M 2

M 3 Drei Säulen der europäischen Einigung

Grundlagen und Regeln der europäischen Zusammenarbeit sollen in der künftigen EU-Verfassung ihren Platz finden. Bisher sind sie verstreut über ein vielschichtiges Vertragswerk, in dem sich die Etappen eines mehr als 50 Jahre andauernden Integrationsprozesses widerspiegeln. 1951 hatten sich sechs Staaten zur *Europäischen Gemeinschaft für Kohle und Stahl (Montanunion)* zusammengeschlossen; mit dem Vertrag von Rom (1957) vereinigten sie sich zur *Europäischen Wirtschaftsgemeinschaft (EWG)*. Weitere Etappen der Einigung waren die Einführung des *Europäischen Währungssystems* (1979), die Reform der Verträge durch die *Einheitliche Europäische Akte* (1986) und die Verwirklichung des *Europäischen Binnenmarkts* (1993). Daneben entwickelten sich Ansätze einer gemeinsamen Außenpolitik und einer Zusammenarbeit in Fragen der inneren Sicherheit und der Justiz. Der *Vertrag von Maastricht* führte diese verschiedenen Stränge der europäischen Einigung 1993 erstmals zusammen.

Seitdem lässt sich das vereinigte Europa als Drei-Säulen-Modell beschreiben, mit der *Europäischen Union* als gemeinsamem Dach.

Die erste Säule steht für die *Europäischen Gemeinschaften* und die im EG-Vertrag verankerten Verfahren der Gemeinschaftspolitik. Die EG verfügt über supranationale Zuständigkeiten u.a. im Bereich der Zoll- und Handelspolitik, der Agrarpolitik, der Wettbewerbspolitik, des Binnenmarktes und der Wirtschafts- und Währungsunion. Seit dem Vertrag von Amsterdam fallen auch Fragen der Freizügigkeit, des Asylrechts und der Einwanderung in ihren Kompetenzbereich. Verstärkt wird die erste Säule ferner durch Zuständigkeiten im Bereich der Sozialpolitik, der Beschäftigungspolitik, des Umweltschutzes und des Gesundheits- und Verbraucherschutzes. Die Ausübung dieser Zuständigkeiten erfolgt im Zusammenspiel zwischen Rat, Kommission und Parlament.

Die zweite Säule des Einigungswerks ist die von den EU-Mitgliedstaaten außerhalb des EG-Vertrags betriebene *Gemeinsame Außen- und Sicherheitspolitik*. Entscheidende Akteure auf diesem Feld der Politik, auf dem die EU erst noch zu einer aktiveren Rolle und zu größerer Geschlossenheit finden muss, sind der Europäische Rat, der Ministerrat und die Ratspräsidentschaft.

Die dritte Säule schließlich bildet die ebenfalls außerhalb des EG-Vertrags vereinbarte Zusammenarbeit der Regierungen in den Bereichen *Innere Sicherheit und Justiz*, auf deren Grundlage Polizei-, Zoll-, Einwanderungs- und Justizbehörden der EU-Mitgliedstaaten kooperieren.

Schmidt Zahlenbild 714 020

M 4 **„Wir sind da, und weiter geht's im Gleichschritt!"**

Karikatur zur Aufnahme von drei neuen Mitgliedern in die EU. Viele Europa-Karikaturisten verwenden das Bild von der „Europa auf dem Stier". Dahinter verbirgt sich der altgriechische Mythos vom Raub der phönizischen Königstochter Europa durch den als Stier verkleideten Göttervater Zeus, Karikatur von Horst Haitzinger, 1994.

M 5 **Was ist die Europäische Union?**

Den staatsrechtlichen Charakter der EU erläutert der Staatsrechtler Hans Boldt:

Manches an der Union erinnert, um einen älteren, vertrauten Begriff zu verwenden, an einen Staatenbund: dass die Union auf Verträgen ihrer Mitgliedsstaaten basiert, dass es Regierungsorgane der Mitgliedstaaten sind, die im Europäischen Rat und im Ministerrat die entscheidenden Beschlüsse fassen, dass in wesentlichen Fragen das Prinzip der Einstimmigkeit gewahrt bleibt, kein Mitglied überstimmt werden kann, dass Richtlinien in nationales Recht umgesetzt werden müssen, um Geltung gegenüber den Bürgern zu erlangen, oder dass die Union weitgehend auf intergouvernementale Zusammenarbeit [Zusammenarbeit zwischen den Regierungen] setzt. Anderes verleiht der Union eher bundesstaatliche Züge: die Existenz rechtlich selbstständiger Gemeinschaftsorgane, die Ansätze zu einer Unionsbürgerschaft und das Vorhandensein einer von den Mitgliedsstaaten unabhängigen Bürgerrepräsentation, die eigenständige Rechtsordnung mit Vorrang gegenüber dem Recht der Mitgliedsstaaten.[...]

Sicherlich hat sie sich heute weit entfernt von einem wirtschaftlichen „Zweckverband", als den man sie in den sechziger Jahren mit einiger Plausibilität ausgegeben hatte. Indessen fehlt ihr offensichtlich noch einiges an Staatlichkeit, um sie einfach als einen Bundesstaat bezeichnen zu können: Sie hat keine Regierung, die vom Volk oder Parlament legitimiert wird, die gerade eingeführte Unionsbürgerschaft stellt keine Staatsangehörigkeit im vollen Sinne dar, es gibt weder ein Staatsvolk der Union, noch besitzt sie ein Staatsgebiet, über das sie verfügen könnte. [...] Der Umstand, dass die Union keinen typischen Staatenbund darstellt, aber auch kein Bundesstaat ist, hat neuerdings zu ihrer Deklarierung als „Staatenverbund" geführt. Das Bundesverfassungsgericht will damit in seinem Maastricht-Urteil vom 12. Oktober 1993 offensichtlich die Zwischenposition der Gemeinschaft zwischen Bundesstaat und Staatenbund kennzeichnen, ohne dass diese Kennzeichnung freilich dem, was aus den Verträgen herauszulesen ist, etwas Erhellendes hinzufügt. Man kann die Union genausogut als „Staatenbund mit bundesstaatlichen Zügen" bezeichnen oder einfach als ein Zwischending zwischen beiden, wobei die Eigenart der Europäischen Gemeinschaft und nun der Europäischen Union gerade darin besteht, dass sie ein sich veränderndes, auf einen immer engeren Zusammenschluss ihrer Mitgliedsstaaten gerichtetes Gebilde darstellt, ohne dass ihr selbstverständliches Endstadium der Bundesstaat sein muss.

H. Boldt, Die Europäische Union, Mannheim 1995, S. 88 f.

M 6 **Die Europäische Einigung und der Nationalstaat**

Der Politikerwissenschaftler Karl-Rudolf Korte begründet, warum der Nationalstaat alter Prägung viele Probleme nicht lösen kann:

„Für die Lösung der großen Probleme des Lebens ist der Nationalstaat zu klein und für die kleinen zu groß" – so fasste der Politikwissenschaftler Daniel Bell die Kernproblematik eines mittlerweile alten Themas zusammen. [...] Die Frage ist nur, was denn Nation und Nationalstaat am Ende des 20. Jahrhunderts sinnvoll bedeuten können und wo ihre Grenzen liegen.

[...] Der Nationalstaat ist vor diesem Hintergrund einem doppelten Kompetenzverlust ausgesetzt. Er ist in zweifacher Hinsicht heute bereits überholt und unzeitgemäß:

– Der Nationalstaat kann die ihm gestellten Aufgaben der Gewährung von Sicherheit und Wohlfahrt nicht mehr alleine wahrnehmen. Internationale Organisationen und Staatenbündnisse sind Ausdruck der gewachsenen Verflechtungen. Das Selbstverständnis als autonomer und souveräner Staat ist fiktiv [hier: nicht realistisch]. Er ist zu klein, um die anstehenden Probleme zu lösen.

– Der Nationalstaat konkurriert aber auch mit regionalen Autonomiebestrebungen. Er ist oftmals zu groß, um spezielle Regelungsbedürfnisse der Provinzen zu befriedigen. [...]

Die Unzeitgemäßheit des traditionellen Nationalstaates soll weiter veranschaulicht werden: Der alte Staat zehrt aus. Er wird zu eng für die Lösung der Probleme, die Aufgaben wandern über seine Grenzen hinweg aus. [...] Der Grad der außenwirtschaftlichen Verflechtung lässt keinen Spielraum für Alleingänge: Über 65 Prozent der Exporte und Importe entfallen beispielsweise in Deutschland auf Länder der EU. [...]

Die Gewährleistung des wirtschaftlichen Wohlstands ist abhängig von der Integration der europäischen Volkswirtschaften. [...]

80 Prozent der marktrelevanten Gesetzgebung werden sich mit der Vollendung des Binnenmarktes auf die europäische Ebene verlagern. Kann man Umweltfragen, Währungsmodalitäten, Verkehrsprobleme im nationalstaatlichen Rahmen klären? Die Probleme sind über die nationalstaatlichen Grenzen längst hinausgewandert. Sie bedürfen der Regelung im europäischen Rahmen. Auch der Innovationswettbewerb mit den USA und Japan verlangt einen großen Wirtschaftsraum. Ebenso ist der Nationalstaat verteidigungspolitisch anachronistisch [unzeitgemäß]. Erst die sicherheitspolitische Integration in das transatlantische und europäische Bündnis lässt auch äußere Sicherheit zu. [...]

K.-R. Korte, Das Dilemma des Nationalstaates in Westeuropa: Zur Identitätsproblematik der europäischen Integration, in: APuZ, Nr. 14/1993, S. 21 ff.

M 7 Europa ohne Verfassung

Der Historiker Heinrich August Winkler sieht Europa in der Krise:

Machen wir uns nichts vor: Der europäische Verfassungsvertrag hat keine Aussichten mehr, jemals in Kraft zu treten. Dem Nein der Referenden in Frankreich und den Niederlanden werden vermutlich weitere folgen; Großbritannien hat sich durch die vorläufige Aussetzung des Ratifizierungsverfahrens von dem Projekt bis aus weiteres verabschiedet. Selbst wenn der Vertrag noch von einer Mehrheit der Mitgliedstaaten ratifiziert werden sollte: Die Neinsager werden sich dadurch schwerlich umund keineswegs überstimmen lassen. [...]

Das Nein zum Verfassungsvertrag läuft auf ein Ja zum Vertrag von Nizza hinaus, der dem Demokratieprinzip Hohn spricht und ein Unterpfand dafür ist, dass die Europäische Union niemals das Ziel erreichen wird, in wichtigen politischen Fragen mit einer Stimme zu sprechen. Jene Neinsager, die von sich behaupten, sie wollten eine bessere, demokratischere und handlungsfähigere EU, haben also für das Gegenteil dessen gestimmt, was sie wollen oder zu wollen vorgeben. [...]

Wenn Europa zunehmend als Domäne einer verselbstständigten Exekutivgewalt wahrgenommen wird, dann liegt das nicht nur an der Selbstherrlichkeit, mit der Brüssel schaltet und waltet. Es liegt auch daran, dass die wichtigsten Richtungsentscheidungen von den nationalen Regierungen im Europäischen Rat ohne parlamentarische Vollmacht, ja häufig ohne jede öffentliche Debatte getroffen werden. Statt eines herrschaftsfreien Diskurses eine diskursfreie Herrschaft: Es sind die europäischen Regierungen, die es zu verantworten haben, dass ihre Beschlüsse oft nur so und nicht anders wahrgenommen werden.

Nie ist die Politik der vollendeten Tatsachen so krass durchexerziert worden wie im Dezember 1999, als der Europäische Rat auf seinem Gipfel in Helsinki unter massivem amerikanischen Druck beschloss, der Türkei den Kandidatenstatus zu verleihen. In einer Nacht- und Nebelaktion trafen die Staats- und Regierungschefs eine Entscheidung, die den Charakter der Europäischen Union radikal zu verändern droht: weg vom Projekt der Politischen Union, hin zu einem lockeren Bund souveräner Nationalstaaten, der nicht mehr durch eine gemeinsame politische Kultur, sondern nur noch durch gemeinsame Wirtschafts- und Sicherheitsinteressen zusammengehalten wird.

„Das haben wir nicht gewollt!", werden die Betreiber des Beschlusses von Helsinki versichern. Doch die Wirkung einer Europäischen Union, die bis zum Euphrat und Tigris reicht, war auch schon 1999 absehbar: Eine derart überdehnte EU wäre zwar räumlich groß, aber infolge der extrem unterschiedlichen Traditionen und Interessen ihrer Mitgliedstaaten nicht mehr handlungsfähig. In einem solchen Gebilde würde sich auch kein Gefühl der

Zusammengehörigkeit und Solidarität entwickeln können. […]
Was der Europäische Konvent im Jahr 2003 vorgelegt und der Europäische Rat im Oktober 2004 in leicht veränderter Form verabschiedet hat, ist der Entwurf eines zwischenstaatlichen Vertrages, der in Kraft tritt, wenn er von allen Mitgliedstaaten ratifiziert worden ist. Die Staaten bleiben die Herren der Verträge. […]
Wahrscheinlich wären die Widerstände gegen die überfällige Reform der Entscheidungsprozesse und Institutionen geringer, wenn Rat und Konvent auf den Begriff „Verfassung“ verzichtet und statt dessen, bescheidener und realistischer, von einem „Grundlagenvertrag“ gesprochen hätten. Der Appell an die Furcht vor einer Staatswerdung der EU oder gar einem europäischen „Superstaat“ wäre in diesem Fall wohl weniger erfolgreich gewesen.
Die schwerfälligen, undurchsichtigen, undemokratischen Prozeduren des Vertrags von Nizza jedoch bieten der EU keine Zukunftsperspektive. Die Union der 25 wäre mit diesem Vertrag allenfalls bedingt funktionsfähig, und sie wäre strukturell erweiterungsunfähig. Sie ist auf einige der institutionellen Reformen, die der Verfassungsvertrag vorsieht, geradezu existenziell angewiesen. Dazu gehören die Anpassung der Stimmverhältnisse im Europäischen Rat an die Bevölkerungsgrößen; die Zurückdrängung des Erfordernisses einstimmiger Entscheidungen zu Gunsten von Mehrheitsentscheidungen; das Prinzip der „doppelten Mehrheit“, also der Mehrheit der Staaten und der Unionsbürgerschaft; die Einbindung der nationalen Parlamente in die europäische Politik; die Stärkung des Europäischen Parlaments gegenüber der Kommission; die Verkleinerung der Kommission durch Abkehr von der Regel, dass jedes Land einen Kommissar stellt; die Wahl eines Ratspräsidenten, der für zweieinhalb Jahre gewählt wird und einmal wiedergewählt werden kann. […]
Im Stil des aufgeklärten Absolutismus lässt sich Europa-Politik nicht länger erfolgreich betreiben. Wenn die Krise dieser Einsicht zum Durchbruch verhilft, hat sie etwas Gutes bewirkt. Eine Reform der europäischen Institutionen und Entscheidungsprozesse ist überfällig.

H. A. Winkler, Grundlagenvertrag statt Verfassung, aus: FAZ, 18.6.2005.

M 8 Plakat aus dem Wettbewerb des „European Recovery Program“ (1950)
Amerikanische Hilfe für das europäische Segelschiff

Aufgaben

1. Stellen Sie die Aufgaben und Kompetenzen der Hauptorgane der EU dar.
   → Text, M1
2. Wie beurteilen Sie die Verwirklichung des Demokratieprinzips in der EU?
   → Text
3. Erklären Sie die „Tempelkonstruktion“ der heutigen EU.
   → M2, M3
4. Welcher Abstimmungsmodus gilt im Ministerrat? Erörtern Sie das Für und Wider von Mehrheitsentscheidungen (statt der Einstimmigkeit).
   → Text, M5
5. Untersuchen Sie den staatsrechtlichen Charakter der EU.
   → Text, M5
6. Erläutern Sie das Spannungsverhältnis, in dem die europäische Einigung zum traditionellen Nationalstaat steht.
   → M6, M7

8. Exkurs: Menschenrechte in Geschichte und Gegenwart

Geistesgeschichtliche Wurzeln

Zwar reichen die Ideen von Rechten, die den Menschen gleichermaßen zustehen, bis in die Antike zurück, aber das moderne Menschenrechtsverständnis verknüpft sich erst mit dem gesellschaftlichen Aufstieg des Bürgertums. In einem sich über mehrere Jahrhunderte hinziehenden Prozess bildete das Bürgertum sich als historisches Subjekt heraus, das die Befreiung von ständisch-absolutistischen Fesseln zunächst beanspruchte und letztlich auch durchsetzte.

Diese bürgerliche Emanzipationsbewegung mit ihrer Wertschätzung des Individuums erhielt wesentliche geistige Impulse vom Christentum, insbesondere von der Reformation, vom Humanismus und der Aufklärung. In diesem geistesgeschichtlichen Kontext wuchs die Erkenntnis, dass der Mensch von Natur aus in seinem Wesen gleich sei.

Ihren vorläufigen Abschluss fand diese historische Entwicklung in den bürgerlichen Revolutionen des ausgehenden 18. Jahrhunderts.

Marksteine

Die Marksteine in der Entfaltung der Menschenrechte stellen folgende Dokumente dar:

- Magna Charta Libertatum (1215)
- Bill of Rights (1689)
- Virginia Bill of Rights (1776)
- Deklaration der Menschen- und Bürgerrechte (1789)
- Allgemeine Erklärung der Menschenrechte der Vereinten Nationen (1948)

Aus deutscher Perspektive ist auch die Paulskirchen-Verfassung von 1849 von Bedeutung, unter anderem weil ihr Grund- und Menschenrechtskatalog maßgeblich die Arbeit am Grundgesetz der Bundesrepublik Deutschland (1949) beeinflusst hat.

Charakter der Menschenrechte

Kein Mensch lebt für sich allein. Bereits der griechische Philosoph Aristoteles nannte ihn ein „Zoon politikon“ – ein soziales, in der Gemeinschaft handelndes Wesen. Keine wie auch immer strukturierte Gesellschaft kommt ohne Rechte und Normen aus, die das Verhalten des Einzelnen steuern. Diese Normen sind vom Entwicklungsstand einer Gesellschaft abhängig und unterliegen somit einem historischen Wandel.

Das Zusammenleben in Sippen und Stämmen, zum Beispiel auf der Stufe der Jäger und Sammler, wurde mit anderen Rechtsnormen geregelt, als das bei den meisten Menschen im 21. Jahrhundert der Fall ist. So galten zum Beispiel Schutzrechte wie das Tötungsverbot früher prinzipiell nur für Stammesmitglieder.

Das Revolutionäre des bürgerlichen Menschenrechtsbegriffs besteht darin, dass dieser grundsätzlich alle Menschen umfasst. Diese Lehre von den universell geltenden Menschenrechten wurde zum ersten Mal in der Amerikanischen Revolution am Ende des 18. Jahrhunderts klar formuliert und bildete eine ideologische Waffe im Kampf der Amerikaner gegen die britische Krone.

Diese Menschenrechte sind unveräußerlich und gelten unabhängig von Rasse, Geschlecht und Religion. Diese vor-staatlichen Rechte, insbesondere auf Leben, Freiheit und Eigentum, besitzen eine Abwehrfunktion und dienen zur Einschränkung staatlicher Herrschaftsansprüche. Diese Rechtskonstruktion soll es also dem Staat verwehren, diese Rechte einem Individuum zu rauben.

Soziale Menschenrechte

Zu den wesentlichen Menschenrechten zählt man weiterhin die klassischen Freiheitsrechte (zum Beispiel Glaubens- und Meinungsfreiheit) sowie politische Beteiligungsrechte. Umstritten war und ist hingegen, in welchem Ausmaß auch soziale Forderungen zu den Menschenrechten gezählt werden müssen. Der besitzbürgerliche Ursprung der modernen Menschenrechte produzierte Widersprüche, die im 19. Jahrhundert aufbrachen. Vor dem Hintergrund materieller Verelendung kritisierten die Vertreter der Arbeiterbewegung das bürgerliche Rechtsverständnis. Der Schriftsteller Anatole France sprach spöttisch von der „Freiheit, unter Brücken zu schlafen". Man forderte soziale Grundrechte sowie eine aktive Rolle des Staates bei der Daseinsvorsorge. Im modernen Sozialstaat des 20. Jahrhunderts hat der Staat in erheblichem Umfang die Verantwortung für Bildung, Ausbildung, Gesundheit, Wohnung und Mindestversorgung übernommen.

Menschenrechte im 20. Jahrhundert

Zeitgenössische Karikatur von Plantu

Seit der zweiten Hälfte des 20. Jahrhunderts sind Menschenrechte zu einem Schlüsselbegriff der internationalen Politik geworden. Als Folge der Menschenrechtskatastrophen, des Rassismus und insbesondere des Genozids (Völkermords) an den Juden verabschiedeten die Vereinten Nationen 1948 eine „Erklärung der Menschenrechte". Nachfolgende Deklarationen und Protokolle der UNO betrafen unter anderem Rassendiskriminierung, Folter, Gewalt gegen Frauen, grausame Strafen, Zwangsarbeit und Flüchtlinge.

Speziell für Europa ist die „Europäische Konvention zum Schutze der Menschenrechte und Grundfreiheiten" (1950) von Bedeutung. Gemäß ihren Bestimmungen wurde 1959 der „Europäische Gerichtshof für Menschenrechte" mit Sitz in Straßburg gegründet. Seine Rechtsprechung bezieht sich ausschließlich auf die Mitglieder des Europarats.

Gegen Ende des 20. Jahrhunderts hat sich die Kompetenz der internationalen Staatengemeinschaft in Menschenrechtsfragen im Allgemeinen durchgesetzt. Allerdings kollidiert der Universalitätsanspruch der Menschenrechte immer wieder mit dem nationalstaatlichen Prinzip der Souveränität. Etliche Staaten lehnen daher eine menschenrechtliche Intervention als „Eingriff in die inneren Angelegenheiten" ab (zum Beispiel die Volksrepublik China, Nordkorea, Kuba). Die Durchsetzung der Menschenrechte wird nicht nur durch politisch-diplomatische Rücksichtnahme behindert, sondern zeigt sich auch im Fehlen einer international unabhängigen Sanktionsgewalt.

Internationale Strafgerichte

Gleichwohl hat es im Hinblick auf die internationale Strafverfolgung von Menschenrechtsverbrechen Fortschritte gegeben. Das Statut des Internationalen Strafgerichts ermöglichte die Einrichtung zeitlich begrenzter Gerichtshöfe, die die Menschenrechtsverbrechen in Ruanda und im ehemaligen Jugoslawien verfolgen. Parallel dazu ist ein permanenter „Internationaler Strafgerichtshof der Vereinten Nationen" mit Sitz in Den Haag eingerichtet worden. Dessen Aufgabe besteht darin, Völkermord, Kriegsverbrechen und Verbrechen gegen die Menschlichkeit zu verfolgen. Allerdings können bei ihm nur Personen, nicht hingegen Staaten angeklagt werden. Seine juristische Basis ist die „Konvention (der UNO) über die Verhütung und Bestrafung des Völkermords" von 1948. Dieser Internationale Strafgerichtshof soll nach dem Vorbild des Nürnberger Prozesses gegen die (nationalsozialistischen) Hauptkriegsverbrecher (1945/46) arbeiten. Man erhofft sich von seiner Existenz allgemein eine abschreckende Wirkung.

Die wachsende Sensibilisierung für die Menschenrechtsproblematik drückt sich auch dadurch aus, dass massive Menschenrechtsverletzungen als „Gefährdung des Weltfriedens“ angesehen werden können.

M 1 Milosevic vor dem UN-Kriegsverbrechertribunal in Den Haag
Der ehemalige jugoslawische Staatspräsident Milosevic wurde 2001 von der serbischen Regierung an das UN-Kriegsverbrechertribunal in Den Haag ausgeliefert. Dort hat er sich wegen Kriegsverbrechen und Verbrechen gegen die Menschlichkeit zu verantworten. Die Anklage sieht in Milosevic den Hauptverantwortlichen für die Kriege, die sein Land gegen die Unabhängigkeit Sloweniens, Kroatiens und Bosnien-Herzegowinas geführt hat, Zeichnung von F. Behrendt, FAZ, 25.6.2001.

Dies ermöglicht gemäß der UNO-Charta ein Eingreifen. Allerdings finden „humanitäre Interventionen“ nur dann ungeteilte Zustimmung, wenn sie vom Sicherheitsrat der UNO beschlossen wurden.

Neben den Staaten und diversen Menschenrechtskommissionen wacht heutzutage eine Vielzahl von so genannten Nichtregierungsorganisationen über die Einhaltung der Menschenrechte, von denen „amnesty international“ (ai) und „Human Rights Watch“ nur die bekanntesten sind.

Das Projekt, im Zeitalter der Globalisierung universell gültige Rechtsnormen zu etablieren, findet weltweit Zustimmung, aber auch Ablehnung. Zwar haben sich nach dem Zusammenbruch des sowjetischen Imperiums (1990/91) die Chancen für eine Realisierung sichtlich verbessert. Aber autoritär beziehungsweise kommunistisch regierte und auch islamische Staaten wehren sich gegen die weltweite Geltung der Menschenrechte. Sie denunzieren diese als Instrumente westlich-liberaler Vorherrschaftsbestrebungen. Insbesondere in der islamischen Welt werden viele Stimmen laut, die die universelle Gültigkeit der Menschenrechte entschieden zurückweisen. Man hält ihnen die religiös geprägten Gesetze der islamischen Kultur entgegen. Insbesondere die traditionelle Rolle der Frau im Islam ist mit dem westlichen Menschenrechtsverständnis nicht in Einklang zu bringen. Ob es aber zum „Kampf der Kulturen“ kommt, wie ihn der amerikanische Politikwissenschaftler Samuel P. Huntington als Szenario einer künftigen Weltinnenpolitik vorhersagte, muss offen bleiben.

Diese Zeichnung hat Pablo Picasso amnesty international gewidmet.

M 2 Allgemeine Erklärung der Menschenrechte

Die Generalversammlung der UNO verabschiedete am 10. Dezember 1948 – bei Stimmenthaltung der Ostblockstaaten sowie von Südafrika und Saudi-Arabien – dieses Dokument. Es besitzt keine völkerrechtlich bindende Wirkung:

Artikel 1
Alle Menschen sind frei und gleich an Würde und Rechten geboren. Sie sind mit Vernunft und Gewissen begabt und sollen einander im Geiste der Brüderlichkeit begegnen.

Artikel 2
Jeder Mensch hat Anspruch auf die in dieser Erklärung verkündeten Rechte und Freiheiten ohne irgendeine Unterscheidung, wie etwa nach Rasse, Farbe, Geschlecht, Sprache, Religion, politischer Überzeugung, nationaler oder sozialer Herkunft, nach Eigentum oder sonstigen Umständen. [...]

Artikel 3
Jeder Mensch hat das Recht auf Leben, Freiheit und Sicherheit der Person.

Artikel 4
Niemand darf in Sklaverei oder Leibeigenschaft gehalten werden; Sklaverei und Sklavenhandel sind in allen ihren Formen verboten.

Artikel 5
Niemand darf der Folter oder grausamer, unmenschlicher oder erniedrigender Behandlung oder Strafe unterworfen werden.

Artikel 6
Jeder Mensch hat überall Anspruch auf Anerkennung als Rechtsperson.

Artikel 7
Alle Menschen sind vor dem Gesetze gleich und haben ohne Unterschied Anspruch auf gleichen Schutz durch das Gesetz. [...]

Artikel 8
Jeder Mensch hat Anspruch auf wirksamen Rechtsschutz vor den zuständigen innerstaatlichen Gerichten gegen alle Handlungen, die seine ihm nach der Verfassung oder nach dem Gesetz zustehenden Grundrechte verletzen.

Artikel 9
Niemand darf willkürlich festgenommen, in Haft gehalten oder des Landes verwiesen werden.

Artikel 10
Jeder Mensch hat in voller Gleichberechtigung Anspruch auf ein der Billigkeit entsprechendes und öffentliches Verfahren vor einem unabhängigen und unparteiischen Gericht. [...]

Artikel 11
(1) Jeder Mensch, der einer strafbaren Handlung beschuldigt wird, ist so lange als unschuldig anzusehen, bis seine Schuld in einem öffentlichen Verfahren, in dem alle für seine Verteidigung nötigen Voraussetzungen gewährleistet waren, gemäß dem Gesetz nachgewiesen ist. [...]

Artikel 12
Niemand darf willkürlichen Eingriffen in sein Privatleben [...] ausgesetzt werden. Jeder Mensch hat Anspruch auf rechtlichen Schutz gegen derartige Eingriffe oder Anschläge.

Artikel 13
(1) Jeder Mensch hat das Recht auf Freizügigkeit und freie Wahl seines Wohnsitzes innerhalb eines Staates.
(2) Jeder Mensch hat das Recht, jedes Land, einschließlich seines eigenen, zu verlassen sowie in sein Land zurückzukehren.

Artikel 14
(1) Jeder Mensch hat das Recht, in anderen Ländern vor Verfolgung Asyl zu suchen und zu genießen.
(2) Dieses Recht kann jedoch im Falle einer Verfolgung wegen nichtpolitischer Verbrechen oder wegen Handlungen, die gegen die Ziele und Grundsätze der Vereinten Nationen verstoßen, nicht in Anspruch genommen werden.

Artikel 15
(1) Jeder Mensch hat Anspruch auf eine Staatsangehörigkeit.
(2) Niemandem darf seine Staatsangehörigkeit willkürlich entzogen noch ihm das Recht versagt werden, seine Staatsangehörigkeit zu wechseln.

Artikel 16
(1) Heiratsfähige Männer und Frauen haben ohne Beschränkung durch Rasse, Staatsbürgerschaft oder Religion das Recht, eine Ehe zu schließen und eine Familie zu gründen. Sie haben bei der Eheschließung, während der Ehe und bei deren Auflösung gleiche Rechte.
(2) Die Ehe darf nur aufgrund der freien und vollen Willenseinigung der zukünftigen Ehegatten geschlossen werden. [...]

Artikel 17
(1) Jeder Mensch hat allein oder in Gemeinschaft mit anderen Recht auf Eigentum.
(2) Niemand darf willkürlich seines Eigentums beraubt werden.

Artikel 18
Jeder Mensch hat Anspruch auf Gedanken-, Gewissens- und Religionsfreiheit; dieses Recht umfasst die Freiheit, seine Religion oder seine Überzeugung zu wechseln. [...]

Artikel 19
Jeder Mensch hat das Recht auf freie Meinungsäußerung; dieses Recht umfasst die Freiheit, Meinungen unangefochten anzuhängen und Informationen und Ideen mit allen Verständigungsmitteln ohne Rücksicht auf Grenzen zu suchen, zu empfangen und zu verbreiten.

Artikel 20
(1) Jeder Mensch hat das Recht auf Versammlungs- und Vereinigungsfreiheit zu friedlichen Zwecken.
(2) Niemand darf gezwungen werden, einer Vereinigung anzugehören.

Artikel 21
(1) Jeder Mensch hat das Recht, an der Leitung der öffentlichen Angelegenheiten seines Landes unmittelbar oder durch frei gewählte Vertreter teilzunehmen.
(2) Jeder Mensch hat unter gleichen Bedingungen das Recht auf Zulassung zu öffentlichen Ämtern in seinem Lande.
(3) Der Wille des Volkes bildet die Grundlage für die Autorität der öffentlichen Gewalt; dieser Wille muss durch periodische und unverfälschte Wahlen mit allgemeinem und gleichem Wahlrecht bei geheimer Stimmabgabe oder in einem gleichwertigen freien Wahlverfahren zum Ausdruck kommen.

Artikel 22
Jeder Mensch hat als Mitglied der Gesellschaft Recht auf soziale Sicherheit. [...]

Artikel 23
(1) Jeder Mensch hat das Recht auf Arbeit, auf freie Berufswahl, auf angemessene und befriedigende Arbeitsbedingungen sowie auf Schutz gegen Arbeitslosigkeit.
(2) Alle Menschen haben ohne jede unterschiedliche Behandlung das Recht auf gleichen Lohn für gleiche Arbeit.
(3) Jeder Mensch, der arbeitet, hat das Recht auf angemessene und befriedigende Entlohnung. [...]

Artikel 24
Jeder Mensch hat Anspruch auf Erholung und Freizeit sowie auf eine vernünftige Begrenzung der Arbeitszeit und auf periodischen, bezahlten Urlaub.

Artikel 25
(1) Jeder Mensch hat Anspruch auf eine Lebenshaltung, die seine und seiner Familie Gesundheit und Wohlbefinden, einschließlich Nahrung, Kleidung, Wohnung, ärztlicher Betreuung und der notwendigen Leistungen der sozialen Fürsorge, gewährleistet. [...]
(2) Mutter und Kind haben Anspruch auf besondere Hilfe und Unterstützung. Alle Kinder, eheliche und uneheliche, genießen den gleichen sozialen Schutz.

Artikel 26
(1) Jeder Mensch hat das Recht auf Bildung. Der Unterricht muss wenigstens in den Elementar- und Grundschulen unentgeltlich sein.
(2) Die Ausbildung soll die volle Entfaltung der menschlichen Persönlichkeit und die Stärkung der Achtung der Menschenrechte und Grundfreiheiten zum Ziele haben. [...]

Artikel 27
(1) Jeder Mensch hat das Recht, am kulturellen Leben der Gemeinschaft frei teilzunehmen. [...]

Artikel 28
Jeder Mensch hat Anspruch auf eine soziale und internationale Ordnung, in welcher die in der vorliegenden Erklärung angeführten Rechte und Freiheiten voll verwirklicht werden können.

Artikel 29
(1) Jeder Mensch hat Pflichten gegenüber der Gemeinschaft, in der allein die freie und volle Entwicklung seiner Persönlichkeit möglich ist. [...]

Artikel 30
Keine Bestimmung der vorliegenden Erklärung darf so ausgelegt werden, dass sich daraus für einen Staat, eine Gruppe oder eine Person irgendein Recht ergibt, eine Tätigkeit auszuüben oder eine Handlung zu [begehen], welche auf die Vernichtung der in dieser Erklärung angeführten Rechte und Freiheiten abzielt.

Zit. nach: W. Heidelmeyer (Hg.), Die Menschenrechte, Paderborn 1997, S. 209 ff.

M 3 **(Globale) Menschenrechte am Kreuz,**
Zeichnung von Walter Hanel, FAZ, 11.3.1982

M 4 Völkermorde im 20. Jahrhundert (Auswahl)

Gruppe	Zeitraum	Opfer
Ukrainer in Sowjetunion	1932/1933	7 000 000
Juden in Europa	1939–1945	5 300 000
Sowjetrussische Kriegsgefangene durch Hitlerdeutschland	1941–1945	3 300 000
Polen durch Deutschland	1939–1945	2 500 000
[Polen in und durch Russland	1937/1938	140 000]
[Polen unter russischer Besetzung	1939–1945	240 000]
Deutsche Vertriebene	1945–1950	2 111 000
Kambodschaner unter Roten Khmer	1975–1979	2 035 000
Hindus u. Bengalen / West-Pakistan	1971	1 500 000
Deutsche Kriegsgefangene in Sowjetrussland	1941–1955	1 100 000
Armenier im Osmanischen Reich und Kaukasus	1915–1923	1 000 000
Vertriebene Hindus aus Pakistan	1947/1948	1 000 000
Vertriebene Moslems aus Indien	1947/1948	1 000 000
Ibos in Nigeria	1966–1970	1 000 000
Flächenbombardierte in Japan	1942–1945	900 000
Tibeter	1950–1990	800 000
Jugoslawische Kriegsgefangene	1940–1945	600 000
Flächenbombardierte in Deutschland	1940–1945	593 000
Tutsis in Ruanda	1994	600 000
Serben durch Kroaten	1940–1945	600 000
Paschtunen in Afghanistan	1978–1992	500 000
Flächenbombardierte in Kambodscha	1973	400 000
Roma / Sinti durch Hitlerdeutschland	1941–1945	200 000
Demokratische Hutus in Ruanda	1994	200 000
Chittagong-Hill-Stämme unter Bangladesh	seit 1971	200 000
Juden in der Ukraine	1917–1921	150 000
Hutus unter Tutsis in Burundi	1972	150 000
Muslimische Bosnier	ab 1990	140 000
Deportierte Krimtataren	1944/1945	100 000
Ost-Timoresen unter Indonesien	1975	100 000

Aus: G. Heinsohn, Lexikon der Völkermorde, Reinbek 1998, S. 58.
Diese Auflistung sollte nicht im Sinne einer Gleichsetzung missverstanden werden.

M 5 Konvention über die Verhütung und Bestrafung des Völkermordes

Unter dem Eindruck der nationalsozialistischen Gewaltverbrechen wurde im Rahmen der Vereinten Nationen folgender Vertrag geschlossen (9. Dezember 1948):

Artikel I

Die Vertrag schließenden Parteien bestätigen, dass Völkermord, ob im Frieden oder im Krieg begangen, ein Verbrechen gemäß internationalem Recht ist, zu dessen Verhütung und Bestrafung sie sich verpflichten.

Artikel II

In dieser Konvention bedeutet Völkermord eine der folgenden Handlungen, die in der Absicht begangen wird, eine nationale, ethnische, rassische oder religiöse Gruppe als solche ganz oder teilweise zu zerstören:

(a) Tötung von Mitgliedern der Gruppe;
(b) Verursachung von schwerem körperlichen oder seelischem Schaden an Mitgliedern der Gruppe;
(c) vorsätzliche Auferlegung von Lebensbedingungen für die Gruppe, die geeignet sind, ihre körperliche Zerstörung ganz oder teilweise herbeizuführen;
(d) Verhängung von Maßnahmen, die auf die Geburtenverhinderung innerhalb der Gruppe gerichtet sind;
(e) gewaltsame Überführung von Kindern der Gruppe in eine andere Gruppe.

Artikel III

Die folgenden Handlungen sind zu bestrafen:

(a) Völkermord;
(b) Verschwörung zur Begehung von Völkermord;
(c) unmittelbare und öffentliche Anreizung zur Begehung von Völkermord;
(d) Versuch, Völkermord zu begehen;

(e) Teilnahme am Völkermord.

Artikel IV

Personen, die Völkermord oder eine der sonstigen in Artikel III aufgeführten Handlungen begehen, sind zu bestrafen, gleichviel, ob sie regierende Personen, öffentliche Beamte oder private Einzelpersonen sind.

Zit. nach: W. Heidelmeyer (Hg.), Die Menschenrechte, Paderborn 1995, S. 170.

M 6 Grundrechte im Grundgesetz der Bundesrepublik Deutschland

Der Historiker Karl Dietrich Erdmann stellt im Folgenden dar, wie die Menschenrechte im Grundgesetz verankert wurden:

Der Grundrechtskatalog des Grundgesetzes ist in bewusstem Unterschied zur Weimarer Verfassung knapp gehalten. Er beschränkt sich im Wesentlichen auf die klassischen liberalen Freiheitsrechte, wie u. a. Gleichheit vor dem Gesetz, persönliche Sicherheit, Gewissensfreiheit, Versammlungsfreiheit, Freiheit der Wissenschaft. Die sozialen Rechte, die in der Weimarer Verfassung einen sehr breiten Raum einnahmen, hat man mit Absicht unberücksichtigt gelassen, weil in der offenen Situation des Jahres 1949 die zukünftige Gesellschafts- und Wirtschaftsordnung durch das Grundgesetz nicht präjudiziert [vorentschieden] werden sollte. Durch eine Kannbestimmung über mögliche Sozialisierung von Produktionsmitteln gegen Entschädigung wurde diese zwischen den bürgerlichen Parteien und den Sozialisten kontroverse Frage in der Schwebe gehalten (Art. 15). Einig war man sich darin, dass, wie auch immer die künftige Gesellschaftsordnung aussehen werde, der Freiheitsraum des Einzelnen gewahrt werden solle. Diesem Gedanken wurde in Übereinstimmung der Parteien dadurch besonderer Nachdruck verliehen – und zwar zum ersten Male in der deutschen Verfassungsgeschichte –, dass diese Menschenrechte als unveräußerlich und unverletzlich galten (Art. 1.2).

Die in den früheren deutschen Verfassungen der Frankfurter und der Weimarer Nationalversammlung ausgesprochenen Freiheitsrechte galten als vom Staate gesetzte Rechte der deutschen Staatsbürger, nicht als dem Staate vorgegebene Rechte des Menschen. Sie hatten ihren Platz innerhalb der Verfassung im Anschluss an die Bestimmungen über das staatliche Organisationsstatut, während sie im Grundgesetz Einleitung und Grundlage der Verfassung sind, durch die sich der Staat begrenzt weiß.

Damit stellt sich das Grundgesetz in Abweichung von den früheren deutschen Verfassungen in eine Überlieferung hinein, die in den nordamerikanischen Kolonien begann, in dem Rechtskatalog der amerikanischen Unabhängigkeitserklärung 1776 und danach in der Menschenrechtserklärung der Französischen Revolution 1789 ihren weltgeschichtlichen Ausdruck gefunden hatte.

Die einzelnen Menschenrechte des Grundgesetzes werden abgeleitet von dem im ersten Artikel ausgesprochenen Leitbegriff der „Würde des Menschen“. Dieser im Einzelnen nicht definierte, aber im Katalog der Grundrechte entfaltete Begriff beansprucht absolute, den Staat bindende Gültigkeit. […]

Die Unveränderbarkeit dieser Grundlage wurde im Verfassungstext dadurch unterstrichen, dass die Grundrechte auch durch eine verfassungsändernde Mehrheit nicht aufgehoben werden können (Art. 79). Sie sind ferner unmittelbar geltendes Recht, das alle Organe des Staates, auch den Gesetzgeber, bindet (Art. 1.3). In dieser Bestimmung spricht sich die Erfahrung unserer jüngsten Geschichte aus, dass von einem sich selbst absolut setzenden Staatswillen auch das Unrecht als Recht gesetzt werden konnte. Aus der Erfahrung des Missbrauchs, den die Gegner der Freiheit in

M 7 Tafel vor dem Polizeipräsidium in Düsseldorf

der Weimarer Zeit mit den durch die Verfassung gewährleisteten Freiheitsrechten machten, entstammt der im Grundgesetz ausgesprochene Satz, dass die Grundrechte verwirkt, wer sie zum Kampfe gegen die freiheitliche demokratische Grundordnung missbraucht (Art. 18).

K. D. Erdmann, Das Grundgesetz in der deutschen Verfassungsgeschichte, GWU Nr. 12/1979, S. 721 f.

M 8 Internationaler Menschenrechtsschutz

Der Völkerrechtler Ulrich Fastenrath untersucht das Einmischungsverbot im Verhältnis der Staaten zueinander:

Diktaturen – vor allem solche des Proletariats – sehen es nicht gern, wenn die Weltöffentlichkeit sich darum kümmert, wie die Menschen dort behandelt werden. Aber auch viele andere Staaten schätzen Belehrungen und Ermahnungen menschenrechtlicher Natur von draußen nicht, schon gar nicht, wenn sie von ausländischen Regierungen oder Parlamentariern kommen. Die Liste abwehrender Argumente ist lang – angefangen von kulturellen Unterschieden über die vorrangig zu bekämpfende wirtschaftliche Not, die den Freiheitsgebrauch einzelner nicht zulasse, bis hin zu dem schlichten Hinweis auf das völkerrechtliche Verbot der Einmischung.

Dass die Staaten sich um ihre eigenen Angelegenheiten kümmern sollen und – zumindest in der Regel – nicht um diejenigen anderer, hat eine wichtige friedenswahrende Funktion und ist zugleich Ausdruck des Selbsbestimmungsrechts der Völker: Jedes Staatsvolk darf selbst festlegen, wie es sich organisieren will und wer es regieren soll. Freilich sind dabei die völkerrechtlichen Vorgaben und Einschränkungen zu beachten. Ebenso bezeichnet der Begriff „innere Angelegenheiten" nicht private Abgeschlossenheit innerhalb der Grenzen eines Landes, sondern er ist eine Ausprägung staatlicher Souveränität. Diese wiederum hat zum Inhalt, innerhalb des vom Völkerrecht gesetzten Rahmens die eigenen Angelegenheiten bestimmen zu dürfen. Innere Angelegenheiten sind die Bereiche, die das Völkerrecht den Staaten zur eigenverantwortlichen Gestaltung vorbehält. Es geht also um Kompetenzen, die die Staaten allein und unbehelligt von der internationalen Gemeinschaft ausüben dürfen. Den Gegensatz dazu bilden die internationalen Angelegenheiten. Sie umfassen zunächst einmal all das, was über die staatliche Hoheitssphäre hinausreicht und deshalb nur zwischenstaatlich geregelt werden kann. Beispiele hierfür sind der diplomatische Verkehr, der internationale Handel und Umweltschutz, das See- und das Kriegsrecht, die Rüstungskontrolle. Darüber hinaus steht es aber den Staaten frei, durch völkerrechtliche Regelungen beliebige Gegenstände zu einer internationalen Angelegenheit zu machen.

Nach dem Schock der Naziherrschaft und des Zweiten Weltkrieges ist das in großem Umfang bei den Menschenrechten geschehen. Genossen bis dahin die Staatsangehörigen gegenüber ihrem eigenen Staat nur ausnahmsweise internationalen Schutz, so machte sich die Weltgemeinschaft in Artikel 1 der Charta der Vereinten Nationen nun zum Ziel, „eine internationale Zusammenarbeit herbeizuführen, um [...] die Achtung vor den Menschenrechten und Grundfreiheiten für alle ohne Unterschied der Rasse, des Geschlechts, der Sprache oder der Religion zu fördern und zu festigen". Welche Rechte im Einzelnen gemeint sind, hat die Vollversammlung der Vereinten Nationen am 10. Dezember 1948 in ihrer bekannten Allgemeinen Erklärung der Menschenrechte konkretisiert. Später sind zahlreiche Konventionen hinzugekommen: unter anderem die internationalen Pakte über bürgerliche und politische Rechte sowie über wirtschaftliche, soziale und kulturelle Rechte (beide 1966), die Übereinkommen gegen Rassendiskriminierung (1966) und gegen die Diskriminierung der Frau (1979), Übereinkommen gegen Folter (1984) und über die Rechte des Kindes (1989). Dieser universelle wird durch einen regionalen Menschenrechtsschutz ergänzt wie zum Beispiel die Europäische Menschenrechtskonvention, die Amerikanische Menschenrechtskonvention oder die Afrikanische Charta der Menschenrechte und Rechte der Völker.

Diese Verträge verpflichten die Staaten nicht nur, die einzeln aufgeführten Menschenrechte einzuhalten, sondern sie enthalten zudem Sicherungsverfahren, in denen die Einhaltung überprüft werden kann. Zu beachten ist jedoch, dass an die Verträge nur diejenigen Staaten gebunden sind, die sie ratifiziert[1] haben. [...]

Diese [Menschenrechte] sind damit weltweit durch die völkerrechtlichen Regelungen zu einer internationalen Angelegenheit geworden. Daran ändert sich nichts dadurch, dass sie wegen der Verantwortung der einzelnen Staaten für die Achtung der Menschenrechte zugleich weiterhin eine innere Angelegenheit bleiben.

1 Ratifizierung = Bestätigung durch die gesetzgebende Körperschaft

U. Fastenrath, Was Staaten dürfen und müssen, in: FAZ, 14.11.1996.

M 9 **Frauenrechte sind Menschenrechte**

Die Journalistin Gabriele Venzky beklagt, dass Frauen in islamischen Ländern ihrer Rechte beraubt werden:

Die Mädchen sind verschwunden unter der Burka, diesem alles verhüllenden Schleier, Symbol der Rechtlosigkeit – ob in Herat oder Kabul. Das Burka-Nichts, das Eingesperrtsein zu Hause, alles nur „zum Schutz der zarten Pflanzen", sagen scheinheilig die Taliban[1], die Eroberer. Raus aus den Schulen, raus aus dem Beruf, raus aus dem Krankenhaus mit den frisch Operierten, weil ein männlicher Arzt sie nicht behandeln darf. Das traditionsreichste Mädchengymnasium des Landes ist geschlossen: Es wird jetzt Koranschule, für Jungen [...]

Gewiss, nicht überall werden den Dieben die Hände abgehackt. Aber überall werden Frauen grausam erniedrigt, werden Menschenrechte verletzt. 500 Millionen Frauen sind Schritt für Schritt ihre Rechte genommen worden, im Namen Allahs. Auch in Ländern, die international einen guten Ruf haben, wie Malaysia, wo Frauen nicht Richterinnen werden können. Auch in Demokratien wie Pakistan und Bangladesh, an deren Spitze frei gewählte Frauen stehen. Und doch: Die Islamisierung, die von den meist mit saudischem Geld finanzierten Koranschulen ausgeht, ist unübersehbar. Frauenrechte werden schlicht mit Geld weggekauft, selbsternannte Moralhüter und halb gebildete Schriftgelehrte zwischen Allah und die Frauen gesetzt, mittelalterliche Vorstellungen von der Herrschaft des Patriarchats zementiert. Die Scharia, das islamische Gesetz, ist das Herrschaftsinstrument. Wie ein Damoklesschwert hängt es über allen, hält die Männer in Angst und die Frauen in nützlicher Abhängigkeit. [...]

In Pakistan dürfen, weil es unislamisch wäre, Frauen nach wie vor keine wichtigen Dokumente unterschreiben, sind zwei weibliche Zeugen nötig, wo ein Mann genügt, dürfen Frauen bei Mord- und Vergewaltigungsdelikten als Zeuginnen überhaupt nicht auftreten. In weiten Teilen des Landes sind sie nicht erbberechtigt. Frauen sind nutzlos. Die letzte Volkszählung registriert ganze 146 als in der Vieh- und Landwirtschaft tätig, dabei schuften dort achtzig Prozent aller Frauen. Frauen sind unmoralisch. Deshalb ist es auch nichts Besonderes, dass einem Mann, der seiner Frau den Kopf abschneidet, weil sie sich von ihm trennen will, nichts geschieht. Über 3000 Fatwas haben Dorfmullahs in den vergangenen zwei Jahren auch in Bangladesh über Frauen verhängt, und das heißt dann: Eingraben bis zur Hüfte, steinigen, auspeitschen, mit Petroleum übergießen und anzünden. Im Koran steht, so behaupten die Peiniger, dass Frauen gezüchtigt werden müssen.

Frauen sind im Namen des Islam in Unwissenheit zu halten. Darum schließen die Taliban als erstes die Mädchenschulen in Afghanistan, darum werden in Bangladesh Hilfsorganisationen, die Mädchen ausbilden, bedroht. Darum können im ländlichen Pakistan nur vier Prozent der Frauen lesen und schreiben. Unwissenheit macht gefügig. [...]

„In den islamischen Ländern haben sie die Frauen zum Feind Nummer eins erklärt, weil das am meisten zieht", sagt Nighat Khan, die Mitbegründerin der pakistanischen Frauenbewegung. „Dabei geht es uns gar nicht um die Macht. Uns geht es um das Recht, unser Menschenrecht."

1 Taliban = wörtl. (Koran-)Studenten; siegreiche radikale Gruppierung im afghanischen Bürgerkrieg. Das Taliban-Regime in Afghanistan bestand bis Dezember 2001.

G. Venzky, Im Namen Allahs, in: Die Zeit, Nr. 45/1996.

M 10 **Frauen in Afghanistan, 2001**

M 11 **Islam und Menschenrechte**

Der Islamwissenschaftler Lorenz Müller weist darauf hin, dass es „den Islam" nicht gebe und dass dieser in den einzelnen Ländern sehr unterschiedlich praktiziert werde:

Ausgangspunkt aller islamistischen [fundamentalistischen] Autoren ist der Anspruch, der Islam sei Religion und Staat gleichermaßen und bedinge daher die Notwendigkeit eines islamischen Staates mit religiös legitimierten Rechtsvorschriften. Begründet wird diese Position in der Regel mit dem Vorbild des Propheten sowie mit Verweisen auf Bestimmungen des Korans. Der Prophet habe in der historischen Realität nicht lediglich als Religionsstifter gehandelt, sondern zugleich als politischer Führer auch einen Staat gegründet. [...] Als logische Konsequenz dieses Islamverständnisses wird es angesehen, dass auch die Menschenrechte als von Gott gesetzte Regeln gelten: Mit dem Islam seien die Menschenrechte „bereits vor 14 Jahrhunderten erklärt", in der „vollständigsten Weise und mit den weitesten Grenzen [...] umfassend und tiefgründig festgelegt" worden. [...]

Der eigene Anspruch wird jedoch – bei großen Unterschieden im Einzelnen – zumeist nicht erfüllt. [...] Im Bereich der Religionsfreiheit dienen islamistischen Autoren Koranverse, die den Abfall vom Islam als zu verabscheuendes Unrecht beschreiben, als Begründung für das Verbot, die Religion zu wechseln oder sich auf andere Weise vom Islam abzuwenden. Ein in der Sunna[1] enthaltener, angeblich vom Propheten gegebener Befehl, Abtrünnige zu töten, berechtigt nach Ansicht vieler sogar dazu, die Todesstrafe über den Apostaten[2] zu verhängen. Steht bereits dies im krassen Gegensatz zur menschenrechtlich garantierten Religionsfreiheit, erhält das Apostasieverbot eine darüber noch weit hinausgehende freiheitsbedrohende Dimension: Weil die Islamisten den Islam als alle Lebensbereiche durchdringendes System ansehen, können nicht nur der offene Abfall vom Islam als ketzerisch empfundene Kritik an ihrem Religionsverständnis als Verbrechen angesehen werden, sondern auch Äußerungen, die im säkularen [weltlichen] Verständnis als politisch verstanden würden. [...]

Frauen sind nach islamistischem Rechtsverständnis den Männern im Arbeitsrecht, im Ehe- und Scheidungsrecht, im Kindschaftsrecht, im Erbrecht sowie in politischen Rechten nicht gleichgestellt. Wo vorhanden – etwa im Erbrecht –, werden detaillierte koranische Aussagen zur Begründung herangezogen. Wo solche Ansatzpunkte fehlen, zieht man sich auf Koran 4:34 zurück, dessen herkömmliches Verständnis mit der Übersetzung Parets[3] wiedergegeben werden kann: „Die Männer stehen über den Frauen, weil Gott (sie von Natur vor diesen) ausgezeichnet hat [...]".

[...] Problematisch sind schließlich die Körperstrafen des orthodoxen islamischen Strafrechts, die so genannten Hadd-Strafen. Sie beruhen zum Teil auf vergleichsweise eindeutigen koranischen Aussagen. Unter Strafe gestellt werden neben der Verwirklichung des bereits oben beschriebenen Tatbestandes der Apostasie insbesondere der außereheliche Geschlechtsverkehr, die Verleumdung wegen desselben, der Alkoholgenuss und der Diebstahl. Die Rechtsfolgen reichen von Peitschenhieben über das Abtrennen der Hand bis hin zur Todesstrafe. Der definitive und unabänderliche Charakter dieser Straftatbestände und der angeordneten Rechtsfolgen wird vor allem aus Koran 2:229 abgeleitet: „Dies sind die Gebote (hudud) Gottes. Übertretet sie nicht!" Vor allem letzteres dürfte die Ursache dafür sein, dass die Hadd-Strafen selbst von verhältnismäßig liberalen Islamisten nur relativiert, jedoch nicht grundsätzlich infrage gestellt werden. Nicht selten werden sie gar als Beweis für die Menschenrechtsfreundlichkeit des Islam angeführt. [...]

Mit den islamischen Rechtsquellen lassen sich durchaus auch menschenrechtsfreundliche Positionen begründen. Es ist keineswegs „der Islam", sondern allenfalls ein bestimmtes Islamverständnis, das Schwierigkeiten bei der Umsetzung der Menschenrechtsidee im islamischen Kulturkreis bedingt.

1 Sunna = muslimische Tradition, die auf Aussprüchen bzw. Handlungen des Propheten Mohammed beruht

2 Apostat = vom Glauben Abgefallener

3 Paret = Autor der bis heute maßgeblichen Übersetzung des Korans ins Deutsche

L. Müller, Islam und Menschenrechte, in: APuZ, Nr. 28/1997, S. 23 ff.

Aufgaben

1. Erläutern Sie, auf welchen Ideen das Konzept der Menschenrechte beruht.
   → Text, M2
2. Halten Sie fest, was man unter „Völkermord" versteht. Untersuchen Sie die Übersicht in Bezug auf die Ihnen bekannten Völkermorde.
   → M4, M5
3. In welcher Form wurden die Menschenrechte ins Grundgesetz aufgenommen?
   → M6, M7
4. Erörtern Sie, unter welchen Umständen eine „humanitäre Intervention" gerechtfertigt ist.
   → Text, M4, M5, M8
5. Die „Allgemeine Erklärung der Menschenrechte" sieht in Art. 23 das Recht auf Arbeit vor. Erörtern Sie, welche Vor- bzw. Nachteile ein solcher Rechtsanspruch hat.
   → Text, M2
6. Beschreiben Sie die rechtliche Situation der Frauen im Kontext des islamischen Fundamentalismus.
   → M9–M11
7. Vergleichen Sie das religiös-islamische Rechtsverständnis mit dem westlichen.
   → M9, M11

WE SHALL BEAT OUR SWORDS INTO PLOWSHARES

9. Die Vereinten Nationen

Schwerter zu Pflugscharen! – Diese Statue steht im Park der Vereinten Nationen (UNO) in New York. Sie veranschaulicht auf eindrucksvolle Weise die zentrale Aufgabe der UNO: die Bewahrung des Weltfriedens.

Am 26. Juni 1945 unterzeichneten unter der Führung der Siegermächte des Zweiten Weltkrieges 50 Nationen in San Francisco die Charta der Vereinten Nationen. Der Prozess, der zur Gründung der UNO führte, begann 1942 und stützte sich auf die Atlantik-Charta vom 14. August 1941. Dabei handelt es sich um ein Dokument, in dem US-Präsident Franklin D. Roosevelt und der britische Premierminister Winston Churchill die Prinzipien formulierten, auf denen eine Nachkriegsfriedensordnung beruhen sollte.

Die Vereinten Nationen nahmen die Tradition des Völkerbundes wieder auf. Der Völkerbund war 1919 auf Initiative des amerikanischen Präsidenten Woodrow Wilson gegründet worden. Die Wirksamkeit dieser Institution litt aber von Beginn an daran, dass die USA und das sowjetische Russland ihm nicht beitraten. Das erklärte Ziel des Völkerbundes, den Frieden unter den Völkern zu erhalten, Rüstungen zu begrenzen und Aggressionen mit Sanktionen (Zwangsmaßnahmen) zu belegen, wurde nicht erreicht.

Im Unterschied zum Völkerbund sollte die neu gegründete Weltorganisation institutionelle Instrumente besitzen, um einem neuen Weltkrieg wirkungsvoll entgegenarbeiten zu können. Diesem Zweck diente die Einrichtung eines Sicherheitsrates, in dem fünf Großmächte als ständige Mitglieder dominieren. Die USA, Großbritannien, Frankreich, Russland (bis 1991 die Sowjetunion) und China (bis 1971 Taiwan) besitzen ein Vetorecht. Daher sind auch Mehrheitsentscheidungen gegen den Willen eines der fünf Länder nicht durchsetzbar. Diese Konstruktion sollte schon sehr bald für die Lähmung der UNO verantwortlich sein. Der Ost-West-Konflikt zwischen den Westmächten auf der einen Seite und der Sowjetunion auf der anderen zerstörte alle Hoffnungen auf eine Weltordnung, in der überall nach den gleichen Prinzipien regiert wird („one world"). Die Spaltung der Welt lähmte über 40 Jahre die Arbeit der UNO. Mithilfe der Veto-Macht, von der die Sowjetunion besonders häufig Gebrauch machte, konnten Beschlüsse jederzeit verhindert werden. Somit konnte die UNO gerade gegen die Interessen beziehungsweise Völkerrechtswidrigkeiten einer beteiligten Großmacht (insbesondere der Sowjetunion) nicht vorgehen.

Zwischen 1945 und 1990 hat die UNO auch mehr als 150 Kriege nicht verhindern können. Das Ende des Ost-West-Konfliktes befreite die UNO aus ihrem Zustand der politischen Blockierung. Erst ab 1990 wurde es möglich, dass der Weltsicherheitsrat seiner Verpflichtung uneingeschränkt nachkam, den Weltfrieden zu wahren und die Sicherheit durch schnelles Handeln herzustellen. Diese neue Handlungsfähigkeit stellte er zum Beispiel bei der Beendigung der irakischen Besetzung Kuweits und bei der Bekämpfung des Terrorismus unter Beweis.

Aufbau und Auftrag der UNO

„Weltfeuerwehr“

Erst nach dem Ende der bipolaren Weltordnung kann die Weltfriedensorganisation mit ihren 191 Mitgliedern eine so große Rolle spielen, wie sie ihr 1945 zugedacht wurde. Die drastische Zunahme von friedenssichernden Maßnahmen belegen die gewachsene Bedeutung. Soldaten im Auftrage der UNO („Blauhelme“) dienen in verschiedenen Regionen der Welt als „peacekeeping forces“. Die Bilanz dieser Einsätze nimmt sich allerdings höchst zwiespältig aus. Vielfach hat allein die Präsenz der „Blauhelme“ dazu beigetragen, Gewalttätigkeiten zu verhindern. In anderen Fällen wurden UNO-Truppen in die Kriege beziehungsweise Bürgerkriege hineingezogen und konnten ihre Aufgabe nicht erfüllen. Die UNO hatte 1950 die Aufstellung von Friedenstruppen ermöglicht. Im Falle einer offenkundigen Bedrohung des Friedens, eines Friedensbruches oder einer Angriffshandlung kann die UNO aktiv werden. Da die Vereinten Nationen aber über keine eigenen Truppen verfügen, müssen die Mitgliedsstaaten aufgefordert werden, Truppenkontingente bereitzustellen. Voraussetzung für die friedenssichernden Operationen sind insbesondere:

- Zustimmung der Konfliktparteien,
- Prinzip der Freiwilligkeit der Teilnahme von UN-Mitgliedsstaaten,
- kein Einsatz von Waffengewalt außer zur Selbstverteidigung,
- multilaterale Zusammensetzung der Truppen unter dem Oberbefehl beteiligter Staaten,
- jederzeitiges Rückrufrecht für die teilnehmenden Mitgliedsstaaten.

Das Spektrum der Themen, die von der Weltfriedensorganisation aufgegriffen wurden, hat sich in den letzten Jahrzehnten merklich erweitert. Entsprechend einer komplexeren Wahrnehmung des Friedensbegriffes haben sich neue Themen in den Mittelpunkt der UNO-Debatten gedrängt:

- die unkontrollierte Verbreitung von Massenvernichtungswaffen,
- grenzüberschreitende Umweltzerstörungen,
- Regionalkonflikte mit ethnischen und/oder religiösen Ursachen,
- die Armutsbekämpfung in der Dritten Welt,
- die Wahrung von Menschenrechten in den einzelnen Staaten.

Menschenrechte

Vor allem die Überwachung der Menschenrechtslage geht weit über das hinaus, was die Gründer der UNO vor Augen hatten.

Im Zusammenhang mit Frieden erzwingenden Maßnahmen lautet die Frage: Wie soll die westlich orientierte Wertegemeinschaft reagieren, wenn bei offensichtlich schwersten Menschenrechtsverstößen ein Beschluss des UNO-Sicherheitsrates nicht zu Stande kommt? Insbesondere die Volksrepublik China pocht auf den Vorrang der Souveränität der Staaten und wehrt jede „Einmischung in die inneren Angelegenheiten“ ab. Eine humanitäre Intervention, die ohne Zustimmung dieses UNO-Gremiums ausgeführt wird, wie das im Kosovo-Konflikt durch die NATO praktiziert wurde, muss zwangsläufig aber die Autorität der UNO untergraben.

Die gewachsene Bedeutung der Menschenrechte kommt auch in dem Beschluss der UNO zum Ausdruck, Völkermorde strafrechtlich zu verfolgen. Das Statut basiert auf der Völkermordkonvention von 1948, die nach dem Vorbild der Nürnberger Prozesse gegen die Führung des Nationalsozialismus formuliert wurde. Danach kann das Gericht Völkermorde und Verbrechen gegen die Menschlichkeit (Mord, Ausrottung, Versklavung, Folter usw.) ahnden. In diesem Zusammenhang ist die Errichtung des Internationalen Tribunals in Den Haag (Niederlande) zu sehen (1993). Dieser Strafgerichtshof ist speziell berechtigt, die genozidalen (Genozid = Völkermord) Verbrechen im ehemaligen Jugoslawien zu verfolgen. Ein ständiger Internationaler Strafgerichtshof nahm im Jahre 2002 seine Arbeit auf.

Reformdiskussion

So sehr die Existenz der UNO als solche von keinem Land infrage gestellt wird, so sehr ist aber die heutige Struktur der Vereinten Nationen umstritten. Die wichtigsten Kritikpunkte lauten dabei:

- Die Generalversammlung ist ein reiner Debattierklub; Resolutionen der Vollversammlung sind Empfehlungen ohne bindenden Charakter.
- Das Prinzip der kollektiven Sicherheit (Artikel 1 der UNO-Charta) richtet sich gegen die Gewaltanwendung zwischen ihren Mitgliedsstaaten und geht von zwischenstaatlichen Kriegen aus, sodass die neuen internen Kriege eigentlich keine ausdrückliche Aufgabe für die UNO sind.
- Die UNO hat keine eigenen Truppen für friedenserzwingende Operationen.
- Der Sicherheitsrat ist eine Einrichtung, die durch die fünf ständigen Mitglieder dominiert wird.
- Das ausdrückliche Vetorecht der fünf ständigen Mitgliedsstaaten als Sonderrecht – schon bei der Gründung der Organisation umstritten – verhindert die Durchsetzung von Sanktionen gegen den erklärten Willen einer (oder mehrerer) der fünf ständigen Ratsmächte.

M 1 Karikatur zum Millenniumsgipfel am 6. September 2000 in New York
In den Armen von Kofi Annan – seit 1997 Generalsekretär der UNO – treffen sich die Staats- und Regierungschefs der UNO-Mitgliedsstaaten, Karikatur von Fritz Behrendt, veröffentlicht in: „Frankfurter Allgemeine Zeitung", 7.9.2000.

Die Reformdiskussion zentriert sich vor allem um die Funktion und Zusammensetzung des UN-Sicherheitsrates. Es entspricht allgemeiner Überzeugung, dass seine gegenwärtige Zusammensetzung nicht mehr die weltpolitischen Realitäten widerspiegelt, wie sie 1945 bei der Gründung der Weltorganisation bestanden. In der UN-Charta wird Deutschland (zusammen mit Japan) immer noch als Feindstaat bezeichnet, obwohl das Land mittlerweile eine weithin anerkannte Rolle spielt. Die Bundesrepublik Deutschland gehört seit 1973 der UNO als Vollmitglied an. Sie zählt neben den USA und Japan zu den größten Geldgebern der UNO. Sowohl Deutschland als auch Japan streben gegenwärtig einen Sitz im Sicherheitsrat an. Aber auch andere Staaten, wie zum Beispiel Italien, Nigeria, Indien, Brasilien, Mexiko und Südafrika, haben solche Ansprüche erhoben. Erörtert wird auch die Idee eines wechselnden europäischen Sitzes im Sicherheitsrat. Allerdings stößt diese Idee auf wenig Zustimmung in Großbritannien und Frankreich. Da aber Veränderungen der UN-Charta der Einstimmigkeit in der Vollversammlung bedürfen, ist ein Ende der Reformdiskussion nicht abzusehen.

Chronologie: Wechselnde Phasen in der Entwicklung der Vereinten Nationen

1945–1950 Optimistische Einschätzung in Bezug auf die UNO als Institution der Konfliktbewältigung – „Idee der Einen Welt"

1950–1960 Im Zeichen des wachsenden Ost-West-Gegensatzes (Kalter Krieg) stagniert die Bereitschaft, in Krisenfällen Lösungen im Rahmen der UNO zu finden.

1960–1990 Die UNO wird zum Forum der jungen Staaten (Dritte Welt) – Überlagerung des Ost-West-Konfliktes durch den Nord-Süd-Gegensatz. Bemühungen um einen wirtschaftlichen Ausgleich zwischen den entwickelten Industrieländern und den Nationen der Dritten Welt (1974: 105 Entwicklungsländer mit UNO-Sitz) – Neue Weltwirtschaftsordnung (UNCTAD = United Nations Conference on Trade and Development)

Die UNO bemüht sich auch um die Rüstungskontrolle durch Anwendungsbeschränkungen neuer Technologien. Beispiele: Vertrag über die Nichtverbreitung von Atomwaffen (1968), Weltraumvertrag (1967) bzw. Meeresbodenvertrag (1971) mit Stationierungsverbot für Massenvernichtungswaffen im Weltraum bzw. auf dem Meeresboden.

Der Nord-Süd-Konflikt prägt die Weltbevölkerungskonferenz (1974), die Welternährungskonferenzen (1974 und 1984) und die Weltfrauenkonferenzen (1975, 1980 und 1985).

ab 1990 Neue Probleme und neue Chancen: Aufwertung der UNO nach dem Ende des Kalten Krieges. Die so genannte Zweite (sozialistische) Welt löst sich auf.

Zunehmende Handlungsfähigkeit der UNO: Der sowjetische Parteichef Gorbatschow kündigt einseitige Abrüstungsschritte an und räumt der UNO dabei eine zentrale Rolle ein. Die Nachfrage nach friedenssichernden Operationen der UNO steigt seit 1988 stetig an (1988–1995 21 Peace-keeping-Einsätze; 1999 wurden noch 15 UN-Aktionen durchgeführt). Es hat dabei Erfolge und Misserfolge gegeben.

2001 standen etwa 38 000 Friedenstruppen („Blauhelme") im Dienst der UNO.

Die Schweizer Bevölkerung billigte 2002 in einem Volksentscheid den Beitritt des Landes zur UNO. Die Schweiz ist somit das 191. Mitglied der Weltorganisation.

M 2 Ziele der Vereinten Nationen

Auszug aus der Charta vom 26. Juni 1945:

Artikel 1: Die Vereinten Nationen setzen sich folgende Ziele:

• den Weltfrieden und die internationale Sicherheit zu wahren und zu diesem Zweck wirksame Kollektivmaßnahmen zu treffen, um Bedrohungen des Friedens zu verhüten und zu beseitigen, Angriffshandlungen und andere Friedensbrüche zu unterdrücken und internationale Streitigkeiten oder Situationen, die zu einem Friedensbruch führen könnten, durch friedliche Mittel nach den Grundsätzen der Gerechtigkeit und des Völkerrechts zu bereinigen oder beizulegen.

• freundschaftliche, auf der Achtung vor dem Grundsatz der Gleichberechtigung und Selbstbestimmung der Völker beruhende Beziehungen zwischen den Nationen zu entwickeln [...];

• eine internationale Zusammenarbeit herbeizuführen, um internationale Probleme wirtschaftlicher, sozialer, kultureller und humanitärer Art zu lösen und die Achtung vor den Menschenrechten und Grundfreiheiten für alle ohne Unterschiede der Rasse, des Geschlechts, der Sprache oder der Religion zu fördern und zu festigen;

• ein Mittelpunkt zu sein, in dem die Bemühungen der Nationen zur Verwirklichung dieser gemeinsamen Ziele aufeinander abgestimmt werden.

Maßnahmen bei Bedrohung oder Bruch des Friedens und bei Angriffshandlungen:

Artikel 39: Feststellung der Gefahrsituation

Der Sicherheitsrat stellt fest, ob eine Bedrohung oder ein Bruch des Friedens oder eine Angriffshandlung vorliegt; er gibt Empfehlungen ab oder beschließt, welche Maßnahmen aufgrund der Artikel 41 und 42 zu treffen sind, um den Weltfrieden und die internationale Sicherheit zu wahren oder wiederherzustellen.

Artikel 40: Vorläufige Maßnahmen

Um einer Verschärfung der Lage vorzubeugen, kann der Sicherheitsrat, bevor er nach Artikel 39 Empfehlungen abgibt oder Maßnahmen beschließt, die beteiligten Parteien auffordern, den von ihm notwendig oder erwünscht erachteten vorläufigen Maßnahmen Folge zu leisten. [...]

Artikel 41: Der Sicherheitsrat kann beschließen, welche Maßnahmen – unter Ausschluss von Waffengewalt – zu ergreifen sind, um seinen Beschlüssen Wirksamkeit zu verleihen; er kann die Mitglieder der Vereinten Nationen auffordern, diese Maßnahmen durchzuführen. Sie können die vollständige oder teilweise Unterbrechung der Wirtschaftsbeziehungen, des Eisenbahn-, See- und Luftverkehrs, der Post-, Telegrafen- und Funkverbindungen sowie sonstiger Verkehrsmöglichkeiten und den Abbruch der diplomatischen Beziehungen einschließen.

Artikel 42: Ist der Sicherheitsrat der Auffassung, dass die in Artikel 41 vorgesehenen Maßnahmen unzulänglich sein würden oder sich als unzulänglich erwiesen haben, so kann er mit Luft-, See- oder Landstreitkräften die zur Wahrung oder Wiederherstellung des Weltfriedens und der internationalen Sicherheit erforderlichen Maßnahmen durchführen. Sie können Demonstrationen, Blockaden und sonstige Einsätze der Luft-, See- oder Landstreitkräfte von Mitgliedern der Vereinten Nationen einschließen.

Artikel 43: (1) Alle Mitglieder der Vereinten Nationen verpflichten sich, zur Wahrung des Weltfriedens und der internationalen Sicherheit dadurch beizutragen, dass sie [...] dem Sicherheitsrat auf sein Ersuchen Streitkräfte zur Verfügung stellen, Beistand leisten und Erleichterungen einschließlich des Durchmarschrechts gewähren, soweit dies zur Wahrung des Weltfriedens und der internationalen Sicherheit erforderlich ist.

M 3 **Am 26. Juni 1945** unterzeichnen 50 Staaten auf einer Konferenz in San Francisco die Charta der Vereinten Nationen. Am Rednerpult steht der amerikanische Präsident Truman.

Artikel 51: Selbstverteidigungsrecht bis zum Eingreifen des Sicherheitsrats

Diese Charta beeinträchtigt im Falle eines bewaffneten Angriffs gegen ein Mitglied der Vereinten Nationen keineswegs das naturgegebene Recht zur individuellen oder kollektiven Selbstverteidigung, bis der Sicherheitsrat die zur Wahrung des Weltfriedens und der internationalen Sicherheit erforderlichen Maßnahmen getroffen hat.

Zit. nach: H. Siegler, Die Vereinten Nationen, Bonn 1966, S. 173 ff.

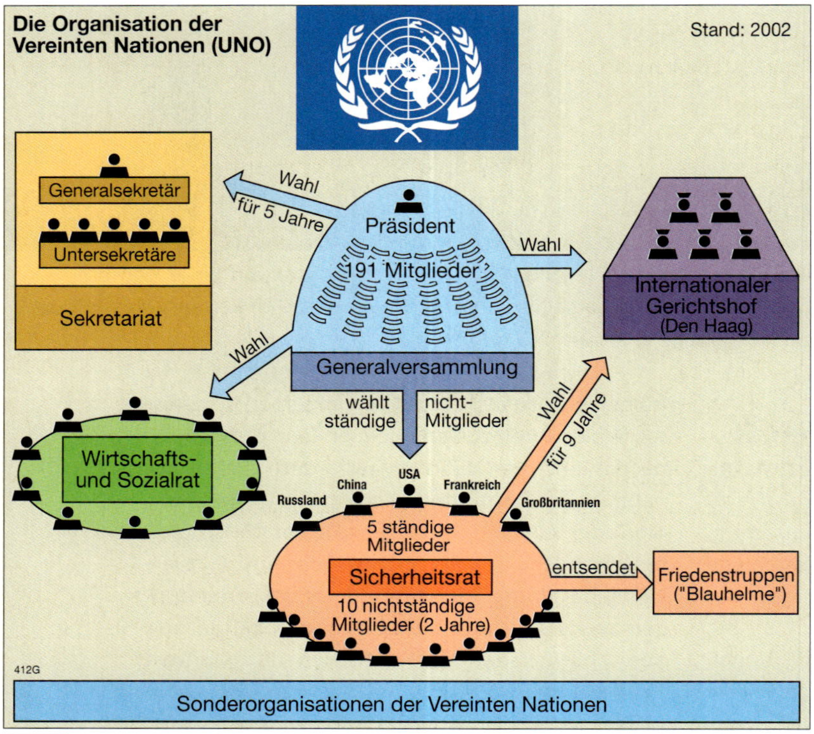

M 4

M 5 Friedensmissionen der UNO

Die Schwierigkeiten bei „Blauhelmeinsätzen" zeigen die Politikwissenschaftler Gerald Braun und Angelina Topan:

Angesichts der Ursachen- und Erscheinungsvielfalt der kriegerischen Konflikte sowie der Schwierigkeit, Konflikte zu verhüten, muss über Grenzen der Peace-keeping- und Peace-building-Einsätze sowie über Verbesserungsmöglichkeiten nachgedacht werden. Während Peace-keeping [Friedenserhaltung] bei gewaltsam oder sogar kriegerisch ausgetragenen Konflikten greift, bezieht sich Peace-building auf die „Zeit danach", auf die Phase der Friedenskonsolidierung. Im Gegensatz zu Peace-building, welche die Zustimmung der Konfliktparteien voraussetzt, werden Peace-enforcement-Einsätze [Friedensdurchsetzung] auch ohne die Einwilligung der Betroffenen durchgeführt (Irak 1990-1991), um beispielsweise auf Angriffshandlungen zu reagieren. Beide Kategorien sind in der Praxis jedoch nicht eindeutig trennbar.

Ein Vergleich der UN-Blauhelmeinsätze veranschaulicht dreierlei: Die Erfahrungen in El Salvador und Mosambik verdeutlichen erstens, dass Peace-keeping und Peace-building auf die Kooperation der Kontrahenten angewiesen sind, wenn sie erfolgreich sein sollen. UN-Einsätze wie in Bosnien und Somalia zeigen die beschränkten Möglichkeiten der „Friedenserzwingung" auf: Endogene [innere] Kriegsursachen wie Staatszerfall, politisierte Ethnizität und die Zersplittung politischer Kräfte, aber auch der leichte Zugang zu Waffen, die deutliche Überlegenheit einer Konfliktpartei und die Entschlossenheit der Kombattanten, keine Rücksicht auf die Bevölkerung zu nehmen, lassen Skepsis an der Wirksamkeit der UN-Einsätze aufkommen, bei denen es den Konfliktparteien grundsätzlich an Friedenswilligkeit und Kompromissbereitschaft mangelt. Solange Kriegsparteien einen militärischen Sieg noch für möglich halten, hat Friedenserzwingung kaum eine Chance, weil jede Partei versuchen wird, ihre Position noch zu verbessern. Gerade im Falle zeitlich terminierter Einsätze wie in Somalia genügte es dann, den Abzug der Blauhelme abzuwarten.

Zweitens zeigen sich konzeptionelle Schwächen der Blauhelmeinsätze sowohl in ihrer Organisation als auch in ihrer Qualität. Qualitativ breit angelegte UN-Missionen wie in El Salvador, Mosambik und Kambodscha demonstrieren, dass Friedensmissionen, die politische, militärische und humanitäre Komponenten umfassen, tendenziell erfolgreicher sind als Spareinsätze, die dazu neigen, der militärischen Komponente zu viel Gewicht beizumessen.

Drittens veranschaulichen diese Einsätze auch, dass eine dauerhafte Friedensregelung nur möglich ist, wenn politische, sozioökonomische und militärische Probleme gelöst werden. Ohne eine wirtschaftliche, soziale und politische Integration breiter Bevölkerungsschichten, aber auch der Kombattanten, ist ein dauerhafter Frieden gefährdet [...].

G. Braun, A. Topan, Frieden als Abwesenheit von Krieg? in: APuZ, Nr. 16–17, 1998, S. 3 u. 11 f.

M 6

Der Sicherheitsrat der Vereinten Nationen

Sein Zweck:

Der Sicherheitsrat ist der **Friedenswächter** der Vereinten Nationen.

Seine Mitglieder:

Der Sicherheitsrat hat **fünf ständige** Mitglieder (USA, Russland, Frankreich, Großbritannien, China) und **10 nichtständige** Mitglieder.

Seine Beschlüsse:

Zur Beschlussfassung sind mindestens 9 der 15 Stimmen erforderlich; die fünf ständigen Mitglieder haben ein **Vetorecht.**

Seine Mittel: Der Sicherheitsrat kann im Konfliktfall:

1) **feststellen**, ob Friedensbedrohung, Friedensbruch oder eine Angriffshandlung vorliegt,
2) von den beteiligten Parteien **vorläufige Maßnahmen** zur Entschärfung der Lage fordern,
3) **friedliche Sanktionen** beschließen,
4) **militärische Sanktionen** beschließen.

Alle Mitglieder der Vereinten Nationen sind verpflichtet, dem Sicherheitsrat auf Ersuchen Streitkräfte zur Verfügung zu stellen und Beistand zu leisten.

937G

M 7 Militärische Menschenrechtserzwingung?

Soll die Souveränität eines Staates im Fall von schwerwiegenden Menschenrechtsverletzungen ignoriert werden? Im Bundesverteidigungsministerium hat man sich darüber Gedanken gemacht:

Einen schwierigen Sonderfall von internationaler Einmischung für die Menschenrechte bildet die „humanitäre Intervention" [Eingreifen] mit militärischen Mitteln. Spätestens durch die Erfahrungen mit dem nationalsozialistischen Deutschland wurde klar, dass es einen Zusammenhang zwischen „innerem" und „äußerem" Frieden gibt: Ein Staat kann aufgrund seiner internen machtpolitischen Struktur andere Völker und Staaten sowie deren Souveränität tödlich bedrohen. Folgerichtig wurde das Verbrechen des Völkermordes international geächtet; es kann von den Vereinten Nationen zum Anlass für ein bewaffnetes Einschreiten genommen werden. Aber gilt diese Ermächtigung auch für „weniger schwere" Verstöße gegen die Menschenrechte? Befürworter einer „humanitären Intervention" berufen sich in jüngster Zeit vor allem auf die am 5. April 1991 verabschiedete Resolution 688 des UN-Sicherheitsrates. In dieser Resolution wird die gewaltsame Unterdrückung bis hin zur massenhaften Ermordung der kurdischen Bevölkerung im Irak verurteilt, deren Folgen – in Gestalt eines grenzüberschreitenden Flüchtlingsstroms – den Weltfrieden und die internationale Sicherheit in der Region bedrohen würden. Auf dieser Grundlage wurde eine von der UNO militärisch gesicherte Schutzzone im Norden des Landes eingerichtet. Ähnlich wurde das Eingreifen der Weltorganisation in Somalia (1992-1994) und in Haiti (seit 1994) begründet.

Menschenrechtsverletzung und internationale Sicherheit:

Markiert die Resolution 688, wie vor allem im Westen behauptet, eine „Wende im internationalen Menschenrechtsschutz"? Aus zwei Gründen sind Zweifel angebracht. Erstens: Im Vordergrund dieser und nachfolgender vergleichbarer UN-Beschlüsse steht nicht der umfassende Menschenrechtsschutz, sondern das Bemühen um konkrete humanitäre Hilfe. Zweitens: Das Eingreifen der Vereinten Nationen wird nicht mit den vorhandenen schweren Menschenrechtsverletzungen begründet, sondern mit der daraus sich ergebenden „Bedrohung für den Weltfrieden und die internationale Sicherheit", also dem klassischen Rechtfertigungsgrund für Blauhelm-Operationen der Weltorganisation. Insofern ist die Resolution 688 durchaus von Bedeutung: Sie dokumentiert die zunehmende Bereitschaft der Völkergemeinschaft, auch gravierende [schwerwiegende] Verstöße gegen die Menschenrechte als friedensgefährdend anzusehen und entsprechend zu handeln. Daraus lässt sich eine völkerrechtliche Tendenz zur Befürwortung von militärischen Interventionen für die Menschenrechte aber nur sehr bedingt ableiten: Nur dann, wenn eine Menschenrechtsverletzung auch die internationale Sicherheit bedroht, wird es zu einem humanitär begründeten Eingreifen kommen. Damit ist eine hohe Schwelle gesetzt, um das erforderliche internationale Einvernehmen herzustellen. Nicht jeder schwere Menschenrechtsverstoß wird von den Mitgliedsstaaten der UNO oder des Weltsicherheitsrates als Friedensbedrohung verstanden werden. Zu berücksichtigen ist zudem das pragmatische [auf das Handeln bezogene] Argument, dass die Vereinten Nationen völlig überfordert wären, wenn sie eine militärische Erzwingung der Menschenrechtseinhaltung in großem Rahmen versuchen würden.

Bundesministerium der Verteidigung (Hg.), Reader Sicherheitspolitik, Ergänzungslieferung 9/95.

M 8 **„Ohne Worte..."**
Karikatur zum UN-Blauhelm-Einsatz im ehemaligen Jugoslawien, veröffentlicht in: „Der Spiegel", Nr. 21/1992

Aufgaben

1. Nennen Sie die Ziele, die sich die UNO gesetzt hat.
   → Text, M1, M2
2. Erläutern Sie, über welche Handlungsmöglichkeiten die Institutionen der UNO verfügen.
   → Text, M2, M4
3. Wie beurteilen Sie die Chancen, dass sich durch die Institution der UNO eine weltweite Friedensordnung durchsetzen lässt?
   Welche Auswirkungen hatte die Beilegung des Ost-West-Konfliktes auf die Rolle der UNO?
   → M5, M6, M8
4. Wann lässt sich eine UNO-Intervention in die inneren Angelegenheiten eines souveränen Staates rechtfertigen? Erörtern Sie das Pro und Contra einer „humanitären Intervention".
   → Text, M7
5. Inwiefern müsste die UNO den veränderten weltpolitischen Bedingungen angepasst werden? Überlegen Sie, welche Organe innerhalb der UNO für eine Reform in Betracht kommen.
   → Text, M4, M6

Der Terroranschlag vom 11 September 2001 ist ein historisches Datum. An diesem Tag erreichte der internationale Terrorismus eine neue Dimension, was dessen Planung, Durchführung und die Zahl der Opfer (über 3 000) anbetrifft. Obwohl sich niemand zu diesem Anschlag offiziell bekannt hatte, bestand an der Urheberschaft von Bin Laden und der von ihm geführten Organisation „Al Qaida" (Die Basis) kein Zweifel.

M 1

Islamistische Selbstmordattentäter hatten gleichzeitig mehrere Flugzeuge in ihre Gewalt gebracht und als Sprengkörper benutzt. Ziele des Angriffs waren das Pentagon in Washington D. C. und das World Trade Center in New York, das als Folge der Attacke in sich zusammenstürzte. Regierung und Öffentlichkeit der USA fassten diesen Terroranschlag als eine Form der Kriegserklärung auf.

Terrorismus ist keineswegs ein neuartiges Phänomen. Gleichwohl ist es der Forschung bislang nicht gelungen, eine allgemein verbindliche Definition zu geben.

„la terreur"

Der Begriff Terror beinhaltet den Schrecken. Seine Wurzeln liegen in der Französischen Revolution, als die Jakobiner unter der Führung von Robespierre 1793/94 eine revolutionäre Diktatur errichtet hatten. (französisch „la terreur"). Bei ihrer Jagd auf wirkliche und vermeintliche Feinde der Revolution ließen die Machthaber alle Mäßigung fallen. Einige hunderttausend Menschen wurden verhaftet, etwa 40 000 mit der Guillotine („Sichel der Gleichheit") hingerichtet. Gewaltanwendung und gezielte Angsterzeugung prägten die öffentliche Atmosphäre in dieser historischen Phase.

Definitionsschwierigkeiten

In allgemeinster Form wird Terror mit Gewaltherrschaft und Machtmissbrauch in Verbindung gebracht. Aber eine differenziertere Definition ist schwierig, weil Persönlichkeitstyp des Terroristen, seine Motive und Ideologie, die Formen des Terrors und dessen Legitimation erheblich voneinander abweichen.

Was die Motive von Terroristen anbetrifft, so lässt sich der religiöse Terrorismus vom politischen abgrenzen. Der politische Terrorismus kann im Weiteren wie folgt differenziert werden:
- linksradikal-revolutionär,
- ethnisch-nationalistisch,
- separatistisch,
- rassistisch-fremdenfeindlich.

Der Terror geht in der Regel von Parteien und Gruppen aus, die die Macht erringen wollen. Davon zu unterscheiden ist der Terror der Machthabenden. Hierfür hat sich der Begriff „Staatsterrorismus“ eingebürgert. Beispiele dafür liefern die totalitären Regime des 20. Jahrhunderts: Nationalsozialismus, Faschismus und Stalinismus.

„Volkswille“

Die erste bedeutende terroristische Organisation der Neuzeit bildete sich in den siebziger Jahren des 19. Jahrhunderts in Russland. Die „Narodnaya Wolya“ (Volkswille) machte durch Attentate auf führende Vertreter des russischen Zarismus von sich reden. Die „Propaganda der Tat“ sollte die Aufmerksamkeit auf die unwürdigen Verhältnisse in Russland lenken. Die Mitglieder dieser Organisation kämpften für eine Verfassung und für Bürgerrechte im autokratisch regierten Russland. Den Höhepunkt erreichte der Terror mit der Ermordung von Zar Alexander II. (1881). Im Unterschied zum aktuellen Terrorismus handelte es sich um einen begrenzten Terror. Die Zielpersonen wurden sorgfältig ausgewählt und eine Schädigung von Unbeteiligten nach Möglichkeit vermieden. Der „Volkswille“ war ein Vorläufer des revolutionären Anarchismus, der die Utopie einer Gesellschaft ohne Herrschaft anstrebte. Dessen Hauptvertreter Michail Bakunin (1814–1876) bekannte sich zur Gewaltanwendung als Mittel im Kampf gegen staatliche und kirchliche Autoritäten.

„RAF“

M 2 **Der entführte Arbeitgeberpräsident H.-M. Schleyer 1977** kurz vor seiner Ermordung

Die moderne Terrorismusforschung hat herausgefunden, dass der Terror nur selten die Ziele erreichte, die dessen Urheber vor Augen hatten. Das galt für den antizaristischen Terror genau so wie zum Beispiel für den Terror, der in der Folge der 68er-Bewegung in der Bundesrepublik Deutschland aufkam. Vor allem in den siebziger Jahren erschütterte eine Terrorwelle das Land. Ein kleiner Teil der Protestbewegung von 1968 – gruppiert um Andreas Baader, Ulrike Meinhof und Gudrun Ensslin – tauchte in den Untergrund ab und nahm den bewaffneten Kampf auf. Diese so genannte Rote Armee Fraktion (RAF) – und in der Nachfolge die „Bewegung 2. Juni“ – entführte, bombte und mordete. Dieser Terror wurde als Widerstand gegen einen angeblich faschistischen Staat legitimiert. Dahinter stand auch die Idee, man müsse „das System“ provozieren, damit es seinen wahren (inhumanen) Charakter offenbare. Unter dem Emblem von rotem Stern und Kalaschnikoff deklarierte man den Terror als Teil des antiimperialistischen Kampfes nach dem Vorbild der südamerikanischen Stadtguerilla.

Islamischer Fundamentalismus

Zu Beginn des 21. Jahrhunderts erweist sich der vom islamischen Fundamentalismus inspirierte Terror als eine außerordentliche Herausforderung für die freiheitlich-demokratische Ordnung. Der 11. September 2001 war die spektakulärste Gewalttat in einer langen Reihe von ausgeführten beziehungsweise gescheiterten Terroranschlägen. Den Hintergrund des islamistischen Terrors bildet eine Ideologie, die die Religion für politische Zwecke benutzt.

Ausgehend von der unauflöslichen Einheit von Religion und Staat wird ein Kampf gegen den modernen weltlichen Staat geführt. Westlich-liberale Werte wie Demokratie, Pluralismus und Individualismus werden von den islamischen Fundamentalisten als „Unglaube" verdammt. Sie sehen in der Einführung des islamischen göttlichen Rechts („Scharia") den einzigen Weg in die Zukunft. Ihr dualistisches Weltbild wird geprägt durch die Verherrlichung jener Zeit, als der Prophet Mohammed regierte (7. Jahrhundert). Im Kontrast dazu werden die USA als der „große Satan" verflucht.

„Dschihad"

Nach dem Sieg der „Mudschahidin" (Gotteskrieger) über die Sowjetunion in Afghanistan beansprucht der Islamismus die globale Führungsrolle im 21. Jahrhundert. Getragen von der Vision der „Weltmacht Islam" glauben diese Kämpfer, nunmehr auch die USA besiegen zu können. Diese aggressive Politisierung der Religion findet ihren Ausdruck im „Dschihad" (Heiliger Krieg), der gegen den Westen insgesamt geführt wird.

Die Verbindung von Terror und Religion ist nichts Neues in der Geschichte. Der religiöse Fanatiker rechtfertigt den Kampf gegen so genannte Ungläubige als „heilige Pflicht". Er wird in Erwartung des „ewigen Heils" eher zum Selbstmordattentäter und Märtyrer, als es bei politisch motivierten Terroristen der Fall ist.

Bedingungen

Auf die Frage, warum Menschen zu Terroristen werden, gibt es keine einfache Antwort. Es sind keineswegs – wie meistens gemutmaßt wird – Armut und fehlende Bildung. Die Attentäter des 11. Septembers rekrutierten sich ganz überwiegend aus dem bürgerlich-wohlhabenden Milieu Saudi-Arabiens. Es lassen sich aber soziale und psychologische Bedingungen festhalten, die den Terrorismus begünstigen. Dazu zählen: Unterlegenheitsgefühle, Demütigungen, Perspektivlosigkeit, Bevölkerungswachstum, Verstädterung, materielle Verelendung – allgemein ausgedrückt eine misslungene soziale Integration.

M 3 Nach dem 11. September
Karikatur aus der FAZ vom 23. Oktober 2001

M 4 Schreckensherrschaft

Der französische Revolutionär Saint-Just (1767–1794), engster Kampfgefährte von Robespierre und Mitglied des Wohlfahrtsausschusses, in einer Rede am 26. Februar 1794:

Bei der Regierung darf kein Verbrechen verziehen oder ungestraft gelassen werden. Die Gerechtigkeit ist furchtbarer für die Feinde der Republik als die Schreckensherrschaft allein. Wie viele Verräter sind der Schreckensherrschaft entgangen, die nicht der Gerechtigkeit entgehen würden, welche die Verbrechen mit ihrer Waage abwägt. Die Gerechtigkeit verurteilt die Feinde des Volkes und die Anhänger der Tyrannei unter uns zu ewiger Knechtschaft; die Schreckensherrschaft lässt sie auf deren Ende hoffen, denn alle Stürme haben einmal ein Ende, das haben Sie gesehen; die Gerechtigkeit zwingt die Beamten zur Rechtlichkeit, die Gerechtigkeit macht das Volk glücklich und befestigt die neue Ordnung der Dinge; die Schreckensherrschaft ist ein zweischneidiges Schwert, dessen die einen sich bedient haben, das Volk zu rächen, die andern, der Tyrannei zu dienen; die Schreckensherrschaft hat die Gefängnisse zwar gefüllt, aber man hat die Schuldigen nicht bestraft; sie ist wie ein Orkan dahingebraust. In einem Staate dürfen Sie dauernde Strenge nur von der Kräftigkeit der Institutionen erwarten; eine grausige Stille folgt immer unsern Stürmen, und wir sind auch in der Regel nachsichtiger nach der Schreckensherrschaft als vor derselben.

Zit. nach: P. Fischer (Hg.), Reden der Französischen Revolution, München 1974, S. 374.

M 5 Wegzeichen

Der Ägypter Sayyid Qutb (1906–1966) gilt als der intellektuelle Vater des islamischen Fundamentalismus. Seine Schriften werden millionenfach in der islamischen Welt gelesen (Text von 1964):

Die Menschheit steht in unseren Tagen am Rande des Abgrunds […]. Dies wird deutlich in der westlichen Welt, die keine menschlichen Werte mehr besitzt, mit denen sie ihr eigenes Gewissen von ihrer Existenzberechtigung überzeugen könnte. Nachdem die „Demokratie" in der westlichen Welt den Bankrott anmelden musste, fing man allmählich an, die Strukturen des Ostblocks zu übernehmen, insbesondere das Wirtschaftssystem, und zwar im Namen des Sozialismus!
Die Menschheit braucht unbedingt eine neue Führung! […] Am Ende sind individuelle wie kollektivistische Ideologien fehlgeschlagen. Jetzt ist es am Islam, an der Umma [Gemeinschaft der Gläubigen] ihre Rolle in der kritischsten aller Zeiten, voller Unruhe und Verwirrung, zu übernehmen. […] Wie wird diese islamische Wiedererweckung beginnen? Eine Avantgarde muss dies in Angriff nehmen und sich auf den Weg machen, um die Dschahiliyya[1], die überall auf der Welt ihre tiefen Wurzeln geschlagen hat, von innen her zu zerstören. […]
„Der Islam kennt nur zwei Sorten von Gesellschaften: islamische oder dschahilitische. Die islamische Gesellschaft ist diejenige, in der der Islam angewandt wird. Er ist Glaube und Anbetung [Gottes], Gesetz und soziale Ordnung, Schöpfung und Verhalten. Die dschahilitische Gesellschaft ist diejenige, in der der Islam nicht angewandt wird. […] Was für die islamische Glaubenslehre und die aus ihr hervorgehende Gesellschaft kennzeichnend ist, ist die Bewegung, die es niemanden erlaubt, sich zu verstecken. […] Der Kampf kennt kein Ende, und der Heilige Krieg dauert an bis zum Jüngsten Tag. Das Reich Gottes auf Erden zu errichten und das Reich der Menschen auszulöschen, den Usurpatoren[2] die Macht zu entreißen und sie Gott allein zurückzugeben, das göttliche Recht als einzige Autorität anzuerkennen und die von Menschen erlassenen Gesetze abzuschaffen, […] all dies kann nicht allein durch Predigten und Reden erreicht werden.
Während sich die Predigt gegen die [irrigen] Lehren und Vorstellungen wendet, beseitigt die „Bewegung" die materiellen Hindernisse, und das heißt vor allem die politische Macht.

1 Dschahiliyya: sinngemäß die „Zeit der Unwissenheit" vor dem Auftreten des Propheten Mohammed; im Weiteren die Welt der Ungläubigen

2 Usurpator: jemand, der die Macht unrechtmäßig erobert

Zit. nach: G. Kepel, Der Prophet und der Pharao, München 1995, S. 43 ff.

M 6 Das Attentat

Der Soziologe Wolfgang Sofsky untersucht die Psychologie des terroristischen Anschlags:

Die rapideste Form der Gewalt ist der Anschlag. Er zielt auf direkte Zerstörung und Vernichtung. Der Anschlag will nicht verletzten, er will sofort töten. Augenblicklich gelangt die Gewalt an ihre äußerste Grenze: den Tod des anderen. Der Anschlag ist Gewalt ohne Vorzeichen. Zwar können Warnungen oder Gerüchte der Tat vorausgehen. Das Opfer mag in einem Klima der Bedrohung leben und sich mit Leibwächtern, Spitzeln oder kugelsicheren Glaskäfigen zu schützen suchen. Dennoch wird es vom Angriff überrascht. Weder kennt es den Zeitpunkt

noch den Täter. Blindlings läuft es ins Verderben. Denn die Initiative liegt ganz beim Täter. Er allein weiß, wann und wo er zuschlagen wird. Er kennt sein Opfer genau, weiß von seinen Gewohnheiten und Bewegungen, seinen Schwächen und Vorlieben. Er hat sich gerüstet, durch Informationen, durch Waffen, durch einen Plan. Sind alle Vorkehrungen getroffen und die Umstände günstig, greift er an. Was an der Konstellation des Anschlags zuerst auffällt, ist diese Asymmetrie des Wissens, der Pläne und Waffen, dieser Gegensatz von Passivität und Initiative, Wehrlosigkeit und Aktion.
Wirkung gewinnt der Anschlag durch seine Plötzlichkeit. Jählings durchbricht das Ereignis die Stetigkeit der Normalzeit. [...] Ein einziger Moment ändert alles.

W. Sofsky, Zeiten des Schreckens, Frankfurt/M. 2002, S. 93.

M 7 Die Motive der Attentäter

Vor dem Hintergrund der Ereignisse vom 11. September 2001 stellt der Terrorismus-Experte Walter Laqueur einige Erkenntnisse dar:

In den Medien herrschte weiterhin die Überzeugung, der Terrorismus sei eine Reaktion auf Ungerechtigkeit. Wenn es keine soziale, politische und ökonomische Ungerechtigkeit gebe, dann gebe es auch keinen Terrorismus. Die einzige Möglichkeit, den Terrorismus zu bekämpfen, bestand danach in dem Bemühen, das Elend oder die Spannungen zu verringern, die ihm zugrunde lagen.
Als wir uns damals die Tatsachen, also gleichsam die „real existierenden Terroristen", genauer ansahen, wurde uns zunehmend klar, dass der Gedanke, der Terrorismus sei eine Reaktion auf Ungerechtigkeit, nicht der Wirklichkeit entsprach. Man erkannte allmählich, dass es keine einfache Erklärung für politische Gewalt gibt und dass zum Beispiel der Wahrnehmung von Ungerechtigkeit weit größere Bedeutung zukommt als deren Realität. Auch erkannte man, dass die Neigung zu politischer Gewalt in manchen Teilen der Welt größer ist als in anderen. Über die Gründe konnten wir natürlich nur spekulieren, aber die Tatsachen ließen keinen Zweifel zu. [...]
Aber wie steht es um die Ursachen des Terrorismus? Wieder einmal behaupten wohlmeinende Männer und Frauen, er sei die Folge von Verzweiflung, Armut, Hunger und Unterdrückung. Wenn man diesen Menschen Hoffnung gebe und ihre Lebensverhältnisse verbessere, verhindere man damit auch den Terrorismus. Das ist ein nobler Gedanke, aber er entspricht nicht den bekannten Tatsachen. Betrachten wir einige Beispiele. Dass Bin Laden nicht in Elend und Unterdrückung lebt, dürfte bekannt sein. Wie steht es um die Selbstmordpiloten und ihre Helfer? Sie sind nicht in den Slums von Kairo oder hoffnungslos in einem Flüchtlingslager aufgewachsen. Sie stammen ausnahmslos aus der Mittelschicht Saudi-Arabiens oder anderer Länder, zum Teil aus wohlhabenden Familien. Sie haben nie hungern müssen; ihre Familien schickten sie auf Universitäten. Falls sie je auf einer Demonstration geschlagen wurden, waren es arabische Polizisten und nicht imperialistische oder zionistische. [...]
Natürlich gibt es Ursachen, aber die sind komplex, und liegen keineswegs alle im Bereich des Rationalen. Dazu gehören nicht nur religiöse und nationalistische Ressentiments, sondern auch Fanatismus, Zerstörungswut und der Wunsch nach Bestrafung. Auch Wahnsinn spielt eine Rolle, vor allem Verfolgungswahn; nicht alle Paranoiker [von Wahnvorstellungen ergriffene Menschen] sind Terroristen, aber bei allen Terroristen findet sich ein gewisser Verfolgungswahn, der Glaube an eine gewaltige Weltverschwörung. Wir haben es nicht mit einem einzigen Terrorismus zu tun, sondern mit verschiedenen Formen, und jeder Versuch, sie alle auf einen Nenner zu bringen, kann nur Verwirrung stiften.

W. Laqueur, Das Motivarsenal der Attentäter, in: FAZ, 4.10.2001.

Aufgaben

1. Erklären Sie die Schwierigkeit, Terrorismus allgemein verbindlich zu definieren.
   → Text
2. Differenzieren Sie die Formen des Terrorismus und erläutern Sie die unterschiedlichen Arten der Legitimation.
   → Text, M4, M5
3. Erläutern Sie die Probleme, die freiheitliche Gesellschaften bei der Bekämpfung des Terrorismus haben.
   → M3
4. Charakterisieren Sie das Weltbild des islamischen Fundamentalismus.
   → Text, M5
5. Beschreiben Sie das Verhältnis von Attentäter und Opfer bei einem Terroranschlag.
   → M6
6. Halten Sie die Erkenntnisse fest, die die Terrorismusforschung über die Attentäter und deren Motive besitzt.
   → Text, M7

Arbeitstechniken und Methoden

Quellen

Weil es keinen unmittelbaren Zugang zum Vergangenen gibt, stellt sich bei jedem geschichtlichen Rückblick die Frage: Woher weiß man das eigentlich?

Die Geschichte vergegenwärtigt sich in Form von Quellen. Diese ermöglichen erst den Zugang zu ihr. Quellen stellen sozusagen den „Rohstoff" für den Historiker dar. Als Quelle kann prinzipiell alles dienen, was das zeitlich Zurückliegende zu erhellen vermag.

Quellen lassen sich dahingehend unterscheiden, ob sie absichtlich (intentional) oder unabsichtlich der Nachwelt überliefert wurden. Ferner lassen sich Primärquellen von historischen Darstellungen unterscheiden. Letztere bezeichnet man oft auch als Sekundärquellen. Eine Differenzierung der Quellen lässt sich auch auf der Basis des Informationsträgers (Tontafel, Buch, Computer, Diskette) vornehmen:

- Schriftliche Quellen: zum Beispiel Besitzurkunden, Testamente, Parlamentsprotokolle, Tagebücher, diplomatische Korrespondenzen, Gerichtsakten, Zeitungen,
- Bildquellen: zum Beispiel Gemälde, Zeichnungen, Karikaturen, Plakate, Filme, Wochenschauen,
- Tonquellen: zum Beispiel Radioübertragungen, Interviews, Hörspiele,
- Sachquellen (Realien): zum Beispiel Gebäude, Denkmäler, Arbeitsgeräte, Waffen, Schmuck, Münzen, Kleidung.

Werkzeuge des Historikers

Zur Erforschung und Bearbeitung des Materials greift der Historiker auf die Ergebnisse der so genannten historischen Hilfswissenschaften zurück. Dazu zählen:

- Archäologie,
- Schriftkunde (Paläografie),
- Urkundenlehre (Diplomatik),
- Archivkunde,
- Wappenkunde (Heraldik) und Siegelkunde (Sphragistik),
- Sprachwissenschaft (Philologie)
- Zeitrechnungslehre (Chronologie),
- Münzkunde (Numismatik),
- Maß- und Gewichtskunde (Metrologie),
- Personen- und Geschlechterkunde (Genealogie),
- Bevölkerungskunde (Demografie),
- Historische Bildkunde (Ikonografie),
- Historische Kartenkunde (Geografie).

Quellenerschließung

Unter Quellenerschließung versteht man eine methodische Untersuchung, durch die eine Quelle in einen Sinnzusammenhang gestellt wird. Die Erschließung von historischen Quellen wird in je unterschiedlicher Gewichtung beschreibende, erklärende und interpretierende Elemente umfassen.

Beschreibung

Bei der Beschreibung handelt es sich um eine erste – provisorische – Erfassung der Quelle. Diese wird in Augenschein genommen. Das Sichtbare, zum Beispiel in einem Bild, wird festgehalten, ein Text wird gegliedert, inhaltlich rekapituliert. Formale Auffälligkeiten (Vermerke, Stempel) werden registriert.

Erklärung

Daran anschließend sollten Begriffe geklärt und die erwähnten Personen politisch-biografisch eingeordnet werden. Der nächste Schritt besteht darin, die Quelle in einen inhaltlichen Zusammenhang von Ursache und Wirkung zu stellen. In diesem Zusammenhang sind die Fragen nach dem Autor, dem Adressaten, den Interessen und Auswirkungen zu beantworten.

Interpretation

Die abschließende Interpretation baut auf den ersten beiden Schritten auf und zielt auf ein tiefer gehendes Verständnis. Die Quelle wird in einen größeren Zusammenhang gerückt. Ihr Sinn erschließt sich meist erst dadurch, dass eine Beziehung zu anderen Quellen (beziehungsweise Ereignissen) hergestellt wird.

Diese drei Schritte weisen vielfältige Berührungspunkte auf, so dass in der Praxis die Übergänge fließend sind. Der Begriff der Interpretation bezieht sich im umfassenderen Sinne auf den gesamten Vorgang der Quellenerschließung.

Schriftliche Quellen

Unter den historischen Quellen kommt der schriftlichen Überlieferung eine überragende Bedeutung zu. Mit der Entwicklung der Schrift in den frühen Hochkulturen (ab ca. 3000 v. Chr.) hat der Grad der Schriftlichkeit – mit Unterbrechungen zum Beispiel im frühen Mittelalter – ständig zugenommen. Für das gesamte öffentliche Leben (Gesetzgebung, Verwaltung, Außenpolitik) sind schriftliche Quellen maßgebend.

M 1 **Die Neolithische Revolution** bezeichnet jenen epochalen Einschnitt, als die Menschheit vom Jagen und Sammeln zur Produktion von Nahrung überging. Die „Erfindung der Landwirtschaft" erhöhte die Produktivität und bildete die Grundlage für die Entstehung von Hochkulturen. Erst im Rahmen dieser neuen Zivilisationsstufe wurden die ältesten Schriftformen entwickelt.

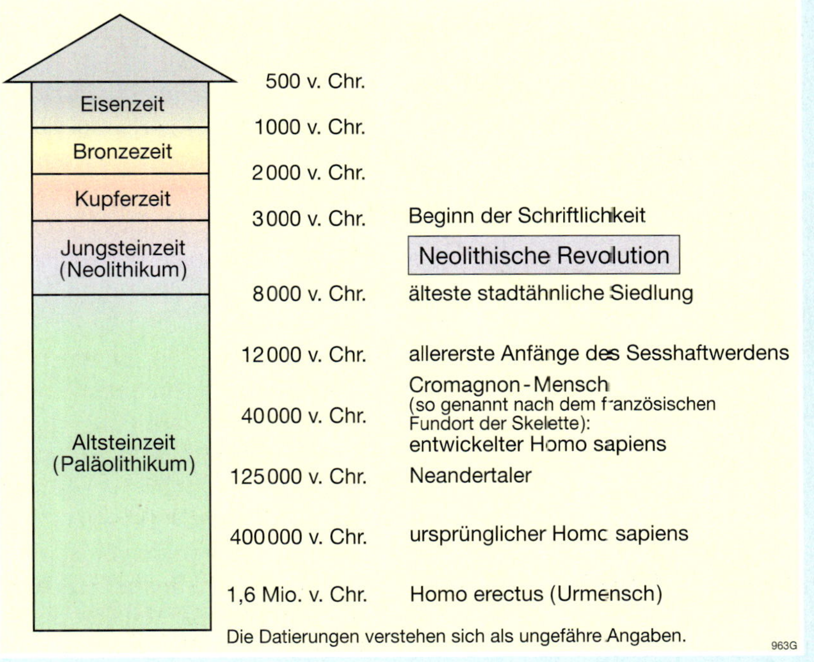

Leitfragen zu Textquellen

- Wer ist der Verfasser?
- Welchen Inhalt hat der Text?
- Aus welchem Anlass wurde der Text verfasst?
- Lässt sich die Quelle datieren?
- Gibt es einen feststellbaren Adressaten?
- Erfüllt der Text eine erkennbare Absicht?
- Welche (Aus-)wirkung hat der Text gehabt?

2. Extraausgabe Sonnabend, den 9. November 1918.

Vorwärts

Berliner Volksblatt.

Zentralorgan der sozialdemokratischen Partei Deutschlands.

Der Kaiser hat abgedankt!

Der Reichskanzler hat folgenden Erlaß herausgegeben:

Seine Majestät der Kaiser und König haben sich entschlossen, dem Throne zu entsagen.

Der Reichskanzler bleibt noch so lange im Amte, bis die mit der Abdankung Seiner Majestät, dem Thronverzichte Seiner Kaiserlichen und Königlichen Hoheit des Kronprinzen des Deutschen Reichs und von Preußen und der Einsetzung der Regentschaft verbundenen Fragen geregelt sind. Er beabsichtigt, dem Regenten die Ernennung des Abgeordneten Ebert zum Reichskanzler und die Vorlage eines Gesetzentwurfs wegen der Ausschreibung allgemeiner Wahlen für eine verfassungsgebende deutsche Nationalversammlung vorzuschlagen, der es obliegen würde, die künftige Staatsform des deutschen Volk, einschließlich der Volksteile, die ihren Eintritt in die Reichsgrenzen wünschen sollten, endgültig festzustellen.

Berlin, den 9. November 1918. **Der Reichskanzler.**
Prinz Max von Baden.

M 2

Erschließung der Extra-Ausgabe des Vorwärts

Die Quelle zeigt die Extraausgabe des „Vorwärts“ (Zentralorgan der SPD) vom 9. November 1918. Der Inhalt besteht aus der Wiedergabe eines Erlasses, den der amtierende Reichskanzler Prinz Max von Baden am gleichen Tag der Presse zugeleitet hatte. In ihm kommt der Thronverzicht Wilhelms II. (Deutscher Kaiser und König von Preußen) zum Ausdruck. Die fett gedruckte Überschrift („Der Kaiser hat abgedankt!“) stammt offenkundig von den Redakteuren der Zeitung. Der Reichskanzler informiert in seinem Erlass unter anderem über seine Absicht, den Abgeordneten Ebert als Reichskanzler und Wahlen für eine verfassunggebende Nationalversammlung vorzuschlagen. Dies soll von einem nicht näher genannten „Regenten“ – also einem Stellvertreter des Monarchen – durchgeführt werden. Zunächst fällt auf, dass Kaiser Wilhelm II. – seit 1888 Staatsoberhaupt – seine Abdankung nicht selbst verkündete. Außerdem fällt die Formulierung „Seine Majestät … haben sich entschlossen …“ auf. Ein Entschluss ist keineswegs identisch mit einer vollendeten Tat. Handelt es sich nur um eine sprachliche Ungenauigkeit ohne Bedeutung?

Im Laufe des 9. November 1918 hatte sich die Situation in Berlin zugespitzt. Geboren aus der Niederlage an der Westfront, der Kriegsmüdigkeit der Soldaten und der Meuterei der Kieler Matrosen war eine revolutionäre politische Bewegung entstanden. Die alten Machthaber des Kaiserreichs hatten ihre Autorität weitgehend eingebüßt. An ihre Stelle waren teilweise Arbeiter- und Soldatenräte getreten. Reichskanzler Max von Baden sah die Gefahren einer weiteren Radikalisierung und eines verstärkten Zulaufs für den linkssozialistischen Spartakusbund. Außerdem gab es den diplomatischen Druck seitens des amerikanischen

Präsidenten Wilson, Kaiser Wilhelm aus seinem Amt zu entfernen. In dieser unübersichtlichen Situation entschloss sich der gemäßigt konservative Reichskanzler zu eigenmächtigem Handeln. Er schickte den unautorisierten Text von der Abdankung des Kaisers an das Wolffsche Telegrafenbüro – vergleichbar einer heutigen Presseagentur. Max von Baden stellte damit den Kaiser gleichsam vor vollendete Tatsachen. Wilhelm II. konnte sich dem nicht widersetzen und flüchtete anschließend in die Niederlande. Noch am gleichen Tag vollzog Max von Baden selbst die – nicht verfassungskonforme – Amtsübergabe an Friedrich Ebert, dem Parteivorsitzenden der SPD, die die stärkste Fraktion im Reichstag bildete. Seine Absicht war es dabei, die revolutionäre Situation zu entschärfen. Max von Badens Erlass stellte also eine Art „Flucht in die Öffentlichkeit" dar, wobei der Text selbst es noch offen lässt, ob die Monarchie als solche noch zu retten sei. Am darauffolgenden Tag bildete Ebert eine Provisorische Regierung („Rat der Volksbeauftragten"), die ihre Legitimität sowohl durch die Amtsübergabe als auch durch den revolutionären Berliner Soldatenrat erhielt. Die Frage einer so genannten Regentschaft hat sich nicht mehr gestellt. Der 9. November 1918 kennzeichnet die Novemberrevolution und das Ende der Monarchie in Deutschland. Die Weimarer Republik nahm von diesem Datum ihren Ausgang. Nach den Wahlen zur Nationalversammlung wurde Friedrich Ebert ihr erster Reichspräsident.

Bildquellen

„Wir glauben, was wir sehen." In diesem Spruch drückt sich die Macht der Bilder aus. Von ihnen geht erfahrungsgemäß eine größere Suggestivkraft aus als von Texten. Die Nachhaltigkeit des Bilderlebens führt dazu, dass Bilder länger im Gedächtnis bleiben als Texte. Es kann daher nicht verwundern, dass die politischen Mächte sich seit Jahrtausenden der Bilder bedienten, zum Beispiel in Form von Herrscherporträts auf Münzen und Siegeln.

Seit dem 19. Jahrhundert haben vor allem Fotos als Massenprodukt eine neue Bildwirklichkeit hervorgebracht. Dem Foto haftet eine (scheinbare) Objektivität an, die das künstliche Bild nie erreichen konnte.

Im 20. Jahrhundert wurde das Bild zu einem zentralen Aspekt politischer Herrschaft. Totalitäre Regime haben systematisch Bildfälschungen betrieben, um zum Beispiel „in Ungnade gefallene Personen" aus dem kollektiven Gedächtnis zu entfernen.

Im Zeitalter der Digitalisierung wird es objektiv immer schwieriger, Bildfälschungen („Bilder, die lügen") zu erkennen. Aufgrund moderner Technik entfällt die konventionelle Bearbeitung des Bildmaterials (Montage, Retusche), sodass die Spuren einer Manipulation nicht mehr sichtbar sind.

Leitfragen zur Erschließung von Bildquellen

- Wie wird die Person beziehungsweise der Gegenstand dargestellt (Größe, Ausschnitt, Perspektive, Lichtquelle, Farben, Bildaufbau)?
- Was lässt sich über die Bildentstehung in Erfahrung bringen (Auftraggeber, Fotograf)?
- Gibt es Gegenstände, Darstellungen, Personen oder Symbole, deren Bedeutung durch zusätzliche Informationen zu klären ist?
- Welchem Zweck dient das Bild (zum Beispiel Selbstdarstellung, Propaganda)?
- Gibt es eine erkennbare Inszenierung?

M 3

Erschließung der Fotografie M3

Im Vordergrund ist ein offenes Militärfahrzeug zu sehen – in ihm zwei Soldaten mit Helmen, die für die deutsche Wehrmacht charakteristisch waren. Uniformierte Polizisten bilden ein Spalier – hinter ihnen eine wütende und aufgebrachte Ansammlung von Menschen. Man erkennt schmerzverzerrte Gesichter sowie geballte Fäuste. Die Menschen blicken voller Empörung auf die Soldaten.

Das Foto zeigt einen Ausschnitt vom Einmarsch der deutschen Truppen in Prag am 15. März 1939. Diese Momentaufnahme dokumentiert die ohnmächtige Wut der tschechischen Bevölkerung. Hier waren die Deutschen ganz offensichtlich nicht willkommen. Dieses Bild kam mit Sicherheit nicht als Propagandamittel für die nationalsozialistischen Massenmedien in Betracht. Dem Einmarsch vorausgegangen war das Münchener Abkommen (30. September 1938), in dem sich Deutschland, Großbritannien, Frankreich und Italien auf die Abtretung des von Deutschen besiedelten Sudetenlandes verständigten. Der tschechischen Regierung war die Teilnahme an dieser Konferenz verwehrt geblieben. Das Entgegenkommen der Westmächte an das nationalsozialistische Deutschland resultierte aus der Annahme, dass damit die territorialen Ansprüche Deutschlands endgültig befriedigt seien.

Tatsächlich war Hitler aber von Beginn an entschlossen, auch die „Rest-Tschechei" – wie er sie nannte – zu zerschlagen. Völkerrechtswidrig marschierte die Wehrmacht ein. Am folgenden Tag proklamierte Hitler das „Reichsprotektorat Böhmen und Mähren" (16. März 1939).

Hitlers Annahme: „In 14 Tagen spricht kein Mensch mehr davon." sollte sich als falsch erweisen. Die politischen Führer der Westmächte gaben sich nun keinen Illusionen mehr hinsichtlich der Kriegspolitik Hitlers hin. Die so genannte Appeasement-Politik (Beschwichtigungspolitik) der Westmächte fand ihr Ende. Zwar griffen sie nicht unmittelbar ein, aber es setzte umgehend eine forcierte Aufrüstung ein. Gleichzeitig wurde ein Beistandspakt mit dem gefährdeten Polen geschlossen. Folgerichtig erklärten Großbritannien und Frankreich den Krieg, als Hitler am 1. September 1939 den Angriff auf Polen befahl.

Der 15. März 1939 kann insofern als Wendepunkt verstanden werden, weil Hitler an diesem Tag erstmals ein fremdes Volk unterwarf.

Die nationalsozialistische Besetzung der Tschechei und die Vertreibung der Sudetendeutschen nach dem Krieg haben das Verhältnis zwischen Tschechen und Deutschen bis in die Gegenwart hinein schwer belastet.

Erschließung des Plakats M4

Die massige Figur, die schemenhaft fast die gesamte Breite des Bildes einnimmt, steht hinter den Fahnen der Sowjetunion (rechts), der USA und Großbritanniens (links). Die Nationalfahnen sind wie Vorhänge gezeichnet und geben den Blick auf einen Mann frei, der mit englischem Herrenhut, Weste und Übermantel bekleidet ist. In Bauchhöhe hängt eine Kette mit einem sechseckigen Stern.

Das Gesicht des Mannes wird durch eine breite Nase, wulstige Lippen und kräftige Augenbrauen charakterisiert. Nur ein Auge ist zu sehen, das unter dem Lid schräg nach oben schaut.

M 4

Der Text auf dem Plakat lautet: „Hinter den Feindmächten: der Jude" – wobei „der Jude" mit Pinselstrichen ansteigend und unterstrichen optisch hervorgehoben wird.

Hammer und Sichel (UdSSR), „Stars und stripes" (USA) sowie der Union Jack (GB) ermöglichen die Identifizierung der wichtigsten Kriegsgegner des nationalsozialistischen Deutschlands. Die dargestellte Person wird nicht nur im Text ausdrücklich benannt, sondern sie ist auch am Davidstern erkennbar. Die ungenaue Datierung des Plakats (um 1941) lässt es offen, ob das Bild im Kontext der intensivierten Propaganda nach dem Kriegseintritt der USA (Dezember 1941) zu sehen ist. Die Kleidung enthält Anspielungen auf einen bürgerlichen Geschäftsmann oder Bankier. „Der Jude" wird als verschlagene und geheimnisvolle Macht dargestellt, die hinter allen – so unterschiedlichen – Feindmächten stehe. Der Krieg gegen die kommunistische Sowjetunion sowie gegen die liberalkapitalistischen Staaten des Westens wird paradoxerweise auf einen Nenner gebracht. Antikommunismus und Antikapitalismus werden auf „den Juden" projiziert.

Das Plakat ist die ikonografische Umsetzung der NS-Ideologie von der „jüdischen Weltverschwörung". Es dient der Produktion beziehungsweise Vertiefung des Feindbildes. Diese Figur soll Angst erwecken und die Bereitschaft zur Fortsetzung des Krieges erhöhen. Indem das Plakat „den Juden" als Verkörperung des Bösen darstellt, werden Tötungshemmungen abgebaut. Es erschließt sich somit als Teil der psychologischen Kriegsführung.

Karikaturen

Die Karikatur ist ein Bildmedium, das bis in die Gegenwart nichts von seinem Reiz eingebüßt hat. Karikaturen gewannen seit der Reformation im 16. Jahrhundert große Bedeutung, weil neue Drucktechniken ihre massenhafte Reproduzierbarkeit ermöglichten.

Die Karikatur stellt eine bildliche Satire dar, bei der sich der Zeichner der Mittel der Verzerrung, der Zuspitzung und des Bild-Witzes bedient. Ihre Absicht besteht zumeist in der Bloßstellung beziehungsweise Verspottung einer Person oder eines Vorkommnisses. Die Karikatur ist eine politische Waffe, die letztlich nach dem volkstümlichen Motto „Lächerlichkeit tötet." funktioniert.

Karikaturen stellen einen komplexen Kommentar dar. Meistens sind zusätzliche Kenntnisse des Kontextes vonnöten, um eine Karikatur angemessen zu entschlüsseln.

Leitfragen zu Karikaturen

- Wozu stellt die Karikatur einen bildlichen Kommentar dar?
- In welchem Kontext steht sie?
- Welcher Bildelemente bedient sich der Karikaturist?
- In welcher Beziehung steht ein beigefügter Text zum Bild?
- Welche Absicht verfolgt der Zeichner?
- Handelt es sich um eine wohlwollende, verletzende oder aggressive Karikatur?
- Welche emotionale beziehungsweise rationale Wirkung geht von der Karikatur aus?

Erschließung der Karikatur M5 Simson Germanicus

Das von Werner Hahmann gezeichnete Bild erschien am 25. Januar 1920 in der satirischen Zeitschrift „Kladderadatsch". Im Mittelpunkt steht ein altägyptisch nachempfundener Tempel mit steinernen Säulen. Unterhalb des Gesims steht das Wort „Schmachfrieden". Auf dem Dach wird offenkundig eine Orgie gefeiert. An den Hüten der Männer sind andeutungsweise Amerikaner, Briten und Franzosen erkennbar. Unten auf den Stufen vor den Säulen liegt eine nackte männliche Gestalt: sich mühsam mit den Armen stützend, mit kahlgeschorenem Schädel, am linken Fuß – wie ein Sträfling – an eine Eisenkugel gekettet.

Der Zeichner selbst liefert die Deutung der Karikatur mit der Überschrift „Simson Germanicus" als auch durch den Untertitel „Einst wird kommen der Tag, an dem Simson die Locken wieder wachsen". Beides verweist auf die alttestamentarische Figur des Simson. Dessen übermenschlichen Kräfte entsprangen seinem Haupthaar. Seine Feinde ließen ihm die Haare abschneiden, aber im Gefängnis wuchsen sie ihm nach, und mit ihnen kehrte seine Kraft zurück.

Das Wort „Schmachfrieden" bezieht sich auf den Versailler Vertrag von 1919, der den offiziellen Schlusspunkt unter den Ersten Weltkrieg setzte. Dieser Vertrag war kurz vor der Publizierung des Bildes am 10. Januar 1920 in Kraft getreten.

Diese Karikatur suggeriert eine Analogie zwischen dem gefangenen Simson und dem gedemütigten deutschen Volk. Das Bild spiegelt zum einen die Gefühle vieler Deutscher wider, die den Versailler Vertrag für ungerecht hielten, zum anderen machte es Hoffnung auf eine langfristige Änderung. Die Karikatur trug zur Verfestigung des Feindbildes in Bezug auf die – angeblich unmoralischen – Westmächte bei.

Der Kampf gegen den Versailler Vertrag einte einen erheblichen Teil der deutschen Gesellschaft in der Zeit der Weimarer Republik. Das Bild bediente vor allem die politischen Kräfte, die eine Revanchepolitik betrieben. Es verweist somit mittelbar auf den Aufstieg des Nationalsozialismus und das unglückselige Ende der Weimarer Republik.

Der „Kladderadatsch" existierte von 1848 bis 1944. Gegründet als Oppositionsblatt vertrat er anlässlich der Revolution von 1848 noch bürgerlich-liberale Positionen. Seine weitere Entwicklung war durch eine Anpassung an die Staatsmacht und durch eine zunehmend nationalistische Ausrichtung geprägt.

M 5 Simson Germanicus

Einst wird kommen der Tag, da auch diesem Simson die Locken wieder wachsen

Statistiken

Bei der Statistik handelt es sich um die zahlenmäßige Erfassung bestimmter Sachverhalte. Dies kann entweder grafisch oder tabellarisch geschehen. Aus den beigefügten Angaben sollte klar hervorgehen, was genau gemessen worden ist. Statistiken stellen eine äußerst komprimierte Information dar und ermöglichen einen relativ schnellen Überblick zum Beispiel über eine historische Entwicklung.

Ob eine Statistik stimmt, ist für Nichtfachleute in der Regel nicht erkennbar. Den berühmten – dem britischen Staatsmann Winston Churchill zugeschriebenen – Ausspruch, er glaube keiner Statistik, die er nicht selbst gefälscht habe, hat dieser zwar nicht gemacht. Aber die zum Ausdruck kommende Skepsis gegenüber Zahlen ist mitunter wohlbegründet.

Statistiken können einem legitimatorischen beziehungsweise propagandistischen Zweck dienen. So ist zum Beispiel bekannt, dass die Statistiken der ehemaligen DDR durchgängig ein falsches Bild von der Wirklichkeit widerspiegelten. Die offiziellen Daten, zum Beispiel zum Wohnungsbau, zur Produktion oder zur Finanzkraft, blieben bis zum Ende geschönt. Das hatte zur Folge, dass die wirtschaftliche Situation der DDR selbst von vielen westdeutschen Spezialisten überbewertet wurde.

Leitfragen zu Statistiken

- Welche Quellen werden für die Daten angegeben?
- Gibt es zusätzliche Informationen seitens des Autors?
- Handelt es sich um absolute oder relative Zahlen?
- Wie wird die Vergleichbarkeit der Daten hergestellt?
- Bewegen sich die angegebenen Größenordnungen (Mrd./Mio.; t./Kg.) auf realistischem Niveau?
- Gibt es wesentliche Abweichungen in vergleichbarem Datenmaterial?
- Wer ist der Autor der Statistik beziehungsweise ihr Herausgeber?
- Wie steht es um die Objektivität der Publikation?

Erschließung der Statistik M6

Diese Statistik stammt im Original von P. Bairoch, einem angesehenen britischen Wirtschaftshistoriker, und wurde in der Fachzeitschrift „Journal of European Economic History“ 1982 publiziert.

M 6 Gesamtes Industriepotenzial der Mächte im Vergleich 1880-1938
(Großbritannien: 1900 = 100)

	1880	1900	1913	1928	1938
Großbritannien	73,3	[100]	127,2	135	181
Vereinigte Staaten	46,9	127,8	298,1	533	528
Deutschland	27,4	71,2	137,7	158	214
Frankreich	25,1	36,8	57,3	82	74
Russland	24,5	47,5	76,6	72	152
Österreich-Ungarn	14	25,6	40,7	–	–
Italien	8,1	13,6	22,5	37	46
Japan	7,6	13	25,1	45	88

Aus: P. Kennedy, Aufstieg und Fall der großen Mächte, Frankfurt/M. 1989, S. 311.

Es handelt sich um eine Index-Statistik, das heißt sie gibt keinen Aufschluss über absolute Zahlen, sondern nur über Relationen. Als Bezugsgröße wurde Großbritannien im Jahre 1900 gewählt: Indexziffer 100 in eckiger Klammer.

Wie das Industriepotenzial im Einzelnen gemessen wurde, das geht aus der Statistik selbst nicht hervor. Der Begriff „Industriepotenzial“ verweist auf die Wirtschaftskraft und indirekt auch auf die Finanzkraft, die militärische Stärke sowie die Position des Landes in der globalen Konkurrenz der Mächte. Die Ziffern besitzen keine Aussagekraft in Bezug auf den Lebensstandard oder den Industrialisierungsgrad pro Kopf der Bevölkerung. Die synchrone (zeitliche) Analyse bezieht sich im vorliegenden Beispiel auf die senkrechte Datenreihe. Die Frage dazu kann zum Beispiel lauten: Wie stellte sich 1938 die industrielle Größenordnung der Mächte im Vergleich dar? Die diachrone (historische) Analyse bezieht sich hingegen auf die waagerechte Anordnung der Ziffern. Die Frage dazu kann zum Beispiel lauten: Wie entwickelt sich die Industrie in Deutschland zwischen 1880 und 1938?

Bei der Auswertung der 38 Ziffern lassen sich unterschiedliche Schwerpunkte legen.

1. Die Daten ermöglichen einen Einblick in die industrielle Wachstumsdynamik der einzelnen Länder zwischen 1880 und 1938. Großbritannien wächst nur um den Faktor 2,5, währen die Zahlen für Deutschland (Faktor 8), für die USA (Faktor 11,5) oder Japan (Faktor 11) deutlich stärker ansteigen. Der relative industrielle Abstieg Großbritanniens – des historisch ersten Industrielandes – wird somit erkennbar. Gleichzeitig dokumentieren die Zahlen den rasanten

Aufstieg Japans, das aber zu den großen Mächten noch nicht aufzuschließen vermag. Das japanische Industriepotenzial erreicht weniger als die Hälfte des deutschen oder britischen.

2. Bereits gegen Ende des 19. Jahrhunderts rücken die USA zur stärksten Weltwirtschaftsmacht auf. Wachstumsdynamik kombiniert mit der Größe des Landes schlagen sich in einem Industriepotenzial nieder, das bereits 1913 größer ist als dasjenige von Großbritannien und Deutschland zusammengenommen.
3. Diese Statistik lässt sich auch im Hinblick auf die zwei Weltkriege auswerten. Da die moderne Kriegsführung des 20. Jahrhunderts auf der industriellen Basis eines Landes beruhte, musste das Industriepotenzial mittelfristig den Ausschlag über den Kriegsverlauf geben. Das Jahr 1913 – Ausgangspunkt für den Ersten Weltkrieg – verdeutlicht, dass nach dem Kriegseintritt der USA (1917) der Krieg für die Mittelmächte (Deutschland und Österreich-Ungarn) nicht mehr zu gewinnen war. Eine ähnliche Erkenntnis gilt auch für den Zweiten Weltkrieg. Allein das Industriepotenzial der USA überstieg bereits 1938 dasjenige der Achsenmächte (Deutschland, Italien und Japan) zusammengenommen bei weitem.
4. Das vorliegende Zahlenmaterial dokumentiert den allgemeinen industriellen Wachstumstrend. Aber es gibt statistische Auffälligkeiten. So machte sich zum Beispiel in den USA nach 1928 die Weltwirtschaftskrise stark bemerkbar. Das erklärt die leicht rückläufigen Ziffern zwischen 1928 und 1938.
   Auch Deutschland erlebte im Zuge der Weltwirtschaftskrise einen wirtschaftlichen Einbruch, der sich aber in der Statistik nicht widerspiegelt. Die kreditfinanzierte Aufrüstung unter nationalsozialistischen Vorzeichen führte nach 1933 zu einer industriellen Rekonstruktion. Außerdem kam 1938 das Industriepotenzial Österreichs zum Reich. Darum weist die entsprechende Ziffer für 1938 einen Anstieg auf. Russland erlitt in den zwanziger Jahren als Folge von Revolution, Bürgerkrieg und sozialem Chaos eine Schrumpfung seines Industriepotenzials. Der Wachstumssprung nach 1928 spiegelt dann die Politik Stalins zur beschleunigten und gewaltsamen Industrialisierung des Landes wider.
   Österreich-Ungarn wurde als Folge des Ersten Weltkrieges aufgelöst. Daher werden für die Jahre 1928 und 1938 keine Angaben gemacht.

Karten

Seit ältesten Zeiten stellt die Karte ein praktisches Hilfsmittel bei der Erfassung des Raumes dar. Der Mensch bewegt sich konkret und im übertragenen Sinne in einem Raum. Diese Räumlichkeit begründete die historisch-politische Geografie, die die territorialen Veränderungen erfasst (zum Beispiel Wanderungsbewegungen, Siedlungsstrukturen, Gebietsänderungen als Folge von Kriegen).

Auch die so genannte Geopolitik des 20. Jahrhunderts bezog sich auf den Raum als politische Konstante. Die räumliche Lage eines Staates determiniert in erheblicher Weise seine Sicherheitsinteressen. Der Blick auf die Karte verdeutlicht räumliche Besonderheiten, die die Staatengeschichte sehr beeinflusst haben. Die Insellage Englands prädestinierte zum Beispiel das Land für den Aufbau einer Seemacht. Bis in die Neuzeit hinein war daher das Land nahezu unangreifbar. Sowohl Napoleon als auch Hitler scheiterten mit ihren Plänen einer Invasion der Insel. Auch die Geschichte Russlands stellt sich als durch die geografische

Lage geprägt dar. Die Weiten dieses Landes wurden bekanntermaßen den Armeen Napoleons und Hitlers zum Verhängnis. Die Geschichte Deutschlands lässt sich ohne Berücksichtigung seiner geografischen Lage nicht verstehen. Seine kontinentale Mittellage definierte die Sicherheitsinteressen völlig anders als im Falle eines Insel- beziehungsweise Randstaates. Das Fehlen natürlicher Barrieren und die Möglichkeit eines Zweifronten-Krieges haben die außenpolitischen Strategien zahlloser Politiker (zum Beispiel auch Bismarcks) beeinflusst.

Die für den Historiker wichtige Karte kann Raum und Zeit miteinander kombinieren. Veränderungen werden optisch aufbereitet und eingearbeitet. Damit stellt die Karte eine wichtige Ergänzung von Texten dar.

Leitfragen zu Karten

- Wie lautet das Thema der Karte?
- Wie wurde das Problem der grafischen Anschaulichkeit gelöst?
- Ist die Legende (Zeichenerklärung) korrekt?
- Werden zusätzliche Erläuterungen gegeben?
- Welche Abweichungen beziehungsweise Veränderungen lassen sich bei Kartenvergleichen feststellen?
- Werden mit der Karte politische (territoriale) Ansprüche erhoben?

Erschließung der Karte M7

Die Karte veranschaulicht die Kriegssituation in Europa und dem Mittelmeerraum in den Jahren 1942–1945. Die beigefügte Legende lässt eine Identifizierung der von den Achsenmächten und Alliierten besetzen beziehungsweise gehaltenen Gebiete zu. Lediglich im Hinblick auf die neutralen Staaten fällt die Farbdifferenzierung zwischen hell- und dunkelbeige auf (Schweden, Irland, Spanien und Portugal blieben während des gesamten Zweiten Weltkriegs neutral).

Die Karte enthält eine statische und dynamische Aussage. Die Eckdaten 1942 und 1945 verweisen auf die maximale Ausdehnung des Dritten Reiches im Jahre 1942 und bei der Kapitulation 1945. Die dun-

M 7

Der Zweite Weltkrieg in Europa 1942-1945

kelviolett gerahmten Gebiete (Alpenraum, Österreich, Böhmen, Schleswig-Holstein) kennzeichnen den verbliebenen deutschen Machtbereich im Mai 1945. Dazwischen liegen drei Jahre des Kriegsgeschehens, in denen die Alliierten die vom nationalsozialistischen Deutschland beherrschten Gebiete kontinuierlich einengten. Die roten Linien mit ihren Pfeilspitzen markieren dabei die drei entscheidenden Stoßrichtungen des alliierten Vormarsches:

- Im Osten rückte die Rote Armee auf der gesamten Breite vor und erreichte im Januar 1945 Ostpreußen. Im Süden landeten die Westalliierten auf Sizilien (Juli 1943) und eroberten Italien in Süd-Nord-Richtung.
- Im Westen erfolgte die Landung der Westalliierten in der Normandie (6. Juni 1944).
- Am 25. April 1945 trafen sowjetische und amerikanische Truppen bei Torgau an der Elbe zusammen. Wenige Tage danach (am 7. Mai) erfolgte die Gesamtkapitulation der deutschen Wehrmacht. Der Zweite Weltkrieg war zu Ende.

Anleitung zur Facharbeit

Themen

Es gibt eine kaum zu begrenzende Vielfalt von allgemein-, regional- oder lokalgeschichtlichen Themen, die sich für eine häusliche Facharbeit eignen. Dabei sind sowohl reine Literaturarbeiten denkbar als auch solche, die im Zusammenhang mit bestimmten Lernorten stehen: Museen, Gedenkstätten, Schlösser, Kirchen, Klöster usw.

Themenbegrenzung

Die Bearbeitung eines Themas unterliegt den Gesetzen der „Zeitökonomie“, das heißt es muss in der zur Verfügung stehenden Zeit sinnvoll zu bearbeiten sein. Um den Aufwand in vernünftigen Grenzen zu halten, bedarf es also einer Präzisierung des Themas. Das Ziel beziehungsweise die Absicht der Untersuchung sollte deutlich erkennbar sein.

Informationsbeschaffung

Nach der thematischen Eingrenzung beginnt die Suche nach geeignetem Material („Recherche“): Internetadressen eröffnen den Zugang zu einem Teil der unten erwähnten Informationsquellen. Zu deutschen Bibliotheken gelangt man zum Beispiel über die Webseite: http://z3950gw.dbf.ddb.de

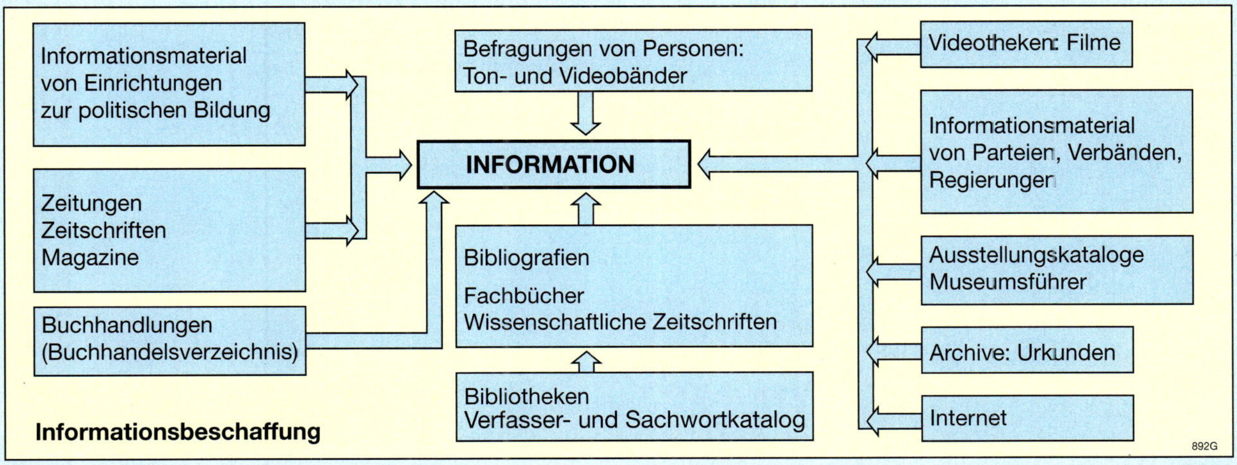

Das Buchhandelsverzeichnis ist über das WWW zugänglich: http://www.buchhandel.de

Informationssammlung

Das Festhalten der Informationen kann konventionell oder elektronisch erfolgen. Die traditionellen Mittel sind Kopien, Exzerpte (Auszüge) und eigene Notizen, die einen Bezug zum Thema besitzen. Wichtig ist, dass alle Informationen mit Quellenangaben versehen werden und dass die Ablage des Materials in geordneter Weise erfolgt.

Informationsverarbeitung

Anschließend muss das gesammelte Material ausgewertet werden. Die Leitfrage lautet in diesem Zusammenhang: Welche Informationen gehören in die schriftliche Arbeit – und an welche Stelle?

Die allgemeine Gliederung einer Facharbeit sieht folgendermaßen aus:

- Titelseite
  (Thema, Verfasser, Klasse, eventuell Lehrer)
- Inhaltsverzeichnis
- Einleitung
- Hauptteil
- Schluss
- Literaturverzeichnis

In der Einleitung kann auf die persönliche Motivation – oder das eigene Interesse – Bezug genommen werden. Man kann die Bedeutung des Themas kurz umreißen und die thematische Eingrenzung begründen.

Das Inhaltsverzeichnis spiegelt die gesamte Arbeit wider. Die Gliederung lässt Rückschlüsse auf die inhaltliche Perspektive, Stoffdurchdringung und Sachlogik zu. Als Beispiel für eine wissenschaftliche Gliederung wird im Folgenden ein Auszug aus dem Inhaltsverzeichnis eines Buches des Historikers Hans-Ulrich Wehler: „Das Deutsche Kaiserreich 1871–1918“ (Göttingen 1973) abgedruckt:

III. Herrschaftssystem und Politik

Für die Gliederung einer historischen Facharbeit eignet sich in besonderer Weise das chronologische Prinzip. Darüber hinaus sollte der Aufbau den Gesetzen der Systematik folgen. Das heißt:
a) Was inhaltlich zusammengehört, das sollte auch zusammen stehen.
b) Es gilt Oberbegriffe zu finden, unter die die einzelnen inhaltlichen Aspekte einzuordnen sind.

Insgesamt sollte die Darstellung so strukturiert sein, dass der Leser die Aussagen nachvollziehen kann.

Der Schluss einer Facharbeit wird in der Regel eine Zusammenfassung beziehungsweise das Ergebnis beinhalten. Es ist „unwissenschaftlich", sich mit – wie der Volksmund sagt – fremden Federn zu schmücken. Das Plagiat, also der Diebstahl fremden geistigen Eigentums, gilt als eine schwere Verfehlung.

Wissenschaftliche Darstellungsform

Die wissenschaftliche Darstellungsform zielt daher darauf ab, die Überprüfbarkeit der Aussagen sicherzustellen und die eigenen Arbeitsergebnisse von den Erkenntnissen anderer Autoren zu trennen. Diesem Zweck dienen Quellen- und Literaturangaben, Zitatbelege und Verweise.

Zitate stellen keinen Selbstzweck dar, vielmehr haben sie die Funktion, die eigene Argumentation zu belegen. Ferner dürfen Zitate auch dann verwendet werden, wenn sie besonders aussagekräftig sind, zum Beispiel im Hinblick auf eine bestimmte Personen oder wissenschaftliche Position. Beim Zitat handelt es sich um eine wörtliche Wiedergabe, die in Anführungszeichen gesetzt wird. Der Nachweis des Zitats erfolgt nummeriert unten auf der Seite oder im Anhang. Es gibt unterschiedliche Formen für die Literaturangabe. Allgemein hat sich das Autor-Jahr-System durchgesetzt. Beispiel:

Broszat, Martin (1983), Der Staat Hitlers. Grundlegung und Entwicklung seiner inneren Verfassung, München

Weitere Aspekte, die beim Zitieren zu beachten sind:

- Als Zitatbeleg muss die Seitenzahl hinzugefügt werden. Im Wiederholungsfall reicht dann die Angabe des Autors, der Jahres- und Seitenzahl. Beispiel:
  Broszat, Martin (1983), S. 125.
- Zieht sich das Zitat über zwei oder mehrere Seiten hin, so ist das durch ein f. bzw. ff. zu kennzeichnen. Beispiel:
  Broszat, Martin (1983), S. 15 f.
- Kürzungen eines Zitats sind im Zitat durch drei Punkte (…) deutlich zu machen. Diese Punkte können auch durch eine Klammer gekennzeichnet sein.
- Beim Paraphrasieren, also der Wiedergabe bezeihungsweise Umschreibung einer Textvorlage mit eigenen Worten, ist wie beim Zitieren zu verfahren – allerdings mit dem Unterschied, dass am Anfang ein siehe (s.) oder vergleiche (vgl.) steht. Beispiel:
  Vgl. Broszat, Martin (1983), S. 15 f.
- Beim Zitieren aus zweiter Hand erfolgt der korrekte Beleg durch folgende Formulierung:
  Zit. nach: Broszat, Martin (1983), S. 15 f.

Historisch-politische Grundbegriffe

Absolutismus Abgeleitet von lat. absolutus: uneingeschränkt. Staatsform, in der ein Monarch alleiniger Inhaber der Staatsgewalt ist. Europäische Fürsten versuchten, sich von der Mitregierung durch die Stände zu befreien. Ihr Anspruch auf ungeteilte Souveränität gab einer Epoche ihren Namen (17./18. Jh.). Im aktuellen politischen Sprachgebrauch wird das Wort „absolutistisch" bisweilen im übertragenen Sinne gebraucht. Es bedeutet dann so viel wie „selbstherrlich" oder „losgelöst" von den Wählern.

Adel Bevorrechtigter Geburtsstand, dessen Macht auf der Verfügung über Grund und Boden beruhte. Als gesellschaftliche Machtelite hielt er seinen Führungsanspruch teilweise bis ins 20. Jh. aufrecht. Im 19. Jh. verband sich der europäische Adel vielfach mit neureichen bürgerlichen Familien. Der deutsche Adel spielt als politische Kraft seit 1945 keine Rolle mehr. Die Herrschaft des Adels nennt man Aristokratie.

Agrargesellschaft ist eine Gesellschaft, in der die Landwirtschaft der wichtigste Wirtschaftszweig ist. In der Evolution der Menschheit bildete die A. das Bindeglied zwischen den Jägern und Sammlern und der Industriegesellschaft. Erst die gesteigerte Produktivität des Agrarsektors bildete die Voraussetzung für die Freistellung von Beschäftigten für andere wirtschaftliche, administrative, wissenschaftliche oder kulturelle Tätigkeiten. In modernen Gesellschaften bietet der Agrarbereich nur noch zwei bis fünf Prozent der Beschäftigten Arbeit.

Anarchismus Zweideutiger Begriff, abgeleitet von Anarchie („Herrschaftslosigkeit"). Als politische Bewegung strebte der A. im 19. Jh. einen Gesellschaftszustand an, in dem die größte Freiheit und Selbstständigkeit der Individuen ermöglicht werden würde. Dem pazifistischen A. stand ein gewalttätiger gegenüber, der das heutige Verständnis von Anarchie prägt: als Zustand der Gesetz- und Führungslosigkeit sowie des Unfriedens.

Antisemitismus ist der Hass auf Juden, der sich bis in die römische Antike zurückverfolgen lässt. Er schöpfte seine aggressiven Energien zunächst aus christlich-religiösen Gefühlen (Juden als „Christusmörder"). Im 19. Jh. verbanden sich Rassismus und Judenhass zum modernen A. Dieser stellte den Wesenskern der nationalsozialistischen Ideologie dar und ebnete den Weg in den Holocaust.

Arbeiterklasse Soziologischer Begriff, der seine politische Bedeutung vor allem im Zusammenhang mit dem Marxismus erhielt. Diesem zufolge werde die A. geschichtsnotwendig zum revolutionären Subjekt, das den Kapitalismus beseitigt. Mit der A. verband die kommunistische Ideologie die Utopie einer total befreiten Gesellschaft.

Aristokratie Republikanische Staatsform, die auf ein antikes Ideal zurückgeht: „Herrschaft der Besten". Die A. grenzt sich von der Demokratie und der Monarchie ab. In der politischen Praxis bezieht sich A. auf die Herrschaft durch privilegierte Angehörige des Adels (vgl. Adel).

Autokratie In der wörtlichen Bedeutung von „Selbstherrschaft" deckt sich dieser Begriff weitgehend mit Absolutismus. A. wurde oft im Zusammenhang mit der russischen Zarenherrschaft gebraucht. Der Autokrat muss nicht notwendigerweise ein Despot sein.

Bolschewismus Bei den Bolschewiki (russ. Mehrheitler) handelte es sich in Wirklichkeit um eine Splittergruppe der russischen Sozialdemokratie, die von der Führungskraft und den Ideen Lenins geprägt wurde. Das Wesenselement des B. ist die Lehre von der revolutionären Machtergreifung durch eine kleine Partei von Berufsrevolutionären mit dem Ziel der Errichtung einer kommunistischen Gesellschaft (vgl. Leninismus).

Bürgertum Das Bürgertum befreite sich im Verlaufe des 18.und 19. Jh. aus der ständischen Ordnung und wurde zur tragenden Schicht der neuen Gesellschaft und zum Wegbereiter der bürgerlichen Demokratie. Der Aufstieg des Bürgertums war das Ergebnis von kapitalistischer Erwerbsgesinnung, privaten Unternehmertums und rationeller Arbeit. Der Wirtschaftsbürger (franz. bourgeois) fand seine Ergänzung im Staatsbürger (franz. citoyen).

Bundestag ist das gesamtstaatliche Parlament der Bundesrepublik Deutschland, in dem die Repräsentanten des Volkes versammelt sind. Der B. ist als Teil der gewaltenteiligen Ordnung formal der Gegenspieler der Regierung, zuständig u. a. für die Gesetzgebung. Er hat auch die Funktion eines Forums, wo die bewegenden Zeitfragen debattiert werden.

Charisma Der Begriff stammt ursprünglich aus dem Bereich der Religion und meint eine Gnadengabe. Übertragen auf die Politik bezieht sich C. auf spezielle Persönlichkeitsmerkmale, von denen eine besondere Ausstrahlung ausgeht. Die charismatische Autorität herrscht über Menschen z. B. kraft magischer Fähigkeiten, rhetorischen Vermögens, kriegerischer Erfolge oder geistiger Leistungen. Der Soziologe Max Weber entwickelte den Idealtyp der charismatischen Herrschaft, die insbesondere in Krisenzeiten zum Tragen kommen kann (Retterfunktion).

Chauvinismus Aus dem Französischen kommende Bezeichnung für einen extrem überzogenen bzw. fanatischen Nationalismus.
Im Zusammenhang mit der emanzipatorischen Frauenbewegung hat der Begriff eine zweite Bedeutung gewonnen. C. nennt man heute auch eine männliche Haltung, die das eigene Geschlecht verherrlicht und mit Arroganz dem anderen Geschlecht gegenübertritt.

Demagogie Der Begriff aus der griechischen Politik bezieht sich auf die Volks(ver)führung mittels rhetorischer Fähigkeiten. Im 19. Jh. verstand man unter dem „Demagogen" einen Politiker, der an die so genannten niederen Instinkte des Volkes appellierte. Die „Demagogen-Verfolgung" war aber eine obrigkeitliche Maßnahme, die sich gegen die liberale und nationale Bewegung richtete.

Demokratie Staatsform, in der die Staatsgewalt vom Volke ausgeht. Man unterscheidet allgemein die repräsentative und die plebiszitäre Form der D. Am Ende des 20. Jh. hat sich die D. als globales Legitimationsprinzip durchgesetzt. Auch Diktaturen verzichten nur selten auf eine demokratische Fassade. Kommunistische Parteidiktaturen nannten sich „volksdemokratisch".

Despotie/Despotismus Gewaltherrschaft, in der keine Gesetze und rechtsstaatliche Normen die Willkür der bzw. des Herrschenden bremsen. Der Begriff ist weitgehend identisch mit Tyrannei, nicht hingegen mit Absolutismus.

Diktatur Der Begriff entstammt dem römischen Staatsleben und bezeichnete dort die (zeitlich begrenzte) unbeschränkte Gewalt im Zeichen eines Staatsnotstands. Daraus wurde im Laufe der Geschichte eine Herrschaftsform, die in sehr unterschiedlichen Zusammenhängen stehen kann (z. B. faschistische D., nationalsozialistische D., kommunistische D., Militärdiktatur, D. des Proletariats).

Elite ist die politische, wirtschaftliche, militärische und kulturelle Führungsschicht in Staat und Gesellschaft. Die Rekrutierung von Eliten ist abhängig vom jeweiligen Gesellschaftsverständnis. Nach 1945 war die Betonung des Elitegedankens als undemokratisch in Verruf geraten, gegenwärtig aber wieder im Rahmen der Leistungsgesellschaft akzeptiert.

Emanzipation Der Begriff stammt aus dem römischen Recht und bezog sich auf die Freilassung von Sklaven aus der Gewalt des Herrn (wörtl. „aus der Hand geben"). E. steht begrifflich für die Befreiung von tatsächlich oder vermeintlich benachteiligten Gruppen aus ihrer Abhängigkeit. Im 19. Jh. spielte der Begriff „Judenemanzipation" eine bedeutende Rolle, womit die staatsbürgerliche Gleichstellung der Juden gemeint war. Heute ist E. ein emotionalisierter und diffuser Begriff, der in Deutschland vor allem durch die kulturrevolutionäre 68er-Bewegung popularisiert wurde.

Ethnie Abgeleitet von griech. ethnos: Volksstamm, stellt die E. eine Anzahl von Menschen dar, die aufgrund von Sprache, Religion, Kultur und Geschichte ein Zusammengehörigkeitsgefühl besitzen. Vor allem am Ende des 20. Jh. haben ethnische Konflikte erheblich zugenommen, z. B. weil Ethnien sich als Nation definieren und einen eigenen Staat anstreben.

Faschismus Historisch-politischer Oberbegriff für antidemokratische, rechtsgerichtete Bewegungen nach dem 1. Weltkrieg. Gemeinsame Merkmale: u. a. Verabsolutierung des Staates, Einparteisystem, Führerkult, tendenziell totale Erfassung des Einzelnen, Militarismus und Expansion. Die Rassenideologie und der Antisemitismus waren vor allem für den Nationalsozialismus grundlegend.
In der deutschen Nachkriegsgeschichte dienten die Adjektive „faschistisch" und „antifaschistisch" oft als politische Kampfbegriffe und wurden zur Diffamierung oder Rechtfertigung von Gewalt instrumentalisiert.

Feudalismus Abstrakter und mehrdeutiger historisch-politischer Begriff, der sich von lat. feudum: Lehen herleitet. Das Lehenswesen entstand im Rahmen der Agrargesellschaft des Mittelalters, letztlich weil Geld als gesellschaftliches Tauschmittel nicht in ausreichendem Maße zur Verfügung stand. Das Lehen (Leihgut) – meistens Grund und Boden – stellte ein Entgelt für (Kriegs-)Dienste und Treue dar. Das Lehenswesen, die Beziehung des Feudalherrn zu seinem Vasallen, wurde zum gesellschaftlichen Strukturprinzip des Mittelalters. Es entstand – theoretisch – ein pyramidenförmiger Staat mit dem König als oberstem Lebensherrn an der Spitze.
Im Laufe der Zeit vermischten sich die Begriffe Feudalismus und Grundherrschaft. Wenn in der Gegenwart von „Feudalherrn" die Rede ist, dann sind damit i.d.R. Großgrundbesitzer gemeint.
Marxistische Historiker sehen im F. eine Wirtschafts- und Gesellschaftsform, die eine Mittelstellung zwischen antiker Sklavenhaltergesellschaft und dem bürgerlichen Kapitalismus einnimmt.

Föderalismus Abgeleitet von lat. foedus: Bund, Bündnis bedeutet F. eine bundesstaatliche Ordnung. Die Untergliederung des Gesamtstaates in Bundesländer spiegelt die historische Staatswerdung wider, wie z. B. in Deutschland und in den USA. In Deutschland wirken die Bundesländer über den Bundesrat an der Gesetzgebung des Bundes mit. Der F. stellt einen wesentlichen Aspekt der Gewaltenteilung dar. Die Gegenbegriffe zu F. lauten Einheits- bzw. Zentralstaat.

Frauenbewegung Die Wurzeln der F. reichen bis zur Französischen Revolution zurück. Die F. trat dafür ein, die Werte der bürgerlichen Revolutionsbewegung auch auf die Frauen zu übertragen. Der Kampf der politisch engagierten Frauen galt daher im Wesentlichen der rechtlichen Gleichstellung mit dem Mann. Politisch ging es um das Frauenwahlrecht, wirtschaftlich um gleichen Lohn und sozial um den ungehinderten Zugang zu den Bildungseinrichtungen.
In der Bundesrepublik Deutschland erhielt die F. besonders durch die studentische Bewegung von 1968 neuen Auftrieb. Im Grundgesetz ist die Gleichberechtigung von Frauen und Männern festgeschrieben. Der Staat „wirkt auf die Beseitigung bestehender Nachteile hin" (Art. 3 GG).

Freiheitlich demokratische Grundordnung (FDGO) bildet das Herzstück im Verfassungsverständnis der Bundesrepublik Deutschland. Das Bundesverfassungsgericht hat die FDGO folgendermaßen definiert: Achtung der Menschenrechte, Volkssouveränität, Gewaltenteilung, Verantwortlichkeit der Regierung, Gesetzmäßigkeit der Verwaltung, Unabhängigkeit der Gerichte, Mehrparteienprinzip, Recht auf Opposition. Nur solche links- bzw. rechtsextremistische Parteien, die die FDGO ablehnen, können vom Bundesverfassungsgericht verboten werden.

Gesellschaft ist ein hochabstrakter Begriff, der alle Formen menschlichen Zusammenlebens umfasst. Soziologisch lassen sich sesshafte von nomadischen Gesellschaften abgrenzen. Darüber hinaus spricht man – abhängig vom wirtschaftlichen Entwicklungsstand – von Agrar-, Industrie- und Dienstleistungsgesellschaften. In der historisch-politischen Perspektive lassen sich Stände-, Klassen- und Schichtengesellschaften unterscheiden. In der pluralistischen G. haben sich frühere Gesellschaftsstrukturen zu Gunsten von Milieus weitgehend aufgelöst. G. und Staat stehen in einem wechselseitigen Einwirkungsverhältnis.

Genozid Relativ neuer Begriff, der sich für Völkermord durchgesetzt hat. Nach der Völkermord-Konvention der UNO (1948) umfasst der G. alle Handlungen, die begangen werden, um eine nationale, ethnische, rassische oder religiöse Gruppe ganz oder teilweise zu zerstören.

Gesetze sind Rechtsnormen des gesellschaftlichen Zusammenlebens, die im Unterschied zu anderen Regeln auf eine verfassungsmäßig vorgeschriebene Weise durch den Gesetzgeber zustande gekommen sind. Hinter den Gesetzen steht die Macht des Staates (Polizei, Justiz) als Erzwingungsinstanz. In einem Rechtsstaat müssen sich auch die Staatshandlungen selbst im Rahmen der G. bewegen.

Gewaltenteilung ist ein Grundsatz des modernen Parlamentarismus bzw. des Rechtsstaats, demzufolge der Machtmissbrauch verhindert und die bürgerliche Freiheit bewahrt werden soll. Die klassische Lehre der G. geht von der Unterscheidung zwischen Exekutive (Regierung), Legislative (gesetzgebende Gewalt) und Judikative (richterliche Gewalt) aus. In pluralistischen Gesellschaften hat sich die G. ausdifferenziert. Die G. ist ein substanzieller Bestandteil der freiheitlich demokratischen Grundordnung.

Globalisierung zu Beginn des 21. Jh. bezieht sich auf eine neue Qualität der weltweiten Vernetzung. Ursächlich dafür sind die neuen Informationstechnologien sowie die Transportrevolution. Die G. zeigt sich im sprunghaft gestiegenen Güter- und Kapitalverkehr, in der noch nie dagewesenen Mobilität von Menschen sowie in der grenzenlosen Verfügbarkeit von Informationen.

Grundherrschaft Herrschaftsform des Mittelalters und der Frühen Neuzeit, bei der die Herrschaft über das Land mit der Herrschaft über die auf ihm ansässigen Menschen verbunden war. Grundherrn konnten der König, der Adel oder die Kirche sein. Mit der G. verbindet sich i.d.R. die Gerichtsherrschaft. Der ganz überwiegende Teil der bäuerlichen Bevölkerung des Mittelalters besaß nur ein Nutzungsrecht für das Herreneigentum. In Form der Gutsherrschaft konnte sich eine modifizierte G. – vor allem östlich der Elbe – bis ins 19. Jh. halten.

Hegemonie Der Begriff entstammt der griechischen Geschichte und bedeutete das Streben eines Staates nach Vorherrschaft in einer Staatengemeinschaft. Heute oft verallgemeinert gebraucht im Sinne einer politischen, wirtschaftlichen und militärischen Überlegenheit eines Staates.

Herrschaft Im Unterschied zu privater Machtausübung handelt es sich in Bezug auf H. um eine institutionalisierte Form von Macht. Der Herrschaftsanspruch bedarf der Legitimation. Der Soziologe Max Weber unterschied idealtypisch drei Geltungsgründe für H.: traditionale H., die sich aus der je bestehenden Ordnung herleitet, charismatische H. und legale H.

Hierarchie Dieser Grundbegriff der Soziologie, abgeleitet von griech. Hierarch: oberster Priester, bezieht sich auf die vertikale Gliederung der Gesellschaft. Der abgestufte Aufbau formt klare Über- und Unterordnungsverhältnisse, die den Menschen einen bestimmten Rang zuordnen.
Während Diktaturen aus herrschaftstechnischen Gründen regelmäßig hierarchische Organisationsformen durchsetzen, wurde die H. in modernen Unternehmen zugunsten kooperativer Organisationsformen abgebaut.

Holocaust Angelsächsische Bezeichnung für den Genozid an den Juden (griech. „Ganzopfer", „Brandopfer"). In Deutschland ist die Leugnung des H. eine Straftat.

Ideologien Darunter versteht man (geschlossene) Systeme von Wertvorstellungen und weltanschaulichen Einstellun-

gen. Die großen politischen Bewegungen des 20. Jh. standen in engem Zusammenhang mit ihren I.: Liberalismus, Kommunismus, Faschismus.
Besonders im Zeitalter der Massenmedien besitzen I. eine integrierende und propagandistische Funktion.
Der Vorwurf der „Ideologisierung" bezieht sich regelmäßig auf fehlende Sachlichkeit und Voreingenommenheit.

Imperialismus Abgeleitet von lat. imperium: Herrschaftsgewalt, bezeichnet I. seit dem Ende des 19. Jh. das allgemeine Streben nach Vorherrschaft bzw. Ausdehnung des Machtbereichs. I. kann in unterschiedlichen Formen in Erscheinung treten: direkt (in Form von Kolonien) oder indirekt. Es können politische, wirtschaftliche, militärische oder kulturelle Mechanismen eine Rolle spielen.
Im Kalten Krieg war der Begriff I. Teil der politischen Propagandasprache des kommunistischen Ostblocks. Der Westen wurde regelmäßig mit dem Adjektiv „imperialistisch" versehen bzw. als „imperialistisches Lager" etikettiert.

Industriegesellschaft Die I., deren Wurzeln bis ins 18. Jh. zurückreichen, hat die agrarisch bzw. handwerklich geprägte Gesellschaft abgelöst. Sie ist das Ergebnis der Industriellen Revolution, durch die die Fabrik mit ihren Maschinen ins Zentrum einer neuen Produktionsweise rückte. Dieser Prozess bewirkte einen vielschichtigen gesellschaftlichen Strukturwandel: soziale Auf- und Abstiegsbewegungen, Urbanisierung, Säkularisierung, Massenwohlstand, veränderte Qualifikationen und Leistungsanforderungen. Gegen Ende des 20. Jh. hat sich die moderne I. aufgrund der dynamischen Technikentwicklung zur Dienstleistungsgesellschaft weiterentwickelt.

Integration ist die soziologische Bezeichnung für die „Wiederherstellung des Ganzen", in der politischen Alltagssprache im Sinne von „Vereinigung" bzw. „Einbindung" gebraucht. Von I. spricht man z. B. in Bezug auf Ausländer, Strafenentlassene und Europa.

Kaiser Entstanden aus dem lat. caesar nennt man den Inhaber der höchsten Gewalt K. Das Kaisertum entwickelte sich aus dem antiken Römischen Reich und wurde auf das Mittelalter übertragen. Seit den Ottonen besaßen die deutschen Könige eine Anwartschaft auf den Titel. Der damit erhobene Anspruch auf eine abendländische Vormachtstellung konnte nie wirklich realisiert werden. Seit dem 19. Jh. verlor der Kaisertitel durch vielfachen Gebrauch seine Einzigartigkeit.

Kalter Krieg Bezeichnung für den weltpolitischen Zustand nach dem 2. Weltkrieg (1947-1989), als die tief greifenden politischen Gegensätze zwischen Ost- und Westmächten zwar zu ständigen Konflikten, nicht aber zum („heißen") Krieg führten.

Klasse ist ein Grundbegriff der Soziologie, der sich eng an marxistische Gesellschaftsvorstellungen anlehnt. Er bezeichnet in Abgrenzung zu Stand und Schicht die Position innerhalb der Industriegesellschaft. Die Klassenzugehörigkeit wird sozial definiert, und zwar im Rahmen der kommunistischen Ideologie durch den Besitz oder Nichtbesitz von Produktionsmitteln. Das Konzept der K. hat sich in Bezug auf moderne Gesellschaften als zu undifferenziert erwiesen.

Klerus bezeichnet in der mittelalterlichen Gesellschaft den geistlichen Stand, der sich durch den Gegensatz zu den Laien definierte. Er beanspruchte bestimmte Standesvorrechte. Der hierarchisch gegliederte K. war der einzige Stand, in den man nicht geboren wurde.

König Ursprünglich der Träger der höchsten staatlichen Gewalt in einer Monarchie. Das Königtum ist eine Institution, die in vorantike Zeiten zurückreicht. Seine Wurzeln liegen in der Vorstellung einer göttlichen Abstammung bzw. eines besonderen Königheils. Durch die Thronfolge eines Verwandten (i.d.R. des ältesten Sohnes) entstanden Dynastien. Die Könige bzw. Königinnen der parlamentarischen Monarchien besitzen heute nur noch die repräsentative Funktion eines Staatsoberhaupts.

Kommunismus Oberbegriff für eine Ideologie und für die auf ihr beruhenden Herrschaftssysteme; leitet sich von lat. communis: gemeinschaftlich ab. Die kommunistische Lehre ist der Entwurf einer utopischen Gesellschaftsordnung, in der die gleichen Lebensverhältnisse für alle herrschen. Der Marxismus sah in der Arbeiterklasse das Instrument zur Realisierung des K. In der politischen Praxis des 20. Jh. endeten alle kommunistischen Herrschaftssysteme in menschenverachtenden und opferreichen Diktaturen (vgl. Stalinismus und Maoismus).

Konflikt Grundbegriff der Politik und der Soziologie: „Zusammenstoß" bzw. Gegensatz von Meinungen, Interessen, Parteien, Organisationen usw. Konflikte stellen eine Konstante des menschlichen Zusammenlebens dar. Gesellschaften unterscheiden sich lediglich dadurch, wie tiefgreifend die Konflikte sind und wie mit ihnen umgegangen wird. Die pluralistische Demokratie lebt von der offenen Konfliktaustragung in den gesetzlichen Bahnen. Sie unterscheidet sich dadurch von Diktaturen aller Art.

Konservatismus/Konservativismus Politische Ideologie bzw. Grundhaltung, die den Schwerpunkt auf das Bewahren legt. Der K. betont mehr die Kontinuität als die Veränderung, lehnt daher revolutionäre Veränderungen ab und achtet auf die Aufrechterhaltung bewährter Institutionen. Der K. grenzt sich vom Liberalismus, Sozialismus, Kommunismus und Nationalsozialismus ab. Der Bedeutungsinhalt des konservativen Denkens ist abhängig vom historisch-politischen Zusammenhang, in dem es steht.

Legalität, abgeleitet von lat. lex: Gesetz, ist ein juristischer Begriff. Er bezieht sich auf die Gesetzmäßigkeit, z. B. einer Handlung. Er sagt nichts über deren Qualität aus.

Legitimation heißt „Berechtigung". In der Politik geht es um die Berechtigung von Herrschaft. L. kann durch Geburt erworben werden (z. B. in einer Erbmonarchie) oder auch durch das Charisma. Die L. in der Demokratie kommt durch die Einhaltung von bestimmten verfassungsmäßig festgelegten Regeln zustande. Die demokratische Regierung legitimiert sich letztlich durch die Zustimmung der Mehrheit in freier Wahl, in der die Souveränität des Volkes zum Ausdruck kommt.

Legitimität Der Begriff überschneidet sich mit dem der Legitimation. Während diese formaler Natur ist, verweist L. auf Rechtmäßigkeit in einem höheren Sinne. Die allgemeine Überzeugung von L. unterliegt einem historischen Wandel. Noch im 19. Jh. bezog sich L. auf den Monarchen „von Gottes Gnaden". In der Gegenwart hat sich das demokratische Prinzip als Grundlage der L. in weiten Teilen der Welt durchgesetzt.

Leibeigenschaft bezeichnet die grundherrschaftliche Abhängigkeit, auch Hörigkeit genannt, wobei der Grad der Abhängigkeit sehr unterschiedlich sein konnte. Im Unterschied zum Sklaven, der rechtlich einem materiellen Gut entsprach, besaß der Leibeigene des Mittelalters eine Rechtsqualität als Mensch. Seine Freiheit war allerdings eingeschränkt durch Arbeits- und Abgabezwang, Mobilitätsverbot und Heiratsbeschränkungen.

Leninismus Oberbegriff für politische und wirtschaftliche Ideen und Herrschaftspraktiken, die auf Lenin, den Begründer der Sowjetunion, zurückgehen. Im Unterschied zum Marxismus hielt Lenin die proletarische Revolution auch in einem wirtschaftlich rückständigen Land (wie Russland) für machbar. Diesem Zweck diente die leninistische Partei. Diese zahlenmäßig kleine Partei von Berufsrevolutionären sollte die Arbeiterklasse führen. Nach der Revolution erfolgte im Schutz der Diktatur des Proletariats der Aufbau des sozialistischen Staates.

Liberalismus Politische Grundströmung der modernen Welt, die den Schwerpunkt auf die freie Entfaltung des Individuums legt. Abgeleitet von lat. liber: frei, stellt die Ideologie des L. die Basis für die Demokratie des 20 Jh. dar. Das Eingreifen des Staates wird vom L. entweder ganz abgelehnt oder auf das als notwendig Erachtete begrenzt. Das gilt nicht nur politisch, sondern auch wirtschaftlich. Der L. ist die ideelle Grundlage für die freie Marktwirtschaft (Wirtschaftsliberalismus).

Links (Extremismus) ist ein Ausdruck der „politischen Geografie", der nur eingeschränkt sachlich verwendbar ist und oft der politischen Meinungs- und Werbesprache zugerechnet werden muss. Ursprünglich eine Bezeichnung der parlamentarischen Sitzordnung umfasst „links" allgemein alle politischen Strömungen mit sozialistischer Ausrichtung. Das linke politische Spektrum war und ist äußerst vielfältig und reicht vom revolutionären Leninismus bis zur modernen Sozialdemokratie. Als linksextremistisch bezeichnet man heute linke Gruppierungen, die die freiheitlich demokratische Grundordnung bekämpfen.

Machiavellismus Diese Bezeichnung geht auf den frühneuzeitlichen florentinischen Diplomaten Niccolò Machiavelli zurück. Dieser entwarf ein Bild von der Politik, demzufolge der Staat seine Macht ohne Rücksicht auf sittliche Gebote einsetzen dürfe. M. steht allgemein für politische Skrupellosigkeit.

Macht Grundsätzlich stellt sich M. immer in Form einer Beziehung dar. Nach einer Definition des Soziologen Max Weber bedeutet M. die Fähigkeit, den eigenen Willen auch gegen Widerstreben durchzusetzen.

Maoismus ist neben dem Leninismus eine weitere geschichtlich bedeutende Variante des Kommunismus. Der Begriff leitet sich vom chinesischen Revolutionär Mao Zedong ab, der im Unterschied zum Marxismus in den Bauern die Akteure der Revolution sah. Maos Vision von der revolutionären Umgestaltung der Gesellschaft kostete viele Millionen Menschen das Leben.

Marxismus stellt die wichtigste Ideologie im Rahmen des Sozialismus dar. Im Verlaufe des 19. und 20. Jh. hat sich eine Vielzahl von politischen Richtungen herausgebildet, die sich auf Marx beziehen.
M. ist also ein Sammelbegriff für gesellschaftspolitische Lehren, die entweder auf Marx und Engels selbst zurückgehen oder von ihren Interpreten stammen. Der M. bietet eine Kritik der kapitalistischen Gesellschaft und entwirft ein Szenario der proletarischen Revolution mit anschließender Errichtung der kommunistischen Gesellschaftsordnung.

Menschenrechte Die Idee der M. wurzelt in der Auffassung, dass das Individuum natürliche und unveräußerliche Rechte besitzt. Diese sog. Grundrechte werden nicht hoheitlich (z. B. vom Staat) verliehen, sondern sie sind jeder Person kraft ihrer Geburt eigen. Seit der amerikanischen und französischen Revolution im ausgehenden 18. Jahrhundert gehören das Bekenntnis zu den M. und Grundrechtskataloge zu den Verfassungen demokratischer Rechtsstaaten.

Migration bezeichnet Wanderungsbewegungen, wobei man zwischen Immigration und Emigration differenziert. Menschheitsgeschichtlich war M. vor der Sesshaftigkeit der Normalfall. Heute ist die Migrationspolitik in vielen Ländern Gegenstand politischer Kontroversen, die sich um Asyl, Arbeitsplätze, Überfremdung, kulturelle Identität und soziale Leistungen drehen.

Monarchie Staatsform, in der ein Fürst als Landesherr Träger der Souveränität ist. Man unterscheidet zum einen die absolute M. bzw. Autokratie, in der der Fürst die Gewalt uneingeschränkt inne hat, zum anderen die konstitutionelle M., in der die Fürstenherrschaft durch die Verfassung beschränkt ist. Der Monarch bleibt aber Träger der Staatsgewalt. Erst die parlamentarische M. siedelt die Staatsgewalt beim Volk an und überlässt dem Monarchen lediglich noch eine repräsentative Funktion.

Nation Ursprünglich bezog sich der Begriff auf die „in einem Land geborenen Menschen". Abstammung, Geschichte, Sprache und Kultur bilden das Fundament für das Bewusstsein der Zusammengehörigkeit (Nationalbewusstsein). Das Werden einer N. bedeutet demzufolge immer auch die Abgrenzung nach außen. Der moderne Begriff der N. betont weniger die Kultur als den Willen, eine politische Einheit (Staat) zu formen.

Nationalismus Mächtige Ideologie bzw. politische Bewegung, die die Interessen der eigenen Nation in übersteigerter, oft militanter Weise vertritt. Der N. und mehr noch der Chauvinismus leugnen die Gleichwertigkeit von Nationen, verursachen Konflikte und sind Bestandteil von aggressiven Ideologien (z. B. Nationalsozialismus).

Nationalsozialismus Damit bezeichnet man gleichermaßen die Ideologie und das Herrschaftssystem des 3. Reiches. Der N. deckt sich bedeutungsmäßig wesentlich mit dem Faschismus und ist wie dieser eine totalitäre Diktatur mit einem Führer an der Spitze. Im Unterschied zu anderen faschistischen Staaten akzentuierte der N. den Rassismus und Antisemitismus. Der Genozid an den Juden war ein speziell nationalsozialistisches Programm.

Oligarchie, griech. „Herrschaft der Wenigen", ist eine Form der Herrschaft, die auf Großorganisationen oder Staaten bezogen sein kann. Oligarchien können sich aus Offizieren, Wirtschaftsführern und Parteifunktionären zusammensetzen. In den meisten Ländern des ehemaligen Ostblocks bildete sich eine oligarchische Herrschaft durch die kommunistische Parteiführung.

Opposition Sehr weitläufiger Begriff für eine Gegnerschaft bzw. für den Widerstand gegen staatliche Maßnahmen. Eine politische Herrschaft kann danach beurteilt werden, wie sie mit der O. umgeht. Das Recht auf O. ist ein Teil der freiheitlich demokratischen Grundordnung.

Parlament Das moderne Parlament stellt das Kernstück des parlamentarischen Regierungssystems dar. Es setzt sich aus den Repräsentanten des Volkes zusammen. Im Rahmen der gewaltenteiligen Ordnung ist das P. für die Gesetzgebung (einschließlich Budget) und die Kontrolle der Regierung zuständig. Das deutsche Parlament heißt Bundestag. Außerdem gibt es die Parlamente der einzelnen Bundesländer.

Parteien Moderne Parteien sind politische Vereinigungen, die sich an den Wahlen zu den Parlamenten beteiligen. P. umfassen Menschen mit ähnlichen Interessen und Weltanschauungen. Die deutsche Verfassung (das Grundgesetz) erkennt die Mitwirkung der P. an der politischen Willensbildung ausdrücklich an. Die Vielfalt der P. stellt ein Grundelement des Pluralismus dar. P. sind trotz mancher Kritik als Säulen der parlamentarischen Demokratie unentbehrlich. Einparteistaaten erweisen sich regelmäßig als Diktaturen.

Partizipation nennt man in der Politik allgemein die Teilnahme bzw. Teilhabe an Entscheidungen. Der Begriff steht in enger Beziehung zur Demokratisierung von Staat und Gesellschaft.

Pauperismus Begriff aus dem 19. Jh., der sich auf die massenhafte Armut in der Frühphase der Industrialisierung bezog. Der P. steht im Zusammenhang mit der sozialistischen Ideologie, die in ihm das Ergebnis der kapitalistischen Ausbeutung sah. Tatsächlich war der P. Ausgangspunkt für verschiedene Wege zur Lösung der Sozialen Frage (Sozialstaat).

Pazifismus Abgeleitet von lat. pax: Friede ist der P. eine Weltanschauung, die den Krieg, die Rüstung und alles Soldatische ablehnt. Die historische Erfahrung lehrt, dass der P. kaum geeignet ist, skrupellosen Diktaturen wirkungsvoll entgegenzutreten. Insofern liegt dem P. ein utopisches Menschenbild zugrunde.

Plebiszit ist die Abstimmung und Entscheidung unmittelbar durch das Volk selbst, d. h. ohne die Zwischenschaltung von Parlamenten. Die plebiszitäre (direkte) Form der Demokratie besitzt ihr Gegenmodell in der repräsentativen Demokratie.

Pluralismus Darunter versteht man in der Politik die grundlegende Anerkennung der Tatsache, dass es in jeder Gesellschaft eine Vielzahl von Meinungen, Interessen und folglich auch Organisationen und Parteien gibt. P. stellt einen notwendigen Aspekt einer jeden Demokratie dar. Die pluralistisch verfasste Gesellschaft steht im Gegensatz zu allen politischen Ordnungen, die eine Gesellschaft vereinheitlichen wollen (Diktatur, Totalitarismus).

Pogrom Das Wort stammt aus dem Russischen und bedeutet „Verwüstung". Es bezeichnet gewalttätige Ausschreitungen gegen Juden, deren Tötung und/oder Vertreibung. In jüngster Zeit wird bei offiziellen Anlässen für die so genannte Reichskristallnacht (9. Nov. 1938) der Begriff Reichspogromnacht verwendet.

Politik Der Ausdruck stammt aus dem Griechischen und leitet sich aus der Polis (griech. Stadt) ab. Im Stadtstaat der griechischen Antike wurde gewissermaßen die P. „erfunden" und später als „Staatskunst" verallgemeinert. Politische Fragen sind Machtfragen, wobei man zwischen einem engeren Politikbegriff (Staat) und einem weiteren Politikbegriff (Gesellschaft) unterscheiden kann. P. in einem weiteren Sinne beeinflusst heute tendenziell alle Lebensbereiche.

Prinzipat bezeichnet das ältere römische Kaisertum. Sprachlich leitet sich P. von lat. princeps ab: derjenige, der die erste Stelle einnimmt. In der ersten Epoche der römischen Kaiserzeit blieben republikanische Institutionen erhalten. Später erfolgte im Dominat (von lat. dominus: Alleinherrscher) die Transformation zur absolutistischen Monarchie.

Proletariat Der Begriff leitet sich von lat. proles: Nachkommenschaft ab. In der römischen Geschichte erwies sich die unterste, zur Zahlung von Steuern nicht fähige Schicht als besonders zeugungsfreudig. Mit dem Wort „Proletarier" bezeichnete man im 19. Jh. Leute, die zwar ihren Lebensunterhalt selbst verdienten, aber nur am Existenzminimum leben konnten. In der marxistischen Lehre wurde aus den armen und ausgebeuteten Lohnarbeitern (Arbeiterklasse) das Subjekt der sozialistischen Revolution.

Propaganda ist die Verbreitung von Meinungen, Ideologien und Glaubensinhalten. Sie dient als Herrschaftstechnik der Überredung bzw. Überzeugung von Menschen. Die technischen Instrumentarien des 20. Jh. haben die Möglichkeiten der P. erheblich erweitert. P. kann sowohl der Zerstörung bestehender Ordnungen als auch zu deren Stabilisierung dienen.

Putsch („Stoß", „Handstreich") Es handelt sich um ein illegales Unternehmen, das den Sturz der Regierung bezweckt. Meist ausgeführt durch eine kleine Gruppe (z. B. von Militärangehörigen) zielt der P. zunächst nicht auf eine tief greifende Umformung der Gesellschaft (vgl. Revolution), sondern auf den Austausch der politischen Führung (Elite).

Radikalismus Abgeleitet von lat. radix: Wurzel besitzt das Wort eine erhebliche Bedeutungsbreite. Positiv gewendet heißt „radikal" so viel wie gründlich, negativ aber kompromisslos, intolerant sowie extrem (vgl. Links- und Rechtsextremismus). R. ist Teil der politischen Meinungssprache und muss im jeweiligen Zusammenhang untersucht werden.

Rassismus ist eine biologistische Ideologie, die die Qualität eines Menschen nach seiner rassischen Zugehörigkeit bewertet. Der R. leugnet das Gleichheitspostulat und legitimiert Diskriminierung und aggressive Handlungen gegenüber fremden, andersartigen Menschen. Die Rassenideologie, auch in der Form des Antisemitismus, wurde im 3. Reich durch den Nationalsozialismus zum Rassenkampf gesteigert und zum Ausgangspunkt für den Völkermord.

Reaktion Im Unterschied zum naturwissenschaftlichen Sprachgebrauch wird der Begriff R. in der Politik manchmal nicht wertneutral gebraucht. Er drückt dann eine politische Meinung aus und bedeutet „Rückschritt", dessen Feststellung eine Sache des Standpunkts ist. Der abgeleitete Begriff „reaktionär" besitzt einen ausgeprägt abwertenden Sinn. Im 19. Jh. bezeichnete man auf diese Weise jene konservativen politischen Kräfte, die die Verbreitung des Liberalismus und Nationalismus verhindern wollten.

Recht ist ein hoch abstrakter Begriff, der bestimmte Normen zu dem Zweck umfasst, das Zusammenleben von Menschen zu regeln. Je nach Geltungsbereich kann man das R. einzelner Staaten unterscheiden. R. kann in geschriebener oder ungeschriebener Form existieren. Es ist aber in jedem Fall überindividuell. Die Rechtswissenschaft unterscheidet vier Funktionen des Rechts:
1. Ordnungsfunktion
2. Gerechtigkeitsfunktion
3. Herrschaftsfunktion
4. Herrschaftskontrollfunktion

In modernen Gesellschaften findet die Rechtsverbindlichkeit ihren Ausdruck im Gesetz. Aus der politischen Perspektive sind Rechtsfragen Machtfragen (vgl. Macht, Gesetz).

Rechts (Extremismus) Als Teile der „politischen Geografie" ergänzen sich „rechts" und „links" spiegelbildlich. Im allgemeinen politischen Sprachgebrauch ist „rechts" ein Sammelbegriff für rechtsliberale, konservative, autoritäre oder neonazistische politische Strömungen – in der meinungsbetonten Alltagssprache oft undifferenziert benutzt. Der Rechtsextremismus bekämpft die freiheitlich demokratische Grundordnung und stützt sich dabei im Wesentlichen auf den Nationalismus und den Rassismus.

Rechtsstaat Er entwickelte sich im Zusammenhang mit dem Kampf des Liberalismus gegen die absolutistische Monarchie. Historisch-politisch stellt der R. den Gegenbegriff zu Diktatur und Despotie dar.
Die Rechtsstaatlichkeit der Bundesrepublik Deutschland erweist sich in der Rechtssicherheit, der Freiheitsgarantie, der Gleichheit vor dem Gesetz und in der Gewaltenteilung.

Regierung ist allgemein die Leitung eines Staates. In der gewaltenteiligen Ordnung des demokratischen Verfassungsstaates stellt sie die Spitze der Exekutive dar. Dabei steht die R. unter der Kontrolle durch die Gesellschaft, insbesondere aber durch die parlamentarische Opposition.
Regierungen lassen sich dahingehend unterscheiden, wie sie in ihr Amt gekommen sind (Legalität, Legitimität).

Repräsentation bedeutet zunächst „Stellvertretung" und bildet einen Mechanismus, um die demokratischen Entscheidungen in einer größeren territorialen Einheit zu organisieren. Die von der Basis ausgewählten Repräsentanten kommen im Parlament an Stelle des gesamten Volkes zusammen. Deutschland besitzt heute die Form einer repräsentativen Demokratie. Die Abgeordneten besitzen ein freies Mandat, d. h. sie sind an Aufträge nicht gebunden (Gegensatz: imperatives Mandat).

Republik Von lat. res publica: öffentliche Angelegenheit abgeleitet, wurde R. früher oft mit „Volksherrschaft" gleichgesetzt. Im aktuellen Sprachgebrauch ist R. eine Staatsform ohne monarchische Spitze. Die Bezeichnung eines Staates als R. gibt keine Auskunft über die Art und Weise der Regierungsausübung.

Restauration („Wiederherstellung") wurde und wird in ganz verschiedenen Zusammenhängen benutzt. R. dient u. a. zur Bezeichnung einer Epoche in der ersten Hälfte des 19. Jh., als im Zeichen des Konservativismus jene politische Ordnung „restauriert" wurde, die durch die Französische Revolution destabilisiert worden war.

Revolution Im Gegensatz zu Evolution mit ihren Reformen bezeichnet R. eine tief greifende, meistens schnell (und oft gewaltsam) ablaufende Veränderung der Verhältnisse. Ursprünglich als Rückkehr (lat. revolutio) zum alten Recht verstanden, betont der moderne Revolutionsbegriff den sozialen Fortschritt und die politische Weiterentwicklung. Je nach dem gesellschaftlichen Träger der R. lassen sich z. B. bürgerliche, proletarische, bäuerliche, nationale und religiös-fundamentalistische Revolutionen unterscheiden.

Ritter In der römischen Republik Bezeichnung für den wohlhabenden Stand der Reiter. Im Mittelalter bildeten die R. den Geburtsstand des niederen Adels. Ihr Rang ergab sich aus dem Besitz und dem vollen Waffenrecht. Die politische Position der R. änderte sich in der Frühen Neuzeit, als die reichsunmittelbaren R. der fürstlichen Landeshoheit unterworfen wurden.

Schicht Grundbegriff der Soziologie, der zur Erfassung der vertikalen Gliederung der Gesellschaft dient. Im Unterschied zur Kaste, zum Stand und zur Klasse werden Schichten durch eine Vielzahl gemeinsamer Merkmale definiert: z. B. Einkommen, Besitz, Bildung, Beruf, Beziehungen. Die

Abgrenzungen zwischen den einzelnen Schichten sind nicht eindeutig vorzunehmen. Im Schichtenmodell der Gesellschaft wird die Durchlässigkeit bzw. die Mobilität der Gesellschaftsmitglieder hervorgehoben.

Souveränität Im alltäglichen Sprachgebrauch bedeutet S. den Besitz einer Überlegenheit. Seit dem 16. Jh. ist S. ein Begriff des Völker- und Staatsrechts. Die S. als höchste Herrschaftsgewalt eines Staates drückt sich nach außen durch die Unabhängigkeit (von anderen Staaten) aus, nach innen durch die oberste Gerichtskompetenz.
Seit dem Ende des 2. Weltkriegs wird die traditionelle S. der Staaten zusehends beeinträchtigt. Immer mehr staatliche Entscheidungen fallen im Rahmen von zwischenstaatlichen bzw. überstaatlichen Institutionen (EU, NATO, UNO usw.).

Sozialdarwinismus orientiert sich an der Abstammungslehre von Charles Darwin und dessen Selektionsideen („survial of the fittest"). Der S. übertrug das biologische Prinzip vom Tierreich auf die menschlichen Gesellschaften. Diese im 19. Jh. weit verbreitete Ideologie machte sich der Nationalsozialismus zu eigen, um seine Kriegspolitik zu legitimieren.

Sozialismus Abgeleitet von lat. socialis: gesellig dient S. als Oberbegriff für eine Vielzahl von z. T. sehr unterschiedlichen Theorien und Ideen, die alle im Zusammenhang mit der Revolutionierung oder reformerischen Umgestaltung der kapitalistischen Gesellschaftsordnung stehen. Die wichtigste Lehre im Zusammenhang mit dem S. stellt der Marxismus dar.
Als gesellschaftlicher Träger des S. gilt die Arbeiterklasse. Im 20. Jahrhundert hat sich die sozialistische Bewegung weit aufgefächert und reicht von der Sozialdemokratie bis zum Leninismus und Maoismus.

Sozialstaat Im Unterschied zum Staatsverständnis des klassischen Liberalismus des 19. Jh. („Nachtwächterstaat") verpflichtet das Grundgesetz den Staat zur aktiven Herstellung eines Mindestmaßes an sozialem Ausgleich. Die konkrete Ausgestaltung des Sozialstaats, das Ausmaß der Umverteilung unterliegt dem gesellschaftlichen Wandel und wird politisch kontrovers diskutiert.

Staat ist eine Institution der modernen Gesellschaft, die in sehr unterschiedlicher Form existieren kann (Monarchie, Republik). Der klassische S. definiert sich nach außen durch seine Souveränität und nach innen durch das Gewaltmonopol. Im freiheitlich-demokratischen S. ist die Staatsgewalt geteilt, um Machtmissbrauch zu verhindern. S. und Gesellschaft stehen sich dabei als zwar unterschiedliche, aber sich gegenseitig durchdringende Funktionsfelder gegenüber.

Ständestaat Der S. existierte in den meisten europäischen Ländern vom Mittelalter bis ins 18. Jh. Er beruhte auf der Gliederung der Gesellschaft in Stände. Die Stände (in der Regel Adel, Geistlichkeit und Städte, sehr selten auch Bauern) waren neben dem Monarchen an der Ausübung der Staatsgewalt beteiligt. Der Absolutismus versuchte den Einfluss der Stände zurückzudrängen.

Stalinismus umfasst sowohl die Ideologie als auch die Herrschaftspraktiken, die sich mit der Diktatur Stalins verbinden. Der S. stellt die blutigste, gewalttätigste Phase in der Geschichte der Sowjetunion dar (1928-1953). In dieser Zeit nahmen Staatswillkür, Terror, Deportationen und Personenkult extreme Formen an.

Stand Stände stellen sozial und rechtlich abgeschlossene Gruppen innerhalb einer hierarchischen Gesellschaftsordnung dar. Vormoderne Gesellschaften waren ständisch aufgebaut, wobei sich die Zugehörigkeit aus der Geburt oder dem Beruf ergab. Das klassische Ständemodell des Mittelalters unterschied zwischen Klerus, Adel und Bauern (bzw. Bürgern). Die neuzeitliche Wirtschaftsentwicklung hat die Stände zugunsten moderner Schichten aufgelöst.

Status In der Politik bedeutet S. allgemein einen Zustand. Der soziologische S. bezeichnet hingegen die soziale Lage eines Menschen im Rahmen der Schichtung. Der Rang bzw. die Position einer Person ergibt sich aus der Differenzierung bestimmter Merkmale: Beruf, Amt, Bildungsabschluss, Besitz, Einkommen, Konsum (Statussymbole). Die Statuszuweisung unterscheidet sich je nach Art der Gesellschaft.

Strukturwandel Moderner Begriff für die gesellschaftlichen, wirtschaftlichen und allgemein menschlichen Veränderungen als Folge von technischen Innovationen. In jüngster Zeit hat der S. durch die Einführung neuer Informationstechnologien eine zunehmende Beschleunigung erfahren. Die technische Revolution erweist sich als stärkster Motor für die Neustrukturierung der Arbeit, der Produktion, der Bildung, der Freizeitgestaltung und des Konsums.
Eine Begleiterscheinung des modernen Strukturwandels ist die Globalisierung.

Timokratie Bei der T. („Herrschaft der Vermögenden") handelt es sich um eine Herrschaftsform, bei der die politischen Rechte entsprechend dem Besitz oder der Steuerleistung abgestuft sind. Das Zensuswahlrecht, z. B. auch in der Form des preußischen Dreiklassenwahlrechts, entsprach dem timokratischen Herrschaftsverständnis. Bis zur Durchsetzung des gleichen Wahlrechts im 20 Jh. gab es durchweg Einschränkungen hinsichtlich der Wahlberechtigung.

Totalitarismus ist eine Form der Herrschaft, die die lückenlose Erfassung des Individuums anstrebt. Der Begriff selbst stammt aus den vierziger Jahren des 20. Jh. und diente der Politikwissenschaft zur Erfassung der Gemeinsamkeiten zwischen stalinistischen und faschistischen Diktaturen. Die totalitäre Diktatur macht systematischen Gebrauch von den technisch-operativen Herrschaftsinstrumenten des 20. Jh.

Tyrannei (Tyrannis) Herrschaftsform, die sich von griech. tyrannos: Herr, Alleinherrscher ableitet und heute die Bedeutung von Gewalt- oder Willkürherrschaft hat. In der griechischen Staatslehre galt die T. als Entartung der Monarchie Der Tyrannenmord war in der Geschichte durchweg als legitime Form des Widerstandes anerkannt.

Utopie ist wörtlich der Ort, der nicht existiert. Der Begriff bezieht sich auf einen Roman des englischen Kanzlers Thomas Morus (16. Jh), in dem ein Staats- und Wirtschaftsideal dargestellt wird. Utopische Entwürfe enthalten neben ihrer weltverbesserischen Substanz eine Kritik an herrschenden Zuständen. Sie können auch warnende Komponenten enthalten.

Verbände organisieren wirtschaftliche, berufliche, kulturelle oder andere Interessen im Rahmen der pluralistischen Ordnung. V. nehmen im Unterschied zu modernen Volksparteien klar abgrenzbare Interessen ihrer Mitglieder wahr und vertreten diese nach außen: gegenüber der Regierung, den Parteien und den konkurrierenden Organisationen. Das Wirken der Verbände ist grundgesetzlich geschützt und stellt ein wesentliches Element der freiheitlichen Ordnung dar.

Verfassung In der V. wird die Grundordnung eines Staates fixiert. In ihr werden u. a. die Grundrechte der Bürger, die Staatsziele und die Formen und Grenzen staatlichen Handelns festgelegt. Verfassungen müssen notwendigerweise allgemein formuliert sein, sodass sich Spielräume eröffnen, die in der politischen Praxis geschlossen werden. Die Verfassungsgeschichte verlief weitgehend deckungsgleich mit der Herausbildung des bürgerlichen Rechtsstaates. Die V. der Bundesrepublik heißt Grundgesetz. Dessen Wesenskern ist als freiheitlich demokratische Grundordnung definiert.

Volkssouveränität In der Kombination von Souveränität und Volk ist dieser Begriff bedeutungsgleich mit Demokratie: Die Herrschaftsgewalt liegt letztlich beim Volk.

Widerstand Sehr allgemeiner Begriff für alle Maßnahmen und Handlungen, die gegen die Regierung oder die Staatsgewalt gerichtet sind. W. muss auf seine Legitimität hin im Einzelnen geprüft werden. Als Folge der nationalsozialistischen Diktatur sieht das Grundgesetz ein Widerstandsrecht für den Fall vor, dass die freiheitlich demokratische Grundordnung beseitigt werden soll.

Weiterführende Literatur

Kapitel 1: Die Weimarer Republik

Karl Dietrich Bracher, Die Auflösung der Weimarer Republik, Düsseldorf 2000
Thomas Nipperdey, Deutsche Geschichte, Bd.3, Machtstaat vor Demokratie, München 1998
Michael Stürmer, Das Jahrhundert der Deutschen, München 2002
Heinrich August Winkler, Weimar 1918–1933, Die Geschichte der ersten deutschen Demokratie, München 1998

Kapitel 2: Der Nationalsozialismus

Wolfgang Benz (Hg.), Die Juden in Deutschland 1933–1945, München 1996
Alan Bullock, Hitler und Stalin, Berlin 1999
Joachim Fest, Staatsstreich, Berlin 1999
Norbert Frei, Der Führerstaat, Nationalsozialistische Herrschaft 1933–1945, München 2001
Eric A. Johnson, Der nationalsozialistische Terror, Berlin 2001
Ian Kershaw, Hitler (Gesamtausgabe), Stuttgart 2002
Stanley Payne, Geschichte des Faschismus, Aufstieg und Fall einer europäischen Bewegung, München, Berlin 2001
Bernd Sösemann (Hg.), Der Nationalsozialismus und die deutsche Geschichte, Stuttgart 2002

Kapitel 3: Deutschland Von der Teilung zur Wiedervereinigung

Adolf Birke, Nation ohne Haus, Deutschland 1945–1961, Berlin 1989
Peter Graf Kielmansegg, Nach der Katastrophe, Berlin 2000
Christian Graf Krokow, Die Deutschen in Ihrem Jahrhundert, 1890–1990, Reinbek 1992
Gregor Schöllgen, Geschichte der Weltpolitik von Hitler bis Gorbatschow 1941–1991, München 1996
Klaus Schroeder, Der SED-Staat, Partei, Staat und Gesellschaft 1949-1990, München 2000
Jürgen Weber, Kleine Geschichte Deutschlands seit 1945, München 2000
Heinrich August Winkler, Der lange Weg nach Westen, Bd. 2, Deutsche Geschichte vom „Dritten Reich" bis zur Wiedervereinigung, München 2001
Stefan Wolle, Die heile Welt der Diktatur, Alltag und Herrschaft in der DDR 1971–1989, Berlin 1998

Kapitel 4: Die Sowjetunion

Stéphane Courtois u.a., Schwarzbuch des Kommunismus, München, Zürich 1998
Orlando Figes, Die Tragödie eines Volkes, Die Epoche der Russischen Revolution 1891-1924, Berlin 1998
Manfred Hildermeyer, Geschichte der Sowjetunion 1917–1991, Entstehung und Niedergang des ersten sozialistischen Staates, München 1998
Gerd Koenen, Utopie der Säuberung, Was war der Kommunismus?, Berlin 1998
Gerhard und ***Nadja Simon***, Verfall und Untergang des sowjetischen Imperiums, München 1993
Hans-Joachim Torke (Hg), Historisches Lexikon der Sowjetunion 1917/22 bis 1991, München 1993

Kapitel 5: Die Vereinigten Staaten von Amerika im 20 Jahrhundert

Willi Paul Adams, Die USA im 20. Jahrhundert, München 2000
Willi Paul Adams u.a. (Hg.), Länderbericht USA I und II, Frankfurt/M., New York 1999
Erich Angermann, Die Vereinigten Staaten von Amerika seit 1917, München 2001
Jürgen Heideking, Geschichte der USA, Tübingen, Basel 1996

Peter Lösche, Die Vereinigten Staaten, Innenansichten, Hannover 1997
Gert Raeithel, Geschichte der nordamerikanischen Kultur, Bd. 3, Vom New Deal bis zur Gegenwart 1939–1988, Weinheim, Berlin 1989
Jörg von Uthmann, Volk ohne Eigenschaften, Amerika und seine Widersprüche, Stuttgart 1988

Kapitel 6: China

Patricia Buckley Ebrey, China, Frankfurt/M. 1996
Carsten Herrmann-Pillath u.a. (Hg.), Länderbericht China, Bonn 1998
Helwig Schmidt-Glitzer, Das neue China, Von den Opium-Kriegen bis heute, München 2001
Konrad Seitz, China, Eine Weltmacht kehrt zurück, Berlin 2000
Oskar Weggel, China im Aufbruch, Konfuzianismus und politische Zukunft, München 1997

Kapitel 7: Der Weg zum vereinten Europa

Hans Boldt, Die Europäische Union, Geschichte, Struktur, Politik, Mannheim 1995
Dietmar Herz, Die Europäische Union, München 2002
Europa-Union (Hg.), Europa von A bis Z, Bonn 2002
Walter Laqueur, Europa auf dem Weg zur Weltmacht 1945–1992, München 1992
Michael Stürmer, Die Kunst des Gleichgewichts, Europa in einer Welt ohne Mitte, Berlin, München 2001

Kapitel 8: Exkurs: Menschenrechte in Geschichte und Gegenwart

Gabriele von Arnim u.a. (Hg.), Jahrbuch der Menschenrechte 2001, Frankfurt/M. 2000
Alexander Demandt, Sternstunden der Geschichte, München 2000
Wolfgang Heidelmeyer (Hg.), Die Menschenrechte, Paderborn 1997
Uwe Wesel, Geschichte des Rechts, München 1997

Kapitel 9: Die Vereinten Nationen

Ernst-Otto Czempiel, Die Reform der UNO, München 1994
Dietmar Herz u.a., Vereinte Nationen, Entwicklung, Aktivitäten, Perspektiven, Frankfurt/M. 2002
Günther Unser, Die UNO, Aufgaben und Strukturen der Vereinten Nationen, München 1997
Andreas Zumach, Vereinte Nationen, Reinbek 1995

Kapitel 10: Exkurs Terrorismus

Hans Frank, Kai Hirschmann, Die weltweite Gefahr, Terrorismus als internationale Herausforderung, Berlin 2002
Bruce Hoffman, Terrorismus, Der unerklärte Krieg, Frankfurt/M. 2001
Walter Laqueur, Die globale Bedrohung, Neue Gefahren des Terrorismus, Berlin 1998
Bassam Tibi, Die neue Weltunordnung, Westliche Dominanz und islamischer Fundamentalismus, München 2001

Unter www.westermann.de/gymnasium/geschichte.xtp finden Sie interessante Links zu den in diesem Buch behandelten Themen.

Register

Bildnachweis

akg-images, Berlin:
Titel o. (AP), Mi. + u., 6, 8 M1, 9, 25 M4, 28 M7, 37 Mi.re., 37 u., 38 M1, 40 M3 + M5, 42 M10, 47 M23, 50 M2, 54 M2, 67 M2, 71M11 RE., 75 M25, 89 M10, 92 M15, 101 O., 107 M1, 108 M3 (2), 116, 118 M1, 120 M2, 145 M1, 154 M4, 172 M5, 187, 189 o., 216 M4, 222 M1, 234 M3, 252 M11, 260 M1, 264 M6, 269 M9, 343 M3, 357 M4
Associated Press, Frankfurt/M.: 336 M10
Baaske Cartoons, Müllheim:
F. Behrendt: 235 M4, 238 M5, 330 M1, 341 M1
W. Hanel: 111, 177 M9 re.,180 M15, 257 M20, 307 M20, 332 M3
G. Mester: 168 M1, 317 M3
B. Schneider: 211 M11
Bas Mitropoulos/F.A.Z.: 349 M3
Bibliothèque nationale de France, Paris: 310 M1
Bildarchiv Preußischer Kulturbesitz, Berlin:
37 Mi.li., 85 M3, 95 M2 (Luczo), 104 M7 + u., 190. 195 M1, 212 M1, 213 M3, 240, 244, 280 M1
Bismarck-Museum, Friedrichsruh/Carstensen, Hamburg: 37 o.
British Museum, London: 208 M3 (Freeman)
Bundesarchiv Koblenz: 58 M11, 71 M12, 88 M5, 131 M3, 151 M1
Deutsches Historisches Museum, Berlin: 23 M1, 49, 146 M2, 152 M2, 242 M1, 243, 327 M8
Dokumentenkabinett, Vlotho: 177 M9 li.
Europäische Gemeinschaft, Luxemburg: 315 M2
FOCUS, Hamburg:
298 M5 (G. Girad/CONTACT), 301 M8 (Hiroji Kubota/Magnum), 304 M13 (M. Riboud/Magnum)
Frauendorf, U., Leipzig: 183 M2
Gesamtdeutsches Institut, Arbeitsgemeinschaft 13. August: 160
GLOBUS Infografik, Hamburg: 182 M1, 318 M4
Haitzinger, H., München: 169 M3, 233 M2, 299 M6, 325 M4
Haus der Geschichte der Bundesrepublik Deutschland, Bonn: 314 M1 (K. Pielert)
Henn, R., Hennweiler: 251 M9
Hessisches Landesmuseum, Darmstadt: 42 M8
Institut für Zeitungsforschung, Dortmund: 142 M18 o, + u.li.
Jürgens, Ost- und Europa-Photo, Berlin: 169 M2
Keystone Pressedienst, Hamburg: 33 M2, 88 M6, 173 M6, 248 M8
Konrad-Adenauer-Stiftung, Plakatsammlung, Sankt Augustin: 153 M3
Körner/DIE ZEIT 24.08.1990 ???
Laif, Köln: 275 M19 (Gonzalez)
Landesarchiv Berlin: 14 M9, 15 M12, 48, 71 M11 li.
Meinhard, F.: 321 M9
Niedersächsisches Hauptstaatsarchiv, Hannover: 84 M2
Picture-Alliance, Frankfurt: 157 M6 (dpa), 174 M7 (dpa/Hollemann), 184 (dpa/Tass), 278 u.r., 338 (dpa/Scholz), 347 M1 (dpa/Rieger), 348 M2 (dpa)
Plantu: 329
Pressestelle Polizeipräsidium, Düsseldorf: 334 M7
Rauch, U., Worpswede: 115 M8
Staatsbibliothek zu Berlin – Preußischer Kulturbesitz: 354 M2
Staatliches Historisches Museum, Moskau: 210 M9
Stadtmuseum München: 35 M6
Starke, H.-J., Arnstadt: 171 M4
SV-Bilderdienst, München: 53 M3 S.M), 77 M32 (Scherl), 101 (Geschwister-Scholl-Archiv), 107 M2, 126 M8 (AP), 130 M2 (AmerikaHaus), 136 M6 (AP), 136 M7, 141 M17 (AP), 197 (Scherl), 198 M2, 214 M1 (dpa), 263 M5 (KPA), 272 M14 (AP), 273 M16 (AP), 278 o.r., 278 u.li. (Scherl), 285 M12 (Scherl), 293 M1 (dpa/UPI). 297 M4 (dpa), 312 (dpa)
ullsteinbild, Berlin: 69 M5 (W. Frentz), 72 M15, 100 u., 139 (dpa), 155, 164 M1 (Werek), 188 (S.M.), 189 M1, 230 M9 (Reuters), 237, 356 M3;
Archiv Gerstenberg: 45 M18, 150 M7, 192 M5, 193 M9, 207 M2, 229 M8
USIS: 245
© VG Bild-Kunst, Bonn 2006: 31 M15, 47 M23, 108 M3
© VG Bild-Kunst, Bonn 2006/© Succession Picasso: 330 u.
© VG Bild-Kunst, Bonn 2006/© The Heartfield Community of Heirs: 46 M21, 75 M25
Wieland, L./F.A.Z.: 265 M7
Wolter, Jupp, Lohmar: 162 M19
ZAHLENBILDER/© Erich Schmidt Verlag, Berlin: 102
nach Zahlenbilder: 44 M15 (50073), 67 M3 (50090), 318 M5 (714005), 324 M2
Zöllner, R., Berlin: 165 M2

alle übrigen Schaubilder und Karten:
Westermann Kartographie/Technisch Graphische Abteilung, Braunschweig

Nicht in allen Fällen war es uns möglich, den Rechteinhaber ausfindig zu machen. Berechtigte Ansprüche werden selbstverständlich im Rahmen der üblichen Vereinbarungen abgegolten.